جدول المفردات لمنهج تعليم اللغة العربية
في الجامعات الصينية

高等学校阿拉伯语教学大纲词汇表

（第二版）

基础阿拉伯语教学大纲研订组
高年级阿拉伯语教学大纲研订组 ◎编

北京大学出版社
PEKING UNIVERSITY PRESS

图书在版编目 (CIP) 数据

高等学校阿拉伯语教学大纲词汇表 / 基础阿拉伯语教学大纲研订组，高年级阿拉伯语教学大纲研订组编 . —2 版 . —北京：北京大学出版社，2016. 6

ISBN 978-7-301-27138-4

Ⅰ . ①高… Ⅱ . ①基… ②高… Ⅲ . ①阿拉伯语—词汇—高等学校—教材 Ⅳ . ① H373

中国版本图书馆 CIP 数据核字 (2016) 第 105680 号

书　　名	高等学校阿拉伯语教学大纲词汇表 GAODENG XUEXIAO ALABOYU JIAOXUEDAGANG CIHUIBIAO
著作责任者	基础阿拉伯语教学大纲研订组 高年级阿拉伯语教学大纲研订组 编
责任编辑	张　冰　严　悦
标准书号	ISBN 978-7-301-27138-4
出版发行	北京大学出版社
地　　址	北京市海淀区成府路 205 号　100871
网　　址	http://www.pup.cn　　新浪微博：@ 北京大学出版社
电子邮箱	编辑部 pupwaiwen@pup.cn　总编室 zpup@pup.cn
电　　话	邮购部 010-62752015　发行部 010-62750672　编辑部 010-62754382
印 刷 者	河北博文科技印务有限公司
经 销 者	新华书店
	787 毫米 ×980 毫米　16 开本　20 印张　275 千字
	2000 年 12 月第 1 版
	2016 年 6 月第 2 版　2025 年 1 月第 5 次印刷（总第 12 次印刷）
定　　价	59.00 元

未经许可，不得以任何方式复制或抄袭本书之部分或全部内容。

版权所有，侵权必究

举报电话：010-62752024　电子邮箱：fd@pup.cn

图书如有印装质量问题，请与出版部联系，电话：010-62756370

出版说明

本词汇表定名《高等学校阿拉伯语教学大纲词汇表》，由"高等学校阿拉伯语专业基础阶段阿拉伯语教学大纲词汇表"和"高等学校阿拉伯语专业高年级阿拉伯语教学大纲词汇表"合成，收词9000余个，其中重点复用词3500余个，连同认知词及词语搭配与例语等，总量达12000余条，是高等学校阿拉伯语专业学生和一般阿拉伯语学习者的必备工具。

参加本词汇表编写的人员如下：

基础大纲组：史希同（北京外国语大学）、景云英（北京大学）、吴宝国（北京外国语大学）、鲍兆燕（北京第二外国语学院）、蔡伟良（上海外国语大学）。

高年级大纲组：张甲民（北京大学）、国少华（北京外国语大学）、张洪仪（北京第二外国语学院）、吴宝国（北京外国语大学）、李唯中（对外经济贸易大学）、马智雄（上海外国语大学）。

本词汇表在研订过程中得到各有关院校阿拉伯语专业的大力支持，在此一并致以诚挚的谢意。

编者

编排体例

1. 单词按基本字母顺序排列；基本字母相同的按简式动词、复式动词、原生名词、词根及派生名词顺序排列。

2. 单词共分四级，标号分别为（٢）（٤）（٦）（٨），一律顶格排列；（٢）（٤）级为本科基础教学考查范围，（٦）（٨）级为本科高年级教学考查范围。

3. 无标号的词语，教师可根据教学安排选择使用。

4. 级别标号前出现标记"*"的为重点复用单词。

الألف

*(٢) أَ / هَلْ	吗
(٢) أَلاَ...؟	不…吗？难道不…吗？
*(٢) أَلَمْ ...؟	（难道）没有…吗？
*(٤) أَلاَ وَهُوَ (وَهِيَ)	即，这就是
*(٢) أَ ... أَمْ ...	是…还是…
*(٢) آبُ / أُغُسْطُسُ	八月
(٨) أَبَتِ	爸爸， 爹，阿爸
(٤) أَبْجَدِيَّة	字母表
(٨) أَبَاجُور	台灯
*(٢) أَبَدًا	决不；永远
إِلَى الأَبَدِ	永远
(٦) أَبَدَ الدَّهْرِ / أَبَدَ اللآبِدِينَ	永远，永世
(٨) اَلْمُؤَبَّدُ (فِى الْقَضَاء)	终生的
الأَشْغَالُ الشَّاقَةُ المُؤَبَّدَةُ	终生苦役，无期徒刑
(٨) أَبَدِيَّةٌ	永恒
(٢) إِبْرَةٌ جـ إِبَرٌ	针
الإِبْرَةُ الْمِغْنَاطِيسِيَّةُ	磁针，指南针
(٨) إِبْرَاهِيمُ: أَحَدُ الأَنْبِيَاءِ	易卜拉欣（亚伯拉罕）
(٤) إِبْرِيقٌ جـ أَبَارِيقُ	壶
*(٢) إِبْرِيلُ / نَيْسَانُ	四月
(٦) تَأَبَّطَ تَأَبُّطًا الشَّيْءَ	夹，夹着
(٦) إِبْطٌ جـ آبَاطٌ	腋下，胳肢窝
(٦) إِبْلٌ وإِبِلٌ (اِسْمُ الْجِنْسِ) جـ آبَالٌ	骆驼
(٨) إِبْلِيسٌ جـ أَبَالِيسُ وأَبَالِسَةٌ / رَأْسُ الشَّيَاطِينَ	恶魔，魔王
(٦) أَبَّنَ تَأْبِينًا الْمَيِّتَ	吊唁，追悼
حَفْلَةُ التَّأْبِينِ	追悼会
(٦) إِبَّان: أَثْنَاء	在…之间，在…之际
(٦) أَبَهَ ـَ أَبْهًا لَهُ وبِهِ	注意到，看到；领悟；关注
لاَ يُؤْبَهُ لَهُ	微不足道的，不屑一顾的，未被注意的
(٨) أُبَّهَةٌ	壮观，庄严，辉煌
(٨) أُبُوَّةٌ	父道，父权，父爱
*(٢) أَبٌ (أَبُوهُ، أَبَاهُ، أَبِيهِ) جـ آبَاءٌ	父亲
(٦) أَبُو ... / صَاحِبُ الشَّيْءِ	具有…的，戴…的
أَبُو الشِّعْرِ	诗人，善言诗者
أَبُو فَرْوَة	栗子，板栗
أَبُو كِرْش	大肚子，大腹便便的

أَبُو ظَبِي 阿布扎比

أَبُو الْهَوْل 狮身人面像

(٤) أَبَوِيٌّ م أَبَوِيَّةٌ 父亲的，父亲般的

*(٤) أَبَى يَأْبَى إِبَاءً الأَمْرَ 不肯，不愿，拒不

(٦) أَبِيٌّ م أَبِيَّةٌ 不屈的，有气节的

(٨) مَأْتَمٌ جـ مَآتِمُ 追悼会，丧仪

(٨) أَتْمَتَ أَتْمَتَةً 自动化

*(٤) أُوتُومَاتِيكِيٌّ جـ أُوتُومَاتِيكِيَّةٌ 自动的

(٨) أَتُّونٌ جـ أُتُنٌ وَأَتَاتِينُ 大火炉，熔炉

*(٢) أَتَى يَأْتِي إِتْيَانًا إِلَى مَكَانٍ 来，到来

كَمَا يَأْتِي / فِيمَا يَأْتِي 如下

أَتَى بِكَذَا 带来，携带

(٦) آتَى إِيتَاءً فُلاَنًا الشَّيْءَ وبِهِ 把…给某人

(٦) آتَى مُؤَاتَاةً الجَوُّ فُلاَنًا 适合于

(٨) آتَى مُؤَاتَاةً فُلاَنًا عَلَى الشَّيْءِ 附和，赞同

*(٢) آتٍ (الآتِي) م آتِيَةٌ 来者；下面的，下述的

(٦) مُؤَاتٍ (الْمُؤَاتِي) لِـ ... جـ مُؤَاتِيَةٌ لِـ ...

适合的，顺利的，适合于，有利于

(٨) إِثِيلِين 乙烯

*(٢) أَثَاثٌ 家具，陈设

*(٤) أَثَّرَ تَأْثِيرًا في كذا أو عليه 影响；感动

(٤) آثَرَ إِيثَارًا غَيْرَهُ على نفسه 舍己为人

(٦) آثَرَهُ 宁择，宁取，宁愿

*(٤) تَأَثَّرَ تَأَثُّرًا بكذا أو منه

受影响，受感染，受感动

(٦) اسْتَأْثَرَ اسْتِئْثَارًا بكذا 独占，独享

*(٢) أَثَرٌ جـ آثَارٌ 痕迹；影响；印象；古迹

(٦) فِي إِثْرِ كذا 在…之后

(٤) أَثَرِيٌّ م أَثَرِيَّةٌ 古迹的

(٨) أَثِيرٌ: مُفَضَّلٌ 最好的，最佳的；被选中的

(٨) أَثِير 乙醚

(٨) الأَثِيرُ 以太，能媒

(٦) مَأْثُورٌ م مَأْثُورَةٌ 流传的

قَوْلٌ مَأْثُورٌ

世代相传的佳句，俗语，格言，警句

*(٤) مَأْثُرَةٌ جـ مَآثِرُ 功劳，功绩

(٤) مُؤَثِّرٌ م مُؤَثِّرَةٌ 感人的，动人的；有效的

*(٤) مُتَأَثِّرٌ بكذا م مُتَأَثِّرَةٌ

被…感动的，受…影响的

(٨) الإِيثَارِيَّةُ 利他主义

(٦) إِثْمٌ جـ آثَامٌ 罪过，罪恶

(٨) أَثِيمٌ جـ أُثَمَاءُ وآثِمٌ جـ أَثَمَةٌ 有罪的；罪人

(٦) أَثِينَا 雅典

(٨) أَثْيُوبِيَا (الْحَبَشَة) 埃塞俄比亚

(٦) تَأَجَّجَ تَأَجُّجًا الشَّيْءُ 熊熊燃烧

(٦) أَجَّرَ وآجَرَ الدَّارَ فُلاَنًا 出租，租赁

中文	阿拉伯语
雇用，租用，租进	*(٤) اِسْتَأْجَرَ اسْتِئْجَارًا الشَّيْءَ
报酬，酬金，工资	(٤) أَجْرٌ ج أُجُورٌ
工钱，脚钱，费（用）	(٤) أُجْرَةٌ ج أُجَرٌ
仓储费	أُجْرَةُ التَّخْزِينِ
运费，水脚	أُجْرَةُ الشَّحْنِ
停泊费	أُجْرَةُ استِعْمَالِ الْمَرْسَى
租约；租金	(٦) إِيجَارٌ ج إِيجَارَاتٌ
仓租	إِيجَارُ الْمُسْتَوْدَعِ
出租，招租	لِلإِيجَارِ
雇工，长工	(٦) أَجِيرٌ ج أُجَرَاءُ
被租用的，被雇佣的	(٦) مَأْجُورٌ م مَأْجُورَةٌ
出租人	(٦) مُؤَجِّرٌ ج مُؤَجِّرُونَ م مُؤَجِّرَةٌ
	(٦) مُسْتَأْجِرٌ ج مُسْتَأْجِرُونَ م مُسْتَأْجِرَةٌ
租贷人，承租人	
药房	(٨) أَجْزَاخَانَةٌ / صَيْدَلِيَّةٌ
梨	(٤) إِجَّاصٌ
推迟，延期	(٤) أَجَّلَ تَأْجِيلًا الأَمْرَ
延缓，延期	(٦) تَأَجَّلَ تَأَجُّلًا الأَمْرَ
是，是的	(٤) أَجَلْ / نَعَمْ
为了…	*(٢) لِأَجْلِ … / مِنْ أَجْلِ …
期限；寿数	(٦) أَجَلٌ
最后（付款）期限	أَجَلُ الدَّفْعِ النِّهَائِيِّ
交付期	أَجَلُ الْوَفَاءِ

中文	阿拉伯语
无限期推迟	إِلَى أَجَلٍ غَيْرِ مُسَمَّى
迟早，总有一天	*(٢) آجِلًا أَوْ عَاجِلًا / عَاجِلًا أَمْ آجِلًا
丛林，灌木林	(٨) أَجَمَةٌ ج أَجَمٌ وأَجَمَاتٌ
一个，一个人	*(٢) أَحَدٌ م إِحْدَى
二者之一，其中之一	أَحَدُهُمَا م إِحْدَاهُمَا
星期日	*(٢) الأَحَدُ / يَوْمُ الأَحَدِ
五侯德山	(٨) أُحُدٌ: جَبَلٌ قُرْبَ الْمَدِينَةِ الْمُنَوَّرَةِ
个位数	(٨) آحَادٌ: اَلأَعْدَادُ التِّسْعَةُ الأُولَى
拿，取	*(٢) أَخَذَ ـُ أَخْذًا الشَّيْءَ
报仇	أَخَذَ الثَّأْرَ
打针	أَخَذَ حُقْنَةً
上了一课；接受教训	أَخَذَ دَرْسًا
照相	أَخَذَ صُورَةً
发烧	أَخَذَتْهُ الْحُمَّى
入睡，睡着了	أَخَذَهُ النَّوْمُ
采纳建议，接受建议	أَخَذَ بِاقْتِرَاحِهِ
提携，帮助	(٦) أَخَذَ بِيَدِهِ
令人神往	(٦) أَخَذَ بِلُبِّهِ
考虑到，重视	(٦) أَخَذَ كذا في اعْتِبَارِهِ أو أَخَذَ كذا بِنَظَرِ الاعْتِبَارِ
让某人负责，责成	(٨) أَخَذَ عَلَى فُلَانٍ أَمْرًا
精疲力竭	(٦) أَخَذَهُ الإِعْيَاءُ

*(٢) أَخَذَ يَفْعَلُ كَذَا 开始做…

*(٤) لاَ تُؤَاخِذْنِي / لاَ مُؤَاخَذَةَ

请原谅，对不起，别见怪

*(٢) اِتَّخَذَ يَتَّخِذُ اتِّخَاذًا الشَّيْءَ

采取，采纳，采用

اِتَّخَذَ قَرَارًا بِكَذَا 作出决定，通过决议

اِتَّخَذَهُ صَدِيقًا 把他当作朋友

(٨) أَخِيذٌ ج أَخْذَى / أَسِيرٌ 俘虏

(٨) أَخِيذَةٌ 女俘；战利品

(٦) أَخَّاذٌ: خَلاَّبٌ 迷人的

(٢) مَأْخُوذٌ م مَأْخُوذَةٌ 被拿的，被取的

(٦) مَأْخَذٌ ج مَآخِذُ 短处，把柄；出处

أَخَذَ مَأْخَذَهُ 切中要害，抓住关键

مَآخِذُ الْبَحْثِ / مَصَادِرُهُ 出处

*(٢) أَخَّرَ تَأْخِيرًا الأَمْرَ 耽搁，推迟，延期

*(٢) تَأَخَّرَ تَأَخُّرًا 迟到，落后，晚

*(٢) آخَرُ ج آخَرُونَ م أُخْرَى ج أُخْرَيَاتٌ

别的，另外的，其他（它）的

*(٢) آخِرٌ ج أَوَاخِرُ م آخِرَةٌ 末尾，终结，最后的

فِي آخِرِ الأَمْرِ 最后，终于

فِي أَوَاخِرِ السَّنَةِ 年终，年底

إِلَى آخِرِهِ / إلخ 等等

(٦) الآخِرَةُ 后世，来世〔宗〕

*(٢) أَخِيرٌ م أَخِيرَةٌ 最后的，最近的

أَخِيرًا / فِي الأَخِيرِ 最后，终于；近来

مُؤَخَّرًا 最近，近来，不久以前

(٨) اَلْمُؤَخَّرُ أَوِ الْمُؤَخَّرَةُ / نِهَايَةُ الشَّيْءِ مِنَ الْخَلْفِ

后部，背部

مُؤَخَّرَةُ الْجَيْشِ 殿后部队

*(٢) مُتَأَخِّرٌ ج مُتَأَخِّرُونَ م مُتَأَخِّرَةٌ

迟的，晚的；落后的

(٦) آخَى فُلاَنًا يُؤَاخِيهِ مُؤَاخَاةً وَإِخَاءً وَتَأَخَّاهُ /

اِتَّخَذَهُ أَخًا 结交，交朋友，结为兄弟

(٦) تَآخَى تَآخِيًا الرَّجُلاَنِ 结为兄弟，以兄弟相称

*(٤) أُخُوَّةٌ / إِخَاءٌ 友情，兄弟之情，手足之情

*(٢) أَخٌ (أَخُوهُ، أَخَاهُ، أَخِيهِ) ج إِخْوَةٌ وَإِخْوَانٌ

兄弟，弟兄；朋友

اَلإِخْوَانُ الْمُسْلِمُونَ 穆斯林兄弟会

*(٢) أُخْتٌ ج أَخَوَاتٌ 姐妹，姊妹

(٤) أَخَوِيٌّ م أَخَوِيَّةٌ 兄弟的，兄弟般的

(٤) أَدَّبَ تَأْدِيبًا فُلاَنًا 教养，教训，惩戒

*(٢) أَدَبٌ ج آدَابٌ 礼貌，礼节；文学

اَلأَدَبُ الْحَدِيثُ/ اَلأَدَبُ الْمُعَاصِرُ 近现代文学

الآدَابُ الْعَامَّةُ 公共道德

بِأَدَبٍ / فِي أَدَبٍ 彬彬有礼地

(٢) أَدَبِيٌّ م أَدَبِيَّةٌ 文学的；道义上的

*(٢) أَدِيبٌ جـ أُدَبَاءُ م أَدِيبَةٌ　作家，文学家

*(٢) مُؤَدَّبٌ جـ مُؤَدَّبُونَ م مُؤَدَّبَةٌ

有教养的，有礼貌的

*(٤) مَأْدُبَةٌ جـ مَآدِبُ　宴会

(٦) آدَمُ: أَبُو الْبَشَرِ　阿丹（亚当）

بَنُو آدَمَ　亚当的子孙，人，人类

(٨) آدَمِيٌّ / بَشَرِيٌّ　人的，人类的

(٨) أَدِيمٌ جـ أُدُمٌ　外壳；皮，熟皮，皮革

أَدِيمُ الأَرْضِ　地表，地壳

*(٢) أَدَاةٌ جـ أَدَوَاتٌ　工具，用具，用品

أَدَوَاتُ الأَكْلِ / أَدَوَاتُ الْمَائِدَةِ　餐具

أَدَوَاتٌ مَدْرَسِيَّةٌ　学习用品

أَدَوَاتُ الزِّينَةِ　化妆品

أَدَوَاتُ الشَّرْطِ　条件工具词

أَدَوَاتُ الْكِتَابَةِ　文具

أَدَوَاتُ الإِنْتَاجِ　生产工具

*(٢) أَدَّى يُؤَدِّي تَأْدِيَةً وَأَدَاءً الْوَاجِبَ أَوْ غَيْرَهُ

完成，尽（职），履行

*(٢) أَدَّى يُؤَدِّي إلى ...　导致…

(٨) أَدَاءٌ

运行，运营，运作，做；才干，效能，表现

حَسَنُ الأَدَاءِ　做得好，良性运作

(٤) مُؤَدٍّ (الْمُؤَدِّي) إلى ...　通向…，导致…

(٨) أَدِيسْ أَبَابَا (فِي أَثِيُوبِيَا)　亚的斯亚贝巴

*(٤) إِذْ　当…时候；突然；因为

إِذْ إِنَّ　因为

إِذْ ذَاكَ　当时，那时

*(٢) إِذَا　如果，当…时候

*(٤) إِذَا بِـ ... (لِلْمُفَاجَأَةِ)　突然，只见

(٦) ما إِذَا كَانَ ...　是否，是不是

*(٢) آذَارُ / مَارْسُ　三月

(٤) أَذِنَ ـ إِذْنًا لَهُ فِي كَذَا أَوْ بِهِ　允许，许可

(٨) آذَنَ إِيذَانًا فُلانًا الأَمْرَ　告知，通知

(٨) أَذَّنَ تَأْذِينًا بِالصَّلاةِ　宣礼，招呼祈祷

*(٢) اِسْتَأْذَنَهُ اسْتِئْذَانًا (لِلانْصِرَافِ)　辞别，告辞

*(٤) إِذْنٌ　许可，允许

عَنْ إِذْنِكَ　请允许，对不起

بِإِذْنِ اللهِ　如果真主允许的话

(٦) إِذْنٌ جـ أُذُونٌ　许可证；票据；通知；单证

إِذْنُ الْبَرِيدِ　邮政汇票

إِذْنٌ يُدْفَعُ بِمُجَرَّدِ الاِطِّلاعِ (أو عِنْدَ الاِطِّلاعِ)

即期票据（见票即付票据）

*(٢) أُذُنٌ جـ آذَانٌ　耳朵（阴性）

*(٢) إِذَنْ / إِذًا　那么

(٦) مُؤَذِّنٌ جـ مُؤَذِّنُونَ　宣礼员〔宗〕

(٦) مَأْذُونٌ　结（离）婚证人，证婚人

(٦) مِئْذَنَةٌ جـ مَآذِنُ 宣礼塔〔宗〕

(٦) أَذِيَ ـَ أَذًى وأَذَاةً وتَأَذَّى: أُصِيبَ بِأَذًى

受损害，受伤害

*(٤) آذَى يُؤْذِي إِيذَاءً فُلانًا 伤害，损害

(٤) أَذًى 伤害，损害

(٦) مُؤْذٍ م مُؤْذِيَةٌ （对环境、健康等）有害的

(٨) تَأَرَّبَ تَأَرُّبًا فُلانٌ / تَفَرْنَجَ 欧化

(٨) إِرْبًا إِرْبًا 一片片，一块块

(٨) أَرَبٌ / مَأْرَبٌ ومَأْرِبَةٌ جـ مَآرِبُ

目的，企图，愿望

(٨) مَأْرِبُ (فِي الْيَمَنِ الْقَدِيمِ)

马里堡（古代也门城市名）

سَدُّ مَأْرِبَ 马里堡大坝

(٨) أَرْتُوَازِن: بِئْرٌ أَرْتُوَازِيَّةٌ 自流井

(٨) أَرَجٌ و أَرِيجَةٌ 馨香，香气

مَكَانٌ أَرِجٌ 散发香气的地方

(٨) أُرْجُوَانٌ 紫荆

(٨) أُرْجُوَانِيٌّ م أُرْجُوَانِيَّةٌ 紫色的，深红的

(٦) أَرَّخَ تَأْرِيخًا الْكِتَابَ ونَحْوَهُ 注明日期

*(٢) تَارِيخٌ جـ تَوَارِيخُ 日期，年表；历史，史话

تَارِيخٌ نَافِذُ الْمَفْعُولِ 有效日期，生效日期

تَارِيخُ الْقَبُولِ 承兑日期

(٢) تَارِيخِيٌّ م تَارِيخِيَّةٌ 历史的，历史性的

(٤) مُؤَرِّخٌ جـ مُؤَرِّخُونَ م مُؤَرِّخَةٌ 史学家

(٦) مُؤَرَّخٌ م مُؤَرَّخَةٌ 注明日期的

*(٢) الأُرْدُنُّ 约旦

(٢) أُرْدُنِّيٌّ م أُرْدُنِّيَّةٌ 约旦的；约旦人

*(٢) أَرُزٌ / أُرُزٌّ / رُزٌّ 稻米，大米

(٨) أَرْزٌ: أَرْزٌ لُبْنَانِيٌّ 西洋杉（黎巴嫩杉）

(٦) أَرِسْتُقْرَاطِيٌّ / أَرِسْطُقْرَاطِيٌّ 贵族的

(٨) أَرْشِيفٌ جـ أَرَاشِيفُ / مِلَفٌّ 档案，档案室

*(٢) أَرْضٌ جـ أَرَاضٍ (الأَرَاضِي)

地，土地，陆地（阴性）

(٢) الأَرْضُ 地球

الأَرْضُ الأُمُّ 故土，本土

(٢) أَرْضِيٌّ م أَرْضِيَّةٌ 地球的，大地的；地下的

(٤) أَرْضِيَّةٌ 地面，地板；（画面的）背景

(٤) أَرِقَ يَأْرَقُ أَرَقًا 失眠

(٨) إِرْلانْد 爱尔兰

(٨) آرَامِيٌّ 阿拉米的；阿拉米人

(٨) أَرْمِينِيَّةٌ: بِلادُ الأَرْمَنِ 亚美尼亚

(٨) أَرْمَنِيٌّ جـ أَرْمَنٌ 亚美尼亚人

(٢) أَرْنَبٌ جـ أَرَانِبُ 兔子（阴性）

*(٢) أُرُوبَّا / أُورُبَّة / أُورُبَّا 欧洲

(٢) أُرُوبِّيٌّ م أُرُوبِّيَّةٌ 欧洲的；欧洲人

(٢) أَرِيكَةٌ جـ أَرَائِكُ 沙发，长椅

(٢) إِسْتَاد 体育馆，体育场
*(٢) أُسْتَاذٌ جـ أَسَاتِذَةٌ م أُسْتَاذَةٌ 老师，教授
أُسْتَاذٌ زَائِرٌ 访问学者
أُسْتَاذٌ مُسَاعِدٌ 副教授
*(٤) إِسْتِرَاتِيجِيٌّ م إِسْتِرَاتِيجِيَّةٌ 战略的；战略家
(٦) إِسْتِرَاتِيجِيَّةٌ 战略；纲要
*(٤) أُسْتُرَالِيَا 澳大利亚，澳洲
*(٤) إِسْتِمَارَةٌ 表格
إِسْتِمَارَةُ الْجُمْرُكِ 报关单
إِسْتِمَارَةُ التَّصْرِيحِ الْجُمْرُكِيِّ 海关申报单
(٨) إِسْتَمْبُول/ إِسْطَنْبُول 伊斯坦布尔
(٦) إِسْتُودِيُو جـ إِسْتُودِيُوهَات
摄影棚，制片厂，照相馆
*(٤) أَسَدٌ جـ أُسُودٌ 狮子
*(٤) بِأَسْرِهِ 全部地，完全地
*(٢) أُسْرَةٌ جـ أُسَرٌ 家庭；朝代
(٤) أَسِيرٌ جـ أَسْرَى 俘虏
أَسِيرُ حَرْبٍ 战俘
*(٤) إِسْرَائِيلُ 以色列
*(٢) أَسَّسَ تَأْسِيسًا كَذَا 建立，创立，创办
*(٢) تَأَسَّسَ تَأَسُّسًا الشَّيْءُ 成立，建立，建成
*(٢) أَسَاسٌ جـ أُسُسٌ 基础，根基，根据
(٢) أَسَاسِيٌّ م أَسَاسِيَّةٌ 基本的，根本的，主要的

(٦) آزَرَهُ مُؤَازَرَةً 支持，帮助，援助，支援
(٨) أَزْرٌ 背部；力量
شَدَّ أَزْرَهُ 支持，撑腰
(٨) أَزَّ ـِ أَزًا وأَزِيزًا
咕嘟响，嘘嘘发声，嗖嗖响，呼啸
(٦) مَأْزِقٌ جـ مَآزِقُ 隘口，狭路；窘境，困境
(٨) أَزَلٌ وأَزَلِيَّةٌ / أَبَدِيَّةٌ 永恒，无始
مِنَ الأَزَلِ 自无始以来
(٦) تَأَزَّمَ تَأَزُّمًا الْمَوْقِفُ 局势危急，形势紧张
*(٤) أَزْمَةٌ جـ أَزَمَاتٌ 危机
أَزْمَةُ الْمَدْفُوعَاتِ الدَّوْلِيَّةِ 国际收支危机
أَزْمَةٌ قَلْبِيَّةٌ 心脏病发作
أَزْمَةٌ مَالِيَّةٌ ونَقْدِيَّةٌ 金融货币危机
أَزْمَةٌ وِزَارِيَّةٌ 内阁危机
(٨) إِزْمِيلٌ جـ أَزَامِيلُ 凿子
(٨) آزُوت / نِتْرُوجِين 氮
*(٦) إِزَاءَ كَذَا 面对…，针对…
(٢) أَسَانْسِير / مِصْعَدٌ كَهْرَبَائِيٌّ 电梯
(٢) أَسْبِرِين 阿司匹林
(٢) إِسْبَانَاخ / إِسْبَانَخ / سَبَانَخ 菠菜
(٤) أَسْبَانِيَا 西班牙
(٤) أَسْبَانِيٌّ جـ أَسْبَانٌ م أَسْبَانِيَّةٌ
西班牙的；西班牙人

*(٤) مُؤَسَّسَةٌ جـ مُؤَسَّسَاتٌ　企业，公司，机构

اَلْمُؤَسَّسَةُ الصِّينِيَّةُ لِلتَّأْمِينِ　中国保险公司

اَلْمُؤَسَّسَاتُ الْمَمْلُوكَةُ لِلدَّوْلَةِ: اَلْمُؤَسَّسَاتُ مِنَ الْقِطَاعِ الْعَامِّ　国有企业

الْمُؤَسَّسَةُ الْمَالِيَّةُ الدَّوْلِيَّةُ　国际金融组织

(٨) إِسْطَبْلٌ جـ إِسْطَبْلاَتٌ　马厩

(٦) أُسْطُوَانَةٌ جـ أُسْطُوَانَاتٌ　圆柱，圆柱体；唱片

(٤) أُسْطُورَةٌ جـ أَسَاطِيرُ　神话，传说，寓言

*(٤) أُسْطُولٌ جـ أَسَاطِيلُ　船队，舰队

(٨) أُسْطَى: مُعَلِّمٌ　师傅

(٦) أَسِفَ ـَ أَسَفًا عَلَيْهِ ولَهُ وتَأَسَّفَ عَلَيْهِ　遗憾，惋惜，难过

(٦) آسَفَهُ الأَمْرُ يُؤْسِفُ إِيسَافًا　使人难过，令人遗憾

*(٢) أَسَفٌ　遗憾，抱歉

مَعَ الأَسَفِ　抱歉，遗憾

يَا لَلأَسَفِ　真可惜！

*(٢) آسِفٌ جـ آسِفُونَ م آسِفَةٌ / مُتَأَسِّفٌ　抱歉的，遗憾的

(٦) أَسْفَلْت / زِفْت: قَار　柏油，沥青

(٦) إِسْفَنْج　海绵

(٨) أُسْقُفٌ جـ أَسَاقِفَةٌ وأَسَاقِفُ　主教

(٤) أَسْكَرِيم / جِيلاَتِي　冰淇淋

(٢) الإِسْكَنْدَرِيَّةُ　亚历山大

(٨) إِسْلاَمُ آبَاد (فِي بَاكِسْتَان)　伊斯兰堡

(٤) أُسْلُوبٌ جـ أَسَالِيبُ (في سلب)　风格，方式，方法

أُسْلُوبُ عُرْبُونِ الاِسْتِيرَادِ　进口押金方式

أَسَالِيبُ الْمُتَاجَرَةِ　贸易方式

(٨) إِسْمَاعِيلُ: أَحَدُ الأَنْبِيَاءِ　伊斯马仪

(٨) أَسْمَنْت　水泥

(٨) أَسْوَانُ (فِي مِصْرَ)　阿斯旺

(٨) أُسْوَةٌ جـ أُسًى: قُدْوَةٌ　榜样，表率

*(٤) مَأْسَاةٌ جـ مَآسٍ (اَلْمَآسِي): تَرَاجِيدِيَا　悲剧

(٦) أَسِيَ ـَ أَسًى عَلَيْهِ ولَهُ　悲伤，悲痛

(٦) آسَى يُؤَاسِي مُؤَاسَاةً فُلاَنًا فِي مُصِيبَتِهِ　安慰，慰藉

(٨) تَآسَوْا تَآسِيًا　互相安慰

(٨) آسٍ (اَلآسِي) وأَسْيَانٌ جـ أَسْيَانُونَ　悲痛者

*(٢) آسِيَا　亚洲

(٢) آسِيَوِيٌّ م آسِيَوِيَّةٌ　亚洲的；亚洲人

(٦) أَشَّرَ تَأْشِيرًا عَلَى جَوَازِ السَّفَرِ　签证

تَأْشِيرَةُ الْخُرُوجِ　出境签证

تَأْشِيرَةُ الدُّخُولِ　入境签证

(٦) مُؤَشِّرٌ جـ مُؤَشِّرَاتٌ　指针，指示表；指数

مُؤَشِّرُ الْمُعَامَلاَتِ　交易指数

(٦) أَطْلَسٌ جـ أَطَالِسُ 地图集

*(٤) أَطْلَسِيٌّ / أَطْلَنْطِيٌّ 大西洋的

(٨) الإِغْرِيقُ 古希腊

*(٢) أُغُسْطُسُ / آبُ 八月

(٤) إِفْرَنْجِيٌّ م إِفْرَنْجِيَّةٌ 欧洲的，西洋的

*(٢) إِفْرِيقِيَا 非洲

(٢) إِفْرِيقِيٌّ جـ أَفَارِقَةٌ م إِفْرِيقِيَّةٌ 非洲的；非洲人

(٤) أَفْرُوآسِيَوِيٌّ م أَفْرُوآسِيَوِيَّةٌ 亚非的

(٤) أَفْغَانِسْتَان 阿富汗

(٤) أَفْغَانِيٌّ جـ أَفْغَانٌ م أَفْغَانِيَّةٌ 阿富汗的；阿富汗人

*(٤) أُفُقٌ جـ آفَاقٌ 地平线；视野；前景

*(٦) أُفُقِيٌّ م أُفُقِيَّةٌ

横向的，与地面平行的，水平的

(٦) تَأَفَّفَ تَأَفُّفًا بِهِ وَمِنْهُ / تَضَجَّرَ 烦躁

(٨) أُفٍّ 讨厌！呸！

(٦) أَفَنْدِي 先生

(٦) أَفْيُون 鸦片

(٦) تَأَقْلَمَ تَأَقْلُمًا فِي الْبِيئَةِ الْجَدِيدَةِ

适应新环境，服水土

(٦) إِقْلِيمٌ جـ أَقَالِيمُ (في قلم) 地区

(٦) إِقْلِيمِيٌّ م إِقْلِيمِيَّةٌ 地区的

اَلْجَوُّ الإِقْلِيمِيُّ 领空

اَلْمِيَاهُ الإِقْلِيمِيَّةُ 领海

مُؤَشِّرُ "دَوْجُونْز" 道琼斯指数

مُؤَشِّرُ "نِيكِي" 日经指数

مُؤَشِّرُ الأَسْهُمِ 股票指数

مُؤَشِّرَاتُ الْكِتَابِ 书签

(٨) آشُورُ 亚述

(٦) آصِرَةٌ جـ أَوَاصِرُ 关系，联系

أَوَاصِرُ الصَّدَاقَةِ 情谊，友谊

(٨) أَصَّلَ تَأْصِيلاً الشَّيْءَ 使根基牢固；确定来源

(٨) تَأَصَّلَ تَأَصُّلاً الشَّيْءُ

生根，根深蒂固，成为有根基的

(٦) اسْتَأْصَلَ اسْتِئْصَالاً الشَّيْءَ 根除，根绝

*(٤) أَصْلٌ جـ أُصُولٌ

根，根源，原因；出身，血统

أَصْلُ الْعَقْدِ 合同正本

أَصْلٌ وفَوَائِدُ 本金与利息

فِي الأَصْلِ/ أَصْلاً 本来

(٤) أَصْلِيٌّ م أَصْلِيَّةٌ 根本的，真正的

(٦) أَصَالَةٌ 根本，正宗，纯正高贵

بِالأَصَالَةِ عَنْ نَفْسِي 以我个人的名义

(٨) الأُصُولِيَّةُ 原教旨主义

(٨) أُصُولِيٌّ م أُصُولِيَّةٌ 原教旨主义者

(٦) أَصِيلٌ 傍晚；纯粹的，固有的，出身高贵的

(٤) إِطَارٌ جـ إِطَارَاتٌ 框，架，箍；轮胎

*(٢) أُكْتُوبَرُ / تِشْرِينُ الأَوَّلُ 十月

(٦) أَكَادِيمِيٌّ م أَكَادِيكِيَّةٌ 学术的，学院的

(٦) أَكَادِيمِيَّةٌ 科学院，学会

أَكَادِيمِيَّة الْعُلُومِ الصِّينِيَّةِ 中国科学院

*(٢) أَكَّدَ تَأْكِيدًا الأَمْرَ 强调，肯定，证实

(٢) بِالتَّأْكِيدِ / بِكُلِّ تَأْكِيدٍ 的确，一定，肯定

*(٤) تَأَكَّدَ تَأَكُّدًا مِنَ الأَمْرِ 确信，认定

*(٤) أَكِيدٌ م أَكِيدَةٌ 肯定的，必定的

*(٤) مِنَ الْمُؤَكَّدِ أَنَّ ...

可以肯定的是…，…是确定无疑的

(٨) أَكْرُوبَاتكس / بهلونيّات / ألاعيب البهلوان

(أو الأكروبات) 杂技

(٨) أكروبات / بهلوان 杂技演员

(٨) إِكْسْبَرِيس / إِكْبِرِيس 特别快车

(٦) أَكْسَدَ أَكْسَدَةً الشَّيْءَ 使氧化

(٨) تَأَكْسَدَ تَأَكْسُدًا الشَّيْءُ 氧化；生锈

(٨) أُكْسِيدُ الْحَدِيدِ 氧化铁

(٤) أُكْسِيجِين 氧气

(٨) الإِكْسِيرُ 点金石，炼金药

*(٢) أَكَلَ ـُ أَكْلاً الطَّعَامَ 吃

(٦) تَأَكَّلَ تَأَكُّلاً الشَّيْءُ 被侵蚀，被腐蚀，锈坏

(٦) تَآكَلَ تَآكُلاً الشَّيْءُ 风化，剥落；受折磨

(٢) أَكَّالٌ / أَكُولٌ 贪吃的

*(٢) مَأْكُولَاتٌ 食品，食物

(٨) أُكُورْدِيُون 手风琴

*(٤) إِلاَّ (أَدَاةُ اسْتِثْنَاءٍ) 除去，除外

(٤) وإِلاَّ ... 否则

(٤) إِلاَّ إِذَا ... 除非

*(٤) لا ... إِلاَّ ... / ما ... إِلاَّ ... 只有，只是

*(٤) إِلاَّ أَنَّ ... 但是，不过

*(٤) ما (لَمْ) ... إِلاَّ ... حَتَّى ... 刚…就…

*(٤) ما هُوَ (هِيَ) إِلاَّ ... حَتَّى ... 不过…工夫就…

(٦) أَلِفَ ـَ أَلْفًا الشَّيْءَ 习惯于…

*(٤) أَلَّفَ تَأْلِيفًا الْكِتَابَ أَوْغَيْرَهُ 编，组成；编撰

*(٤) تَأَلَّفَ تَأَلُّفًا مِنْ ... 由…组成；由…编制而成

*(٦) اِئْتَلَفَ بِهِ / اِتَّحَدَ مَعَهُ

与…过从甚密，与…和谐相处

*(٢) أَلْفٌ جـ آلَافٌ وأُلُوفٌ 千

أَلْفُ لَيْلَةٍ ولَيْلَةٌ 《一千零一夜》

(٢) أَلِفٌ (أَوَّلُ حَرْفٍ مِنْ حُرُوفِ اللُّغَةِ الْعَرَبِيَّةِ)

阿语第一个字母

(٢) أَلِفْبَاءِ 初步，入门

(٢) مِنْ أَلِفِهِ إِلَى يَائِهِ 自始至终，从头到尾

(٨) أُلْفَةٌ 亲密；交情；融洽

(٨) تَآلُفٌ 协调，和谐；和声，和弦

(٨) اِئْتِلَافٌ 联合，联盟

(٨) إِلَاهِيٌّ م إِلَاهِيَّةٌ 神的，神学的

(٢) آلُو / هَالُو 喂；你好

*(٢) إِلَى ... 向…，到…

(٤) إِلَيْكَ (اِسْمُ الْفِعْلِ) 走远点！（动名词）

(٤) إِلَيْكَ الشَّيْءَ 拿去，拿走，给你

(٦) إِلَيْكَ عَنِّي! 走开！躲开！滚！

(٨) أَلْيَةٌ جـ أَلَايَا وأَلْيَاتٌ: رِدْفٌ 臀部，屁股

*(٤) إِمْبَرَاطُورٌ جـ أَبَاطِرَةٌ 皇帝，帝王

(٤) إِمْبَرَاطُورِيَّةٌ 帝国

(٦) اَلْإِمْبِرْيَالِيَّةُ 帝国主义

(٨) أَمْبِير 安培（电流单位）

(٨) أَمْبِيرُومِتْر 电流表，安培计

(٦) أَمَدٌ 期限，日期

*(٢) أَمَرَ ـُ أَمْرًا فُلَانًا بِكَذَا 命令，吩咐，指挥

(٦) تَآمَرُوا تَآمُرًا عَلَيْهِ 暗算，谋害

*(٢) أَمْرٌ جـ أُمُورٌ 事情，事物

فِي أَوَّلِ الْأَمْرِ / فِي بَادِئِ الْأَمْرِ 当初，首先

*(٤) الْأَمْرُ الَّذِي ... 从而

*(٤) أَمْرٌ جـ أَوَامِرُ 命令，号令

أَمْرٌ بِالْوَفَاءِ 付款通知，付款指令

أَمْرُ الْحَجْزِ 扣押令，扣押通知

أَمْرُ نَقْلِ الْحِسَابِ / أَمْرُ تَحْوِيلِهِ

转账通知，过户通知

(٨) اِئْتِلَافِيٌّ / فِيدْرَالِيٌّ 联邦的

(٤) أَلِيفٌ جـ أَلَائِفُ 朋友，同伴

(٤) (حَيَوَان) أَلِيفٌ م (حَيَوَانَاتٌ) أَلِيفَةٌ

驯养的（动物）

*(٤) مَأْلُوفٌ م مَأْلُوفَةٌ 常见的，熟悉的

مَأْلُوفُ الْمُجْتَمَعِ 社会公认的，习以为常的

(٤) مُؤَلِّفٌ جـ مُؤَلِّفُونَ مُؤَلِّفَةٌ 作者，编者

*(٤) مُؤَلَّفٌ جـ مُؤَلَّفَاتٌ 著作，作品

(٦) تَأَلَّقَ تَأَلُّقًا الْبَرْقُ 闪烁，灿烂

(٦) أَلِكْتْرُون 电子

*(٤) آلَمَ يُؤْلِمُ الْجُرْحُ فُلَانًا 使痛苦，使疼痛

(٦) تَأَلَّمَ تَأَلُّمًا فُلَانٌ 感到痛苦，难过

*(٢) أَلَمٌ جـ آلَامٌ 疼痛，痛苦

(٤) مُؤْلِمٌ م مُؤْلِمَةٌ / أَلِيمٌ 使人痛苦的，痛心的

(٦) أَلْمَاسٌ / مَاسٌ 金刚石

(٢) أَلْمَانِيَا 德国

(٢) أَلْمَانِيٌّ جـ أَلْمَانٌ م أَلْمَانِيَّةٌ 德国的；德国人

(٨) أَلُومِنْيُوم 铝

*(٢) اَللهُ 安拉，真主〔宗〕

(٢) وَاللهِ 真的（以真主的名义起誓）

(٢) يَا اللهُ 主啊，真主啊

(٨) اَللّٰهُمَّ 主啊，天啊

*(٤) إِلٰهٌ جـ آلِهَةٌ 神，神仙

(٦) أَمارَةٌ جـ أَمارَاتٌ 征兆；表情，迹象

*(٤) إِمارَةٌ جـ إِمارَاتٌ 酋长国，小王国

(٤) الإِمارَاتُ الْعَرَبِيَّةُ الْمُتَّحِدَةُ

阿拉伯联合酋长国

*(٤) مُؤامَرَةٌ جـ مُؤامَرَاتٌ 阴谋

*(٤) أَمِيرٌ جـ أُمَرَاءُ 王子，亲王

(٦) أَمِيرُ الْحَرْبِ 军阀

(٤) أَمِيرَةٌ جـ أَمِيرَاتٌ 公主

(٦) مُتآمِرٌ م مُتآمِرَةٌ 阴谋家

(٨) مَأْمُورٌ جـ مَأْمُورُونَ

被命令的；公务员，政府官员

مَأْمُورُ الْبُولِيسِ 警察总监，警察局长

مَأْمُورُ الْمَرْكَزِ 县长

(٨) مَأْمُورِيَّةٌ 差事，任务，使命

سَفَرُ مَأْمُورِيَّةٍ / سَفَرٌ مَأْمُورِيٌّ 出公差，出差

مَأْمُورِيَّةُ الضَّرَائِبِ 税务局

*(٤) مُؤْتَمَرٌ جـ مُؤْتَمَرَاتٌ

会议，代表大会；（记者）招待会

مُؤْتَمَرٌ صَحَفِيٌّ 记者招待会

مُؤْتَمَرُ الْقِمَّةِ 首脑会议

*(٢) أَمْرِيكَا / أَمِيرِكَا 美洲；美国

أَمْرِيكَا الشِّمَالِيَّةُ 北美洲

أَمْرِيكَا اللاَّتِينِيَّةُ / أَمْرِيكَا الْجَنُوبِيَّةُ 拉丁美洲

(٢) أَمْرِيكِيٌّ جـ أَمْرِيكَانٌ وأَمْرِيكِيُّونَ م أَمْرِيكِيَّةٌ

美洲的；美国的；美国人

(٨) تَأَمْرَكَ تَأَمْرُكًا فُلاَنٌ 美国化

*(٢) أَمْسِ 昨天

(٢) أَوَّلَ أَمْسِ 前天

(٤) الأَمْسُ 昨日；近来；过去

(٢) أَمَلَ ـُ أَمَلاً الأَمْرَ 希望

*(٤) تَأَمَّلَ تَأَمُّلاً الشَّيْءَ أَوْ فِيهِ

端详，细看；考虑，思量

*(٢) أَمَلٌ جـ آمَالٌ 希望，期望

(٨) أَمَّ ـُ أَمًّا الشَّيْءَ 赴，往，朝向

(٦) أَمَّمَ تَأْمِيمًا الشَّيْءَ 国有化

*(٢) أُمٌّ جـ أُمَّهَاتٌ 母亲，妈妈

(٨) أُمٌّ جـ أُمَّهَاتٌ 本源，…之本

أُمَّهَاتُ الْكُتُبِ 经典著作

(٨) أُمُّ الْقَوِينِ (فِي الإِمَارَاتِ الْعَرَبِيَّةِ) 乌姆盖万

*(٢) أُمَّةٌ جـ أُمَمٌ 民族

*(٤) الأُمَمُ الْمُتَّحِدَةُ 联合国

(٢) أُمِّيٌّ جـ أُمِّيُّونَ م أُمِّيَّةٌ 文盲

(٦) أُمَمِيٌّ م أُمَمِيَّةٌ 国际的，国际主义的

(٤) الأُمَمِيَّةُ 国际主义

*(٢) أَمَامَ ... (ظَرْفُ الْمَكَانِ) 在…面前

(٦) إِمَامٌ جـ أَئِمَّةٌ 教长，阿訇

(٦) اِئْتِمَانٌ: مُدَايَنَةٌ 信用；信用贷款

اِئْتِمَانٌ بِدُونِ فَائِدَةٍ 无息信贷

اِئْتِمَانٌ تِجَارِيٌّ 商业信贷

اِئْتِمَانٌ مَخْصُومٌ 贴现信贷

(٤) آمِنٌ جـ آمِنُونَ م آمِنَةٌ 安全的，平安的，太平的

*(٢) أَمِينٌ جـ أُمَنَاءُ م أَمِينَة 忠诚的，可靠的

الأَمِينُ الْعَامُّ 秘书长

أَمِينُ الصَّنْدُوقِ 出纳员

(٨) مَأْمُونٌ م مَأْمُونَةٌ 安全的，平安的

*(٤) مُؤْمِنٌ جـ مُؤْمِنُونَ م مؤْمِنَةٌ 信仰者，信徒

(٨) مُؤَمِّنٌ م مُؤَمِّنَةٌ 担保人

(٨) مُؤَمَّنٌ عَلَيْهِ م مُؤَمَّنٌ عَلَيْهَا 投保人，被保险人

(٨) مُؤْتَمَنٌ م مُؤْتَمَنَةٌ 可靠的，可信赖的

(٨) اَلأُمُونِيَا 氨（水）

*(٤) إِنْ 如果，假使（条件虚词）

*(٤) وَإِنْ ... 即使，纵然

*(٤) مَا إِنْ ... حَتَّى ... 刚一…就…

*(٢) أَنْ 根化虚词

*(٢) إِنَّ 强调虚词

*(٢) أَنَّ 根化虚词

*(٤) بِمَا أَنَّ ... 由于…

*(٤) عَلَى أَنَّ ... / غَيْرَ أَنَّ ... / بَيْدَ أَنَّ ... 然而，但是

*(٢) أَمَّا ... فَ ... 至于…则…

(٢) أَمَّا بَعْدُ فَـ ... 书信进入正题的引导词

*(٤) إِمَّا ... وإِمَّا ... 不是…就是…；要么…要么…

(٤) أَمِنَ ـَ أَمْنًا وأَمَانًا مِنْ كَذَا 安全，平安，太平无事

(٦) أَمِنَ ـَ أَمْنًا فُلاَنٌ 安心，放心

(٦) أَمِنَ ـَ أَمْنًا الأَمْرَ 对…放心

(٦) أَمِنَ الْعَدُوَّ ومِنْهُ 远离，摆脱

(٦) أَمَّنَهُ تَأْمِينًا 保障，保证安全

(٦) أَمَّنَ عَلَى الشَّيْءِ 加入保险，投保

*(٤) آمَنَ إِيمَانًا بِكَذَا 相信，信仰

(٨) اِئْتَمَنَ اِئْتِمَانًا فُلاَنًا 信任，认为忠实可靠

*(٤) أَمْنٌ / أَمَانٌ 安全，太平

*(٢) أَمَانَةٌ 忠实，忠诚

بِأَمَانَةٍ وإِخْلاَصٍ 全心全意地

(٦) اَلأَمَانَةُ الْعَامَّةُ 书记处，秘书处；总书记（职务）；秘书长（职务）

*(٤) تَأْمِينٌ جـ تَأْمِينَاتٌ 保证；押金；保险

تَأْمِينٌ اِئْتِمَانِيٌّ 信用保险

تَأْمِينُ التَّلَفِ 海损保险

تَأْمِينٌ ضِدَّ جَمِيعِ الْمَخَاطِرِ 保全险，投保一切险

*(٤) إِيمَانٌ 信念，信仰

*(٢) كَأَنَّ ...	好像，好似
*(٢) لأَنَّ ...	因为
*(٢) مَعَ أَنَّ ...	虽然，尽管
*(٤) إِنَّمَا	仅仅；而…；不过
*(٢) أَنَا	我
(٤) أَنَانِيٌّ جـ أَنَانِيُّونَ م أَنَانِيَّةٌ	自私的；利己主义者，唯我主义者
(٦) الأَنَانِيَّةُ	个人主义，自私自利
(٦) أَنَّبَ تَأْنِيبًا فُلاَنًا	责备，指责
أَنَّبَهُ ضَمِيرُهُ	自责，内疚
(٦) أُنْبُوبٌ جـ أَنَابِيبُ	管子，管道
أُنْبُوبُ مَعْجُونٍ	一管牙膏
أُنْبُوبُ اخْتِبَارٍ	试管
أُنْبُوبُ الصُّورَةِ	显像管
*(٢) أَنْتَ	你
*(٢) أَنْتِ	你（阴性）
*(٢) أَنْتُمَا	你俩，你俩（阴性）
*(٢) أَنْتُمْ	你们
*(٢) أَنْتُنَّ	你们（阴性）
(٦) أُنْثَى	女性；母的，雌的
(٢) مُؤَنَّثٌ	阴性的
(٤) إِنْجِلْتِرَا	英吉利，英国
(٢) إِنْجِلِيزِيٌّ جـ إِنْجِلِيزٌ م إِنْجِلِيزِيَّةٌ / إِنْكِلِيزِيٌّ جـ إِنْكِلِيزٌ م إِنْكِلِيزِيَّةٌ	英国的；英国人
(٦) إِنْجِيل: كِتَابُ الْعَهْدِ الْجَدِيدِ	新约，福音书
(٨) الأَنْدَلُسُ	安达鲁西亚
(٤) إِنْدُونِيسِيَا	印度尼西亚
(٨) أَنِسَ ـَ أَنَسًا بِهِ وإِلَيْهِ	跟他很亲近，从他那里得到慰藉
(٨) آنَسَهُ يُؤَانِسُ مُؤَانَسَةً	对他很温存，爱抚，使感到温馨
(٦) آنَسَهُ يُؤْنِسُ إِينَاسًا	对他很温存，爱抚，使感到温馨
*(٢) إِنْسَانٌ جـ نَاسٌ جج أُنَاسٌ	人，人类
(٢) إِنْسَانِيٌّ م إِنْسَانِيَّةٌ	人的，人类的；人道主义的
*(٢) اَلإِنْسَانِيَّةُ	人类；人道主义
*(٢) آنِسَةٌ جـ آنِسَاتٌ	小姐
(٨) آنْس	盎司
(٨) إِنْسُولِين	胰岛素
(٨) أَنِفَ ـَ أَنَفًا الشَّيْءَ ومِنْهُ	鄙弃，唾弃，不屑
*(٤) اسْتَأْنَفَ اسْتِئْنَافًا الأَمْرَ	从新开始，恢复
اسْتَأْنَفَ الْحُكْمَ	提出上诉
(٨) اَلاِسْتِئْنَافُ	上诉
(٨) اَلْمُسْتَأْنِفُ	上诉人
(٦) آنِفٌ م آنِفَةٌ	不久前的
(٦) آنِفًا / قَبْلَ قَلِيلٍ	刚才，不久前

أَهْلُ الْحِرْفَةِ 手艺人

أَهْلُ الرَّأْيِ 权威人士

أَهْلُ السُّنَّةِ 逊尼派，正统派

(٤) أَهْلِيٌّ م أَهْلِيَّةٌ 家庭的，本地的，本国的

(٦) أَهْلِيَّةٌ 资格，资历，本领

(٤) مُؤَهِّلٌ جـ مُؤَهِّلاَتٌ 资格，资历

مُؤَهِّلٌ دِرَاسِيٌّ 学历

(٦) مُؤَهَّلٌ م مُؤَهَّلَةٌ 合格的，够资格的

*(٢) أَوْ 或，或者

(٨) آبَ يَؤُوبُ أَوْبًا وإِيَابًا 回归，回来

(٨) مَآبٌ جـ مَآوِبُ: مَرْجِعٌ 归宿，着落

(٤) أُوبْرَا 歌剧

أُوبْرَا بَكِين 京剧

(٦) أُوبِيك (مُنَظَّمَةُ الدُّوَلِ الْمُصَدِّرَةِ لِلنِّفْطِ)

石油输出国组织

(٦) أَوَابِك (مُنَظَّمَةُ الدُّوَلِ الْعَرَبِيَّةِ الْمُصَدِّرَةِ لِلنِّفْطِ)

阿拉伯石油输出国组织

(٤) أُوتُوبِيس 大客车，公共汽车

(٤) أُوتُومَاتِيكِيٌّ م أُوتُومَاتِيكِيَّةٌ 自动的

*(٤) أُوقِيَانُوسِيَا 大洋洲

(٨) أُوتِيل / فُنْدُقٌ 旅馆，饭店

(٨) أُوتَاوَا (فِي كَنَدَا) 渥太华

(٦) أَوْجٌ 顶点，最高峰，巅峰

*(٤) أَنْفٌ جـ أُنُوفٌ 鼻子

(٢) اَلإِنْفِلُونْزَا 流行性感冒

(٦) أَنَاقَةٌ 幽雅，雅致

*(٤) أَنِيقٌ م أَنِيقَةٌ 整洁的，文雅的

(٨) أَنْقَرَه (فِي تركيا) 安卡拉

(٦) أَنَّ ـِ أَنِينًا 呻吟

(٨) أَنَّةٌ جـ أَنَّاتٌ 呻吟

(٤) أَنَانَاسٌ 菠萝，凤梨

(٦) تَأَنَّى تَأَنِّيًا فُلاَنٌ فِي الأَمْرِ 从容，审慎

*(٤) إِنَاءٌ جـ آنِيَةٌ وأَوَانٍ (اَلأَوَانِي) 器皿，容器

أَوَانِي جِنْتَلاَن: كُولُوَازُونِي (اَلأَوَانِي النُّحَاسِيَّةُ

الْمَطْلِيَّةُ بِالْمِينَاءِ) 景泰蓝

(٢) آهْ / أَوْه 哎呀（感叹词）

(٦) تَأَهَّبَ تَأَهُّبًا لِلأَمْرِ 准备

(٦) عَلَى أُهْبَةِ الاِسْتِعْدَادِ 准备就绪，整装待发

(٦) أَهَّلَ تَأْهِيلاً فُلاَنًا لِلأَمْرِ

造就，使有资格；认为他有资格或适合

(٦) تَأَهَّلَ تَأَهُّلاً فُلاَنٌ لِلأَمْرِ: صار له أهلاً

胜任，有资格做

*(٢) أَهْلٌ جـ أَهْلُونَ وأَهَالٍ (اَلأَهَالِي) 家属，亲人

أَهْلاً وسَهْلاً 欢迎！你好！

أَهْلٌ لِكَذَا 适于，有资格做…

أَهْلُ بَكِين 北京人

(٨) أورَانِيوم　铀

(٨) أُورْشَلِيم / اَلْقُدْسُ　耶路撒冷

(٨) الأُورْدِيَّةُ　乌尔都语

(٨) أُورْكِسْتْرَا سِمْفُونِيَّةٌ　交响乐团

(٤) الإِوَزُّ　鹅

(٨) أُوزُون　臭氧

(٨) آفَتْ ـُ أَوْفًا وآفَةً الْبِلَادُ　遭灾，遭难

(٦) آفَةٌ جـ آفَاتٌ　瘟疫；病害；残疾

(٨) آلَ ـُ أَوْلاً وإِيَالاً إِلَى ...　回复，复归，返回

(٨) أَوَّلَ تَأْوِيلاً الشَّيْءَ: فَسَّرَهُ　解释，阐释

(٨) آلُ الرَّجُلِ: أَهْلُهُ وعِيَالُهُ　家族，眷属，亲属

*(٢) آلَةٌ جـ آلاَتٌ　工具，机器，机械

آلَةُ الْحَزْمِ　打包机，包装机

آلَةُ التَّخْرِيمِ / خَرَّامَةٌ　打孔机

آلَةُ الْخِيَاطَةِ　缝纫机

آلَةُ التَّسْجِيلِ / مُسَجِّلٌ　录音机

الآلَةُ الْكَاتِبَةُ　打字机

آلاَتٌ مُوسِيقِيَّةٌ / آلاَتُ الطَّرَبِ　乐器

آلاَتٌ وَتْرِيَّةٌ　弦乐器

*(٤) آلِيٌّ م آلِيَّةٌ　机械的，机动的

إِنْسَانٌ آلِيٌّ　机器人

آلِيَّةٌ / مَكْنَنَةٌ　机械化

(٦) آلِيَّةٌ جـ آلِيَّاتٌ　机制；机构；方式；手段

آلِيَّاتُ الْبَقَاءِ　生存方式

آلِيَّاتٌ إِدَارِيَّةٌ　经营机制

آلِيَّاتٌ اسْتِشَارِيَّةٌ　咨询机构

*(٢) أَوَّلٌ جـ أَوَائِلُ م أُولَى

第一的，首先的，主要的

أَوَّلُ أُكْتُوبَرَ　十一（国庆节）

أَوَّلُ أُكْسِيدِ الْكَرْبُون　一氧化碳

فِي أَوَائِلِ السَّنَةِ　年初

(٤) أَوَّلِيٌّ م أَوَّلِيَّةٌ　首要的，根本的，优先的

(٦) أَوْلَوِيَّةٌ　优先权，首要地位

مُهِمَّةٌ ذَاتُ أَوْلَوِيَّةٍ مُسْبَقَةٍ

头等重要任务，当务之急

*(٢) هؤُلاَءِ　这些，这些人

*(٢) أُولئِكَ / أُولاَءِ　那些，那些人

(٤) أُولِمْبِيٌّ م أُولِمْبِيَّةٌ　奥林匹克的

دَوْرَةُ الأَلْعَابِ الأُولِمْبِيَّةِ　奥运会

(٤) فِي آنٍ وَاحِدٍ　同时，同时期

*(٢) الآنَ　现在，目前

(٤) آنَذَاكَ　那时，当时

(٤) أَوَانٌ جـ آوِنَةٌ　时间，时刻

(٨) آنِيٌّ م آنِيَّةٌ　当前的，近期的

اَلْحَاجَاتُ الآنِيَّةُ　近期需要

(٦) تَأَوَّهَ تَأَوُّهًا　叹息，呻吟，哀叹

(٨) آهَةٌ جـ آهَاتٌ　叹息声，哎哟

(٨) أُولاَنْ بَاتُور　乌兰巴托

(٦) أَوَى يَأْوِي أُوِيًّا الْمَكَانَ وإِلَيهِ　安身于，栖身于

(٦) آوَى فُلاَنًا يُؤْوِيهِ إِيوَاءً　收容，窝藏

(٦) مَأْوًى جـ مَآوٍ (اَلْمَآوِي)　收容所，藏身处

(٨) إِيوَانٌ جـ إِيوَانَاتٌ وأَوَاوِينُ　大厅，厅堂

(٦) آيَةٌ جـ آيَاتٌ　标志，征兆；奇迹

آيَةٌ قُرْآنِيَّةٌ　《古兰经》的一节

*(٢) أَيْ　即，就是

(٦) إِيَّاكَ (إِيَّاكُما، إِيَّاكُمْ ...) مِنْ كَذَا　注意，当心

*(٢) أَيَّارُ / مَايُو　五月

*(٢) أَيَّدَ يُؤَيِّدُ تَأْيِيدًا فُلاَنًا　支持，拥护

(٨) اَلأَيْدَرُوجِين/ اَلْهِيدْرُوجِين　氢，氢气

(٨) اَلإِيدْزْ (مَرَضُ الإِيدْز): مَرَضُ قُصُورِ الْمَنَاعَةِ الْمُكْتَسَبَةِ　艾滋病（后天免疫缺陷综合症）

(٨) أَيْدِيُولُوجِيَا　意识形态，思想

(٤) إِيرَانُ　伊朗

(٤) إِيرَانِيٌّ جـ إِيرَانِيُّونَ م إِيرَانِيَّةٌ　伊朗的；伊朗人

(٨) إِيشَارْب/ وَشَاحٌ　（女用）丝巾，围巾

(٨) أَيْضٌ / تَفَاعُلٌ حَيَوِيٌّ　新陈代谢

*(٢) أَيْضًا　也，又，同样

(٢) إِيطَالِيَا　意大利

(٢) إِيطَالِيٌّ جـ طُلْيَانٌ م إِيطَالِيَّةٌ　意大利的；意大利人

*(٢) أَيْلُولُ / سَبْتَمْبَرُ　九月

(٨) إِيلِيك: مِصْبَاحٌ جِدَارِيٌّ　壁灯

(٨) أَيِّمٌ جـ أَيَائِمُ وأَيَامَى　光棍，鳏夫；寡妇

*(٢) أَيْنَ　哪儿，哪里

*(٤) أَيْنَمَا (اسْمُ شَرْطٍ)　无论如何，不管在哪里

(٨) أَيُونٌ جـ أَيُونَاتٌ　离子

*(٢) أَيٌّ، أَيَّةٌ　哪一个；任何一个

*(٢) أَيُّهَا، أَيَّتُهَا　喂（呼唤词）

الباء

ب

*(٢) بِ 介词

أَكْتُبُ بِقَلَمِ الْحِبْرِ. （表示借助某种工具）

مَرَرْتُ بِهذِهِ الْمَدِينَةِ. （表示通过）

اِشْتَرَيْتُ كِتَابًا بِدِينَارٍ. （表示交换）

وَصَلُوا إِلَى دِمَشْقَ بِسَلَامٍ. （表示伴随）

يَعْمَلُونَ بِاللَّيْلِ وَالنَّهَارِ. （表示时间）

أَقَامَ بِشَنْغْهَايْ عِشْرِينَ سَنَةً. （表示空间）

(٤) بَابِلُ 巴比伦

(٢) بَاذِنْجَانٌ 茄子

(٨) بَابَا جـ بَابَاوَاتٌ وبَابَوَاتٌ 罗马教皇

(٨) بَار جـ بَارَات: خَمَّارَة 酒吧，酒店

(٢) بَارُود 火药

(٢) بَارِيسُ 巴黎

(٨) بَازِلاَّ 青豌豆

(٨) اَلْبَاسِفِيك / اَلْمُحِيطُ الْهَادِي 太平洋

(٨) بَاسُورٌ جـ بَوَاسِيرُ 痔疮

(٨) بَاشَا جـ بَاشَاوَات

帕夏（土耳其高级文武官员尊称）

(٨) بَاشْكَاتِب 秘书长，文书主任

(٨) بَاشْمُهَنْدِس / كَبِيرُ الْمُهَنْدِسِ 总工程师

*(٢) بَاصٌ جـ بَاصَاتٌ / أُتُوبِيس

大客车，公共汽车

(٤) بَاكِسْتَان 巴基斯坦

(٤) بَاكِسْتَانِيٌّ جـ بَاكِسْتَانِيَّةٌ

巴基斯坦的；巴基斯坦人

(٨) بَالُوعَةٌ جـ بَوَالِعُ وبَوَالِيعُ 阴沟，排污管道

مِيَاهُ الْبَوَالِيعِ 污水

مَعْمَلُ مُعَالَجَةِ مِيَاهِ الْبَوَالِيعِ 污水处理厂

(٨) بَالُّونٌ جـ بَالُّونَاتٌ 气球

(٦) بَالَيْه 芭蕾舞

(٨) بَامِيَا 秋葵，锦葵

(٨) بَانْبُو 竹子

(٨) بَانْكُوك (في تايلاد) 曼谷

(٨) بَانِيُو: حَوْضُ الاِسْتِحْمَامِ 浴缸，澡盆

(٦) بَاحَةُ الدَّارِ / فِنَاءُ الدَّار 院落，院子

(٨) بَاوَنْد 磅

*(٤) بِئْرٌ جـ آبَارٌ 井（阴性）

بِئْرٌ أُرْتُوَازِيَّةٌ 自流井

(٨) بَثِرَ ـَ بَثْرًا وبَثَرًا وتَبَثَّرَ جِلْدُهُ 起疙瘩

(٦) اِنْبَثَقَ انْبِثَاقًا مِنْ كَذَا 冒出，冲出，涌出

اِنْبَثَقَ الْفَجْرُ 破晓，东方发白

(٨) تَبَجَّحَ بِهِ / بَاهَى بِنَفْسِهِ

炫耀，吹嘘，夸夸其谈

(٨) بَجَعٌ الواحِدَةُ: بَجَعَةٌ جـ بَجَعَات 塘鹅

(٨) بَجَّلَهُ / عَظَّمَهُ 崇敬，敬重

بَجَّلَ فُلاَنًا / كَرَّمَهُ 隆重接待

(٨) بَجَمَ ـِ بَجْمًا وبُجُومًا

目瞪口呆，张口结舌

(٨) بَحْبَحَ وتَبَحْبَحَ فِي العَيْشِ 宽裕，安逸，安乐

(٦) بَحْتٌ م بَحْتَةٌ 纯粹的

*(٢) بَحَثَ ـَ بَحْثًا الأَمْرَ 研究

بَحَثَ فِي المَوْضُوعِ 探讨，研究，调查

*(٢) بَحَثَ عَنْ كَذَا 寻找

(٤) بَحْثٌ جـ أَبْحَاثٌ وبُحُوثٌ 研究；论文

(٦) مُبَاحَثَةٌ جـ مُبَاحَثَاتٌ 会谈，商谈

(٨) مَبْحَثٌ جـ مَبَاحِثُ 议题，课题

قَلَمُ المَبَاحِثِ الْجِنَائِيَّةِ 刑侦处，刑事调查科

(٦) بَحَّ الرَّجُلُ ـَ بَحَحًا وبُحَاحًا: غَلُظَ صَوْتُهُ وخَشُنَ

声音嘶哑

(٨) مَبْحُوحٌ 声音嘶哑的

(٤) أَبْحَرَ إِبْحَارًا 航海，航行

(٦) بُؤْرَةٌ 焦点，中心

اَلْبُعْدُ الْبُؤْرِيُّ 焦距

*(٤) بَأْسٌ 威力，勇猛

لاَ بَأْسَ بِهِ 还不错，还可以

لاَ بَأْسَ فِي ذَلِكَ 没关系，不要紧

لاَ بَأْسَ عَلَيْكَ 别怕！

*(٤) بُؤْسٌ 贫困，不幸

(٤) بَائِسٌ جـ بُؤْسٌ م بَائِسَةٌ

可怜的，不幸的，贫困的

(٨) بَبْغَاء جـ بَبْغَاوَات 鹦鹉

*(٦) اَلْبَتَّةَ / بَتَاتًا 断然地，绝不

(٨) بَتَرَهُ بَتْرًا / قَطَعَهُ مُسْتَأْصِلاً

截断，连根拔，根除

(٨) أَبْتَرُ م بَتْرَاءُ جـ بُتْرٌ / مَبْتُورٌ

秃尾的；绝后的，节略的

جُمْلَةٌ مَبْتُورَةٌ 支离破碎的语句

*(٢) بِتْرُول 石油

(٨) بِتْرُودُولاَرَات / دُولاَرَاتٌ بِتْرُولِيَّةٌ 石油美元

(٤) بِتْرُوكِيمَاوِيٌّ م بِتْرُوكِيمَاوِيَّةٌ 石油化工的

(٦) بَثَّ ـُ بَثًّا الشَّيْءَ

散布，传播，发出，发射，播出

(٨) اِنْبَثَّ / تَفَرَّقَ وانْتَشَرَ

分散，散布，被传播，被播出

(٦) تَبَحَّرَ فِي الدَّرْسِ أَوِ الْعِلْمِ
深入研究，广泛涉猎
*(٢) بَحْرٌ جـ بِحَارٌ وبُحُورٌ 海，海洋
اَلْبَحْرُ الأَحْمَرُ 红海
اَلْبَحْرُ الأَبْيَضُ الْمُتَوَسِّطُ / اَلْبَحْرُ الْمُتَوَسِّطُ
地中海
فِي بَحْرِ كَذَا 在…之内，在…之间
فَوْقَ مُسْتَوَى الْبَحْرِ 海拔
(٨) بَحْرُ(الشِّعْرِ)جـ بُحُورٌ 格律
(٢) بَحْرِيٌّ م بَحْرِيَّةٌ 海洋的，航海的
(٦) اَلْبَحْرِيَّةُ / القُوَّاتُ البَحْرِيَّةُ 海军
*(٤) اَلْبَحْرَيْنِ 巴林
*(٢) بُحَيْرَةٌ جـ بُحَيْرَاتٌ 湖，湖泊
(٤) بَحَّارٌ جـ بَحَّارَةٌ 水手，海员
(٦) بَخْتٌ / حَظٌّ 时运，运气
فَتَحَ الْبَخْتَ 算命，卜卦
(٨) بَخِيتٌ ومَبْخُوتٌ / مَحْظُوظٌ 幸运的
(٨) بَخْتَرَ بَخْتَرَةً وتَبَخْتَرَ تَبَخْتُرًا فُلانٌ
趾高气扬，大摇大摆，摆架子
(٨) بَخَّ ـُ بَخًّا فِي النَّوْمِ / شَخَرَ 打鼾
(٨) بَخَّرَ تَبْخِيرًا الشَّيْءَ / اِسْتَخْرَجَ بُخَارَهُ 使蒸发
(٦) تَبَخَّرَ تَبَخُّرًا الْمَاءُ 蒸发，化为蒸气
تَبَخَّرَتِ الضَّرِيبَةُ 税款流失

(٤) بُخَارٌ 蒸气
(٤) بُخَارِيٌّ م بُخَارِيَّةٌ 蒸气的
*(٢) بَاخِرَةٌ جـ بَوَاخِرُ 汽船，轮船
بَاخِرَةٌ عَابِرَةُ الْمُحِيطَاتِ 远洋轮船
بَاخِرَةٌ قَاطِرَةٌ 拖轮
بَوَاخِرُ مُنَظَّمَةٌ 班轮
(٨) بَخُورٌ 香
(٨) مِبْخَرَةٌ جـ مَبَاخِرُ 香炉
(٨) بَخَسَ ـَ بَخْسًا الْقِيمَةَ 减价，贬值
(٨) بَخْسٌ 低廉的
(٤) بَخِلَ ـَ بَخَلاً وبَخُلَ ـُ بُخْلاً بِكَذَا
小气，吝啬，舍不得
*(٤) بَخِيلٌ جـ بُخَلاءُ 小气的，吝啬的
*(٢) بَدَأَ ـَ بَدْأً الأَمْرَ أَوْ بِهِ 开始
*(٢) بَدَأَ يَفْعَلُ كَذَا 着手做，开始做
*(٤) اِبْتَدَأَ اِبْتِدَاءً الأَمْرَ أَوْ بِهِ 开始
*(٢) بِدَايَةٌ 开始，开端，起点
*(٢) اِبْتِدَائِيٌّ م اِبْتِدَائِيَّةٌ 初级的，初等的
*(٢) مَبْدَأٌ جـ مَبَادِئُ 原则，原理；起点
مَبْدَأُ الْخِدْمَةِ الْعَسْكَرِيَّةِ الإِجْبَارِيَّةِ
义务兵役制
الْمَبَادِئُ الْخَمْسَةُ لِلتَّعَايُشِ السِّلْمِيِّ
和平共处五项原则

مَبْدأُ الْمُسَاوَاةِ والْمَنْفَعَةِ الْمُتَبَادَلَةِ

平等互利原则

互不干涉原则 مَبْدأُ عَدَمِ التَّدَخُّلِ المُتَبَادَلِ

对等原则 مَبْدأُ الْمُعَامَلَةِ بِالْمِثْلِ

起初，最初 (٨) بَادِئُ ذِي بَدْءٍ

最初的，原始的 (٦) بِدَائِيٌّ م بِدَائِيَّةٌ

初学者，生手 *(٤) مُبْتَدِئٌ جـ مُبْتَدِئُونَ م مُبْتَدِئَةٌ

(٦) بَدَّدَ تَبْدِيداً الْمَالَ ونَحْوَهُ

使分散；挥霍，浪费；驱散

(٦) تَبَدَّدَتْ تَبَدُّداً الْغُيُومُ ونَحْوَهُ (تَفرَّقَتْ)

散开，（云）驱散

专制，压制 (٦) اِسْتَبَدَّ اِسْتِبْدَاداً بِهِ

专制的，独裁的 (٨) مُسْتَبِدٌّ م مُسْتَبِدَّةٌ

*(٤) لاَ بُدَّ مِنْ .../ لَمْ يجِدْ بُدًّا مِنْ ...

必定，必须

主动做，抢先做 *(٤) بَادَرَ مُبادرَةً إِلَى الأَمْرِ

(٦) تَبَادَرَ الْقَوْمُ إِلَى كَذَا: تَسَابَقُوا إِلَيْهِ

急忙，争先恐后

他马上想到，他首先想到 (٨) تَبَادَرَ إِلَى ذِهْنِهِ كَذَا

圆月，满月 (٦) بَدْرٌ جـ بُدُورٌ وأَبْدَارٌ

主动性，积极性 (٤) اَلْمُبَادَرَةُ

直观知识；征候，迹象 (٨) بَادِرَةٌ جـ بَوَادِرُ

地下室 (٨) بَدْرُوم

(٤) أَبْدَعَ إِبْدَاعًا الشَّيْءَ

做得出色，别出心裁，创新，创造

新事物，创新 (٨) بِدْعَةٌ جـ بِدَعٌ

美妙的，精美的，新奇的 (٢) بَدِيعٌ م بَدِيعَةٌ

عِلْمُ الْبَدِيعِ

藻式修辞（阿拉伯修辞学的第三部分）

改变，更换，替换 *(٤) بَدَّلَ تَبْدِيلاً الشَّيْءَ

交换，互换，交流 *(٤) تَبَادَلَ تَبَادُلاً الشَّيْءَ

互通有无 تَبَادَلُوا الْحَاجَاتِ

变更，更换，替换 (٨) تَبَدَّلَ تَبَدُّلاً الشَّيْءُ

(٦) اِسْتَبْدَلَ الشَّيْءَ بِالشَّيْءِ الآخَرِ

让甲取代乙，以一物替换另一物

津贴 (٦) بَدَلٌ جـ بَدَلاَتٌ

代替；而不… *(٢) بَدَلاً مِنْ كَذَا

一套衣服 (٢) بَدْلَةٌ (بَذْلَةٌ) جـ بَدَلاَتٌ

交换，交流 *(٤) تَبَادُلٌ جـ تَبَادُلاَتٌ

相互的 (٤) مُتَبَادَلٌ م مُتَبَادَلَةٌ

互谅互让 اَلتَّفَاهُمُ والتَّنَازُلُ الْمُتَبَادَلُ

替身，代替者；配音演员 (٨) بَدِيلٌ جـ بُدَلاَءُ

代替品 (٨) بَدِيلَةٌ جـ بَدِيلاَتٌ

(٨) بَدَّالٌ / صَرَّافُ النُّقُودِ أَوْ بَقَّالٌ

银钱兑换商；食品杂货商

身体 (٤) بَدَنٌ جـ أَبْدَانٌ

(٢) بَدَنِيٌّ م بَدَنِيَّةٌ 身体的

*(٢) بَدِينٌ م بَدِينَةٌ 胖子，肥胖的

(٤) بَدِيهَةٌ وبَدَاهَةٌ 直觉，直观

*(٤) بَدِيهِيٌّ م بَدِيهِيَّةٌ 显而易见的，不言而喻的

مِنَ الْبَدِيهِيِّ أَنَّ ... 显而易见的是…

ب

*(٢) بَدَا يَبْدُو بَدْوًا الشَّيْءُ 出现，呈现，显出

يَبْدُو أَنَّ ... 看来，好像，似乎

*(٢) أَبْدَى يُبْدِي إِبْدَاءً الأَمْرَ 表明，表示，提出

(٨) بَادِيَةٌ ج بَوَادٍ (الْبَوَادِي) 沙漠，旷野

(٨) الْبَدَاوَةُ 逐水草而居，游牧生活

*(٤) بَدَوِيٌّ ج بَدْوٌ 游牧人

(٨) بَذَخَ ـَ بَذْخًا الرَّجُلُ

骄矜，高傲；摆阔，讲排场

(٨) بَاذِخٌ ج بَوَاذِخُ 骄奢的，豪华的，阔气的

(٨) بَذَّهُ ـُ بَذًّا / غَلَبَهُ 压倒；胜过

(٤) بَذَرَ ـُ بَذْرًا الْحَبَّ أَوْ غَيْرَهُ

播撒，传播，散布

(٨) بَذَرَ الْقَوْمُ: ذَهَبُوا شَذَرَ بَذَرَ

流离失所，东逃西散

(٦) بَذَّرَ تَبْذِيرًا الشَّيْءَ 挥霍，浪费

(٤) بَذْرٌ ج بُذُورٌ الواحدة بَذْرَةٌ 种子

*(٢) بَذَلَ ـُ بَذْلاً الشيءَ 贡献，付出，花费，使出

بذل جُهْدَهُ 尽力，努力，费力

(٦) بَرِئَ ـَ بَرْءًا مِنَ الْمَرَضِ 痊愈，复原

(٨) بَرِئَ ـَ بَرَاءَةً مِنَ كَذَا

与…无干，清白，无辜

(٦) أَبْرَأَ إِبْرَاءً فُلاَنًا مِنْ ...

开脱，认为无罪，豁免

(٦) بَرَّأَ تَبْرِيئًا فُلاَنًا مِنْ ... 开脱，免除

(٦) تَبَرَّأَ تَبَرُّؤًا مِنْ كَذَا 摆脱，与…无关

(٨) بَرَاءَةٌ 清白，无辜

(٨) بَرَاءَةٌ / رُخْصَةٌ 执照，证书

(٨) بَرَاءَة (اخْتِرَاع) （发明）专利（权）

(٦) بَرِيءٌ ج أَبْرِيَاءُ م بَرِيئَةٌ

清白的，无辜的，无罪的

(٨) بَرَازِيلُ / الْبَرَازِيلُ 巴西

(٨) بَرْبَرِيٌّ ج بَرَابِرَةٌ 柏柏尔人；未开化的

(٨) بُرْتُغَالُ / الْبُرْتُغَالُ 葡萄牙

*(٢) بُرْتُقَالٌ 橙子

(٢) بُرْتُقَالِيٌّ م بُرْتُقَالِيَّةٌ 橙黄色的

(٨) بُرْتُكُول وبُرُوتُوكُول 议定书

*(٤) بُرْجٌ ج أَبْرَاجٌ 塔，岗楼

بُرْجُ مُرَاقَبَةِ الْمَطَارِ 机场控制塔

بُرْجُ الْمَاءِ 水塔

(٨) بَارِجَةٌ ج بَوَارِجُ 战舰

(٦) الْبُرْجُوَازِيَّةُ 资产阶级

(٨) بَرِحَ ـَ بَرَاحًا وبَرِحًا الْمَكَانَ	离开，离去
(٦) مَا بَرِحَ / مَا زَالَ	仍旧，仍然
(٤) اَلْبَارِحَةُ / أَمْسِ	昨天
(٨) مُبَرِّحٌ م مُبَرِّحَةٌ	剧烈的，猛烈的
أَلَمٌ مُبَرِّحٌ	剧痛
ضَرْبٌ مُبَرِّحٌ	痛打
(٦) بَرَّدَ تَبْرِيدًا الشَّيْءَ	冷冻，制冷，冷却
بَرَّدَ الْمَأْكُولَاتِ ونَحْوَهُ	冷藏（食物等）
*(٢) بَرْدٌ / بُرُودٌ / بُرُودَةٌ	冷，寒冷
(٨) بَرَدٌ	冰雹
(٨) بُرْدَةٌ جـ بُرُدَاتٌ وبُرْدٌ وبُرَدٌ	斗篷
(٨) بَرْدِيٌّ	纸草（植物）
اَلْأَوْرَاقُ الْبَرْدِيَّةُ	纸草纸
(٨) بُرَدَاءُ وبَرْدِيَّةٌ / بَرْدُ الْحُمَّى	疟疾
*(٢) بَارِدٌ م بَارِدَةٌ	凉的，冷的，寒冷的
*(٢) اَلْبَرِيدُ	邮政，邮件
اَلْبَرِيدُ الْجَوِّيُّ	空邮，航空邮件
اَلْبَرِيدُ الْعَادِيُّ	平邮，普通邮件
اَلْبَرِيدُ الْمُسَجَّلُ / اَلْبَرِيدُ الْمَضْمُونُ: اَلْبَرِيدُ الْمُوصَى عَلَيْهِ	挂号邮件
(٨) بَرَّادٌ	钳工，装配工
(٤) بَرَّادَةٌ	冰箱
(٨) مِبْرَدٌ جـ مَبَارِدُ	锉刀
(٨) بَرْدَخَ بَرْدَخَةً الشَّيْءَ / صَقَلَهُ	打磨，磨光
(٨) بَرَّ ـِ بِرًّا فُلَانٌ / صَدَقَ بِوَعْدِهِ	诚实，守信
(٨) بَرَّ ـِ وَالِدَيْهِ	孝顺
*(٢) بَرٌّ	陆地
(٢) بَرِّيٌّ م بَرِّيَّةٌ	陆上的；野生的
(٨) بَرِّيَّةٌ جـ بَرِّيَّاتٌ وبَرَارِيُّ	旷野，荒野
(٤) بَرَّمَائِيٌّ م بَرَّمَائِيَّةٌ	两栖的，水陆两用的
دَبَّابَةٌ بَرَّمَائِيَّةٌ	水陆两用坦克
(٦) بَرٌّ جـ أَبْرَارٌ / بَارٌّ جـ بَرَرَةٌ	善良的，正直的；孝顺的，效忠的
(٦) مُبَرِّرٌ جـ مُبَرِّرَاتٌ	理由
(٨) مَبَرَّةٌ جـ مَبَرَّاتٌ	慈善机构，孤儿院
(٤) بَرَزَ ـُ بُرُوزًا الشَّيْءُ	出现，突出
(٤) أَبْرَزَ إِبْرَازًا الشَّيْءَ	使露出，出示
(٨) بَارَزَهُ مُبَارَزَةً	比剑，击剑
(٦) تَبَرَّزَ تَبَرُّزًا	大便，出恭
(٢) بُرَازٌ	大便
*(٢) بَارِزٌ م بَارِزَةٌ	突出的，明显的
(٨) بَرِيزَةُ الإِنَارَةِ / مَأْخَذٌ كَهْرَبَائِيٌّ	电源插座
(٨) بَرْزَخٌ جـ بَرَازِخُ	地峡
(٨) بِرْسِيمٌ	苜蓿
(٨) أَبْرَشُ م بَرْشَاءُ جـ بُرْشٌ	有斑点的
(٨) اَلْبُرْشَامُ	胶囊，贴纸

(٨) أَبْرَصُ م بَرْصَاءُ جـ بُرْصٌ
麻风病患者，染有癞病的

(٦) بَرُعَ ـُ بَرَاعًا وبَرَاعَةً 娴熟，精通，出色，出众

(٦) تَبَرَّعَ تَبَرُّعًا بِكَذَا لِـه 捐献，捐赠

(٤) بَرَاعَةٌ 精通，娴熟，精湛，出众

(٦) تَبَرُّعَاتٌ 捐献，捐赠

(٤) بَارِعٌ م بَارِعَةٌ 熟练的，技艺精湛的

(٨) بُرْعُمٌ جـ بَرَاعِمُ / بُرْعُومٌ جـ بَرَاعِيمُ 花蕾，蓓蕾

(٨) بَرْغُوثٌ جـ بَرَاغِيثُ 跳蚤

(٨) بُرْغِيٌّ جـ بَرَاغِيُّ / لَوْلَبٌ 螺丝钉

(٤) بَرْقٌ جـ بُرُوقٌ 闪电

*(٢) بَرْقِيَّةٌ جـ بَرْقِيَّاتٌ 电报

بَرْقِيَّةُ التَّعْزِيَةِ 唁电

بَرْقِيَّةُ التَّهْنِئَةِ 贺电

(٦) إِبْرِيقٌ جـ أَبَارِيقُ 壶

(٤) بَرَّاقٌ م بَرَّاقَةٌ 闪光的，灿烂的

(٦) بُرْقُعٌ جـ بَرَاقِعُ 面纱，面罩

(٤) بَرْقُوقٌ 李子，梅子

*(٤) بَارَكَ اللّٰهُ فِيكَ 安拉祝福你〔宗〕，恭喜恭喜

(٤) بَرَكَةٌ جـ بَرَكَاتٌ 幸福，吉祥，祝福

(٤) بِرْكَةٌ جـ بِرَكٌ 池塘

*(٢) مَبْرُوكٌ / مُبَارَكٌ
有福的；吉祥的；可喜可贺的，恭喜恭喜

(٨) بُرْكَانٌ جـ بَرَاكِينُ 火山

(٦) بَرْلَمَانٌ جـ بَرْلَمَانَاتٌ 国会，议会

(٨) بَرْلِينُ (فِي أَلْمَانِيَا) 柏林

(٦) أَبْرَمَ إِبْرَامًا الْمُعَاهَدَةَ ونَحْوَهَا 缔结

(٨) تَبَرَّمَ تَبَرُّمًا بِالشَّيْءِ / سَئِمَه وضَجِرَ به
厌倦，厌烦

(٨) بَرِّيمَةٌ / فَتَّاحَة 拔塞钻，起子

(٦) بِرْمِيلٌ جـ بَرَامِيلُ 桶

بَرَامِيل / يَوْم (ب/ ي) 桶 / 日，日产桶

*(٢) بَرْنَامَجٌ جـ بَرَامِجُ 节目；计划；日程；纲要

بَرْنَامَجُ (الْكُومْبِيُوتَر)
电脑软件；系统，程序

بَرْنَامَجُ الأُمَمِ الْمُتَّحِدَةِ لِلتَّنْمِيَةِ (unpp)
联合国开发计划署

(٨) بُرْهَةٌ 瞬间，片刻

*(٤) بَرْهَنَ يُبَرْهِنُ بَرْهَنَةً الشَّيْءَ أَوْ عَلَيْهِ 证明，证实

(٦) بُرْهَانٌ جـ بَرَاهِينُ 证明，证据

(٨) بَرْوَزَ بَرْوَزَةً الصُّورَةَ 装框

(٨) بِرْوَازٌ جـ بَرَاوِيزُ: إِطَار 框子

(٨) بُرُوتُون جـ بُرُوتُونَات 质子

بُرُوتُون مُتَعَادِل 中子

(٦) بُرُوتِينَات 蛋白质

(٨) بُرُوسْتَاتَا 前列腺

*(٢) بُسْتَانٌ جـ بَسَاتِينُ 花园，果园，菜园
(٤) بَسَطَ ـُ بَسْطًا الشيءَ 铺开，展开
*(٤) بَسَّطَ تَبْسِيطًا الأَمْرَ 简化，通俗化
(٤) اِنْبَسَطَ اِنْبِسَاطًا الشيءُ 展开，伸展
(٤) بَسَاطَةٌ 简单，朴实，单纯，天真
(٢) بِسَاطٌ جـ بُسُطٌ 地毯
*(٢) بَسِيطٌ جـ بُسَطَاءُ م بَسِيطَةٌ
简单的，朴素的，单纯的
(٢) مَبْسُوطٌ م مَبْسُوطَةٌ 被铺开的；高兴的
(٤) مُنْبَسِطٌ م مُنْبَسِطَةٌ 开阔的，平坦的
(٤) مُبَسَّطٌ م مُبَسَّطَةٌ 简化的，通俗的
(٢) بَسْكُوت / بَسْكَوِيت 饼干
(٤) بَسَالَةٌ 英勇，勇猛
(٤) بَاسِلٌ جـ بَوَاسِلُ م بَاسِلَةٌ 英勇的，大胆的
(٨) بِسِلَّةٌ 豌豆
*(٢) اِبْتَسَمَ اِبْتِسَامًا 微笑
(٤) بَسْمَةٌ جـ بَسَمَاتٌ / اِبْتِسَامَةٌ 微笑
(٢) مُبْتَسِمٌ جـ مُبْتَسِمُونَ م مُبْتَسِمَةٌ / بَاسِمٌ
微笑的，笑嘻嘻的
(٦) بَاشَرَ مُبَاشَرَةً الأمرَ 经营，管理，从事，做
(٦) بَشَّرَ تَبْشِيرًا فُلَانًا 报喜
(٦) تَبْشِيرٌ جـ تَبَاشِيرُ 好消息，吉兆
(٨) بِشْرٌ 欣喜，喜悦

(٨) بُرُوش: دَبُّوسٌ لِلزِّينَةِ 别针，胸针
(٨) بُرُوكْسَل (في بِلْجِيكَا) 布鲁塞尔
(٨) اَلْبُرُولِيتَارِيَا 无产阶级
(٦) بُرُونْز 青铜
(٦) بَرَى ـِ بَرْيًا وابْتَرَى ابْتِرَاءً الْقَلَمَ ونحوَهُ 削（笔）
(٦) تَبَارَى تَبَارِيًا مَعَ فُلَانٍ 同…比赛，竞赛
*(٢) مُبَارَاةٌ جـ مُبَارَيَاتٌ 比赛，竞赛
(٢) مِبْرَاةٌ 小刀，铅笔刀
(٢) بُرِيطَانِيَا 英国
(٢) بُرِيطَانِيٌّ جـ بُرِيطَانِيُّونَ م بُرِيطَانِيَّةٌ
英国的；英国人
(٤) بِزْرٌ الواحدة بِزْرَةٌ جـ بِزْرَاتٌ 种，种子
(٨) بَزَّهُ ـُ بُزًّا 战胜，压倒
(٦) إِبْتَزَّ ابْتِزَازًا الشيءَ: نَزَعَهُ وأَخَذَهُ بِخَفَاءٍ وقَهْرٍ
勒索，敲诈，讹诈
(٦) بِزَّةٌ جـ بِزَّاتٌ 衣服，套装
بِزَّةٌ رَسْمِيَّةٌ 礼服，制服
بِزَّةٌ عَسْكَرِيَّةٌ 军装
(٨) بَزَغَتِ ـُ بَزْغًا وبُزُوغًا الشَّمْسُ أَوِ الْقَمَرُ أَوِ
النَّجْمُ: طَلَعَتْ
（太阳、月亮等）出来，出现，生起
(٨) بِزَالُ الْقَنَانِي 拔塞钻
(٨) بَاسُورٌ جـ بَوَاسِيرُ 痔疮

*(٤) بُشْرَى　喜讯，好消息

(٤) بَشَرَةٌ　表皮，外皮

*(٤) اَلْبَشَرُ　人，人类

*(٤) اَلْبَشَرِيَّةُ　人类

*(٢) مُبَاشَرَةً　直接地

(٨) بَشَّ ـَ بَشًّا وبَشَاشًا الْوَجْهُ　微笑，喜笑颜开

(٨) بَشَّاشٌ جـ بَشَّاشُونَ م بَشَّاشَةٌ　笑容可掬的，和颜悦色的

(٨) بَشَاعَةٌ　丑陋，丑恶

(٦) بَشِعٌ م بَشِعَةٌ　难看的，丑陋的，可恶的

(٨) بَصْبَصَ وتَبَصْبَصَ الْكَلْبُ　摇尾巴

(٨) بَصْبَصَ الرَّجُلُ　迎合，讨好，巴结，献媚

بَصْبَصَ بِعَيْنَيْهِ　使眼色，以目传情，眉来眼去

(٤) أَبْصَرَ إِبْصَارًا الشيءَ　看见，看出

(٨) تَبَصَّرَ تَبَصُّرًا فِي الأمرِ　审察，思来想去，思索

*(٤) بَصَرٌ جـ أَبْصَارٌ　视觉，视力，眼力

فِي لَمْحِ الْبَصَرِ　瞬间，刹那

(٢) اَلْبَصْرَةُ　巴士拉

(٨) اَلْبَصِيرَةُ / اَلْبَاصِرَةُ: قوَّةُ الإبْصَارِ والإدْرَاكِ　洞察力

(٦) بَصِيرٌ جـ بُصَرَاءُ　有眼力的，有识别力的

(٨) بَصِيصٌ: بريقٌ　闪耀，光辉，光亮

بَصِيصٌ مِنَ الأَمَلِ　一线希望

بَصِيصٌ مِنَ الْحَضَارَةِ　一线文明之光

(٤) بَصَقَ ـُ بَصْقًا　吐痰，吐唾沫

(٢) بَصَلٌ　葱，大葱

(٦) بَصَمَ ـِ بَصْمًا: خَتَمَ بِطَرَفِ إِصْبَعِهِ　按手印

(٨) بَصْمَةُ الإِصْبَعِ　指纹

*(٢) بِضْعٌ م بِضْعَةٌ　几个

*(٢) بِضَاعَةٌ جـ بَضَائِعُ　商品，货物

بِضَائِعُ رَائِجَةٌ　畅销货

بَضَائِعُ سَائِبَةٌ　散装货

بَضَائِعُ غَيْرِ خَاضِعَةٍ لِلرُّسُومِ　免税货物

بَضَائِعُ كَاسِدَةٌ　滞销货

بَضَائِعُ مُهَرَّبَةٌ　走私货，水货

(٨) مِبْضَعٌ جـ مَبَاضِعُ　手术刀

(٨) أَبْطَأَ إِبْطَاءً عَلَيْهِ / تَأَخَّرَ　迟，晚

(٨) أَبْطَأَ بِهِ / أَخَّرَهُ　推迟，拖后

(٦) تَبَاطَأَ تَبَاطُؤًا فِي الأَمْرِ　拖拉，拖沓，磨蹭

*(٢) بِبُطْءٍ　缓慢地，慢慢地

*(٢) بَطِيءٌ م بَطِيئَةٌ　慢的，缓慢的

(٨) اِنْبَطَحَ انْبِطَاحًا فُلَانٌ　趴

(٨) بَطْرِيقٌ جـ بَطَارِقُ: بَطْرِيكٌ　（基督教）大主教

(٨) بَطَشَ ـِ بَطْشًا بِهِ　猛攻，冲击，突击

(٤) بَطَّارِيَّةٌ　电池

ب

(٢) بَطَاطَا 白薯，红薯
(٢) بَطَاطِس 土豆，马铃薯
(٢) بِطِّيخٌ 西瓜
(٨) بَطَّ ـُ بَطًّا البطنَ 开膛
(٤) بَطٌّ جـ بُطُوطٌ وبطَاطَا الواحدةُ بَطَّةٌ 鸭子
*(٢) بِطَاقَةٌ جـ بِطَاقَاتٌ 卡片；证件
بِطَاقَةُ البريدِ / بِطَاقَةٌ بريدِيَّةٌ 明信片
بِطَاقَةُ دَعْوَةٍ 请帖
بِطَاقَةُ الْهُوِيَّةِ / بِطَاقَةُ الشَّخْصِيَّةِ 身份证
بِطَاقَةُ الزِّيَارَةِ / كَارْت 名片
اَلْبِطَاقَاتُ الائْتِمَانِيَّةُ 信用卡
بِطَاقَةُ الصُّعُودِ 登机卡
(٦) بَطَلَ ـُ بُطْلاً وبُطْلاَنًا الشيءُ
被废止，被废除；失效，无效
(٦) بَطَلَ ـُ بِطَالَةً وتَبَطَّلَ العاملُ 失业
(٦) أَبْطَلَ إِبْطَالاً الأمرَ / بَطَّلَهُ: أَلْغَاهُ 废止，注销
(٨) أَبْطَلَ مَزَاعِمَ فُلاَنٍ 驳斥
(٨) بِطَالَةٌ 失业，无工作
*(٢) بَطَلٌ جـ أَبْطَالٌ م بَطَلَةٌ
英雄，勇士；英雄的；（小说的）主人公
*(٤) بُطُولَةٌ جـ بُطُولاَتٌ 英雄行为，英雄主义
البُطُولَةُ 冠军
(٤) بُطُولِيٌّ م بُطُولِيَّةٌ 英雄的，英雄主义的

(٦) بَاطِلٌ جـ أَبَاطِيلُ 荒谬的；虚假的；无用的
(٦) بَاطِلٌ جـ بُطَّالٌ 失业的，失业者
*(٢) بَطْنٌ جـ بُطُونٌ 肚子，腹部，内部
(٤) بَطَّانِيَّةٌ جـ بَطَّانِيَّاتٌ 毯子
*(٤) بَاطِنٌ 内部
فِي بَاطِنِ الأَرْضِ 地下
*(٢) بَعَثَ ـَ بَعْثًا فُلاَنًا 派遣
*(٢) بَعَثَ إليه بِبَرْقِيَّةٍ 发电报
(٦) بَعَثَهُ من الْمَوْتِ 使复活
يَوْمُ الْبَعْثِ 复活日
(٦) انْبَعَثَ انْبِعَاثًا مِنْ كَذَا 出自，源于
*(٤) بَعْثَةٌ جـ بَعَثَاتٌ 代表团，使团
(٨) بَاعِثٌ جـ بَوَاعِثُ 动机，缘由
*(٤) مَبْعُوثٌ جـ مَبْعُوثُونَ م مَبْعُوثَةٌ
代表，使节；发出的
(٨) بَعْثَرَ بَعْثَرَةً الشَّيْءَ / فَرَّقَهُ وبَدَّدَهُ 分开，散开
(٨) مُبَعْثَرٌ م مُبَعْثَرَةٌ 散乱的
*(٢) بَعُدَ ـُ بُعْدًا عَنْهُ 远离
(٤) أَبْعَدَ إِبْعَادًا شيئًا 挪开；消除；排斥
*(٢) اِبْتَعَدَ ابْتِعَادًا عَنْ … 离开，避开，躲开
(٨) اِسْتَبْعَدَ اسْتِبْعَادًا الشيءَ 认为遥远；排除
(٤) بُعْدٌ جـ أَبْعَادٌ 遥远；距离，路程
التَّحَكُّمُ عَنْ بُعْدٍ 遥控

ب

*(٢) يَنْبَغِي لَهُ أَنْ يَفْعَلُ كَذَا 他应该…，他应当…

(٤) بُغْيَة ... 为了…，企图…

(٨) بُغَاءٌ 希望，愿望

(٨) بَغِيٌّ ج بَغَايَا: زَانِيَةٌ 妓女

(٨) بَقْدُونس 荷兰芹

*(٢) بَقَرٌ ج أَبْقَارٌ الواحدة بَقَرَةٌ 牛，黄牛

بَقَرَةٌ حَلُوبٌ أوحَلاَّبَةٌ 乳牛，奶牛

(٨) بَقْشِيشٌ ج بَقَاشِيشُ 小费，赏钱

(٤) بُقْعَةٌ ج بُقَعٌ 斑点，污点，瑕疵

(٤) بُقْعَةٌ ج بِقَاعٌ 地点，地段，地带

(٨) بَقٌّ وَاحِدَتُهُ بَقَّةٌ 臭虫

(٤) بَقَّالٌ 食品杂货商；蔬菜商

(٤) بَقَّالَةٌ 食品杂货店

*(٢) بَقِيَ يَبْقَى بَقَاءً الشيءُ 存留，剩下，留下

(٤) أَبْقَى يُبْقِي إِبْقَاءً الشيءَ 保留，留下

(٨) أَبْقَى علَى ... 爱惜，保存，挽救

(٨) تَبَقَّى تَبَقِّيًا الشيءُ 遗留，剩余，剩下

*(٤) بَقِيَّةٌ ج بَقَايَا 剩余，残余

(٢) بَاقٍ (البَاقِي) م بَاقِيَةٌ 剩下的，残余的；余额

(٨) بَك ج بَكَوَات

贝克（土耳其中下等官员的尊号）

(٨) بَكَالُورِيَا 高中毕业文凭，中等教育文凭

(٦) بَكَالُورِيُوس / مَكْلُورِيُوس 工学士学位

مُرَاقَبَةٌ عن بُعْدٍ 远距离观察

القِيَاسُ عَنْ بُعْدٍ 遥测

(٨) أَبْعَادٌ 长短，大小，范围，轮廓，方面

ذُو أَبْعَادٍ ثَلاثَةٍ 三维的

*(٢) بَعْدَ... 在…之后

بَعْدَ غَدٍ 后天

بَعْدَ قَلِيلٍ 过一会儿

(٤) بَعْدَئِذٍ 以后，后来

*(٢) بَعِيدٌ م بَعِيدَةٌ 远的，远方的，遥远的

(٨) بَعِيرٌ 骆驼

*(٢) بَعْضٌ 一部分，一些

(٤) بَعُوضٌ / نَامُوسٌ 蚊子

(٨) بَغَتَهُ ـُ بَغْتًا وبَاغَتَهُ 突然袭击；使他吃惊

(٦) بَغْتَةً 突然

*(٢) بَغْدَادُ 巴格达

(٦) أَبْغَضَ إِبْغَاضًا فُلاَنًا 憎恶，痛恨

(٦) بَغِيضٌ ومُبْغَضٌ 可恶的，可憎的

(٨) بَغْلٌ ج بِغَالٌ 骡子

(٨) بَغَى ـِ بُغَاءً وَبَغْيًا وبُغْيَةً الرَّجُلُ الشَّيْءَ

要求，寻求

(٨) بَغَى الرَّجُلُ 横行，作恶；放荡

(٨) بَغَتِ المَرْأَةُ 卖淫

(٨) اِبْتَغَى اِبْتِغَاءً الشيءَ 寻求，希望，要求

ب

بَلَدٌ داعٍ　邀请国

بَلَدٌ دائِنٌ　债权国

بَلَدٌ مَدِينٌ　债务国

بَلَدٌ مُضِيفٌ　东道国

بَلَدٌ مُقْتَرِحٌ / بَلَدٌ داعٍ　发起国

بَلَدٌ مانِحٌ　援助国

بَلَدُ الْمَنْشَأِ　原产地

*(٢) بَلْدَةٌ جـ بِلادٌ　乡镇，家乡，市镇

(٤) بَلَدِيٌّ م بَلَدِيَّةٌ　本地的，本国的

(٨) بَلَدِيَّةٌ　市，市镇；市镇府

(٨) بَلِيدٌ جـ بُلَداءُ　笨拙的，愚蠢的

(٨) بَلاطٌ: طُوبٌ　砖，石板

بَلاطٌ خَزَفِيٌّ / بَلاطٌ بورْسِلِين: قاشانِي　瓷砖

بَلاطُ مُوزايِيك　马赛克砖

بَلاطُ المَلِكِ　宫廷，王室，朝廷

(٦) اِبْتَلَعَ اِبْتِلاعًا الشيءَ / التُهَمَةَ　吞食，咽下

(٨) بُلْعُمٌ جـ بَلاعِمُ　咽喉

*(٢) بَلَغَ ـُ بُلُوغًا كذا　到达，达到

(٢) بَلَغَنِي أنَّ ...　我听说…

*(٤) بَلَّغَ تَبْلِيغًا أَوْ أَبْلَغَ إِلَيْهِ الأمرَ

通报，传达，报告；转达，转交

بَلَّغَ وأَبْلَغَ الْبُولِيسَ عَنْ رَجُلٍ أو حادِثَةٍ

报警，报案，举报

(٦) اِبْتَكَرَ اِبْتِكارًا الشَّيْءَ　创造，发明

(٢) بُكْرَةٌ　明天，明日

*(٢) مُبَكِّرٌ جـ مُبَكِّرُونَ م مُبَكِّرَةٌ　早的，早早的

(٦) مُبْتَكَرٌ جـ مُبْتَكَراتٌ　新发明的；发明，创造

(٨) بَكْرَةُ (الْبِئْرِ)　辘轳，滑车

(٨) بَكْرَةٌ (مِنَ الْخَيْطِ ونَحْوِهِ)　一轴（线等）

(٨) بَكارَةٌ: عُذْرَةٌ　处女性，童贞

(٦) باكُورَةٌ جـ بَواكِيرُ　最早成熟的果子；端倪

(٤) أَبْكَمُ م بَكْماءُ جـ بُكْمٌ: أَخْرَسُ　哑巴

*(٤) بَكَى يَبْكِي بُكاءً　哭

*(٢) بَكِينُ　北京

*(٢) بَلْ　而且；而，而是

(٨) بَلاتِين　白金

(٨) بَلازْما الدَّمِ　血浆

*(٤) بَلاسْتِيك　塑料

بَلاسْتِيك رَغْوِيّ　泡沫塑料

بَلاسْتِيك مُقَوَّى

玻璃钢（玻璃纤维增强塑料）

(٨) بُلْبُلٌ جـ بَلابِلُ　夜莺

(٨) بَلْجِيكا　比利时

(٢) بَلَحٌ الواحدةُ بَلَحَةٌ　生椰枣

*(٢) بَلَدٌ جـ بِلادٌ وبُلْدانٌ　国家，地区，家乡

بَلَدٌ مُحايِدٌ　中立国

*(٤) بَالَغَ مُبَالَغَةً فِي الأَمْرِ
夸张，言过其实，大加…

(٨) بَلاغَةٌ 口才，雄辩

عِلْمُ الْبَلاغَةِ 修辞学

(٨) بَلاغٌ جـ بَلاغَاتٌ 公报，公告，声明

(٢) بَالِغٌ م بَالِغَةٌ 十分的，巨大的；已达青春期的，成熟的，成年的，成人

*(٢) مَبْلَغٌ جـ مَبَالِغُ 数量，程度；款项

(٨) بَلْغَمٌ 痰

(٨) بَلْقَانُ 巴尔干半岛

(٦) بَلَّلَ تَبْلِيلاً الشَّيْءَ بِالْمَاءِ وَنَحْوِهِ: نَدَّاهُ
弄湿，弄潮，浸透

(٦) اِبْتَلَّ اِبْتِلالاً الشيءُ بالماءِ 变湿，变潮

(٤) مُبَلَّلٌ / مُبْتَلٌّ / مَبْلُولٌ 湿的，浸湿的，湿透的

(٦) أَبْلَهُ م بَلْهَاءُ 痴呆的，白痴

(٨) بَلْوَرَ بَلْوَرَةً الشيءَ 使结晶

(٨) بَلْوَرَ المسألةَ 使一目了然，具体化，体现

(٦) تَبَلْوَرَ تَبَلْوُرًا الشيءُ 结晶，凝结

(٨) بِلَّوْرٌ جـ بِلَّوْرَاتٌ 结晶，晶体

(٦) بُلُوز （外穿）毛衣

*(٢) بَلَى 不错，可不是

(٨) بَلاهُ ـُ بَلْوًا وبَلاءً / اِخْتَبَرَهُ 考验

(٨) بَلِيَ ـَ بِلًى الشيءُ 破旧，破烂，破败

*(٢) بَالَى يُبَالِي مُبَالاةً الأَمْرَ وبِهِ
注意，关心，介意，在乎

اَللاَّمُبَالاةُ 不在乎，无所谓

بِلاَ مُبَالاةٍ
漠不关心地，冷淡地，满不在乎地

(٨) أُبْتُلِيَ اِبْتِلاءً بِكَذَا 遭受，遭难，经受考验

(٨) بَلاءٌ 考验，不幸，艰难

(٨) بَلْوَى وبَلِيَّةٌ جـ بَلايَا: مُصِيبَةٌ 灾难，灾祸

*(٤) بَالٍ (البالي) م بَالِيَةٌ 破烂的，破旧的

(٨) بِلْيَةٌ جـ بِلْيٌ وبِيل 滚珠

(٤) بِلْيُونٌ جـ بَلايِينُ 十亿，兆

(٨) اَلْبَنْتَاجُون / اَلْبَنْتَاغُون
五角大楼（美国国防部）

(٨) بَنْجلادِيش 孟加拉国

(٦) بَنْدٌ جـ بُنُودٌ 条款

(٤) بَنْدَا 熊猫

(٨) البُنْدُقُ الواحدة بُنْدُقَةٌ 榛子

*(٢) بُنْدُقِيَّةٌ جـ بَنَادِقُ 步枪

بُنْدُقِيَّةٌ آلِيَّةٌ عِيَارُ ... …口径自动步枪

(٨) اَلْبُنْدُقِيَّةُ / فِينِيسِيَا 威尼斯

(٨) بَنْدُول: رَقَّاصَةُ السَّاعَةِ 钟摆

(٦) بَنْزِين 汽油

(٨) البَنِيسِلِين 青霉素，盘尼西林

(٨) بِنْصِرٌ ج بَنَاصِرُ 无名指

(٨) بُنْطٌ: نُقْطَةٌ مِئَوِيَّةٌ

（印刷）点，（市场）百分点

*(٢) بَنْطَلُونٌ (بِنْطَالٌ) ج بَنْطَلُونَاتٌ 裤子

بَنْطَلُونُ جِينْز 牛仔裤

(٨) بَنْغَازِي (فِي لِيبِيَا) 班加西

(٦) بَنَفْسَجٌ 紫罗兰

(٤) بَنَفْسَجِيٌّ م بَنَفْسَجِيَّةٌ 紫罗兰色的，紫色的

*(٤) بَنْكٌ ج بُنُوكٌ 银行

بَنْكُ الأَمَانَةِ 信托银行

بَنْكُ الاِسْتِثْمَارِ الآسِيَوِيُّ / بَنْكُ التَّنْمِيَةِ الآسِيَوِيُّ

亚洲开发银行

بَنْكُ الاِسْتِثْمَارِ الْعَرَبِيُّ 阿拉伯投资银行

اَلْبَنْكُ الدَّوْلِيُّ لِلتَّعْمِيرِ وَالتَّنْمِيَةِ (IBRD)

世界银行（国际复兴开发银行）

بَنْكُ الشَّعْبِ الصِّينِيِّ 中国人民银行

بَنْكٌ مُعَزَّزٌ 保兑银行

بَنْكُ الْقَبُولِ 承兑银行

بَنْكُ الْمَعْلُومَاتِ 信息库，资料库

بَنْكُ الْمَعْلُومَاتِ الإِحْصَائِيَّةِ 数据库

بَنْكُ العُيُونِ 眼库

(٨) بَنْكَنُوتٌ ج بَنْكَنُوتَاتٌ: عُمْلَةٌ وَرَقِيَّةٌ

钞票，纸币

بَنْكَنُوتٌ قَابِلٌ لِلتَّحْوِيلِ 可兑换纸币

(٢) بُنٌّ 咖啡豆

(٢) بُنِّيٌّ م بُنِّيَّةٌ 咖啡色，棕色

*(٢) بَنَى يَبْنِي بِنَاءً الشيءَ 建设，建造

(٦) تَبَنَّى تَبَنِّيًا الولدَ 收养孩子

(٦) تَبَنَّى الاقتراحَ 采纳建议

*(٤) بِنَاءٌ ج أَبْنِيَةٌ 建筑物，大厦

*(٤) بِنَاءً عَلَى كَذَا 根据，依据，按照

(٢) بِنَايَةٌ ج بِنَايَاتٌ 建筑物，大厦

(٨) بِنْيَةُ الجِسْمِ ج بِنًى وبُنًى 体格，体魄，体质

اَلْبِنَى الاِجْتِمَاعِيَّةُ 社会体制

اَلْبِنْيَةُ الأَسَاسِيَّةُ 基础设施

(٨) بُنْيَانٌ 建筑；结构，构造

*(٢) ابْنٌ ج بَنُونَ (بَنِينَ) وأَبْنَاءٌ 儿子，子弟

بَنُو أُمَيَّةَ 倭玛亚王朝

بَنُو الْعَبَّاسِ 阿巴斯王朝

(٢) بُنَيَّ 孩子啊！我的孩子！

*(٢) ابْنَةٌ (بِنْتٌ)ج بَنَاتٌ 女儿，女孩

بِنْتُ نَاسٍ: بِنْتُ عَائِلَةٍ 良家女子

بِنْتُ الْهَوَى: بنتُ الشَّارِعِ / بِنْتُ اللَّيْلِ

风尘女子，妓女

(٤) بَنَّاءٌ ج بَنَّاءُونَ 建筑工人

*(٢) مَبْنًى ج مَبَانٍ (المبانِي) 建筑物，大楼

(٨) بَهَتَهُ الشيءُ ـَ بَهْتًا 使吃惊

(٨) مَبْهُوتٌ م مَبْهُوتَةٌ 惊讶的

(٤) أَبْهَجَ إِبْهَاجًا فُلانًا 使喜悦，使欢乐

(٤) اِبْتَهَجَ ابْتِهَاجًا بكذا 喜悦，高兴，快乐

(٢) بَهْجَةٌ 喜悦，高兴，快乐

(٤) بَهِيجٌ م بَهِيجَةٌ 可喜的；灿烂的

*(٤) مُبْتَهِجٌ م مُبْتَهِجَةٌ

高兴的，愉快的，喜气洋洋的

(٦) بَهَرَ ـَ بَهْرًا الشيءُ فُلانًا 耀眼，使眼花缭乱

*(٢) بَاهِرٌ م بَاهِرَةٌ 光辉的，灿烂的，辉煌的

(٨) مُبَهْرَجَةٌ جـ مُبَهْرَجَاتٌ

浓妆艳抹的，妖艳的，艳丽的

(٦) بَاهِظٌ م بَاهِظَةٌ 沉重的；高昂的

(٨) بَهْلَوَانٌ جـ بَهْلَوَانَاتٌ: بَهْلَوَانِيٌّ 杂技演员

(٨) بَهْلَوَانِيَّةٌ: أَلْعَابٌ بَهْلَوَانِيَّةٌ / أَكْرُوبَات 杂技

(٨) أَبْهَمَ إِبْهَامًا الأَمْرُ: خَفِيَ وأَشْكَلَ 含混不清

(٨) أَبْهَمَ الأَمْرَ: أَخْفَاهُ وأَشْكَلَهُ 使…含混不清

(٨) اَلإِبْهَامُ 大拇指

(٨) بَهِيمَةٌ جـ بَهَائِمُ 牲畜

*(٦) مُبْهَمٌ م مُبْهَمَةٌ 暧昧的，含糊的

(٨) تَبَاهَى تَبَاهِيًا بكذا 炫耀，吹嘘

(٨) بَهِيٌّ / بَاهٍ (البَاهِي)

艳丽的，美好的，光辉的，灿烂的

(٦) بَهْوٌ جـ أَبْهَاءٌ وبُهُوٌّ 客厅，大厅

(٨) بَاءَ ـُ بَوْءًا بِالْفَشَلِ أَوِ الْخَيْبَةِ 遭到失败，失望

(٨) تَبَوَّأَ تَبَوُّؤًا مَكَانَةً مَرْمُوقَةً 占据令人瞩目的地位

*(٢) بِيئَةٌ جـ بِيئَاتٌ 环境；场所

(٨) بَوَّبَ تَبْوِيبًا الكِتَابَ 分章，分门别类

تَبْوِيبٌ تَعْرِفِيٌّ 关税分类，税则归类

*(٢) بَابٌ جـ أَبْوَابٌ

门，入口；门类；（书的）篇、章

(٤) بَوَّابٌ جـ بَوَّابُونَ 看门人，门房

(٢) بَوَّابَةٌ جـ بَوَّابَاتٌ 大门

(٨) بُوتَاسِيُوم 钾

(٨) بَوْتَقَةٌ جـ بَوَاتِقُ / بَوْدَقَةٌ جـ بَوَادِقُ 坩埚

(٦) بَاحَ ـُ بَوْحًا إِلَيْهِ بِالسِّرِّ 泄露，吐露

(٦) أَبَاحَ إِبَاحَةَ الأَمْرَ

使公开化，使合法化，准许

(٤) بَاحَةٌ جـ بَاحَاتٌ وبُوحٌ 庭院，空地

(٨) بُودَرَة 粉末；香粉，扑粉

(٦) البُوذِيَّةُ 佛教

(٨) بُورٌ 荒地，休耕地

أَرْضٌ بُورٌ 荒地

(٦) بُورَسَعِيدُ 塞得港

(٨) بُورْصَةٌ جـ بُورْصَاتٌ 交易所

بُورْصَةُ الْبَضَائِعِ 商品交易所

(٨) بُولِيصَةٌ 保险单，保单

بُولِيصَةُ التَّأْمِينِ الْبَحْرِيَّةُ 海运保险保单

بُولِيصَةُ الشَّحْنِ 装货凭单，提货单

بُولِيصَةُ التَّظْهِيرِ 背书提单

(٨) البَوْلِينْغ 保龄球

(٨) بَوْنٌ / مَسَافَةٌ أَوْ فَرْقٌ 差距，距离

(٨) بُويَة جـ بُويَات 油漆

(٤) بِيَان / بِيَانُو 钢琴

(٤) بَاتَ ـِ مَبِيتًا فِي الْمَكَانِ 过夜

(٨) بَيَّتَ تَبْيِيتًا الأَمْرَ 密谋

*(٢) بَيْتٌ جـ بُيُوتٌ 房子，家，住宅

اَلْبَيْتُ الأَبْيَضُ 白宫

بَيْتُ اللهِ / اَلْبَيْتُ الْحَرَامُ 天房〔宗〕

بَيْتُ الْمَالِ 国库

آلُ الْبَيْتِ / أَهْلُ الْبَيْتِ 穆圣后裔，穆圣家族

*(٤) بَيْتٌ جـ أَبْيَاتٌ 诗句，（诗）行

اَلْبَيْتُ الْمُقَدَّسُ: القُدْسُ 耶路撒冷

بَيْتُ الْقَصِيدِ 精华，精髓，要旨

(٨) مَبِيتٌ 过夜的地方

(٤) بِيجَامَا جـ بِيجَامَات 睡衣

(٨) بِيجَرْ B.P 机，寻呼机

(٨) بَادَ ـِ بَيْدًا وبَيَادًا 灭亡，消亡，灭绝

(٦) أَبَادَ إِبَادَةً الشيءَ 消灭，灭绝

بُورْصَةُ الأَوْرَاقِ الْمَالِيَّةِ 证券交易所

بُورْصَةُ الْغَلاَّتِ 粮食交易所

(٨) بُورْمَا 缅甸

(٨) بَاسَ ـُ بُوسًا / قَبَّلَهُ 接吻

(٦) بُوصَةٌ جـ بُوصَاتٌ 英寸

(٦) بُوصُلَة أَو بَوْصَلَة / إِبْرَةٌ مِغْنَاطِيسِيَّةٌ

罗盘，指南针

(٨) بُوظَة / جِيلاَتِي / أيسْ كريم 冰淇淋

(٨) بَاعٌ جـ أَبْوَاع وبَاعَاتٌ

成人两臂左右伸开的长度

طَوِيلُ الْبَاعِ 有办法的，有能耐的

(٨) بُوفِيه جـ بُوفِيهات 小吃部，点心部

(٨) بُوقٌ جـ أَبْوَاقٌ 号，喇叭

(٤) بَاقَةٌ جـ بَاقَاتٌ 一束

(٨) بَوَّاقٌ 吹鼓手

(٦) بَالَ ـُ بَوْلاً وتَبَوَّلَ تَبَوُّلاً 小便，撒尿

(٦) بَوْلٌ جـ أَبْوَالٌ 尿，小便

(٤) بَالٌ 心，心灵

ما بالُك؟ 你怎么啦？

ما بالُ... / لماذا؟ 为何，为什么

(٨) مِبْوَلَةٌ جـ مَبَاوِلُ 便壶，夜壶

*(٤) بُولِيس 警察

(٨) بُولَنْدَا 波兰

ب

إِبَادَةُ الجِنْسِ 种族灭绝

(٨) بَائِدٌ م بَائِدَةٌ 灭亡的，消亡的

(٨) مُبِيدَةُ الحَشَرَاتِ 杀虫剂

*(٤) بَيْدَ أَنَّ ... 但是，可是，然而

(٨) بَيْدَرٌ جـ بَيَادِرُ 打谷场

(٢) بِيرَا / بِيرَة 啤酒

*(٢) بَيْرُوتُ 贝鲁特

(٨) بِيرُوقْرَاطِيٌّ جـ بِيرُوقْرَاطِيُّونَ م بِيرُوقْرَاطِيَّةٌ

官僚主义的；官僚主义者

(٨) بِيزَنْطِيٌّ م بِيزَنْطِيَّةٌ 拜占庭的

(٢) بَاضَ ـِ بَيْضًا الدَّجَاجَةُ أَوْ غَيْرُهَا 生蛋，产卵

(٦) بَيَّضَ تَبْيِيضًا الشَّيْءَ 漂白，粉刷

(٢) اِبْيَضَّ الشَّيْءُ: صَارَ أَبيضَ 变白

*(٢) بَيْضٌ جـ بُيُوضٌ واحدتُه بَيْضَةٌ 蛋，卵

(٤) بَيَاضٌ 白，白色

(٤) بَيْضَوِيٌّ م بَيْضَوِيَّةٌ 卵形，椭圆形的

(٨) بُيَيْضَةٌ وبُوَيْضَةٌ جـ بُوَيْضَاتٌ 卵细胞，胚珠

*(٢) أَبْيَضُ جـ بِيضٌ م بَيْضَاءُ

白的，白色的；空白的；白人

(٨) بَيْطَرِيٌّ جـ بَيْطَرِيَّةٌ 兽医的

(٨) بَيْطَارٌ جـ بَيَاطِرَةٌ وبَيَاطِيرُ 兽医

*(٢) بَاعَ ـِ بَيْعًا الشَّيْءَ 卖，出售

بَيْعٌ بِالْبَرِيدِ 邮售

بَيْعٌ تَجْرِيبِيٌّ 试销

اَلْبَيْعُ دَيْنًا / اَلْبَيْعُ بِالدَّيْنِ 赊销

بَيْعٌ بِالْجُمْلَةِ 批发

بَيْعٌ بِالتَّجْزِئَةِ / بَيْعٌ بِالْمُفَرَّقِ / بَيْعٌ بِالقَطَّاعِيِّ

零售

بَيْعٌ عَلَنِيٌّ أَوْ بَيْعٌ بِالْمَزَادِ 拍卖

بَيْعٌ بِالْمُوَاصَفَاتِ 按规格成交

بَيْعٌ بِالْعَيِّنَةِ أَوْ بِالنَّمَاذِجِ 凭样出售

(٦) اِبْتَاعَ اِبْتِيَاعًا الشَّيْءَ / اِشْتَرَاهُ 购买

*(٢) بَائِعٌ جـ بَائِعُونَ وبَاعَةٌ م بَائِعَةٌ / بَيَّاعٌ

售货员，小贩

اَلْبَائِعُ وَالْمُبْتَاعُ 卖方和买方

(٨) بَايَعَه مُبَايَعَةً 宣誓效忠

(٨) بِيكَار / بَرْجَل 圆规

*(٤) بَيَّنَ تَبْيِينًا الأمرَ 解释，说明

*(٤) تَبَيَّنَ تَبَيُّنًا الأمرَ 弄清，探明

(٤) تَبَيَّنَ الأمرُ 事情清楚了，真相大白

*(٢) بَيْنَ 在…之间

بَيْنَ يَدَيْهِ 在他面前

بَيْنَ الْمَوْتِ وَالْحَيَاةِ 半死不活

بَيْنَ الشَّكِّ وَالْيَقِينِ 半信半疑，疑信参半

فِيمَا بَيْنَنَا 我们之间

بَيْنَ بَيْنَ 一般，还可以，过得去

*(٢) بَيْنَمَا　正当…之际；而…

*(٤) بَيْنَمَا... إِذْ ...　正当…突然…

*(٤) بَيَانٌ ج بَيَانَاتٌ　公报，声明，宣言

اَلْبَيَانُ الْمُشْتَرَكُ　联合公报

بَيَانٌ جُمْرُكِيٌّ　海关申报单

بَيَانُ الْخَبِيرِ　专家鉴定书

بَيَانُ الشَّحْنِ　装货单

بَيَانُ الأَسْعَارِ　价目单

(٦) مُتَبَايِنٌ / مُتَفَاوِتٌ　不同的，有差异的

(٨) بِيُولُوجِيَا: عِلْمُ الأَحْيَاءِ　生物学

التاء

(٨) تَابُوتٌ جـ تَوَابِيتُ 棺材

*(٤) تَارَةً ... وتَارَةً ... / تَارَةً ... وأُخْرَى

有时…有时…，时而…时而…

(٨) تَارْمَاك: حَظِيرَةُ الْمَطَارِ 停机坪

(٢) تَاكْسِي / سَيَّارَةُ أُجْرَةٍ 出租汽车

(٨) تَانْزَانِيَا 坦桑尼亚

(٤) تَايْلَانْد 泰国

*(٢) تَايْوَان 台湾

(٨) تَوْأَمَانِ 双生子，孪生子

(٤) التِّبِتُ 西藏

*(٢) تَبِعَ ـَـ تَبَعًا فُلَانًا 跟随，追随

*(٤) تَابَعَ مُتَابَعَةً الأمرَ 继续；密切注意

*(٤) اِتَّبَعَ اِتِّبَاعًا سِيَاسَةَ ... 遵循，奉行

*(٤) تَتَبَّعَ تَتَبُّعًا الأمرَ 关注，追踪

(٦) اِسْتَتْبَعَهُ اِسْتِتْبَاعًا 引领，带（徒弟）

(٤) تَبَعٌ جـ أَتْبَاعٌ 随从，门生，信徒

تَبَعًا لِذَلِكَ 由此，因此

(٤) بِالتَّتَابُعِ / تِبَاعًا 相继地，陆续地，依次

(٨) تَبِعَةٌ جـ تَبِعَاتٌ 责任，结果

(٨) تَبَعِيَّةٌ 从属性，依附性

(٤) تَابِعٌ لِكَذَا م تَابِعَةٌ 附属于，从属于

(٤) مُتَتَابِعٌ م مُتَتَابِعَةٌ 相继的，连续的

(٤) تِبْغٌ 烟草，烟叶

(٨) تَوَابِلُ 作料，调料

(٦) اِتَّجَرَ اِتِّجَارًا 经商，作生意

*(٢) تِجَارَةٌ 商业，贸易

التِّجَارَةُ بالعُمْلَةِ 倒汇

تِجَارَةٌ آجِلَةٌ 期货贸易，远期贸易

تِجَارَةُ التَّرَانْزِيت / تِجَارَةُ التَّرَانْسِيت

转口贸易

تِجَارَةٌ ثُنَائِيَّةٌ 双边贸易

تَجَارَةٌ مَحْمِيَّةٌ 保护性贸易

تِجَارَةٌ عَابِرَةٌ 过境贸易

تِجَارَةٌ مُتَعَدِّدَةُ الأَطْرَافِ 多边贸易

تِجَارَةُ التَّعْوِيضِ 补偿贸易

تِجَارَةُ الْمُقَايَضَةِ 易货贸易

(٢) تِجَارِيٌّ م تِجَارِيَّةٌ 商业的，贸易的，商务的

*(٢) تَاجِرٌ جـ تُجَّارٌ 商人，买卖人

تَاجِر (بِـ) الْجُمْلَةِ 批发商

تَاجِر (بِـ) الْمُفَرَّقِ أَوِ الْقَطَّاعِيِّ أَوِ التَّجْزِئَةِ 零售商

(٤) مَتْجَرٌ جـ مَتَاجِرُ 商店，商场

*(٢) تَحْتَ ... 在…之下

تَحْتَ أَمْرِكَ 遵命

تَحْتَ التَّجْرِبَةِ / عَلَى قَيْدِ التَّجْرِبَةِ 在试验中

تَحْتَ مَسْؤُولِيَّةِ الْبَائِعِ 由卖方负责

تَحْتَ السَّدَادِ 未付的

تَحْتَ إِشْرَافِ فُلَانٍ 由…监督

تَحْتَ تَصَرُّفِهِ 由他支配

تَحْتَ قِيَادَةِ ... 在…的领导下

تَحْتَ عُنْوَانِ ... 以…为题

تَحْتَ يَدِهِ: تَحْتَ حُكْمِهِ 在他管辖之下

تَحْتَ الْيَدِ: بِجَنْبِ يَدِهِ وَفِي مُتَنَاوَلِ يَدِهِ 在手下，在手边

(٦) تُحْفَةٌ جـ تُحَفٌ 珍品，古董，古玩

*(٤) مُتْحَفٌ جـ مَتَاحِفُ 博物馆

(٨) تُخْمٌ جـ تُخُومٌ 界标

(٤) تُخْمَةٌ 消化不良

(٦) مُتَاخِمٌ مَعَ ...م مُتَاخِمَةٌ 交界，接壤，毗连

(٨) تَرَاجِيدِيَا / مَأْسَاةٌ 悲剧

(٤) تِرَامٌ / تِرَامْوَاي 电车

(٤) تَرَنْزِسْتُور 半导体

(٨) تَرَانْزِيت 过境（货物转运）

(٦) تِرْبٌ جـ أَتْرَابٌ 同龄人，同伴

(٤) تُرَابٌ جـ أَتْرِبَةٌ 土，泥土

(٤) تُرْبَةٌ 泥土，土壤

(٨) تِرْبَاسٌ / مِتْرَاسٌ 门闩，长插销

(٢) تَرْجَمَ يُتَرْجِمُ تَرْجَمَةً مَقَالَةً 翻译；写传记

(٢) تَرْجَمَةٌ جـ تَرَاجِمُ 翻译，小传

تَرْجَمَةٌ تَحْرِيرِيَّةٌ 笔译

تَرْجَمَةٌ تَتَبُّعِيَّةٌ 即席翻译

تَرْجَمَةٌ شَفَوِيَّةٌ 口译

تَرْجَمَةٌ فَوْرِيَّةٌ / تَرْجَمَةٌ ارْتِجَالِيَّةٌ 同声传译

تَرْجَمَةٌ حَرْفِيَّةٌ 直译

تَرْجَمَةٌ مَعْنَوِيَّةٌ 意译

تَرْجَمَةٌ مَنْظُورَةٌ 视译

تَرْجَمَةُ إِنْسَانٍ: تَرْجَمَةُ الْحَيَاةِ 传记

تَرْجَمَةٌ ذَاتِيَّةٌ 自传，履历

*(٢) مُتَرْجِمٌ جـ مُتَرْجِمُونَ / تُرْجُمَانٌ جـ تَرَاجِمَةُ 译员

(٨) تِرْسٌ جـ تُرُوسٌ: عَجَلَةٌ مُسَنَّنَةٌ 齿轮

(٨) مِتْرَاسٌ جـ مَتَارِيسُ 工事，街垒，路障

(٨) تَرْسَانَةٌ جـ تَرْسَانَاتٌ 兵工厂，军火库

(٦) تُرْعَةٌ جـ تُرَعٌ 水渠，沟渠

(٦) تَرِفَ ـَ تَرَفًا فلانٌ 奢侈，奢华

*(٢) مُتْعِبٌ م مُتْعِبَةٌ 累人的，麻烦的，烦劳的

*(٢) مُتْعَبٌ جـ مُتْعَبُونَ م مُتْعَبَةٌ / تَعْبَانٌ م تَعْبَانَةٌ

疲劳的，累的

*(٤) مَتَاعِبُ 麻烦，困难

(٦) تَعِسَ ـَ تَعَاسَةً 不幸，悲惨

(٦) تَعِيسٌ جـ تُعَسَاءُ م تَعِيسَةٌ / تَعِسٌ م تَعِسَةٌ

不幸的，可怜的

*(٢) تُفَّاحٌ وَاحِدَتُهُ تُفَّاحَةٌ 苹果

(٦) تَفِهَ ـَ تَفَهًا وَتُفُوهًا وَتَفَاهَةً الشَّيْءُ أَوِ الرَّجُلُ

成为无价值的，变得无聊，变得乏味

(٦) تَافِهٌ م تَافِهَةٌ 无聊的，无味的，微不足道的

*(٢) أَتْقَنَ إِتْقَانًا الشيءَ 精通，搞好

(٢) مُتْقَنٌ م مُتْقَنَةٌ 精确的，精美的，出色的

*(٤) اَلتَّقْنِيَةُ / التِّكْنُولُوجِيَا 技术

(٦) تَكْتِيكٌ 战术，策略

تَكْتِيكُ التَّسْوِيقِ 营销术

*(٤) تِكْنُولُوجِيَا 技术

(٤) تِكْنُولُوجِيٌّ م تِكْنُولُوجِيَّةٌ 技术的

(٦) تِكْنِيك 技术

(٦) تَلُّ أَبِيب 特拉维夫

(٨) تِلِسْكُوب 望远镜

(٨) تِلِسِينَمَا 电视影院

*(٤) اَلتِّلِغْرَاف 电报

(٦) تَرِفٌ وَمُتْرَفٌ 奢侈的，豪华的

*(٢) تَرَكَهُ ـُ تَرْكًا 丢下，放弃，留下；离开

*(٤) تَرَكَهُ يَفْعَلُ كَذَا 让他做

(٨) تِرْكَةٌ وَتَرِكَةٌ جـ تَرِكَاتٌ 遗产，遗物

(٤) تُرْكِيَا 土耳其

(٤) تُرْكٌ جـ أَتْرَاكٌ الواحدة تُرْكِيٌّ 土耳其人

(٨) تُرْكُمَانُ 土库曼

(٢) تِرْمُس جـ تَرَامِسُ 暖壶，热水瓶

(٤) تِرْمُومِتْر 温度计，寒暑表

(٢) تَرُولْلِي بَاص 无轨电车

(٨) تَرِيكُو: حِيَاكَةٌ 针织

مَصْنَعُ التَّرِيكُو 针织厂

*(٢) تِسْعٌ م تِسْعَةٌ 九

*(٢) تِسْعُونَ (تِسْعِينَ) 九十

(٢) اَلتِّسْعِينَاتُ / اَلتِّسْعِينِيَّاتُ 九十年代

*(٢) تَاسِعٌ م تَاسِعَةٌ 第九

(٨) تَسِيرْلُون 涤纶

*(٢) تِشْرِينُ الأَوَّلُ / أُكْتُوبَرُ 十月

*(٢) تِشْرِينُ الثَّانِي / نُوفَمْبَرُ 十一月

*(٢) تَعِبَ ـَ تَعَبًا 疲劳，辛劳，累

*(٢) أَتْعَبَ إِتْعَابًا فُلَانًا 使疲劳，麻烦，烦劳

(٨) أَتْعَابُ الْمُحَامِي أَوِ الطَّبِيبِ أو غَيْرِهِمَا

（律师、医生等的）酬劳，酬金

ت

(٦) تَلِفَ ـَ تَلَفًا الشيءُ

受损伤，出故障；腐败，变质

(٦) أَتْلَفَ إِتْلافًا الشيءَ　损害，破坏，败坏

*(٢) تِلِفِزْيُون جـ تِلِفِزْيُونَات / تِلِفَاز　电视

*(٢) تِلِفُون جـ تِلِفُونَات / هَاتِفٌ　电话

تِلِفُون بِالْكَارْتِ الْمُغَنَّطِ (الْمُمَغْنَطِ)

磁卡电话

تِلِفُون مَحْمُول (أو مَنْقُول أو جَوَّال أو سَيَّار)

手机

(٢) تِلِفُونِيٌّ م تِلِفُونِيَّةٌ　电话的

*(٢) تِلْكَ　那，那个（阴性）

(٦) تَلَكْس　电传

(٤) تَلٌّ جـ تِلاَلٌ الواحدة تَلَّةٌ　小山，丘陵

(٨) تَتَلْمَذَ يَتَتَلْمَذُ تَتَلْمُذًا لِفُلاَنٍ وعَلَى يَدِهِ

做某人的学生

*(٢) تِلْمِيذٌ جـ تَلاَمِيذُ م تِلْمِيذَةٌ

（中，小）学生；徒弟

(٨) تَلاَ يَتْلُو تُلُوًّا فُلاَنًا　跟随

(٦) تَلاَ يَتْلُو تِلاَوَةً الْقُرْآنَ　诵读

(٤) تِلْوَ ...　跟着，接着

مَرَّةً تِلْوَ مَرَّةً　一次一次地

اَلْوَاحِدُ تِلْوَ الآخَرِ　一个跟着一个

*(٢) تَالٍ (التَّالِي) م تَالِيَةٌ　以下的，接着的，其次的

*(٤) مُتَتَالٍ (الْمُتَتَالِي) م مُتَتَالِيَةٌ　连续的，相继的

(٨) تَمْتَمَ / دَمْدَمَ　咕哝，嘟囔

*(٢) تَمْرٌ جـ تُمُورٌ اَلْوَاحِدَةُ تَمْرَةٌ　干椰枣

(٤) تِمْسَاحٌ جـ تَمَاسِيحُ　鳄鱼

*(٤) تَمَّ ـِ تَمًّا وتَمَامًا الأمرُ　完成，成为完美的

(٨) تَمَّمَ يُتَمِّمُ عَلَى الْجُنْدِ أَوِ الطُّلاَّبِ أَوْ غَيْرِهِمَا

点名

*(٤) أَتَمَّ إِتْمَامًا الأمرَ　完成，作完，结束

(٢) تَمَامًا　完全地，全部地

(٨) تَتِمَّةٌ　续，接上页

(٢) تَامٌّ م تَامَّةٌ　完全的，圆满的

*(٢) تَمُّوزُ / يُولِيُو　七月

(٦) تِنِس: كُرَةُ التِّنِس　网球

(٢) تَنُّورَةٌ / جُونَلَّةٌ　裙，半截裙

(٦) تِنِّينٌ جـ تَنَانِينُ　龙

*(٢) اَلتُّوَالَيْت　化妆室，厕所

(٦) تَابَ ـُ تَوْبَةً إِلَى اللهِ　悔悟，忏悔

(٨) تَوَّجَهُ تَتْوِيجًا　加冕

تُوِّجَ الأمرُ بِالنَّجَاحِ التَّامِّ

取得了圆满的结果，大功告成

(٨) تَاجٌ جـ تِيجَانٌ　皇冠，王冠

(٨) التَّوْرَاةُ وَالإِنْجِيلُ　旧约和新约（《圣经》）

*(٢) تُونِسُ　突尼斯；突尼斯城

(٢) تُونِسِيٌّ ج تُونِسِيُّونَ م تُونِسِيَّةٌ

突尼斯的；突尼斯人

*(٤) أَتَاحَ إِتَاحَةً لَهُ فُرْصَةً　给他机会

(٤) أُتِيحَ له أَنْ ...　有可能，得以…，有机会

(٦) تَوًّا　马上，立刻，立即

*(٤) تَيَّارٌ ج تَيَّارَاتٌ

潮流；（电、气）流；（思）潮

تَيَّارٌ مُتَنَاوِبٌ أَوْ مُتَرَدِّدٌ　交流电

تَيَّارٌ مُسْتَمِرٌّ أَوْ مُتَوَاصِلٌ　直流电

(٨) تَيْفُود / تِيفُوئِيد　伤寒

(٨) تَيْفُون　台风

(٤) التِّينُ　无花果

(٨) تِينْغٌ (لَفْظَةٌ كَمِّيَّةٌ)　听（量词）

(٦) تَاهَ يَتِيهُ تَيْهًا وَتَيَهَانًا　迷路，彷徨

(٦) تَائِهٌ م تَائِهَةٌ　迷路的，彷徨的

الثاء

(٨) تَثَاءَبَ تَثَاؤُبًا فُلاَنٌ 打哈欠

(٨) تَثَاءَبَ الأَخْبَارَ 侦察，探查

(٦) ثَأَرَ ـَ ثَأْرًا الْقَتِيلَ وَبِهِ مِنْ فُلاَنٍ

为（死者）向…报仇，雪耻

(٦) ثَأْرٌ 仇，仇恨

أَخَذَ ثَأْرَهُ مِنْ فُلاَنٍ 向某人报了仇

(٤) ثَبَتَ ـُ ثَبَاتًا وثُبُوتًا 稳定，坚定；被确定

(٦) ثَبَّتَ تَثْبِيتًا شَيْئًا 使定住，按住

ثَبَّتَ الأمرَ 确认，敲定

تَثْبِيتٌ أَخِيرٌ 最后确认

تَثْبِيتُ الْبَيْعِ 成交确认书，售货确认书

تَثْبِيتُ حَقِّ طَلَبِ التَّعْوِيضِ / إِثْبَاتُ حَقِّ الْمُطَالَبَةِ

理赔确认书

*(٤) أَثْبَتَ إِثْبَاتًا الأَمْرَ 证实，证明，肯定

*(٤) ثَابِتٌ م ثَابِتَةٌ 坚定的，稳定的，固定的

*(٢) ثَابَرَ مُثَابَرَةً عَلَى الأَمْرِ 坚持，持之以恒

(٤) ثَخِينٌ م ثَخِينَةٌ 浓的，稠的，厚的

(٨) ثَدْيٌ جـ أَثْدَاءٌ 乳房

(٨) الثَّدْيِيَّاتُ: اَلْحَيَوَانَاتُ اللَّبُونَةُ 哺乳动物

(٨) ثَرْثَرَ ثَرْثَرَةً فُلاَنٌ 叨唠，啰嗦

(٦) ثَرْثَارٌ جـ ثَرْثَارُونَ م ثَرْثَارَةٌ 叨唠的，啰嗦的

(٨) ثَرِيدٌ وثَرِيدَةٌ جـ ثَرَائِدُ: الفَتِيتُ فِي الْمَرَقِ

肉汤泡馍

(٨) ثَرِيَ ـَ ثَرَاءً الرَّجُلُ 富

*(٢) ثَرْوَةٌ جـ ثَرَوَاتٌ 财富，资源

(٦) ثَرِيٌّ جـ أَثْرِيَاءُ 有钱的，富翁

(٨) ثَرًى 湿土

(٨) ثُرَيًّا جـ ثُرَيَّاتٌ: نَجَفَةٌ 吊灯，枝形吊灯

(٤) ثُعْبَانٌ جـ ثَعَابِينُ 蛇

(٤) ثَعْلَبٌ جـ ثَعَالِبُ 狐狸

(٨) ثَغْرٌ جـ ثُغُورٌ 口子，关口，海口，山口

(٨) ثَغْرَةٌ جـ ثَغَرَاتٌ 裂口，缝隙；通道

(٨) ثَقَّبَ تَثْقِيبًا الشَّيْءَ / خَرَّمَهُ بِالْمِثْقَبِ 钻孔

(٤) ثَقْبٌ جـ ثُقُوبٌ 孔，洞，眼儿

(٨) ثَاقِبٌ / نَافِذٌ 锐利的，敏锐的

(٨) مِثْقَبٌ جـ مَثَاقِبُ / مِثْقَابٌ وثَقَّابَةٌ 钻，钻头

(٦) ثَقَّفَ تَثْقِيفًا الإِنْسَانَ 使有知识，教育

(٦) تَثَقَّفَ تَثَقُّفًا فُلاَنٌ 受教育

ث

*(٢) ثَلْجٌ جـ ثُلُوجٌ 雪

(٤) مُثَلَّجٌ م مُثَلَّجَةٌ 冷冻的，冰冻的

(٤) مُثَلَّجَاتٌ 冷饮，冷食

*(٤) ثَلَّاجَةٌ جـ ثَلَّاجَاتٌ / بَرَّادَةٌ 冰箱，冰柜

(٨) مُثَلَّمٌ م مُثَلَّمَةٌ 钝的

(٤) أَثْمَرَ إِثْمَاراً الشَّجَرُ 结果（实），挂果

*(٤) اسْتَثْمَرَ اسْتِثْمَاراً الْمَالَ أَوْ غَيْرَهُ فِي ...

投资，开发，利用

اسْتِثْمَارُ رَأْسِ الْمَالِ الثَّابِتِ 固定资本投资

اسْتِثْمَارٌ عَيْنِيٌّ 实物投资

*(٢) ثَمَرٌ جـ ثِمَارٌ وأَثْمَارٌ الواحدةُ ثَمَرَةٌ 果实；成果

*(٤) مُثْمِرٌ م مُثْمِرَةٌ

多产的，有成果的，有成效的；盈利的

(٤) ثَمَّ / ثَمَّةَ / هُنَاكَ 那里

(٤) مِنْ ثَمَّ 由此，因此

*(٢) ثُمَّ 然后

(٦) ثَمَّنَ تَثْمِيناً الأَمْرَ أَوِ الشَّيْءَ / قَيَّمَهُ

评价，评比，估价

*(٢) ثَمَنٌ جـ أَثْمَانٌ 价钱，价格

ثَمَنُ التَّجْزِئَةِ 零售价

ثَمَنُ الْجُمْلَةِ 批发价

الثَّمَنُ وَالشَّحْنُ 运费在内价

ثَمَنُ الصَّنْعَةِ: ثَمَنُ الْمَصْنَعِ 出厂价

*(٢) ثَقَافَةٌ 文化

(٢) ثَقَافِيٌّ م ثَقَافِيَّةٌ 文化的

(٤) تَثْقِيفٌ 教育，教养

*(٢) مُثَقَّفٌ جـ مُثَقَّفُونَ م مُثَقَّفَةٌ

知识分子，受过教育的

(٨) تَثَاقَلَ تَثَاقُلاً عَنْ ... 磨蹭，慢慢腾腾

(٤) ثِقْلٌ جـ أَثْقَالٌ 重量，重担

*(٢) ثَقِيلٌ جـ ثُقَلَاءُ م ثَقِيلَةٌ 重的，沉重的，繁重的

ثَقِيلُ السَّمْعِ 耳沉，耳背

(٨) مِثْقَالٌ جـ مَثَاقِيلُ 砝码，秤砣

(٨) ثَكِلَ ـَ ثُكْلاً الْوَلَدَ أَوِ الْبِنْتَ / فَقَدَهُ 丧子

(٨) ثَاكِلٌ جـ ثَوَاكِلُ م ثَاكِلَةٌ 丧子的父母

(٨) ثُكْنَةٌ جـ ثُكُنَاتٌ وثُكْنَاتٌ وثُكَنٌ 兵营，营房

*(٢) ثُلْثٌ 三分之一

*(٢) ثَلَاثٌ م ثَلَاثَةٌ 三

(٢) ثَلَاثُمِائَةٍ 三百

*(٢) اَلثُّلَاثَاءُ / يَوْمُ الثُّلَاثَاءِ 星期二

(٨) ثُلَاثِيٌّ م ثُلَاثِيَّةٌ 三方的，三重的

*(٢) ثَلَاثُونَ (ثَلَاثِينَ) 三十

(٢) اَلثَّلَاثِينَاتُ / اَلثَّلَاثِينِيَّاتُ 三十年代

*(٢) ثَالِثٌ م ثَالِثَةٌ 第三

(٨) ثَالُوثٌ 三位一体

(٤) مُثَلَّثٌ (فِي الْهَنْدَسَةِ) 三角形

ث

ثَمَنُ التَّكْلِفَةِ　成本价

ثَمَنُ الْوَحْدَةِ　单价

*(٢) ثَمانٍ (الثَّمانِي) م ثَمانِيَةٌ　八

*(٢) ثَمانُونَ (ثَمانِينَ)　八十

(٢) الثَّمانِينات / الثَّمانِينِيّاتُ　八十年代

*(٢) ثامِنٌ م ثامِنَةٌ　第八

*(٢) ثَمِينٌ م ثَمِينَةٌ　宝贵的，贵重的，值钱的

(٨) مُثَمَّنٌ　已定价的；八边形

(٨) ثَنَى ـِ ثَنْيًا الشَّيْءَ　弄弯，折叠

*(٤) أَثْنَى ثَناءً عَلَى كَذا　赞扬，称赞，表扬

ثَناءٌ　称赞，称颂，夸奖

(٨) اِسْتَثْنَى اسْتِثْناءً الشَّيْءَ　排除，除外，使成例外

(٤) اِسْتِثْناءٌ　除外

*(٢) أَثْناءَ .../ فِي أَثْناءِ ...　在…期间，当…之际

*(٢) اِثْنانِ م اِثْنَتانِ　二，两个

*(٢) اَلاِثْنَيْنِ / يَوْمُ الاِثْنَيْنِ　星期一

*(٢) ثانٍ (الثّانِي) م ثانِيَةٌ　第二

(٢) ثانِيَةٌ ج ثَوانٍ (الثَّوانِي)　秒

*(٢) ثانَوِيٌّ م ثانَوِيَّةٌ　第二位的，次要的，中等的

مَدْرَسَةٌ ثانَوِيَّةٌ　中学

مَسْأَلَةٌ ثانَوِيَّةٌ　次要问题

(٨) ثَنِيَّةٌ ج ثَنايا　褶儿，褶痕，缝隙

(٨) ثُنائِيٌّ م ثُنائِيَّةٌ　双重的，双边的

(٦) ثابَ ـُ ثَوْبًا وثَوابًا / رَجَعَ　回来，回归

ثابَ إِلَى رُشْدِهِ　恢复理智，清醒过来

(٨) ثَوابٌ / مَثُوبَةٌ　报酬，奖励，奖赏

(٤) بِمَثابَةِ ...　等于，相当于

*(٢) ثَوْبٌ ج ثِيابٌ وأَثْوابٌ　衣服，衣着，服装

(٦) ثارَ ـُ ثَوَرانًا　爆发；暴动；发火

*(٤) أَثارَ إِثارَةً الشَّيْءَ　掀起，引起，激起，刺激

(٢) ثَوْرٌ ج ثِيرانٌ　公牛

*(٢) ثَوْرَةٌ ج ثَوْراتٌ　革命，暴动

(٢) ثَوْرِيٌّ ج ثَوْرِيُّونَ م ثَوْرِيَّةٌ　革命的；革命者

(٤) ثائِرٌ ج ثُوّارٌ م ثائِرَةٌ　革命者，起义者；愤怒的

(٤) مُثِيرٌ م مُثِيرَةٌ　动人的，激动人心的，有煽动性的，刺激的

(٤) ثُومٌ　大蒜

(٨) مَثْوًى ج مَثاوٍ　居所，住处

الجيم

*(٨) اَلْجَات أَوِ الْغَات (اَلاِتِّفَاقِيَّةُ الْعَامَّةُ لِلتَّعْرِيفَاتِ الْجُمْرُكِيَّةِ وَالتِّجَارَةِ) 关税及贸易总协定

*(٢) جَاكِتَةٌ جـ جَاكِتَاتٌ / جَاكِيتَةٌ جـ جَاكِيتَاتٌ 上衣，外套

(٨) جَالُونٌ جـ جَالُونَاتٌ 加仑（1 加仑=4.546 升）

(٨) جَأْشٌ جـ جُؤُوشٌ 心胸

ثَابِتُ الْجُؤُوشِ 从容，镇定

(٨) جُبَّةٌ جـ جُبَبٌ وَجِبَابٌ 大衣，大氅，对襟外袍

(٨) جَبَرَ ـُ جَبْرًا وَجُبُورًا وَجِبَارَةً الْعَظْمَ الْكَسِيرَ 接骨，正骨

*(٤) أَجْبَرَ إِجْبَارًا فُلاَنًا عَلَى كَذَا 强迫，强制，强行

(٨) اَلْجَبْرُ 代数

*(٤) إِجْبَارِيٌّ م إِجْبَارِيَّةٌ 强迫的，义务的

(٢) جَبَّارٌ جـ جَبَابِرَةٌ 巨大的，强大的；专制的

(٨) جَبَرُوتٌ 威力，强大

(٨) جِبْرِيلُ / جَبْرَائِيلُ 伽百利（天使名）

(٨) جَبَّسَ تَجْبِيسًا الْعَظْمَ الْكَسِيرَ 打石膏

(٨) جِبْسٌ 石膏

*(٢) جَبَلٌ جـ جِبَالٌ 山

(٢) جَبَلِيٌّ م جَبَلِيَّةٌ 山的，多山的

(٤) جُبْنٌ 奶酪

جُبْنُ الصُّويَا 豆腐

(٤) جَبَانٌ جـ جُبَنَاءُ م جَبَانَةٌ 胆小的，懦弱的

(٤) جَبِينٌ 额，额头

(٦) جَابَهَهُ مُجَابَهَةً 面对，对付，对峙

(٦) جَبْهَةٌ جـ جَبَهَاتٌ 战线，阵线

(٦) جَبِيهٌ جـ جِبَاهٌ 额头，前额

(٦) جَبَى يَجْبِي جِبَايَةً الضَّرَائِبَ أَوِالأَمْوَالَ 征集，征收

(٤) جَابٍ (الجَابِي) جـ جُبَاةٌ 售票员；税务员

(٨) جَثَمَ ـُ جَثْمًا وجُثُومًا فُلاَنٌ أَوْ حَيَوَانٌ 伏，趴卧，匍匐

(٦) جُثْمَانٌ / جُسْمَانٌ 躯体

*(٤) جُثَّةٌ جـ جُثَثٌ 尸体，躯体

(٢) جُحَا 朱哈（阿拉伯笑话里的主人公）

(٨) جَحَدَ ـَ جَحْدًا وجُحُودًا الأَمْرَ وبِهِ 否认，反驳

*(٢) جَدِيدٌ جـ جُدُدٌ م جَدِيدَةٌ
新的，新式的，新近的
(٢) مُجِدٌّ جـ مُجِدُّونَ م مُجِدَّةٌ
努力的，勤奋的，孜孜不倦的
(٨) مُسْتَجِدٌّ جـ مُسْتَجِدَّاتٌ
新的，新近发生的，新鲜事物
(٨) جِدَّة (فِي السُّعُودِيَّةِ) 吉达
مِمَّا يَجْدُرُ بِالذِّكْرِ أَنَّ ... 值得一提的是…
*(٢) جِدَارٌ جـ جُدُرٌ / جَدْرٌ جـ جُدْرَانٌ 墙，墙壁
(٨) جُدَرِيٌّ 天花，麻疹
جُدَرِيُّ الْبَقَرِ 牛痘
*(٢) جَدِيرٌ بِكَذَا 值得…的
وَالْجَدِيرُ بِالذِّكْرِ أَنَّ ... 值得一提的是
(٨) مَجْدُورٌ: مُصَابٌ بِالْجُدَرِيِّ
患天花症的，麻子
(٤) جَدَّفَ تَجْدِيفًا الْقَارِبَ 划船
(٨) مِجْدَافٌ جـ مَجَادِيفُ 浆，橹
(٦) جَادَلَهُ مُجَادَلَةً وَجِدَالاً 和某人争辩
(٦) جَدَلٌ / جِدَالٌ 论战，辩论
بِلاَ جِدَالٍ 无可争议地，无可辩驳地
(٨) جَدَّالٌ: شَدِيدُ الْجِدَالِ 好争辩者
*(٢) جَدْوَلٌ جـ جَدَاوِلُ 小河，小溪；表格
جَدْوَلُ الدُّرُوسِ 课程表

(٦) جُحْرٌ جـ جُحُورٌ 洞，穴，窝
(٨) أَجْحَفَ إِجْحَافًا بِهِ 偏颇，不公；伤害，虐待
(٨) مُجْحِفٌ م مُجْحِفَةٌ 不公正的，偏颇的
(٦) جَحِيمٌ / جَهَنَّمٌ 火狱
(٨) أَجْدَبَ الْمَكَانُ 干旱，荒凉
(٨) أَجْدَبُ م جَدْبَاءُ 干旱的，不毛之地，荒地
(٤) جَدَّ ـِ جِدًّا فِي الأَمْرِ 努力，认真
*(٢) جَدَّدَ تَجْدِيدًا الشَّيْءَ 更新；革新；重做
(٤) تَجَدَّدَ تَجَدُّدًا الشَّيْءُ 更新，革新
(٨) اِسْتَجَدَّ اسْتِجْدَادًا الشَّيْءُ 变新
(٨) اِسْتَجَدَّ الشَّيْءَ 更新；发现…是新的
*(٢) جَدٌّ جـ أَجْدَادٌ وجُدُودٌ 祖父，外祖父，祖先
*(٢) جَدَّةٌ جـ جَدَّاتٌ 祖母，外祖母
بِجِدٍّ وَاجْتِهَادٍ
努力，认真地，勤勤恳恳地
*(٢) جِدًّا 很，非常
*(٢) جِدِّيٌّ م جِدِّيَّةٌ 认真的，严肃的
بِصُورَةٍ جِدِّيَّةٍ 认真地，严肃地
(٤) جِدِّيَّةٌ 认真，严肃
(٢) تَجْدِيدٌ جـ تَجْدِيدَاتٌ 更新，革新，改革
تَجْدِيدُ الإِيجَارِ 续订租约
تَجْدِيدُ الاِتِّفَاقِيَّةِ 延长协定，续签协定
(٤) جَادٌّ جـ جَادُّونَ م جَادَّةٌ 认真的，一本正经的

ج

جَدْوَلُ الأَعْمَالِ 工作日程，日程表

جَدْوَلُ الْمَوَاعِيدِ （火车等的）时刻表

جَدْوَلُ أَسْعَارِ الصَّرْفِ 汇率表

جَدْوَلُ التَّعْرِفَةِ 税率表，税则

(٦) أَجْدَى إِجْدَاءً الأَمْرُ 有用，有效

لاَ يُجْدِي 无益，无济于事

(٤) جَدْوَى / فَائِدَةٌ 用处，益处，好处

بِلاَ جَدْوَى / بِدُونِ جَدْوَى 无益地，徒劳地

(٦) مُجْدٍ (الْمُجْدِي) م مُجْدِيَةٌ
有益的，有效的，有用的

*(٤) جَذَبَ ـِ جَذْبًا الشَّيْءَ 吸引；牵引，拉

*(٤) تَجَاذَبُوا أَطْرَافَ الأَحَادِيثِ 聊天，闲谈

(٨) جَذْبُ رُؤُوسِ الأَمْوَالِ 吸引资本

(٦) جَاذِبِيَّةٌ 吸引力；诱惑力，魅力

(٢) جَذَّابٌ م جَذَّابَةٌ 有引力的，诱人的，迷人的

(٤) جِذْرٌ ج جُذُورٌ 根，根基

(٦) جِذْرِيٌّ م جِذْرِيَّةٌ 根本的

(٨) جِذْعٌ ج جُذُوعٌ 树干，躯干

(٨) جَذِلٌ وجَذْلاَنُ ج جُذْلاَنٌ م جَذِلَةٌ
欢喜的，高兴的

(٦) جَرَاجٌ ج جَرَاجَاتٌ 车库

(٨) جَرَانِيت 花岗岩

*(٤) جَرُؤَ ـُ جُرْأَةً عَلَى الأَمْرِ 敢于，胆敢

(٢) جَرِيءٌ ج جَرِيئُونَ م جَرِيئَةٌ 大胆的，勇敢的

*(٢) جَرَّبَ تَجْرِيبًا وتَجْرِبَةً الأَمْرَ 试验，实验，尝试

*(٢) تَجْرِبَةٌ ج تَجَارِبُ 试验，尝试，经验

(٨) جِرَابٌ ج أَجْرِبَةٌ 鞘，套

*(٤) مُجَرَّبٌ ج مُجَرَّبُونَ م مُجَرَّبَةٌ
有经验的，老练的

(٤) جُرْثُومٌ ج جَرَاثِيمُ الواحدة جُرْثُومَةٌ 细菌

*(٢) جَرَحَ ـَ جَرْحًا فُلاَنًا 伤，弄伤，划破

(٨) تَجَرَّحَ تَجَرُّحًا 受重伤

*(٤) جُرْحٌ ج جُرُوحٌ 伤口，创伤

(٤) جِرَاحَةٌ 外科，外科学；外科手术

(٤) جَرَّاحٌ / جِرَاحِيٌّ 外科医生

*(٤) جَرِيحٌ ج جَرْحَى / مَجْرُوحٌ م مَجْرُوحَةٌ
受伤的，伤员

(٦) جَرَّدَهُ تَجْرِيدًا مِنْ كَذَا 免除，解除，剥夺

جَرَّدَ مِنْ سِلاَحِهِ 解除武装

جرَّد مِنْ وَظِيفَتِهِ 免职，撤销职务

(٨) تَجَرَّدَ مِنْ كَذَا 被剥夺，被解除

(٨) جَرْدٌ 盘货，盘点

(٨) جَرَادٌ الواحدةُ جَرَادَةٌ 蝗虫

جَرَادُ الْبَحْرِ 龙虾

(٨) اَلتَّجْرِيدِيَّةُ 抽象派

*(٢) جَرِيدَةٌ ج جَرَائِدُ 报纸

(٦) أَجْرَدُ م جَرْدَاءُ 光秃秃的，不毛的
أَرْضٌ جَرْدَاءُ 不毛之地
(٦) مُجَرَّدٌ 单纯的，简单的
مُجَرَّدٌ مِنْ كَذَا 无…的
مُجَرَّدًا لِـ ... 纯粹是为了…，只是为了…
بِمُجَرَّدِ ... 一…就…
بِمُجَرَّدِ الاِطِّلَاعِ 见票即付的
بِالْعَيْنِ الْمُجَرَّدَةِ 用肉眼，裸视
بِصُورَةٍ مُجَرَّدَةٍ 空洞地，抽象地
مِنْطَقَةٌ مُجَرَّدَةٌ 非军事区，非武装区
(٨) جُرَذٌ جـ جُرْذَانٌ 硕鼠
(٢) جَرَّ ـُ جَرًّا الشَّيْءَ 拖，拉，牵引
(٨) هَلُمَّ جَرًّا 如此等等
(٤) جَرَّةٌ جـ جَرَّاتٌ وجِرَارٌ 水罐，瓮，坛子
(٢) جَرَّارٌ جـ جَرَّارَاتٌ 拖拉机
(٨) جَرِيرَةٌ جـ جَرَائِرُ: إِثْمٌ 罪过
(٨) اَلْمَجَرَّةُ 银河系
(٦) مِنْ جَرَّاءِ ... 由于
(٢) جَرَسٌ جـ أَجْرَاسٌ 铃，铃铛
(٨) جَرْسُونٌ جـ جَرْسُونَاتٌ 服务员，招待员
(٨) تَجَرَّعَ تَجَرُّعًا الْمَاءَ 啜，一口一口地喝
(٤) جُرْعَةٌ جـ جُرَعٌ 一口（饮料）
(٦) جَرَفَ ـُ الْمَاءُ الشَّيْءَ 冲，冲刷，冲掉，冲走
(٦) اِنْجَرَفَتْ اِنْجِرَافًا التُّرْبَةُ 被冲走，水土流失
(٨) جُرُفٌ جـ أَجْرَافٌ 悬崖，峭壁
جُرُفٌ عَالٍ 绝壁
جُرُفٌ عَمُودِيٌّ 断崖
(٨) مِجْرَفَةٌ جـ مَجَارِفُ 铲子，铁锹
(٨) جَرَّافَةٌ 铲土机
(٨) جَارُوفٌ 簸箕
(٨) جُرْمٌ جـ أَجْرَامٌ / جَرِيمَةٌ جـ جَرَائِمُ 罪过，罪行
(٨) جِرْمٌ سَمَاوِيٌّ جـ أَجْرَامٌ سَمَاوِيَّةٌ 星体，天体
(٦) إِجْرَامِيٌّ م إِجْرَامِيَّةٌ 罪恶的，犯罪的
(٦) مُجْرِمٌ جـ مُجْرِمُونَ م مُجْرِمَةٌ
有罪的，罪犯，犯人
مُجْرِمٌ عَرِيقٌ: مُجْرِمٌ ذُو سَوَابِقَ 惯犯，有前科
*(٤) جَرِيمَةٌ جـ جَرَائِمُ 罪，罪行
*(٢) جَرَى ـِ جَرْيًا فُلَانٌ 跑
*(٤) جَرَى ـِ جَرَيَانًا الْمَاءُ 流，流动
*(٤) جَرَى الأَمْرُ 发生，进行
*(٤) أَجْرَى يُجْرِي إِجْرَاءً الأَمْرَ 进行，举行
*(٤) إِجْرَاءٌ جـ إِجْرَاءَاتٌ 措施；手续，程序
إِجْرَاءَاتُ الْحَجْرِ الصِّحِّيِّ 检疫手续
إِجْرَاءَاتُ التَّلْخِيصِ الْجُمْرُكِيِّ 结关手续
*(٤) جَارٍ (اَلْجَارِي) م جَارِيَةٌ 流动的；正在进行的
اَلشَّهْرُ الْجَارِي 本月

ج

(٨) جَارِيَةٌ جـ جَارِيَاتٌ وَجَوَارٍ (اَلْجوَارِي)
女奴，女仆，丫鬟
(٤) مَجْرًى جـ مَجَارٍ (اَلْمَجَارِي)
河床，下水道；过程，进程
مَجْرَى الْبَوْلِ / قَنَاةُ الْبَوْلِ 尿道
مَجْرَى التَّنَفُّسِ / قَنَاةُ التَّنَفُّسِ 呼吸道
(٦) جَزَّأَ تَجْزِيئًا وتَجْزِئَةً الشَّيْءَ
分成若干份，分割
(٦) تَجَزَّأَ تَجَزُّؤًا الشَّيْءُ 被分割，被分开
*(٢) جُزْءٌ جـ أَجْزَاءٌ 部分，片段，（书的）册
(٢) جُزْئِيٌّ م جُزْئِيَّةٌ 部分的，局部的
(٨) جُزْئِيَّةٌ جـ جُزْئِيَّاتٌ 枝节，片段
(٨) جُزَيْءٌ جـ جُزَيْئَاتٌ 分子
(٢) جَزَرٌ 胡萝卜
*(٢) جَزِيرَةٌ جـ جُزُرٌ وَجَزَائِرُ 岛屿
جُزُرُ الْقَمَرِ 科摩罗群岛
*(٢) اَلْجَزَائِرُ 阿尔及利亚；阿尔及尔（首都）
(٢) جَزَائِرِيٌّ م جَزَائِرِيَّةٌ
阿尔及利亚的；阿尔及利亚人
(٨) جَزَّارٌ 卖肉的，屠户；刽子手
(٨) مَجْزَرَة جـ مَجَازِرُ 屠宰场；大屠杀
(٦) جَزِعَ ـَ جَزَعًا وجُزُوعًا مِنْهُ: لَمْ يَصْبِرْ عَلَيْهِ
急躁，着急 ，焦虑不安

(٤) جَزِعٌ م جَزِعَةٌ / جَزُوعٌ
性急的，急躁的，焦虑不安的
(٨) جَازَفَ مُجَازَفَةً بِنَفْسِهِ / خَاطَرَ بِهَا 冒险，拼命
(٨) جَزَالَةٌ 丰足，充裕，多
(٢) جَزِيلٌ 丰足的，充裕的，很多的
شُكْرًا جَزِيلاً 多谢，非常感谢
جَزِيلُ الشُّكْرِ 多谢，非常感谢
(٨) جَزْمٌ 切格〔语〕
(٨) جَازِمٌ / حَاسِمٌ 果断的，坚决的
(٨) جَزْمَةٌ جـ جِزَمٌ وجَزَمَاتٌ 靴子
(٨) جَزَى يَجْزِي جَزَاءً فُلاَنًا / جَازَاهُ مُجَازَاةً
报偿；惩罚
*(٤) جَزَاءٌ 酬劳，酬谢；惩罚，报应
جَزَاءُ سِنِمَّار 恩将仇报
ضَرْبَةُ جَزَاءٍ 点球，罚点球
مِنْطَقَةُ الْجَزَاءِ 罚球区
(٨) جِزْيَةٌ جـ جِزًى وجِزْيٌ: إِتَاوَةٌ
人丁税，人头税，贡赋
*(٦) جَسَّدَ تَجْسِيدًا الشَّيْءَ 体现，使具体化
(٦) تَجَسَّدَ تَجَسُّدًا الأَمْرُ / تَجَسَّمَ 体现，具体化
*(٤) جَسَدٌ جـ أَجْسَادٌ 身体，躯体
*(٢) جِسْرٌ جـ جُسُورٌ 桥，桥梁
جِسْرٌ جَوِّيٌّ / جِسْرٌ عَلَوِيٌّ 天桥

(٦) أَجْعَدُ م جَعْدَاءُ ج جُعْدٌ: مُتَجَعِّدُ الشَّعْرِ
（头发）卷曲的

(٨) تَجْعِيدٌ ج تَجَاعِيدُ 皱纹

(٨) مُجَعَّدٌ / مُتَجَعِّدٌ 卷曲的；有皱纹的

(٢) جَعَلَ ـَ جَعْلاً الشَّيْءَ كَذَا 使…变得…，
变…为…；让某人（做什么）

*(٢) جَعَلَ يَفْعَلُ كَذَا 着手，开始

*(٢) جُغْرَافِيَا 地理

(٢) جُغْرَافِيٌّ م جُغْرَافِيَّةٌ 地理的

(٤) جَفَّ ـِ جَفَافًا الشَّيْءُ 干燥，干涸

*(٤) جَفَّفَ تَجْفِيفًا الشَّيْءَ
弄干（晒、烘、擦、脱水）

*(٤) جَفَافٌ 干旱，旱灾

*(٢) جَافٌّ م جَافَّةٌ 干的，干燥的

(٤) مُجَفَّفٌ م مُجَفَّفَةٌ
（晾晒）干的，除去水分的

(٨) جَفْنٌ ج جُفُونٌ 眼皮

نَامَ مِلْءَ الْجُفُونِ 熟睡，酣睡

(٨) جَفَا ـُ جَفْوًا صَاحِبَهُ وَعَلَيْهِ: أَعْرَضَ عَنْهُ وَقَطَعَهُ
态度不好，不理，冷淡，疏远

*(٤) جَلَبَ ـِ جَلْبًا وَجَلَبًا لَهُ شَيْئًا
拿来，带来，引来

(٤) جَلَبَ عَلَيْهِ شَيْئًا 招致，招来（不幸）

(٨) جَسَارَةٌ / شَجَاعَةٌ 勇敢，勇气

(٦) جَسَّ ـُ جَسًّا نَبْضَهُ 诊脉，号脉，诊察

(٦) تَجَسَّسَ تَجَسُّسًا الْخَبَرَ أَوِ الأَمْرَ 侦探，刺探

(٦) جَاسُوسٌ ج جَوَاسِيسُ 间谍，特务，侦探

(٦) جَسَّمَ تَجْسِيمًا الأَمْرَ 使具体化，体现

(٨) تَجَسَّمَ تَجَسُّمًا الأَمْرُ 具体化，体现

*(٢) جِسْمٌ ج أَجْسَامٌ 身体

(٤) جُسْمَانِيٌّ م جُسْمَانِيَّةٌ 身体的，体力的

(٤) جَسِيمٌ م جَسِيمَةٌ 巨大的，重大的

(٨) مُجَسَّمٌ م مُجَسَّمَةٌ 立体的

(٨) جَشَأَ و تَجَشَّأَ / تَكَرَّعَ 打饱嗝；反胃

(٨) جَشَّ ـُ جَشًّا الشَّيْءَ: دَقَّهُ وكَسَرَهُ
压碎，碾碎，打碎

(٨) أَجَشُّ م جَشَّاءُ ج جُشٌّ: غَلِيظُ الصَّوْتِ
声音深沉的，声音嘶哑的

(٨) جَشِعَ ـَ جَشَعًا الرَّجُلُ 贪婪，贪得无厌

(٨) جَشِعٌ ج جَشِعُونَ وَجَشَاعَى وَجُشْعَاءُ
贪婪的，贪得无厌的

(٨) جَشِمَ ـَ جَشْمًا الأَمْرَ وتَجَشَّمَهُ: تَكَلَّفَهُ عَلَى مَشَقَّةٍ
勉强承担

(٨) جَصَّصَ تَجْصِيصًا الْبِنَاءَ 抹灰泥

(٨) جِصٌّ وجَصٌّ 灰泥，石膏

(٨) جَعْبَةٌ ج جِعَابٌ 箭袋，弹夹

(٦) جِلْبَابٌ جـ جَلاَبِيبُ 长衫，长袍

(٨) جُلْجُلٌ جـ جَلاَجِلُ 小铃儿

(٨) جَلَخَ ـُ جَلْخًا الْمُوسَى عَلَى الْحَجَرِ أَوِ الْجِلْدِ

磨，打磨；蹭

(٨) جَلُدَ ـُ جَلَدًا و تَجَلَّدَ فُلاَنٌ 坚强，坚忍

(٦) جَلَدَهُ ـِ جَلْدًا بِالسَّوْطِ

鞭笞，鞭打，抽打

(٦) جَلَّدَ تَجْلِيدًا الْكِتَابَ 装订

*(٤) جِلْدٌ جـ جُلُودٌ 皮，皮肤，表皮

(٤) جِلْدِيٌّ م جِلْدِيَّةٌ 皮肤的，表皮的

*(٢) اَلْجَلِيدُ 冰

(٨) جَلاَّدٌ جـ جَلاَّدُونَ 皮革商；刽子手

*(٤) مُجَلَّدٌ جـ مُجَلَّدَاتٌ 卷，册，集

*(٢) جَلَسَ ـِ جُلُوسًا 坐，就坐，入席

*(٢) جَلْسَةٌ جـ جَلَسَاتٌ 会，会议；座谈

(٨) جَلِيسٌ جـ جُلَسَاءُ وَجُلاَّسٌ 同伴，同僚

*(٤) مَجْلِسٌ جـ مَجَالِسُ

理事会，委员会，会议，议会

مَجْلِسُ الأَمْنِ 安全理事会（安理会）

مَجْلِسُ الإِدَارَةِ 董事会，管理委员会

مَجْلِسُ الدَّوْلَةِ 国务院

مَجْلِسُ الرِّئَاسَةِ 主席团

مَجْلِسُ الشُّورَى 议会，协商会议

اَلْمَجْلِسُ الصِّينِيُّ لِتَنْمِيَةِ التِّجَارَةِ الدَّوْلِيَّةِ /

اَللَّجْنَةُ الصِّينِيَّةُ لِتَنْمِيَةِ التِّجَارَةِ الدَّوْلِيَّةِ

中国国际贸易促进会

مَجْلِسُ الشُّيُوخِ 参议院，元老院

مَجْلِسُ الْعُمُومِ 众议院

مَجْلِسٌ عَسْكَرِيٌّ 军事法庭

مَجْلِسُ التَّشْرِيعِ 立法会议

مَجْلِسُ التَّعَاوُنِ الْخَلِيجِيِّ 海湾合作委员会

مَجْلِسُ الْوُزَرَاءِ 内阁

اَلْمَجْلِسُ الْوَطَنِيُّ لِنُوَّابِ الشَّعْبِ الصِّينِيِّ

全国人民代表大会

(٨) جَلَّ ـِ جَلاَلَةً قَدْرُهُ 崇高，伟大

(٦) أَجَلَّ إِجْلاَلاً فُلاَنًا / عَظَّمَهُ ورآهُ جَلِيلاً

敬重，尊敬

(٤) جَلاَلٌ / جَلاَلَةٌ 崇高，伟大，威严，尊严

صَاحِبُ الْجَلاَلَةِ 陛下

(٨) جُلٌّ / مُعْظَمٌ 主体部分，多数

*(٤) جَلِيلٌ جـ أَجِلاَّءُ وأَجِلَّةٌ

重要的，重大的，了不起的

(٨) جَلِيلَةٌ جـ جَلاَئِلُ 伟大的事业，宏图伟业

*(٢) مَجَلَّةٌ جـ مَجَلاَّتٌ 期刊，杂志

(٦) جَلاَ ـُ جَلْوًا وجَلاَءً الأَمْرُ 清楚，明明白白

(٨) جَلاَ مِنْ مَكَانٍ وَعَنْهُ 撤出，撤离

*(٦) جُمْرُكٌ جـ جَمَارِكُ 海关

(٨) جَامُوسٌ جـ جَوَامِيسُ 水牛

*(٢) جَمَعَ ـَ جَمْعًا كَذَا 收集，汇集；召集

*(٤) اجْمَعَ إجْمَاعًا الْقَوْمُ عَلَى الأَمْرِ

一致，一致决定

*(٢) اِجْتَمَعَ اِجْتِمَاعًا الْقَوْمُ 开会，聚会

(٤) اِجْتَمَعَ بِهِ 会晤，接见

*(٤) تَجَمَّعَ تَجَمُّعًا الْقَوْمُ 聚集，集合

(٤) اَلْجَمْعُ (فِي الْحِسَابِ) 加法

(٤) بِالإِجْمَاعِ 一致地

*(٤) جَمْعِيَّةٌ جـ جَمْعِيَّاتٌ 协会，社团，团体

جَمْعِيَّةُ الصَّلِيبِ الأَحْمَرِ 红十字会

جَمْعِيَّةُ الْهِلاَلِ الأَحْمَرِ 红新月会

الْجَمْعِيَّةُ الْخَيْرِيَّةُ 福利会，慈善机构

اَلْجَمْعِيَّةُ التَّعَاوُنِيَّةُ 合作社

اَلْجَمْعِيَّةُ الْعَامَّةُ لِلأُمَمِ الْمُتَّحِدَةِ

联合国大会

جَمْعِيَّةُ الْحِمَايَةِ وَالتَّعْوِيضِ 保赔协会

اَلْجَمْعِيَّةُ الإِسْلاَمِيَّةُ الصِّينِيَّةُ

中国伊斯兰教协会

اَلْجَمْعِيَّةُ الشَّعْبِيَّةُ الصِّينِيَّةُ لِلصَّدَاقَةِ مَعَ الْبُلْدَانِ

الأَجْنَبِيَّةِ 中国人民对外友好协会

*(٢) اَلْجُمْعَةُ / يَوْمُ الْجُمْعَةِ 星期五

(٨) جَلاَ السَّيْفَ وَنَحْوَهُ 磨光，擦亮

*(٤) تَجَلَّى يَتَجَلَّى تَجَلِّيًا الأَمْرُ 明朗，清楚

*(٤) اِنْجَلَى يَنْجَلِي اِنْجِلاَءً الأَمْرُ 明朗，真相大白

(٨) اِسْتَجْلَى اسْتِجْلاَءً الأَمرَ

力图看清，弄清，查清

(٦) جَلِيَّةٌ 真相

(٨) جَالِيَةٌ جـ جَالِيَاتٌ 侨胞，侨民

(٨) جِلُوكُوز / غَلُوكُز 葡萄糖

(٢) جُمْبَاز / جَنْبَاز / جِمْنَاسْتِيك 体操

(٤) جَمْبَرِي 虾

(٨) جُمْجُمَةٌ جـ جَمَاجِمُ 头颅

(٨) جَامِحٌ جـ جَوَامِحُ 任性的，倔强的

(٦) جَمَّدَ تَجْمِيدًا الشَّيْءَ 使僵硬，冻结

تَجْمِيدُ الْقُرُوضِ الْمَصْرِفِيَّةِ 冻结银行贷款

*(٤) تَجَمَّدَ تَجَمُّدًا الْمَاءُ وَغَيْرُهُ 冻结，结冰

(٦) جُمُودٌ 僵化，死板，教条

(٨) جُمَادَى الأُولَى 伊历五月

(٨) جُمَادَى الآخِرَةِ 伊历六月

(٤) جَامِدٌ م جَامِدَةٌ

僵硬的，僵化的，固化的，顽固不化的

(٤) مُتَجَمِّدٌ م مُتَجَمِّدَةٌ 冻结的，凝固的

(٨) جَمْرٌ الواحدةُ جَمْرَةٌ جـ جَمَرَاتٌ 火炭

عَلَى أَحَرَّ مِنْ جَمْرَةٍ 焦急万状，如坐针毡

ج

*(٢) جَمَاعَةٌ جـ جَمَاعَاتٌ / زُمْرَة

群体，集体，一伙儿，组

(٨) جَمَاعَةٌ 班（军）

(٤) جَمَاعِيٌّ م جَمَاعِيَّةٌ 集体的

(٤) الجَمَاعِيَّةُ 集体主义

*(٢) اِجْتِمَاعٌ جـ اِجْتِمَاعَاتٌ 会议，会

اِجْتِمَاعُ الْقِمَّةِ 最高级会晤

*(٢) اِجْتِمَاعِيٌّ م اِجْتِمَاعِيَّةٌ 社会的

*(٤) جَامِعٌ جـ جَوَامِعُ 清真寺

اَلْجَامِعُ الأَقْصَى (فِي الْقُدْسِ) 阿克萨清真寺

*(٢) جَامِعَةٌ جـ جَامِعَاتٌ 大学

(٤) جَامِعَةُ الدُّوَلِ الْعَرَبِيَّةِ 阿拉伯联盟

(٢) جَامِعِيٌّ م جَامِعِيَّةٌ 大学的；大学生

*(٢) جَمِيعٌ 全体，全部，所有

جَمِيعًا 全部地，统统地

*(٢) مَجْمُوعٌ 总数，总和

*(٢) مَجْمُوعَةٌ جـ مَجْمُوعَاتٌ

套（丛书等），集，组，集团

مَجْمُوعَةُ شَرِكَاتٍ 集团公司

اَلْمَجْمُوعَةُ الْكَامِلَةُ مِنَ الْبَوَالِيسِ 成套提单

اَلْمَجْمُوعَةُ الْكَامِلَةُ 全集

اَلْمَجْمُوعَةُ الأُورُبِّيَّةُ 欧洲共同体

اَلْمَجْمُوعَةُ الشَّمْسِيَّةُ 太阳系

(٦) مُجَمَّعٌ جـ مُجَمَّعَاتٌ 综合大楼；联合体；中心

مُجَمَّعُ الْبِتْرُوكِيمَاوِيَّاتِ 石油化工联合企业

*(٢) مُجْتَمَعٌ جـ مُجْتَمَعَاتٌ 社会

(٤) أَجْمَعُ م جَمْعَاءُ 全体，全部，整个

(٤) بِأَجْمَعِهِمْ 大家一致，全部地

(٤) مَجْمَعٌ جـ مَجَامِعُ 学会，科学会

اَلْمَجْمَعُ اللُّغَوِيُّ 语言学会

(٢) جَمَّلَ تَجْمِيلاً الشَّيْءَ 美化，装饰

(٦) جَامَلَهُ مُجَامَلَةً 客套，寒暄

(٨) اِسْتَجْمَلَ اسْتِجْمَالاً الشَّيْءَ

认为美，觉得美，看好

*(٢) جَمَالٌ 美，美丽，优美，漂亮

*(٢) جَمَلٌ جـ جِمَالٌ 骆驼

*(٢) جُمْلَةٌ جـ جُمَلٌ 句，句子；总和，总数

جُمْلَةُ الْقَوْلِ 总而言之，一句话

جُمْلَةُ الْمِيزَانِيَّةِ 预算总额

(٦) إِجْمَالاً / بِالإِجْمَالِ / عَلَى وَجْهِ الإِجْمَالِ

大体上，概括地，总体上

(٦) إِجْمَالِيٌّ م إِجْمَالِيَّةٌ 大体的，总括的

إِجْمَالِيُّ النَّاتِجِ حَسَبَ كُلِّ فَرْدٍ 人均总产值

إِجْمَالِيُّ النَّاتِجِ الْقَوْمِيِّ 国民生产总值

*(٤) مُجَامَلَةٌ جـ مُجَامَلاتٌ

客套，客气话，寒暄，应酬

南，南方 ‏*(٢) جَنُوبٌ

南非 ‏جَنُوبُ إِفْرِقِيَا

南方的；南方人 ‏(٢) جَنُوبِيٌّ م جَنُوبِيَّةٌ

外国的；外国人 ‏*(٢) أَجْنَبِيٌّ ج أَجَانِبُ

翅膀，翼；陈列馆，展厅 ‏(٢) جَنَاحٌ ج أَجْنِحَةٌ

‏(٨) جُنْحَةٌ ج جُنَحٌ: جُرْمٌ بَيْنَ الْجِنَايَاتِ وَالْمُخَالَفَةِ
轻罪

过失 ‏(٨) جُنَاحٌ / إِثْمٌ

肋骨 ‏(٨) جَانِحَةٌ ج جَوَانِحُ / ضِلْعٌ

内心，心里 ‏بَيْنَ جَوَانِحِهِ

有翼的，长上翅膀的 ‏(٨) مُجَنَّحٌ م مُجَنَّحَةٌ

动员，征兵 ‏(٦) جَنَّدَ تَجْنِيدًا فُلَانًا

士兵 ‏*(٢) جُنْدِيٌّ ج جُنُودٌ

义务兵 ‏جُنْدِيٌّ إِجْبَارِيٌّ

复员军人 ‏جُنْدِيٌّ مُسَرَّحٌ

兵役制 ‏(٨) اَلْجُنْدِيَّةُ

将军 ‏(٨) جِنْرَالٌ ج جِنْرَالَاتٌ

送葬，举行葬礼 ‏(٦) جَنَّزَ تَجْنِيزًا الْمَيِّتَ

灵柩，灵车 ‏(٨) جَنَازَةٌ ج جَنَازَاتٌ وجَنَائِزُ

随葬品 ‏أَدَوَاتٌ جَنَائِزِيَّةٌ

加入…国籍 ‏(٦) تَجَنَّسَ تَجَنُّسًا فُلَانٌ لِجِنْسِيَّةٍ مَا

种族，人种；性别 ‏*(٤) جِنْسٌ ج أَجْنَاسٌ

男性 ‏اَلْجِنْسُ الْخَشِنُ

美丽的，好看的，漂亮的 ‏*(٢) جَمِيلٌ م جَمِيلَةٌ

美德，恩德，恩惠 ‏(٦) اَلْجَمِيلُ

更美丽的，最美丽的 ‏(٢) أَجْمَلُ

摘要，综括，合计 ‏*(٤) مُجْمَلٌ

‏مُجْمَلُ حَجْمِ الْوَارِدَاتِ وَالصَّادِرَاتِ
进出口贸易总额

休养生息，恢复元气 ‏(٨) اِسْتَجَمَّ اسْتِجْمَامًا عَافِيَتَهُ

修养所，疗养院 ‏دَارُ الِاسْتِجْمَامِ

多的，丰富的 ‏(٤) جَمٌّ

聚集 ‏(٨) جَمْهَرَ وتَجَمْهَرَ الْقَوْمُ

群，伙；集子 ‏(٦) جَمْهَرَةٌ ج جَمَاهِرُ

群众，公众，大众 ‏*(٢) جُمْهُورٌ ج جَمَاهِيرُ

群众的，群众性的 ‏(٤) جَمَاهِيرِيٌّ م جَمَاهِيرِيَّةٌ

共和国 ‏*(٢) جُمْهُورِيَّةٌ ج جُمْهُورِيَّاتٌ

中华人民共和国 ‏جُمْهُورِيَّةُ الصِّينِ الشَّعْبِيَّةُ

使远离，使避开 ‏(٦) جَنَّبَ تَجْنِيبًا فُلَانًا الشَّيْءَ

避免，避开，回避 ‏*(٤) تَجَنَّبَ تَجَنُّبًا الشَّيْءَ

肩并肩地 ‏*(٤) جَنْبًا لِجَنْبٍ / جَنْبًا إِلَى جَنْبٍ

小心；靠边 ‏(٨) جَنْبَكَ: اِحْذَرْ

胸膜炎 ‏(٨) جُنَابٌ: دَاءُ الْجَنْبِ

边，侧面，方面 ‏*(٢) جَانِبٌ ج جَوَانِبُ

在…旁边，靠近 ‏بِجَانِبِ ...

此外 ‏إِلَى جَانِبِ ذَلِكَ

*(٢) اِجْتَهَدَ اِجْتِهَادًا فِي كَذَا 努力，用功，勤奋
*(٢) جَهْدٌ جـ جُهُودٌ 努力，力气
(٦) جُهْدٌ / مَجْهُودٌ 能力，力量
(٦) جِهَادٌ 圣战，战斗，奋斗
(٤) مُجَاهِدٌ جـ مُجَاهِدُونَ م مُجَاهِدَةٌ
斗士，圣战者
*(٢) مُجْتَهِدٌ جـ مُجْتَهِدُونَ / مُجْتَهِدَةٌ
努力的，用功的，勤奋的
(٤) مُجْهَدٌ م مُجْهَدَةٌ 精疲力竭的，疲惫不堪的
*(٤) مَجْهُودٌ جـ مَجْهُودَاتٌ 能力，力量
(٨) جَهْرٌ وجَهْرَةٌ وجَهَارٌ 公开，直率
(٦) جَهِيرٌ وجَهْوَرِيٌّ 响亮的，洪亮的
(٨) مِجْهَرٌ: مِكْرُسْكُوب 显微镜
(٤) جَهَّزَهُ تَجْهِيزًا 预备，准备，装备
(٦) تَجَهَّزَ تَجَهُّزًا لِلأَمْرِ 做好准备
*(٤) جِهَازٌ جـ أَجْهِزَةٌ 仪器，设备；机构
جِهَازُ الثَّمَنِ 价格机制
جِهَازُ الاِسْتِدْعَاءِ 呼机
جِهَازُ الْهَضْمِ 消化系统
اَلْجِهَازُ التَّنَاسُلِيُّ 生殖系统
جِهَازُ الذَّاكِرَةِ 存储器
أَجْهِزَة (الْكُمْبِيُوتَر) （电脑）硬件
*(٤) تَجْهِيزَاتٌ 装备，设备

اَلْجِنْسُ اللَّطِيفُ 女性
(٦) جِنْسِيٌّ م جِنْسِيَّةٌ 种族的，性的
*(٦) جِنْسِيَّةٌ 国籍
(٨) جِنَاسٌ 谐音
(٦) جُنَّ جُنُونُهُ 狂怒，歇斯底里
(٤) جُنُونٌ 疯狂
(٦) جُنُونِيٌّ م جُنُونِيَّةٌ 疯狂的
(٨) جِنٌّ وَاحِدُهُ جِنِّيٌّ م جِنِّيَّةٌ 精灵
*(٤) جَنَّةٌ جـ جَنَّاتٌ / فِرْدَوْسٌ جـ فَرَادِيسُ 天堂，乐园
(٨) جَنِينٌ جـ أَجِنَّةٌ وأَجْنُنٌ 胎儿
(٨) جُنَيْنَةٌ جـ جَنَائِنُ 花园
(٨) جَنَائِنِيٌّ / بُسْتَانِيٌّ 园丁
*(٤) مَجْنُونٌ جـ مَجَانِينُ م مَجْنُونَةٌ
疯子，狂人，精神病患者；失去理智的
(٢) جَنَى يَجْنِي جَنْيًا الثَّمَرَ 采摘
(٨) جِنَايَةٌ 刑事罪，重罪
(٨) جَانٍ (الْجَانِي) جـ جُنَاةٌ 罪犯
(٨) جِنِيفُ 日内瓦
*(٤) جُنَيْهٌ جـ جُنَيْهَاتٌ 镑（货币单位）
الْجُنَيْهُ الإِسْتِرْلِينِيّ 英镑
(٦) أَجْهَدَ إِجْهَادًا فُلاَنًا 使疲惫
*(٤) جَاهَدَ مُجَاهَدَةً وَجِهَادًا
进行圣战，战斗，奋斗

ج

*(٤) اِسْتَجَابَهُ أَوِ اسْتَجَابَ لَهُ اسْتِجَابَةً 响应，答应

*(٤) اِسْتَجْوَبَ اسْتِجْوَابًا فُلاَنًا 盘问，质问，查问

*(٢) جَوَابٌ جـ أَجْوِبَةٌ 回答，答复，答案

(٦) اِجْتَاحَ اِجْتِيَاحًا الْمَكَانَ 席卷

(٨) جَادَ ـُ جُودًا عَلَيْهِ 慷慨待人

(٨) جَوَّدَ تَجْوِيدًا الشَّيْءَ 改进，改善

*(٢) أَجَادَ إِجَادَةً الشَّيْءَ 精通，擅长

*(٤) جَوْدَةٌ 优良，精良；质量

(٦) جَوَادٌ جـ جِيَادٌ 骏马，良驹

(٦) جَوَادٌ جـ أَجْوَادٌ 慷慨的，大方的

*(٢) جَيِّدٌ م جَيِّدَةٌ 好的，优良的

(٨) جَارَ ـُ جَوْرًا عَلَى فُلاَنٍ 虐待，伤害，侵犯

*(٤) جَاوَرَهُ مُجَاوَرَةً وَجِوَارًا 与他为邻

(٦) تَجَاوَرَ تَجَاوُرًا الْقَوْمُ 相邻，比邻而居

*(٢) جَارٌ جـ جِيرَانٌ 邻居

(٤) جِوَارٌ 相邻，比邻

فِي جِوَارِهِ / بِجِوَارِهِ 与他邻近，在他近旁

حُسْنُ الْجِوَارِ 睦邻

(٢) مُجَاوِرٌ م مُجَاوِرَةٌ 邻近的，毗连的

*(٢) جَوْرَبٌ جـ جَوَارِبُ 袜子

*(٤) جَازَ ـُ جَوَازًا الأَمْرُ 行，可以，通得过

(٦) أَجَازَ إِجَازَةً الأَمْرَ 准许，批准，通过

*(٤) تَجَاوَزَهُ تَجَاوُزًا 越过，超过，超越

*(٢) جَاهِزٌ م جَاهِزَةٌ 现成的，预备好的

(٤) مُجَهَّزٌ م مُجَهَّزَةٌ 准备好的，被装备起来的

(٨) أَجْهَشَ بِالْبُكَاءِ 欲哭

(٨) أَجْهَضَتْ إِجْهَاضًا الْمَرْأَةُ 流产，早产

(٨) مُجْهِضٌ 流产的女人；打胎药

(٨) مُجْهَضٌ 流产的，早产儿

(٤) جَهِلَ ـَ جَهْلاً الأَمْرَ 无知，愚昧

(٦) تَجَاهَلَ تَجَاهُلاً الأَمْرَ
无视，装不知道，装糊涂

*(٤) جَاهِلٌ جـ جُهَلاَءُ وَجُهَّالٌ م جَاهِلَةٌ
无知的，愚昧的，糊涂的

(٨) الجَاهِلِيَّةُ 贾希利亚时期（蒙昧时期）

*(٤) مَجْهُولٌ م مَجْهُولَةٌ
未知的，不详的，无名的

(٦) مَجْهَلٌ جـ مَجَاهِلُ
人迹罕至之地，神秘莫测之地

(٨) مُتَجَهِّمُ الْوَجْهِ / عَابِسُ الْوَجْهِ
愁眉苦脸的，闷闷不乐的

(٦) جَهَنَّمُ / جَحِيمٌ 地狱，火坑（阴性）

(٦) جَابَ ـُ تَجْوَابًا البِلاَدَ 游历，周游

(٦) تَجَاوَبَ تَجَاوُبًا الْقَوْمُ 相互呼应

*(٢) أَجَابَهُ إِجَابَةً وَأَجَابَ سُؤَالَهُ أَوْ عَنْ سُؤَالِهِ أَوْ
إِلَى سُؤَالِهِ 回答，答复

(٦) اِجْتازَ النَّهْرَ ونَحْوَهُ 穿过，通过；经历

(٤) جَوْزٌ الواحدة جَوْزَةٌ 核桃

(٤) جَوْزُ الْهِنْدِ 椰子

*(٤) جَوازُ السَّفَرِ / اَلْبَاسْبُوْرْت 护照

*(٢) إِجازَةٌ جـ إِجازاتٌ 假，假日，假期；许可证

إِجازَةُ الأُمُومَةِ / إِجازَةُ الْوَضْعِ 产假

*(٢) جائِزَةٌ جـ جَوائِزُ 奖品，奖金

(٨) مَجازِيٌّ 寓意的，隐喻的，转意的

(٨) جَوْسَقٌ جـ جَواسِقُ 亭，轩，榭

(٤) جاعَ ـُ جَوْعًا 饿，饥饿

(٤) مَجاعَةٌ 饥馑，饥荒

*(٢) جائِعٌ جـ جائِعُونَ وجِياعٌ م جائِعَةٌ / جَوْعانُ

م جَوْعَى وجَوْعانَةٌ 饥饿的

(٦) جَوَّفَ تَجْوِيفًا الشَّيْءَ 挖空，掏空

(٨) تَجْوِيفٌ 空洞，腔膛

(٦) جَوْفٌ جـ أَجْوافٌ 内部，里边

جَوْفُ الأَرْضِ 地下，地层内

(٨) جَوْفِيٌّ م جَوْفِيَّةٌ 地下的，里面的，内部的

(٦) أَجْوَفُ م جَوْفاءُ جـ جُوفٌ 中空的，空虚的

(٨) مُجَوَّفٌ م مُجَوَّفَةٌ 空心的；心虚的，胆小的

(٨) جَوْقَةٌ مُوسِيقِيَّةٌ 乐队

(٦) جالَ ـُ جَوْلاً 漫游，游历

(٨) أَجالَ إِجالَةً الشَّيْءَ وبِالشَّيْءِ 使旋转，转动

أَجالَ بَصَرَهُ 环视

*(٢) تَجَوَّلَ تَجَوُّلاً فِي ... 漫步，游逛，转悠

(٢) جَوْلَةٌ جـ جَوْلاتٌ 漫步，（转…）圈，回合

(٨) جَوَّالٌ / مُجَوِّلٌ 流浪者，漂泊者

(٤) مُتَجَوِّلٌ جـ مُتَجَوِّلُونَ 旅行者，漫游者

بَيّاعٌ مُتَجَوِّلٌ 小商，小贩

*(٢) مَجالٌ جـ مَجالاتٌ 范围，场合，领域，方面

اَلْمَجالُ الْجَوِّيُّ 领空

(٨) جُولْف 高尔夫球

(٨) جُولانُ / مُرْتَفَعُ جُولانَ 戈兰高地

(٨) جاهٌ 面子

*(٤) جَوْهَرٌ جـ جَواهِرُ 本质，实质

(٦) جَوْهَرَةٌ جـ جَوْهَراتٌ / مُجَوْهَراتٌ 珠宝

(٦) جَوْهَرِيٌّ م جَوْهَرِيَّةٌ 本质的，主要的

*(٢) جَوٌّ جـ أَجْواءٌ 天气，大气；天空

أَجْواءٌ إِقْلِيمِيَّةٌ 领空

(٢) جَوِّيٌّ م جَوِّيَّةٌ

大气的，天气的，空中的；航空的

*(٢) جاءَ يَجِيءُ مَجِيئًا ومَجِيئَةً 来，到来，来临

جاءَ دَوْرُهُ 轮到他了，该他了

جاءَ بِكَذا 带来

(٢) جَيْبٌ جـ جُيُوبٌ 衣袋，衣兜

*(٤) جِيبُوتي 吉布提（国名、首都名）

ج

(٨) جِيرٌ 石灰，白灰

(٨) الجِيزَة (فِي مِصْرَ) 吉萨

(٨) جَاشَ ـِ جَيْشًا وجَيَشَانًا الْبَحْرُ （波涛）汹涌，澎湃

جَاشَ الصَّدْرُ 满腔怒火，义愤填膺

*(٢) جَيْشٌ جـ جُيُوشٌ 军队，部队

(٨) جَيَّاشٌ م جَيَّاشَةٌ 沸腾的，汹涌的，澎湃的

*(٢) جِيلٌ جـ أَجْيَالٌ 辈，代，世代

جِيلاً بَعْدَ جِيلٍ 世世代代

(٨) جِينَةٌ: مُوَرِّثَةٌ، رَابِطَةُ الأَنْوَاعِ 基因

(٦) جِيُولُوجِيَا: عِلْمُ طَبَقَاتِ الأَرْضِ 地质学

(٦) جِيُولُوجِيٌّ م جِيُولُوجِيَّةٌ 地质学的；地质学家

الحاء

(٢) أَحَبَّ يُحِبُّ حُبًّا الشَّيْءَ 爱，喜欢，热爱

(٦) تَحَابَّ تَحَابًّا الْقَوْمُ 相亲相爱，互爱

(٨) اِسْتَحَبَّهُ اسْتِحْبَابًا 喜爱，觉得可爱，嘉许

(٢) حُبٌّ 爱，爱情

*(٢) حَبٌّ جـ حُبُوبٌ الواحدةُ حَبَّةٌ

粮食，谷物，种子

(٤) مَحَبَّةٌ 爱，友爱，友情

(٢) حَبِيبٌ جـ أَحِبَّاءُ وأَحْبَابٌ م حَبِيبَةٌ

亲爱的，情人

(٢) أَحَبُّ 最可爱的

*(٢) مَحْبُوبٌ جـ مَحْبُوبُونَ م مَحْبُوبَةٌ

可爱的，心爱的

(٢) مُحِبٌّ جـ مُحِبُّونَ م مُحِبَّةٌ 爱好者

*(٤) مُحَبَّبٌ إِلَى فُلَانٍ م مُحَبَّبَةٌ

受欢迎的，为…所喜爱的

(٨) مُسْتَحَبٌّ م مُسْتَحَبَّةٌ

令人满意的，堪当嘉许的

(٤) حَبَّذَا / يَا حَبَّذَا 多好啊！好极了！

(٢) حِبْرٌ 墨水，墨汁

حِبْرٌ عَلَى وَرَقٍ 一纸空文

(٨) حَبَّارٌ / أُمُّ الْحِبْرِ 墨鱼，乌贼

(٤) مِحْبَرَةٌ جـ مَحَابِرُ: دَوَاةٌ 墨盒，墨水瓶

مِحْبَرَةٌ حَجَرِيَّةٌ 砚台

(٦) حَبَسَ ـِ حَبْسًا فُلَانًا 禁闭，关押

(٦) مَحْبُوسٌ / حَبِيسٌ 被关押的囚犯

(٨) حَبَّشَ تَحْبِيشًا الْوِسَادَةَ 填，塞

(٨) الحَبَشُ وَالْحَبَشَةُ 埃塞俄比亚

(٨) حَبَشِيٌّ جـ أَحْبَاشٌ

埃塞俄比亚人，埃塞俄比亚的

(٦) أَحْبَطَهُ إِحْبَاطًا: أَخْفَقَهُ 挫败，使失望

أَحْبَطَ الْعَمَلَ / أَبْطَلَهُ 使中断，使失败，破坏

(٨) حَبَكَ ـُ حَبْكًا الشَّيْءَ: أَحْكَمَهُ 拧紧，加紧

(٨) حَبَكَ الأمرَ / أَحْسَنَ تَدْبِيرَهُ 周密处置

(٨) حَبْكَةُ (الشِّعْرِ وَالرِّوَايَةِ ...)

结构，布局；情节

مَتَانَةُ الْحَبْكَةِ 结构严谨

(٤) حَبْلٌ جـ حِبَالٌ 绳子，绳索

*(٢) حَتَّى ... 直到；以便

ح

*(٤) حَتَّى وَلَوْ ... 纵然，即使

(٨) حُتَاتٌ 残渣，碎块

(٨) حَتْفٌ: مَوْتٌ عَلَى فِرَاشِهِ 死亡

لَقِيَ حَتْفَهُ: مَاتَ 去世，死亡

مَاتَ حَتْفَ أَنْفِهِ 善终，寿终正寝

(٦) تَحَتَّمَ تَحَتُّمًا الأَمْرُ 必须，必定，有必要

(٤) حَتْمًا 一定

(٦) حَتْمِيَّةٌ 必然性，必然

(٦) مَحْتُومٌ جـ مَحْتُومَةٌ 不可避免的，必然的

*(٤) حَثَّ ـُ حَثًّا فُلانًا عَلَى كَذَا 催促，鼓动；怂恿

حَثَّ خُطَاهُ 加快步伐

*(٤) حَثِيثٌ م حَثِيثَةٌ 快的，急促的

بِخُطًى حَثِيثَةٍ

快步，脚步急促地，急促地

(٨) حَثَا ـُ حَثْوًا وَحَثَى يَحْثِي حَثْيًا التُّرَابَ 扬土

حَثَا فِي وَجْهِهِ الرَّمَادَ

羞辱，给他抹（一鼻子）灰

(٦) حَجَبَ ـُ حَجْبًا وَحِجَابًا الشَّيْءَ

掩盖，遮盖，遮挡

(٨) حِجَابٌ 面纱

(٤) حَاجِبٌ جـ حَوَاجِبُ 眉毛

(٦) حَاجِبٌ جـ حُجَّابٌ 侍从，看门人，门卫

(٨) (اِمْرَأَةٌ) مُحَجَّبَةٌ 带面纱的（妇女）

(٦) حَجَّ ـُ حَجًّا الأَمَاكِنَ الْمُقَدَّسَةَ

朝觐，朝拜〔宗〕

(٦) اِحْتَجَّ اِحْتِجَاجًا عَلَى كَذَا 抗议

اِحْتِجَاجُ عَدَمِ الْقَبُولِ 拒绝承兑证书

اِحْتِجَاجُ عَدَمِ الْوَفَاءِ 拒绝付款证书

(٦) حُجَّةٌ جـ حُجَجٌ 借口，理由，理据，论据

(٨) ذُو الْحِجَّةِ 伊历十二月

(٦) حَاجٌّ جـ حُجَّاجٌ 朝觐者，朝觐过的；哈吉

*(٤) حَجَرٌ جـ أَحْجَارٌ وَحِجَارَةٌ 石头，石块，石料

اَلْحَجَرُ الأَسْوَدُ 黑石，玄石〔宗〕

اَلْحَجَرُ الأَسَاسِيُّ / حَجَرُ الزَّاوِيَةِ 基石

حَجَرٌ كَرِيمٌ جـ أَحْجَارٌ كَرِيمَةٌ 宝石

حَجَرٌ جَوِّيٌّ: رَجْمٌ 陨石

حَجَرُ عَثْرَةٍ 绊脚石

(٤) حَجَرِيٌّ م حَجَرِيَّةٌ 石头的，石制的

اَلْعَصْرُ الْحَجَرِيُّ 石器时代

(٨) اَلْحَجْرُ الصِّحِّيُّ 检疫

*(٢) حُجْرَةٌ جـ حُجَرٌ وَحُجْرَاتٌ وَحُجُرَاتٌ

وَحُجُرَاتٌ 房间，屋子，室

حُجْرَةُ الدَّرْسِ 教室

(٨) حَجَّارٌ 石匠

(٨) مَحْجَرٌ جـ مَحَاجِرُ 检疫所；采石场

(٨) مُتَحَجِّرَاتٌ 化石

*(٤) حَجَزَهُ ـُ حَجْزًا 拦阻；查封；扣押

(٤) حجز تَذْكِرَةً أو غُرْفَةً 订票，订房间

(٨) الحِجَازُ (فِي السُّعُودِيَّةِ) 希贾兹（汉志）

*(٤) حَاجِزٌ جـ حَوَاجِزُ 障碍，屏障

حَوَاجِزُ تِجَارِيَّةٌ 贸易壁垒

(٤) مَحْجُوزٌ م مَحْجُوزَةٌ

预定的，包租的；被扣押的

(٨) أَحْجَمَ إِحْجَامًا فُلَانٌ عَنِ الشَّيْءِ: كَفَّ عَنْهُ

وَنَكَصَ عَنْهُ 节制，戒，戒绝

*(٤) حَجْمٌ جـ حُجُومٌ 大小，体积，容量

حَجْمٌ احْتِيَاطِيٌّ 储备额

حَجْمُ الشَّحْنِ وَالتَّفْرِيغِ 吞吐量

(٦) أَحْدَبُ جـ حَدْبَاءُ 驼背的

(٦) مُحَدَّبٌ م مُحَدَّبَةٌ 凸出的，隆起的

*(٢) حَدَثَ ـُ حُدُوثًا الأَمْرُ 发生

(٢) حَدَّثَهُ تَحْدِيثًا عَنْ كَذَا أَوْ بِهِ

与…谈…，跟…讲…，告诉

*(٢) تَحَدَّثَ تَحَدُّثًا إِلَيْهِ عَنْ كَذَا وَبِهِ

谈，谈话，交谈

*(٤) أَحْدَثَ إِحْدَاثًا الشَّيْءَ

开创，创办；引起，造成

(٦) اِسْتَحْدَثَهُ / اِسْتَجَدَّهُ 创新，新创

*(٤) حَدَثٌ جـ أَحْدَاثٌ 事件，新事

(٤) الأَحْدَاثُ 青少年

دَارُ إِصْلَاحِيَّةِ الأَحْدَاثِ 教养院

(٦) حَدَاثَةٌ 新奇，新颖，新鲜

حَدَاثَةُ فُلَانٍ 青春期，青年时代

(٦) أُحْدُوثَةٌ جـ أَحَادِيثُ 话柄，话料儿，话题

(٢) تَحْدِيثُ الْبِلَادِ 使国家现代化

*(٢) مُحَادَثَةٌ جـ مُحَادَثَاتٌ 会话，交谈，会谈

(٨) إِحْدَاثِيٌّ جـ إِحْدَاثِيَّاتٌ 坐标

*(٤) حَادِثٌ وحَادِثَةٌ جـ حَوَادِثُ

事件，事故，事迹，事端

*(٢) حَدِيثٌ م حَدِيثَةٌ 新近的，新式的，现代化的

حَدِيثُ الْعَهْدِ 新问世的

(٢) حَدِيثٌ جـ أَحَادِيثُ 谈话，传闻

(٦) اَلْحَدِيثُ 圣训

عِلْمُ الْحَدِيثِ 圣训学

(٦) مُحْدَثُ النِّعْمَةِ / حَدِيثُ النِّعْمَةِ 暴发户

(٦) مُتَحَدِّثٌ بِلِسَانِ .../ نَاطِقٌ بِلِسَانِ ... 发言人

(٦) مُسْتَحْدَثٌ جـ مُسْتَحْدَثَاتٌ

新奇的，新鲜的；革新，变革

(٨) حَدَّجَ تَحْدِيجًا بِبَصَرِهِ / حَدَّقَ إِلَيْهِ 凝视

(٨) حَدَّتْ ـِ حِدَادًا الْمَرْأَةُ عَلَى زَوْجِهَا

戴孝，居丧

(٤) حَدَّدَ تَحْدِيدًا الأَمْرَ 划定，规定，确定

(٨) تَحَدَّدَ تَحَدُّدًا الشَّيْءُ　被限定，被划定

(٨) اِحْتَدَّ اِحْتِدَادًا

变严重；气愤，语气强硬，言词激烈

*(٤) حَدٌّ جـ حُدُودٌ　限度，界限；边界，国境

اَلْحَدُّ الأَدْنَى　最低限度

إِلَى أَقْصَى حَدٍّ　最大限度地

إِلَى حَدٍّ كَبِيرٍ / إِلَى حَدٍّ بَعِيدٍ　很大程度上

إِلى حَدٍّ مَا　某种程度上

اَلْحَدُّ مِنَ التَّسَلُّحِ　军控

(٦) حِدَّةٌ　尖锐，激烈，厉害

(٤) حَادٌّ م حَادَّةٌ　尖锐的，激烈的，锋利的

*(٢) حَدِيدٌ　铁

(٢) حَدِيدِيٌّ م حَدِيدِيَّةٌ　铁的

مَعَادِنُ حَدِيدِيَّةٌ　黑色金属

مَعَادِنُ غَيْرُ حَدِيدِيَّةٍ　有色金属

*(٢) مَحْدُودٌ م مَحْدُودَةٌ　有限的，规定的

(٨) مَحْدُودِيَّةٌ　局限性

*(٢) مُحَدَّدٌ م مُحَدَّدَةٌ　规定的，确定的

(٤) حَدَّادٌ م حَدَّادُونَ　铁匠

(٨) اَلْحُدَيْدَةُ (فِي الْيَمَنِ)　荷台达

(٦) حَدَرَ ـُ حَدْرًا وَانْحَدَرَ　滑下，滚落

(٨) اِنْحَدَرَ مِنْ ...　出身（生）于，起源于

(٨) اِنْحِدَارٌ / اِنْحِطَاطٌ　下滑，堕落，颓废

(٦) مُنْحَدَرٌ جـ مُنْحَدَرَاتٌ　斜坡，陡坡

(٨) حَدَسَ ـِ حَدْسًا فِي الأَمْرِ　猜测，推测，估计

عَلَى الْحَدْسِ　据猜想

(٦) أَحْدَقَ إِحْدَاقًا بِهِ / أَحَاطَ بِهِ　环绕，围绕

أَحْدَقَتْ بِهِ الشدائدُ　灾难重重，危机四伏

(٦) حَدَّقَ فِيهِ وَإِلَيْهِ　注视，凝视

(٨) حَدَقَةُ الْعَيْنِ جـ حَدَقٌ وَحَدَقَاتٌ　瞳孔，瞳仁

*(٢) حَدِيقَةٌ جـ حَدَائِقُ　花园，公园

(٨) اِحْتَدَمَ احْتِدَامًا فُلاَنٌ　发怒，火气盛

(٨) اِحْتَدَمَتِ النَّارُ أَوِ الحَرَارَةُ أَوِ الْحَرَكَةُ

炎热，炽热；（战斗）激烈，白热化

(٨) حَدَا ـُ حَدْوًا الإِبِلَ: سَاقَهُ وغَنَّى لَهُ　催赶，驱动

حَدَا فُلاَنًا عَلَى كَذَا　鞭策，鼓动

(٦) تَحَدَّى تَحَدِّيًا فُلاَنًا　挑战，迎战

*(٤) حَذِرَ ـَ حَذَرًا الشَّيْءَ أَوْ مِنْهُ　提防，小心，警惕

(٦) حَذَّرَهُ تَحْذِيرًا مِنْ كَذَا　警告，提醒，告诫

(٨) حَاذَرَهُ مُحَاذَرَةً　提防，警惕，留心

(٤) حَذَرٌ　小心，提防，留心

(٤) فِي حَذَرٍ / عَلَى حَذَرٍ　小心地，谨慎地

(٤) حَذَارِ مِنْ ...　当心…！注意…！可别…！

(٤) حَذِرٌ جـ حَذِرُونَ وحَذَارَى م حَذِرَةٌ / حَاذِرٌ

小心的，谨慎的

(٦) مَحْذُورَاتٌ　注意事项

(٦) حَذَفَ ـِ حَذْفًا الشَّيْءَ 省略，删掉，去掉

(٤) مَحْذُوفٌ م مَحْذُوفَةٌ 被省略的，被删掉的

(٨) حَذَقَ ـِ وحَذِقَ ـَ حَذْقًا وحِذْقًا العَمَلَ: أَجَادَهُ

精通，谙熟

(٦) حَاذِقٌ ج حُذَّاقٌ 熟练的，灵巧的，能手

(٦) حَذَا ـُ حَذْوًا واحْتَذَى مِثَالَ فُلاَنٍ أَوْ عَلَيْهِ

效仿，以…为榜样

(٨) حَاذَاهُ مُحَاذَاةً 与…相对，和…平行

(٨) تَحَاذَى تَحَاذِيًا الشَّيْئَانِ

相对，互相平行，并驾齐驱

*(٢) حِذَاءٌ ج أَحْذِيَةٌ 鞋

*(٤) حَارَبَهُ مُحَارَبَةً 战斗，打仗，反对

*(٢) حَرْبٌ ج حُرُوبٌ 战争（阴性）

الحَرْبُ الأَهْلِيَّةُ 内战

حَرْبٌ جَائِرَةٌ / حَرْبٌ غَيْرُ عَادِلَةٍ

非正义战争

(٢) حَرْبِيٌّ م حَرْبِيَّةٌ 战争的，军事的

(٤) مُحَارِبٌ ج مُحَارِبُونَ 战士

(٨) حَرْبَةٌ ج حِرَابٌ 矛头，枪尖，刺刀

(٨) مِحْرَابُ المَسْجِدِ 神龛，圣位；教长诵经处

(٢) حَرَثَ ـُ حَرْثًا الأَرْضَ 耕地，犁地

*(٤) حِرَاثَةٌ 耕耘，耕作

(٤) مِحْرَاثٌ ج مَحَارِيثُ 犁

(٦) أَحْرَجَ إِحْرَاجًا فُلاَنًا: أَوْقَعَهُ فِي الْحَرَجِ

使尴尬，使为难

(٦) حَرَجٌ 困境，尴尬

لاَ حَرَجَ 无妨，不碍事

(٤) حَرِجٌ م حَرِجَةٌ 狭窄的，困难的，紧迫的

(٢) حَرَّرَ تَحْرِيرًا الْبِلاَدَ 解放

تَحْرِيرُ سِعْرِ الْفَائِدَةِ 放宽利率

تَحْرِيرٌ اقْتِصَادِيٌّ 经济自由化

إِدَارَةُ التَّحْرِيرِ / هَيْئَةُ التَّحْرِيرِ 编辑部

رَئِيسُ التَّحْرِيرِ 总编，主笔

*(٢) تَحَرَّرَتْ تَحَرُّرًا الْبِلاَدُ 获得解放

(٢) حَرٌّ / حَرَارَةٌ 热，热度，温度

*(٢) حَرَارَةٌ 热心，热情

بِحَرَارَةٍ 热情地，热烈地

*(٢) تَحْرِيرِيٌّ م تَحْرِيرِيَّةٌ

解放的；书面的，笔头的

*(٤) حُرٌّ ج أَحْرَارٌ م حُرَّةٌ

自由的，自由人，无拘束的

(٤) حُرِّيَّةٌ ج حُرِّيَّاتٌ 自由

*(٢) حَارٌّ م حَارَّةٌ 热的；热烈的；辣的

*(٢) حَرِيرٌ ج حَرَائِرُ 丝绸

(٨) حُرَيْرَةٌ: وَحْدَةُ الْحَرَارَةِ 卡路里，热卡

*(٤) مُحَرِّرٌ ج مُحَرِّرُونَ 编辑；解放者

中文	阿拉伯语
出票人，签发人	(٨) مُحَرِّرٌ
一式两份	(٨) مُحَرَّرٌ مِنْ نُسْخَتَيْنِ
获得，取得	*(٤) أَحْرَزَ إِحْرَازًا شَيْئًا
守卫，保卫，看守	*(٤) حَرَسَ ـُ حِرَاسَةً
防备，戒备，提防	(٤) اِحْتَرَسَ اِحْتِرَاسًا مِنْ ...
保护，照料，保卫	(٨) حِرَاسَةٌ
暂时查封、扣押、留管	تَحْتَ الْحِرَاسَةِ
卫兵，卫士，哨兵	*(٤) حَارِسٌ ج حُرَّاسٌ وَحَرَسٌ
仪仗队	حَرَسُ الشَّرَفِ
挑衅，寻衅	(٨) تَحَرَّشَ تَحَرُّشًا بِهِ
挑衅	(٦) تَحَرُّشٌ ج تَحَرُّشَاتٌ
粗糙的，不光滑的	(٨) أَحْرَشُ م حَرْشَاءُ ج حُرْشٌ
丛林	(٨) حِرْشٌ ج أَحْرَاشٌ
	*(٤) حَرَصَ ـِ حِرْصًا عَلَى الشَّيْءِ
珍惜，爱惜，热衷于	
珍惜…的，热衷于…的	(٢) حَرِيصٌ ج حَرِيصُونَ م حَرِيصَةٌ عَلَى ...
	(٦) حَرَّضَ تَحْرِيضًا فُلَانًا عَلَى الأَمْرِ
鼓动，煽动，怂恿，唆使	
被煽动，被教唆	(٦) تَحَرَّضَ تَحَرُّضًا فُلَانٌ
	(٦) حَرَفَ ـِ حَرْفًا الشَّيْءَ عَنْ وَجْهِهِ
弄歪，使偏向；改变，修正	
歪曲，曲解	(٦) حَرَّفَ تَحْرِيفًا الْكَلَامَ

中文	阿拉伯语
从事…职业，以…为业	(٤) اِحْتَرَفَ اِحْتِرَافًا كَذَا
偏向…，倾向…	(٨) اِنْحَرَفَ إِلَى ...
偏离，背离	(٨) اِنْحَرَفَ عَنْ ...
字母	*(٢) حَرْفٌ ج حُرُوفٌ وَأَحْرُفٌ
拼音字母	الْحُرُوفُ الْهِجَائِيَّةُ
意向书	اِتِّفَاقٌ بِالأَحْرُفِ الأُولَى
草签	اَلتَّوْقِيعُ بِالأَحْرُفِ الأُولَى
逐字地；拘泥地，机械地，呆板地	(٤) حَرْفِيًّا
职业，手艺	*(٤) حِرْفَةٌ ج حِرَفٌ
	*(٤) مُحْتَرِفٌ ج مُحْتَرِفُونَ م مُحْتَرِفَةٌ
职业的，专职的	
烧，焚烧	(٤) أَحْرَقَ إِحْرَاقًا الشَّيْءَ
着火，燃烧	*(٤) اِحْتَرَقَ اِحْتِرَاقًا الشَّيْءُ
起火，火灾	(٤) حَرِيقٌ
	(٤) مَحْرُوقٌ م مَحْرُوقَةٌ
烧毁的，烧焦的，焦糊的	
移动，摇动，搅动	*(٤) حَرَّكَ تَحْرِيكًا الشَّيْءَ
活动，运动，动身	*(٢) تَحَرَّكَ تَحَرُّكًا الشَّيْءُ
运动，行动，举动，动作	*(٢) حَرَكَةٌ ج حَرَكَاتٌ
五四运动	حَرَكَةُ رَابِعِ مَايُو
（市区）交通	حَرَكَةُ الْمُرُورِ
	الْحَرَكَاتُ السُّوَيْدِيَّةُ / التَّمَارِينُ السُّوَيْدِيَّةُ
徒手操	

*(٤) مُحَرِّكٌ جـ مُحَرِّكَاتٌ 引擎，发动机

*(٤) حَرَمَ ـِ حِرْمَانًا فُلانًا الشَّيْءَ أَوْ مِنْهُ
剥夺，褫夺；免职

(٦) حَرَّمَ تَحْرِيمًا الشَّيْءَ عَلَى فُلانٍ 禁止

(٨) أَحْرَمَ إِحْرَامًا فُلانٌ
进入禁月，进入圣地，受戒〔伊〕

*(٢) اِحْتَرَمَ اِحْتِرَامًا فُلانًا 尊敬，尊重

(٨) حِرْمَانٌ 穷困潦倒，苦熬，可怜

(٦) حَرَمٌ / عَقِيلَةٌ 夫人，太太

(٨) حُرْمَةٌ 尊严，神圣，不可侵犯性

*(٤) حَرَامٌ جـ حُرُمٌ 禁忌，不许可的

حَرَامٌ عَلَيْكَ 不行，使不得

(٨) اَلأَشْهُرُ الْحُرُمُ (رَجَبٌ وَذُو الْقَعْدَةِ وَذُو الْحِجَّةِ
وَالْمُحَرَّمُ) 禁月（伊历七、十一、十二、一月）

(٨) حَرِيمِيٌّ م حَرِيمِيَّةٌ 女式的，妇女的，坤…

(٦) مَحْرُومٌ م مَحْرُومَةٌ
失去…的，被剥夺…的，可怜的

(٦) مُحَرَّمٌ م مُحَرَّمَةٌ 被禁止的

*(٢) مُحْتَرَمٌ جـ مُحْتَرَمُونَ م مُحْتَرَمَةٌ
尊敬的，可敬的

(٦) تَحَرَّى تَحَرِّيًا عَنْ ... 调查，深入了解

(٨) الأَحْرَى / بِالأَحْرَى 更确切地说；何况

*(٢) حِزْبٌ جـ أَحْزَابٌ 党，党派，政党

اَلْحِزْبُ الْحَاكِمُ 执政党

(٤) لا حِزْبِيٌّ 党外人士，无党派人士

(٨) حَزَرَ ـُ حَزْرًا الشَّيْءَ 猜测，揣测

(٨) حَزَّهُ حَزًّا 刻，划，剜，挖

يَحُزُّ فُؤَادَهُ أَوْ فِي قَلْبِهِ 剜心

(٨) حَزَقَ ـِ حَزْقًا الشَّيْءَ: ضَغَطَهُ
拧，压，挤，榨

(٨) حَزَمَ ـِ حَزْمًا الشَّيْءَ 捆扎，打包

(٤) بِحَزْمٍ 坚决地，毅然

(٤) حُزْمَةٌ جـ حُزَمٌ 包，捆儿

(٤) حِزَامٌ جـ أَحْزِمَةٌ 腰带

حِزَامُ النَّجَاةِ 救生圈，安全带

(٤) حَازِمٌ جـ حَازِمُونَ م حَازِمَةٌ 坚决的，果断的

(٤) حَزِنَ ـَ حَزَنًا 悲伤，难过

(٦) أَحْزَنَ إِحْزَانًا فُلانًا 使伤心

*(٤) حُزْنٌ جـ أَحْزَانٌ 伤心，忧愁，难过

*(٤) حَزِينٌ جـ حُزَنَاءُ م حَزِينَةٌ 悲伤的，忧愁的

*(٢) حُزَيْرَانُ / يُونيُو 六月

(٤) حَسَبَهُ ـُ حِسَابًا 数，计算

حَسَبَ لَهُ 记入贷方（作存款）

حَسَبَ عَلَيْهِ 记入借方（作欠款）

(٤) حَسِبَهُ كَذَا ـَ حِسْبَانًا 以为，猜想，揣测

(٦) حَاسَبَهُ مُحَاسَبَةً 清算，结账

(٤) حَسُودٌ　好忌妒的

(٨) حَسَرَ ـُ حَسْرًا الشَّيْءَ: كَشَفَهُ

揭开；撩起（面纱）

(٨) حَسِرَ ـَ حَسَرًا وحَسْرَةً عَلَيْهِ: تَحَسَّى عَلَيْهِ

为…悲伤，忧伤，难过

(٨) حَسْرَةٌ / شِدَّةُ التَّلَهُّفِ　极度悲伤

يَا حَسْرَتِي، وَا حَسْرَتَاه

太可惜了！真叫人难过！唉！

*(٤) أَحَسَّ إِحْسَاسًا الشَّيْءَ أَوْ بِهِ　感觉，察觉

(٨) تَحَسَّسَ تَحَسُّسًا الشَّيْءَ　触摸，感觉

تَحَسَّسَ الْخَبَرَ　打听消息

(٤) إِحْسَاسٌ جـ أَحَاسِيسُ　感受，感受

(٦) حَاسَّةٌ جـ حَوَاسُّ　感觉，感官

اَلْحَوَاسُّ الْخَمْسُ　五官

(٤) حَسَّاسٌ م حَسَّاسَةٌ　敏感的，神经过敏的

(٦) حَسَّاسِيَّةٌ　敏感，敏感性，过敏

(٨) مَحْسُوسٌ م مَحْسُوسَةٌ

可以触知的，可以感觉到的

(٦) حَسَمَ ـِ حَسْمًا الأَمْرَ　决定，裁决，裁定

(٦) حَاسِمٌ م حَاسِمَةٌ

果断的，决定性的，关键的

(٤) حَسُنَ ـُ حُسْنًا الشَّيْءُ　好，美好，美观

*(٤) حَسَّنَ تَحْسِينًا الشَّيْءَ　改善，改进

*(٢) حَسَبَ كَذَا / بِحَسَبِ كَذَا / عَلَى حَسَبِ كَذَا

依照，根据

حَسَبَ عَادَةٍ مَرْعِيَّةٍ　按照通例

(٨) حَسْبٌ: كِفَايَةٌ　够，足够

حَسْبُكَ الشَّيْءُ　…对你来说就足够了

حَسْبُكَ أَنْ تَفْعَلَ كَذَا

你只要…做就够了，你只要做…就可以了

*(٢) لا يَفْعَلُ كَذَا فَحَسْبُ، بَلْ ...　不仅…而且…

(٦) حَسَبٌ جـ أَحْسَابٌ / نَسَبٌ جـ أَنْسَابٌ

高贵的出身，门第；功勋，功名

ذُو حَسَبٍ وَنَسَبٍ　出身高贵

*(٢) حِسَابٌ جـ حِسَابَاتٌ

账目，核算，计算；算术

عَلَى حِسَابِ فُلاَنٍ　由某人付款

حِسَابُ التَّفَاضُلِ　微分学〔数〕

حِسَابُ التَّكَامُلِ　积分学〔数〕

حِسَابُ الْمُثَلَّثَاتِ　三角学〔数〕

حِسَابُ الْمِيزَانِيَّةِ الْخِتَامِيَّةِ　决算

حِسَابٌ جَارٍ　往来账

(٤) الْحَاسِبَةُ / الآلَةُ الْحَاسِبَةُ　计算器，计算机

(٤) مُحَاسِبٌ جـ مُحَاسِبُونَ م مُحَاسِبَةٌ　会计

(٨) مِحْسَبٌ　算盘

*(٤) حَسَدَ ـُ حَسَدًا فُلاَنًا عَلَى كَذَا　忌妒，妒忌

(٦) أَحْسَنَ إِحْسَانًا إِلَيْهِ أَوْ بِهِ 善待，对他好

*(٢) تَحَسَّنَ تَحَسُّنًا الشَّيْءُ 好转，改进，改善

(٦) اِسْتَحْسَنَهُ اِسْتِحْسَانًا: عَدَّهُ حَسَنًا 认为好，赞许

*(٤) يُسْتَحْسَنُ أَنْ ... 最好…

(٤) حُسْنٌ 美，美好，良好

حُسْنُ السَّيْرِ وَالسُّلُوكِ 操行良好

حُسْنُ النِّيَّةِ 诚意，善良

(٨) حُسْنٌ جـ مَحَاسِنُ 美妙；优点，美德

*(٢) حَسَنٌ م حَسَنَةٌ 好的，良好的

*(٢) أَحْسَنُ 更好的；最好的

*(٢) مِنَ الأَحْسَنِ أَنْ ... 最好是…

(٦) حَسَنَةٌ جـ حَسَنَاتٌ 好处，好事

(٨) حَسْنَاءُ 美女，美人

(٨) اَلْمُحَسِّنَاتُ الْبَدِيعِيَّةُ

华丽辞藻，刻意雕琢（文章）

(٦) مُحْسِنٌ م مُحْسِنَةٌ 善人，慈善家

*(٤) مِنَ الْمُسْتَحْسَنِ أَنْ ... 最好…

(٨) حَسَا ـُ حَسْوًا وَاحْتَسَى الْمَرَقَ ونَحْوَهُ

呷，品，啜

(٢) حَسَاءٌ 汤，粥

حَسَاءُ الرُّزِّ / حَسَاءٌ مِنَ الرُّزِّ 米粥

(٦) حَشَدَ ـُ حَشْدًا الْقَوْمَ أَوِ الشَّيْءَ

收集，搜集；集结，集合

(٦) حَشَّدَ تَحْشِيدًا الشَّيْءَ 积聚，积累

(٦) اِحْتَشَدَ احْتِشَادًا الْقَوْمُ 集合，集结

اِحْتَشَدَ الْقَوْمُ عَلَى الأَمْرِ 齐心协力

(٢) حَشَرَةٌ جـ حَشَرٌ وحَشَرَاتٌ 昆虫

(٦) حَشِيشٌ جـ حَشَائِشُ 干草

(٦) حَشِيشَةٌ: عُشْبَةٌ 草；草本

حَشِيشَةُ التَّخْدِيرِ 大麻烟

(٨) اِحْتَشَمَ احْتِشَامًا فُلانٌ 害羞，腼腆

(٦) حَشَا ـُ حَشْوًا الشَّيْءَ بِكَذَا 填充，填塞

(٨) تَحَاشَى تَحَاشِيًا عَنْ كَذَا 避开，躲开，远离

(٨) حَاشَا: سِوَى 除去，除外

(٨) حَشْوٌ 填料，馅儿

حَشْوُ السِّنِّ 补牙

(٨) حَشًا جـ أَحْشَاءٌ 脏腑

(٨) حَاشِيَةٌ جـ حَوَاشٍ (اَلْحَوَاشِي)

边缘；边注；眉批；侍从

حَاشِيَةٌ سِينَمَائِيَّةٌ 字幕

(٦) مَحْشُوٌّ ومَحْشِيٌّ 被…填满的，包馅儿的

(٤) حَشِيَّةٌ جـ حَشَايَا 床垫，垫子

*(٢) حَصَدَ ـُ حَصْدًا وحِصَادًا الزَّرْعَ 收割

(٢) مَحْصُودَاتٌ / حَصِيدٌ جـ حَصَائِدُ / حَصِيدَةٌ

收成，收获物

(٤) حَصِيدَةٌ 谷茬

*(٢) مَحْصُولٌ جـ مَحْصُولاَتٌ ومَحَاصِيلُ 产品，物产
(٨) مَحْصَلَةُ قُوَّةِ الدَّوْلَةِ 综合国力
(٦) تَحَصَّنَ تَحَصُّنًا 设防，加固
(٦) حِصْنٌ جـ حُصُونٌ 堡垒，城堡，要塞
(٨) حَصَانَةٌ 巩固；豁免；抵抗力
اَلْحَصَانَةُ الدِّبْلُومَاسِيَّةُ 外交豁免权
*(٤) حِصَانٌ جـ أَحْصِنَةٌ 马，公马
(٨) تَحْصِينٌ جـ تَحْصِينَاتٌ 防御工事
(٦) حَصِينٌ م حَصِينَةٌ: مَنِيعٌ
坚固的，坚不可摧的
*(٤) أَحْصَى إِحْصَاءً الشَّيْءَ 计算，统计
لا يُحْصَى 无数，数不胜数
(٨) الحَصَى 石子（类）
(٨) حَصَاةٌ وحَصْوَةٌ جـ حَصَيَاتٌ وحُصِيٌّ وحِصِيٌّ
石子
حَصَاةٌ بَوْلِيَّةٌ 膀胱结石
(٦) إِحْصَائِيَّةٌ جـ إِحْصَائِيَّاتٌ 统计表，统计数字
*(٢) حَضَرَ ـُ حُضُورًا 来，出席，到场
حَضَرَ الْمَجْلِسَ 出席，到场
*(٢) حَضَّرَ تَحْضِيرًا الشَّيْءَ 准备，预备，筹备
*(٢) أَحْضَرَ إِحْضَارًا لَهُ الشَّيْءَ 拿来，带来
(٦) اِسْتَحْضَرَ اِسْتِحْضَارًا الشَّيْءَ 找来，拿来
اِسْتَحْضَرَ فُلاَنًا: اِسْتَدْعَاهُ 召唤，找来

(٤) حَصَّادَةٌ 收割机
(٨) حَصْحَصَ حَصْحَصَةً الأَمْرُ 真相大白
(٨) حَصَرَ ـِ حَصْرًا الشَّيْءَ فِي ...
把它包围在…，使限定在…范围内
(٦) حَاصَرَهُ مُحَاصَرَةً وحِصَارًا
包围，围困，封锁
ضَرَبَ عَلَيْهِ الْحِصَارَ 包围
(٦) اِنْحَصَرَ اِنْحِصَارًا فِي ... 局限于…
(٤) مَحْصُورٌ جـ مَحْصُورُونَ م مَحْصُورَةٌ
被围困的，被封锁的
(٨) حَصِيرٌ جـ حُصُرٌ 席子，帘子
*(٢) حِصَّةٌ جـ حِصَصٌ
份额，配额，限额；课时，节
حِصَّةُ الصَّادِرَاتِ 出口配额
حِصَّةُ الأَسَدِ 最佳或最大部分
(٦) حَصَلَ ـُ حُصُولاً الأَمْرُ 发生
*(٤) حَصَلَ ـُ حُصُولاً عَلَى كَذَا 获得，取得
(٦) حَصَّلَ تَحْصِيلاً الشَّيْءَ 获取，收集
(٦) تَحَصَّلَ تَحَصُّلاً عَلَى ... 获得，取得，收到
(٦) حَاصِلٌ جـ حَوَاصِلُ 结果
حَاصِلُ الْجَمْعِ 和数〔数〕
حَاصِلُ الضَّرْبِ 积数〔数〕
(٨) مُحَصِّلُ التَّذَاكِرِ 售票员，收票员

(٦) أُحْتُضِرَ رَجُلٌ: حَضَرَهُ الْمَوْتُ

将死，将断气，垂死挣扎

(٦) تَحْضِيرِيٌّ م تَحْضِيرِيَّةٌ　预备的，筹备的

*(٢) حَضْرَةٌ ج حَضَرَاتٌ　阁下

*(٢) حَضَارَةٌ ج حَضَارَاتٌ　文明，文化

(٤) حَضَارِيٌّ م حَضَارِيَّةٌ　文明的，文化的

*(٢) حَاضِرٌ ج حَاضِرُونَ

出席的，到场的；目前的，现在的

حَاضِر!　是，到，在（表示答应）

*(٤) مُحَاضِرٌ ج مُحَاضِرُونَ　报告人；讲师

*(٢) مُحَاضَرَةٌ ج مُحَاضَرَاتٌ

报告，讲座，大课

(٨) مُسْتَحْضَرٌ ج مُسْتَحْضَرَاتٌ　药剂

مُسْتَحْضَرَاتُ التَّجْمِيلِ　化妆品

(٦) حَاضِرَةٌ ج حَوَاضِرُ　首府，都会

(٨) حَضَرٌ: ضِدُّ بَدَاوَة　定居生活，城市生活

(٨) حَضَرِيٌّ م حَضَرِيَّةٌ

定居的，城市的，文明的；城市人

(٦) مَحْضَرٌ ج مَحَاضِرُ　记录，纪要

(٨) حَضْرَمِيٌّ ج حَضَارِمَةٌ　哈达拉毛人

(٦) حَضَّهُ ـُ حَضًّا عَلَى كَذَا: حَثَّهُ عَلَيْهِ

激励，鼓动，煽动

(٨) حَضِيضٌ ج أَحِضَّةٌ وحُضُضٌ　边缘；低地

(٤) حَضَنَهُ ـُ حِضَانَةً / اِحْتَضَنَهُ

抱，搂抱；孵卵

دَارُ الحِضَانَةِ　托儿所

(٨) اِحْتَضَنَ اِحْتِضَانًا الأَمْرَ　拥有，获得

(٨) حَاضِنَةٌ ج حَوَاضِنُ　乳母，奶妈；保育员

(٤) حِضْنٌ ج أَحْضَانٌ　怀抱，胸怀

(٨) حَطَبٌ ج أَحْطَابٌ　柴火，干柴

(٦) حَطَّ ـُ حَطًّا الشَّيْءَ　放，放下，降下

حَطَّ مِنْ قِيمَةِ كَذَا　降低，贬低

حَطَّ السِّعْرُ / رَخُصَ　跌价，降价

حَطَّ فُلَانٌ بِالْمَكَانِ / نَزَلَ　下榻，落脚

(٦) اِنْحَطَّ اِنْحِطَاطًا الشَّيْءُ　下落；衰落，败落

(٨) مَحَطُّ الأَنْظَارِ　引人注意的地方，…瞩目

*(٢) مَحَطَّةٌ ج مَحَطَّاتٌ　站，台，车站

مَحَطَّةُ الْبَاصِ　汽车站

مَحَطَّةُ الْقِطَارِ / مَحَطَّةُ السِّكَكِ الْحَدِيدِيَّةِ

火车站

مَحَطَّةُ التِّلْفِزْيُون　电视台

مَحَطَّةُ الإِذَاعَةِ　广播台，广播电台

*(٤) حَطَّمَ تَحْطِيمًا الشَّيْءَ　粉碎，打破，打烂

حَطَّمَ رَقْمًا قِيَاسِيًّا　打破纪录

(٦) اِنْحَطَمَ وتَحَطَّمَ الشَّيْءُ

被撞碎，被打碎，碎，粉碎

(٨) حُطَامٌ 碎片，碎块，残骸

(٦) حَظَرَ ـُ حَظْرًا عَلَيْهِ الأمرَ 禁止

حَظْرُ التَّجَوُّلِ 戒严

اَلْحَظْرُ الشَّامِلُ وَالتَّدْمِيرُ الشَّامِلُ لِلأَسْلِحَةِ النَّوَوِيَّةِ

全面禁止和彻底销毁核武器

حَظْرُ تَصْدِيرِ الْبِتْرُولِ 石油禁运

اَلْحَظْرُ الاِقْتِصَادِيُّ 经济制裁

(٤) حَظِيرَةٌ ج حَظَائِرُ / زَرِيبَةٌ ج زَرَائِبُ

畜栏，圈，厩

(٨) مَحْظُورٌ ج مَحْظُورَاتٌ 被禁止的；禁例

*(٤) حَظٌّ ج حُظُوظٌ 运气，幸运

حُسْنُ الْحَظِّ 走运，侥幸

سُوءُ الْحَظِّ 不幸，倒霉，不走运

(٤) مَحْظُوظٌ م مَحْظُوظَةٌ 幸运的，走运的

*(٤) حَظِيَ يَحْظَى حُظْوَةً بِكَذَا 得到，获得

(٨) حَظِيَّةٌ ج حَظَايَا 宠妾，情妇

*(٢) حَفِيدٌ ج أَحْفَادٌ 孙子

*(٢) حَفِيدَةٌ ج حَفِيدَاتٌ 孙女

*(٤) حَفَرَ ـِ حَفْرًا الأَرْضَ 挖，掘，刨

(٤) حَفَرَ ـِ حَفْرًا عَلَى الْخَشَبِ 刻

(٨) حَفْرٌ ج أَحْفَارٌ 敞口井；刻版

(٤) حُفْرَةٌ ج حُفَرٌ 坑

(٨) حَافِرٌ ج حَوَافِرُ 蹄

(٨) حَفَّارُ الْقُبُورِ 掘墓人

(٨) حَفَّارَةٌ 挖泥船，挖掘机

(٨) حَفَزَهُ ـِ حَفْزًا 推动，鼓励，刺激

(٨) حَافِزٌ ج حَوَافِزُ 动机；鼓励，刺激

*(٢) حَفِظَ ـَ حِفْظًا الشَّيْءَ 保存，保留；记住

حَفِظَ نَصًّا عن ظَهْرِ قَلْبٍ 背诵，背记

*(٢) حَافَظَ مُحَافَظَةً وحِفَاظًا عَلَى كَذَا 保持，维护

(٦) تَحَفَّظَ تَحَفُّظًا بِرَأْيِهِ 保留意见

يَتَحَفَّظُ عَلَى كَذَا 对…持保留态度

بِلاَ تَحَفُّظٍ: بِدُونِ تَحَفُّظٍ 无保留地

*(٤) اِحْتَفَظَ اِحْتِفَاظًا بِكَذَا 保持，保留

*(٤) مُحَافَظَةٌ ج مُحَافَظَاتٌ 省；县

(٨) حَافِظَةٌ / ذَاكِرَةٌ 记忆，记忆力

(٤) مَحْفُوظٌ م مَحْفُوظَةٌ 被保存的；被记住的

(٨) مُحَافِظٌ 省长，县长

مُحَافِظُ الْبَنْكِ 银行行长

(٢) مِحْفَظَةٌ ج مَحَافِظُ 小皮包，夹子

(٨) حَفَّهُ وَبِهِ ـُ حَفًّا وَحَفَافًا 包围，环绕

(٨) حَفِيفُ الأَشْجَارِ 树叶沙沙声

(٨) مِحَفَّةٌ: نَقَّالَةٌ 轿子，担架，滑竿

(٦) حَفَلَ ـِ حَفْلاً وَحُفُولاً الْقَوْمُ

聚合，聚集，会合

(٦) حَفَلَ الشَّيْءُ بالشَّيْءِ 充满

ح

(٨) حَفَلَ الشَّيْءَ وَالأَمْرَ وَبِهِ: عُنِيَ وَبَالَى
关心，关注，留意
*(٢) اِحْتَفَلَ اِحْتِفَالاً بِكَذَا 庆祝
اِحْتَفَلَ بِذِكْرَى ... 纪念
*(٢) حَفْلَةٌ جـ حَفَلَاتٌ 会，集会，庆祝会，仪式
حَفْلَةُ الأَرْبَعِين 死后 40 天追悼
حَفْلَةُ التَّأْبِين 追悼会
حَفْلَةُ الخِتَام 闭幕式
حَفْلَةُ الزِّفَاف 结婚典礼
اَلحَفْلَةُ السَّاهِرَة 晚会
حفلةُ الشَّاي 茶话会
حفلةُ الاِفْتِتَاح 开幕式，开幕典礼
حَفْلَةُ الاِسْتِقْبَال 招待会，欢迎会
حَفْلَةُ التَّكْرِيم 宴会，宴请
حَفْلَةُ الْكُوكْتِيل 鸡尾酒会
حَفْلَةُ الْوَدَاع / حَفْلَةُ التَّوْدِيع
欢送会，告别仪式
*(٢) اِحْتِفَالٌ جـ إِحْتِفَالَاتٌ 庆祝活动
(٢) حَافِلٌ م حَافِلَةٌ بِـ ... 富有…的，充满…的
(٦) حَافِلَةٌ 车，电车，大轿车；车厢
(٨) حُفْنَةٌ جـ حُفَنٌ 一捧，一小撮
*(٢) حَفَاوَةٌ 款待
(٨) حَافٍ (اَلْحَافِي) جـ حُفَاةٌ 赤脚的

(٦) حِقْبَةٌ مِنَ الدَّهْرِ جـ حِقَبٌ
时期，时代，延续的时间
*(٢) حَقِيبَةٌ جـ حَقَائِبُ 手提包，书包，手提箱
حَقِيبَةٌ دِبْلُومَاسِيَّةٌ 信使袋，外交皮包
اَلْحَقَائِبُ الْمُلْحَقَةُ 托运行李
اَلْحَقَائِبُ الْيَدَوِيَّةُ 手提行李
*(٤) حَقَدَ ـِ حِقْدًا عَلَى فُلَانٍ 怀恨，怨恨，恨
(٤) حِقْدٌ جـ أَحْقَادٌ 怨恨，仇恨，恨
(٦) اِحْتَقَرَ اِحْتِقَارًا فُلَانًا 鄙视，蔑视
(٦) حَقَارَةٌ 卑贱，下贱
(٤) حَقِيرٌ جـ حُقَرَاءُ م حَقِيرَةٌ
下贱的，下流的，卑贱的，低下的
*(٤) يَحِقُّ لَهُ أَنْ يَفْعَلَ كَذَا
他有权（做），他可以（做）
*(٢) حَقَّقَ تَحْقِيقًا الأَمْرَ 实现，付诸实施
*(٤) تَحَقَّقَ تَحَقُّقًا الأَمْرُ 实现，得到证实
(٤) تَحَقَّقَ الأَمْرَ أَوْ مِنْهُ 查明，查证
*(٤) اِسْتَحَقَّ اِسْتِحْقَاقًا الشَّيْءَ 值得，堪当
*(٤) حَقٌّ جـ حُقُوقٌ 权利，权益
حَقُّ الْمِلْكِيَّةِ 所有权
حَقُّ الاِنْتِفَاعِ 使用权
حَقُّ الأَوَّلِيَّةِ 优先权
حَقُّ الاِمْتِيَازِ 专利权，特许权

حَقُّ الطَّبْعِ 版权

حَقُّ الأَفْضَلِيَّةِ 特惠权，优先权

اَلْحَقُّ فِي تَقْرِيرِ الْمَصِيرِ 自决权

حَقُّ الْبَقَاءِ / حَقُّ الوُجُودِ 生存权

حُقُوقُ الاِسْتِقْلاَلِ 独立权

حُقُوقُ الإِنْسَانِ 人权

حُقُوقُ التَّنْمِيَةِ 发展权

عِلْمُ الْحُقُوقِ 法律学

كُلِّيَّةُ الْحُقُوقِ 法学院

مِنْ حَقِّهِ أَنْ يَفْعَلَ كَذَا 他有权（做）

*(٢) حَقٌّ 正确，正当，真理，对

حَقًّا 对，真的

اَلْحَقُّ مَعَكَ / مَعَكَ الْحَقُّ أَوْ أَنْتَ عَلَى حَقٍّ

你是对的

اَلْحَقُّ عَلَيْكَ 你不对，你错了

(٤) أَحَقُّ مِنْ فُلاَنٍ بِـ ... 比某人更有资格…

*(٢) حَقِيقَةٌ جـ حَقَائِقُ 事实，现实，真理

فِي الْحَقِيقَةِ 事实上，实际上

(٢) حَقِيقِيٌّ م حَقِيقِيَّةٌ 真的，真正的，实在的

(٨) اِسْتِحْقَاقٌ جـ اسْتِحْقَاقَاتٌ

功勋，资格；应得报酬，正当权利

(٨) مُسْتَحَقٌّ جـ مُسْتَحَقَّاتٌ

权益，应得报酬；工程款，到期款

مُسْتَحَقُّ الدَّفْعِ عِنْدَ حُلُولِ الأَجَلِ

到期应付（的）

مُسْتَحَقُّ الْوَفَاءِ بِمُجَرَّدِ الاِطِّلاَعِ 见票即付（的）

*(٢) حَقْلٌ جـ حُقُولٌ 田地，田野

(٦) حَقَنَ ـُ حَقْنًا الْبَوْلَ أَوِ الدَّمَ: حَبَسَهُ

憋住（小便），止（血）

(٨) حَقَنَ الْمَرِيضَ 注射

(٨) حَقَنَ مَاءَ وَجْهِهِ 顾全面子

(٨) اِحْتَقَنَ اِحْتِقَانًا الدَّمُ وَغَيْرُهُ 充血，涨满

اِحْتِقَانٌ دَمَاغِيٌّ 脑充血

(٢) حُقْنَةٌ جـ حُقَنٌ 注射剂，针剂

(٦) اِحْتَكَرَ اِحْتِكَارًا الشَّيْءَ 垄断，专营

(٨) مُحْتَكَرٌ جـ مُحْتَكَرَاتٌ 专卖品

(٨) حَكَّ ـُ حَكًّا الْجِلْدَ 抓，挠，搔痒

(٦) اِحْتَكَّ اِحْتِكَاكًا بِالشَّيْءِ 摩擦，接触

*(٤) اِحْتِكَاكٌ جـ اِحْتِكَاكَاتٌ 摩擦；接触

(٨) حُكَاكٌ 瘙痒症，痒

(٨) مِحَكٌّ جـ مِحَكَّاتٌ 试金石

*(٤) حَكَمَ ـُ حُكْمًا الْبِلاَدَ 统治，治理

(٤) حَكَمَ بَيْنَهُمْ 仲裁，裁判

(٤) حُكِمَ عَلَيْهِ بِكَذَا 被判

(٦) أَحْكَمَ إِحْكَامًا الشَّيْءَ أَوِ الْعَمَلَ

使严密，精通，做好，尽善尽美

(٦) حَاكَمَ مُحَاكَمَةً فُلانًا　审判

(٦) تَحَكَّمَ تَحَكُّمًا فِي الأَمْرِ وَبِهِ　控制，独断专行

(٤) حُكْمٌ　统治，管辖

الحُكْمُ الذَّاتِيُّ　自治

(٨) حُكْمٌ جـ أَحْكَامٌ　判决，规定；条例

حُكْمٌ بِبَراءَتِهِ　宣判无罪

حُكْمٌ بِإِدَانَتِهِ　定罪

حُكْمٌ مَوْقُوفُ التَّنْفِيذِ　判决缓刑

بِحُكْمِ الْعُرْفِ　根据惯例

(٤) حَكَمٌ جـ أَحْكَامٌ وحُكَّامٌ (فِي الرِّيَاضَةِ)　裁判

*(٤) حِكْمَةٌ جـ حِكَمٌ　智慧；哲理；格言

*(٢) حُكُومَةٌ جـ حُكُومَاتٌ　政府

حُكُومَةٌ دِكْتَاتُورِيَّةٌ　独裁政府，独裁统治

حُكُومَةٌ عُرْفِيَّةٌ　军政府

حُكُومَةُ الْمَنْفَى　流亡政府

حُكُومَةٌ نِيَابِيَّةٌ　代议政体

(٢) حُكُومِيٌّ م حُكُومِيَّةٌ

政府的，官方的；国营的

*(٤) حَاكِمٌ جـ حُكَّامٌ　统治者，当权者，长官

*(٢) حَكِيمٌ جـ حُكَمَاءُ م حَكِيمَةٌ

英明的，明智的；贤明

(٨) مَحْكَمَةٌ جـ مَحَاكِمُ　法庭

اَلْمَحْكَمَةُ الأَهْلِيَّةُ (المَدَنِيَّةُ)　民事法庭

مَحْكَمَةُ الْجِنَايَاتِ　刑事法庭

مَحْكَمَةٌ ابْتِدَائِيَّةٌ　预审庭

مَحْكَمَةٌ اسْتِئْنَافِيَّةٌ　上诉法院

مَحْكَمَةُ لاهَايْ الدَّوْلِيَّةُ　海牙国际法庭

(٨) اِسْتِحْكَامٌ جـ اِسْتِحْكَامَاتٌ　堡垒，防御工事

(٤) مُحْكَمٌ م مُحْكَمَةٌ　精确的，严密的

*(٢) حَكَى يَحْكِي حِكَايَةَ الشَّيْءَ　讲述，讲

يُحْكَى أَنَّ ...　传说，相传

(٦) حَاكَى مُحَاكَاةً فُلانًا

相仿，类似；模拟，模仿

*(٢) حِكَايَةٌ جـ حِكَايَاتٌ　故事，传说

حِكَايَةٌ بِلِسَانِ حَيَوَانٍ　寓言

(٦) حَلَبَ ـُ حَلْبًا الْبَقَرَةَ　挤乳，挤奶

(٨) تَحَلَّبَ تَحَلُّبًا اللُّعَابُ والرِّيقُ　流口水，垂涎

(٨) حَلَبُ (فِي سُورِيَا)　阿勒颇

(٤) حَلْبَةٌ　场地，跑马场；舞台

*(٢) حَلِيبٌ　鲜奶

حَلِيبٌ مُجَفَّفٌ / حَلِيبُ بُودَرَة　奶粉

حَلِيبُ بُودَرَة بِلاَ دَسَمٍ　脱脂奶粉

حَلِيبُ بُودَرَة كامِلُ الدَّسَمِ　全脂奶粉

حَلِيبٌ مُكَثَّفٌ بِالسُّكَّرِ　炼乳

(٨) مَحْلَبٌ جـ مَحَالِبُ　牛奶场

(٨) حَلَجَ ـُ حَلْجًا الْقُطْنَ　轧棉花

*(٤) حَلَّ ـُ حُلُولاً 降临，来临
(٤) حَلَّ بِالْمَكَانِ 住下
*(٤) حَلَّ مَحَلَّ ... 取代，代替
(٦) حَلَّلَ تَحْلِيلاً الشَّيْءَ 分析，分解，化验
(٦) اِنْحَلَّتْ اِنْحِلالاً الْعُقْدَةُ ونَحْوُهُ
散开，分散，瓦解
(٦) تَحَلَّلَ تَحَلُّلاً الشَّيْءُ: تَفَكَّكَتْ أَجْزَاؤُهُ 分解
تَحَلَّلَتِ الْمُنَظَّمَةُ: تَفَكَّكَتْ 解体
*(٤) اِحْتَلَّ اِحْتِلالاً الْمَكَانَ 占领，占据，盘踞
(٨) حَلٌّ صَفْقَةٍ شَامِلَةٍ 一揽子解决
(٨) تَحْلِيلٌ كُلِّيٌّ لِلاقْتِصَادِ 经济宏观分析
(٦) حُلَّةٌ جـ حُلَلٌ 衣着，服饰
(٤) حَلَالٌ 合法的，正当的
(٨) مَحْلُولٌ جـ مَحَالِيلُ 稀释液；松散的
(٢) مَحَلٌّ جـ مَحَلاَّتٌ
地点，位置，场所；商店
مَحَلاَّتٌ سِلْسِلِيَّةٌ 连锁商店
*(٢) مَحَلِّيٌّ م مَحَلِّيَّةٌ
本地的，当地的，国内的，本国的
*(٤) مُحْتَلٌّ جـ مُحْتَلُّونَ 占领者
(٤) مُحْتَلٌّ م مُحْتَلَّةٌ 被占领的
(٤) حَلَمَ ـُ حُلْمًا بِكَذَا 梦见
(٨) حَلُمَ ـُ حِلْمًا 成为宽容的，成为宽厚的

(٨) حَلَزُونٌ جـ حَلَزُونَاتٌ: قَوْقَعَةٌ 蜗牛；螺旋
(٨) حَلَزُونِيٌّ / لَوْلَبِيٌّ 螺旋形的
سُلَّمٌ حَلَزُونِيٌّ 螺旋梯
(٦) حَلَفَ ـِ حِلْفًا الْيَمِينَ 宣誓
(٨) حَالَفَهُ مُحَالَفَةً: تَحَالَفَ مَعَهُ 结盟，缔约
(٨) حِلْفٌ جـ أَحْلَافٌ 条约；联盟，同盟
حِلْفُ الشِّمَالِ الأَطْلَنْطِيِّ: حِلْفُ النَّاطُو
北大西洋公约组织
*(٤) حَلِيفٌ جـ حُلَفَاءُ م حَلِيفَةٌ 盟友，同盟军
(٨) مُحَلَّفٌ جـ مُحَلَّفُونَ 陪审员
هَيْئَةُ الْمُحَلَّفِينَ 陪审团
(٤) حَلَقَ ـِ حَلْقًا الشَّعْرَ 剃（头），刮（脸）
*(٤) حَلَّقَ تَحْلِيقًا الطَّائِرُ أَوْ غَيْرُهُ 盘旋，翱翔
(٤) اَلْحَلَقُ 吊环
*(٢) حَلْقَةٌ جـ حَلَقَاتٌ
环，环节，圈儿；圈子，小组
حَلْقَةُ وَصْلٍ / حَلْقَةُ اتِّصَالٍ 枢纽
*(٤) اَلْحِلاَقَةُ 理发业
صَالُونُ الْحِلاَقَةِ 理发馆
(٤) حَلاَّقٌ جـ حَلاَّقُونَ م حَلاَّقَةٌ 理发员，理发师
(٨) حَالِكُ السَّوَادِ 漆黑的
*(٤) حَلَّهُ ـُ حَلاًّ 解开；解决；解答；解散
حَلَّ الْمُشْكِلَةَ 解决难题

*(٤) حُلْمٌ جـ أَحْلاَمٌ 梦，梦想

(٤)حَلِيمٌ جـ حُلَمَاءُ م حَلِيمَةٌ

宽厚的，宽宏大量的

(٦) حَلاَ ـُ حَلاَوَةً الشَّيْءُ 变成甜的

(٦) كَمَا يَحْلُو لَهُ أَنْ ...

他想怎么就怎么，他乐于…

(٦) حَلَّى تَحْلِيَةً الشَّيْءَ 使…变甜

مَصْنَعُ تَحْلِيَةِ المِيَاهِ 海水淡化厂

*(٤) تَحَلَّى يَتَحَلَّى تَحَلِّيًا بِكَذَا

具有（特征，美德等）

(٨) اِسْتَحْلَى اِسْتِحْلاَءً الشَّيْءَ وَالأَمْرَ

觉得甜；认为好，感到称心如意；乐于

(٤) حَلاَوَةٌ 甘美，香甜

*(٢) حَلْوَى جـ حَلْوَيَاتٌ وحَلاَوَى

糖果；甜食，点心

*(٢) حُلْوٌ م حُلْوَةٌ 甜的，甜美的；漂亮的

(٢) أَحْلَى 更甜的，最甜的

(٨) حِلْيَةٌ جـ حِلًى وَحُلًى 装饰品，饰物

(٤) حَمِدَ ـَ حَمْدًا وَمَحْمَدَةً فُلاَنًا

赞美，赞颂；感谢

*(٢) اَلْحَمْدُ لِلّٰهِ

一切赞颂归于真主，感谢真主，谢天谢地

*(٤) حَمِيدٌ م حَمِيدَةٌ 可嘉的，值得赞颂的

(٤) مَحْمُودٌ م مَحْمُودَةٌ 值得赞颂的

(٨) حَمْدَلَ / قَالَ: "اَلْحَمْدُ لِلّٰهِ "

说“赞颂全归真主”

(٤) حَمَّرَ تَحمِيرًا اللَّحْمَ أَوْ غَيْرَهُ 红烧

(٤) اِحْمَرَّ اِحْمِرَارًا الشَّيْءُ 变红，被染红

(٤) حُمْرَةٌ 红，红色，赤色

*(٢) حِمَارٌ جـ حَمِيرٌ 驴

*(٢) أَحْمَرُ جـ حُمْرٌ م حَمْرَاءُ 红的，红色的

أَحْمَرُ الشِّفَاهِ: قَلَمُ الْحُمْرَةِ 唇膏，口红

(٦) تَحَمَّسَ تَحَمُّسًا فُلاَنٌ 高昂，激昂，热心

(٢) حَمَاسَةٌ 热情，激情，热心，热忱

(٨) حَمَاسٌ 热情，激昂

حَمْلَةُ الْحَمَاسِ(حَرَكَةُ الْمُقَاوَمَةِ الإِسْلاَمِيَّةِ)

哈马斯运动（伊斯兰抵抗运动）

(٢) حَمَاسِيٌّ م حَمَاسِيَّةٌ 热情的，热心的

(٨) حُمْص (فِي سُورِيَا) 霍姆斯

(٨) حَمَّضَ تَحْمِيضًا الشَّيْءَ 使发酸

(٨) تَحْمِيضُ وَطَبْعُ (الفِيلْمِ) 冲洗（胶卷）

(٨) حُمُوضَةٌ 酸性，酸度

(٨) حَمْضٌ جـ أَحْمَاضٌ 酸

أَمْطَارٌ حَمْضِيَّةٌ 酸雨

*(٤) حَامِضٌ جـ حَوَامِضُ 酸的，酸性的

الحَوَامِضُ الأَمِينِيَّةُ 氨基酸

ح

حَامِضُ الْكِبْرِيتِيك　硫酸

حَامِضُ الْكَرْبُونِيك　碳酸

(٤) أَحْمَقُ جـ حُمْقٌ م حَمْقَاءُ

愚蠢的，愚昧的，傻子，蠢人

*(٢) حَمَلَ ـِ حَمْلاً الشَّيْءَ

担负，担，挑，扛，背，捧

(٦) حَمَلَهُ عَلَى الأَمْرِ　促使，迫使

(٦) حَمَّلَهُ الشَّيْءَ أَوِ الأَمْرَ　装载，使负担

*(٤) تَحَمَّلَ تَحَمُّلاً الأَمْرَ　承担，担负；忍受，承受

(٦) تَحَامَلَ تَحَامُلاً فُلاَنٌ عَلَى نَفْسِهِ

勉强做，勉力为之

(٦) اِحْتَمَلَ الأمرُ أَنْ يَكُونَ كَذَا: جَازَ

（事情）可能，会

(٦) اِحْتَمَلَ الشَّيْءَ أَوِ الأَمْرَ: حَمَلَهُ و صَبَرَ عَلَيْهِ

忍受，忍耐，承担

(٦) اِحْتِمَالٌ　可能，可能性；承受力，耐力

(٤) حِمْلٌ جـ أَحْمَالٌ　担子，负担

(٤) حَمْلَةٌ جـ حَمَلاَتٌ　运动；战役，攻势

(٦) حُمُولَةٌ　载重量，负荷

حُمُولَةٌ بِالأَطْنَانِ: طُنِّيَّةٌ　吨位

(٤) حَامِلٌ جـ حَوَامِلُ / حُبْلَى　孕妇

(٨) حَامِلٌ جـ حَمَلَةٌ　负荷者，搬运人，持有者

حَامِلُ بُولِيسَةِ الشَّحْنِ　提单持有人

حَمَلَةُ الأَسْهُمِ　股票持有者

حَامِلَةُ الطَّائِرَاتِ　航空母舰

(٤) حَمَّالٌ جـ حَمَّالُونَ / عَتَّالٌ　搬运工，脚夫

*(٤) مِنَ الْمُحْتَمَلِ أَنْ ...　可能…，或许…

(٨) مَحْمَلٌ جـ مَحَامِلُ　担架，轿子，滑竿

(٨) حَمْلَقَ يُحَمْلِقُ حَمْلَقَةً فِيهِ وَإِلَيْهِ　瞪着，盯住

*(٢) اِسْتَحَمَّ اِسْتِحْمَامًا　洗澡，沐浴

*(٢) حَمَّامٌ جـ حَمَّامَاتٌ　洗浴；浴室，浴池

(٤) حَمَامٌ واحدتُه حَمَامَةٌ　鸽子

*(٢) حُمَّى　发烧，热症

(٨) حُمَّى خَبِيثَةٌ　恶性疟疾

(٨) اَلْحُمَّى المَعْوِيَّةُ　伤寒

(٨) مَحْمُومٌ م مَحْمُومَةٌ

发烧的，得了热症的；狂热的

*(٤) حَمِيمٌ جـ حَمِيمُونَ وأَحِمَّاءُ م حَمِيمَةٌ

亲密的，亲近的，知己的

(٨) حَمُوهُ (أَوْ حَمُوهَا)، حَمَاهُ، حَمِيهِ جـ أَحْمَاءٌ

岳父，丈人；公公

(٨) حَمَاتُهُ (أو حَمَاتُهَا) جـ حَمَوَاتٌ

岳母，丈母娘；婆婆

*(٢) حَمَى يَحْمِي حِمَايَةً فُلاَنًا مِنْ كَذَا

保护，维护，保卫

(٦) الحِمَايَةُ التِّجَارِيَّةُ　贸易保护主义

(٨) حِمْيَةٌ 忌口

(٦) حَامٍ (اَلْحَامِي) م حَامِيَةٌ 保卫者；热的，热烈的

حَامِي الْمَرْمَى / حَارِسُ الْمَرْمَى 守门员

ضَرَائِبُ حَامِيَةٌ أَوْ حِمَائِيَّةٌ 保护性关税

(٦) مُحَامٍ (الْمُحَامِي) جـ مُحَامُونَ م مُحَامِيَةٌ 律师

(٤) حَانُوتٌ جـ حَوَانِيتُ 商店，铺子

(٤) حَنْجَرَةٌ جـ حَنَاجِرُ 喉，咽喉

(٨) حَنَّطَ تَحْنِيطًا الْمَيِّتَ

尸体防腐；制木乃伊；制标本

(٨) حَنِيفٌ جـ حُنَفَاءُ 正统的〔伊〕

(٦) حَنَفِيَّةٌ 自来水笼头

مَاءُ الْحَنَفِيَّةِ 自来水

(٦) مُحَنَّكٌ / مُخْتَبَرٌ 老练的，久经考验的

(٦) حَنَّ ـِ حَنِينًا فُلَانٌ إِلَى

怀念，思念；向往，渴求

(٤) حَنَانٌ 仁爱，慈爱，慈祥

(٤) حَنُونٌ 富于爱心的，善良的，慈祥的

(٦) حَنَا ـُ حُنُوًّا وأَحْنَى عَلَيْهِ 怜爱，慈祥，疼爱

(٦) حَنَى ـِ حَنْيًا وحِنَايَةً الْعُودَ وَغَيْرَهُ: ثَنَاهُ

弄弯，折弯

حَنَى رَأْسَهُ 低头

(٦) اِنْحَنَى اِنْحِنَاءً الشَّيْءُ أَوْ فُلَانٌ

弯曲；躬身，弯腰

(٨) مُنْحَنٍ (اَلْمُنْحَنِي) م مُنْحَنِيَةٌ 弯曲的

(٨) مُنْحَنًى جـ مُنْحَنَيَاتٌ 拐弯处，弯道

(٤) حُوتٌ جـ حِيتَانٌ 鲸鱼

*(٢) اِحْتَاجَ اِحْتِيَاجًا إِلَى الشَّيْءِ 需要，需求

*(٢) حَاجَةٌ جـ حَاجَاتٌ

需求，需要；必需品，物件

فِي حَاجَةٍ إِلَى كَذَا 需要…

(٨) حَاجِيَاتٌ / لَوَازِمُ 必需品

(٦) أَحْوَجُ 最需要的

*(٢) مُحْتَاجٌ جـ مُحْتَاجُونَ 需要…的，缺乏…的

(٨) اِسْتَحْوَذَ اِسْتِحْوَاذًا عَلَى الشَّيْءِ 占据，据有

*(٢) حِوَارٌ / مُحَاوَرَةٌ 对话，对白

(٨) حَوْرٌ 白杨

(٦) حَارَةٌ جـ حَارَاتٌ وحَوَارَى 胡同，里弄，巷

(٦) مِحْوَرٌ جـ مَحَاوِرُ 轴，轴心，中枢

(٦) حَازَ ـُ حَوْزًا وحِيَازَةً الشَّيْءَ: نَالَهُ وَاسْتَوْلَى عَلَيْهِ

占有；拥有，到手

(٨) اِنْحَازَ اِنْحِيَازًا إِلَيْهِ 倾向于…，与…联合

حَرَكَةُ عَدَمِ الانْحِيَازِ 不结盟运动

(٨) اِنْحَازَ عَنْهُ / حَادَ عَنْهُ 偏离，离开

(٨) تَحَيَّزَ تَحَيُّزًا إِلَيْهِ 倾向，偏向，偏袒

(٨) فِي حَوْزَةِ يَدِهِ 为某人占有

(٦) حَيِّزٌ وَحَيْزٌ 场所，空间，范围

(٤) حَوْضٌ جـ أَحْوَاضٌ 池子，水池；流域

حَوْضُ السِّبَاحَةِ 游泳池

حَوْضُ النِّيلِ 尼罗河谷，尼罗河流域

حَوْضُ السُّفُنِ 船坞

حَوْضٌ عَائِمٌ 活动船坞

*(٤) أَحَاطَ إِحَاطَةً بِكَذَا 包围，环绕，环抱

(٤) أَحَاطَهُ بِرِعَايَةٍ 关心，关怀

(٦) أَحَاطَهُ عِلْمًا 通知，告知

(٤) أَحَاطَ بِهِ عِلْمًا 了解，知晓，洞悉

(٨) اِحْتَاطَ اِحْتِيَاطًا فُلاَنٌ مِنْ ... 提防，戒备

(٨) اِحْتِيَاطَاتٌ أَمْنِيَّةٌ 安全措施

(٦) اِحْتِيَاطِيٌّ جـ اِحْتِيَاطِيَّاتٌ 储存，储备，储藏量

قِطَعُ غِيَارٍ احْتِيَاطِيٍّ 备件

اِحْتِيَاطِيُّ الْعُمُلاَتِ الأَجْنَبِيَّةِ 外汇储备

اِحْتِيَاطِيُّ الْبِتْرُولِ 石油储量

*(٤) حَائِطٌ جـ حِيطَانٌ 墙，墙壁

*(٢) مُحِيطٌ جـ مُحِيطَاتٌ 大洋；环境；周围

اَلْمُحِيطُ الأَطْلَسِيُّ / اَلْمُحِيطُ الأَطْلَنْطِيُّ 大西洋

اَلْمُحِيطُ الْهَادِي 太平洋

اَلْمُحِيطُ الْهِنْدِيُّ 印度洋

اَلْمُحِيطُ الْمُتَجَمِّدُ الشِّمَالِيُّ 北冰洋

(٦) حَافَةٌ جـ حَافَاتٌ 边缘，边际；崖

(٨) حَاكَ ـُ حِيَاكَةً الثَّوْبَ 织，编织

(٦) حَالَ ـُ حَوْلاً وَحَيْلُولَةً دُونَ كَذَا أَو بَيْنَ الشَّيْئَيْنِ
防止，阻隔，隔开

*(٤) حَوَّلَ تَحْوِيلاً الشَّيْءَ إِلَى ...
改变，改造，转换

(٤) حَوَّلَ نُقُودًا 汇钱

*(٦) حَاوَلَ مُحَاوَلَةَ الأَمْرَ 企图，试图，设法

(٦) أَحَالَهُ إِحَالَةً إِلَى ... 移交，提交

أَحَالَهُ إِلَى الْمَعَاشِ 让他退休

*(٤) تَحَوَّلَ تَحَوُّلاً الشَّيْءُ إِلَى كَذَا
转变，变为，化为

ح

(٨) اِحْتَالَ احْتِيَالاً فُلاَنٌ 玩弄手法，欺诈

(٢) لاَ حَوْلَ وَلاَ قُوَّةَ 毫无办法，无能为力

*(٢) حَوْلَ ... 在…周围；关于

(٤) حِيلَةٌ جـ حِيَلٌ 主意，办法，计策

*(٢) حَالٌ جـ أَحْوَالٌ / حَالَةٌ جـ حَالاَتٌ
情况，状况

فِي الْحَالِ / حَالاً 马上，立即，现在

عَلَى كُلِّ حَالٍ / عَلَى أَيِّ حَالٍ
总之，无论如何

(٢) حَالِيٌّ م حَالِيَّةٌ 目前的，当前的，现在的

(٤) حَوَالَةٌ جـ حَوَالاَتٌ 汇票，汇款单

حَوَالاَتُ الْمُهَاجِرِينَ 侨汇

*(٢) حَوَالَيْ ... 大约，左右

(٦) حَارَ ـَ حَيْرًا وحَيْرَةً وحَيَرَانًا فِي أَمْرِهِ
不知如何是好，惶惑，进退维谷，尴尬

فِي حَيْرَةٍ 左右为难，进退维谷，尴尬

(٦) حَيَّرَهُ تَحْيِيرًا 使困惑，令人不知所措

(٦) تَحَيَّرَ تَحَيُّرًا 为难，困惑，踌躇，不知所措

(٨) حَيْضٌ 月经

(٨) حَائِضٌ وحَائِضَةٌ 来潮的，行经的

(٨) تَحَايَلَ تَحَايُلاً عَلَيْهِ
对他要手腕儿，用计谋对付他

*(٢) حَانَ ـِ حَيْنًا وحَيْنُونَةً الْوَقْتُ 到时候了

(٨) تَحَيَّنَ تَحَيُّنًا الفُرَصَ 伺机，乘机

*(٢) حِينٌ جـ أَحْيَانٌ 时候，时间

مِنْ حِينٍ إِلَى حِينٍ / حِينًا بعدَ حِينٍ / حِينًا بعدَ آخرَ
不时地，有时

عَلَى حِينِ أَنَّ ... / فِي حِينِ أَنَّ ...
与此同时，而…

أَحْيَانًا 有时，偶尔

فِي بَعْضِ الأَحْيَانِ 有时

فِي أَغْلَبِ الأَحْيَانِ 经常，往往，多半

أَحْيَانًا... وأَحْيَانًا أُخْرَى
有时…有时…，时而…时而…

(٢) حِينَ ... / حِينَمَا ...
当…时候，正当…之际

(٨) حِيَالَ ... 面对，对于

(٨) إِحَالَةُ كَذَا إِلَى التَّحْكِيمِ 提请仲裁

(٨) اَلتَّحْوِيلُ الْحُرُّ 自由兑换

(٨) تَحْوِيلُ الكُمْبِيَالَةِ 转让汇票

(٨) تَحْوِيلِيٌّ م تَحْوِيلِيَّةٌ (لِلصِّنَاعَةِ) 加工的

(٨) مُحَوِّلٌ / مُحِيلٌ 出让人，转让人；
让渡人，背书人，背签人；汇款人

(٨) مُحَالٌ إِلَيْهِ 受让人；被指示人

*(٤) مُحَاوَلَةٌ جـ مُحَاوَلَاتٌ 企图，试图，尝试

*(٢) مُسْتَحِيلٌ 不可能的

مِنَ الْمُسْتَحِيلِ أَنْ ... …是不可能的

(٨) حَامَ يَحُومُ حَوْمًا 环绕，盘旋

(٨) حَوَاءُ 夏娃

*(٤) اِحْتَوَى يَحْتَوِي اِحْتِوَاءً الشَّيْءَ أَوْ عَلَيْهِ
包括，包含

(٦) حَاوِيَةٌ: كُونْتِينَرْ 集装箱

*(٤) مُحْتَوًى جـ مُحْتَوَيَاتٌ 内容

*(٢) حَيْثُ 那里；那时

مِنْ حَيْثُ الأَسَاسُ 基本上

(٤) حَيْثُمَا 无论何处，不管在哪儿

(٦) تَحَايَدَ تَحَايُدًا 站在一边，守中立

(٦) حِيَادٌ 中立

(٦) مُحَايِدٌ م مُحَايِدَةٌ 中立的

(٤) حِينَئِذٍ / حِينَذَاكَ 那时，当时

(٤) حَيِيَ يَحْيَى حَيَاةً 生活，生存

يَحْيَى الْوَطَنُ 祖国万岁

*(٤) أَحْيَى يُحْيِي إِحْيَاءً الذِّكْرَى 纪念，庆祝

*(٢) حَيَّى يُحَيِّي تَحِيَّةً فُلاَنًا 问候，致敬

(٦) اِسْتَحَى اِسْتِحْيَاءً فُلاَنٌ مِنْ كَذَا

害羞，羞怯，不好意思

*(٤) حَيٌّ ج أَحْيَاءٌ

活着的，生动的；生物；（居住）区

(٨) حَيَّ عَلَى الصَّلاَةِ: هَلُمَّ وأَقْبِلْ عَلَيْهَا 快来礼拜

(٦) حَيَاءٌ: خَجَلٌ 害羞，羞愧

*(٢) حَيَاةٌ 生活，生命

عَلى قَيْدِ الْحَيَاةِ 健在，还活着

بَيْنَ الْحَيَاةِ وَالْمَوْتِ 半死不活

(٤) حَيَّةٌ ج حَيَّاتٌ 蛇

*(٢) حَيَوَانٌ ج حَيَوَانَاتٌ 动物

*(٤) حَيَوِيٌّ م حَيَوِيَّةٌ

有生命的；生存必需的；要害的，关键的

*(٤) حَيَوِيَّةٌ 朝气，活力，生命力，生气

(٦) حَيِيٌّ م حَيِيَّةٌ / خَجُولٌ 害羞的，怯生的

*(٢) تَحِيَّةٌ ج تَحِيَّاتٌ 问候，致意，敬礼

تَحِيَّةً وسَلاَمًا 您好!（书信开头的问候语）

(٨) مُحَيًّا 面貌，容貌

ح

الخاء

(٦) خَبَأَهُ ـَ خَبْأً وخَبَّأَهُ	隐藏，藏匿，隐蔽
(٤) اِخْتَبَأَ اِخْتِبَاءً فُلاَنٌ	隐藏，隐蔽，躲起来
(٦) مَخْبَأٌ جـ مَخَابِئُ	藏身处，避难所
*(٤) خَبِيثٌ جـ خُبَثَاءُ وخُبُثٌ م خَبِيثَةٌ	邪恶的，卑鄙的；恶性的；坏蛋
*(٢) أَخْبَرَ إِخْبَارًا فُلاَنًا الأَمْرَ أَوْ بِهِ	告诉，通知
أَخْبَرَ عَنْ فُلاَنٍ / أَبْلَغَ عَنْهُ	检举，举报，告发
*(٤) اِخْتَبَرَهُ اِخْتِبَارًا	考验，试验，测验
*(٢) خَبَرٌ جـ أَخْبَارٌ	消息，信息
*(٤) خِبْرَةٌ	经验，阅历
*(٤) اِخْتِبَارٌ جـ اِخْتِبَارَاتٌ	试验，检查，测试
*(٢) خَبِيرٌ جـ خُبَرَاءُ م خَبِيرَةٌ	有经验的；专家
(٨) مُخَابَرَاتٌ	情报
مَكْتَبُ الْمُخَابَرَاتِ	情报局，情报处
(٤) مَخْبَرٌ جـ مَخَابِرُ	实验室
مَخْبَرُ اللُّغَةِ / اَلْمَخْبَرُ اللُّغَوِيُّ	语言实验室
(٨) مُخْبِرٌ	告密者
(٤) مُخْتَبَرٌ جـ مُخْتَبَرَاتٌ	实验室，化验室
*(٢) خُبْزٌ	面包，馒头，饼
(٤) خَبَّازٌ جـ خَبَّازُونَ	面包师，面包工人
(٦) مَخْبَزٌ جـ مَخَابِزُ	面包房，面包店
(٦) خَبَطَ ـِ خَبْطًا الشَّيْءَ	敲打，捶击
خَبَطَ عَلَى الْبَابِ/ دَقَّهُ	扣门，敲门
(٨) تَخَبَّطَهُ تَخَبُّطًا	敲打，（肢体）乱动，挣扎
تَخَبَّطَتِ الْبِلاَدُ	乱腾，折腾，不安宁
(٨) خَبِلَ ـَ خَبلاً وخَبَالاً / اِخْتَلَّ عَقْلُهُ	神经错乱
(٦) خَتَمَ ـِ خَتْمًا وخِتَامًا الشَّيْءَ أَوْ عَلَيْهِ	盖章，盖印
*(٤) اِخْتَتَمَ اِخْتِتَامًا الشَّيْءَ وَالْمُؤْتَمَرَ	结束，闭幕
(٦) خَتْمٌ	印章，戳记，图章
(٤) خِتَامٌ / خَاتِمَةٌ	结束，结局，结尾
(٦) خِتَامِيٌّ م خِتَامِيَّةٌ	最终的，最后的
(٤) خَاتِمٌ جـ خَوَاتِمُ	戒指
(٤) خَاتِمَةٌ	尾声，终局，结局
(٦) خِتَانٌ	割礼
(٦) خَثَرَ ـُ خَثْرًا وتَخَثَّرَ الدَّمُ أو اللَّبَنُ	凝结
*(٤) خَجِلَ ـَ خَجَلاً مِنْ كَذَا	害羞，羞愧，惭愧

(٤) خَجِلٌ م خَجِلَةٌ / خَجْلانُ ج خَجْلانَةٌ / خَجُولٌ
害羞的，腼腆的，不好意思的，惭愧的

(٦) خَدٌّ ج خُدُودٌ 腮，面颊

(٨) أُخْدُودٌ ج أَخَادِيدُ 壕，哇，沟，痕

(٨) مِخَدَّةٌ ج مَخَادٌّ 枕头，靠垫

(٦) خَدَّرَ تَخْدِيرًا الْعُضْوَ 麻醉

(٨) خِدْرٌ ج أَخْدَارٌ 闺房

(٦) مُخَدِّرٌ ج مُخَدِّرَاتٌ 麻药，麻醉剂

(٦) خَدَشَ ـِ خَدْشًا الْجِلْدَ وَنَحْوَهُ 抓，挠，抓破

*(٤) خَدَعَ ـَ خَدْعًا فُلانًا 欺骗，蒙蔽

(٨) اِنْخَدَعَ فُلانٌ / خُدِعَ 上当，受骗

(٨) خِدَاعُ الْحَوَاسِّ 错觉

(٨) خُدْعَةٌ ج خُدَعٌ 诡计，骗局

(٤) مَخْدُوعٌ م مَخْدُوعَةٌ 受欺骗的，受蒙蔽的

(٤) خَدَّاعٌ ج خَدَّاعُونَ / خَدُوعٌ 骗人的，骗子

(٨) مَخْدَعٌ ج مَخَادِعُ 私室，卧室

*(٢) خَدَمَ ـُ خِدْمَةً فُلانًا 服务，服侍，效劳

*(٢) اِسْتَخْدَمَ اِسْتِخْدَامًا الشَّيْءَ 使用，雇用

*(٢) خِدْمَةٌ ج خَدَمَاتٌ 服务

خِدْمَةٌ دِفَاعِيَّةٌ أَوْ عَسْكَرِيَّةٌ 服役

خِدْمَةٌ عَامِلَةٌ 现役

(٨) تَخْدِيمٌ 介绍工作

مَكْتَبُ التَّخْدِيمِ 劳动介绍所

(٢) خَادِمٌ ج خَدَمٌ وَخُدَّامٌ م خَادِمَةٌ
服务员，雇员，仆人

(٤) مُسْتَخْدَمٌ ج مُسْتَخْدَمُونَ م مُسْتَخْدَمَةٌ
被使用的，被雇用的，雇员

اَلْخِدَيْوِيّ والْخدِيو （埃及）总督

(٦) خَذَلَهُ ـُ خَذْلاً وَخِذْلانًا
不支持，拖后腿，掣肘

(٨) خَذَّلَهُ تَخْذِيلاً 使气馁，令人沮丧

(٨) تَخَاذَلَ تَخَاذُلاً الْقَوْمُ 互不支持，相互拆台

(٨) تَخَاذَلَتِ الرِّجْلانِ 两腿疲软无力

(٦) خَرَّبَ تَخْرِيبًا الشَّيْءَ 破坏，毁坏

(٨) خَرَابٌ ج أَخْرِبَةٌ 荒凉，废墟

*(٢) خَرَجَ ـُ خُرُوجًا من ... 出来，出去，出现

خَرَجَ بِهِ 带出

*(٢) أَخْرَجَ إِخْرَاجًا الشَّيْءَ
拿出，取出，赶出；开除；培训

أَخْرَجَ الْكِتَابَ 出版书籍

أَخْرَجَ الْمَسْرَحِيَّةَ 导演戏剧

*(٢) تَخَرَّجَ تَخَرُّجًا مِنَ الْمَدْرَسَةِ أَوْ فِيهَا 毕业

*(٤) اِسْتَخْرَجَ اِسْتِخْرَاجًا الشَّيْءَ 开采；提取

*(٢) خَارِجٌ 外面，外部

(٢) خَارِجِيٌّ م خَارِجِيَّةٌ 外部的，外来的

*(٤) مُخْرِجٌ ج مُخْرِجُونَ م مُخْرِجَةٌ 导演，编导

خ

*(٢) مَخْرَجٌ جـ مَخَارِجُ 出口，出路

*(٢) خِرِّيجٌ جـ خِرِّيجُونَ / مُتَخَرِّجٌ جـ مُتَخَرِّجُونَ

毕业生

(٨) خَرْخَرَ النَّائِمُ 打鼾

(٨) خُرْدَوَاتٌ 小商品，小百货

(٨) خَرَّ ـِ خَرِيرًا الْمَاءُ 流水潺潺，流水淙淙

(٨) خَرَّ ـُ خَرًّا وخُرُورًا 坠下，倒下

خَرَّ سَاجِدًا 拜倒

(٨) خَرَزَةٌ جـ خَرَزَاتٌ 一颗珠子

(٨) مِخْرَازٌ جـ مَخَارِيزُ 锥子

(٨) خَرَّازَةٌ 订书机

دَبُّوسُ خَرَّازَةٍ: خَرْطُوشُ خَرَّازَةٍ 订书钉

(٨) خَرِسَ ـَ خَرَسًا فُلَانٌ 哑，缄默

(٦) أَخْرَسُ م خَرْسَاءُ جـ خُرْسٌ / أَبْكَمُ 哑巴

(٦) خَرَسَانَةٌ عَادِيَّةٌ 无筋混凝土

(٦) خَرَسَانَةٌ مُسَلَّحَةٌ 钢筋混凝土

(٦) خَرَطَ ـُ خَرْطًا الْخَشَبَ وَالْمَعْدِنَ 镟，车

*(٢) خَارِطَةٌ جـ خَوَارِطُ / خَرِيطَةٌ جـ خَرَائِطُ 地图

(٨) خَرَّاطٌ 车工

(٨) مِخْرَطَةٌ جـ مَخَارِطُ 车床，镟床

(٨) خَرْطُوشُ الْقَلَمِ الْجَافِّ 圆珠笔芯

(٤) خُرْطُومٌ جـ خَرَاطِيمُ 橡皮水管，水龙带

(٤) خُرْطُومُ الْفِيلِ 象鼻子

*(٢) اَلْخَرْطُومُ 喀土穆

*(٢) اِخْتَرَعَ اِخْتِرَاعًا الشَّيْءَ 发明，创造

(٢) مُخْتَرِعٌ جـ مُخْتَرِعُونَ 发明者，发明家

(٢) مُخْتَرَعٌ جـ مُخْتَرَعَاتٌ 创造，发明

(٨) خُرَافَةٌ 迷信，荒诞

(٤) خَرُوفٌ جـ خِرَافٌ وَخِرْفَانٌ وأَخْرِفَةٌ

羊羔，小绵羊

*(٢) اَلْخَرِيفُ 秋，秋天，秋季

(٦) خَرَقَ ـُ خَرْقًا الشَّيْءَ

打眼，打穿；撕破，撕毁

خَرَقَ الِاتِّفَاقِيَّةَ 撕毁协议

خَرَقَ الْأَجْوَاءَ 侵犯领空

خَرَقَ الْعَادَةَ 反常，破例

*(٤) اِخْتَرَقَ اِخْتِرَاقًا الشَّيْءَ 穿过，穿透

(٦) اِنْخَرَقَ اِنْخِرَاقًا الشَّيْءُ 裂开，破裂，穿孔

(٨) خِرْقَةٌ جـ خِرَقٌ 破布

(٨) خَرَمَ ـِ خَرْمًا وخَرَّمَ الشَّيْءَ 穿孔，钻眼

(٨) تَخْرِيمٌ / تَنْسِيلٌ 抽绣，抽纱

(٨) خَرَّامَةٌ 打孔机

(٦) خَزَّهُ ـُ خَزًّا بِكَذَا 刺入，戳穿

(٨) خَيْزُرَانٌ 藤

(٢) اَلْخَزَفُ (الصِّينِيُّ) 瓷器

(٨) اِخْتَزَلَ الْكَلَامَ 缩短，节略，压缩

(٨) خَسِيسٌ جـ خِسَاسٌ وأَخِسَّةٌ وأَخِسَّاءُ
微不足道的，卑贱的
月蚀 (٨) خُسُوفُ الْقَمَرِ
木头，木料 *(٢) خَشَبٌ جـ أَخْشَابٌ اَلْوَاحِدَةُ خَشَبَةٌ
三合板 خَشَبٌ مُعَاكِسٌ / أَبْلَكَاش
舞台 (٤) خَشَبَةُ الْمَسْرَحِ
木头的，木质的，木制的 (٢) خَشَبِيٌّ م خَشَبِيَّةٌ
(٨) خَشْخَشَ خَشْخَشَةً السِّلَاحُ وغَيْرُهُ
丁零当啷；沙沙作响
(٦) خَشَعَ ـَ خُشُوعًا فُلَانٌ / خَضَعَ
谦恭，恭顺，虔诚
恭顺的，谦卑的，虔诚的 (٨) خَشُوعٌ
粗，粗糙，粗劣 (٦) خَشُنَ ـُ خُشُونَةً
粗糙的，不光滑的 *(٤) خَشِنٌ م خَشِنَةٌ
*(٢) خَشِيَهُ يَخْشَى خَشْيًا وخِشْيًا وخَشْيَةً
害怕，惧怕
担心 خَشِيَ عليه
*(٢) خَصِبٌ م خَصِبَةٌ / خَصِيبٌ م خَصِيبَةٌ
肥沃的，富饶的
私有化 (٨) خَصْخَصَةٌ: تَخْصِيصِيَّةٌ
(٦) اِخْتَصَرَ اِخْتِصَارًا الْكَلَامَ ونَحْوَهُ
节略，摘要，压缩
腰，腰部 (٤) خَصْرٌ جـ خُصُورٌ

速记，速写 كِتَابَةُ الاِخْتِزَالِ
*(٤) خَزَنَ ـُ خَزْنًا الشَّيْءَ / اِخْتَزَنَهُ
储存，贮藏，入库
橱，柜，小储藏室 *(٢) خِزَانَةٌ جـ خِزَانَاتٌ وخَزَائِنُ
衣橱，衣柜 خِزَانَةُ الثِّيَابِ / الدُّولَابُ
书橱，书柜 خِزَانَةُ الكُتُبِ
国库 اَلْخِزَانَةُ العَامَّةُ
保险柜 خِزَانَةٌ مَأْمُونَةٌ / خَزِينَةٌ مَأْمُونَةٌ
财宝；金库 (٨) خَزِينَةٌ جـ خَزَائِن
库 (٤) خَزَّانٌ جـ خَزَّانَاتٌ / خَزَازِينُ
水库，水箱，水塔 خَزَّانُ الْمِيَاهِ
储油罐 خَزَّانُ النِّفْطِ
汽车的（汽）油箱 خَزَّانُ الْبَنْزِينِ
库存的，存货 (٦) مَخْزُونٌ جـ مَخْزُونَاتٌ / خَزِينٌ
商店，百货公司；仓库 *(٢) مَخْزَنٌ جـ مَخَازِنُ
羞愧，羞怯 (٨) خَزِيَ ـَ خِزْيًا فُلَانٌ
感到丢脸，觉得羞耻 (٨) اِسْتَخْزَى اِسْتِخْزَاءً فُلَانٌ
耻辱，丢脸；羞耻 (٨) خِزْيٌ / عَارٌ
(٨) مُخْزٍ (الْمُخْزِي) م مُخْزِيَةٌ
可耻的，丢脸的，不体面的
损失，亏损，输 (٦) خَسِرَ ـَ خَسَارَةً وخُسْرَانًا
损失 *(٤) خَسَارَةٌ جـ خَسَائِرُ
生菜 (٤) خَسٌّ / خَصٌّ

خ

(٨) مُخْتَصَرٌ 简明的，扼要的；摘要，梗概

(٨) خَصَّ فُلاَنًا بِكَذَا 专门给某人，特别给某人

*(٤) خَصَّصَهُ تَخْصِيصًا لِكَذَا

指定，专用，拨（款）

*(٤) تَخَصَّصَ تَخَصُّصًا بِعِلْمٍ / اِخْتَصَّ بِهِ

专攻，专门从事

*(٢) خُصُوصًا / عَلَى الْخُصُوصِ / عَلَى وَجْهِ الْخُصُوصِ 特别是，尤其

بِخُصُوصِ كذا 关于

*(٤) اِخْتِصَاصٌ

专长，专业；权限，职权范围

اَلاِخْتِصَاصُ الْقُنْصُلِيُّ 领事裁判权

*(٤) اِخْتِصَاصِيٌّ جـ اِخْتِصَاصِيُّونَ / اِخْصَائِيٌّ

专门的，专科的，专家，专业人才

(٨) خُصُوصِيٌّ م خُصُوصِيَّةٌ 私有的，私人的

(٦) خُصُوصِيَّةٌ 特殊性，独特性，个别性

*(٢) خَاصٌّ م خَاصَّةٌ

个人的，私人的，特殊的，专门的

خَاصٌّ بِكَذَا 专属于…的；关于…的

وَخَاصَّةً / بِخَاصَّةٍ 特别地，尤其

عَلَى الأَخَصِّ 特别地，尤其，格外

(٨) خَاصِّيَّةٌ جـ خَاصِّيَّاتٌ وَخَصَائِصُ 属性，特征

(٤) خَوَاصٌّ / خَصَائِصُ 特点，特性，属性

(٤) مُتَخَصِّصٌ جـ مُتَخَصِّصُونَ م مُتَخَصِّصَةٌ

有专长的，专门人才

(٦) مُخْتَصٌّ بِكَذَا 专门的，有关…的

(٤) مُخَصَّصٌ م مُخَصَّصَةٌ 指定的，专用的

(٦) مُخَصَّصَاتٌ 专款

(٨) خَصِيصًا 特意地，特别地，专门地

(٦) خَصِيصَةٌ جـ خَصَائِصُ 特性，特征

خَصَائِصُ طِبِّيَّةٌ: فَوَائِدُ عِلاَجٍ 药物效应

(٨) خَصْلَةٌ جـ خِصَالٌ 习性，品性，癖性

(٨) خُصْلَةٌ جـ خُصَلٌ 一绺（头发）

(٦) خَاصَمَ مُخَاصَمَةً فُلاَنًا 争论，口角

(٤) خَصْمٌ جـ خُصُومٌ 敌手，对手，竞争者

(٨) خَصْمٌ / خَسْمٌ 减价，折扣

أُصُولٌ وَخُصُومٌ 本金和贴现

خَصْمٌ مَقْبُولٌ 合理贴现

خَصْمُ الْكَمْبِيَالاَتِ 贴现，折息

بَنْكُ الْخَصْمِ 贴现银行

(٦) اِخْصَائِيٌّ م إِخْصَائِيُّونَ 专家，能手，技师

(٦) خِضَابٌ 色素，染料

(٤) اِخْضَرَّ اِخْضِرَارًا الشَّيْءُ 变绿

(٤) خُضْرَةٌ 绿色，葱绿

*(٢) خُضَرٌ / خُضْرَوَاتٌ 蔬菜

*(٢) أَخْضَرُ جـ خُضْرٌ م خَضْرَاءُ 绿色的

*(٤) خَطَرَ ـُ خُطُوراً بِبَالِهِ (أَوْ فِي بَالِهِ) الأَمْرُ
想起，想到

(٦) خَاطَرَهُ مُخَاطَرَةً بِكَذَا
以…冒险，将…置于危险中

(٨) خَاطَرَهُ على كذا 打赌

(٦) أَخْطَرَ إِخْطَارًا الشَّيْءَ بِبَالِ فُلاَنٍ وَعَلَيْهِ وَفِيهِ
通知，通告

إِخْطَارٌ بِالدَّفْعِ 付款通知

(٦) خُطُورَةٌ 重大，严重，严峻

*(٤) خَطَرٌ جـ أَخْطَارٌ 危险，危难

*(٤) خَاطِرٌ (أو خَاطِرَةٌ) جـ خَوَاطِرُ 想法，念头

*(٤) خَطِرٌ م خَطِرَةٌ 危险的，不安全的

*(٤) خَطِيرٌ م خَطِيرَةٌ 严重的，重大的，严峻的

(٤) مَخَاطِرُ 危险

(٦) خَطَّطَ تَخْطِيطًا الأَمْرَ 计划，规划；部署

(٢) اَلْخَطُّ 书法

خَطُّ الْيَدِ 手书，手迹

(٤) خَطٌّ جـ خُطُوطٌ （画的）线，线路，路线

خَطُّ الاِسْتِوَاءِ 赤道

خَطُّ الْعَرْضِ 纬线，纬度

خَطُّ الطُّولِ 经线，经度

اَلْخَطُّ مَشْغُولٌ （电话）占线

خَطُّ تَقْسِيمِ الْمِيَاهِ 分水岭

(٨) يَخْضُورٌ 叶绿素

(٨) مُخَضْرَمٌ 跨时代的人

(٤) خَضَعَ ـَ خُضُوعًا لَهُ 服从，顺从，屈服于

(٨) خِضَمُّ الْبَحْرِ 大海

*(٤) أَخْطَأَ يُخْطِئُ إِخْطَاءً الأَمْرَ أَوْ فِيهِ
做错，弄错，犯错误

*(٢) خَطَأٌ جـ أَخْطَاءٌ 错误，过失

(٤) خَاطِئٌ جـ خَطَأَةٌ م خَاطِئَةٌ جـ خَوَاطِئُ / مُخْطِئٌ
جـ مُخْطِئُونَ 错的，错误的，有过失的

(٦) خَطَبَ ـُ خُطْبَةً وخَطَابَةً النَّاسَ وَفِيهِمْ وَعَلَيْهِمْ
发表讲话，演说

(٦) خَطَبَ ـُ خِطْبَةً الْفَتَاةَ 求婚，订婚

*(٤) خَاطَبَهُ مُخَاطَبَةً 对话，交谈

*(٢) خِطَابٌ جـ خِطَابَاتٌ 书信，演说，讲话

خِطَابُ بَرَاءَةِ الاِخْتِرَاعِ 专利证书

خِطَابُ الاِعْتِمَادِ الثَّابِتِ (أو غَيْرُ الْقَابِلِ لِلنَّقْضِ
أَوِ الرَّفْضِ) 不可撤销信用证

خِطَابُ التَّوْصِيَةِ 推荐书

(٨) خَطْبٌ جـ خُطُوبٌ 不幸，灾难

(٤) خَطِيبٌ جـ خُطَبَاءُ 讲演者，演说家

(٤) خَطِيبٌ م خَطِيبَةٌ
未婚夫，未婚妻，已订婚的

(٦) مُخَاطَبُ 第二人称〔语〕

خ

الْخُطُوطُ الْجَوِّيَّةُ　航线

خُطُوطُ الشَّرْقِ الأَوْسَطِ الْجَوِّيَّةُ　中东航空公司

اَلشَّرِكَةُ الصِّينِيَّةُ لِلْخُطُوطِ الدَّوْلِيَّةِ

中国国际航空公司

*(٤) خُطَّةٌ ج خُطَطٌ　路线，方针，计划，部署

خُطَّةُ الْمُقَايَضَةِ　易货方案

(٤) خَطَّاطٌ　书法家

(٤) مَخْطُوطٌ ج مَخْطُوطَاتٌ　手稿，手抄本

اَلْمَخْطُوطَةُ الأَصْلِيَّةُ / اَلْمَخْطُوطَةُ الأُمُّ

原稿，抄本

(٦) مُخَطَّطٌ ج مُخَطَّطَاتٌ

计划，阴谋，预谋；有条纹的

(٦) خَطِفَ ـَ خَطْفًا الشَّيْءَ واخْتَطَفَهُ　抢夺，攫取

اِخْتِطَافُ الطَّائِرَةِ　劫机

(٤) خَاطِفٌ م خَاطِفَةٌ　飞快的，急速的

نَظْرَةٌ خَاطِفَةٌ　一瞥

اَلْحَرْبُ الْخَاطِفَةُ　闪电战

(٤) خَطَا ـُ خَطْوًا　迈步，跨步

(٦) تَخَطَّى تَخَطِّيًا الشَّيْءَ　跨越，超越

(٢) خُطْوَةٌ ج خُطًى وَخُطُوَاتٌ　步伐，脚步

(٨) خَافِتٌ: (صَوْتٌ) ضَعِيفٌ

轻声，低语，慢声细语

(٨) خَفِيرٌ ج خُفَرَاءُ　哨兵，警卫，更夫

(٨) مَخْفَرٌ ج مَخَافِرُ　岗哨，岗楼，临时拘留所

(٨) خُفَّاشٌ ج خَفَافِيشُ　蝙蝠

(٦) خَفَضَهُ ـِ خَفْضًا　降低，垂下

(٦) خَفَّضَهُ / خَفَضَهُ

减少，降低（物价），裁减（军备）

*(٤) اِنْخَفَضَ اِنْخِفَاضًا الشَّيْءُ　下降，降低

(٨) خَفْضُ أَوْ تَخْفِيضُ قِيمَةِ الْعُمْلَةِ　货币贬值

تَخْفِيضُ قِيمَةِ الدُّولَارِ الأَمْرِيكِيِّ　美元贬值

تَخْفِيضُ الضَّرَائِبِ　减税

تَخْفِيضُ الْوَزْنِ　减肥

(٢) مُنْخَفِضٌ م مُنْخَفِضَةٌ　低的，低洼的

(٤) خَفَّ ـِ خِفَّةً　变轻，减弱

بِخِفَّةٍ　轻轻地

خِفَّةُ الرُّوحِ وَالدَّمِ　活泼，风趣

*(٤) خَفَّفَ تَخْفِيفًا الشَّيْءَ　减轻，缓和

*(٤) اِسْتَخَفَّ اِسْتِخْفَافًا بِكَذَا　轻视，看不起

*(٢) خَفِيفٌ م خَفِيفَةٌ　轻的，轻快的；稀薄的

خَفِيفُ الْحَرَكَةِ　敏捷的

خَفِيفُ الرُّوحِ وَالدَّمِ　活泼的

خَفِيفُ الْيَدِ

手指灵巧的，（做事）利落的；扒手

(٦) أَخْفَقَ إِخْفَاقًا فُلَانٌ　失败

(٨) اَلْخَافِقَانِ　东方和西方

(٦) اِخْتَلَسَ اِخْتِلاَسًا الشَّيْءَ 偷窃，侵吞，贪污

اخْتَلَسَ النَّظَرَ إِلَيْه 偷看

(٦) خَلَصَ ـُ خُلُوصًا وخَلاَصًا مِنْ ...

纯，清；脱离，摆脱；结束

*(٤) خَلَّصَ تَخْلِيصًا فُلاَنًا مِنْ كَذَا

拯救，解救，使摆脱

*(٤) أَخْلَصَ إِخْلاَصًا لَهُ 忠于，对…忠诚

*(٢) تَخَلَّصَ تَخَلُّصًا مِنْ كَذَا 摆脱，得救

(٨) اِسْتَخْلَصَ اسْتِخْلاَصًا الشَّيْءَ 提炼，精选

*(٢) خَلاَصٌ 解脱，得救；完结，完了

*(٤) خُلاَصَةٌ جـ خُلاَصَاتٌ 精髓，精华，撮要

(٨) تَخْلِيصٌ جُمْرُكِيٌّ 结关

(٤) خَالِصٌ م خَالِصَةٌ 纯净的；坦诚的

(٨) خَالِصُ الأُجْرَةِ 先付的，付讫的

(٨) خَالِصُ الأُجْرَةِ حَتَّى ظَهْرِ السَّفِينَةِ (فوب ـ F.O.B)

船上交货价，离岸价格

(٨) خَالِصُ الثَّمَنِ وأُجْرَةِ الشَّحْنِ 成本加运费

(٨) خَالِصٌ مِنْ رُسُومِ الْجُمْرُكِ 免税

*(٢) مُخْلِصٌ جـ مُخْلِصُونَ م مُخْلِصَةٌ

忠实的，忠诚的

(٨) مُسْتَخْلِصٌ جُمْرُكِيٌّ 海关提货人

(٨) مُسْتَخْلَصٌ جـ مُسْتَخْلَصَاتٌ 提款单

(٤) خَلَطَ ـُ خَلْطًا الشَّيْءَ بِالشَّيْءِ 混合

(٤) خَفَقَ ـُ خَفَقَانًا الْقَلْبُ 心跳，心悸

*(٤) أَخْفَى يُخْفِي إِخْفَاءً الشَّيْءَ

掩盖，隐藏，藏匿，藏掖，窝藏

*(٤) اِخْتَفَى يَخْتَفِي اِخْتِفَاءً الشَّيْءُ

消失，不见，隐藏

(٨) خِفْيَةً 悄悄地，暗中

(٦) خَلَبَ ـُ خَلْبًا لُبَّهُ 迷惑，动人心魄

(٨) خَلاَّبٌ 迷人的，动人心魄的，引人入胜的

(٨) مِخْلَبٌ جـ مَخَالِبُ 爪，爪子

(٨) خَالَجَه الأمرُ 令他心乱

خَالَجَهُ شَكٌّ 心存疑虑

(٨) اِخْتَلَجَ اِخْتِلاَجًا الشيءُ: تَحَرَّكَ وَاضْطَرَبَ 颤动

*(٢) خَلِيجٌ جـ خُلْجَانٌ 海湾

اَلْخَلِيجُ الْعَرَبِيُّ / الخَلِيجُ الْفَارِسِيُّ

阿拉伯湾（波斯湾）

خَلِيجُ الْعَقَبَةِ 亚喀巴湾

خَلِيجُ السُّوَيْسِ 苏伊士湾

خَلِيجُ عَدَن 亚丁湾

(٨) خَلْخَالٌ جـ خَلاَخِيلُ 脚镯，踝饰

(٤) خَلَدَ ـُ خُلُودًا 永存，永生，永垂不朽

(٦) خَلَّدَهُ تَخْلِيدًا 纪念，使长存

(٢) خَالِد جـ خَالِدُونَ م خَالِدَةٌ

永存的，常在的，不朽的

*(٤) خَلِيفَةٌ جـ خُلَفَاءُ	哈里发
اَلْخُلَفَاء الرَّاشِدُونَ	四大哈里法
*(٢) مُخْتَلِفٌ م مُخْتَلِفَةٌ	不同的，各种各样的
(٢) مُتَخَلِّفٌ جـ مُتَخَلِّفُونَ م مُتَخَلِّفَةٌ	落后的
*(٤) خَلَقَ ـُ خَلْقًا الشَّيْءَ	造，创造，发明
(٨) اِخْتَلَقَ الْقَوْلَ / اِفْتَرَاهُ	捏造，造谣，杜撰
(٦) اَلْخَلْقُ	人类
(٦) خِلْقِيٌّ م خِلْقِيَّةٌ	先天的，与生俱来的
*(٢) خُلُقٌ جـ أَخْلَاقٌ	性格，脾气；品性，道德
عِلْمُ الأَخْلَاقِ: الْفَلْسَفَةُ الأَخْلَاقِيَّةُ	伦理学
(٦) أَخْلَاقِيٌّ م أَخْلَاقِيَّةٌ	道德的，道义的
(٨) اَلْخَالِقُ	造物主〔宗〕
(٨) خَلِيقٌ جـ خُلُقٌ وخُلَقَاءُ	合适的，适宜的；值得的
(٨) خَلِيقَةٌ جـ خَلَائِقُ	宇宙，万物，万有
*(٤) مَخْلُوقٌ جـ مَخْلُوقَاتٌ	生物；万物
(٢) خَلَّاقٌ م خَلَّاقَةٌ	创造性的
(٦) أَخَلَّ إِخْلَالًا بِالنِّظَامِ	扰乱，破坏
(٦) تَخَلَّلَ تَخَلُّلًا الشَّيْءَ	穿插其中
تَخَلَّلَ الشيءُ فِيهِ	通过，穿过，渗入
(٦) اِخْتَلَّ الأَمْرُ	不健全，有缺陷；紊乱
اِخْتَلَّ النِّظَامُ	秩序紊乱
اِخْتَلَّ الْمِيزَانُ	失去平衡
(٦) خَالَطَ مُخَالَطَةً الْقَوْمَ	结交，相处，交往
*(٤) اِخْتَلَطَ اِخْتِلَاطًا بِكَذَا	与…混合
(٢) خَلِيطٌ	混合物
(٨) خَلَّاطٌ وَخَلَّاطَةٌ	搅拌器，搅拌机
*(٢) خَلَعَ ـَ خَلْعًا الْمَلَابِسَ	脱下
خَلَعَهُ عَنِ الْعَرْشِ	废黜
(٨) خَلُعَ ـُ خَلَاعَةً فُلَانٌ	放荡，淫荡
(٨) خَلْعُ الْمَفْصَلِ	脱臼
(٨) خِلْعَةٌ جـ خِلَعٌ	锦袍，荣誉袍
(٦) خَلَفَهُ ـُ خِلَافَةً	继承（王位）
*(٤) خَالَفَهُ مُخَالَفَةً	违反，违背，与…对立
(٦) خَلَّفَ تَخْلِيفًا الشَّيْءَ	遗留，留下
(٦) أَخْلَفَ إِخْلَافًا وَعْدَهُ أَوْ بِهِ	食言，违约
*(٢) تَخَلَّفَ تَخَلُّفًا عَنْ ...	落后
*(٢) اِخْتَلَفَ اِخْتِلَافًا عَنْ كَذَا	区别于，与…不同
اِخْتَلَفَ مَعَهُمْ	与他们有分歧
(٦) تَخَالَفَ النَّاسُ فِي كَذَا	不一致，有分歧
(٤) خَلَفٌ	后代，接班人
*(٢) خَلْفَ ...	在…后面
(٨) خَلْفِيَّةٌ جـ خَلْفِيَّاتٌ	背景
*(٤) خِلَافٌ جـ خِلَافَاتٌ / اِخْتِلَافٌ جـ اِخْتِلَافَاتٌ	差异，区别，分歧，矛盾
(٦) خِلَافَةٌ	哈里法职位，哈里法地位

(٤) خَلٌّ 醋

(٨) خَلَّةٌ جـ خِلاَلٌ وَخَلاَّتٌ / خَاصِيَّةٌ

特性，特点，习性

(٨) خِلاَل(الأَسْنَانِ) وَخِلاَلَة (الأَسْنَانِ) 牙签

(٨) خَلَلٌ جـ خِلاَلٌ 缺陷，毛病

(٢) خِلاَلَ .../ فِي خِلاَلِ ... 在…期间,在…中间

فِي خِلاَلِ ذَلِكَ 在此期间，与此同时

مِنْ خِلاَلِ ... 通过…

(٨) خَلِيلٌ جـ أَخِلاَّءُ 知心朋友，知己，密友

(٤) مُخَلَّلٌ جـ مُخَلَّلاَتٌ 泡菜，酸菜

(٤) خَلاَ ـُ خُلُوًّا وخَلاَءً الْمَكَانُ 空了，空下来

(٤) خَلاَ مِنْ كَذَا أَوْ عَنْهُ 没有

(٦) أَخْلَى إِخْلاَءً الْمَكَانَ ونَحْوَهُ 腾空，腾出

(٨) خَلَّى الأمرَ: تَرَكَهُ 丢下；放手

(٦) تَخَلَّى تَخَلِّيًا عَنْ كَذَا 放弃

(٨) خَلاَءٌ 旷野

(٨) خَلْوَةٌ جـ خَلَوَاتٌ 幽静处

*(٢) خَالٍ (اَلْخَالِي) م خَالِيَةٌ

空的，空旷的，空闲的，未被占用的

(٤) خَلِيَّةٌ جـ خَلاَيَا 细胞；小组

خَلِيَّةُ النَّحْلِ 蜂巢，蜂房

(٦) خَمَدَ ـُ خَمْدًا وخُمُودًا الشَّيْءُ

缓和，平息；（火）熄灭

(٦) أَخْمَدَهُ إِخْمَادًا 扑灭，镇压，扼杀

(٨) خَامِدٌ م خَامِدَةٌ

静寂的，无声的，死气沉沉的

(٨) خَمَّرَ تَخْمِيرًا الْعَجِينَ 发酵

*(٤) خَمْرٌ جـ خُمُورٌ 酒

(٨) خِمَارٌ جـ خُمُرٌ وأَخْمِرَةٌ 面纱，面罩

(٨) خَمِيرَةٌ جـ خَمَائِرُ 酵母，发酵剂

(٨) خَمَّارٌ 酒保，酒商

(٨) خَمَّارَةٌ 酒馆，酒肆

(٤) خُمْسٌ جـ أَخْمَاسٌ 五分之一

*(٢) خَمْسٌ م خَمْسَةٌ 五

(٦) خُمَاسٌ 由五个组成的

خُمَاسُ الزَّوَايَا 五角形

خُمَاسُ السُّطُوحِ 五面体

*(٢) خَامِسٌ م خَامِسَةٌ 第五

*(٢) اَلْخَمِيسُ / يَوْمُ الْخَمِيسِ 星期四

*(٢) خَمْسُونَ (خَمْسِينَ) 五十

(٢) اَلْخَمْسِينَاتُ / اَلْخَمْسِينِيَّاتُ 五十年代

(٨) مُخَمَّسٌ 五边形

(٨) أَخْمَصُ 脚心

(٨) خُمُولٌ 懒散；无声无息，默默无闻

(٨) خَامِلُ الذِّكْرِ جـ خَمَلُ الذِّكْرِ

无名之辈，不出名的，无声无息的

(٨) خَمِيلَةٌ جـ خَمَائِلُ 丛林

(٦) خَمَّنَ تَخْمِينًا الأَمْرَ 猜测，忖度

(٨) خُنْثَى جـ خِنَاثٌ وَخَنَاثَى 两性的，雌雄同体的

(٦) خَنْجَرٌ جـ خَنَاجِرُ 匕首

(٨) خَنْدَقٌ جـ خَنَادِقُ 壕沟

خَنْدَقُ الأُورْكَسْتْرَا 乐池

(٤) خِنْزِيرٌ جـ خَنَازِيرُ 猪

(٨) خِنْصَرٌ وخِنْصِرٌ جـ خَنَاصِرُ 小拇指

(٨) خُنْفُسٌ جـ خَنَافِسُ 蜣螂，屎壳郎

(٦) خَنَقَهُ ـُ خَنْقًا 扼杀，绞杀，窒息

(٦) اِخْتَنَقَ وانْخَنَقَ فُلاَنٌ 窒息，闷死

*(٤) خَانِقٌ م خَانِقَةٌ 令人窒息的，闷人的

(٢) خَوْخٌ اَلْوَاحِدَةُ خَوْخَةٌ جـ خَوْخَاتٌ / دُرَّاقٌ

桃子

(٨) خُوذَةٌ جـ خُوَذٌ وخُوذَاتٌ 钢盔

خُوذَةٌ وَاقِيَةٌ 安全帽

(٨) خَارَتْ ـُ خُوَارًا الْبَقَرَةُ 牛鸣，牛叫

*(٢) خَاضَ ـُ خَوْضًا عَمَلاً أَوْ غَيْرَهُ 参加，投身于

*(٢) خَافَ يَخَافُ خَوْفًا ومَخَافَةً كَذَا أَوْ مِنْهُ

害怕，畏惧

خَافَ عَلَيْهِ 担心，忧虑

(٦) أَخَافَ إِخَافَةً الأَمْرُ فُلاَنًا / خَوَّفَهُ 恐吓，威胁

(٨) تَخَوَّفَ تَخَوُّفًا مِنْهُ شَيْئًا 害怕

(٨) تَخَوَّفَ عَلَيْهِ شَيْئًا 担忧

(٢) خَائِفٌ جـ خُوَّفٌ وخَائِفُونَ م خَائِفَةٌ

害怕的，胆小的

*(٤) مُخِيفٌ م مُخِيفَةٌ 可怕的，吓人的

(٨) خَوَّلَهُ تَخْوِيلاً الشَّيْءَ 授予

*(٢) خَالٌ جـ أَخْوَالٌ 舅父

*(٢) خَالَةٌ جـ خَالاَتٌ 姨姆

(٦) اَلْخَامُ (مِنْ كُلِّ شَيْءٍ)

原始的，未加工的，未处理的

(٦) اَلْخَامَةُ: اَلْمَادَّةُ الأَوَّلِيَّةُ 原料

*(٤) خَانَهُ ـُ خِيَانَةً 背叛，出卖

(٨) خَانٌ جـ خَانَاتٌ 栈房，客栈，货栈

(٨) اَلْخَانُ الْخَلِيلِي

汉·哈里里（开罗著名市场名）

(٤) خَائِنٌ جـ خَوَنَةٌ 叛徒，卖国贼

*(٤) خَابَ ـِ خَيْبَةً 失败

خَابَ أَمَلُهُ 失望，灰心

*(٤) خَيَّبَهُ تَخْيِيبًا 使失望

خَيَّبَ أَمَلَهُ 使失望，辜负

*(٢) اِخْتَارَ اِخْتِيَارًا الشَّيْءَ 选择，挑选

*(٢) خَيْرٌ 好，好处，福利，福祉

صَبَاحُ الْخَيْرِ 早上好

مَسَاءُ الْخَيْرِ 晚上好

أَنا بِخَيْرٍ　我很好

عَلَى خَيْرِ الْوَجْهِ　很好地

*(٢) خَيْرَاتٌ　财富，资源

(٨) خَيْرِيَّةٌ　慈善

*(٤) خِيَارٌ　黄瓜

*(٤) اِخْتِيارِيٌّ م اِخْتِيَارِيَّةٌ　自愿的，随意的

*(٤) مُخْتَارٌ ج مُخْتَارُونَ م مُخْتَارَةٌ

自愿的，心甘情愿的

*(٤) مُخْتَارٌ ج مُخْتَارَاتٌ　选集

(٦) خَاطَ ـِ خِيَاطَةً الثَّوْبَ وَخَيَّطَهُ　缝制衣服

(٢) خَيْطٌ ج خُيُوطٌ　线

(٤) خَيَّاطٌ ج خَيَّاطُونَ م خَيَّاطَةٌ　裁缝

(٨) خَالَ ـَ خَيْلاً الشَّيْءَ / ظَنَّهُ　以为，认为

(٦) خُيِّلَ إليه أَنَّهُ ...　似乎，仿佛

(٨) اِخْتَالَ اِخْتِيَالاً رَجُلٌ　趾高气扬

(٦) تَخَيَّلَ تَخَيُّلاً الأَمْرَ　想象，设想

(٨) خَالٌ ج خِيلاَنٌ / شَامَةُ الْخَدِّ　痣，美人痣

(٢) خَيْلٌ ج خُيُولٌ مُفْرَدُهَا حِصَانٌ أَوْ فَرَسٌ

马，马群，马队

*(٤) خَيَالٌ　想象，空想，幻想

*(٤) مُخَيِّلَةٌ / خَيَالِيَّةٌ　想象力

(٨) خَيَّمَ وتَخَيَّمَ بِالْمَكَانِ أَوْ فِيهِ　安营扎寨，住宿

(٦) خَيَّمَ عَلَيْهِ الشَّيْءُ　笼罩

(٤) خَيْمَةٌ ج خِيَامٌ　帐篷

(٨) مُخَيَّمٌ ج مُخَيَّمَاتٌ: مَضْرِبُ الْخِيَامِ　营地

الدال

(٨) دَانْمَرْك 丹麦

(٦) دَأَبَ ـَ دَأْبًا فِي الْعَمَلِ و غَيْرِهِ أَوْ عَلَيْهِ

坚持，持之以恒

(٦) دَائِبٌ ودَؤُوبٌ 持久的，持之以恒的

(٦) دَبَّ ـِ دَبًّا وَدَبِيبًا 爬行；蔓延

(٤) دُبٌّ جـ دِبَبَةٌ 熊

(٤) دَابَّةٌ جـ دَوَابُّ 牲口，牲畜

(٤) دَبَّابَةٌ جـ دَبَّابَاتٌ 坦克

(٨) دِيبَاجٌ 锦缎

(٨) دِيبَاجَةٌ 前言，序言，开场白，铺垫

(٨) أَدْبَرَ إِدْبَارًا فُلاَنٌ 退去，逃遁，逃跑

(٤) دَبَّرَ تَدْبِيرًا الأَمْرَ 安排，布置，策划

*(٤) تَدَبَّرَ تَدَبُّرًا الأَمْرَ 考虑，思量

(٨) دُبُرٌ جـ أَدْبَارٌ 臀部，屁股

(٨) الدَّبَرِيُّ: اَلَّذِي يَجِيءُ أَخِيرًا بَعْدَ فَوَاتِ الْحَاجَةِ

马后炮

(٤) تَدْبِيرٌ جـ تَدْبِيرَاتٌ وتَدَابِيرُ

安排，部署，措施

(٦) دُبَيْ (إِمَارَةٌ مِنَ الإِمَارَاتِ الْعَرَبِيَّةِ) 迪拜

(٨) دَبَّاسَةٌ: مِشَكٌّ سِلْكِيٌّ 订书器

(٨) دَبُّوسٌ جـ دَبَابِيسُ 订书钉；别针，针饰

دَبُّوسُ رَبْطَةٍ 领带夹

دَبُّوسُ رَسْمٍ 图钉

دَبُّوسُ الشَّعْرِ 发卡

(٨) دَبَغَ ـُ دَبْغًا ودِبَاغَةً الْجِلْدَ 制革

(٨) مَدْبَغَةٌ وَمَدْبُغَةٌ جـ مَدَابِغُ 制革厂

(٨) دِبْلُومٌ ودِبْلُومَةٌ

执照，文凭，毕业证书；准硕士文凭

*(٤) دِبْلُومَاسِيٌّ جـ دِبْلُومَاسِيَّةٌ 外交的；外交家

(٨) اِنْدَثَرَ انْدِثَارًا الأَثَرُ 消逝，被抹掉，被淹没

*(٢) دَجَاجٌ اَلْوَاحِدَةُ دَجَاجَةٌ جـ دَجَاجَاتٌ

鸡，母鸡

(٨) مُدَجَّجٌ بِالسِّلاَحِ 全副武装的

(٨) دَجَّالٌ جـ دَجَّالُونَ ودَجَاجِلَةٌ 骗子

(٨) دِجْلَةُ 底格里斯河

(٢) دَاجِنَةٌ جـ دَوَاجِنُ 家养的，家禽，家畜

(٨) دُجْيَةٌ جـ دُجًى: ظُلْمَةٌ 黑暗，昏暗，漆黑

(٦) دَحَرَهُ ـَ دَحْرًا ودُحُورًا 击溃，打垮，驱逐

د

(٦) اِنْدَحَرَ اِنْدِحَارًا فُلاَنٌ 败北，失败
(٦) دَحْرَجَ دَحْرَجَةً الشَّيْءَ 使滚动
(٦) تَدَحْرَجَ تَدَحْرُجًا الشَّيْءُ 滚动
(٦) دَحَضَ ـَ دَحْضًا الْحُجَّةَ: فَنَّدَهَا وأَبْطَلَهَا 反驳，驳斥
لاَ يُدْحَضُ 驳不倒的，无可辩驳的
(٤) اِدَّخَرَ يَدَّخِرُ اِدِّخَارًا الْمَالَ أَوْ غَيْرَهُ 贮存，积蓄，储备
(٨) مُدَّخَرَاتٌ 积蓄，储备
*(٢) دَخَلَ ـُ دُخُولاً الْغُرْفَةَ أَوْ فِيهَا 进，进去，加入
دَخَلَ عَلَيْهِ 走到他跟前，探视
(٢) أَدْخَلَ إِدْخَالاً فُلاَنًا أَوْشَيْئًا 带进，引进
إِدْخَالُ الاِسْتِثْمَارِ الأَجْنَبِيِّ 引进外国资本
*(٤) تَدَخَّلَ تَدَخُّلاً فِي الأَمْرِ 干预，干涉
عَدَمُ التَّدَخُّلِ فِي الشُّؤُونِ الدَّاخِلِيَّةِ 不干涉内政
*(٤) دَخْلٌ 收入
دَخْلٌ ثَابِتٌ 固定收入
دَخْلٌ إِجْمَالِيٌّ 总收入
الدَّخْلُ الْقَوْمِيُّ 国民收入
*(٢) دَاخِلٌ 内部，里面
(٢) دَاخِلِيٌّ م دَاخِلِيَّةٌ 内部的，内政的，国内的
(٨) دَخِيلٌ جـ دُخَلاَءُ 异乡人，外来人
لَفْظٌ دَخِيلٌ: كَلِمَةٌ دَخِيلَةٌ 外来词，外来语
(٨) مُدْخَلٌ جـ مُدْخَلاَتٌ 投入
*(٢) مَدْخَلٌ جـ مَدَاخِلُ 入口，门口
*(٤) دَخَّنَ تَدْخِينًا / شَرِبَ السِّيجَارَةَ 吸烟，抽烟
(٤) دُخَانٌ جـ أَدْخِنَةٌ 烟，烟草
(٤) دُخْنٌ 小米
(٨) مَدْخَنَةٌ جـ مَدَاخِنُ 烟囱
(٨) دِرَامَا جـ دِرَامَاتٌ 戏剧
(٢) دَرَّبَ تَدْرِيبًا فُلاَنًا عَلَى الأَمْرِ 训练，培训
*(٢) تَدَرَّبَ تَدَرُّبًا عَلَى كَذَا 练习，训练
(٤) دَرْبٌ جـ دُرُوبٌ 小路，山路
*(٢) تَدْرِيبٌ جـ تَدْرِيبَاتٌ 训练
التَّدْرِيبَاتُ الْعَسْكَرِيَّةُ 军事训练
التَّدْرِيبُ الْمِهَنِيُّ 职业培训
*(٢) مُدَرِّبٌ جـ مُدَرِّبُونَ م مُدَرِّبَةٌ 教练员
(٨) دِرْبَاسٌ / تِرْبَاسٌ 门闩，插销
(٨) دَرْبَزِين ودَرَابَزِين ودَرَابْزُون جـ دَرَابْزُونَات 楼梯扶手，护栏，栏杆
(٦) دَرَجَ ـُ دُرُوجًا الأَمْرُ / اِنْتَشَرَ 流传，流行
(٦) أَدْرَجَ إِدْرَاجًا الأَمْرَ عَلَى ... 把…列入
(٦) تَدَرَّجَ تَدَرُّجًا إِلَى ... 渐渐，逐步
(٨) اِنْدَرَجَ اِنْدِرَاجًا فِي ... 包含在，包括在，并入，计入

د

(٨) اِسْتَدْرَجَهُ اِسْتِدْرَاجًا إلى ...
逐步引入，逐渐诱入

(٢) دُرْجٌ ج أَدْرَاجٌ　抽屉；课桌

*(٢) دَرَجَةٌ ج دَرَجَاتٌ
台阶；一度；一级；等级

دَرَجَةُ الْحَرَارَةِ　温度

دَرَجَةٌ مِئَوِيَّةٌ　摄氏度

دَرَجَةُ الرُّطُوبَةِ　温度

دَرَجَةُ رِيخْتِرْ لِلزِّلْزَالِ　里氏震级

*(٤) تَدْرِيجِيًّا / بِالتَّدْرِيجِ / بِالتَّدَرُّجِ
逐渐地，渐渐地

(٤) دَارِجٌ م دَارِجَةٌ　通用的，常见的

اَللُّغَةُ الدَّارِجَةُ　方言，土语

*(٢) دَرَّاجَةٌ ج دَرَّاجَاتٌ　自行车

(٤) دَرَّاجَةٌ نَارِيَّةٌ / دَرَّاجَةٌ بُخَارِيَّةٌ / مُوتُوسِيكَل
摩托车

(٤) مُدَرَّجٌ ج مُدَرَّجَاتٌ　看台；阶梯教室

(٨) مَدْرَجُ الطَّائِرَاتِ　飞机跑道

(٤) دَرْدَشَ دَرْدَشَةً فُلَانٌ: ثَرْثَرَ　聊天，闲扯

(٦) دَرَّ ـُ دَرًّا الْحَلِيبُ ونَحْوُهُ
（乳汁等）多，大量流出

(٨) لله دَرُّهُ　好极了！好极了！

(٦) أَدَرَّ إِدْرَارًا الشَّيْءَ　大量供给

(٦) اِسْتَدَرَّ اِسْتِدْرَارًا اللَّبَنَ ونَحْوَهُ　使流出

(٨) اِسْتَدَرَّ عَطْفَهُ　乞怜

(٨) دُرَّةٌ ج دُرَرٌ ودُرَّاتٌ　珠子，珍珠，珍宝

*(٢) دَرَسَ ـُ دَرْسًا ودِرَاسَةً الْعِلْمَ أَوِ الْكِتَابَ أَوِ الْمَوْضُوعَ　学习，研究

(٨) دَرَسَ ـُ دَرْسًا و دِرَاسًا الْحِنْطَةَ وغَيْرَهَا
打，碾，打场

*(٢) دَرَّسَهُ الْكِتَابَ تَدْرِيسًا　教，教授

*(٢) دَرْسٌ ج دُرُوسٌ　功课，课程；教训

*(٢) دِرَاسَةٌ ج دِرَاسَاتٌ　学习，研究

(٢) دِرَاسِيٌّ م دِرَاسِيَّةٌ　学习的，学业的

اَلسَّنَةُ الدِّرَاسِيَّةُ　学年

*(٢) مَدْرَسَةٌ ج مَدَارِسُ　学校

اَلْمَدْرَسَةُ الأُمُّ　母校

اَلْمَدْرَسَةُ الابْتِدَائِيَّةُ　小学

اَلْمَدْرَسَةُ الإِعْدَادِيَّةُ　初中

اَلْمَدْرَسَةُ الثَّانَوِيَّةُ　高中

اَلْمَدَارِسُ الْعُلْيَا　高等学校

اَلْمَدْرَسَةُ الْفَنِّيَّةُ　技术学校

اَلْمَدْرَسَةُ اللَّيْلِيَّةُ　夜校

(٢) مَدْرَسِيٌّ م مَدْرَسِيَّةٌ　学校的

كُتُبٌ مَدْرَسِيَّةٌ　教科书

(٦) مَدْرَسَةٌ ج مَدَارِسُ / مَذْهَبٌ　流派

淋浴 أَخَذَ الدُّشَّ

揭幕，开张，落成，剪彩 (٦) دَشَّنَ الْمَشْرُوعَ

开玩笑，逗着玩，戏弄 *(٤) دَاعَبَهُ مُدَاعَبَةً

放荡，淫乱 (٨) دَعِرَ ـَ دَعَارَةً

妓院 بَيْتُ الدَّعَارَةِ

支持，援助，撑腰 (٦) دَعَّمَهُ تَدْعِيمًا

补贴，赞助 (٦) دَعْمٌ

政府补贴 اَلدَّعْمُ الْحُكُومِيُّ

支柱 (٦) دِعَامَةٌ جـ دَعَائِمُ

叫，喊，召唤 *(٤) دَعَا يَدْعُو دُعَاءً وَدَعْوَى / نَادَاهُ

祝福，祈祷 (٤) دَعَا لِفُلَانٍ

诅咒 (٤) دَعَا عَلَى فُلَانٍ

请，邀请 *(٢) دَعَا يَدْعُو دَعْوَةً فُلَانًا إِلَى ...

号召，主张，提倡 (٢) دَعَا إِلَى كَذَا

(٨) تَدَاعَى تَدَاعِيًا الشَّيْءُ

濒于倒塌，摇摇欲坠，崩溃，垮

诡称，佯称，冒充 *(٤) اِدَّعَى يَدَّعِي اِدِّعَاءً

*(٤) اِسْتَدْعَى يَسْتَدْعِي اِسْتِدْعَاءً فُلَانًا

招来，叫来；传讯

邀请，号召 *(٢) دَعْوَةٌ جـ دَعَوَاتٌ

宣传 (٤) دِعَايَةٌ

(٦) دَعْوَى جـ دَعَاوَى وَدَعَاوٍ (الدَّعَاوِي)

诉讼；主张，论断

现实主义（流派） اَلْمَدْرَسَةُ الْوَاقِعِيَّةُ

教师，教员 *(٢) مُدَرِّسٌ جـ مُدَرِّسُونَ م مُدَرِّسَةٌ

披甲，挂甲，装甲 (٨) تَدَرَّعَ تَدَرُّعًا فُلَانٌ أَوْ شَيْءٌ

盔甲，铠甲 (٨) دِرْعٌ جـ دُرُوعٌ وَدِرَاعٌ

装甲车 (٨) مُدَرَّعَةٌ جـ مُدَرَّعَاتٌ

苦行僧，修道士 (٨) دَرْوِيشٌ جـ دَرَاوِيشُ

甲状腺 (٨) اَلدَّرَقِيَّةُ / اَلْغُدَّةُ الدَّرَقِيَّةُ

感到，认识到 *(٢) أَدْرَكَ إِدْرَاكًا الأَمْرَ

赶上火车等 *(٤) أَدْرَكَ الْقِطَارَ أَوْ غَيْرَهُ

改正，弥补，补救 (٦) تَدَارَكَ وَاسْتَدْرَكَ الأَمْرَ

补救；转折 (٨) اِسْتِدْرَاكٌ

迪尔汗（货币名） (٤) دِرْهَمٌ جـ دَرَاهِمُ

知道，了解 *(٢) دَرَى يَدْرِي دِرَايَةً الأَمْرَ أَوْ بِهِ

(٦) دَارَاهُ مُدَارَاةً

掩饰；应付，敷衍；迁就；讨好，奉承

一打 (٦) دَزِينَةٌ / دَسْتَةٌ

宪法 (٦) دُسْتُورٌ جـ دَسَاتِيرُ

宪法的，立宪的 (٨) دُسْتُورِيٌّ م دُسْتُورِيَّةٌ

耍阴谋，施奸计 (٤) دَسَّ ـُ دَسًّا عَلَيْهِ

投毒 (٨) دَسَّ السُّمَّ فِي كَذَا

阴谋，诡计 (٨) دَسِيسَةٌ جـ دَسَائِسُ

肥的，多脂的 *(٤) دَسِمٌ م دَسِمَةٌ

淋浴器 (٨) دُشٌّ جـ أَدْشَاشٌ

(٦) دُعَاءٌ 祈祷；诅咒；祈求

(٤) دَاعٍ (الدَّاعِي) ج دُعَاةٌ 号召者，发起人

الدُّوَلُ الدَّاعِيَةُ 发起国

*(٤) دَاعٍ (الدَّاعِي) وَ دَاعِيَةٌ ج دَوَاعٍ (الدَّوَاعِي)

需要；动因，动机

لاَ دَاعِيَ لِذَلِكَ 没必要，用不着

*(٤) مَدْعُوٌّ ج مَدْعُوُّونَ م مَدْعُوَّةٌ 应邀者，客人

(٨) اَلْمُدَّعِي 原告，起诉人

(٨) اَلْمُدَّعَى عَلَيْهِ 被告

(٦) اِسْتَدْفَأَ يَسْتَدْفِئُ اِسْتِدْفَاءً 取暖

(٢) دِفْءٌ 温暖，温和

*(٢) دَافِئٌ م دَافِئَةٌ 暖和的，温暖的

(٤) مِدْفَأٌ ومِدْفَأَةٌ ج مَدَافِئُ 火炉

*(٢) دَفْتَرٌ ج دَفَاتِرُ 笔记本，练习本

دَفْتَرُ التَّشْرِيفَاتِ 来宾登记簿

دَفْتَرُ الشِّيكَاتِ 支票簿

دَفْتَرُ التَّوْفِيرِ 储蓄存折

*(٢) دَفَعَ ـَ دَفْعًا شَيْئًا أَوْ فُلاَنًا 推，推动，推进

دَفَعَهُ إِلَى الأَمْرِ 促使他做，驱使

دَفَعَ عَجَلَةَ كَذَا إِلَى الأَمَامِ 促进，推动

*(٢) دَفَعَ الْمَالَ إِلَى فُلاَنٍ أَوْ لَهُ 付钱，支付

دَفَعَ عَرْبُونًا 付定金

دَفَعَ مُقَدَّمًا: دَفَعَ قَبْلَ الاِسْتِحْقَاقِ 预付

اَلدَّفْعُ عِنْدَ التَّسْلِيمِ 货到付款

اَلدَّفْعُ تَقْسِيطًا 分期付款

*(٢) دَافَعَ دِفَاعًا عَنْ ... 保卫，捍卫

اَلدِّفَاعُ الْوَطَنِيُّ 国防

*(٤) اِنْدَفَعَ اِنْدِفَاعًا إِلَى ... 冲击，冲向

(٤) دُفْعَةٌ ج دُفُعَاتٌ / دَفْعَةٌ 批，回

عَلَى دُفُعَاتٍ 分期分批地

دَفْعَةً وَاحِدَةً / دُفْعَةً وَاحِدَةً 一下子

(٤) دَافِعٌ ج دَوَافِعُ 动机，动因，推动力

*(٢) مِدْفَعٌ ج مَدَافِعُ 炮，大炮

(٨) مِدْفَعِيَّةٌ 炮兵

(٨) دُفٌّ ج دُفُوفٌ 铃鼓

(٨) دَفَّةُ الْمَرْكَبِ 舵，方向舵

(٨) تَدَفَّقَ الْمَاءُ وَنَحْوُهُ 涌出，迸发

(٨) اَلتَّدَفُّقَاتُ الْمَالِيَّةُ 资金流通

*(٤) دَفَنَ ـُ دَفْنًا الْمَيْتَ 埋，埋葬

(٦) دَفِينٌ ج دُفُنٌ 被埋的，隐藏的

*(٢) دَقَّ ـُ دَقًّا الشَّيْءَ 敲打，打碎，敲碎

دَقَّ الْبَابَ 敲门，叩门

دَقَّ التِّلِفُونُ 电话铃响了

دُقَّ الْجَرَسُ 铃响了

(٢) دَقَّةٌ ج دَقَّاتٌ 敲一下

*(٢) دِقَّةٌ 精细，仔细

*(٢) دَلَّ ـُ دَلاَلَةً عَلَى كَذَا 表明，表示，证明

*(٢) دَلَّهُ عَلَى مَكَانٍ 指引，带路

(٦) دَلَّلَهُ تَدْلِيلاً 娇惯，溺爱，娇纵

(٦) تَدَلَّلَ تَدَلُّلاً فُلاَنٌ 卖弄风情，矫柔造作

(٦) اِسْتَدَلَّ اِسْتِدْلاَلاً بِكَذَا عَلَى الأَمْرِ 引证，求证

(٨) اِسْتِدْلاَلٌ 推论，推断

*(٤) دَلِيلٌ ج دَلاَئِلُ وأَدِلَّةٌ 证明，证据；指南

*(٤) دَلِيلٌ ج أَدِلاَّءُ 向导，引路人

دَلِيلُ السِّيَاحَةِ 导游

دَلِيلُ السُّفُنِ وَالطَّائِرَةِ 引水员，领航员

دَلِيلٌ سَنَوِيٌّ لِلتِّجَارَةِ الْخَارِجِيَّةِ 对外贸易年鉴

(٨) مَدْلُولٌ ج مَدْلُولاَتٌ 词义，意义

(٤) دَلْوٌ ج دِلاَءٌ / جَرْدَلٌ ج جَرَادِلُ 桶，水桶

(٦) أَدْلَى إِدْلاَءً بِكَذَا 发表（讲话，声明等）

(٦) تَدَلَّى تَدَلِّيًا الثَّمَرُ وَنَحْوُهُ
果实坠满（枝头），下垂，耷拉

(٨) دَمِثُ الأَخْلاَقِ 性情温柔的

(٦) اِنْدَمَجَ اِنْدِمَاجًا مَعَ ... 与…结合，溶合

اِنْدَمَجَ فِيهِمْ 打成一片

اَلاِنْدِمَاجُ النَّوَوِيُّ 聚变

(٦) دَمَّرَ تَدْمِيرًا الشَّيْءَ 摧毁，毁坏

(٨) مُدَمِّرَةٌ 驱逐舰

(٨) دَامِسٌ م دَامِسَةٌ 黑暗的，极黑的

بِدِقَّةٍ / عَلَى وَجْهِ الدِّقَّةِ
精确地，准确地，仔细地

بِكُلِّ دِقَّةٍ 十分仔细地

(٢) اَلدَّقِيقُ / اَلطَّحِينُ 面粉

*(٢) دَقِيقٌ م دَقِيقَةٌ 细的，精细的，细微的；精密的

*(٢) دَقِيقَةٌ ج دَقَائِقُ 分钟

(٨) مُدَقِّقٌ
细心人，一丝不苟的人；订正人，审定人

(٨) دِيكْتَاتُورِيَّةٌ 专政，独裁

*(٢) دُكْتُورٌ ج دَكَاتِرَةٌ 博士；医生

*(٤) اَلدُّكْتُورَاه 博士学位

(٨) دَكَّ ـُ دَكًّا الشَّيْءَ 夯，砸，摧毁

(٨) أَدْكَنُ م دَكْنَاءُ ج دُكْنٌ / دَكِنٌ م دَكِنَةٌ
偏黑的，带黑色的

*(٢) دُكَّانٌ ج دَكَاكِينُ 商店，店铺

(٤) دُولاَبٌ ج دَوَالِيبُ 柜子，橱子；车轮

(٤) دِلْتَا 三角洲

دِلْتَا النِّيلِ 尼罗河三角洲

(٦) اِنْدَلَعَتْ اِنْدِلاَعًا النَّارُ 喷出火舌

اِنْدَلَعَتِ الْحَرْبُ 战争爆发

(٨) دُلْفِينٌ ج دَلاَفِينُ 海豚

(٨) دَلَّكَ تَدْلِيكًا الشَّيْءَ أَوِ الْجِسْمَ الْمَرِيضَ
揉，按摩

(٨) المُدَمَّس: اَلْفولُ الْمُدَمَّسُ 焖蚕豆

(٢) دِمَشْقُ 大马士革

(٦) دَمَعَتْ ـَ دَمْعًا الْعَيْنُ 流泪

*(٤) دَمْعٌ جـ دُمُوعٌ اَلْوَاحِدَةُ دَمْعَةٌ 眼泪，泪珠

(٨) دِمَاغٌ جـ أَدْمِغَةٌ 脑，头脑，智力

مُسْتَوْدَعُ الأَدْمِغَةِ 智囊团

(٦) دَمْغَةٌ جـ دَمَغَاتٌ 印记，火印；印花

(٨) اِنْدَمَلَ اِنْدِمَالاً الْجُرْحُ / اِلْتَأَمَ 愈合

(٨) دَمَامَةٌ 丑陋

(٨) دَمِيمٌ جـ دِمَامٌ م دَمِيمٌ ودَمِيمَةٌ جـ دَمَائِمُ وَدِمَامٌ

丑陋的

(٦) أَدْمَنَ إِدْمَانًا الشَّرَابَ وَغَيْرَهُ أَوْ عَلَيْهِمَا

沉溺于…，嗜好，对…上瘾

*(٦) دَمٌ جـ دِمَاءٌ 血，血液

خَفِيفُ الدَّمِ 活泼的，风趣的，讨人喜欢的

(٤) دَمَوِيٌّ م دَمَوِيَّةٌ 血液的；流血的，血腥的

(٨) دُمْيَةٌ جـ دُمًى 木偶，洋娃娃；傀儡

(٨) دَنَاءَةٌ 卑鄙，下贱

(٨) دَنِيءٌ جـ أَدْنَاءُ وَدُنَآءُ وأَدْنِيَاءُ

卑鄙的，肮脏的，下流的，劣质的

(٨) دَنِسَ ـَ دَنَسًا وتَدَنَّسَ 脏了，玷污

(٨) دَنَّسَ الثَّوْبَ / وَسَّخَهُ 弄脏，使脏

*(٤) دَنَا يَدْنُو دُنُوًّا مِنْ كَذَا أَوْ إِلَيْهِ 接近，临近

(٦) أَدْنَى إِدْنَاءً الشَّيْءَ 使接近，使靠近

(٦) تَدَنَّى تَدَنِّيًا 渐近；下降，跌落；堕落

*(٤) اَلدُّنْيَا 今世，人世，红尘；世界，天下

(٤) أَدْنَى جـ دُنْيَا 最近的，最低的

أَدْنَاهُ / مَذْكُورٌ أَدْنَاهُ 如下，如下文所述

(٨) دَهْرٌ جـ دُهُورٌ وأَدْهُرٌ 时代，世道

بَنَاتُ الدَّهْرِ: شَدَائِدُ 灾难，灾祸

(٤) دَهِشَ ـَ دَهَشًا أَوْ دُهِشَ مِنْهُ 吃惊，惊异

(٤) أَدْهَشَهُ الأَمْرُ إِدْهَاشًا 令人吃惊，惊人

(٨) اِنْدَهَشَ اِنْدِهَاشًا فُلاَنٌ 惊奇，惊讶，吃惊

(٤) دَهْشَةٌ 惊讶，惊异

*(٤) دَهِشٌ م دَهِشَةٌ /مَدْهُوشٌ / مُنْدَهِشٌ

惊奇的，惊诧的

(٤) مُدْهِشٌ م مُدْهِشَةٌ 惊人的，令人吃惊的

(٨) دِهْلِيزٌ جـ دَهَالِيزُ 门廊，走廊

(٨) دَاهَمَهُ الأَمْرُ أَوِ الْمُصِيبَةُ مُدَاهَمَةً 突袭，猛攻

(٨) مُدَاهِمٌ م مُدَاهِمَةٌ 突如其来的，突然袭来的

(٨) دَهَنَ ـُ دَهْنًا فُلاَنٌ الشَّعْرَ ونَحْوَهُ 涂油，抹油

*(٤) دُهْنٌ جـ أَدْهَانٌ ودِهَانٌ 油脂，脂肪

(٨) دِهَانٌ / بُويَةٌ 油漆，涂料

(٨) دَهَّانٌ 油漆工人，油漆商人

(٦) تَدَهْوَرَ تَدَهْوُرًا الشَّيْءُ

堕落，退化，恶化，衰退

اَلدَّوْرُ الأَرْضِيُّ 底层

*(٢) دَوْرَةٌ جـ دَوْرَاتٌ

一周，一圈，（会议的）一届，循环

اَلدَّوْرَةُ الدَّمَوِيَّةُ 血液循环

اَلدَّوْرَةُ الدِّرَاسِيَّةُ 学习班

اَلدَّوْرَةُ التَّدْرِيبِيَّةُ 训练班

دَوْرَةٌ تَدْرِيبِيَّةٌ تَكْمِيلِيَّةٌ 进修班

دَوْرَةُ الْمِيَاهِ 洗脸间，盥洗室

*(٤) دَوْرِيٌّ م دَوْرِيَّةٌ 周期的，定期的

نَشْرَةٌ (أَوْ مَطْبُوعَةٌ) دَوْرِيَّةٌ 期刊

(٦) دَوْرِيَّةٌ جـ دَوْرِيَّاتٌ 巡逻队

(٦) دَوْرِيَّةُ اِسْتِعَارَةِ الْكُتُبِ 图书周转

*(٢) دَارٌ جـ دُورٌ ودِيَارٌ

房子，宅，馆，院（阴性），社

دَارُ الآثَارِ 博物馆

دَارُ الْبَرِيدِ 邮局

دَارُ الاِسْتِرَاحَاتِ / دَارُ الضِّيَافَةِ 招待所

دَارُ السِّينَمَا / اَلسِّينَمَا 电影院

دَارُ النَّشْرِ 出版社

(٤) دُوَارُ الرَّأْسِ / دَوْخَةٌ 头晕

*(٢) إِدَارَةٌ جـ إِدَارَاتٌ 行政，管理；行政部门

إِدَارَةُ عَامَّةِ الْجَمَارِكِ لِـ ج.ص.ش

中华人民共和国海关总署

(٨) دَهَاءٌ 诡计，手腕

(٨) دَاهٍ جـ دُهَاةٌ / دَاهِيَةٌ جـ دَوَاهٍ (الدَّوَاهِي)

精明的人，足智多谋者

(٨) دَاهِيَةٌ جـ دَوَاهٍ (الدَّوَاهِي) / مُصِيبَةٌ

灾难，祸患

*(٤) اَلدَّوْحَةُ 多哈

(٨) دَوْخَةُ الْبَحْرِ 晕海，晕船

(٨) دَوْخَةُ الْهَوَاءِ 晕机

(٤) دُودَةٌ جـ دُودٌ ودِيدَانٌ 虫，幼虫

دُودَةُ الْحَرِيرِ / دُودَةُ الْقَزِّ 蚕

دُودَةٌ خَيْطِيَّةٌ 蛔虫

(٤) دُودِيٌّ 蠕虫状的

اَلزَّائِدَةُ الدُّودِيَّةُ 盲肠

*(٢) دَارَ ـُ دَوْرًا ودَوَرَانًا الشَّيْءُ

转动，旋转，运转，进行

*(٢) أَدَارَ إِدَارَةً الأَمْرَ 使运转；管理，经营

أَدَارَ الآلَةَ / دَوَّرَهَا: شَغَّلَهَا 开动机器

(٦) دَاوَرَهُ مُدَاوَرَةً 周旋，敷衍

(٦) اِسْتَدَارَ وتَدَوَّرَ الشَّيْءُ 变成圆形

(٦) اِسْتَدَارَ لِـ ... 转向

اِسْتَدَارَ عَلَى عَقِبَيْهِ 向后转

*(٢) دَوْرٌ جـ أَدْوَارٌ

一回；周期；一层；角色；作用

إِدَارَةُ الْمِينَاءِ 港务局

*(٤) إِدَارِيٌّ م إِدَارِيَّةٌ 行政的，管理的

*(٤) دَائِرَةٌ جـ دَوَائِرُ 圆圈；范围；机关

دَوَائِرُ الْحُكُومَةِ 政府机关

دَائِرَةُ الْمَعَارِفِ 百科全书

اَلدَّوَائِرُ الرَّسْمِيَّةُ 官方人士，官方机构

اَلدَّوَائِرُ السِّيَاسِيَّةُ 政界

دَائِرَةٌ كَهْرَبَائِيَّةٌ 电路

دَائِرَةٌ مَطْبُوعَةٌ 印刷电路

دَائِرَةٌ مُتَكَامِلَةٌ 集成电路

(٨) دَائِرِيٌّ م دَائِرِيَّةٌ 圆的，圆形的

(٦) دَوَّارٌ م دَوَّارَةٌ 旋转的，循环的

(٨) دَوَّارَةٌ 旋涡

(٦) مَدَارٌ جـ مَدَارَاتٌ 轨道；回归线

مَدَارُ الْجَدْيِ 南回归线

مَدَارُ السَّرَطَانِ 北回归线

عَلَى مَدَارِ السَّاعَةِ 全天候

عَلَى مَدَارِ السَّنَةِ 全年

*(٢) مُدِيرٌ جـ مُدِيرُونَ (مُدَرَاءُ) م مُدِيرَةٌ

经理，厂长，校长，司局长等

مُدِير عَامِ الشَّرِكَةِ 公司总经理

(٨) مُدِيرِيَّةٌ جـ مُدِيرِيَّاتٌ

省区，省办公厅；局；处

(٤) مُسْتَدِيرٌ م مُسْتَدِيرَةٌ 圆的，图形的

(٦) دَاسَ ـُ دَوْسًا ودِيَاسَةً الشَّيْءَ

踩，踏，践踏，辗压；打谷

(٦) تَدَاوَلَ تَدَاوُلاً الْعُمْلَةَ ونَحْوَهَا 使用，通用

تَدَاوُلُ الْبَضَائِعِ 商品流通

*(٢) دَوْلَةٌ جـ دُوَلٌ 国家

دَوْلَةٌ ذَاتُ أَوْلَوِيَّةٍ 最惠国

مَجْلِسُ الدَّوْلَةِ 国务院

*(٢) دُوَلِيٌّ م دُوَلِيَّةٌ 国际的

*(٤) مُتَدَاوَلٌ م مُتَدَاوَلَةٌ 通用的，流通的

اَللُّغَةُ الْمُتَدَاوَلَةُ 通用语言

(٨) دَوَالَيْكَ 反复，重复，诸如此类，依此类推

*(٤) دُولاَرٌ جـ دُولاَرَاتٌ 美元

*(٤) دَامَ ـُ دَوْمًا ودَوَامًا الأَمْرُ 延续，持续

*(٤) مَا دَامَ ... 只要，既然

*(٤) دَاوَمَ مُدَاوَمَةً عَلَى الأَمْرِ 坚持，锲而不舍

(٨) أَدَامَ إِدَامَةً الشَّيْءَ: طَلَبَ دَوَامَهُ 使永存

*(٤) دَوَامٌ 常在，永存，永久性

عَلَى الدَّوَامِ / دَوْمًا 经常地

دَوَامُ الصِّحَّةِ 永远健康

أَوْقَاتُ الدَّوَامِ 办公时间，上班时间

اَلدَّوَامُ الْكَامِلُ 全日工作

اَلدَّوَامُ الْجُزْئِيُّ 非全日工作

نِصْفُ الدَّوَامِ 半日工作

(٨) دُوَّامَةٌ مِنَ الْبَحْرِ أَوِ النَّهْرِ 漩涡

*(٢) دَائِمٌ م دَائِمَةٌ 经常的，持久的

دَائِمًا 经常

دَائِمًا وأَبَدًا 经常不断地，永远

(٨) مُسْتَدِيمٌ م مُسْتَدِيمَةٌ 可持续的

(٦) دَوَّنَ تَدْوِينًا الشَّيْءَ 登记，记录，载入

(٤) دُونَ ... / بِدُونِ ... 不…，没有…

دُونَ أَنْ يَفْعَلَ كَذَا 没有…，而不…

(٤) دُونَ ... 在…前面；低于，不如

(٨) دِيوَانٌ ج دَوَاوِينُ

集，册；衙门，（行政）机关，办公厅

(٤) دَوَّى يُدَوِّي تَدْوِيَةً الرَّعْدُ أَوْ غَيْرُهُ 轰鸣，回响

(٤) دَاوَى يُدَاوِي مُدَاواةً الْمَرِيضَ 医治，治疗

*(٤) دَاءٌ ج أَدْوَاءٌ / مَرَضٌ 病，疾病；弊端

*(٤) دَوَاءٌ ج أَدْوِيَةٌ 药，药品

دَوَاءٌ سَائِلٌ 药水

(٤) دَوَاةٌ 墨水瓶，墨盒

(٨) الدِّيَالَكْتِيك 辩证法

(٨) دَيْرٌ ج أَدْيَارٌ 修道院，庵

(٨) دِيزَلٌ 柴油

*(٢) دِيسَمْبَرُ / كَانُونُ الأَوَّلُ 十二月

(٢) دِيكٌ ج دُيُوكٌ ودِيَكَةٌ 公鸡

اَلدِّيكُ الرُّومِيُّ 火鸡

(٨) دِيكُورٌ 布景

(٨) دِيمُغْرَافِيٌّ أَوْ دِيمُجْرَافِيٌّ / سُكَّانِيٌّ 人口的

*(٤) دِيمُقْرَاطِيٌّ م دِيمُقْرَاطِيَّةٌ 民主的，民主主义的

(٤) اَلدِّيمُقْرَاطِيَّةُ 民主

*(٤) دَانَ ـِ دِيَانَةً بِكَذَا / تَدَيَّنَ بِهِ 信仰，信奉

(٦) دَانَ ـِ دَيْنًا واسْتَدَانَ 借款，借债

(٦) أَدَانَهُ إِدَانَةً الْمَالَ أو نَحْوَه ودَايَنَهُ 借给，贷给

(٨) أَدَانَ إِدَانَةً فُلَانًا 谴责，认为有罪，定罪

(٦) تَدَيَّنَ تَدَيُّنًا بِكَذَا 信仰，信奉

(٨) اِسْتَدَانَ اِسْتِيدَانَةً فُلَانٌ 赊购，赊买

(٦) دَيْنٌ ج دُيُونٌ 债务，欠款

*(٤) دِينٌ ج أَدْيَانٌ 宗教，教

اَلدِّينُ الإِسْلَامِيُّ 伊斯兰教

اَلدِّينُ الْبُوذِيُّ 佛教

اَلدِّينُ المَسِيحِيُّ 基督教

اَلدِّينُ الْيَهُودِيُّ 犹太教

(٦) دِيَانَةٌ ج دِيَانَاتٌ 宗教信仰

(٦) اَلدَّائِنُ 债权人，债主，贷方

(٦) اَلْمَدِينُ 债务人，债户，借方

(٦) مُتَدَيِّنٌ ج مُتَدَيِّنُونَ 在教的，教徒

(٤) دِينَارٌ ج دَنَانِيرُ 第纳尔（货币名）

(٨) اَلدِّينَامِيكَا 动力学

الذال

*(٢) ذَا 这

(٢) لِذَا 为此，因此

(٢) كَذَا 如此，这般

(٢) مَاذَا 什么

(٢) لِمَاذَا 为什么

*(٢) هٰذَا م هٰذِهِ ج هٰؤُلَاءِ 这，这个，这些

*(٢) ذٰلِكَ (ذَاكَ) م تِلْكَ ج أُولٰئِكَ 那，那个，那些

بَعْدَ ذٰلِكَ 以后，后来

كَذٰلِكَ 同样地，如此

لِذٰلِكَ 因此，为此

مَعَ ذٰلِكَ 与此同时，尽管如此

غَيْرَ ذٰلِكَ 其它的；等等

(٤) ذِئْبٌ ج ذِئَابٌ 狼

(٨) ذَبَّ ـُ ذَبًّا عَنْهُ 防御，保卫，辩护

(٤) ذُبَابٌ الواحدة ذُبَابَةٌ 苍蝇

(٨) مِذَبَّةُ الذُّبَابِ ج مِذَبَّاتٌ ومَذَابُّ 苍蝇拍

*(٤) ذَبَحَ ـَ ذَبْحًا البَقَرَ أَوْ غَيْرَهُ 宰，宰杀

(٨) اَلذُّبْحَةُ الصَّدْرِيَّةُ 心绞痛

(٦) مَذْبَحٌ ج مَذَابِحُ / مَجْزَرٌ 屠宰场

(٦) مَذْبَحَةٌ ج مَذَابِحُ 大屠杀

(٦) ذَبْذَبَ ذَبْذَبَةً الشَّيْءَ 摇动，动摇

(٦) تَذَبْذَبَ تَذَبْذُبًا الشَّيْءُ 摇摆，摇摆不定，振动

تَذَبْذُبُ أَسْعَارِ النِّفْطِ 油价波动

(٨) اَلذَّبْذَبَةُ 振动，摇摆；频率

(٦) ذَبَلَ ـُ ذَبْلاً وذُبُولاً النَّبَاتُ 枯萎，凋谢，变蔫

*(٤) اِذَّخَرَ الشَّيْءَ / اِدَّخَرَهُ 贮存，积蓄，储备

*(٤) ذَخِيرَةٌ ج ذَخَائِرُ 弹药

(٨) مُدَّخَرَاتٌ 积蓄，储备

*(٢) ذُرَةٌ 玉米

(٤) ذَرَّةٌ ج ذَرَّاتٌ 原子，粒子，微粒

*(٤) ذَرِّيٌّ م ذَرِّيَّةٌ 原子的

اَلطَّاقَةُ الذَّرِّيَّةُ 原子能

اَلْقُنْبُلَةُ الذَّرِّيَّةُ 原子弹

(٨) ذُرِّيَّةٌ ج ذُرِّيَّاتٌ وذَرَارِيُّ 子孙，后代，后裔

(٨) تَذَرَّعَ تَذَرُّعًا بِذَرِيعَةٍ

找借口，以…为手段，以…为借口

(٤) ذِرَاعٌ ج أَذْرُعٌ

前臂；腕尺（肘至中指尖的长度）（阴性）

تَذْكِرَةُ الْعَفْشِ الزَّائِدِ　超重行李票

مُفَتِّشُ التَّذَاكِرِ　查票员

مُحَصِّلُ التَّذَاكِرِ　检票员

قَاطِعُ التَّذَاكِرِ　售票员

(٨) ذَكَرٌ جـ ذُكُورٌ　男性的，雄的，公的

*(٤) ذَاكِرَةٌ　记忆，记忆力

(٤) مَذْكُورٌ م مَذْكُورَةٌ　上述的，被提到的

اَلْمَذْكُورُ أَعْلاهُ　上面提到的

(٢) اَلْمُذَكَّرُ　阳性的

*(٤) مُذَكِّرَةٌ جـ مُذَكِّرَاتٌ　记事本，备忘录

مُذَكِّرَةُ الإِحْضَارِ: مُذَكِّرَةُ الْجَلْبِ　拘票

مُذَكِّرَةُ الدَّعْوَةِ: مُذَكِّرَةُ الْحُضُورِ　传票

*(٤) أَذْكَى يُذْكِي إِذْكَاءً (الرُّوحَ الْحَمِيدَةَ أَوِ الْحَمَاسَةَ)

发扬，激发

*(٢) ذَكَاءٌ　聪明，智慧

*(٢) ذَكِيٌّ جـ أَذْكِيَاءُ م ذَكِيَّةٌ

聪明的，伶俐的；芬芳的

(٦) ذَلَّ ـِ ذُلاًّ لَهُ: خَضَعَ لَهُ

屈从，屈服，卑躬屈膝

(٨) أَذَلَّ إِذْلاَلاً فُلاَنًا　使屈从，使屈服，制伏

*(٤) ذَلَّلَه تَذْلِيلاً　克服，战胜，征服，制伏

(٨) تَذَلَّلَ لَهُ　卑躬屈膝，低三下四

(٦) ذَلِيلٌ جـ أَذِلاَّءُ　屈辱的，卑贱的

(٦) ذَرِيعَةٌ جـ ذَرَائِعُ　手段；借口，口实

(٨) ذَرَفَ ـِ ذَرْفًا الدَّمْعُ وَذَرَفَتِ الْعَيْنُ الدَّمْعَ

流泪；挥泪

(٦) ذِرْوَةٌ وَذُرْوَةٌ جـ ذِرًى وَذُرًى (ذُرًا)　山峰，顶点

(٦) ذُعِرَ فُلاَنٌ / اِنْذَعَرَ　惊慌，恐惧

(٨) ذُعْرٌ　恐怖，恐惧，惊恐

(٨) مَذْعُورٌ　恐惧的，惊恐的，失魂落魄的

(٨) أَذْعَنَ إِذْعَانًا لِكَذَا: خَضَعَ　服从，屈服

(٤) ذَقَنٌ جـ أَذْقَانٌ　下巴

*(٢) ذَكَرَ ـُ ذِكْرًا وتَذْكَارًا الْخَبَرَ أَوِ الشَّيْءَ

述说，提到，记得

عَلَى مَا أَذْكُرُ　据我所知，根据我的记忆

*(٤) ذَكَّرَ تَذْكِيرًا فُلاَنًا　提醒，揭示，使想起

*(٢) ذَاكَرَ مُذَاكَرَةً الدَّرْسَ　复习，温习

*(٤) تَذَكَّرَ تَذَكُّرًا الأَمْرَ　记得，想起，想到

*(٤) اِسْتَذْكَرَ اِسْتِذْكَارًا الدَّرْسَ　背记，温习，自习

*(٢) ذِكْرَى جـ ذِكْرَيَاتٌ　纪念

اَلذِّكْرَى السَّنَوِيَّةُ　周年纪念

(٤) تِذْكَارٌ جـ تِذْكَارَاتٌ　纪念，纪念品

تِذْكَارًا لِكَذَا　为了纪念

(٤) تِذْكَارِيٌّ م تِذْكَارِيَّةٌ　纪念的

*(٢) تَذْكِرَةٌ جـ تَذَاكِرُ　票，入场券

تَذْكِرَةُ ذَهَابٍ ـ إِيَابٍ　往返票，来回票

*(٢) ذَهَبٌ 金子

اَلذَّهَبُ الأَسْوَدُ / اَلْبِتْرُولُ 黑金子（指石油）

(٢) ذَهَبِيٌّ م ذَهَبِيَّةٌ 金质的；金色的

(٦) مَذْهَبٌ جـ مَذَاهِبُ

派别，学派；主张，学说

اَلْمَذْهَبُ الرُّومَانْسِيُّ 浪漫主义

اَلْمَذْهَبُ الْوَاقِعِيُّ 现实主义

اَلْمَذْهَبُ الْمِثَالِيُّ الذَاتِيُّ 主观唯心论

اَلْمَذْهَبُ التَّوْفِيقِيُّ / اَلْمَذْهَبُ الوَسَطُ

折衷主义

مَذْهَبُ النِّسْبِيَّةِ / نَظَرِيَّةُ النِّسْبِيَّةِ 相对论

(٨) مُذَهَّبٌ 镀金的，包金的

(٦) ذَهَلَ ـَ ذَهْلاً وذُهُولاً الأَمْرَ وعَنْهُ 疏忽，忘记

(٦) ذَهِلَ ـَ ذُهُولاً 发愣，愣神儿

(٦) ذَاهِلُ الْعَقْلِ 发愣的，木然的

*(٤) ذِهْنٌ جـ أَذْهَانٌ 头脑，记忆，智力

*(٢) ذُو (ذَا، ذِي) جـ ذَوُونَ (ذَوِينَ)

所有者，物主；具有…的

(٨) ذُو الْقَعْدَةِ 回历十一月

(٨) ذُو الْحِجَّةِ 回历十二月

(٨) ذَوُو فُلَانٍ: أَقَارِبُهُ

家属，亲属，有血缘关系的

(٦) ذَوُو الْعَاهَاتِ / اَلْمُعَوَّقُونَ 残疾人

(٦) تَذَمَّرَ تَذَمُّرًا فُلَانٌ 发牢骚，抱怨

(٨) ذَمَّ ـُ ذَمًّا فُلَانًا 指责，非难，诋毁

(٦) ذِمَّةٌ جـ ذِمَمٌ: عَهْدٌ وأَمَانٌ وكَفَالَةٌ

担保，保护；保证；信誉，信义，责任心

أَهْلُ الذِّمَّةِ 被保护人

（历史上伊斯兰帝国保护下的一神教徒）

فِي ذِمَّةِ اللهِ 在安拉的庇佑下

حَسَنُ الذِّمَّةِ

信誉好的，讲信义的，有责任心的

عَدِيمُ الذِّمَّةِ

没有信誉的，不讲信义的，说话不算数的

فِي ذِمَّتِي

以我的名誉起誓，我保证，包在我身上

(٨) ذَمِيمٌ / مَذْمُومٌ

被贬斥的，被申斥的，名声不佳的

*(٤) ذَنْبٌ جـ ذُنُوبٌ 过错，过失，不是

(٤) ذَنَبٌ جـ أَذْنَابٌ 尾巴

(٨) مُذْنِبٌ: أَثِيمٌ 有罪的，罪人

(٨) مُذَنَّبٌ جـ مُذَنَّبَاتٌ 有尾巴的

نَجْمٌ مُذَنَّبٌ 彗星

*(٢) ذَهَبَ ـَ ذَهَابًا إِلَى ... 去，离去，到…去

ذَهَبَ بِكَذَا 带走，拿去

ذَهَابًا وإِيَابًا 往返，来回

*(٢) ذَاتٌ جـ ذَوَاتٌ

所有者，物主，有…；自身，自己

بِالذَّاتِ 正是；自身，亲自

ذَاتَ مَرَّةٍ 有一次

ذَاتَ يَوْمٍ 有一天

مِنْ تِلْقَاءِ الذَّاتِ 自觉自愿地，自动地

حُبُّ الذَّاتِ 自爱

تَحْقِيقُ الذَّاتِ 实现自我

(٤) ذَاتِيٌّ م ذَاتِيَّةٌ 自身的，主观的

(٨) اَلذَّاتِيَّةُ 个性；主观性，主观主义

(٦) ذَابَ ـُ ذَوَبَانًا الثَّلْجُ وَالسَّمْنُ وَنَحْوُهُمَا

溶化，融化

سَرِيعُ الذَّوَبَانِ 速溶

(٦) أَذَابَ وذَوَّبَ الشَّيْءَ 使溶化，使融化

(٦) ذَادَ ـُ ذَوْدًا عَنْهُ 保卫，保护，捍卫

*(٤) ذَاقَ ـُ ذَوْقًا ومَذَاقًا الطَّعَامَ 尝，品尝；饱尝

(٦) تَذَوَّقَ تَذَوُّقًا الشَّيْءَ 品味，领略

*(٤) ذَوْقٌ جـ أَذْوَاقٌ

味觉；审美力，鉴赏力，爱好；风度

اَلذَّوْقُ اللُّغَوِيُّ 语感

حَسَنُ الذَّوْقِ 雅致的，高雅的，高品位的

قَلِيلُ الذَّوْقِ 无礼的，不雅的，俗气

(٤) ذَاعَ ـِ ذُيُوعًا الْخَبَرُ 传开，流传，不胫而走

*(٤) أَذَاعَ إِذَاعَةً الْخَبَرَ 散布，披露，广播

*(٤) إِذَاعَةٌ جـ إِذَاعَاتٌ 广播；广播电台

(٤) ذَائِعٌ م ذَائِعَةٌ 传开的，散布开的

ذَائِعُ الصِّيتِ 著名的，驰名的

(٢) مُذِيعٌ جـ مُذِيعُونَ م مُذِيعَةٌ 广播员

(٨) مِذْيَاعٌ 收音机；小广播

(٤) ذَيْلٌ جـ ذُيُولٌ وأَذْيَالٌ 尾巴；衣服边角

فِي ذَيْلِهِ 盯梢，跟踪

الراء

(٦) رَادَار 雷达

*(٢) رَادِيُو جـ رَادِيُوهَات / مِذْيَاعٌ 收音机

(٨) رَادِيُوم 镭

(٤) رَأَسَ ـَ رِئَاسَةً الْقَوْمَ أَوِ الْعَمَلَ 率领，主持

(٨) تَرَأَّسَ الْجَلْسَةَ 主持

*(٢) رَأْسٌ جـ رُؤُوسٌ 头，头脑；顶端

رَأْسُ السَّنَةِ 元旦

رَأْسًا 直接地

اِنْقَلَبَتِ الْحَيَاةُ رَأْسًا عَلَى عَقِبٍ.

生活发生了翻天覆地的变化。

(٦) رَأْسُ الْخَيْمَةِ (إِمَارَةٌ مِنَ الإِمَارَاتِ الْعَرَبِيَّةِ)

哈伊马角

(٨) رَأْسُ الرَّجَاءِ الصَّالِحِ 好望角

*(٤) رَأْسُ مَالٍ جـ رُؤُوسُ أَمْوَالٍ / رَأْسَمَالٌ جـ رَأْسَامِيلُ 资本

رَأْسُ الْمَالِ الثَّابِتِ 固定资本

رَأْسُ الْمَالِ الْمُتَدَاوَلُ 流动资本

(٦) اَلرَّأْسَمَالِيَّةُ 资本主义

(٦) رَأْسِيٌّ م رَأْسِيَّةٌ 垂直的

*(٤) رِئَاسَةٌ 主席、总统的职位或办公厅

بِرِئَاسَةِ فُلَانٍ 以…为首，在…领导下

*(٢) رَئِيسٌ جـ رُؤَسَاءُ م رَئِيسَةٌ

元首，领袖，主席，总统，头目，长

رَئِيسُ الْجُمْهُورِيَّةِ

共和国主席，共和国总统

رَئِيسُ مَجْلِسِ الدَّوْلَةِ 国务院总理

رَئِيسُ أَرْكَانِ الْحَرْبِ 总参谋长

رَئِيسُ التَّحْرِيرِ 总编辑，主笔

اَلرَّئِيسُ الْفَخْرِيُّ 名誉主席

*(٢) رَئِيسِيٌّ م رَئِيسِيَّةٌ 首要的，主要的

(٦) مَرْؤُوسٌ جـ مَرْؤُوسُونَ م مَرْؤُوسَةٌ

被领导的，下级

(٦) رَأَفَ ـَ رَأْفَةً بِهِ 同情，怜悯，怜恤

(٨) رَؤُوفٌ 仁慈的，善心的

*(٢) رَأَى يَرَى رُؤْيَةً الشَّيْءَ 看见；认为，主张

(٤) تُرَى / يَا تُرَى 瞧，到底，究竟

(٢) أَرَى يُرِي إِرَاءَةً فُلَانًا الشَّيْءَ 使看见，给他看

أَرِنِي وَأَرِينِي 给我看看

ر

*(٤) رَبَطَ ـِ رَبْطًاالشَّيْءَ 拴，扎，捆

رَبَطَ الشَّيْءَ بالشَّيْءِ 连接，联系，结合

(٦) رَابَطَ مُرَابَطَةً الْجَيْشُ 驻扎

*(٤) اِرْتَبَطَ اِرْتِبَاطًا بِكَذَا 与…联系，与…结合

(٤) رِبَاطٌ جـ أَرْبِطَةٌ 带子；关系

رِبَاطُ الرَّقَبَةِ / كَرَافَتَّة 领带

*(٤) اَلرِّبَاطُ 拉巴特

*(٤) رَابِطَةٌ جـ رَوَابِطُ 联系；协会

رَابِطَةُ الْعَالَمِ الإِسْلَامِيِّ 伊斯兰世界联盟

(٨) مُتَرَابِطٌ م مُتَرَابِطَةٌ 联系密切的；相互关联的

(٤) مَرْبُوطٌ م مَرْبُوطَةٌ 被捆起来的；受约束的

(٤) مُرْتَبِطٌ بِكَذَا م مُرْتَبِطَةٌ

与…有联系的，与…有关联的

مُرْتَبِطٌ بِمَوْعِدٍ 有约会

*(٢) رُبْعٌ جـ أَرْبَاعٌ 四分之一

*(٢) أَرْبَعٌ م أَرْبَعَةٌ 四，四个

*(٢) أَرْبَعُونَ 四十，四十个

(٢) اَلأَرْبَعِينَاتُ / اَلأَرْبَعِينِيَّاتُ 四十年代

*(٢) اَلأَرْبِعَاءُ / يَوْمُ الأَرْبِعَاءِ 星期三

*(٢) رَابِعٌ م رَابِعَةٌ 第四

(٦) رُبَاعِيٌّ 四重的，四个四个的

*(٢) اَلرَّبِيعُ 春，春季，春天

(٨) رَبِيعٌ الأَوَّلُ 伊历三月

(٦) تَرَاءَى يَتَرَاءَى تَرَائِيًا الشَّيْءُ 呈现，映入眼帘

*(٤) رَأْيٌ جـ آرَاءٌ 意见，看法，主张

اَلرَّأْيُ الْعَامُّ 舆论

(٨) رِئَاءٌ وَرِيَاءٌ 伪善，虚伪，沽名钓誉

(٨) رُؤْيَا جـ رُؤًى 梦

*(٢) رِئَةٌ مُثَنَّى رِئَتَانِ جـ رِئَاتٌ 肺

(٨) رِئَةُ الْبَحْرِ 海蜇

(٨) مَرْئِيٌّ م مَرْئِيَّةٌ 可见的，看得见的

عَلَى مَرْأَى النَّاسِ 当众

(٢) مِرْآةٌ جـ مَرَايَا 镜子

*(٤) اَلرَّبُّ 主，主宰，真主〔宗〕

*(٤) رَبٌّ جـ أَرْبَابٌ 主人，领主

رَبُّ الْبَيْتِ (أَوِ الْعَائِلَةِ) 家长，户主

رَبُّ الْمَصْنَعِ 工厂主

*(٤) رَبَّةٌ جـ رَبَّاتٌ 主妇，女主人

رَبَّةُ الْبَيْتِ 家庭主妇，女主人

*(٢) رُبَّمَا 也许，或许，说不定，可能

(٨) رُبَّانٌ جـ رَبَابِنَةٌ 船长，舰长

(٨) رَبَّتَ يُرَبِّتُ الصَّبِيَّ 轻拍

رَبَّتَ عَلَى كَتِفِهِ 拍拍肩膀

(٤) رَبِحَ ـَ رِبْحًا الْمَالَ 赚钱，获利

*(٤) رِبْحٌ جـ أَرْبَاحٌ 利润，利息

(٨) تَرَبَّصَ تَرَبُّصًا بِكَذَا 窥伺，埋伏

ر

(٨) رَبِيعٌ الثَّانِي / رَبِيعٌ الآخِرُ　伊历四月

(٢) رَبِيعِيٌّ م رَبِيعِيَّةٌ　春天的，春季的

(٢) مُرَبَّعٌ م مُرَبَّعَةٌ　四方的，平方的

(٦) اِرْتَبَكَ اِرْتِبَاكًا فُلاَنٌ　惊慌失措，惶恐不安

(٨) رَبَا ـُ رِبَاءً وَرُبُوًّا عَلَى...　超过，超越

*(٢) رَبَّى يُرَبِّي تَرْبِيَةً الْوَلَدَ　培养，培育，抚育

تَرْبِيَةُ الدَّوَاجِنِ　饲养，养鸡

تَرْبِيَةُ الأَسْمَاكِ　养鱼

تَرْبِيَةُ دُودِ الْقَزِّ　养蚕

(٨) رَبْوٌ جـ أَرْبَاءٌ　哮喘病

(٨) رَبْوَةٌ جـ رُبًى / رَابِيَةٌ جـ رَوَابٍ

小丘，小山，丘陵

(٨) رِبًا وَرِبَاءٌ　高利，高利贷

*(٤) تَرْبَوِيٌّ م تَرْبَوِيَّةٌ　教育的，关于教养的

(٤) اَلْمُرَبَّى　果酱

*(٤) مُرَبِّيَةٌ جـ مُرَبِّيَاتٌ

保育员，保姆，家庭女教师

(٨) مُرَابٍ　放高利贷者

*(٢) رَتَّبَ تَرْتِيبًا الشَّيْءَ　安排，整理，布置

*(٤) تَرَتَّبَ تَرَتُّبًا عَلَى كَذَا

由…发生，由…引起，是由于…

(٦) رُتْبَةٌ جـ رُتَبٌ　等级，级别，地位

اَلرُّتْبَةُ الْعَسْكَرِيَّةُ　军衔，军阶

*(٢) رَاتِبٌ جـ رَوَاتِبُ / مُرَتَّبٌ جـ مُرَتَّبَاتٌ　工资，薪金

*(٢) تَرْتِيبٌ جـ تَرْتِيبَاتٌ　次序，安排，部署

*(٤) مَرْتَبَةٌ جـ مَرَاتِبُ　等级，阶梯，地位

*(٢) مُرَتَّبٌ م مُرَتَّبَةٌ

整齐的，有规则的；准备就绪的，安排好的

(٨) رَتَقَ ـِ رَتْقًا الثَّوْبَ　缝补，修补

(٨) رَثَى يَرْثِي رِثَاءً الْمَيْتَ　哀悼，哀痛

(٦) أَرْجَأَ إِرْجَاءً الأَمْرَ / أَخَّرَهُ وأَجَّلَهُ　延迟，推迟

(٨) رَجَبٌ　伊历七月

(٨) اِرْتَجَّ اِرْتِجَاجًا الشَّيْءُ / تَحَرَّكَ واهْتَزَّ

振动，震颤，颠簸

اِرْتِجَاجُ الْمُخِّ　脑震荡

(٦) رَجَّحَ تَرْجِيحًا كَفَّةَ الْمِيزَانِ (أَوِ الْمِيزَانَ)

使天平倾向于，占优势

(٦) يُرَجَّحُ أَنَّ ... / مِنَ الْمُرَجَّحِ أَنَّ ...

很可能…，十之八九

(٨) رَاجِحٌ لِـ ...　偏重于…的，很可能

اَلْعَقْلُ الرَّاجِحُ　高明的，智胜一筹

اَلْقَوْلُ الرَّاجِحُ　有分量的话

(٨) (اَلرَّأْيُ) الْمَرْجُوحُ

占优势的（意见），倾向性的（意见）

(٦) اَلأَرْجَحُ أَنَّ ...　最大可能是…

(٨) أُرْجُوحَةٌ جـ أَرَاجِيحُ　秋千

يُقَدِّمُ رِجْلاً ويُؤَخِّرُ أُخْرَى　迟疑，犹豫不决

(٨) رُجُولَةٌ ورُجُولِيَّةٌ　男子气，大丈夫气概

(٨) مِرْجَلٌ جـ مَرَاجِلُ　锅炉

*(٢) رَجَا يَرْجُو رَجَاءً مِنْهُ شَيْئًا

希望，盼望；恳请

(٤) رَجَاءٌ جـ رَجَوَاتٌ　希望

*(٤) رَجَاءٌ جـ أَرْجَاءٌ　方面，角落

فِي أَرْجَاءِ الْبِلادِ　全国各地

وَاسِعَةُ الأَرْجَاءِ　幅员辽阔

(٤) مَرْجُوٌّ م مَرْجُوَّةٌ　所希望的，预期的

*(٢) رَحَّبَ تَرْحِيبًا بِهِ　欢迎

(٤) تَرْحَابٌ / تَرْحِيبٌ　欢迎

(٤) رَحِيبٌ م رَحِيبَةٌ　广阔的，广大的

*(٢) مَرْحَبًا بِكَ (بِكُمْ)　欢迎你（您，你们）！

(٢) مِرْحَاضٌ جـ مَرَاحِيضُ　厕所

(٨) رَحِيقٌ　美酒，醇酒

(٤) رَحَلَ ـَ رَحْلاً ورَحِيلاً إِلَى ...

出发，启程，离开

(٨) الرَّحِيلُ (عَنْ الْحَيَاةِ)　亡人，死者

*(٢) رِحْلَةٌ جـ رِحْلاتٌ　旅行，行程，航班

*(٤) رَاحِلٌ جـ رَاحِلُونَ م رَاحِلَةٌ　去世的，故去的

(٤) رَحَّالٌ جـ رَحَّالَةٌ / رَحَّالَةٌ جـ رَحَّالُونَ　旅行家

*(٢) مَرْحَلَةٌ جـ مَرَاحِلُ　阶段，行程，时期

*(٢) رَجَعَ ـِ رُجُوعًا إِلَى ...　回来，回去，回归

رَجَعَ إِلَى صَوَابِهِ

回心转意，明白过来，恢复理智

رَجَعَ بِكَذَا　带回

(٤) أَرْجَعَ إِرْجَاعًا الشَّيْءَ إِلَى ...

送还，归还，还原，放回原处

*(٤) رَاجَعَ مُرَاجَعَةً الشَّيْءَ

校对，核对；复习；参考

(٢) تَرَاجَعَ تَرَاجُعًا　倒退，退却

(٨) لاَ رَجْعَةَ لَهُ / إِلَى غَيْرِ رَجْعَةٍ　一去不复返

(٨) الرَّجْعِيَّةُ　反动派

*(٢) مُرَاجَعَةٌ جـ مُرَاجَعَاتٌ　核对，校对；复习

*(٢) مَرْجَعٌ جـ مَرَاجِعُ　参考书

(٦) اِرْتَجَفَ اِرْتِجَافًا　发抖，哆嗦

(٨) رَجْفَةٌ: رَعْدَةٌ　发抖，打颤

(٦) اِرْتِجَالاً　即席地

*(٢) رَجُلٌ جـ رِجَالٌ　男人，男子

رِجَالُ الدِّينِ　宗教界人士

رِجَالُ السِّيَاسَةِ　政界，政治家

رِجَالُ الشُّرْطَةِ　警察

رِجَالُ الصَّحَافَةِ　记者，新闻工作者

رِجَالُ الأَعْمَالِ　实业家，企业家，商家

*(٤) رِجْلٌ جـ أَرْجُلٌ　脚，足，腿（阴性）

*(٤) رَدِيءٌ م رَدِيئَةٌ 坏的，劣质的，不好的，次的

*(٢) رَدَّ ـُ رَدًّا الشَّيْءَ إِلَى فُلَانٍ 送还，归还

رَدَّ الشَّيْءَ إِلَى مَكَانِهِ 放回原处

رَدَّ إِلَيْهِ جَوَابًا 回信

رَدَّ الْبَابَ 带上门，随手关门

*(٢) رَدَّ عَلَيْهِ 答复，回答

*(٢) رَدَّدَ تَرْدِيدًا الأَمْرَ 重复，反复

*(٤) تَرَدَّدَ تَرَدُّدًا فِي الأَمْرِ

犹豫，拿不定主意，迟疑，踌躇

(٦) تَرَدَّدَ إِلَى مَكَانٍ 常去

*(٤) يَتَرَدَّدُ الأَمْرُ عَلَى أَلْسِنَةِ ...

广为流传，有口皆碑

(٦) اِرْتَدَّ اِرْتِدَادًا 倒退，退却；复辟

(٦) اِسْتَرَدَّ اِسْتِرْدَادًا الشَّيْءَ 收回，收复

(٨) رَدُّ الْفِعْلِ 反应

(٨) اَلتَّرَدُّدُ 频率

*(٦) مَرْدُودٌ جـ مَرْدُودَاتٌ 收成；产量

(٨) مَرَدٌّ وَمَرْدُودٌ 回报

(٤) مُتَرَدِّدٌ جـ مُتَرَدِّدُونَ م مُتَرَدِّدَةٌ

迟疑的，犹豫不决的

(٨) مُرْتَدٌّ عَنِ الدِّينِ 叛教者

(٦) رَدَعَهُ ـَ رَدْعًا عَنْ كَذَا

制止，挡住，抑制，遏止

*(٤) رَحِمَ ـَ رَحْمَةً فُلَانًا 发慈悲，怜悯；宽恕

(٤) رَحْمَةٌ 怜悯，慈爱，仁慈

رَحْمَةُ اللهِ 天恩，安拉的恩泽

عَدَمُ رَحْمَةٍ 无情，残忍

بِلَا رَحْمَةٍ وَلَا شَفَقَةٍ 残忍地，无情地

(٨) رَحِمٌ وَرَحْمٌ جـ أَرْحَامٌ 子宫

ذَوُو الأَرْحَامِ 亲戚，母系亲属

(٦) اَلْمَرْحُومُ 故世的，已故的，先…

(٨) رَحِمَهُ اللهُ 故世的，已故的，先…

(٤) رَحِيمٌ / رَحُومٌ

仁慈的，善心的，大慈大悲的

(٦) رَخَّصَ لَهُ فِي الأَمْرِ 批准，发给执照

*(٤) رُخْصَةٌ 许可证，执照

*(٢) رَخِيصٌ م رَخِيصَةٌ 便宜的，廉价的，贱的

(٨) رُخَامٌ 大理石

(٨) أَرْخَى إِرْخَاءً الشَّيْءَ 垂下，放下，松开

(٨) اِرْتَخَى اِرْتِخَاءً فُلَانٌ 松弛，疲软无力

(٨) تَرَاخَى تَرَاخِيًا 松懈，放松，舒缓

*(٤) رَخَاءٌ 富裕，安乐，繁荣

(٨) رَخِيٌّ م رَخِيَّةٌ 宽松的，宽裕的，舒适的

(٨) مَرْخِيٌّ م مَرْخِيَّةٌ 松松垮垮的，没绑紧的

(٤) رَخْوٌ م رَخْوَةٌ 松软的，酥软的

(٨) رَدُؤَ ـُ رَدَاءَةً 成为恶劣的

(٤) رُسْغٌ جـ أَرْسَاغٌ 腕，手腕
*(٢) أَرْسَلَ إِرْسَالاً إِلَيهِ شَيْئًا 寄，发，汇（款）
*(٢) أَرْسَلَ فُلاَنًا إِلَى مَكَانٍ 派遣
*(٤) رَاسَلَ مُرَاسَلَةً فُلاَنًا 通信，通讯
(٦) اِسْتَرْسَلَ إِسْتِرْسَالاً فُلاَنٌ فِي الْكَلاَمِ
畅谈，滔滔不绝，口若悬河
*(٢) رِسَالَةٌ جـ رَسَائِلُ 信，书信；使命；论文
رِسَالَةٌ بَرْقِيَّةٌ 电报
رِسَالَةٌ تَحِيَّةٍ (تَهْنِئَةٍ) 贺信
رِسَالَةٌ مُسَجَّلَةٌ 挂号信
رِسَالَةُ الدُّكْتُورَاه 博士论文
اَلرِّسَالَةُ الْمُؤَرَّخَةُ فِي ... 某日签署的信函
*(٤) رَسُولٌ جـ رُسُلٌ 使者
(٤) مُرَاسِلٌ جـ مُرَاسِلُونَ م مُرَاسِلَةٌ 记者，通讯员
(٢) اَلْمُرْسِلُ 寄件人
(٢) اَلْمُرْسَلُ إِلَيْهِ 收件人
(٦) مُسْتَرْسَلٌ م مُسْتَرْسَلَةٌ 散着的，放开的
اَلشَّعْرُ الْمُسْتَرْسَلُ 披肩发
*(٤) رَسَمَ ـُ رَسْمًا شَيْئًا 画，绘画；规划
*(٢) رَسْمٌ جـ رُسُوم ورُسُومَاتٌ 画，图画；图纸
رَسْمٌ بَيَانِيٌّ 图解，图表
رَسْمٌ زَيْتِيٌّ 油画
رَسْمٌ مَحْفُورٌ 版画

ر

(٨) رِدْفٌ جـ أَرْدَافٌ 臀部，屁股
*(٤) مُتَرَادِفَاتٌ / مُرَادِفَاتٌ 同义词
(٦) رَدَمَ ـِ رَدْمًا الْحُفْرَةَ 填平
(٨) تَرَدَّى تَرَدِّيًا فِي الْهُوَّةِ ونَحْوِهَا أَوْ مِنْ عَالٍ
掉下，跌落
*(٦) اِرْتَدَى يَرْتَدِي اِرْتِدَاءً الثَّوْبَ 穿衣服，着装
(٤) رِدَاءٌ جـ أَرْدِيَةٌ 外套，披风
(٨) رَذَاذٌ 毛毛雨
(٨) رَذِيلَةٌ جـ رَذَائِلُ 卑劣行径，丑恶勾当
(٤) رَزَقَهُ ـُ رِزْقًا 供养，养活
(٨) اِرْتَزَقَ اِرْتِزَاقًا الْجُنْدِيُّ وَغَيْرُهُ 受雇佣
*(٤) رِزْقٌ جـ أَرْزَاقٌ 生计；口粮
(٨) مُرْتَزِقَةٌ 雇佣军
(٨) رَزَمَ ـُ رَزْمًا وَ رُزُومًا الشَّيْءَ 打包，打捆
(٤) رِزْمَةٌ جـ رِزَمٌ 捆，包，卷
(٨) رَزَّامَةٌ 打包机
(٤) رَزِينٌ جـ رُزَنَاءُ م رَزِينَةٌ 稳重的，沉着的
(٤) رَسَبَ ـُ رُسُوبًا فِي الاِمْتِحَانِ
落第，考试不及格
(٤) رَاسِبٌ جـ رَاسِبُونَ م رَاسِبَةٌ 不及格的
(٨) رَاسِبٌ جـ رَوَاسِبُ 沉淀，沉积物
(٨) رَاسِخٌ م رَاسِخَةٌ
坚固的，稳固的，有根基的

(٨) رَسْمٌ جـ رُسُومٌ ورُسُومَاتٌ 税，费用

*(٤) رَسْمِيٌّ م رَسْمِيَّةٌ 官方的，正式的

غَيْرُ رَسْمِيٍّ 非正式的，非官方的

شِبْهُ رَسْمِيٍّ 半官方的

(٢) رَسَّامٌ جـ رَسَّامُونَ 画家

(٤) مَرْسُومٌ م مَرْسُومَةٌ 规划的，预期的

(٦) مَرْسُومٌ جـ مَرَاسِمُ ومَرَاسِيمُ

法令，圣旨；仪式，礼仪

مَرَاسِمُ التَّشْيِيدِ وَالتَّسْلِيمِ 竣工和交接仪式

(٦) رَسَا ـُ رُسُوًّا الْمَرْكَبُ

（船）靠岸，（船只）停泊

(٦) أَرْسَى إِرْسَاءً السَّفِينَةَ 使（船）停泊，抛锚

(٨) الرَّاسِي عَلَيْهِ الْعَطَاءُ 中标者

(٦) مَرْسًى جـ مَرَاسٍ (الْمَرَاسِي) 码头

(٨) رَشَحَ ـَ رَشْحًا الْمَاءُ （水）渗出

(٦) رَشَّحَ تَرْشِيحًا فُلَانًا 推荐，提名

(٦) مُرَشَّحٌ جـ مُرَشَّحُونَ 候选人

*(٤) أَرْشَدَ إِرْشَادًا فُلَانًا إِلَى كَذَا 指导，引导

(٦) اِسْتَرْشَدَهُ اِسْتِرْشَادًا 请教，请示

اِسْتَرْشَدَ بِكَذَا 遵循，以…为准绳

*(٤) رُشْدٌ 理智，理性；成熟

فَقَدَ رُشْدَهُ 失去理智

سِنُّ الرُّشْدِ 成年

(٤) إِرْشَادٌ جـ إِرْشَادَاتٌ

指示，指点，指教，点拨

(٤) مُرْشِدٌ جـ مُرْشِدُونَ م مُرْشِدَةٌ 指引者，导师

*(٢) رَشَّ ـُ رَشًّا الْمَاءَ أوغَيْرَهُ 喷，洒

رَشَّ الأَرْضَ بِالْمَاءِ 在地上洒水

(٨) رَشَّاشٌ 机关枪

(٨) رَشَّاشَةٌ 喷壶，喷头

(٨) رَشَفَ ـِ رَشْفًا الشَّرَابَ أَوِ الإِنَاءَ

呷，吮吸；喝干

(٦) رَشَاقَةٌ 苗条，轻盈

(٦) رَشِيقٌ م رَشِيقَةٌ 苗条的，体态轻盈的，敏捷的

رَشِيقُ الْحَرَكَاتِ 动作轻快的

رَشِيقُ الْقَوَامِ 身段苗条的

(٦) رَشَاهُ ـُ رَشْوًا 行贿，收买

(٦) اِرْتَشَى اِرْتِشَاءً فُلَانٌ 收受贿赂

(٨) رِشْوَةٌ جـ رِشًى ورُشًى 贿赂

(٦) رَاشٍ (الرَّاشِي) جـ رُشَاةٌ 行贿者

(٦) مُرْتَشٍ (الْمُرْتَشِي) جـ مُرْتَشُونَ 受贿者

(٦) رَصَدَ ـُ رَصْدًا الشَّيْءَ

观测，观察；侦候，监视

(٦) الأَرْصَادُ الْجَوِّيَّةُ 气象观测

(٦) رَصِيدٌ جـ أَرْصِدَةٌ 存款，存货，积累

رَصِيدُ الذَهَبِ 黄金储备

(٨) مَرْصَدٌ جـ مَرَاصِدُ / مِرْصَادٌ جـ مَرَاصِيدُ
天文台，观测站
(٨) رَصَّ ـُ رَصًّا الشَّيْءَ　铺，排；排紧，压实
(٢) اِرْتَصَّتْ اِرْتِصَاصًا الأَشْيَاءُ
紧紧排在一起，排整齐
(٢) رَصَاصٌ　铅
(٤) رَصَاصُ الْبُنْدُقِيَّةِ الْوَاحِدَةُ رَصَاصَةٌ جـ رَصَاصَاتٌ
子弹
(٨) رَصَّعَ تَرْصِيعًا الشَّيْءَ بِكَذَا　用…镶嵌
(٤) رَصَفَ ـُ رَصْفًا الطَّرِيقَ　铺路
*(٤) رَصِيفٌ جـ أَرْصِفَةٌ　月台，站台，码头
رَصِيفُ الشَّارِعِ　人行道
رَصِيفُ الْمَحَطَّةِ　站台
رَصِيفُ الْمِينَاءِ　码头
رَصِيفٌ قَارِّيٌّ / سِيفُ الْقَارَّةِ / اَلإِفْرِيزُ الْقَارِّيُّ
大陆架
(٨) رَصِينٌ: ثَابِتُ الْجَأْشِ　沉着的，镇静的
(٦) أَرْضَعَتِ الْمَرْأَةُ طِفْلَهَا　喂奶，哺乳
(٨) مُرْضِعٌ وَمُرْضِعَةٌ　奶妈，乳母
*(٤) رَضِيعٌ جـ رُضَعَاءُ　幼儿，乳儿，婴儿
(٨) رَضَّاعَةٌ　奶瓶
*(٢) رَضِيَ يَرْضَى رِضًى وَرِضْوَانًا الشَّيْءَ وَ بِهِ
满意，赞同
(٢) رَضِيَ عَنْهُ أَوْ عَلَيْهِ　中意，赞许
*(٢) أَرْضَى يُرْضِي إِرْضَاءً فُلَانًا
使满足，令人满意，讨喜欢
أَرْضَى غُرُورَهُ　满足虚荣心
(٢) رِضًى / رِضْوَانٌ　满意，喜悦，欢心
(٢) رَاضٍ (اَلرَّاضِي) جـ رَاضُونَ وَرُضَاةٌ م رَاضِيَةٌ
满意的，满足的，心甘情愿的
*(٢) مُرْضٍ (اَلْمُرْضِي) م مُرْضِيَةٌ
令人满意的，可喜的
*(٤) اَلرُّطُوبَةُ　潮湿，湿度
*(٢) مُرَطِّبَاتٌ　冷饮，清凉饮料
(٤) رَطْبٌ م رَطْبَةٌ / رَطِيبٌ　潮湿的，湿润的
(٤) رَطْلٌ جـ أَرْطَالٌ　磅（重量单位）
(٨) اِرْتَطَمَ اِرْتِطَامًا فِي الشَّيْءِ
陷入困境，被纠缠
(٨) رُعْبٌ　恐惧，恐怖
(٨) مُرْعِبٌ　可怕的，吓人的，恐怖的
(٦) اِرْتَعَدَ اِرْتِعَادًا　发抖
(٤) رَعْدٌ جـ رُعُودٌ　雷
*(٤) تَرَعْرَعَ يَتَرَعْرَعُ تَرَعْرُعًا　成长，长大成人
*(٤) اِرْتَعَشَ اِرْتِعَاشًا / اِرْتَعَدَ　发抖，战栗
(٤) رَعَى يَرْعَى رَعْيًا وَرِعَايَةً الْغَنَمُ أَوْ غَيْرُهُ　吃草
(٤) رَعَى الْمَاشِيَةَ أَوْ غَيْرَهَا　放牧；照管，照看

(٦) رَغِيفٌ ج أَرْغِفَةٌ 饼子，大饼

(٦) أَرْغَمَهُ عَلَى كَذَا 强迫，强制

*(٤) رَغْمَ ... 尽管…，纵然…

رَغْمَ ذَلِكَ 尽管如此

رَغْمَ أَنْفِهِ / رَغْمَ أُنُوفِهِمْ

尽管他（他们）不愿意

عَلَى الرَّغْمِ مِنْ ... 尽管

رَغْمَ أَنَّ .../ بالرَّغْمِ مِنْ أَنَّ ... 尽管，虽然

(٨) رَغْوَةٌ ج رُغًى 气泡，泡沫

(٤) مَرْفَأٌ ج مَرَافِئُ 港口

(٦) رَافِدٌ ج رَوَافِدُ 支流

بِلَادُ الرَّافِدَيْنِ 两河流域，美索不达米亚

(٤) رَفْرَفَ يُرَفْرِفُ رَفْرَفَةً الْعَلَمُ 飘扬，招展

رَفْرَفَ الطَّائِرُ 鼓翅，扇动翅膀

(٨) رَفَسَهُ ـِ رَفْسًا ورِفَاسًا 踢

(٦) رَفْش / مِجْرَفَةٌ 锹，铲子

*(٤) رَفَضَ ـُ رَفْضًا الأَمْرَ 拒绝，不接受

*(٢) رَفَعَ ـَ رَفْعًا الشَّيْءَ 举起，提起；抬高

(٦) رَفَعَ الشَّيْءَ 解除，取消

رَفَعَ إِجْرَاءَاتِ الطَّوَارِئِ 取消紧急措施

رَفَعَ الْجَلْسَةَ 休会

رَفَعَ الْحِصَارَ عَنْ ... 取消封锁

رَفَعَ الْحَظْرَ 取消戒严令，解除禁运

*(٤) رَاعَى يُرَاعِي مُرَاعَاةً الشَّيْءَ

遵守，照章行事；观察，重视，尊重

رَاعَى الْخَوَاطِرَ 徇私，袒护

رَاعَى الْحِيَادَ 守中立

(٦) اسْتَرْعَى الانْتِبَاهَ أَوِ النَّظَرَ 引起注意

*(٤) رِعَايَةٌ 关怀，照顾，留心，注意

تَحْتَ رِعَايَةِ ... 在…关怀下，在…支持下

(٦) مُرَاعَاةً لِكَذَا 照顾到，考虑到

(٨) رَعِيَّةٌ ج رَعَايَا 平民，百姓

(٤) رَاعٍ (الرَّاعِي) ج رُعَاةٌ

牧人，牧民；统治者，长官

(٤) مَرْعًى ج مَرَاعٍ (الْمَرَاعِي) 牧场

*(٢) رَغِبَ ـَ رَغْبَةً فِي كَذَا

喜欢，愿意，渴望，有志于

(٤) رَغِبَ عَنْ كَذَا 讨厌，憎恶

(٦) رَغَّبَهُ وأَرْغَبَهُ فِي الشَّيْءِ

引起兴趣，鼓励；引诱，诱惑

*(٢) رَغْبَةٌ ج رَغَبَاتٌ 愿望，心愿，喜好，志愿

*(٤) مَرْغُوبٌ فِيهِ م مَرْغُوبٌ فِيهَا 受欢迎的

شَخْصٌ غَيْرُ مَرْغُوبٍ فِيهِ 不受欢迎的人

(٤) رَغْدٌ ورَغَدٌ (مِنَ الْعَيْشِ)

舒适的（生活），富裕的（生活）

(٤) رَغِيدٌ م رَغِيدَةٌ 富裕的，舒适的

ر

(٨) تَرَفَّعَ عَنِ (الصَّغَائِرِ) 不屑做…，傲视

(٦) تَرَافَعَ الْخَصْمَانِ إِلَى الْحَاكِمِ 提起诉讼

(٦) تَرَافَعَ الْمُحَامِي عَنِ الْمُتَّهَمِ أَمَامَ الْقَضَاءِ 辩护

*(٢) اِرْتَفَعَ اِرْتِفَاعًا الشَّيْءُ 上升，升高

(٢) اِرْتِفَاعٌ 高，高度

(٦) رَافِعٌ ورَافِعَةٌ جـ رَوَافِعُ 起重机，升降机

(٤) رَفِيعٌ م رَفِيعَةٌ 细长的，高的；崇高的

(٢) مُرْتَفِعٌ جـ مُرْتَفِعَةٌ 高的

(٦) مُرْتَفَعٌ جـ مُرْتَفَعَاتٌ 高地

(٤) رَفٌّ جـ رُفُوفٌ 架子，搁板

رَفُّ الْكُتُبِ 书架

رَفُّ النَّافِذَةِ 窗台

*(٢) رَافَقَ مُرَافَقَةً وَرِفَاقًا فُلَانًا 陪同，伴随

(٦) رِفْقٌ 和蔼，亲切

بِرُفْقَةِ فُلَانٍ 在…陪同下

*(٢) رَفِيقٌ جـ رِفَاقٌ وَرُفَقَاءُ 同志，伙伴

رَفِيقٌ فِي السِّلَاحِ 战友

*(٤) مِرْفَقٌ جـ مَرَافِقُ 胳膊肘；扶手；附属设施

مَرَافِقُ الدَّارِ 住宅的附属设施

مَرَافِقُ الْحَيَاةِ 生活福利设施

اَلْمَرَافِقُ الْعَامَّةُ 公用设施

(٨) مُرْفَقٌ بِهِ / مُلْحَقٌ بِهِ 附上，附有

(٢) مُرَافِقٌ جـ مُرَافِقُونَ م مُرَافِقَةٌ 陪同

(٤) رَفَّهَ تَرْفِيهًا عَنْ نَفْسِهِ 娱乐，消遣，解闷

(٤) رَفَاهَةٌ / رَفَاهِيَةٌ 舒适，安逸，享乐

(٤) تَرْفِيهِيٌّ م تَرْفِيهِيَّةٌ 娱乐的，消遣的

(٦) رَقَبَهُ ـُ رَقْبًا ورَقَابَةً 观察，观测，监督

*(٤) رَاقَبَ مُرَاقَبَةً فُلَانًا أَوْ شَيْئًا 观察，监督

*(٤) تَرَقَّبَهُ تَرَقُّبًا 盼望，期待

*(٤) رَقَبَةٌ جـ رِقَابٌ ورَقَبَاتٌ 脖子，脖颈

(٦) رِقَابَةٌ 监督，管制

رِقَابَةٌ عَلَى التِّجَارَةِ الْخَارِجِيَّةِ 对外贸易管制

رِقَابَةٌ عَلَى الأَفْلَامِ 审查电影

(٨) رَقِيبٌ 中士

(٨) رَقِيبٌ أَوَّلُ 上士

(٦) مُرَاقِبٌ م مُرَاقِبَةٌ 观察员，监督者

مُرَاقِبُ التَّعْلِيمِ / مُفَتِّشُ التَّعْلِيمِ 学监，督学

مُرَاقِبُ الْحِسَابَاتِ 会计监理，审计

(٢) رَقَدَ ـُ رُقُودًا 躺，卧，睡觉

(٦) تَرَقْرَقَتْ تَرَقْرُقًا الْعَيْنُ بِالدُّمُوعِ 热泪盈眶

*(٢) رَقَصَ ـُ رَقْصًا 跳舞

(٦) تَرَاقَصَ تَرَاقُصًا الشَّيْءُ 飞舞，跳动，纷飞

(٢) رَقْصَةٌ جـ رَقَصَاتٌ 舞蹈

(٨) رَاقِصَةٌ ورَقَّاصَةٌ 舞女

(٨) رَقَّاصُ السَّاعَةِ الْكَبِيرَةِ 钟摆

(٨) مَرْقَصٌ جـ مَرَاقِصُ 舞会，舞厅

ر

(٦) رَقَعَ ـَ رَقْعًا الثَّوْبَ وَنَحْوَهُ　缝补，修补

(٦) رُقْعَةٌ جـ رُقَعٌ ورِقَاعٌ　片，块，补片；棋盘

(خَطُّ) الرُّقْعَةِ　行书

(٦) رَقَّ ـِ رِقًّا ورِقَّةً　变细，变薄，变柔和

*(٤) رَقِيقٌ م رَقِيقَةٌ

细的，薄的，稀的；亲切的，柔和的

رَقِيقُ الشُّعُورِ　敏感的

رَقِيقُ الطَّبْعِ　性情温和的

رَقِيقُ اللَّفْظِ　声音柔和的，声音温和的

(٨) رَقِيقٌ جـ أَرِقَّاءُ　奴隶

(٦) رَقَّمَ تَرْقِيمًا الْكِتَابَ ونَحْوَهُ　标号码

عَلَامَاتُ التَّرْقِيمِ　标点符号

*(٢) رَقْمٌ جـ أَرْقَامٌ　数字，号码

رَقْمٌ قِيَاسِيٌّ　纪录，最高成绩

(٨) مِرْقَمٌ جـ مَرَاقِمُ　号码机

(٤) رَقِيَ يَرْقَى رُقِيًّا　升级，进步

(٤) رَقَّى يُرَقِّي تَرْقِيَةً الشَّيْءَ　提高，改进，提拔

(٤) اِرْتَقَى يَرْتَقِي اِرْتِقَاءً　升级，高升

(٤) رَاقٍ (الرَّاقِي) م رَاقِيَةٌ

高级的；上乘的，高档的

*(٢) رَكِبَ ـَ رُكُوبًا الدَّابَّةَ أَوِ الْمَرْكَبَ أَوْ غَيْرَهَا

骑，乘，坐

*(٤) رَكَّبَ تَرْكِيبًا الأَشْيَاءَ　装配，安装，组装

*(٤) اِرْتَكَبَ اِرْتِكَابًا الْخَطَأَ أَوِ الذَّنْبَ

犯错误，犯罪

(٤) رُكْبَةٌ جـ رُكَبٌ ورُكْبَاتٌ ورُكُبَاتٌ　膝盖

*(٢) رَاكِبٌ جـ رُكَّابٌ م رَاكِبَةٌ

乘客，骑（车、马）者

(٤) مَرْكَبٌ جـ مَرَاكِبُ　车，船

مَرْكَبٌ بُخَارِيٌّ　轮船，汽船

مَرْكَبٌ شِرَاعِيٌّ　帆船

مَرْكَبٌ فَضَائِيٌّ / مَرْكَبُ فَضَاءٍ　宇宙飞船

(٨) مَرْكَبَةٌ جـ مَرْكَبَاتٌ　车

(٨) مُرَكَّبٌ مِنْ كَذَا

复合的，合成的，由…组成的

(٨) مُرَكَّبَاتٌ كِيمِيَائِيَّةٌ　化合物

(٦) رَكَدَ ـُ رُكُودًا الْمَاءُ ونَحْوُهُ

停滞，不流动；萧条

رُكُودُ الأَسْوَاقِ　市场萧条

(٦) رَاكِدٌ م رَاكِدَةٌ　不动的，不流的

مَاءٌ رَاكِدٌ　死水

*(٤) رَكَّزَ تَرْكِيزًا الشَّيْءَ

使定在某一点，插入；集中，浓缩

(٤) رَكَّزَ جُهُودَهُ عَلَى كَذَا　集中精力

(٦) اِرْتَكَزَ اِرْتِكَازًا عَلَى كَذَا　依靠，依赖

(٦) تَرَكَّزَ تَرَكُّزًا عَلَيْهِ وَفِيهِ　集中于，集结于

*(٦) رَكِيزَةٌ جـ رَكَائِزُ
支柱，支撑物，依据；骨干

*(٢) مَرْكَزٌ جـ مَرَاكِزُ
中心，中央；位置，地位；县

مَرْكَزُ الثِّقَلِ 重心

مَرَاكِزُ تَسْوِيقِيَّةٌ 销售中心

*(٢) مَرْكَزِيٌّ م مَرْكَزِيَّةٌ 中央的，中心的

(٢) رَكَضَ ـُ رَكْضًا 跑，奔跑

(٨) رَكَعَ ـَ رُكُوعًا 跪拜，拜倒

(٨) رَكْعَةٌ جـ رَكَعَاتٌ 跪拜

(٦) رَكِيكٌ م رَكِيكَةٌ
弱的，差的，不健康的；不完整的，晦涩的

(٦) رَكَلَهُ ـُ رَكْلاً / رَفَسَهُ 用脚踢

(٦) تَرَاكَمَ تَرَاكُمًا الشَّيْءُ 堆积，积累

(٨) رُكَامٌ / كَوْمَةٌ 堆，叠

*(٤) رُكْنٌ جـ أَرْكَانٌ 角落；支柱；基本部分

أَرْكَانُ الْحَرْبِ 参谋部

(٨) رُمْحٌ جـ رِمَاحٌ 矛，长矛，标枪

(٤) رَمَدٌ 眼疾，沙眼

(٤) رَمَادٌ 灰，灰烬

(٤) رَمَادِيٌّ م رَمَادِيَّةٌ 灰色的

*(٤) رَمَزَ ـِ رَمْزًا إِلَى كَذَا 象征，标志

*(٤) رَمْزٌ جـ رُمُوزٌ 象征，标记，符号

*(٤) رَمْزِيٌّ م رَمْزِيَّةٌ 象征性的

*(٤) رَمَضَانُ 回历九月（斋月）

(٨) رَمَقَهُ ـُ رَمْقًا 瞟，观察，打量

(٤) مَرْمُوقٌ م مَرْمُوقَةٌ 令人瞩目的

(٤) رَمْلٌ جـ رِمَالٌ 沙子

(٤) أَرْمَلَةٌ جـ أَرَامِلُ 寡妇，遗孀

(٦) رَمَّمَ تَرْمِيمًا الشَّيْءَ 修理，修缮，修补

(٦) بِرُمَّتِهِ 全部地，完全地，整个地

(٦) رُمَّانٌ 石榴

*(٤) رَمَى يَرْمِي رَمْيًا وَرِمَايَةً الشَّيْءَ أَوْ بِهِ
抛，扔，投掷

(٤) رَمَى بِنَفْسِهِ فِي ... 投身于，扑在…

(٨) اِرْتَمَى اِرْتِمَاءً فُلَانٌ فِي كَذَا 投身于，扑在…

(٤) الرِّمَايَةُ 射击

(٤) رَامٍ (الرَّامِي) جـ رُمَاةٌ وَرَامُونَ م رَامِيَةٌ
射手，投掷手

*(٤) مُتَرَامِيَةُ الأَطْرَافِ 幅员辽阔的

(٦) مَرْمًى جـ مَرَامٍ (الْمَرَامِي) 目标；球门；射程

(٨) تَرَنَّحَ تَرَنُّحًا فُلَانٌ 站不稳，蹒跚，踉跄

(٨) رَوْنَقٌ 光辉，壮丽，华丽

(٦) رَنَّ ـِ رَنِينًا الْجَرَسُ
发出响声，发出丁零声

(٤) رَنَّانٌ م رَنَّانَةٌ 响亮的，响当当的

*(٤) رَوَّجَ تَرْوِيجًا السِّلْعَةَ أو غيرَها
推销，兜售；散播
(٤) رَائِجٌ م رَائِجَةٌ 畅销的，流通的
*(٤) رَاحَ ـُ رَوَاحًا / ذَهَبَ 去，离去，走开
(٢) رَاحَ يَفْعَلُ كَذَا / بَدَأَ يَفْعَلُ كَذَا
做起来，着手做
(٤) أَرَاحَ إِرَاحَةً فُلاَنًا 使休息，使舒适
*(٤) تَرَاوَحَ تَرَاوُحًا الْعَدَدُ بَيْنَ كَذَا وكَذَا
数目介于…与…之间
*(٤) اِرْتَاحَ يَرْتَاحُ إِرْتِيَاحًا 舒心，安心，愉悦，满意
*(٢) اِسْتَرَاحَ اِسْتِرَاحَةً 休息
*(٢) رَاحَةٌ 休息，悠闲，安适
(٨) رَاحَةُ الْيَدِ 手掌
*(٤) رُوحٌ جـ أَرْوَاحٌ 灵魂，生命，精神
(٤) رُوحِيٌّ م رُوحِيَّةٌ 精神的，神的；含酒精的
*(٢) رِيحٌ جـ رِيَاحٌ 风（阴性）
*(٤) رَائِحَةٌ جـ رَوَائِحُ 气味，味道
(٢) اِسْتِرَاحَةٌ جـ اِسْتِرَاحَاتٌ 休息室，接待室
اِسْتِرَاحَةُ الْمَطَارِ 机场休息厅
(٨) رَيْحَانٌ جـ رَيَاحِينُ 芳草，芳香植物
*(٢) مُرِيحٌ م مُرِيحَةٌ 舒适的
*(٤) مُرْتَاحٌ جـ مُرْتَاحُونَ م مُرْتَاحَةٌ
舒心的，满意的，放心的

(٨) رَنَاهُ وإِلَيْهِ ولَهُ يرنو ورَنْوًا ورُنُوًّا 眷恋，凝视；聆听
(٨) رَهِبَهُ ـَ رَهْبَةً ورَهْبًا ورُهْبًا ورُهْبَانًا 害怕，惧怕
(٦) أَرْهَبَهُ إِرْهَابًا 威胁，恐吓
(٦) إِرْهَابِيٌّ م إِرْهَابِيَّةٌ
恐怖的，威胁性的；恐怖分子
(٦) الإِرْهَابِيَّةُ 恐怖主义
(٨) رَاهِبٌ جـ رُهْبَانٌ 僧侣，和尚，修道士
(٨) رَهِيبٌ 可怕的，骇人的
(٨) أَرْهَفَهُ إِرْهَافًا 使敏锐，使敏感
(٨) مُرْهَفٌ 敏锐的；尖锐的，锋利的
(٦) أَرْهَقَهُ العَمَلُ 使负担过重，使疲惫不堪
(٨) مُرَاهَقَةٌ 青春期
*(٤) مُرْهِقٌ م مُرْهِقَةٌ 沉重的，繁重的
(٤) مُرْهَقٌ جـ مُرْهَقُونَ 疲惫不堪的
(٨) مَرْهَمٌ جـ مَرَاهِمُ 药膏，软膏
(٦) رَهَنَ ـَ رَهْنًا فُلاَنًا أَوِ الشَّيْءَ
扣押（作人质）；拿…作抵押，典当
(٦) رَاهَنَهُ رِهَانًا عَلَى كَذَا 下赌注，打赌
(٦) اِرْتَهَنَ اِرْتِهَانًا بِكَذَا 受…约束
(٦) رَهِينَةٌ جـ رَهَائِنُ 抵押品，典当物；人质
*(٤) رَاهِنٌ م رَاهِنَةٌ 目前的，当前的，现在的
(٦) رُوتِين 例行公事，惯例
*(٤) رَاجَ ـُ رَوَاجًا الشَّيْءُ 流通，畅销

*(٤) مِرْوَحَةٌ جـ مَرَاوِحُ 扇子

مِرْوَحَةٌ كَهْرَبَائِيَّةٌ 电扇

(٦) رَادَ ـُ رَوْدًا وَرِيَادًا الأَرْضَ

查探，勘查，探寻

*(٢) أَرَادَ يُرِيدُ إِرَادَةً الشَّيْءَ 想，要，打算，愿意

(٨) رَاوَدَهُ مُرَاوَدَةً الأَمْرُ 诱惑

(٦) اِرْتَادَ اِرْتِيَادًا الْمَكَانَ

寻求，探究，勘查，踏勘

(٦) رِيَادَةٌ 领先，领先地位

(٤) رُوَيْدًا رُوَيْدًا 慢慢地

*(٢) إِرَادَةٌ 意志，愿望，意愿

بِحَسَبِ إِرَادَتِهِ 按照他的意愿

(٤) رَائِدٌ جـ رُوَّادٌ م رَائِدَةٌ

向导，先驱，先行者，带头人

(٤) مُرَادٌ 意愿，目的

(٤) رُوسِيَا 俄罗斯

(٤) رُوسِيٌّ م رُوسِيَّةٌ 俄罗斯的；俄国人

*(٤) رَوَّضَ تَرْوِيضًا الْحَيَوَانَ أَوِ النَّهْرَ

驯，驯养，驯服

*(٢) رَوْضَةٌ جـ رِيَاضٌ 花园，园地

رَوْضَةُ الأَطْفَالِ 幼儿园

*(٢) اَلرِّيَاضُ 利雅得

*(٢) اَلرِّيَاضَةُ / اَلرِّيَاضَةُ الْبَدَنِيَّةُ 体育，体育锻炼

(٢) رِيَاضِيٌّ م رِيَاضِيَّةٌ 体育的

(٢) رِيَاضِيٌّ جـ رِيَاضِيُّونَ م رِيَاضِيَّةٌ

运动员；数学家

*(٤) اَلرِّيَاضِيَّاتُ / عِلْمُ الرِّيَاضِيَّاتِ 数学

(٨) رَائِضٌ وَمُرَوِّضٌ 驯兽师

(٦) رَاعَهُ ـُ رَوْعًا الأَمْرُ أَوِ الشَّيْءُ

使吃惊，使恐惧；使兴奋，使喜欢

(٤) رَوْعَةٌ 精彩，美妙，动人心魄

(٢) رَائِعٌ م رَائِعَةٌ 精彩的，美妙的，动人的

(٢) أَرْوَعُ 绝妙的，卓绝的，最动人的

(٦) رَاوَغَهُ مُرَاوَغَةً / خَادَعَهُ 诱骗

*(٤) رَاقَهُ ـُ رَوَاقًا الأَمْرُ 使高兴，使乐意

(٦) أَرَاقَ إِرَاقَةً الدَّمَ 流血，使流血

(٨) أَرَاقَ مَاءَ وَجْهِهِ 让他丢面子，丢他面子

(٨) رُوَاقٌ جـ أَرْوِقَةٌ 侧厅，门廊

(٨) رَائِقٌ م رَائِقَةٌ 清澈的

(٤) رَامَ ـُ رَوْمًا وَمَرَامًا الشيءَ 希望，想望

عَلَى مَا يُرَامُ 如意，顺心

(٤) رُومَا 罗马

(٤) رُومِيٌّ جـ رُومٌ 罗马的；罗马人

(٤) رُومَاتِزْم 风湿症

(٨) اَلرُّومَانْسِيَّةُ 浪漫主义

*(٤) رَوَى يَرْوِي رِوَايَةً الْقِصَّةَ 讲述，叙述

*(٤) رَوِيَ يَرْوَى رِيًّا الْحَقْلُ

灌满，吸足（水），饮够

*(٤) أَرْوَى يُرْوِي إِرْوَاءً الْحَقْلَ / رَوَاهُ يَرْوِيهِ

浇，灌溉

(٦) اِرْتَوَى اِرْتِوَاءً الْحَقْلُ （地）被浇灌

(٦) اِرْتَوَى الإِنْسَانُ أَوِ الْحَيَوَانُ مِنَ الْمَاءِ / رَوِيَ

喝饱，喝够，止渴，解渴

(٦) تَرَوَّى تَرَوِّيًا فِي الأَمْرِ 深思熟虑

(٤) اَلرَّيُّ 水利，灌溉

*(٢) رِوَايَةٌ ج رِوَايَاتٌ 故事，小说，传奇

رِوَايَةٌ بُولِيسِيَّةٌ 侦探小说

رِوَايَةٌ خَيَالِيَّةٌ 幻想小说

رِوَايَةٌ مُسَلْسَلَةٌ 章回小说

رِوَايَة قَصِيرَةٌ 中篇小说

(٦) رِوَائِيٌّ 小说家

(٨) رَيَّانُ م رَيَّا وَرَيَّانَةٌ ج رِوَاءٌ

喝饱了的；多液的；嫩绿的

(٨) اِرْتَابَ اِرْتِيَابًا فِي الشَّيْءِ 怀疑

*(٤) لاَ رَيْبَ فِيهِ 无疑

(٨) رِيبُورْتَاج / تَقْرِيرٌ صُحُفِيٌّ 报告文学

(٨) تَرَيَّثَ تَرَيُّثًا 慢，迟缓，稍候

(٨) رَيْثَمَا / وَقْتَمَا 以…时间为限，待到…时候

(٤) رِيشٌ ج رِيَاشٌ وَأَرْيَاشٌ اَلْوَاحِدَةُ رِيشَةٌ 羽毛

رِيشَةُ الْكِتَابَةِ 毛笔

(٨) رَيْعٌ 收入，收益；地租

(٦) فِي رَيْعَانِ الشَّبَابِ / فِي رَيْعَانِ الصِّبَا

风华正茂，豆蔻年华

*(٢) رِيفٌ ج أَرْيَافٌ 农村，乡村

(٨) رِيقٌ ج أَرْيَاقٌ / لُعَابٌ 口水，唾液

(٤) رِيَالٌ ج رِيَالاَتٌ 里亚尔（货币名）

*(٤) رَايَةٌ ج رَايَاتٌ 旗帜

الزاى

(٨) زِئْبَقٌ وزِئْبِقٌ　汞，水银

(٨) زَأَرَ ـِ زَئِيرًا الأَسَدُ　（狮）吼，咆哮

(٤) زَبِيبٌ　葡萄干

(٦) زَبَادِي ولَبَنُ الزَّبَادِي　酸奶；凝乳

(٨) زَبَدٌ (مِنَ الْمَاءِ واللَّبَنِ وَالْبَحْرِ وغَيْرِهَا) جـ أَزْبَادٌ / رَغْوَةٌ　泡沫

*(٤) زُبْدَةٌ　黄油，奶油

*(٤) زُبَالَةٌ وزِبَالَةٌ / قُمَامَةٌ / قَاذُورَاتٌ　垃圾

(٨) زَبَّالٌ　清洁工

*(٤) زُبُونٌ جـ زَبَائِنُ　顾客，买主

(٨) زَجَّ ـُ زَجًّا فُلانًا بِالشَّيْءِ　投，掷，扔；刺，插

(٨) زَجَّ فُلاَنًا فِي السِّجْنِ　投入监狱

*(٢) زُجَاجٌ　玻璃

(٢) زُجَاجَةٌ جـ زُجَاجَاتٌ　玻璃瓶

(٢) زُجَاجِيٌّ م زُجَاجِيَّةٌ　玻璃的

(٨) زَجَرَهُ ـُ زَجْرًا　呵斥，轰走

(٨) زُحَارٌ / دُوسِنْطَارِيَا　赤痢，痢疾

(٨) زَحْزَحَ زَحْزَحَةً الشَّيْءَ: حَرَّكَهُ　挪动，移动

(٤) زَحَفَ ـَ زَحْفًا　爬，爬行，蠕动

زَحَفَ الجَيْشُ　进军

(٦) زَحَّافٌ　爬行动物

(٨) زَحَّافَةٌ　耙；平路机

(٨) زُحَلُ　土星

(٨) زَحْلَقَ زَحْلَقَةً الشَّيْءَ / دَحْرَجَهُ　使滚动，使滑动

*(٤) تَزَحْلَقَ تَزَحْلُقًا عَلَى ...　滑动，滑行

(٦) زَاحَمَهُ مُزَاحَمَةً وزِحَامًا　挤，竞争

*(٤) اِزْدَحَمَ اِزْدِحَامًا الْمَكَانُ بِكَذَا　拥挤

*(٤) تَزَاحَمَ تَزَاحُمًا النَّاسُ　拥挤，挤成一团

مِنْ غَيْرِ تَزَاحُمٍ　不拥挤

(٢) زَحْمَةٌ / زِحَامٌ / اِزْدِحَامٌ　拥挤

*(٢) مُزْدَحِمٌ م مُزْدَحِمَةٌ　拥挤的

(٨) زَخَرَ ـَ زَخْرًا بِكَذَا / اِمْتَلأَ بِهِ　充满，涨满

(٨) زَاخِرٌ م زَاخِرَةٌ　充盈的，涨满的，洋溢的

(٨) زَخْرَفَهُ زَخْرَفَةً　美化，装饰

(٨) زُخْرُفٌ جـ زَخَارِفُ　装饰品

*(٤) زِرٌّ جـ أَزْرَارٌ　纽扣，扣子；开关

زِرٌّ كَهْرَبَائِيٌّ　电钮

ز

*(٢) زَرَعَ ـَ زَرْعًا وزِرَاعَةً الْحَبَّ والرُّزَّ وزرَعَ الأَرْضَ 种植，栽培，种田

(٦) زَرَعَ ـَ زِرَاعَةً أَعْضَاءَ الْجِسْمِ 移植

(٢) زَرْعٌ جـ زُرُوعٌ 庄稼

*(٢) زِرَاعَةٌ 耕作，农业

(٢) زِرَاعِيٌّ م زِرَاعِيَّةٌ 农业的

(٤) زَارِعٌ جـ زَارِعُونَ وزُرَّاعٌ / مُزَارِعٌ 庄稼人，农民

*(٤) مَزْرُوعٌ جـ مَزْرُوعَاتٌ 庄稼，农作物

*(٤) مَزْرَعَةٌ جـ مَزَارِعُ 农场，庄园

(٨) زَرَافَةٌ جـ زَرَافِيُّ وزُرَافَى 长颈鹿

(٨) اِزْرَقَّ اِزْرِقَاقًا: صار أَزْرَقَ 变成蓝色

*(٢) أَزْرَقُ جـ زَرْقَاءُ 蓝的，蓝色的

(٤) زَوْرَقٌ جـ زَوَارِقُ 舟，艇，小船

زَوْرَقُ طُورْبِيد 鱼雷快艇

زَوْرَقُ إِنْزَالٍ 登陆艇

(٨) زَرْكَشَ زَرْكَشَةً الْمَكَانَ / زَخْرَفَهُ 装饰

(٦) اِزْدَرَى اِزْدِرَاءً فُلَانًا 蔑视，看不起

*(٤) أَزْعَجَهُ إِزْعَاجًا 扰乱，打搅，添麻烦

(٤) مُزْعِجٌ م مُزْعِجَةٌ 麻烦的，打搅人的

(٦) زَعْزَعَهُ وبِهِ زَعْزَعَةً / حَرَّكَهُ بِشِدَّةٍ 撼动，震动

(٦) تَزَعْزَعَ تَزَعْزُعًا الشَّيْءُ / تَحَرَّكَ بِشِدَّةٍ 动摇，震动

(٦) زَعَقَ ـَ زَعْقًا / صَرَخَ 喊，叫，嚷

(٨) زَعِلَ ـَ زَعَلاً مِنْ كَذَا: تَأَلَّمَ وغَضِبَ 生气，恼火，不高兴

*(٤) زَعْلَانٌ م زَعْلَانَةٌ 生气的，恼火的，烦躁的，不悦的

*(٤) زَعَمَ ـُ زَعْمًا الأَمْرَ 佯称，妄称

(٦) زَعَامَةٌ 领导权，领导岗位

*(٤) زَعِيمٌ جـ زُعَمَاءُ 领袖，首领，头目

(٦) مَزْعُومٌ 所谓的，臆造的，虚构的

(٦) مَزْعَمٌ جـ مَزَاعِمُ 妄称

(٨) زَعَانِفُ الْقِرْشِ 鱼翅

(٨) زَغَبٌ 绒毛

(٨) زَغْرَدَتِ الْمَرْأَةُ （阿拉伯妇女）发出欢叫

(٨) زَغْرَدَةٌ جـ زَغَارِيدُ 女人的欢叫声

(٨) زِفْتٌ / أَسْفَلْت وقَار 柏油，沥青

(٦) زَفَرَ ـِ زَفْرًا وزَفِيرًا 呼气，吐气

(٨) زَفْرَةٌ جـ زَفَرَاتٌ 叹息，叹气，长叹

(٦) زَفَّ ـُ زَفًّا وزِفَافًا إِلَيْهِ الْعَرُوسَ أَوِ الْبُشْرَى 报喜；送亲

*(٦) زِفَافٌ 结婚

(٨) زَقْزَقَ زَقْزَقَةً الطَّائِرُ 小鸟吱吱地叫

(٤) زُقَاقٌ جـ أَزِقَّةٌ 胡同，小巷

*(٢) زُكَامٌ 感冒

(٦) اَلزَّكَاةُ 天课〔伊〕
(٤) زَكِيٌّ جـ أَزْكِيَاءُ م زَكِيَّةٌ 纯洁的，无辜的
(٦) زِلْزَالٌ جـ زَلَازِلُ / اَلْهَزَّةُ الأَرْضِيَّةُ 地震
(٨) تَزَلَّفَ تَزَلُّفًا إِلَى فُلَانٍ
接近，亲近，讨好，献媚
(٨) زُلْفَى 奉承，献媚
(٤) اِنْزَلَقَ اِنْزِلَاقًا / تَزَلَّقَ 滑，滑动，滑倒
اَلِانْزِلَاقُ عَلَى الْجَلِيدِ 滑冰
(٤) زَلِقٌ م زَلِقَةٌ / زَلِجٌ 滑溜的，光滑的
(٨) زَلَّاقٌ 泥泞的，滑溜的
(٨) زَلَّ ـِ زَلًّا وزَلَلًا فُلَانٌ 滑倒，失足
(٨) زَلَّةٌ جـ زَلَّاتٌ 失足，失误，小过，疏漏
(٨) زُلَالُ الْبَيْضِ 蛋白
(٨) زَمْجَرَ زَمْجَرَةً 吼，咆哮
(٨) زَمَّرَ وطَبَّلَ 吹吹打打，敲锣打鼓，大吹大擂
(٨) زُمْرَةٌ جـ زُمَرٌ 一群，一伙，一小撮
(٨) مِزْمَارٌ جـ مَزَامِيرُ 笛子
(٨) مِزْمَارٌ مُزْدَوِجٌ 双簧管
(٨) زُمُرُّدٌ 祖母绿，绿宝石
(٨) زَمْزَمُ 渗渗泉（麦加天房附近）
(٤) زَمْزَمِيَّةٌ جـ زَمْزَمِيَّاتٌ 水壶，水袋，热水瓶
(٨) مُزْمَعٌ عَلَيْهِ 决心做的（事），打算做的（事）
(٨) زَمَالَةٌ 同学或同事关系

*(٢) زَمِيلٌ جـ زُمَلَاءُ م زَمِيلَةٌ
同学，同事，同僚，伙伴
(٨) إِزْمِيلٌ 凿子
(٦) زِمَامٌ جـ أَزِمَّةٌ 缰绳
زِمَامُ الأَمْرِ 关键
زِمَامُ الْمُبَادَرَةِ 主动权
زِمَامُ الْحُكْمِ 统治权，权柄
لَمْ يَمْلِكْ زِمَامَ إِرَادَتِه 不能自制，情不自禁
(٨) أَزْمَنَ عَلَيْهِ الْمَرَضُ 久病不愈，患慢性病
(٦) تَزَامَنَ تَزَامُنًا الأَمْرُ مَعَ ...
与…同步，同期发生
(٨) مُتَزَامِنٌ م مُتَزَامِنَةٌ 同时的，同步的
*(٢) زَمَنٌ جـ أَزْمَانٌ / زَمَانٌ جـ أَزْمِنَةٌ
时间，时候，时期，时代
*(٤) مُزْمِنٌ م مُزْمِنَةٌ 长期的，慢性的
أَمْرَاضٌ مُزْمِنَةٌ 慢性病
(٨) زُنْبُرُكٌ 发条
*(٤) زِنْجِيٌّ جـ زُنُوجٌ 黑人
(٤) زَنْجَبِيل 姜
(٨) زَنْدٌ جـ زِنَادٌ 手腕
(٨) زِنْزَانَةٌ جـ زِنْزَانَاتٌ 牢房，囚室，单人牢房
(٨) زِنْك 锌
(٨) زَنَى ـِ زِنًى 私通，通奸

*(٤) زَوَّجَهُ امْرَأَةً أو بِهَا 许配，把她嫁给他

*(٤) تزَوَّجَ تزَوُّجًا امْرَأَةً أَوْ بِهَا 结婚，娶妻

(٨) تَزَاوَجَ تَزَاوُجًا 通婚；交织，交错在一起

*(٢) زَوْجٌ جـ أَزْوَاجٌ 丈夫；一对，一双

زَوْجُ الأُخْتِ 姐夫或妹夫

زَوْجُ الأُمِّ 继父

زَوْجُ الْعَمَّةِ 姑父

زَوْجُ الْخَالَةِ 姨父

*(٢) زَوْجَةٌ جـ زَوْجَاتٌ 妻子

*(٢) زَوَاجٌ 结婚，婚姻

*(٢) مُتَزَوِّجٌ جـ مُتَزَوِّجُونَ م مُتَزَوِّجَةٌ 已婚的

(٦) مُزْدَوِجٌ / اِزْدِوَاجِيٌّ

双重的，成双的，成对的

*(٤) أَزَاحَ إِزَاحَةً الشَّيْءَ 移开，搬掉；清除

*(٤) زَوَّدَهُ بِكَذَا يُزَوِّدُ تَزْوِيدًا 供应，供给

(٦) تزَوَّدَ بِكَذَا

带上…，以…武装起来，装备着…

*(٤) زَادٌ 干粮，旅途用食品

*(٢) زَارَ ـُ زِيَارَةً فُلَانًا أو مَكَانًا

参观，访问，探望

(٦) زَوَّرَ الشَّيْءَ / زَيَّفَهُ أو لَفَّقَهُ

伪造，作假；捏造，虚构，造谣

*(٢) زِيَارَةٌ جـ زِيَارَاتٌ 参观，访问

اِبْنُ زِنًى 私生子

(٨) زَانٍ م زَانِيَةٌ 奸夫；淫妇

(٨) زَهِدَ ـَ زُهْدًا فِيهِ وعَنْهُ 对…淡漠，冷漠

(٨) زَاهِدٌ جـ زُهَّدٌ وزُهَّادٌ 修士，隐士，修行者

(٨) زَهِيدٌ م زَهِيدَةٌ 渺小的，微不足道的，极少的

(٤) أَزْهَرَ إِزْهَارًا 开花

(٤) اِزْدَهَرَ اِزْدِهَارًا 兴旺，发达，繁荣

*(٢) زَهْرٌ جـ أَزْهَارٌ وزُهُورٌ اَلْوَاحِدَةُ زَهْرَةٌ جـ زَهَرَاتٌ

花，花朵

(٨) اَلزُّهْرَةُ 金星

(٤) زَهْرِيَّةٌ جـ زَهْرِيَّاتٌ / مَزْهَرِيَّةٌ 花瓶

(٤) زَاهِرٌ جـ زَاهِرَةٌ 开花的；鲜艳的，华丽的

*(٤) مُزْدَهِرٌ م مُزْدَهِرَةٌ 繁荣的，昌盛的

(٦) أَزْهَرُ م زَهْرَاءُ جـ زُهْرٌ

发光的，明亮的，光鲜的

اَلْجَامِعُ الأَزْهَرُ 艾资哈尔清真寺

(٦) أَزْهَرِيٌّ 在艾资哈尔学习或毕业的

اَلْجَامِعَةُ الأَزْهَرِيَّةُ 艾资哈尔大学

(٨) زَهَا ـُ زُهُوًّا وزَهَاءً الزَّهْرُ 繁茂，旺盛

*(٤) زُهَاءٌ / نَحْوٌ 大约，左右，差不多

(٤) زَاهٍ (الزاهِي) م زَاهِيَةٌ

繁茂的，鲜艳的，绚丽多彩的

(٨) زَوْبَعَةٌ / دَوَّامَةٌ هَوَائِيَّةٌ 旋风，飓风，大风

*(٢) زَائِرٌ جـ زَائِرُونَ وزُوَّارٌ م زَائِرَةٌ

参观者，客人，来宾

أُسْتَاذٌ زَائِرٌ 访问学者

(٨) مَزَارٌ جـ مَزَارَاتٌ

景观，名胜；圣徒旧居、陵园等

(٤) زَالَ ـُ زَوَالاً الشَّيْءُ 消失，逝去

*(٢) مَا زَالَ / لايَزَالُ 仍然，仍旧

*(٤) زَاوَلَ مُزَاوَلَةً الأَمْرَ 实施，从事，操持

*(٤) أَزَالَ إِزَالَةً الشَّيْءَ 消除，排除

(٨) زَائِلٌ 短促的，易逝的

(٤) زَاوِيَةٌ جـ زَوَايَا 角，角落

*(٢) زَيْتٌ جـ زُيُوتٌ 油

زَيْتُ كَبِدِ الْحُوتِ 鱼肝油

(٢) زَيْتِيٌّ م زَيْتِيَّةٌ 油的，油性的，油质的

صُورَةٌ زَيْتِيَّةٌ / لَوْحَةٌ زَيْتِيَّةٌ / رَسْمٌ زَيْتِيٌّ 油画

(٤) اَلزَّيْتُونُ 橄榄

*(٢) زَادَ ـِ زِيَادَةً ومَزِيداً الشَّيْءُ 增加，增长

*(٤) زَادَ الشَّيْءُ عَنْ كَذَا أَوْ عَلَيْهِ 超过

*(٢) زَادَ الشَّيْءَ 增加，补充

*(٢) اِزْدَادَ اِزْدِيَاداً الشَّيْءُ 增加，更加

زِيَادَةُ الطَّلَبِ عَنِ الْمَعْرُوضِ 供不应求

زِيَادَةُ الْمَعْرُوضِ عَنْ الطَّلَبِ 供过于求

(٨) مَزَادٌ عَلَنِيٌّ / بَيْعٌ بِالْمَزَادِ 公开拍卖，拍卖

(٢) زَائِدٌ م زَائِدَةٌ 额外的，多余的，过分的

بِسُرُورٍ زَائِدٍ / بِمَزِيدِ سُرُورٍ

非常高兴，格外高兴

(٨) زَائِدَةٌ دُودِيَّةٌ 盲肠，阑尾

(٤) مَزِيدٌ 增加的

(٨) مُزَايِدٌ 出价人，竞买人

*(٤) مُتَزَايِدٌ م مُتَزَايِدَةٌ 不断增长的，日益增长的

(٨) زَائِغٌ م زَائِغَةٌ 歪的，背斜的，背离的

(٦) زَيَّفَ النُّقُودَ أَوْ غَيْرَهَا 伪造，造假，捏造

(٤) مُزَيَّفٌ م مُزَيَّفَةٌ 假的，伪造的

(٤) زَيَّنَ تَزْيِينًا الشَّيْءَ 装饰，打扮，美化

*(٤) اِزْدَانَ اِزْدِيَانًا بِكَذَا فهو مُزْدَانٌ / تَزَيَّنَ تَزَيُّنًا بِهِ

被装饰，用…装点

(٤) زِينَةٌ جـ زِينَاتٌ 装饰品，饰物

(٤) مُزَيَّنٌ م مُزَيَّنَةٌ 被装饰的

*(٤) زِيٌّ جـ أَزْيَاءٌ 衣服，服饰；式样

السين

*(٢) سَ / سَوْفَ
将，将要（表示未来时间的虚词）

*(٢) سَأَلَ ـَ سُؤَالاً فُلاَنًا عَنْ كَذَا 问，询问，打听

(٤) سَأَلَهُ الأَمْرَ 要求，请求

*(٤) تَسَاءَلَ تَسَاءُلاً 探问，互相提问；自问，想

*(٢) سُؤَالٌ جـ أَسْئِلَةٌ 问题，疑问，要求

*(٤) مَسْأَلَةٌ جـ مَسَائِلُ 问题，事情

*(٢) مَسْؤُولٌ جـ مَسْؤُولُونَ م مَسْؤُولَةٌ 负责人

*(٢) مَسْؤُولِيَّةٌ جـ مَسْؤُولِيَّاتٌ 责任，职责

(٦) سَئِمَ ـَ سَأْمًا وسَآمَةً الشَّيْءَ ومِنْهُ
腻，厌倦，厌烦

(٤) سَبَّ ـُ سَبًّا فُلاَنًا 谩骂，诽谤

*(٤) سَبَّبَ تَسْبِيبًا الأَمْرَ 造成，引起，招致

*(٢) سَبَبٌ جـ أَسْبَابٌ 原因；手段，办法

بِسَبَبِ ... 由于

لِهَذَا السَّبَبِ بِالذَّاتِ 正是由于这个原因

(٦) أَسْبَابُ الرَّاحَةِ 便利，方便

(٨) سَبَبِيَّةٌ 因果关系，因果性

(٨) سَبَّابَةٌ 食指

*(٢) اَلسَّبْتُ / يَوْمُ السَّبْتِ 星期六

(٨) سُبَاتٌ 沉睡；昏睡〔医〕

*(٢) سَبْتَمْبَرُ / أَيْلُولُ 九月

*(٢) سَبَحَ ـَ سِبَاحَةً فِي الْمَاءِ 游泳，泅水

*(٢) سِبَاحَةٌ 游泳

اَلسِّبَاحَةُ الْحُرَّةُ 自由泳

اَلسِّبَاحَةُ عَلَى الصَّدْرِ 蛙泳

اَلسِّبَاحَةُ عَلَى الظَّهْرِ 仰泳

سِبَاحَةُ الْفَرَاشَةِ 蝶泳

(٢) مَسْبَحٌ جـ مَسَابِحُ / حَوْضُ السِّبَاحَةِ 游泳池

(٨) سُبْحَةٌ جـ سُبَحٌ ومَسْبَحَةٌ 串珠，念珠

(٨) سُبْحَانَ اللهِ 赞美真主

(٨) سَبَرَ ـِ سَبْرًا غَوْرَهُ 探查，摸底

*(٢) سَبُّورَةٌ جـ سَبُّورَاتٌ 黑板

*(٢) سَبْعٌ م سَبْعَةٌ 七

*(٢) سَبْعُونَ (سَبْعِينَ) 七十

(٢) السَّبْعِينَاتُ / السَّبْعِينِيَّاتُ 七十年代

*(٢) سَابِعٌ م سَابِعَةٌ 第七

*(٢) أُسْبُوعٌ جـ أَسَابِيعُ 星期，周

（٢）أُسْبُوعِيٌّ م أُسْبُوعِيَّةٌ 每周的，星期的

（٨）أَسْبَغَ عَلَيْهِ صِفَةً فُلَانِيَّةً 使具有某种特性

أَسْبَغَ عَلَيْهِ صِفَةً شَرْعِيَّةً 使合法化

（٨）سَابِغٌ جـ سَوَابِغُ

（生活）富足的；（衣服）宽大的

*（٤）سَبَقَهُ ـِ سَبْقًا (إِلَى كَذَا) 领先，超过

سَبَقَ لَهُ أَنْ فَعَلَ كَذَا 曾经…，以前…

لَمْ يَسْبِقْ لَهُ مَثِيلٌ 空前的，没有先例的

*（٤）سَابَقَ مُسَابَقَةً فُلَانًا 比赛，竞赛

*（٤）تَسَابَقُوا تَسَابُقًا / تَسَابَقَ مَعَ فُلَانٍ 争先恐后

*（٢）سِبَاقٌ جـ سِبَاقَاتٌ 比赛，竞赛

سِبَاقُ التَّتَابُعِ 接力赛

سِبَاقُ التَّسَلُّحِ أَوِ السِّبَاقُ عَلَى التَّسَلُّحِ

军备竞赛

*（٢）مُسَابَقَةٌ جـ مُسَابَقَاتٌ 比赛，竞争，较量

*（٢）سَابِقٌ جـ سَابِقُونَ م سَابِقَةٌ

领先的，先前的，前任的

سَابِقًا 过去，以前，以往

（٨）سَابِقَةٌ جـ سَوَابِقُ وسَابِقَاتٌ 先例；前科

（٦）أَسْبَقِيَّةٌ / أَوَّلِيَّةٌ / أَفْضَلِيَّةٌ 优先，优先权

（٨）سَبَكَ ـُ سَبْكًا الْفِضَّةَ 铸造

（٨）اَلسِّبَاكَةُ 铸造业

（٨）سَبِيكَةٌ جـ سَبَائِكُ 铸块，（金、银、钢…）锭

（٨）سَبَّاكٌ 铸造工；（维修）管儿工、管道工

*（٢）سَبِيلٌ جـ سُبُلٌ 道路，方法，手段

فِي سَبِيلِ ... 为了…，争取…

عَلَى سَبِيلِ الْمِثَالِ 例如，比方说

اِبْنُ السَّبِيلِ 路人，流浪汉

*（٢）سِتٌّ م سِتَّةٌ 六

*（٢）سِتُّونَ (سِتِّينَ) 六十

（٢）اَلسِّتِّينَاتُ / اَلسِّتِّينِيَّاتُ 六十年代

（٦）سَتَرَ ـُ سَتْرًا الشَّيْءَ 遮盖，隐藏，掩饰，隐蔽

（٦）تَسَتَّرَ تَسَتُّرًا عَلَى مُجْرِمٍ / آوَاهُ 窝藏罪犯

تَسَتَّرَ الشَّيْءُ / اخْتَفَى 隐蔽，隐藏

تَسَتَّرَ بِالشَّيْءِ 以…作掩护

（٨）اِسْتَتَرَ اِسْتِتَارًا الشَّيْءُ / تَغَطَّى 被遮盖

（٤）سِتَارٌ (سِتَارَةٌ) جـ سَتَائِرُ 帷幕，帘子

*（٤）سُتْرَةٌ جـ سُتَرٌ وسُتُرَاتٌ 短外衣，上衣

（٨）سْتُودِيُو وَ إِسْتُودِيُو

照相馆，摄影棚，电影制片厂

（٦）سَجَدَ ـُ سُجُودًا 跪拜，磕头

（٨）سَجَّادَةٌ جـ سَجَاجِيدُ 地毯，礼拜毯

*（٤）مَسْجِدٌ جـ مَسَاجِدُ 清真寺，礼拜寺

اَلْمَسْجِدُ الأَقْصَى

（耶路撒冷的）阿克萨清真寺，远寺

اَلْمَسْجِدُ الْحَرَامُ （麦加）圣寺

(٨) سَجْعٌ جـ أَسْجَاعٌ 有韵脚的散文，骈文

*(٤) سَجَّلَ تَسْجِيلاً الأَمْرَ 记录，登记，挂号，注册

*(٤) سِجِلٌّ جـ سِجِلاَّتٌ 注册本，登记簿

*(٢) مُسَجِّلٌ / آلَةُ التَّسْجِيلِ 录音机

(٤) مُسَجَّلٌ م مُسَجَّلَةٌ 挂号的，登记过的

(٦) اِنْسَجَمَ اِنْسِجَامًا مَعَ ... 协调，和谐

(٦) سَجَنَهُ ـُ سَجْنًا 监禁

*(٦) سِجْنٌ جـ سُجُونٌ 监狱

(٨) سَجَّانٌ 狱卒

(٨) سَجِينٌ جـ سُجَنَاءُ / مَسْجُونٌ جـ مَسَاجِينُ

囚犯，犯人

(٨) سَجِيَّةٌ جـ سَجَايَا: طَبِيعَةٌ

性情，气质，个性

*(٤) سَحَبَ ـَ سَحْبًا الشَّيْءَ 拉，拽，抽出；撤回

سَحْبُ الْبَضَائِعِ 提取货物

سَحْبُ الْقُوَّاتِ 撤军

سَحْبُ الْوَدَائِعِ 取款，提款

سَحْبٌ مَكْشُوفٌ 透支

(٦) اِنْسَحَبَ اِنْسِحَابًا مِنْ 撤退，撤离

*(٤) سَحَابٌ جـ سُحُبٌ الواحدة سَحَابَةٌ جـ سَحَائِبُ

云，云朵

(٨) سَحَجَ ـَ سَحْجًا الشَّيْءَ

刮平，刮皮；刨；擦伤

(٦) سَحَرَهُ ـَ سِحْرًا 对他施魔法，令他神魂颠倒

(٨) سِحْرٌ جـ أَسْحَارٌ 幻术，邪术

(٨) اَلسَّحُورُ: طَعَامُ السَّحَرِ وشَرَابُهُ 封斋饭〔伊〕

(٤) سَاحِرٌ سَحَرَةٌ م سَاحِرَةٌ

迷人的，神奇的；魔术师

(٨) سَحَقَ ـَ سَحْقًا الشَّيْءَ 粉碎，碾碎，捣碎

(٨) سَحِيقٌ م سَحِيقَةٌ 深远的，久远的

(٤) مَسْحُوقٌ جـ مَسَاحِيقُ 粉末，被粉碎的

*(٢) سَاحِلٌ جـ سَوَاحِلُ 海岸，海边，海滨

(٨) سَحْنَةٌ 容貌，仪表

*(٤) سَخِرَ ـَ سَخَرًا وسَخْرًا وسُخْرَةً مِنْهُ

嘲笑，挖苦，奚落，讥讽

(٦) سَخَّرَهُ تَسْخِيرًا 令服徭役，强制劳动

(٤) سُخْرِيَّةٌ 嘲笑，讽刺

(٤) سَاخِرٌ م سَاخِرَةٌ 嘲笑人的，挖苦人的

(٨) سُخْرَةٌ / أَعْمَالُ سُخْرَةٍ 苦役，徭役

(٨) سَخِطَ ـَ سُخْطًا فُلاَنًا وعَلَيْهِ: غَضِبَ عَلَيْهِ

生气，愤怒，愤慨

(٦) سَخِيفٌ م سَخِيفَةٌ 荒谬的，无聊的，庸俗的

(٤) سَخُنَ ـُ سُخُونَةً 变热

(٤) سَخَّنَ تَسْخِينًا الشَّيْءَ 加热，使变热

(٤) اَلتَّسْخِينُ / إِحْمَاءٌ (في الرياضة)

准备活动，热身

س

*(٢) سَاخِنٌ م سَاخِنَةٌ　热的

(٤) سَخّانَةٌ جـ سَخّانَاتٌ / مُسَخِّنٌ　加热器，热水器

(٨) سَخَاءٌ　慷慨，大方，豪爽

(٦) سَخِيٌّ جـ أَسْخِيَاءُ　慷慨的，大度的，豪爽的

جَوَائِزُ سَخِيَّةٌ　重奖

*(٤) سَدَّ ـُ سَدًّا الإِنَاءَ أَوِ الْبَابَ أَوِ الطَّرِيقَ أَوِ الْفَرَاغَ

堵，塞，填满；带上（门）

(٤) سَدَّ الْحَاجَةَ　满足需要

(٦) سَدَّدَ نَحْوَ ...　对准，瞄准

(٨) سَدَّدَ الدَّيْنَ　偿还债务

(٨) سَدَّدَ الْمُسَاهَمَاتِ　交纳会费

(٦) اِنْسَدَّ اِنْسِدَادًا　梗阻，堵塞

(٢) سَدٌّ جـ سُدُودٌ　水坝

اَلسَّدُّ الْعَالِي　高水坝

(٨) سَدٌّ مُتَبَادَلٌ لِلنَّوَاقِصِ (أَوْ الاِحْتِيَاجَاتِ)

取长补短

(٦) سَدَادٌ　正确，合理，适当

(٨) سَدَادًا لِكَذَا　为偿还，以支付

(٦) سَدِيدٌ م سَدِيدَةٌ　正确的

(٤) مَسْدُودٌ م مَسْدُودَةٌ　堵住的，不通的

*(٢) سَادِسٌ م سَادِسَةٌ　第六

(٤) سُدْسٌ وسُدُسٌ جـ أَسْدَاسٌ　六分之一

(٤) مُسَدَّسٌ جـ مُسَدَّسَاتٌ　手枪

(٦) أَسْدَلَ إِسْدَالًا السِّتَارَ　垂下，落幕

*(٦) سُدًى　白白地，徒劳地，无益地

(٦) سَذَاجَةٌ　单纯，幼稚，天真，质朴

(٤) سَاذَجٌ جـ سُذَّجٌ

单纯的，朴实的，天真的，幼稚的

(٦) تَسَرَّبَ تَسَرُّبًا فِي ...　渗入，渗透

تَسَرَّبَ الْخَبَرُ　走漏（消息）

(٨) سِرْبٌ جـ أَسْرَابٌ　群（指鸟、兽等）

(٨) سَرَابٌ　蜃景

(٨) سَرْجٌ جـ سُرُوجٌ　马鞍

(٨) سِرَاجٌ جـ سُرُجٌ　油灯

(٨) سَرَّحَ تَسْرِيحًا الْبَصَرَ　远望，眺望，放眼

(٦) سَرَّحَ جُنْدًا　解散，遣散，打发，复员

سَرَّحَ الشَّعْرَ　梳头

(٨) تَسْرِيحَةٌ / شَكْلُ تَسْرِيحَةٍ　发式（头发造型）

*(٢) مَسْرَحٌ جـ مَسَارِحُ / تِيَاتْرُو　剧院，剧场

*(٤) مَسْرَحِيَّةٌ جـ مَسْرَحِيَّاتٌ　戏剧，剧本

(٦) سَرَدَ ـِ سَرْدًا الْحَدِيثَ　叙述，陈述

(٨) سِرْدَابٌ جـ سَرَادِيبُ　地下室，地道，坑道

(٨) سُرَادِقٌ جـ سُرَادِقَاتٌ　帐篷，凉棚

(٨) سَرْدِين　沙丁鱼

*(٢) سَرَّهُ ـُ سُرُورًا الأَمْرُ　使高兴，令人愉快

يَسُرُّنِي أَنْ ...　令我感到高兴的是…

سُرَّ بِكَذَا 中意，喜欢，为…感到高兴

*(٢) سُرُورٌ 高兴，快乐，愉快

بِكُلِّ سُرُورٍ 非常高兴，十分乐意

(٨) سُرَّةُ الْبَطْنِ 肚脐眼

أَبُو السُّرَةِ 脐橙

(٨) اَلسَّرَّاءُ: اَلنِّعْمَةُ والرَّخَاءُ و الْمَسَرَّةُ 幸运

شَاطَرَهُ فِي السَّرَّاءِ والضَّرَّاءِ

与他同甘共苦，有福同享有难同当

(٨) اَلأَسَارِيرُ 额纹，掌纹；相貌，容貌

*(٤) سِرٌّ جـ أَسْرَارٌ 秘密，机密，诀窍

*(٤) سِرِّيٌّ م سِرِّيَّةٌ 秘密的，暗中的，私下的

*(٢) سَرِيرٌ جـ أَسِرَّةٌ 床，卧铺

*(٢) سَارٌّ م سَارَّةٌ 令人高兴的

خَبَرٌ سَارٌّ 好消息，喜讯

*(٢) مَسْرُورٌ جـ مَسْرُورُونَ م مَسْرُورَة

高兴的，愉快的

*(٤) سَرَطَانٌ 螃蟹；癌

*(٢) أَسْرَعَ إِسْرَاعًا فِي الْعَمَلِ أَوْ غَيْرِهِ

赶快，连忙，加紧

أَسْرَعَ إِلَى مَكَانٍ 奔向，奔赴，赶到

أَسْرِعْ! 快！快点儿！

*(٢) سُرْعَةٌ 快，迅速，速度

بِسُرْعَةٍ 很快地，迅速地

*(٤) سُرْعَانَ مَا ... 很快就…

*(٢) سَرِيعٌ م سَرِيعَةٌ 快的，迅速的

*(٤) أَسْرَفَ إِسْرَافًا الْمَالَ 挥霍，浪费

*(٢) سَرَقَ ـِ سَرَقًاوسَرِقًا وسَرِقَةً الشَّيْءَ 偷，盗窃

(٢) سَارِقٌ جـ وسُرَّاق وسَرَقَةٌ م سَارِقَةٌ

小偷，扒手，贼

(٨) اسْتَرَقَ النَّظَرَ أَوِ السَّمْعَ 偷看，偷听

(٨) سَرْوٌ 柏树

*(٢) سِرْوَالٌ جـ سَرَاوِيلُ 裤子

(٦) سَرَى يَسْرِي سُرًى وسَرَيَانًا الشَّيْءُ

传布，蔓延；夜行，潜行

(٦) سَرَي يَسْرِي سَرَيَانًا مَفْعُولُهُ 生效

(٨) اَلإِسْرَاءُ 夜行（特指先知穆罕默德夜行）

(٨) سَرِيَّةٌ جـ سَرَايَا 连队，支队

(٨) سَارِي الْمَفْعُولِ 生效的

(٨) سَارِيَةُ الْمَرْكَبِ جـ سَوَارٍ 桅杆（樯、桅）

(٨) اَلسُّرْيَانِيَّةُ 古叙利亚语

*(٤) سَطْحٌ جـ سُطُوحٌ 表面，平面；房顶

سَطْحُ الأَرْضِ 地面，地表

سَطْحُ الْمَاءِ 水面，水平面

(٤) سَطْحِيٌّ م سَطْحِيَّةٌ 表面的，肤浅的

(٢) سَطْرٌ جـ سُطُورٌ 行，字行

*(٤) أُسْطُورَةٌ جـ أَسَاطِيرُ 神话，传说，寓言

(٤) أُسْطُورِيٌّ م أُسْطُورِيَّةٌ

传奇的，神奇的，神话般的

(٢) مِسْطَرَةٌ جـ مَسَاطِرُ　尺子，画线尺

(٨) سَطَعَ ـَ سُطُوعًا النُّورُ ونَحْوُهُ

放光，放射，四散

(٢) سَاطِعٌ م سَاطِعَةٌ

耀眼的，灿烂的，光辉的

(٨) سَطْوَةٌ: نُفُوذٌ وسُلْطَةٌ　权势，势力，威力

(٤) سَعِدَ ـَ سَعَادَةً بِكَذَا

为…而感到幸福，为…而感到快乐

*(٤) أَسْعَدَ إِسْعَادًا فُلانًا　使幸福，使荣幸

يُسْعِدُنِي أَنْ ...　本人感到荣幸的是…

*(٢) سَاعَدَ مُسَاعَدَةً فُلانًا عَلَى كَذَا　帮助，帮忙

*(٢) سَعَادَةٌ　幸福，幸运，快乐

(٤) سَعَادَتُكُمْ　您阁下

(٢) مُسَاعَدَةٌ جـ مُسَاعَدَاتٌ　帮助，援助，支持

*(٢) اَلسُّعُودِيَّةُ　沙特（沙特阿拉伯）

(٢) سُعُودِيٌّ جـ سُعُودِيُّونَ م سُعُودِيَّةٌ　沙特人

(٤) سَاعِدٌ جـ سَوَاعِدُ　前臂，手臂

*(٢) سَعِيدٌ جـ سُعَدَاءُ م سَعِيدَةٌ　幸福的，幸运的

(٢) مُسَاعِدٌ جـ مُسَاعِدُونَ م مُسَاعِدَةٌ　助手

(٦) سَعَّرَ تَسْعِيرًا السِّلْعَةَ　定价

*(٢) سِعْرٌ جـ أَسْعَارٌ　价格，牌价，行情

سِعْرُ الْجُمْلَةِ　批发价

سِعْرُ الصَّرْفِ　汇率

أَسْعَارُ الْفَائِدَةِ　利率

(٨) اَلتَّسْعِيرُ الْجَبْرِيُّ　国家（官方）限价

(٨) تَسْعِيرَةُ الْعُمْلاتِ الأَجْنَبِيَّةِ　外汇行情

(٨) مَسْعُورٌ م مَسْعُورَةٌ　疯狂的，丧心病狂的

(٦) أَسْعَفَ إِسْعَافًا فُلانًا　急救，救护

(٤) إِسْعَافٌ جـ إِسْعَافَاتٌ　救护，救助

سَيَّارَةُ الإِسْعَافِ / عَرَبَةُ الإِسْعَافِ　急救车

(٨) سَعَفٌ جـ سُعُوفٌ　椰枣枝叶

(٤) سَعَلَ ـُ سُعَالاً / كَحَّ ـُ كَحًّا　咳嗽

*(٤) سَعَى يَسْعَى سَعْيًا لِكَذَا أَوْ إِلَيْهِ

致力于…，为…而奔走

سَعْيًا وَرَاءَ كَذَا　为…而努力

(٦) مَسْعًى جـ مَسَاعٍ (الْمَسَاعِي)　努力，尽力

(٦) سَاعٍ (السَّاعِي) جـ سُعَاةٌ

搬弄是非者；跑堂的，听差

سَاعِي الْبَرِيدِ　邮递员

(٨) سَفْحٌ جـ سُفُوحٌ　山脚，山麓

(٨) سَفَّاحٌ جـ سَفَّاحُونَ　刽子手

(٦) أَسْفَرَ إِسْفَارًا الأَمْرُ عَنْ كَذَا　产生…（结果）

أَسْفَرَتِ الْمَرْأَةُ عَنْ وَجْهِهَا

揭去面纱，露出面容

平面投影，平面图 مَسْقَطٌ أُفُقِيٌّ
故乡，家乡，出生地 مَسْقَطُ الرَّأْسِ
马斯喀特 (٨) مَسْقَط
天花板，顶棚，屋顶 (٤) سَقْفٌ جـ سُقُوفٌ
主教 (٨) أُسْقُفٌ جـ أَسَاقِفَةٌ وأَسَاقِفُ
带篷的，有顶棚的 (٨) مَسْقُوفٌ ومُسَقَّفٌ
台子，脚手架 (٨) سَقَالَةٌ جـ سَقَائِلُ
(٨) سَقِمَ ـَ سَقَمًا وسَقُمَ ـُ سُقْمًا وسَقَامًا: مَرِضَ أو
久病不愈 طَالَ مَرَضُهُ
久病的，病恹恹的，消瘦 (٨) سَقِيمٌ جـ سُقَمَاءُ
的；疲乏无力的；不良的，恶劣的
灌溉，浇水 *(٢) سَقَى يَسْقِي سَقْيًا الزَّرْعَ
饮牲口 سَقَى الدَّابَّةَ
喂水，给水喝 سَقَى فُلَانًا
(٨) اِسْتَقَى اِسْتِقَاءً فُلَانًا وَمِنْهُ وَمِنَ النَّهْرِ
要水（喝）；找水，汲水
打听消息，采访新闻 (٨) اِسْتَقَى الْخَبَرَ
(٨) سَاقِيَةٌ جـ سَاقِيَاتٌ وسَوَاقٍ (السَّوَاقِي)
水车；水渠，灌溉渠
水夫，卖水人 (٨) سَقَّاءٌ
班门弄斧 بَيْعُ الْمَاءِ فِي حَارَةِ السَّقَّائِينَ
倾倒，倾注 (٦) سَكَبَ ـُ سَكْبًا الْمَاءَ ونَحْوَهُ
沉默，不作声 (٢) سَكَتَ ـُ سُكُوتًا

破晓 أَسْفَرَ الْفَجْرُ والصُّبْحُ
旅行，出门 *(٢) سَافَرَ مُسَافَرَةً إِلَى مَكَانٍ
旅行 *(٢) سَفَرٌ جـ أَسْفَارٌ الْوَاحِدَةُ سَفْرَةٌ
大使馆 *(٤) سِفَارَةٌ جـ سِفَارَاتٌ
(٨) سُفْرَةٌ جـ سُفَرٌ
（摆上食物的）餐桌；干粮，干粮袋
(٦) سَافِرٌ م سَافِرَةٌ
不戴面纱的；明目张胆的，赤裸裸的
明目张胆地，赤裸裸地 بِصُورَةٍ سَافِرَةٍ
旅行者，旅客 *(٢) مُسَافِرٌ جـ مُسَافِرُونَ م مُسَافِرَةٌ
大使 *(٤) سَفِيرٌ جـ سُفَرَاءُ
嗜血者，杀人犯，屠夫 (٨) سَفَّاكٌ جـ سَفَّاكُونَ
最低的，最下部 *(٤) أَسْفَلُ جـ أَسَافِلُ م سُفْلَى
低的，矮的；下贱的 (٨) سَافِلٌ جـ سُفَّلٌ وسَفَلَةٌ
船，舰，船只 *(٢) سَفِينَةٌ جـ سُفُنٌ
愚昧的，无知的，不开窍的 (٨) سَفِيهٌ جـ سُفَهَاءُ
落下，掉下，倒下 *(٢) سَقَطَ ـُ سُقُوطًا الشَّيْءُ
不及格 سَقَطَ فِي الامْتِحَانِ
打倒帝国主义! لِيَسْقُطْ الاسْتِعْمَارُ
推翻，打倒 (٦) أَسْقَطَ إِسْقَاطًا الشَّيْءَ
取消国籍 إِسْقَاطُ الْجِنْسِيَّةِ
纷纷落下 *(٤) تَسَاقَطَ تَسَاقُطًا الشَّيْءُ
坠落处 *(٤) مَسْقَطٌ جـ مَسَاقِطُ

(٨) سَلْجَمٌ جـ سَلاَجِمُ 油菜
(٦) سَلَّحَ تَسْلِيحًا الْجَيْشَ 武装，装备
(٦) تَسَلَّحَ تَسَلُّحًا بِكَذَا 用…武装起来
*(٢) سِلاَحٌ جـ أَسْلِحَةٌ 武器，兵种
سِلاَحُ الطَّيَرَانِ 空军
سِلاَحُ الْمُشَاةِ / اَلْقُوَّاتُ الْبَرِّيَّةُ 陆军
سِلاَحُ الْبَحْرِيَّةِ 海军
سِلاَحُ الْمُدَرَّعَاتِ 装甲兵
اَلسِّلاَحُ الْمُضَادُّ لِلْكِيمَاوِيَّاتِ 防化兵
اَلأَسْلِحَةُ الْبِيُولُوجِيَّةُ 生物武器
اَلأَسْلِحَةُ النَّوَوِيَّةُ 核武器
اَلأَسْلِحَةُ الْجُرْثُومِيَّةُ 细菌武器
أَسْلِحَةُ النِّيُوتْرُون / اَلأَسْلِحَةُ النِّيُوتْرُونِيَّةُ
中子武器
أَسْلِحَةٌ فَتَّاكَةٌ 大规模杀伤武器
نَزْعُ السِّلاَحِ 裁军
*(٤) مُسَلَّحٌ جـ مُسَلَّحُونَ م مُسَلَّحَةٌ 被武装起来的
(٤) سُلَحْفَاةٌ جـ سَلاَحِفُ 乌龟
(٨) سَلَخَ ـُ سَلْخًا الذَّبِيحَةَ: نَزَعَ جِلْدَهَا 剥皮
(٨) سَلِسَ ـَ سَلَسًا وسَلاَسَةً وسُلُوسًا الشَّيْءُ
成柔顺的；流利，顺畅
سَلاَسَةُ الْكَلاَمِ 语言流畅
(٨) سَلِسٌ م سَلِسَةٌ 温顺的；流利的

(٦) أَسْكَتَهُ إِسْكَاتًا 使缄默，使不作声，叫他住口
(٢) سَاكِتٌ م سَاكِتَةٌ 不作声的，沉默的，静默的
*(٢) سُكَّرٌ 糖
قَصَبُ السُّكَّرِ 甘蔗
(٨) اَلسُّكَّرِيُّ / اَلْمَرَضُ السُّكَّرِيُّ 糖尿病
*(٤) سِكِرْتِيرٌ 书记，秘书
(٨) سِكِرْتَارِيَّةٌ 书记处，秘书处
(٨) سَكَّ ـُ سَكًّا النُّقُودَ 铸币，造币
*(٤) سِكَّةُ الْحَدِيدِ جـ سِكَكُ الْحَدِيدِ / اَلسِّكَّةُ
الْحَدِيدِيَّةُ جـ اَلسِّكَكُ الْحَدِيدِيَّةُ 铁路，铁道
*(٢) سَكَنَ ـُ سَكَنًا وسُكْنَى الدَّارَ أَوْ فِيهَا 居住
*(٤) سُكُونٌ / هُدُوءٌ 安静，寂静
(٢) سِكِّينٌ جـ سَكَاكِينُ 小刀，刀子
(٢) سَاكِنٌ م سَاكِنَةٌ 安静的，平静的
*(٢) سَاكِنٌ جـ سُكَّانٌ 居民
(٦) مُسَكِّنٌ جـ مُسَكِّنَاتٌ 镇静剂
*(٢) مَسْكَنٌ جـ مَسَاكِنُ 住所，住处，宿舍
*(٤) مِسْكِينٌ جـ مَسَاكِينُ 可怜的，穷困的
(٤) سَلَبَهُ ـُ سَلْبًا 抢夺，掠夺
*(٤) سَلْبِيٌّ م سَلْبِيَّةٌ 消极的
*(٤) أُسْلُوبٌ جـ أَسَالِيبُ 风格，方式，方法
(٨) سَالِبٌ م سَالِبَةٌ 负的
كَهْرَبِيَّةٌ سَالِبَةٌ 负电

(٨) سَلِيقَةٌ جـ سَلاَئِقُ	本能，本性
*(٤) مَسْلُوقٌ جـ مَسْلُوقَةٌ	煮过的，炖熟的
(٤) سَلَكَ ــُ سُلُوكًا الطَّرِيقَ	走路
(٤) سِلْكٌ جـ أَسْلاَكٌ	线，丝，金属丝；界
اَلسِّلْكُ السِّيَاسِيُّ	政界
سِلْكُ النَّمْلِيَّةِ / مُنْخُلُ الشُّبَّاكِ	纱窗
(٤) سِلْكِيٌّ م سِلْكِيَّةٌ	金属丝的；有线的
لاَسِلْكِيٌّ م لاَسِلْكِيَّةٌ	无线的，无线电的
*(٤) سُلُوكٌ	行为，品行，举止
*(٤) تَسَلَّلَ تَسَلُّلاً إِلَى مَكَانٍ	潜入，溜到某处
*(٢) سَلَّةٌ جـ سِلاَلٌ وسَلاَّتٌ	篮子，筐子
سَلَّةُ الْمُهْمَلاَتِ	字纸篓
(٨) اَلسُّلُّ / مَرَضُ السُّلِّ	肺病，肺结核
(٨) سُلاَلَةٌ	子孙后代，后裔；世系，家族
(٤) سَلِمَ ــَ سَلاَمًا وسَلاَمَةً	完好；安全；平安
سَلِمَ مِنْ ...	幸免，免遭，没有
*(٢) سَلَّمَ تَسْلِيمًا عَلَيْهِ	问候，致意
(٢) سَلَّمَهُ إِلَى فُلاَنٍ	递交，交给
(٤) سَلَّمَ بِالأَمْرِ	承认，接受，采纳
(٦) سَالَمَهُ مُسَالَمَةً	和平相处
(٦) أَسْلَمَ إِسْلاَمًا / تَدَيَّنَ بِالإِسْلاَمِ	皈依伊斯兰教
*(٤) تَسَلَّمَ تَسَلُّمًا الشَّيْءَ	接到，收到
(٦) اِسْتَلَمَ الشَّيْءَ	接到，收到，领受，领取
كَلاَمٌ سَلِسٌ	流畅的语言
*(٤) سِلْسِلَةٌ جـ سَلاَسِلُ	链子；系列；串
سِلْسِلَةُ الْجِبَالِ	山脉
*(٤) مُسَلْسَلٌ تِلِفِزْيُونِيٌّ	电视连续剧
(٨) سَلَّطَهُ تَسْلِيطًا عَلَى كَذَا	赋予权力
(٦) تَسَلَّطَ تَسَلُّطًا عَلَى كَذَا	统治，控制，管辖
*(٤) سُلْطَةٌ جـ سُلُطَاتٌ	权，权力；当局
سُلْطَةُ الْحُكْمِ	统治权，政权
*(٤) سُلْطَانٌ جـ سَلاَطِينُ	君主，国王，苏丹
*(٤) سَلْطَنَةُ عُمَانَ	阿曼苏丹国
(٢) سُلْطَانِيَّةٌ جـ سُلْطَانِيَّاتٌ	碗，饭碗
(٤) سَلَطَةٌ / سَلاَطَةٌ	凉拌菜，沙拉
*(٢) سِلْعَةٌ جـ سِلَعٌ	商品，货物
سِلَعٌ مُعْفَاةٌ	免税商品
سِلَعٌ مُعَمَّرَةٌ	耐用品
سِلَعٌ مُعَادٌ تَصْدِيرُهَا	复出口商品
(٦) سَلَفٌ جـ أَسْلاَفٌ	祖先，先辈，前人
(٨) سَلَفًا	事先，预先
(٦) سَلَّفَهُ تَسْلِيفًا / أَقْرَضَهُ	借钱给他
(٨) تَسْلِيفٌ جـ تَسْلِيفَاتٌ	信贷，信用，贷款
(٨) سُلْفَاتٌ	硫酸盐
(٤) سَلَقَ ــُ سَلْقًا الشَّيْءَ	煮，炖
*(٤) تَسَلَّقَ تَسَلُّقًا الْجَبَلَ	爬山，攀登

(٦) مِنَ الْمُسَلَّمِ بِهِ أَنَّ ...
得到公认的是，无可争辩的是

(٨) سُلَيْمَانُ 苏莱曼（所罗门）

(٨) سِلِنْدَرٌ جـ سِلِيْدَرَاتٌ / أُسْطُوَانَةٌ
汽缸；圆柱；圆桶

(٦) سَلاَّهُ تَسْلِيَةً 使快乐，安慰

*(٤) تَسَلَّى يَتَسَلَّى تَسَلِّيًا بِكَذَا 娱乐，消遣，解闷

*(٤) تَسْلِيَةٌ جـ تَسْلِيَاتٌ 娱乐，消遣

(٨) سَلْوَى 娱乐，欢乐；慰藉，安慰

*(٢) سَمَحَ ـَ سَمَاحًا لَهُ بِكَذَا 允许，许可

لَوْ سَمَحْتَ 请允许，劳驾

(٤) سَامَحَهُ مُسَامَحَةً 宽容，原谅

(٦) تَسَامَحَ تَسَامُحًا فِي كَذَا 宽容，谅解

(٤) مَسْمُوحٌ بِهِ 允许的，许可的

(٨) سَمَّدَ تَسْمِيدًا الأَرْضَ 施肥

*(٤) سَمَادٌ جـ أَسْمِدَةٌ 肥料

سَمَادٌ كِيمَاوِيٌّ 化肥

(٨) سَمَرٌ / مُسَامَرَةٌ 夜谈

*(٢) أَسْمَرُ م سَمْرَاءُ 褐色的，棕色，浅黑色

(٤) مِسْمَارٌ جـ مَسَامِيرُ 钉子

مِسْمَارٌ لَوْلَبِيٌّ 螺丝钉

(٦) سَمْسَرَ سَمْسَرَةً فُلاَنٌ
牵线，搭桥，做中间人，做经纪人

*(٤) اِسْتَسْلَمَ اِسْتِسْلاَمًا 投降，屈服

(٢) سِلْمٌ / سَلاَمٌ 和平，安宁

*(٢) سَلاَمٌ 和平；问候，致意，敬礼

يَا سَلاَمُ! 哎呀！天哪！

اَلسَّلاَمُ عَلَيْكُمْ! 祝您（你）平安（穆斯林问候语）！您（你）好！大家好！

وَعَلَيْكُمُ السَّلاَمُ! 祝您（你）平安（穆斯林答问候语）！您（你）好！大家好！

اَلسَّلاَمُ الْوَطَنِيُّ 国歌

(٢) سِلْمِيٌّ م سِلْمِيَّةٌ 和平的；和平主义者

*(٤) سَلاَمَةٌ 完整，安全，平安

مَعَ السَّلاَمَةِ 再见，一路平安

سَلاَمَةُ الْوَطَنِ 祖国的安全

*(٤) سُلَّمٌ جـ سَلاَلِمُ 梯子，阶梯

(٨) تَسْلِيمُ (الْمُجْرِمِينَ) 引渡

(٨) اَلتَّسْلِيمُ 交货，交割

*(٢) اَلإِسْلاَمُ 伊斯兰教

(٢) إِسْلاَمِيٌّ م إِسْلاَمِيَّةٌ 伊斯兰教的，清真的

(٨) اِسْتِلاَمُ الْبَضَائِعِ 收货，提货

*(٢) سَلِيمٌ م سَلِيمَةٌ
健康的，正常的，完好的，平安无事的

*(٢) مُسْلِمٌ جـ مُسْلِمُونَ م مُسْلِمَةٌ
伊斯兰教徒，穆斯林

س

(٨) سَمْسَرَةٌ 经纪业；经纪费，佣金，手续费

(٨) سِمْسَارٌ جـ سَمَاسِرَةٌ 经纪人，掮客，代理

(٤) سِمْسِمٌ 芝麻

*(٢) سَمِعَ ـَ سَمْعًا وسَمَاعَةً الصَّوْتَ أَوْ بِهِ

听，听见，听到，听说

(٤) أَسْمَعَهُ إِسْمَاعًا 让人听，给人听

*(٢) اِسْتَمَعَ اِسْتِمَاعًا إِلَيْهِ 倾听，收听，听取

(٢) سَمْعٌ جـ أَسْمَاعٌ 听觉，听力

سَمْعًا وطَاعَةً 是，遵命

*(٤) سُمْعَةٌ 名声，声誉，声望

(٢) سَمَّاعَةٌ 听诊器，耳机，听筒

*(٢) مُسْتَمِعٌ جـ مُسْتَمِعُونَ م مُسْتَمِعَةٌ 听众，旁听生

*(٢) سَمَكٌ جـ أَسْمَاكٌ اَلْوَاحِدَةُ سَمَكَةٌ 鱼

(٤) سُمْكٌ / سَمَاكَةٌ 厚，厚度

(٨) سِمَاكَةٌ 渔业

*(٤) سَمِيكٌ م سَمِيكَةٌ 厚的

(٨) سَمْكَرِي جـ سَمْكَرِيَّةٌ

钣金工，铁皮工，洋铁匠

(٨) سَمَلٌ جـ أَسْمَالٌ 破衣烂衫

(٦) تَسَمَّمَ تَسَمُّمًا بِكَذَا 中毒

(٤) سُمٌّ جـ سُمُومٌ 毒素，毒药

*(٤) سَامٌّ م سَامَّةٌ 有毒的，分泌毒液的

(٦) مَسْمُومٌ م مَسْمُومَةٌ 中毒的；下过毒的

(٨) مَسَامُّ الْجِلْدِ 毛孔，汗孔

(٤) سَمْنٌ 黄油，奶油

(٤) سِمْنَةٌ 肥胖

*(٢) سَمِينٌ م سَمِينَةٌ 肥的，胖的

(٦) سَمَا يَسْمُو سُمُوًّا 崇高，高尚

*(٢) سَمَّاهُ كَذا وبِكَذَا يُسَمِّي تَسْمِيَةً

命名，把他叫做

(٦) سُمُوٌّ / عُلُوٌّ 高贵，高尚

صَاحِبُ السُّمُوِّ 亲王殿下，殿下

*(٢) سَمَاءٌ جـ سَمَوَاتٌ وسَمَاوَاتٌ 天，天空，上空

*(٢) اِسْمٌ جـ أَسْمَاءٌ 名字，姓名，名称；名词

بِاسْمِ ... 以…的名义，代表某人

بِاسْمِ اللهِ 以真主的名义

(٢) اِسْمِيٌّ م اِسْمِيَّةٌ 名义上的；名词的

*(٤) سَامٍ (اَلسَّامِي) م سَامِيَةٌ 崇高的，高尚的

(٨) مُسَمًّى م مُسَمَّيَاتٌ 被称为；有确定含义的，

指称对象，定义，概念

أَجَلٌ غَيْرُ مُسَمًّى 无定期，无限期

كَانَ اِسْمًا مِنْ غَيْرِ مُسَمًّى 名存实亡

مُسَمَّيَاتُ الأَهْلِ 称谓

اَلْمُسَمَّيَاتُ الْعِلْمِيَّةُ 科学定义

(٤) أَسْمَى 最崇高的

(٨) سَامِيٌّ م سَامِيَّةٌ 闪族的，闪语的

(٤) سَنْدَوِيش / سَنْدَوِتش 夹心面包，三明治

(٨) سَنْط 阿拉伯胶树

(٨) سَنَامُ الْجَمَلِ جـ أَسْنِمَةٌ 驼峰

*(٢) سِنٌّ جـ أَسْنَانٌ 牙齿；年龄，年岁（阴性）

سِنُّ الرُّشْدِ 成年

سِنُّ الدِّرَاسَةِ 学龄

(٨) سُنَّةٌ جـ سُنَنٌ

逊奈，圣训，先知言行录，经外教法

أَهْلُ السُّنَّةِ 逊尼派（正统派）〔伊〕

*(٢) مُسِنٌّ جـ مُسِنُّونَ م مُسِنَّةٌ 年长的，上了年纪的

(٨) مُسَنَّنٌ م مُسَنَّنَةٌ 带齿的，锯齿形的

(٨) مِسَنٌّ جـ مِسَنَّاتٌ 砂轮，磨刀石

*(٢) سَنَةٌ جـ سَنَوَاتٌ 年，岁

سَنَةٌ دِرَاسِيَّةٌ 学年

سَنَةٌ مِيلَادِيَّةٌ 公历年

سَنَةٌ قَمَرِيَّةٌ 阴历年

سَنَةٌ هِجْرِيَّةٌ 回历年

سَنَةٌ عَادِيَّةٌ 平年

سَنَةٌ كَبِيسَةٌ 闰年

(٢) سَنَوِيٌّ م سَنَوِيَّةٌ 年度的，周年的

(٤) اَلسُّنُونُو 燕子

(٦) تَسَنَّى يَتَسَنَّى تَسَنِّيًا لَهُ الأَمْرُ

容易，好办，顺利

(٨) اَللاَّسَامِيَّةُ 排犹主义

(٨) سُنْبُلَةٌ جـ سَنَابِلُ 谷穗

(٨) سَنْتِيغْرَاد 摄氏

(٤) سَنْتِيمِتْرٌ جـ سَنْتِيمِتْرَاتٌ 公分，厘米

*(٤) سَنَحَتْ ـَ سُنْحًا و سُنُوحًا لَهُ الْفُرْصَةُ

适逢良机，碰巧

(٤) سَانِح م سَانِحَةٌ 机会，良机

فُرْصَةٌ سَانِحَةٌ 良机

(٦) أَسْنَدَ إِسْنَادًا إِلَيْهِ الأَمْرَ 责成，委托

*(٤) سَانَدَهُ مُسَانَدَةً 支持，帮助，扶助

*(٤) اِسْتَنَدَ اِسْتِنَادًا إِلَى كَذَا 依靠，倚仗，依据

(٦) سَنَدٌ جـ أَسْنَادٌ 支柱，靠山

(٦) سَنَدٌ جـ سَنَدَاتٌ 票据，单据，债券

سَنَدُ جِنْسِيَّةِ السَّفِينَةِ 船籍证书

سَنَدُ الْكَفَالَةِ (أَوِ الضَّمَانِ) 担保证书

سَنَدٌ مَالِيٌّ (مَصْرِفِيٌّ) 有价证券，金融债券

(٨) مُسْنَدٌ 谓语

(٨) مُسْنَدٌ إِلَيْهِ 主语

(٦) مُسْتَنَدٌ جـ مُسْتَنَدَاتٌ

支柱；凭证，单据，原件

مُسْتَنَدُ الْعَطَاءِ 标书

مُسْتَنَدُ الْمِلْكِيَّةِ 地契，房契，产权证书

(٨) مِسْنَدٌ جـ مَسَانِدُ 靠垫，靠枕，圈椅的扶手

(٨) سَنَاءٌ: بَهَاءٌ　辉煌，华丽

(٨) أَسْهَبَ إِسْهَابًا فِي الْكَلَامِ　细说，详述

*(٤) سَهِرَ ـَ سَهَرًا　熬夜，不眠

(٤) سَهْرَةٌ جـ سَهَرَاتٌ　晚会

(٤) سَاهِرٌ جـ سُهَّارٌ م سَاهِرَةٌ　熬夜的，不眠的

حَفْلَةٌ سَاهِرَةٌ　晚会

*(٤) سَهُلَ ـُ سُهُولَةً عَلَيْهِ الأَمْرُ　容易

*(٤) سَهَّلَ تَسْهِيلاً عَلَيْهِ الأَمْرَ　使容易，提供方便

(٦) تَسَاهَلَ تَسَاهُلاً مَعَهُ　宽容，姑息

*(٢) سُهُولَةٌ　容易，方便

(٢) إِسْهَالٌ　腹泻，泻肚

(٤) تَسْهِيلَاتٌ　方便，优惠

*(٢) سَهْلٌ م سَهْلَةٌ

平坦的；容易的，方便的，简便的

مِنَ السَّهْلِ أَنْ ...　…是容易的，好办

*(٢) سَهْلٌ جـ سُهُولٌ　平原

(٨) مُسْهِلٌ　泻药

(٦) أَسْهَمَ إِسْهَامًا فِي كَذَا　入股；做贡献

*(٢) سَاهَمَ مُسَاهَمَةً فِي كَذَا　参与，做贡献

(٨) سَهْمٌ جـ سِهَامٌ　箭

(٦) سَهْمٌ جـ أَسْهُمٌ　股份，股票

(٨) إِسْهَامٌ جـ إِسْهَامَاتٌ　贡献

(٢) مُسَاهَمَةٌ جـ مُسَاهَمَاتٌ　贡献

(٨) سَاهِمُ الْوَجْهِ　面色苍白

(٨) مُسَاهِمٌ جـ مُسَاهِمُونَ　股东，持股人

(٨) سَاءَ بِهِ ظَنًّا وَأَسَاءَ بِهِ الظَّنَّ　猜忌，多心

(٨) سَاءَهُ أَنْ فَعَلَ كَذَا

（让）他感到痛心的是，不幸的是，他不情愿

(٦) أَسَاءَ إِسَاءَةً الشَّيْءَ　弄糟，做坏，损害

(٦) أَسَاءَ إِلَيْهِ　伤害，触犯，得罪，使不悦

(٦) اِسْتَاءَ اِسْتِيَاءً مِنْهُ وَمِنَ الأَمْرِ　不悦，不满，生气

*(٤) سُوءٌ جـ أَسْوَاءٌ

坏，坏事，祸害，损害，不幸，糟糕

سُوءُ الْفَهْمِ / سُوءُ التَّفَاهُمِ　误解

*(٢) سَيِّءٌ م سَيِّئَةٌ　坏的，不好的，恶劣的

(٢) أَسْوَأُ　更坏的，最坏的

(٨) مَسَاءَةٌ جـ مَسَاوِئُ　坏处，弊端，劣迹

(٢) سَاحَةٌ جـ سَاحَاتٌ　庭院，广场，空地

*(٤) سَادَ ـُ سِيَادَةً وَسُؤْدُدًا قَوْمَهُ

统领，统治，主导，管理，支配

سَادَ الشَّيْءُ　占上风，盛行，普遍，笼罩

سَادَ السُّكُونُ　一片寂静

(٤) اِسْوَدَّ يَسْوَدُّ اِسْوِدَادًا الشَّيْءُ　变黑

(٤) سِيَادَةٌ　主权；阁下

(٤) سَوَادٌ　黑，黑色；大多数；瞳孔

*(٢) اَلسُّودَانُ　苏丹

(٨) سُوسْتَةٌ / سَحَّابٌ　拉锁，拉链

(٨) سَوْطٌ جـ سِيَاطٌ وأَسْوَاطٌ　鞭子

*(٢) سَاعَةٌ جـ سَاعَاتٌ　小时，钟，表

سَاعَةُ يَدٍ / سَاعَةٌ يَدَوِيَّةٌ　手表

سَاعَةٌ مُنَبِّهَةٌ　闹钟

(٨) اِسْتَسَاغَ اِسْتِسَاغَةً الطَّعَامَ　认为可口，觉得可口

(٦) سَائِغٌ م سَائِغَةٌ　美味的，可口的，易于食用的

(٨) سَوَّفَ وسَوَّفَ فُلَانًا أَوِ الأَمْرَ　拖延，拖拉

(٢) سَوْفَ　将，将要

*(٢) مَسَافَةٌ جـ مَسَافَاتٌ　距离，间隔

*(٢) سَاقَ ـُ سَوْقًا وسِيَاقًا الْمَاشِيَةَ　赶，驾驶，驱使

(٦) سَوَّقَ تَسْوِيقًا الْبِضَاعَةَ　投放市场，营销，推销

(٨) اِنْسَاقَ اِنْسِيَاقًا إِلَى ...

被驱赶；被牵进…，裹入

(٤) سَاقٌ جـ سُوقٌ وسِيقَانٌ

腿，小腿；茎，梗（阴性）

*(٢) سُوقٌ جـ أَسْوَاقٌ　市场，集市

اَلسُّوقُ الْمَرْكَزِيَّةُ / سُوبَرْمَارْكَتْ　自选市场

سُوقُ الْبِضَاعَةِ الْحَاضِرَةِ　现货市场

اَلسُّوقُ الْعَرَبِيَّةُ الْمُشْتَرَكَةُ　阿拉伯共同市场

(٨) سِيَاقُ الْكَلَامِ　上下文，语境

*(٢) سَائِقٌ جـ سَائِقُونَ وسَاقَةٌ وسُوَّاقٌ / سَوَّاقٌ

司机，驾驶员

(٢) سُودَانِيٌّ جـ سُودَانِيُّونَ م سُودَانِيَّةٌ

苏丹的，苏丹人

*(٢) أَسْوَدُ جـ سُودٌ م سَوْدَاءُ　黑的，黑色的

*(٢) سَيِّدٌ جـ سَادَةٌ وَ أَسْيَادٌ

先生，老爷，主人，主子

*(٢) سَيِّدَةٌ جـ سَيِّدَاتٌ　太太，夫人，女士

(٨) مُسْوَدَّةٌ ومُسَوَّدَةٌ　初稿，底稿，草稿

(٨) سَاوَرَهُ مُسَاوَرَةً الأَمْرُ　缠绕，涌上心头

سَاوَرَهُ الْقَلَقُ　忧心忡忡

(٢) سُورٌ جـ أَسْوَارٌ　城墙，围墙，栏杆，篱笆

سُورُ الصِّينِ الْعَظِيمُ　长城

(٦) سُورَةٌ (مِنَ الْقُرْآنِ) جـ سُوَرٌ وسُورٌ وسُورَاتٌ

وسُوَرَاتٌ　（《古兰经》的）章

(٨) سِوَارٌ جـ سُورٌ وأَسْوِرَةٌ　手镯

*(٢) سُورِيَا　叙利亚

(٢) سُورِيٌّ جـ سُورِيُّونَ م سُورِيَّةٌ

叙利亚的；叙利亚人

(٨) تَسَوَّسَتِ السِّنُّ تَسَوُّسًا　牙被蛀

(٨) سُوسٌ وَاحِدَتُهُ سُوسَةٌ جـ سِيسَانٌ　蛀虫

*(٢) سِيَاسَةٌ جـ سِيَاسَاتٌ　政治，政策，方针

سِيَاسَةُ الانْفِتَاحِ　开放政策

(٢) سِيَاسِيٌّ جـ سِيَاسِيُّونَ وسَاسَةٌ م سِيَاسِيَّةٌ

政治的；政治家，政客

(٦) تَسَوَّلَ تَسَوُّلاً إلى فُلَانٍ 乞讨，要饭

(٦) سَاوَمَهُ مُسَاوَمَةً 讨价还价

(٦) تَسَاوَمَا السِّلْعَةَ وفِيهَا 讨价还价

*(٤) مُسَاوَمَةٌ جـ مُسَاوَمَاتٌ 议价，讨论还价

(٨) اَلسُّونَا / اَلْحَمَّامُ الْبُخَارِيُّ 蒸汽浴室，桑拿浴

(٤) سَوَّى يُسَوِّي تَسْوِيَةً الشَّيْءَ والأَرْضَ وغَيْرَهُمَا

平整（土地），弄平；解决（问题）

*(٤) سَاوَى مُسَاوَاةً الشَّيْءَ 相等，等于

لاَ يُسَاوِي شَيْئًا 微不足道，分文不值

(٨) اِسْتَوَى اِسْتِوَاءً 成为直的，成为端正的；

（果实、饭）熟了，得了

*(٤) سَوَاءٌ 相同，相等，一样

سَوَاءٌ أَ كَانَ ...أَمْ ...

不管…还是…都一样

عَلَى السَّوَاءِ / سَوَى سَوَى / زَيّ بَعْض

相等地，一样

*(٤) سِوَى 除了，除外

(٤) سَوِيًّا / سَوِيَّة 一起，一道，共同

(٨) تَسْوِيَةُ الْحِسَابَاتِ 结账，结算

(٨) تَسْوِيَةُ الْمُطَالَبَاتِ 理赔

(٦) اَلْمُسَاوَاةُ 平等

عَلَى قَدَمِ الْمُسَاوَاتِ 在平等的基础上

(٦) (خَطُّ) الاِسْتِوَاءِ 赤道

*(٤) لاَ سِيَّمَا 特别是，尤其是

*(٢) مُسْتَوَى جـ مُسْتَوَيَاتٌ 水平，级别

(٤) مُتَسَاوٍ (اَلْمُتَسَاوِي) م مُتَسَاوِيَةٌ

相等的，等值的

(٤) اَلسُّوَيْس 苏伊士

(٨) اِنْسَابَ يَنْسَابُ اِنْسِيَابًا الْمَاءُ 流动，淌

(٨) اِنْسِيَابِيٌّ م اِنْسِيَابِيَّةٌ 流线型的

(٨) سِيَاجٌ جـ سِيَاجَاتٌ 篱笆，栅栏，围墙

(٤) سِيجَارَةٌ جـ سَجَائِرُ 香烟，纸烟

*(٤) سِيَاحَةٌ 旅游，旅游业

(٤) سِيَاحِيٌّ م سِيَاحِيَّةٌ 旅游的

(٤) سَائِحٌ جـ سُيَّاحٌ و سُوَّاحٌ وسَائِحُونَ

旅游者，旅行家

*(٢) سَارَ ـِ سَيْرًا 走路，步行，行进；进展

(٤) سَارَ عَلَى سِيَاسَةِ كَذَا 遵循，奉行

(٨) سَيَّرَهُ تَسْيِيرًا 使行走，使运转

(٦) سَايَرَهُ مُسَايَرَةً: وَاكَبَهُ

同行，一块儿走，按着…去做

سَايَرَ الظُّرُوفَ 适应环境

سَايَرَ فُلاَنًا 迁就，迎合

(٨) سَيْرٌ جـ سُيُورٌ 皮带，传动带

(٦) سِيرَةٌ جـ سِيَرٌ 名声；记事，传记

*(٤) سَائِرُ الشَّيْءِ 其余的，剩下的

*(٢) سَيَّارَةٌ جـ سَيَّارَاتٌ 汽车
سَيَّارَةُ الأُجْرَةِ / تَاكْسِي 出租汽车
سَيَّارَةٌ خَاصَّةٌ 私人汽车
سَيَّارَةُ شَحْنٍ / سَيَّارَةُ نَقْلٍ / لُورِي 载重汽车
سَيَّارَةٌ عَامَّةٌ / أُوتُوبِيس 公共汽车
(٦) مَسَارٌ جـ مَسَارَاتٌ 轨道，路径
مَسَارَاتُ الأَجْرَامِ السَّمَاوِيَّةِ 天体运行轨道
(٤) مَسِيرَةٌ 行程，征途，路途；游行
مَسِيرَةُ السَّلَامِ 和平进程
اَلْمَسِيرَةُ الْكُبْرَى 长征
(٨) سِيرْك 马戏
*(٤) سَيْطَرَ يُسَيْطِرُ سَيْطَرَةً عَلَى الشَّيْءِ
控制，统治，统制

(٤) سَيْفٌ جـ سُيُوفٌ 剑，军刀
(٨) سِيف (C.I.F) 到岸价格
*(٤) سَالَ ـِ سَيْلاً وسَيَلاَنًا الْمَاءُ 流，流动
(٤) سَيْلٌ جـ سُيُولٌ 山洪，急流
(٨) اَلسُّيُولَةُ النَّقْدِيَّةُ / سُيُولَةُ النَّقْدِ 货币流通
*(٤) سَائِلٌ جـ سَوَائِلُ 流动的；液体
(٨) مُسِيلُ الدُّمُوعِ 催泪的；催泪弹
(٨) اَلسَّيْكُولُوجِيَّةُ 心理学
(٨) سِيمْفُونِيَّة / سِنْفُونِيَّة 交响乐
(٨) سِينَارِيُو جـ سِينَارِيَات وسِينَارِيُوهَات 电影脚本
(٨) سِينِرَامَا 宽银幕立体电影
*(٢) سِينَمَا / دَارُ السِّينَمَا 电影院
(٨) سِينَمَا بَانُورَامَا 全景电影

س

الشين

(٤) اَلشَّارِقَةُ 沙加

(٤) اَلشَّامُ

沙姆（旧指今约旦、叙利亚、黎巴嫩地区）

(٦) تَشَاءَمَ يَتَشَاءَمُ تَشَاؤُمًا 悲观

*(٤) شَأْنٌ جـ شُؤُونٌ

事情，事务；情况；地位，重要性；关系

فِي هذا الشَّأْنِ 在这方面

كَمَا هُوَ الشَّأْنُ فِي ... 正像…一样

فِي شَأْنِ كَذَا / مِنْ شَأْنِ كَذَا 关于某事

مِنْ شَأْنِهِ أَنْ يَفْعَلَ ...

他会…，他该，他可以…

ذُو شَأْنٍ هَامٍّ 非常重要的

شَأْنُهُ شَأْنُ ...

情况正如…，他和…（情况）一样

أَنْتَ وَشَأْنَكَ 请便，随你的便

صَاحِبُ الشَّأْنِ 当事人

لاَ شَأْنَ لَهُ فِي ... 这事跟他没有关系

مَا شَأْنُكَ فِي هذَا الأَمْرِ؟ 这事与你有何相干？

شُؤُونُ الدَّوْلَةِ 国务

الشُّؤُونُ الْخَارِجِيَّةُ 外交事务，外事

(٨) شَبَّ ـِ شَبَابًا وشَبِيبَةً 长成青年

(٨) شَبَّتْ ـُ شَبًّا وشُبُوبًا النَّارُ 着火

شَبَّتِ الْحَرْبُ 战争爆发

*(٢) اَلشَّبَابُ 青年，青春

*(٢) شَابٌّ جـ شُبَّانٌ وشَبَابٌ وشَبِيبَةٌ 青年人，小伙子

*(٢) شَابَّةٌ جـ شَابَّاتٌ 女青年，少女

(٨) تَشَبَّثَ تَشَبُّثًا بِكَذَا 抓住，坚持，固执

(٦) شَبَحٌ جـ أَشْبَاحٌ 人影，黑影；幽灵

(٨) شِبْرٌ جـ أَشْبَارٌ 拃（长度）

شِبْرٌ مِنَ الأَرْضِ 一寸土地

(٨) شِبْشِبٌ جـ شَبَاشِبُ 拖鞋

*(٢) شُبَاطُ / فِبْرَايِرُ 二月

(٢) شَبِعَ ـَ شَبَعًا وَشِبْعًا 吃饱

(٦) أَشْبَعَهُ إِشْبَاعًا 使吃饱；满足

(٨) تَشَبَّعَ تَشَبُّعًا الشَّيْءُ بِـ ... 饱和，浸透，吸足

نُقْطَةُ التَّشَبُّعِ 饱和点

*(٢) شَبْعَانُ جـ شِبَاعٌ م شَبْعَانَةٌ وَشَبْعَى

吃饱的，饱足的

(٨) مُشبَّعٌ بِكَذَا م مُشبَّعَةٌ
饱和的，饱含…的，浸透了…的
(٦) اِشْتَبَكَ اِشْتِبَاكًا فِي الأَمْرِ 卷入
(٦) تَشَابَكَتْ يَتَشَابَكُ تَشَابُكًا الأَشْيَاءُ أَوِ الأُمُورُ
交错，交叉，错综
*(٤) شَبَكَةٌ جـ شِبَاكٌ وَشَبَكَاتٌ 网，罗网，圈套
*(٢) شُبَّاكٌ جـ شَبَابِيكُ 窗，窗户
شُبَّاكُ التَّذَاكِرِ 售票处
(٦) اِشْتِبَاكٌ جـ اِشْتِبَاكَاتٌ 冲突，交火
(٨) شِبْلٌ جـ أَشْبَالٌ 幼狮；少年
(٨) شَبَّهَهُ إِيَّاهُ وَشَبَّهَهُ بِهِ 把甲比作乙
*(٤) أَشْبَهَ إِشْبَاهًا الشَّيْءَ / شَابَهَهُ 像，相似
*(٤) تَشَبَّهَ تَشَبُّهًا بِهِ
仿效，效仿，同某人比，向…学习
(٦) اِشْتَبَهَ فِي الْمَسْأَلَةِ: شَكَّ فِي صِحَّتِهَا
怀疑，疑惑
رَجُلٌ يُشْتَبَهُ فِيهِ وفِي أَمْرِهِ
可疑的人，形迹可疑的人
*(٤) شِبْهٌ وشَبَهٌ جـ أَشْبَاهٌ 像，类似，半（半像不像）
شِبْهُ الْجَزِيرَةِ 半岛
شِبْهُ جَزِيرَةِ الْعَرَبِ 阿拉伯半岛
شِبْهُ الجُمْلَةِ 短语
(٨) شُبْهَةٌ جـ شُبَهٌ وشُبُهَاتٌ 怀疑，疑虑，狐疑

(٨) تَشْبِيهٌ جـ تَشْبِيهَاتٌ وتَشَابِيهُ 比拟，比喻
(٦) شَبِيهٌ بِكَذَا جـ شِبَاهٌ وأَشْبَاهٌ: أَشْبَهُ بِهِ
与…相似的，与…相像的，像…的
(٨) مَشْبُوهٌ 形迹可疑的
*(٤) مُتَشَابِهٌ م مُتَشَابِهَةٌ 近似的，相近的，相像的
(٨) شَتَّتَ تَشْتِيتًا الأَشْيَاءَ
分散，打散；驱散，击溃
شَتَّتَ شَمْلَهُمْ 打散，冲散
(٨) تَشَتَّتُوا تَشَتُّتًا / تَشَتَّتَ شَمْلُهُمْ
涣散，四分五散，七零八落
(٨) شَتَّانَ: اسْمُ فِعْلٍ بِمَعْنَى بَعُدَ
相距甚远（动名词）
(٢) شَتَّى (مُفْرَدُهَا شَتِيتٌ)
散乱的，五花八门的，各种各样的
(٨) مَشْتَلٌ جـ مَشَاتِلُ 苗圃
*(٤) شَتَمَهُ ـُ شَتْمًا 骂，辱骂
(٨) تَشَاتَمَا / تَسَابَّا 对骂
(٦) شَتِيمَةٌ جـ شَتَائِمُ 漫骂，辱骂
قَذَفَهُ بِالشَّتَائِمِ 怒骂，连珠炮一样的漫骂
*(٢) شِتَاءٌ 冬，冬季，冬天
(٢) شَتَوِيٌّ م شَتَوِيَّةٌ / شَتْوِيٌّ م شَتْوِيَّةٌ
冬季的，冬天的
(٨) مَشْتًى جـ مَشَاتٍ (الْمَشَاتِي) 避寒地

ش

*(٤) شَحَنَ ـَ شَحْنًا الْبَضَائِعَ 装货，装载

شَحَنَ الْبَطَارِيَّةَ 充电

(٨) شِحْنَةٌ جـ شِحَنٌ 船货，货物

اَلشِّحْنَةُ الْكَهْرَبَائِيَّةُ 电荷

(٨) شَاحِنَةٌ جـ شَاحِنَاتٌ

（火车、电车）车厢，车皮；载重汽车

(٨) شَخَرَ ـِ شَخْرًا وَشَخِيرًا 打呼噜

(٦) شَخَّصَ تَشْخِيصًا الشَّيْءَ 鉴别，甄别，区别

(٦) شَخَّصَ الطَّبِيبُ الْمَرِيضَ 诊断

*(٢) شَخْصٌ جـ أَشْخَاصٌ 个，个人；人次

(٤) شَخْصِيٌّ م شَخْصِيَّةٌ

个人的，亲身的，私人的

*(٤) شَخْصِيَّةٌ جـ شَخْصِيَّاتٌ 人格，个性；人物

شَخْصِيَّةٌ اعْتِبَارِيَّةٌ

法人，法人团体，法人地位

(٨) شَاخِص م شَاخِصَة 注目的，凝视的

اَلنَّظَرُ الشَّاخِصُ 犀利的目光

*(٤) شَدَّ ـُ شَدًّا الشَّيْءَ 拴紧，系紧，捆紧

(٤) شَدَّ مَا فَعَلَ ... 非常…，大…特…

(٤) شُدَّ حِيلَكَ 加油!

(٦) شَدَّدَ تَشْدِيدًا الشَّيْءَ 加紧，加强，强化

*(٤) اِشْتَدَّ اِشْتِدَادًا الأَمْرُ 变得强烈，加剧，严重

اِشْتَدَّ عَلَيْهِ الْمَرَضُ 病重

(٨) شَجَبَهُ ـُ شَجْبًا 使苦恼；谴责

(٨) شَجَبٌ جـ شُجُوبٌ 苦恼，忧愁

(٨) مِشْجَبٌ جـ مَشَاجِبُ / حَامِلُ الْمَلَابِسِ 衣架

(٤) شَجَّرَ تَشْجِيرًا الأَرْضَ 植树，绿化

(٦) شَاجَرَهُ مُشَاجَرَةً وَشِجَارًا 争吵，吵架

*(٢) شَجَرٌ جـ أَشْجَارٌ اَلْوَاحِدَةُ شَجَرَةٌ 树，树木

*(٢) شَجَّعَهُ تَشْجِيعًا عَلَى كَذَا 鼓励，鼓舞

(٤) تَشَجَّعَ تَشَجُّعًا بِكَذَا 受鼓舞，鼓起勇气

(٢) شَجَاعَةٌ 勇气，勇敢，无畏

*(٢) شُجَاعٌ جـ شُجْعَانٌ م شُجَاعَةٌ

勇敢的，英勇的，大胆的

(٢) مُشَجِّعٌ م مُشَجِّعَةٌ 鼓舞人心的，振奋人心的

جَمْعِيَّةُ الْمُشَجِّعِينَ 拉拉队，球迷协会

(٨) شَجَنٌ جـ شُجُونٌ وأَشْجَانٌ 忧愁，哀伤，伤感

(٨) شَاحِبٌ م شَاحِبَةٌ 憔悴的，面色苍白的

(٨) شَحِيحٌ جـ شِحَاحٌ و أَشِحَّاءُ م شَحِيحَةٌ جـ

شَحَائِحُ 少的，贫乏的，吝啬的

سَنَوَاتٌ شَحِيحَةٌ 旱年，荒年

(٦) شَحَذَ ـَ شَحْذًا السِّكِّينَ وَنَحْوَهُ 磨刀

شَحَذَ عَزِيمَتَهُ 下定决心

(٦) شَحَّاذٌ جـ شَحَاذَةُ 乞丐

(٨) شَحَّمَ تَشْحِيمًا الآلَةَ 上油膏，使滑润

(٨) شَحْمٌ جـ شُحُومٌ 油脂，脂肪

(٤) شَارِبٌ جـ شَوَارِبُ 胡须，胡子

*(٢) مَشْرُوبٌ جـ مَشْرُوبَاتٌ 饮料

مَشْرُوبَاتٌ رُوحِيَّةٌ 酒类

مَشْرُوبَاتٌ غَازِيَّةٌ

汽水类，不含酒精的饮料

(٤) مَشْرَبٌ جـ مَشَارِبُ 茶馆，咖啡馆，酒馆

*(٢) شَرَحَ ـَ شَرْحًا الْكَلَامَ 解释，说明

(٦) شَرَّحَ تَشْرِيحًا الشَّيْءَ 解剖

*(٤) اِنْشَرَحَ انْشِرَاحًا الصَّدْرُ

开心，愉快，心情舒畅

(٤) شَرِيحَةٌ جـ شَرَائِحُ 薄板，薄片

(٦) شَرَّدَهُ تَشْرِيدًا 驱逐，驱散，使无家可归

(٦) تَشَرَّدَ تَشَرُّدًا الْقَوْمُ 流浪，漂泊，无家可归

*(٤) شَارِدُ الْفِكْرِ / شَارِدُ الذِّهْنِ

漫不经心的，走神的，心不在焉的

*(٤) شَرٌّ جـ شُرُورٌ 邪恶，危害，坏事

*(٤) شَرٌّ جـ أَشْرَارٌ 坏的，凶恶的，最坏的；坏人

(٨) شَرَرٌ وَاحِدَتُهُ شَرَرَةٌ / شَرَارٌ وَاحِدَتُهُ شَرَارَةٌ

火星，火花

(٨) شِرِّيرٌ جـ شِرِّيرُونَ 恶棍，坏蛋，歹徒

(٨) شَرَاسَةٌ 粗暴，凶恶，凶狠

(٨) شَرِسٌ م شَرِسَةٌ 粗暴的，凶恶的，残忍的

(٤) شَرْشَفٌ جـ شَرَاشِفُ 床单

*(٢) شِدَّةٌ 力量，厉害，强烈，严重，严重性；困苦，不幸

شِدَّةُ الأَلَمِ 剧痛，疼得厉害

بِشِدَّةٍ 严厉地，强烈地

*(٢) شَدِيدٌ م شَدِيدَةٌ

强有力的，强烈的，严酷的，沉重的

(٦) شَدِيدَةٌ جـ شَدَائِدُ 不幸，灾难

(٢) أَشَدُّ 最厉害的，最强烈的

(٨) مِشَدٌّ 紧身衣，腹带

(٨) تَشَدَّقَ تَشَدُّقًا بِكَذَا

吹嘘，侈谈，大谈特谈，信口开河

تَشَدَّقَ بِالْعِبَارَاتِ الْجَوْفَاءِ 空话连篇

(٨) شِدْقٌ جـ أَشْدَاقٌ وَشُدُوقٌ 口内侧，嘴角

ضَحِكَ بِمِلْءِ شِدْقَيْهِ

张口大笑，笑得合不拢嘴

(٦) شَذَّ ـِ شَذًا وَشُذُوذًا الشَّيْءُ 成为例外的，反常

(٨) شَاذٌّ جـ شَوَاذُّ م شَاذَّةٌ جـ شَوَاذُّ

异常的，反常的，不规则的，罕见的

(٨) شَذًا / شَذًى 芳香，馥郁

*(٢) شَرِبَ ـَ شُرْبًا الْمَاءَ وَغَيْرَهُ 喝，饮

شَرِبَ نَخْبَ ... 为…干杯

*(٢) شُرْبَةٌ / شُرْبَا 汤

*(٢) شَرَابٌ جـ أَشْرِبَةٌ 饮料，果子露；喝的，酒

(٨) شَارَطَه مُشَارَطَةً عَلَى شَيْءٍ
讲条件，讨价还价，拿…打赌

(٦) اِشْتَرَطَ عَلَيْه الأَمْرَ 规定，约定，以…为条件

*(٤) شَرْطٌ جـ شُرُوطٌ 条件，条款

بِلاَ شَرْطٍ / بِدُونِ شَرْطٍ 无条件地

بِشَرْطِ أَنْ .../ عَلَى شَرْطِ أَنْ ...
以…为条件，但要…

شَرْطُ الدَّوْلَةِ الأَكْثَرِ رِعَايَةً 最惠国条款

(٨) شَرْطَةٌ 破折号，一横

*(٤) اَلشُّرْطَةُ اَلْوَاحِدُ شُرْطِيٌّ جـ رِجَالُ الشُّرْطَةِ 警察

*(٤) شَرِيطٌ جـ أَشْرِطَةٌ 带子

شَرِيطُ التَّسْجِيلِ / كَاسِيت 录音带

شَرِيطٌ لَزَّاقٌ 胶条

(٦) شَرِيطَةٌ جـ شَرَائِطُ 条件，条款；带子，条纹

(٨) قُمَاشٌ مُشَرَّطٌ / قُمَاشٌ مُخَطَّطٌ 条子布

(٤) شَرَعَ ـَ شَرْعًا فِي الأَمْرِ 从事，进行，投入

*(٢) شَرَعَ يَفْعَلُ كَذَا 开始，着手

*(٤) شَرْعِيٌّ م شَرْعِيَّةٌ 合法的，法定的，正当的

لاَ شَرْعِيٌّ / غَيْرُ شَرْعِيٍّ 不合法的，非法的

طَبِيبٌ شَرْعِيٌّ 法医

اَلأَحْكَامُ الشَّرْعِيَّةُ 伊斯兰法规

(٦) شِرَاعٌ جـ أَشْرِعَةٌ 船帆

(٦) اَلتَّشْرِيعُ 立法

(٦) شَرِيعَةٌ جـ شَرَائِعُ 法律，法令

شَرِيعَةُ الْغَابَةِ 弱肉强食，强盗逻辑

*(٢) شَارِعٌ جـ شَوَارِعُ 大街，马路

(٤) مَشْرُوعٌ م مَشْرُوعَةٌ 正当的，合法的

*(٢) مَشْرُوعٌ جـ مَشْرُوعَاتٌ ومَشَارِيعُ
方案，提案，计划；项目，工程

*(٤) شَرَّفَهُ تَشْرِيفًا 使光荣，使感到荣幸，敬重

شَرَّفْتُمُونَا 您能光临我们感到非常荣幸

*(٤) أَشْرَفَ إِشْرَافًا عَلَى الأَمْرِ 主持，监督，管理

*(٤) أَشْرَفَ عَلَى كَذَا 临近，濒于

أَشْرَفَ عَلَى الْمَكَانِ 俯视，濒临

أَشْرَفَ عَلَى الْمَوْتِ 垂危，病危

*(٤) تَشَرَّفَ تَشَرُّفًا بِكَذَا 引以为荣，感到荣幸

*(٤) شَرَفٌ جـ أَشْرَافٌ 光荣，荣幸，体面

رَئِيسُ الشَّرَفِ 名誉主席

(٤) عَلَى شَرَفِ ... 为了欢迎…

(٨) أَشْرَافٌ / أَعْيَانٌ 贵族

(٢) شُرْفَةٌ جـ شُرُفَاتٌ وشُرَفٌ / بَلْكُون 阳台，凉台

(٨) تَشْرِيفٌ جـ تَشْرِيفَاتٌ 礼节，礼仪，仪式，典礼

*(٤) شَرِيفٌ جـ شُرَفَاءُ وأَشْرَافٌ
高尚的，高贵的，光荣的，体面的

(٤) مُشْرِفٌ جـ مُشْرِفُونَ 监督人，管理员

(٤) مُشْرِفٌ عَلَى ... 濒于…的

(٤) شَرَقَتْ ـُ شُرُوقًا الشَّمْسُ / أَشْرَقَتِ الشَّمْسُ
太阳升起，旭日东升
*(٢) اَلشَّرْقُ 东，东方
اَلشَّرْقُ الأَدْنَى 近东
اَلشَّرْقُ الأَوْسَطُ 中东
اَلشَّرْقُ الأَقْصَى 远东
*(٢) شَرْقِيٌّ جـ شَرْقِيُّونَ م شَرْقِيَّةٌ
东方的，东部的；东方人
(٢) مُشْرِقٌ م مُشْرِقَةٌ 光辉的，灿烂的
(٦) مَشْرِقٌ جـ مَشَارِقُ 东方，太阳升起的地方
فِي مَشَارِقِ الأَرْضِ ومَغَارِبِهَا
全世界，世界各地
اَلْمَشْرِقَانِ 东方和西方
*(٢) شَارَكَهُ مُشَارَكَةً فِي كَذَا 参加，参与，分享
يُشَارِكُهُ فِي السَّرَّاءِ والضَّرَّاءِ 同甘共苦
*(٢) اِشْتَرَكَ اِشْتِرَاكًا فِي ... 参加，加入
اِشْتَرَكَ فِي جَرِيدَةٍ 订报纸
(٨) شِرَاكَةٌ 伙伴关系
*(٤) شَرِكَةٌ جـ شَرِكَاتٌ 公司
شَرِكَةُ التَّأْمِينِ 保险公司
شَرِكَةُ مُسَاهَمَةٍ 股份公司
شَرِكَةُ الْقَابِضَةُ 控股公司，集团公司
شَرِكَةُ الطَّيَرَانِ 航空公司
شَرِكَاتٌ عَابِرَةٌ لِلْبُلْدَانِ (أو للأُمَمِ) / شَرِكَاتٌ
مُتَعَدِّدَةُ الْجِنْسِيَّاتِ 跨国公司
*(٢) اِشْتِرَاكِيٌّ م اِشْتِرَاكِيَّةٌ 社会主义的
(٢) اَلاِشْتِرَاكِيَّةُ 社会主义
*(٤) شَرِيكٌ جـ شُرَكَاءُ م شَرِيكَةٌ
伙伴，同伙，同谋
*(٤) مُشْتَرَكَةٌ م مُشْتَرَكَةٌ 共同的，联合的
(٦) شَرَاهَةٌ 贪婪
(٨) شَرِهٌ م شَرِهَةٌ 贪食的，贪婪的
*(٢) اِشْتَرَى اِشْتِرَاءً وشِرَاءً الشَّيْءَ 买，购买
(٨) اَلْمُشْتَرِي 木星
(٤) شَرْيَانٌ جـ شَرَايِينُ 动脉，命脉；生命线
(٢) شَاسِعٌ م شَاسِعَةٌ 辽远的，遥远的
*(٢) شَاطِئٌ جـ شَوَاطِئُ 岸，河岸，海岸
(٦) شَطَبَ ـُ شَطْبًا الْكَلِمَةَ وَنَحْوَهَا
涂掉，删去，勾销
(٨) شَطَرَ ـُ شَطْرًا الشَّيْءَ 分成两半，分开
(٨) تَشَاطَرَ تَشَاطُرًا فِي السَّرَّاءِ والضَّرَّاءِ 同甘共苦
(٨) اِنْشَطَرَ اِنْشِطَارًا الشَّيْءُ 裂变
(٨) شَطْرٌ جـ أَشْطُرٌ وشُطُورٌ / نِصْفٌ 一半
شَطْرُ الْمُبَارَاةِ 半场
شَطْرُ بَيْتِ الشِّعْرِ 半行（句）诗
(٨) شَاطِرٌ جـ شُطَّارٌ 机灵的，狡猾的

(٢) شَطِيرَةٌ جـ شَطَائِرُ / سَنْدَوِيتش	饼，夹心面包
(٢) شَطْرَنْج	棋，象棋
(٤) شَطٌّ جـ شُطُوطٌ	岸，岸边
شَطُّ الْبَحْرِ	海岸，海滨
شَطُّ الْعَرَبِ	阿拉伯河
(٦) شَيْطَانٌ جـ شَيَاطِينُ	魔鬼，恶魔
(٨) شَظِيَّةٌ جـ شَظَايَا	碎片
(٦) تَشَعَّبَ تَشَعُّبًا النَّهْرُ وَنَحْوُهُ	分支，分岔
*(٢) شَعْبٌ جـ شُعُوبٌ	人民，民众
(٤) شُعْبَةٌ جـ شُعَبٌ	分支，分科；枝杈
*(٢) شَعْبِيٌّ م شَعْبِيَّةٌ	人民的，民间的，大众的
(٤) اَلشَّعْبِيَّةُ	人民性，大众性
(٦) شَعْبَانُ	伊历八月
(٨) مَشْعَبٌ جـ مَشَاعِبُ	岔路，岔道
(٨) أَشْعَثُ م شَعْثَاءُ	披头散发的，头发蓬乱的
*(٢) شَعَرَ ـُ شُعُورًا بِكَذَا	感觉，觉得，感到
(٦) أَشْعَرَهُ بِكَذَا	使感到，通知，知会，报告
(٢) شُعُورٌ	感觉，感情，情绪
*(٢) شَعْرٌ وشَعَرٌ اَلْوَاحِدَةُ شَعْرَةٌ	头发
(٢) اَلشَّعْرِيَّةُ	面条，挂面
*(٢) شِعْرٌ جـ أَشْعَارٌ	诗，诗歌
شِعْرٌ دَرَامِيٌّ / تَمْثِيلِيَّةٌ شِعْرِيَّةٌ	诗剧
شِعْرٌ غِنَائِيٌّ / شِعْرٌ وِجْدَانِيٌّ	抒情诗
شِعْرٌ قَصَصِيٌّ	叙事诗
شِعْرٌ مَنْثُورٌ	散文诗
*(٤) شِعَارٌ جـ شِعَارَاتٌ	标语，口号
*(٢) شَاعِرٌ جـ شُعَرَاءُ م شَاعِرَةٌ	诗人
(٢) اَلشَّعِيرُ	大麦
(٦) شَعِيرَةٌ جـ شَعَائِرُ	（宗教）礼仪，仪式
(٤) مَشَاعِرُ	感情
(٤) أَشَعَّ إِشْعَاعًا الشَّيْءُ	放光，放射，四射，辐射
أَشَعَّتِ الشَّمْسُ	光芒四射，阳光灿烂
*(٤) شُعَاعٌ جـ أَشِعَّةٌ	光线，阳光
أَشِعَّةُ أَكْس / الأَشِعَّةُ السِّينِيَّةُ / أَشِعَّةُ رُونْتْجِين	X 光
أَشِعَّةُ اللاَّزِر (اَللِّيزَر)	激光
أَشِعَّةٌ فَوْقَ الْبَنَفْسَجِيَّةِ	紫外线
(٦) إِشْعَاعِيٌّ م إِشْعَاعِيَّةٌ	发光的；放射的
*(٤) أَشْعَلَ إِشْعَالاً النَّارَ	点火，点燃
*(٤) اِشْتَعَلَ اِشْتِعَالاً الشَّيْءُ	燃烧，燃起
(٨) شُعْلَةٌ جـ شُعَلٌ	火焰
(٨) مَشْعَلٌ جـ مَشَاعِلُ	火把，火炬
(٨) شَاغَبَهُ مُشَاغَبَةً	寻衅，找碴儿
(٨) شَغَبٌ	骚乱，风潮，动乱
(٨) مُشَاغِبٌ جـ مُشَاغِبُونَ م مُشَاغِبَةٌ	捣乱者
(٦) شَاغِرٌ م شَاغِرَةٌ: خَالٍ	空的，空缺的

(٨) شَفْرَةٌ جـ شَفَرَاتٌ 刀刃，刮脸刀片

(٨) شَفَطَ ـِ شَفْطًا الْمَاءَ ونَحْوَهُ 吸吮，排空

(٨) شَفَّاطَةٌ / مِكْنَسَةٌ كَهْرَبَائِيَّةٌ

吸管；排烟机；吸尘器

(٨) شَفَعَ ـَ شَفْعًا وَشَفَّعَ لِفُلَانٍ وَإِلَى فُلَانٍ فِي الْأَمْرِ

替…说情，调停

(٨) اِسْتَشَفَّ اِسْتِشْفَافًا الشَّيْءَ 看穿，看破，洞察

*(٤) شَفَّافٌ م شَفَّافَةٌ 透明的

شِبْهُ شَفَّافٍ 半透明的

(٨) اَلشَّفَّافِيَّةُ 透明性

*(٤) شَفِقَ ـَ شَفَقًا عَلَى فُلَانٍ / أَشْفَقَ عَلَيْهِ

同情，怜悯

(٤) شَفَقَةٌ 同情，怜悯

(٨) شَفَقٌ جـ أَشْفَاقٌ 晚霞

(٤) شَفِيقٌ م شَفِيقَةٌ / شَفُوقٌ 富于同情心的，心软的

(٤) شَفَةٌ جـ شِفَاهٌ 唇

بِنْتُ الشَّفَةِ 词语，话

*(٢) شَفَهِيٌّ (شَفَوِيٌّ) م شَفَهِيَّةٌ (شَفَوِيَّةٌ)

口头的，口述的

(٢) شَفَاكَ اللهُ 祝你早日康复

*(٢) شُفِيَ يُشْفَى شِفَاءً مِنْ مَرَضِهِ 痊愈，康复

(٤) شَافٍ (الشَّافِي) م شَافِيَةٌ 有疗效的，特效的

اَلدَّوَاءُ الشَّافِي 特效药，灵丹妙药

وَظِيفَةٌ شَاغِرَةٌ 空额，空职，空缺

*(٤) شَغِفَ ـَ شَغَفًا وشُغِفَ بِهِ 酷爱，迷恋，热衷

شَغَفَهُ الْحُبُّ ـَ شَغَفًا / شُغِفَ بِهِ

酷爱，迷恋，热衷

(٨) شَغُوفٌ بِكَذَا 爱好…的，酷爱…的

*(٤) شَغَلَ ـَ شَغْلاً وشُغْلاً الْمَكَانَ 使用，占用

شَغَلَ مِسَاحَةَ ... 占用面积…，占地…

شَغَلَ نِسْبَةَ ... 占比例

*(٤) شَغَلَ فُلَانًا الْأَمْرُ 使他忙于；使忧虑，使挂念

*(٤) شَغَّلَ تَشْغِيلاً الْمَاكِينَةَ وغَيْرَهَا

开动，启动，起用，使运行

*(٢) اِشْتَغَلَ إِشْتِغَالاً بِكَذَا 忙于，从事

*(٢) شُغْلٌ جـ أَشْغَالٌ 工作，事情，事务

(٨) شُغْلُ الْإِبْرَةِ / مَلَابِسُ مَحْبُوكَةٌ / مَلَابِسُ التِّرِيكُو

针织品

(٨) شَاغِلٌ جـ شَوَاغِلُ 不让人得闲的事情；烦恼

شُغْلٌ شَاغِلٌ 要事，头等大事，重要任务

(٤) شَغِّيلٌ جـ شَغِّيلَةٌ 劳动者，劳动人民

*(٢) مَشْغُولٌ (بِكَذَا) جـ مَشْغُولُونَ م مَشْغُولَةٌ

有事的，忙碌的

اَلْخَطُّ الْمَشْغُول 占线

اَلْغُرْفَةُ الْمَشْغُولَةُ 房间有人用

(٨) مَشْغُولَاتٌ 手工艺品

*(٢) مُسْتَشْفًى جـ مُسْتَشْفَيَاتٌ 医院

(٤) أَشْقَرُ م شَقْرَاءُ 皮肤洁白红润的；金发的

أَشْقَرُ الشَّعْرِ 有金色或亚麻色头发的

*(٤) شَقَّ ـُ شَقًّا الشَّيْءَ 劈开，破开

شَقَّ الطَّرِيقَ 开路，修路，开辟（道路）

(٨) شَقَّ ـُ شَقًّا وَمَشَقَّةً عَلَيْهِ الأَمْرُ 困难，艰巨

*(٦) اِشْتَقَّ اِشْتِقَاقًا الْكَلِمَةَ مِنَ غَيْرِهَا 派生

(٦) اِنْشَقَّ اِنْشِقَاقًا الشَّيْءُ 裂变

(٨) تَشَقَّقَ تَشَقُّقًا الشَّيْءُ 裂开，破裂

(٦) شَقٌّ جـ شُقُوقٌ 裂口，裂痕，裂缝，口子

*(٢) شَقَّةٌ جـ شُقَقٌ 套房；公寓

شَقَّةٌ مَفْرُوشَةٌ 有摆设的套房，带家具的套房

*(٢) شَاقٌّ م شَاقَّةٌ 艰巨的，艰苦的，繁重的

*(٢) شَقِيقٌ جـ أَشِقَّاءُ 胞兄弟

*(٢) شَقِيقَةٌ جـ شَقِيقَاتٌ 胞姊妹

*(٢) مَشَقَّةٌ جـ مَشَقَّاتٌ وَمَشَاقُّ 艰难，困苦

(٤) مُشْتَقٌّ جـ مُشْتَقَّاتٌ 派生词

(٨) تَشَقْلَبَ تَشَقْلُبًا 翻筋斗，翻腾

(٤) شَقَاءٌ 苦难，不幸，倒霉

(٦) شَقِيٌّ جـ أَشْقِيَاءُ

不幸的，倒霉的；调皮捣蛋的；坏蛋

*(٢) شَكَرَ ـُ شُكْرًا فُلاَنًا وَلَهُ عَلَى الشَّيْءِ

感谢，感激

شُكْرًا جَزِيلاً 多谢，非常感谢

لاَ شُكْرَ عَلَى وَاجِبٍ

应该（做）的，不用谢。

(٢) شَاكِرٌ جـ شَاكِرُونَ م شَاكِرَةٌ 感谢的

*(٢) مُتَشَكِّرٌ جـ مُتَشَكِّرُونَ م مُتَشَكِّرَةٌ

感谢（的），谢谢

(٢) مَشْكُورٌ م مَشْكُورَةٌ 值得感谢的

(٨) شَكُوش جـ شَوَاكِيش 拔钉锤

*(٢) شَكَّ ـُ شَكًّا فِي كَذَا 怀疑

(٢) شَكٌّ جـ شُكُوكٌ 疑惑，怀疑

لاَ شَكَّ (فِي) أَنَّ ... 毫无疑义，无疑

بِلاَ شَكٍّ 无疑地，确实地，当然

(٨) مَشْكُوكٌ فِيهِ م مَشْكُوكٌ فِيهَا 可疑的，不可靠的

*(٤) شَكَّلَ تَشْكِيلاً الشَّيْءَ 构成，形成，组成

(٦) شَكَّلَ الْكِتَابَ 标（写）符号

*(٢) شَكْلٌ جـ أَشْكَالٌ

形状，形式，样子，图形，图解

بِهَذَا الشَّكْلِ 用这种形式，照这个样子

بِشَكْلٍ أَفْضَلَ 更好地

(٨) اَلشَّكْلِيَّةُ أَوِ الشَّكْلِيَّاتُ

形式，手续；形式主义

(٨) تَشْكِيلٌ جـ تَشْكِيلاَتٌ 造型；队形

(٨) شَكَّالَةُ وَرَقٍ 曲别针

*(٢) مُشْكِلَةٌ جـ مَشَاكِلُ و مُشْكِلَاتٌ

问题，难题，难于解决的事情

*(٤) شَكَا يَشْكُو شَكْوَى الأَمْرَ 诉说，诉苦，抱怨

شَكَا للطَّبِيبِ مَرَضَهُ 向医生陈述病情

(٦) اِشْتَكَى اِشْتِكَاءً إِلَيْهِ فُلَانًا

诉说，抱怨，告某人的状

(٦) شَكْوَى جـ شَكَاوٍ 申诉，控诉

(٦) شَلَّ ـَ شَلَلًا و شُلَّ عُضْوُ الْجِسْمِ 瘫痪

(٨) أَشَلَّ إِشْلَالًا الأَمْرَ / أَوْقَفَهُ وَعَطَّلَهُ

使瘫痪，使停顿，使半途而废

(٦) شَلَلٌ 麻痹，瘫痪（病）

(٨) أَشَلُّ م شَلَّاءُ / مَشْلُولٌ 瘫痪的

(٤) شَلَّالٌ جـ شَلَّالَاتٌ 瀑布

(٨) شَمْبَانِيَا 香槟

(٦) شَمِتَ ـَ شَمَاتًا و شَمَاتَةً بِهِ 幸灾乐祸

(٤) شَامِخٌ م شَامِخَةٌ 高耸的，巍峨的

(٨) شَمَّرَ تَشْمِيرًا كُمَّهُ 挽（袖），卷起（袖子）

(٨) اِشْمَأَزَّ اِشْمِئْزَازًا مِنْهُ 厌恶，嫌弃，憎恶

(٤) تَشَمَّسَ تَشَمُّسًا 晒太阳

*(٢) اَلشَّمْسُ 太阳（阴性）

(٢) شَمْسِيٌّ م شَمْسِيَّةٌ 太阳的

(٦) شَمْسِيَّةٌ 阳伞

شَمْسِيَّةُ الشُّبَّاكِ / شِيش 百叶窗

(٨) شَمْعٌ جـ شُمُوعٌ 蜡

شَمْعٌ أَحْمَرُ 火漆

(٤) شَمْعَةٌ وَاحِدَةُ الشَّمْعِ جـ شَمَعَاتٌ 蜡烛，烛光

(٨) مُشَمَّعٌ م مُشَمَّعَةٌ 打蜡的，涂蜡的

*(٤) شَمِلَ ـَ و شَمَلَ ـُ شُمُولًا الشَّيْءَ / اِشْتَمَلَ

اِشْتِمَالًا عَلَيْهِ 包含，包括

(٦) شَمْلٌ 完全

اِجْتِمَاعُ شَمْلِهِمْ 集结，团结，团圆

تَبْدِيدُ شَمْلِهِمْ 打散，击溃

(٨) اَلشُّمُولِيَّةُ 全面性

*(٢) شِمَالٌ 北，北方；左边（阴性）

(٢) شِمَالِيٌّ م شِمَالِيَّةٌ 北部的，北方的；左的

(٤) شَامِلٌ م شَامِلَةٌ

全面的，广泛的，包罗万象的

*(٤) شَمَّ ـُ شَمًّا الرَّائِحَةَ 闻，嗅

(٨) شَمَّ ـَ شَمَمًا الْجَبَلُ أَوِ الرَّجُلُ

（山）高耸；（人）高傲

(٢) شَمَّامٌ 香瓜，甜瓜

(٦) تَشَنَّجَ تَشَنُّجًا 抽搐，痉挛，抽筋

*(٤) شَنْطَةٌ جـ شُنَطٌ و شَنْطَاتٌ

皮包，手提箱，背包

(٦) شَنَاعَةٌ 丑恶，丑陋，难看

(٦) شَنِيعٌ م شَنِيعَةٌ 丑恶的，卑劣的，难看的

(٢) شَنْغَهَاي / شَانْغَهَاي　上海

(٦) شَنَقَهُ ـُ شَنْقًا　绞死

(٦) مِشْنَقَةٌ جـ مَشَانِقُ　绞刑架

*(٤) شَنَّ ـُ شَنًّا الْهُجُومَ عَلَيْهِ　进攻，发动攻势

(٨) شِهَابٌ جـ شُهُبٌ　流星，陨石；星

(٨) أَشْهَبُ جـ شُهْبٌ م شَهْبَاءُ　灰白色的

*(٤) شَهِدَ ـَ شَهَادَةً الْحَادِثَ أَوِ الشَّيْءَ / عَايَنَهُ

目击，目睹，亲眼所见

(٦) شَهِدَ لِفُلَانٍ　为某人作证（有利于他）

شَهِدَ عَلَى كَذَا　证实，证明

*(٢) شَاهَدَ مُشَاهَدَةً الشَّيْءَ　观看，看见

(٦) تَشَهَّدَ تَشَهُّدًا الْمُسْلِمُ　口诵作证词〔伊〕

*(٤) أُسْتُشْهِدَ اِسْتِشْهَادًا　殉难，殉国，牺牲

(٨) اِسْتَشْهَدَ بِكَذَا　引证

*(٤) شَهَادَةٌ جـ شَهَادَاتٌ　证明，证书，证件，文凭

شَهَادَةُ تَرْخِيصِ الاِسْتِيرَادِ　进口许可证书

(٦) شَاهِدٌ جـ شُهُودٌ　目击者，见证人

*(٤) شَهِيدٌ جـ شُهَدَاءُ م شَهِيدَةٌ　烈士，殉道者

*(٤) مُشَاهِدٌ جـ مُشَاهِدُونَ م مُشَاهِدَةٌ　观众

*(٤) مَشْهَدٌ جـ مَشَاهِدُ　场面，场景，镜头

عَلَى مَشْهَدٍ مِنَ النَّاسِ　当众

(٨) شَهَرَ ـَ شَهْرًا السَّيْفَ وَنَحْوَهُ　抽剑，拔枪

(٨) شَهَّرَ تَشْهِيرًا بِهِ　揭短，使臭名远扬，示众

*(٢) اِشْتَهَرَ اِشْتِهَارًا بِكَذَا

著名，驰名，以…著称

(٤) شُهْرَةٌ　名气，名望

(٢) شَهْرٌ جـ شُهُورٌ وَأَشْهُرٌ　月，月份

شَهْرُ الْعَسَلِ　蜜月

اَلشَّهْرُ الْحَرَامُ　禁月

(٢) شَهْرِيٌّ م شَهْرِيَّةٌ　每月的，按月的

*(٢) مَشْهُورٌ م مَشْهُورَةٌ　有名的，著名的

(٦) شَهِيرٌ م شَهِيرَةٌ　驰名的，很有名望的

(٤) شَاهِقٌ م شَاهِقَةٌ　高耸的，巍峨的

(٨) شَهِيقٌ　吸气，倒抽气；驴叫声

(٦) شَهَامَةٌ　豪侠，仗义；机智

*(٤) اِشْتَهَى اِشْتِهَاءً الشَّيْءَ　想望，渴望

اِشْتَهَى الطَّعَامَ　喜欢吃，有胃口

(٦) شَهْوَةٌ جـ شَهَوَاتٌ وَشُهًى　欲望

شَهْوَةٌ بَهِيمِيَّةٌ　兽欲

*(٢) شَهِيٌّ م شَهِيَّةٌ　可口的，美味的

(٢) شَهِيَّةٌ　胃口，食欲

(٨) مُشَهِّيَاتٌ　开胃品

(٦) شَابَ ـُ شَوْبًا الشَّيْءَ　混合，掺杂，掺假

شَابَ السُّمْعَةَ　诋毁名誉，玷污名声

(٨) شَائِبَةٌ جـ شَوَائِبُ　缺点，瑕疵，污点

*(٤) أَشَارَ إِشَارَةً إِلَى كَذَا　指示，指出

(٤) شَافَ ـُ شَيْئًا 瞧，瞅

(٦) شَاقَهُ يَشُوقُه الشَّيْءُ شَوْقًا 使向往，使向慕；爱，怀念

(٦) شَوَّقَهُ إِلَيْهِ 使想念，使爱慕，使感兴趣

*(٤) تَشَوَّقَ تَشَوُّقًا الشَّيْءَ وإِلَيْهِ 渴望，切望

*(٢) اِشْتَاقَ اِشْتِيَاقًا الشَّيْءَ وإِلَيْهِ 想念，怀念，渴望

(٤) شَوْقٌ جـ أَشْوَاقٌ 想念，渴望

(٢) شَائِقٌ م شَائِقَةٌ / مُشَوِّقٌ م مُشَوِّقَةٌ 有趣的，引人入胜的

*(٢) مُشْتَاقٌ جـ مُشْتَاقُونَ م مُشْتَاقَةٌ 想念的，怀念的

(٤) شَوْكٌ جـ أَشْوَاكٌ اَلْوَاحِدَةُ شَوْكَةٌ 刺，荆棘

(٤) شَوْكَةٌ جـ شَوْكَاتٌ 叉子

(٦) شَائِكٌ م شَائِكَةٌ 长刺的，有刺的，棘手的

(٤) شَالٌ جـ شَالاَتٌ 头巾，围巾

(٨) شَوَّالٌ 伊历十月

(٨) أَشْوَلُ م شَوْلاَءُ جـ شُولٌ 左撇子

(٦) شَوَّهَ تَشْوِيهًا العُضْوَ أَوِ الشَّيْءَ 残害，丑化，歪曲

(٨) تَشَوَّهَ تَشَوُّهًا الشَّكْلُ 变形，走样

(٨) مُشَوَّهُ الْحَرْبِ 残废军人

(٨) شَاةٌ جـ شِيَاهٌ 羊（指山羊、绵羊等）

(٤) شَوَى يَشْوِي شَيًّا اللَّحْمَ 烤（肉）

*(٤) مَشْوِيٌّ م مَشْوِيَّةٌ 烤的，烤熟的

*(٢) تَشَاوَرَ تَشَاوُرًا مَعَهُ فِي الأَمْرِ 商量，商讨，商议

(٦) اِسْتَشَارَهُ فِي كَذَا 请教，咨询，征求意见

(٦) شَارَةٌ جـ شَارَاتٌ 徽章，标记，记号

*(٤) إِشَارَةٌ جـ إِشَارَاتٌ 信号，标记，手势

إِشَارَةُ النَّجْدَةِ / إِشَارَةُ الاِسْتِغَاثَةِ 呼救信号

*(٤) مُشَاوَرَةٌ جـ مُشَاوَرَاتٌ 协商，讨论

(٦) شُورَى / مَشُورَةٌ 劝告，咨询，建议

مَجْلِسُ الشُّورَى لِلْقَوَانِينَ 立法会议

مَجْلِسُ الشُّورَى السِّيَاسِيَّةِ 政治协商会议

(٦) مِشْوَارٌ جـ مَشَاوِيرُ 短途旅行，远足，散步；外差，任务

(٦) مُسْتَشَارٌ 顾问，参赞

اَلْمُسْتَشَارُ الأَلْمَانِيُّ 德国总理

مُسْتَشَارُ الدَّوْلَةِ 国务委员（中国）

(٦) شَوَّشَ تَشْوِيشًا الأَمْرَ 扰乱，打搅

(٨) شَاشٌ 纱，纱布

شَاشٌ مُعَقَّمٌ 消毒纱布

(٢) الشَّاشَةُ 银幕，银屏，屏幕

شَاشَةُ السِّكُوب 宽银幕

*(٤) شَوْطٌ جـ أَشْوَاطٌ 路程；冲程〔机〕；（比赛的）盘，局，场

قَطَعَ شَوْطًا بَعِيدًا فِي ... 大有成效，取得很大进展

*(٢) شَاءَ يَشَاءُ مَشِيئَةً الشَّيْءَ	想，要
كَمَا تَشَاءُ	照你的意思办，随便
إِنْ شَاءَ اللهُ	但愿如此
مَا شَاءَ اللهُ	好！妙极了！（这是天意！）
اِفْعَلْ مَا تَشَاءُ	你想怎么办就怎么办吧！
(٤) شَاءَ الْقَدَرُ أَنْ يَفْعَلَ ...	（…是）命中注定（的）
*(٢) شَيْءٌ جـ أَشْيَاءُ	东西，事物，事情
كُلُّ شَيْءٍ	一切
بَعْضُ الشَّيْءِ	有点儿，有些
لاَ شَيْءَ	没什么，什么也没有
شَيْئًا فَشَيْئًا	渐渐，慢慢
نَفْسُ الشَّيْءِ	同样的东西，一回事儿
(٨) شَابَ ـِ شَيْبًا	变成白发老人
(٨) شَيْبٌ	白发
(٦) شَائِبٌ وأَشْيَبُ م شَيْبَاءُ جـ شِيبٌ	白发的
*(٢) شَيْخٌ جـ شُيُوخٌ	老人，长者；酋长，教长
*(٤) الشَّيْخُوخَةُ	老年，老龄
(٦) شَادَ ـِ شَيْدًا الْبِنَاءَ / شَيَّدَهُ	建筑，修建
(٦) أَشَادَ إِشَادَةً بِكَذَا	赞扬，颂扬
(٤) شَاعَ ـِ شُيُوعًا الْخَبَرُ	传开，流传
(٦) شَيَّعَ تَشْيِيعًا الْجِنَازَةَ	送葬，送殡
(٦) أَشَاعَ إِشَاعَةً الْخَبَرَ	传播，散布
(٦) إِشَاعَةٌ جـ إِشَاعَاتٌ	谣言，流言飞语
(٦) اَلشِّيعَةُ	什叶派
(٨) شِيعِيٌّ جـ شِيعَةٌ	什叶派人
*(٢) شُيُوعِيٌّ جـ شُيُوعِيُّونَ م شُيُوعِيَّةٌ	共产主义的；共产党人，共产党员
(٢) اَلشُّيُوعِيَّةُ	共产主义
*(٤) شَائِعٌ م شَائِعَةٌ	流传的，普遍的
خَطَأٌ شَائِعٌ	常见错误
(٨) شَائِعَةٌ جـ شَائِعَاتٌ	流言，传闻
(٦) شِيكٌ جـ شِيكَاتٌ	支票
شِيكٌ لأَمْرِهِ	记名支票
شِيكٌ لِحَامِلِهِ	不记名支票
اَلشِّيكُ عَلَى الْمَكْشُوفِ / شِيكٌ بِدُونِ رَصِيدٍ	空头支票，假支票
شِيكٌ مَقْبُولُ الدَّفْعِ	现金支票
(٨) شَيَّالٌ / حَمَّالٌ	脚夫，搬运工
(٨) شَامَةٌ جـ شَامٌ وشَامَاتٌ	黑痣，美人痣
*(٢) اَلشَّايُ	茶叶

الصاد

*(٤) صَالَةٌ جـ صَالاَتٌ / صَالُونٌ جـ صَالُونَاتٌ

大厅，客厅

*(٤) صَبَّ ـُ صَبًّا الْمَاءَ　倾倒，泼，注入

(٤) صَبَّ يَصِبُّ صَبًّا النَّهْرُ فِي الْبَحْرِ　河流入海

*(٤) تَصَبَّبَ تَصَبُّبًا الْمَاءُ مِنْ فَوْقُ: اِنْحَدَرَ

往下淌

تَصَبَّبَ وَجْهُهُ عَرَقًا　大汗淋漓

(٦) مَصَبُّ النَّهْرِ جـ مَصَابُّ　河口，入海口

*(٢) أَصْبَحَ يُصْبِحُ كَذَا　变成

*(٢) صَبَاحٌ / صُبْحٌ　早晨，清晨

اَلصَّبَاحُ الْبَاكِرُ　清早

(٤) صَبِيحَةٌ / صَبَاحٌ　清晨

*(٢) مِصْبَاحٌ جـ مَصَابِيحُ / لَمْبَةٌ　灯

مِصْبَاحُ الْيَدِ / مِصْبَاحٌ يَدَوِيٌّ / بَطَارِيَّةُ جَيْبٍ

手电筒

*(٤) صَبَرَ ـِ صَبْرًا عَلَى الأَمْرِ　忍耐，忍受

(٤) صَبُورٌ جـ صُبُرٌ　有耐性的，坚忍的

(٤) إِصْبَعٌ جـ أَصَابِعُ　手指，脚趾（阴性）

(٦) صَبَغَ ـُ صَبْغًا الثَّوْبَ وَغَيْرَهُ　染色，涂色

*(٢) صَابُونٌ اَلْوَاحِدَةُ صَابُونَةٌ　肥皂

(٨) صِبًا وَصُبُوَّةٌ　青春，少年时代

(٤) صَبِيٌّ جـ صِبْيَانٌ　男孩，少年；学徒

(٤) صَبِيَّةٌ جـ صَبَايَا　小女孩，小姑娘

*(٤) صَحِبَهُ ـَ صُحْبَةً / صَاحَبَهُ مُصَاحَبَةً

陪伴，伴随，结交，交往，交友

بِصُحْبَةِ فُلاَنٍ / بِرُفْقَتِهِ

在…陪同下，由…陪同

*(٢) صَاحِبٌ جـ أَصْحَابٌ

朋友，伙伴；主人，所有者

صَاحِبُ النَّظَّارَةِ　戴眼镜的

صَاحِبُ الأَمْرِ　当事人，主人

صَاحِبُ الْجَلاَلَةِ　陛下

صَاحِبُ السَّعَادَةِ (أَوِ الْمَعَالِي)　阁下

صَاحِبُ السُّمُوِّ　殿下

صَاحِبُ الْعَرْشِ　君主，帝王

*(٤) صَحَّ ـِ صِحَّةً الأَمْرُ　成为正确的，对

يَصِحُّ أَنْ ...

…是对的，…是应当的，应该

لاَ يَصِحُّ أَنْ ...

…是不对的，…是不应当的，不应该

*(٢) صَحَّحَ تَصْحِيحًا الشَّيْءَ

改正，纠正，修正，修改

*(٢) صِحَّةٌ

健康，卫生；正确性，合法性，真实性

(٢) صِحِّيٌّ م صِحِّيَّةٌ

卫生的，健康的，有益于健康的

*(٢) صَحِيحٌ م صَحِيحَةٌ 对的，正确的，真实的

(٤) مَصَحَّةٌ جـ مَصَحَّاتٌ 疗养院

*(٤) صَحْرَاءُ جـ صَحَارَى وصَحْرَاوَاتٌ 沙漠

(٤) صَحْرَاوِيٌّ م صَحْرَاوِيَّةٌ 沙漠的，沙漠性的

(٦) صَحْفَةٌ جـ صِحَافٌ / صَحْنٌ كَبِيرٌ 大盘子

صِحَافُ الطَّعَامِ 各色菜肴

*(٤) صِحَافَةٌ 新闻业

*(٢) صَحِيفَةٌ جـ صُحُفٌ 报纸

*(٤) صَحَفِيٌّ صَحَفِيُّونَ م صَحَفِيَّةٌ / صِحَافِيٌّ

新闻的；新闻工作者

(٨) اَلْمُصْحَفُ الشَّرِيفُ: اَلْقُرْآنُ 《古兰经》

(٤) صَحْنٌ جـ صُحُونٌ 盘子，碟子

(٨) صَحْنُ الدَّارِ أَوِ الْمَسْجِدِ أَوِ الْكَنِيسَةِ

庭院，院子

*(٤) صَحَا يَصْحُو صَحْوًا / اسْتَيْقَظَ 醒来，睡醒

(٤) صَحَا الْجَوُّ 天气晴朗，放晴

(٤) صَحْوٌ 清醒；晴（朗的）

(٨) صَاخِبٌ 吵闹的，喧闹的

*(٤) صَخْرٌ جـ صُخُورٌ اَلْوَاحِدَةُ صَخْرَةٌ

岩石，石头，石块

(٦) صَدِئَ ـَ صَدأً الحَدِيدُ ونَحْوُهُ 生锈

(٦) صَدَّهُ ـُ صَدًّا عَنْ كَذَا

阻挡，阻拦，制止；反击，击退

*(٤) صَدَدٌ 方面；宗旨，目的

فِي هَذَا الصَّدَدِ / بِهَذَا الصَّدَدِ

在这方面，关于这一点

(٤) صَدَرَ ـُ صُدُوراً ألأَمْرُ 发生，发出

*(٤) أَصْدَرَ إِصْدَاراً بَيَانًا أَوْ غَيْرَهُ 发表，发出

*(٤) صَدَّرَ تَصْدِيرًا الْبَضَائِعَ إِلَى ... 出口，输出

(٦) صَادَرَ مُصَادَرَةً الشَّيْءَ 没收，充公

(٦) تَصَدَّرَ تَصَدُّرًا الْمَكَانَ

坐在首席，占据醒目地位

تَصَدَّرَ الْجَلْسَةَ 主持会议，担任主席

تَصَدَّرَ الْحَفْلَةَ 坐在首席

*(٢) صَدْرٌ جـ صُدُورٌ

胸，胸膛，胸襟；乳房；首位；中心

بِصَدْرٍ رَحِيبٍ 大度地，欣然，坦然

صَدْرُ الشَّيْءِ أَوِ الْمَكَانِ 前头，首位

فِي صَدْرِ الإِسْلاَمِ 伊斯兰早期

(٨) صُدْرِيَّةٌ 乳罩

(٨) صُدْرَةٌ جـ صُدَرٌ 马甲，背心

(٨) إِصْدَارُ الاِعْتِمَادِ 开信用证

*(٤) اَلصَّادِرَاتُ 出口货

صَادِرَاتٌ خَدَمِيَّةٌ (مَا يُقَدَّمُ مِنَ خَدَمَاتِ الْعِمَالَةِ) 劳务输出

*(٢) مَصْدَرٌ جـ مَصَادِرُ 出处，来源，来路；词根

اَلْمَصَادِرُ الْمُطَّلِعَةُ / اَلدَّوَائِرُ الْمُطَّلِعَةُ 消息灵通方面

(٢) صُدَاعٌ 头痛

(٨) صُدْغٌ جـ أَصْدَاغٌ 鬓角

*(٢) صَادَفَهُ مُصَادَفَةً 碰见，遇到，巧遇

(٤) صُدْفَةً / بِالصُّدْفَةِ 偶然，碰巧

(٨) صَدَفٌ جـ أَصْدَافٌ اَلْوَاحِدَةُ صَدَفَةٌ 贝壳，介壳

*(٤) صَدَقَ ـُ صِدْقًا 诚实，说真话

صَدَقَ قَوْلُهُ (أَوْظَنُّهُ) 说（猜）对了

(٦) صَدَّقَهُ تَصْدِيقًا 相信

(٦) صَادَقَ مُصَادَقَةً عَلَى الأَمْرِ 批准，赞同

(٨) تَصَدَّقَ تَصَدُّقًا عَلَي الْفَقِيرِ بِالشَّيْءِ 施舍，布施

(٤) صِدْقٌ 真实，真诚，诚意

(٨) صَدَقَةٌ جـ صَدَقَاتٌ 施舍，布施

*(٢) صَدَاقَةٌ 友谊，友好，友情

(٢) صَادِقٌ م صَادِقَةٌ / صَدُوقٌ 诚实的，真诚的

*(٢) صَدِيقٌ جـ أَصْدِقَاءُ م صَدِيقَةٌ 朋友，友人

(٨) مِصْدَاقٌ 试金石

(٦) صَدَمَهُ ـِ صَدْمًا 碰，撞

*(٤) اِصْطَدَمَ اصْطِدَامًا بِكَذَا / تَصَادَمَ تَصَادُمًا 相碰，相撞

(٤) صَدْمَةٌ جـ صَدَمَاتٌ 震荡，创伤；打击

اَلصَّدْمَةُ الْكَهْرَبَائِيَّةُ 电击，触电

اَلصَّدْمَةُ النَّفْسِيَّةُ 精神创伤

(٦) تَصَدَّى تَصَدِّيًا لِكَذَا 反对，反抗，干涉

(٦) صَدًى جـ أَصْدَاءٌ 回音，反响

(٦) صَرَّحَ تَصْرِيحًا بِكَذَا 声明，宣布

(٦) صَارَحَ مُصَارَحَةً بِمَا فِي نَفْسِهِ 坦言，直言

*(٤) صَرَاحَةٌ 明白，坦率，直爽

(٦) صَرْحٌ جـ صُرُوحٌ 大厦，广厦

(٦) تَصْرِيحٌ جـ تَصْرِيحَاتٌ 声明，说明；许可（证）

(٤) صَرِيحٌ جـ صُرَحَاءُ م صَرِيحَةٌ 明白的，坦诚的

(٤) صَرَخَ ـُ صُرَاخًا 呼喊，叫嚷

(٦) صَارِخٌ م صَارِخَةٌ 扎眼的，抢眼的，亮丽的

لَوْنٌ صَارِخٌ 扎眼的颜色，浓艳的色调

اَلاِنْتِهَاكُ الصَّارِخُ لِكَذَا 对…的公然践踏

*(٤) صَارُوخٌ جـ صَوَارِيخُ 火箭；烟火

صَوَارِيخُ نَارِيَّةٌ 烟火，爆竹
صَوَارِيخُ مُوَجَّهَةٌ 导弹
*(٤) أَصَرَّ إِصْرَارًا عَلَى الأَمْرِ 坚持，固执
(٨) صُرَّةٌ جـ صُرَرٌ 钱袋；一捆
(٨) صِرَاطٌ / طَرِيقٌ 道路，大道
(٦) صَرَعَهُ ـَ صَرْعًا وَمَصْرَعًا 摔倒，打倒在地
لَقِيَ مَصْرَعَهُ 遇难身亡，死于非命
(٦) صَارَعَهُ مُصَارَعَةً وَصِرَاعًا 摔跤，格斗
(٨) صَرْعٌ 癫痫，羊角疯
(٨) صَرِيعٌ جـ صَرْعَى 癫痫病人
(٦) مِصْرَاعٌ جـ مَصَارِيعُ 门扇
*(٢) صَرَفَ ـِ صَرْفًا الْمَالَ
支出，花费，用钱；兑换
صَرَفَ الْوَقْتَ 用时，打发时间
صَرَفَ الْمَاءَ 排水，放水
(٤) بِصَرْفِ النَّظَرِ عَنْ ... 不管，不顾，漠视
(٨) صَرَّفَ تَصْرِيفًا النُّقُودَ 兑换，周转，使流通
*(٢) اِنْصَرَفَ اِنْصِرَافًا إِلَى ... 走，离去
*(٤) تَصَرَّفَ تَصَرُّفًا فِي ... 支配，处理
(٨) اَلصَّرْفُ 词法
*(٤) تَصَرُّفٌ جـ تَصَرُّفَاتٌ 行为，举止
بِتَصَرُّفٍ 经改写
تَحْتَ تَصَرُّفِكُمْ 听您支配，由您安排

(٦) صَرَّافٌ جـ صَيَارِفَةٌ 出纳，司库
صَرَّافُ النُّقُودِ 钱币兑换商
*(٢) مَصْرُوفٌ جـ مَصْرُوفَاتٌ وَمَصَارِيفُ
费用，开支，开销
(٦) مَصْرِفٌ جـ مَصَارِفُ 银行，钱庄
(٨) صَيْرَفِيٌّ جـ صَيَارِفَةٌ
银钱兑换商，钱币兑换店
(٤) صَارِمٌ م صَارِمَةٌ 严厉的，严肃的，苛刻的
(٦) مُنْصَرِمٌ م مُنْصَرِمَةٌ
过去的，已往的，以前的
(٨) صَارٍ وَصَارِيَةٌ جـ صَوَارٍ (الصَّوَارِي) 桅杆
*(٢) صَعُبَ ـُ صُعُوبَةً الأَمْرُ 成为困难的
يَصْعُبُ عَلَيْهِ أَنْ ...
…是困难的，…是难于做到的
*(٢) صُعُوبَةٌ جـ صُعُوبَاتٌ 困难，艰难
*(٢) صَعْبٌ جـ صِعَابٌ م صَعْبَةٌ 难，困难的
*(٤) مَصَاعِبُ 困难，艰难
*(٤) صَعِدَ ـَ صُعُودًا الْجَبَلَ أَوْ غَيْرَهُ 爬山，登山
(٦) صَعَّدَ تَصْعِيدًا الْحَرْبَ وَنَحْوَهُ
使战争等升级，激化
(٦) تَصَاعَدَ تَصَاعُدًا الشَّيْءُ 上升，高涨
(٨) صُعَدَاءُ 叹气，喘气
تَنَفَّسَ الصُّعَدَاءَ 长叹，舒一口气

ص

(٨) مُصَفَّحَةٌ جـ مُصَفَّحَاتٌ 装甲车
(٦) اِصْفَرَّ اصْفِرَارًا الشَّيْءُ 变黄
(٨) صَفَرٌ 伊历二月
*(٢) صِفْرٌ 零，零点，零度
فَوْقَ الصِّفْرِ 零上
تَحْتَ الصِّفْرِ 零下
(٨) صُفَارُ الْبَيْضِ 蛋黄
(٤) صُفْرَةٌ 黄，黄色
(٤) أَصْفَرُ م صَفْرَاءُ 黄的
(٨) صَفْرَاءُ 胆汁〔解〕
(٨) صَفِيرٌ 汽笛声，警报声，口哨
(٨) صَفَّارَةٌ جـ صَفَّارَاتٌ 哨子，口笛
صَفَّارَاتُ الإِنْذَارِ 汽笛，警笛，警报
(٤) صَفْصَافٌ 柳树
(٦) صَفَعَهُ ـَ صَفْعًا 打耳光
(٨) صَفْعَةٌ جـ صَفَعَاتٌ 巴掌，耳光
*(٤) اِصْطَفَّ اصْطِفَافًا النَّاسُ 排列，排成队
*(٢) صَفٌّ جـ صُفُوفٌ 队伍，队列，行，排，班
*(٢) صَفَّقَ تَصْفِيقًا 鼓掌，拍手
(٦) صَفْقَةٌ جـ صَفَقَاتٌ 交易，买卖
صَفْقَةٌ عَاجِلَةٌ 现货交易
(٨) صَفَاقَةُ الْوَجْهِ 厚脸皮
بِكُلِّ صَفَاقَةٍ ووَقَاحَةٍ 厚颜无耻

(٤) مِنَ الآنَ فَصَاعِدًا 今后，从今以后
(٤) مِصْعَدٌ كَهْرَبَائِيَّةٌ / أَسَانْسِير 电梯
(٨) صَاعِقَةٌ جـ صَوَاعِقُ 霹雷，霹雳
(٨) صَعْلُوكٌ جـ صَعَالِيكُ
流浪汉，穷光蛋，草莽英雄
(٨) صَغَرَ ـُ وصَغِرَ ـَ صَغْرًا وصُغْرًا فُلانًا (بِـ ...)
比某人小
أَصْغَرُهُ بِسَنَةٍ 我比他小一岁
(٦) صَغَّرَ تَصْغِيرًا الشَّيْءَ 缩小
اِسْمُ التَّصْغِيرِ 指小名词〔语〕
(٨) اِسْتَصْغَرَهُ اِسْتِصْغَارًا 认为小，小看，轻视
*(٢) صِغَرٌ 小，微小，卑微；少年时期
*(٢) صَغِيرٌ جـ صِغَارٌ م صَغِيرَةٌ 小的；年幼的，小孩儿
(٢) أَصْغَرُ م صُغْرَى 最小的
(٤) مُصَغَّرٌ م مُصَغَّرَةٌ 被缩小的，微缩的
*(٤) أَصْغَى يُصْغِي إِصْغَاءً إِلَى كَذَا 倾听
(٦) صَفَحَ ـَ صَفْحًا عَنْ ذَنْبِهِ 原谅，宽恕
*(٢) صَافَحَهُ مُصَافَحَةً 握手
(٤) تَصَافَحَ تَصَافُحًا الْقَوْمُ 互相握手
*(٤) تَصَفَّحَ تَصَفُّحًا الْكِتَابَ 翻阅，查阅
*(٢) صَفْحَةٌ جـ صَفَحَاتٌ 页，面
(٦) صَفِيحٌ وصَفِيحَةٌ جـ صَفَائِحُ
金属板；铁盒，铁罐

ص

(٦) صَفَا ـُ صَفَاءً الْجَوُّ ونَحْوُهُ

成为晴朗、清澈、纯净的

*(٤) صَفَّى تَصْفِيَةً الشَّيْءَ

澄清，过滤，提炼；清除

مُبَارَاةُ التَّصْفِيَةِ　淘汰赛

(٤) صَفَاءٌ　清澈，真诚，诚挚；（生活）安乐

*(٢) صَافٍ (الصَّافِي) م صَافِيَةٌ　清澈的，晴朗的

صَافِي الرِّبْحِ / اَلرِّبْحُ الصَّافِي　纯利

صَافِي الإِيرَادَاتِ / الإِيرَادَاتُ الصَّافِيَةُ　纯收入

اَلْوَزْنُ الصَّافِي　净重

(٨) مِصْفَاةٌ جـ مَصَافٍ / فِلْتَر　过滤器

مِصْفَاةُ النِّفْطِ　炼油厂

(٨) صَقْرٌ جـ صُقُورٌ　茶隼，鹞子

(٦) صَقِيعٌ　霜

(٦) صَقَلَهُ ـَ صَقْلاً　打磨，磨光，擦亮；磨炼

(٨) صِقَالَةٌ جـ صَقَائِلُ / سَقَالَةٌ　脚手架

(٨) صَقِيلٌ م صَقِيلَةٌ　有光泽的，磨光的

(٨) صَكَّهُ ـُ صَكًّا

打某人巴掌，打某人耳光，拍，打；关上（门）

(٨) صَكٌّ جـ صُكُوكٌ　文件，证书，证件，票据

صَكٌّ مَالِيٌّ / شِيكٌ　支票

(٦) اِصْطَكَّ اصْطِكَاكًا الشَّيْئَانِ　碰撞

تَصْطَكُّ الأَسْنَانُ　打冷战，哆嗦，发抖

(٦) تَصَلَّبَ تَصَلُّبًا الشَّيْءُ　变硬，硬化

*(٤) صُلْبٌ م صُلْبَةٌ　硬的，坚硬的；固体的

جِسْمٌ صُلْبٌ　固体

*(٤) صُلْبٌ　钢；脊柱

صُلْبُ الْكِتَابِ　本文，正文

صُلْبُ الْمَوْضُوعِ　实质，中心

(٦) صَلاَبَةٌ　坚硬，坚固；顽强

(٤) اَلصَّلِيبُ الأَحْمَرُ　红十字

(٨) اَلصَّلِيبِيُّونَ　十字军

(٤) صَلُحَ ـُ صَلاَحًا لِكَذَا　适合，适宜

*(٤) أَصْلَحَ إِصْلاَحًا الشَّيْءَ / صَلَّحَهُ تَصْلِيحًا

修理，改良，改善

(٨) تَصَالَحَ تَصَالُحًا الْقَوْمُ　和解

(٦) صُلْحٌ　和解

(٦) صَلاَحِيَّةٌ　职权，权限，职能

(٤) إِصْلاَحٌ جـ إِصْلاَحَاتٌ

改良，改善，改进，改革，修正

*(٤) اِصْطِلاَحٌ جـ اِصْطِلاَحَاتٌ / مُصْطَلَحٌ جـ مُصْطَلَحَاتٌ　术语，专业用语，行话

*(٢) صَالِحٌ جـ صَالِحُونَ م صَالِحَةٌ

良好的，品行端正的，好人

صَالِحٌ لِكَذَا م صَالِحَةٌ لكذا

适合…的，适于…的

(٨) صَمُولَةٌ 螺母，螺帽

*(٤) صَمَّمَ تَصْمِيمًا عَلَى كَذَا 决心，决意，坚决

(٦) صَمَّمَ تَصْمِيمًا الشَّيْءَ 设计

*(٤) تَصْمِيمٌ جـ تَصَامِيمُ وَتَصْمِيمَاتٌ

设计；设计图纸

(٨) صِمَامٌ جـ صِمَامَاتٌ 栓，塞子，阀门

صِمَامُ الأَمَانِ 安全阀

صِمَامُ التَّحَكُّمِ 控制阀

صِمَامُ التَّخْفِيفِ 减压阀

صِمَامُ الْهَوَاءِ （自行车）气门

(٨) صِمَامٌ 电子管

صِمَامٌ ثُنَائِيٌّ 二极管

(٤) أَصَمُّ م صَمَّاءُ / أَطْرَشُ 聋子；实心的

*(٤) صَمِيمٌ 真正的，道地的

مِنْ صَمِيمِ قُلُوبِنَا

衷心地，由衷地，发自内心地

(٤) صَنَوْبَرٌ 松树

(٦) صُنْبُورٌ جـ صَنَابِيرُ / حَنَفِيَّةٌ 水龙头

(٨) صَنْجٌ جـ صُنُوجٌ 钹，镲，响板

(٦) صَنْدَقَ صَنْدَقَةً الشَّيْءَ 打包，装箱

*(٢) صُنْدُوقٌ جـ صَنَادِيقُ 箱子，柜，匣；基金会

صُنْدُوقُ الْبَرِيدِ 邮筒，邮政信箱

صُنْدُوقُ النَّقْدِ الدَّوْلِيُّ 国际基金会

فِي صَالِحِ ... 有利于…

*(٢) مَصْلَحَةٌ جـ مَصَالِحُ 利益；局（行政机构）

مَصْلَحَةُ الْبَرِيدِ 邮局

مَصْلَحَةُ الطَّيَرَانِ الْمَدَنِيِّ 民航局

(٨) صَلْدٌ جـ أَصْلَادٌ م صَلْدَةٌ

绷硬的，坚硬光滑的；不毛之地

(٤) صَلْصَةٌ جـ صَلَصَاتٌ 调味汁，酱油

(٨) أَصْلَعُ م صَلْعَاءُ جـ صُلْعٌ 秃子，秃头

(٨) صَلِفَ ـَ صَلَفًا الرَّجُلُ

吹牛，说大话；牛气，狂傲

*(٤) صَلَّى يُصَلِّي صَلَاةً 做礼拜，祈祷

(٤) صَلَاةٌ جـ صَلَوَاتٌ 礼拜，祷告

صَلَاةُ الصُّبْحِ 晨礼

صَلَاةُ الظُّهْرِ 晌礼

صَلَاةُ الْعَصْرِ 晡礼

صَلَاةُ الْمَغْرِبِ 昏礼

صَلَاةُ الْعِشَاءِ 宵礼

صَلَاةُ الْجُمْعَةِ 聚礼

*(٤) صَمَتَ ـُ صَمْتًا 沉默，不作声

*(٤) صَامِتٌ جـ صَامِتُونَ م صَامِتَةٌ 沉默的，无言的

(٦) صَمَدَ ـُ صُمُودًا لِكَذَا 抵挡，顶住，经得起

(٦) صُمُودٌ 坚定，刚毅，坚韧不拔

(٦) صَمْغٌ جـ صُمُوغٌ 树胶，胶水

أَمِينُ الصُّنْدُوقِ 司库，出纳

(٨) صَنْدَلٌ جـ صَنَادِيلُ 凉鞋

(٨) صِنَّارَةٌ جـ صِنَّارَاتٌ وَصَنَانِيرُ 鱼钩

(٢) صَنَعَ ـَ صُنْعًا الشَّيْءَ 制造，做

مِنْ صُنْعِ الصِّينِ 中国制造

*(٤) صَنَّعَ تَصْنِيعًا الْبِلَادَ 工业化

صَنَّعَ الشَّيْءَ 加工

(٦) تَصَنَّعَ تَصَنُّعًا فُلَانٌ 矫揉造作，装腔作势

*(٢) صَنْعَاءُ 萨那

(٦) صَنْعَةٌ

手艺，技艺；工艺品；（文学作品的）雕琢

*(٢) صِنَاعَةٌ جـ صِنَاعَاتٌ 工业，产业

اَلصِّنَاعَةُ الثَّقِيلَةُ 重工业

اَلصِّنَاعَةُ الْخَفِيفَةُ 轻工业

اَلصِّنَاعَةُ الْيَدَوِيَّةُ 手工业

(٢) صِنَاعِيٌّ م صِنَاعِيَّةٌ

工业的，产业的，人工的，人造的

(٦) اِصْطِنَاعِيٌّ م اِصْطِنَاعِيَّةٌ

人工的，人造的，人为的

(٢) صَانِعٌ جـ صَانِعُونَ وصُنَّاعٌ 工人，制造者

(٤) صَنِيعٌ 行为；善行

(٨) صَنِيعَةٌ جـ صَنَائِعُ 善行；作品；傀儡，走狗

(٦) مُصْطَنَعٌ م مُصْطَنَعَةٌ 人为的，虚构的，捏造的

*(٢) مَصْنَعٌ جـ مَصَانِعُ 工厂

*(٢) مَصْنُوعَاتٌ 工业品，产品，制成品

(٦) صَنَّفَ تَصْنِيفًا الشَّيْءَ 分类，分门别类

*(٤) صِنْفٌ جـ أَصْنَافٌ وصُنُوفٌ 种类，门类，等级

(٨) صَنْفَرَةٌ 砂纸

(٨) (زُجَاجٌ) مُصَنْفَرٌ 磨砂（玻璃）

(٨) صَنَمٌ جـ أَصْنَامٌ 偶像

(٨) أَصْهَبُ م صَهْبَاءُ جـ صُهْبٌ 赤褐色

(٦) صَهَرَ ـَ صَهْرًا الشَّيْءَ بالنَّارِ ونَحْوِهَا

熔化，冶炼

(٨) صَاهَرَ مُصَاهَرَةً الْقَوْمَ وَفِيهِمْ 结亲，联姻

(٦) اِنْصَهَرَ اِنْصِهَارًا الشَّيْءُ / اِنْدَمَجَ وَالْتَحَمَ 熔化

(٨) صِهْرٌ جـ أَصْهَارٌ 女婿

(٨) مُصَهِّرَاتٌ / فُيُوز 保险丝，熔断器

(٨) مَصْهَرُ الْحَدِيدِ 炼铁厂

(٨) صِهْرِيجٌ جـ صَهَارِيجُ 水槽，蓄水池

(٨) صَهِيلٌ 马嘶

(٦) اَلصَّهْيُونِيَّةُ 犹太复国主义

(٦) صَوَّبَ تَصْوِيبًا الْغَرَضَ 对准，瞄准

*(٤) أَصَابَ إِصَابَةً الشَّيْءَ 击中，命中

(٤) أَصَابَ الرَّجُلُ فِي كَذَا 做得对

*(٢) أَصَابَهُ الْمَرَضُ / أُصِيبَ بِالْمَرَضِ 得病

(٦) صَوْبٌ / جِهَةٌ 方向，方面

مِنْ كُلِّ صَوْبٍ وحَدَبٍ 从各处，从四面八方

*(٤) صَوَابٌ 正确；理智，理性

(٨) صُوبَة 温室，暖房

(٤) صَائِبٌ / مُصِيبٌ 正确的，中肯的，切中要害的

*(٢) مُصَابٌ بِكَذَا م مُصَابَةٌ

被…命中的，得了…；伤者

(٦) مُصِيبَةٌ جـ مَصَائِبُ 不幸，祸患，劫难

(٦) صَوَّتَ تَصْوِيتًا 投票

*(٢) صَوْتٌ جـ أَصْوَاتٌ 声音；选票

بِصَوْتٍ عَالٍ / بِصَوْتٍ مُرْتَفِعٍ

高声地，大声地

بِصَوْتٍ وَاحِدٍ 异口同声地

(٤) صِيتٌ 名声，声望

ذَائِعُ الصِّيتِ 驰名的，声名在外的

(٨) اَلتَّصْوِيتُ بِـ"نَعَمْ أَوْ لاَ"

口头表决，举手表决

(٨) اَلصَّوْتِيَّاتُ / عِلْمُ الصَّوْتِ 声学

عِلْمُ الصَّوْتِيَّاتِ اللُّغَوِيَّةِ 语音学

(٨) صُودَا 苏打，碱

*(٢) صَوَّرَ تَصْوِيرًا الشَّيْءَ 描绘，勾画；照相

*(٤) تَصَوَّرَ تَصَوُّرًا الأَمْرَ 想象，设想

*(٢) صُورَةٌ جـ صُوَرٌ

照片，图片；形式，样子；方法；抄本

صُورَةُ الْعَقْدِ 合同副本

عَلَى هٰذِهِ الصُّورَةِ 照这个样子，如此

بِصُورَةٍ مُبَسَّطَةٍ 简明地

بِصُورَةٍ اسْتِثْنَائِيَّةٍ 例外地

بِصُورَةٍ رَسْمِيَّةٍ 正式地

بِصُورَةٍ مُخَطَّطَةٍ 有计划地

بِصُورَةٍ وَاضِحَةٍ 清楚地，明白地

(٨) صُورِيٌّ م صُورِيَّةٌ 形式的，虚设的，模拟的

(٢) مُصَوِّرٌ جـ مُصَوِّرُونَ 摄影师

(٤) مُصَوَّرٌ م مُصَوَّرَةٌ 所画的；带插图的

(٨) صَاعًا بِصَاعٍ 一报还一报

(٦) صَاغَ ـُ صَوْغًا وَصِيَاغَةً الشَّيْءَ

铸造，铸成，使成型

*(٤) صِيغَةٌ جـ صِيَغٌ 形式，公式，格式

(٦) صَائِغٌ جـ صَاغَةٌ 银匠

(٨) مَصُوغَاتٌ 首饰

*(٤) صُوفٌ جـ أَصْوَافٌ 羊毛，毛织品

(٤) صُوفِيٌّ م صُوفِيَّةٌ 羊毛的，毛织的

(٨) صُوفِيٌّ جـ صُوفِيَّةٌ وصُوفِيُّونَ / مُتَصَوِّفٌ

苏菲派人

(٨) صَوْلَجَانٌ 曲棍，权杖

*(٤) صَامَ ـُ صَوْمًا وَصِيَامًا 斋戒，把斋

شَهْرُ الصِّيَامِ / رَمَضَانُ 斋月

ص

*(٤) صَائِمٌ جـ صُوَّامٌ وَصَائِمُونَ 斋戒者，封斋的

*(٤) اَلصُّومَالُ 索马里

(٤) صَانَ ـُ صَوْنًا وَصِيَانَةً الشَّيْءَ

保护，捍卫，维护，维修

*(٢) صَاحَ ـِ صَيْحَةً وَصِيَاحًا 叫喊，呼喊

فِي صَيْحَةٍ وَجَلَبَةٍ 吵吵嚷嚷地，七嘴八舌地

*(٢) صَادَ ـِ صَيْدًا الْحَيَوَانَ / اِصْطَادَهُ 打猎，捕鱼

*(٢) صَيَّادٌ جـ صَيَّادُونَ م صَيَّادَةٌ 猎人，渔民

(٨) صَيْدٌ وَمَصِيدٌ جـ مَصَائِدُ 猎物

(٨) مِصْيَدَةٌ جـ مَصَايِدُ / فَخٌّ 罗网，圈套

مَصْيَدَةُ السَّمَكِ 渔场

مَصْيَدَةُ اللُّؤْلُؤِ 采珠场

(٤) صَيْدَلِيٌّ جـ صَيَادِلَةٌ 药剂师

*(٤) صَيْدَلِيَّةٌ جـ صَيْدَلِيَّاتٌ 药房

*(٢) صَارَ ـِ صَيْرًا وَصَيْرُورَةً وَمَصِيرًا 变成

*(٤) مَصِيرٌ 命运，结局，下场

تَقْرِيرُ الْمَصِيرِ 民族自决

*(٤) اِصْطَافَ اِصْطِيَافًا بِالْمَكَانِ فَهُوَ مُصْطَافٌ 避暑

*(٢) صَيْفٌ 夏季，夏天

(٢) صَيْفِيٌّ م صَيْفِيَّةٌ 夏天的，夏季的

(٤) مَصِيفٌ جـ مَصَائِفُ 避暑地

*(٢) اَلصِّينُ 中国

*(٢) صِينِيٌّ جـ صِينِيُّونَ م صِينِيَّةٌ 中国的；中国人

(٢) صِينِيَّةٌ جـ صَوَانِيٌّ 盘子，托盘

الضاد

(٤) ضَئِيلٌ م ضَئِيلَةٌ

微小的，渺小的，微不足道的

(٤) ضَأْنٌ 绵羊

(٤) ضَبَابٌ / شَبُّورَةٌ 雾

(٦) ضَبَطَهُ ـُ ضَبْطًا 捉住，查获；控制住，

制伏；矫正，调整，做好（事情）

*(٢) بِالضَّبْطِ 恰好，正好，准确地

(٦) اِنْضِبَاطٌ جـ اِنْضِبَاطَاتٌ 纪律

(٢) ضَابِطٌ جـ ضُبَّاطٌ 军官

*(٢) مَضْبُوطٌ م مَضْبُوطَةٌ

对的，正确的，准确的，正好的

(٨) ضَبُعٌ جـ ضِبَاعٌ وأَضْبُعٌ 鬣狗，豺

(٤) ضَجَّةٌ / ضَجِيجٌ 吵闹，喧哗，喧嚣

(٦) ضَجِرَ ـَ ضَجَرًا مِنْ كَذَا أَوْ بِهِ وتَضَجَّرَ مِنْهُ

烦躁，着急

(٨) ضَجِرٌ

着急的，心烦意乱的，烦躁不安的

(٨) ضَجَعَ ـَ ضَجْعًا واضْطَجَعَ 侧卧，躺下

(٨) مَضْجَعٌ جـ مَضَاجِعُ 床铺，卧榻；寝室

*(٢) ضَحِكَ ـَ ضَحْكًا وضَحِكًا 笑

ضَحِكَ مِنْهُ أَوْ عَلَيْهِ 嘲笑，讥笑

(٢) ضَحْكَةٌ جـ ضَحَكَاتٌ 一笑，笑声

(٤) مُضْحِكٌ م مُضْحِكَةٌ 可笑的，逗人的

(٨) أُضْحُوكَةٌ جـ أَضَاحِيكُ 笑话，笑柄，笑料

*(٤) ضَحْلٌ م ضَحْلَةٌ 浅的，不深的

*(٤) ضَحَّى يُضَحِّي تَضْحِيَةً بِالشَّاةِ وغَيْرِهِ

牺牲，献身

(٤) الضُّحَى 早晨

*(٤) ضَحِيَّةٌ جـ ضَحَايَا 牺牲品，祭品

*(٢) ضَاحِيَةٌ جـ ضَوَاحٍ (اَلضَّوَاحِي) 郊区，城郊

(٨) مِضَخَّةٌ جـ مِضَخَّاتٌ / طُلُمْبَةٌ 水泵，抽水机

(٨) ضَادَّهُ مُضَادَّةً 反对，和…相反

(٨) تَضَادَّ تَضَادًّا الأَمْرَانِ

相抵，抵触，互相矛盾，互相对立

(٨) مُضَادٌّ لِكَذَا م مُضَادَّةٌ 抗…的（医用），反…的

مُضَادَّاتُ السُّمُومِ 抗毒素，解毒剂

مَدَافِعُ مُضَادَّةٌ لِلطَّائِرَاتِ 高射炮

*(٤) ضِدَّ ... 反对

(٦) اِضْطَرَبَ اِضْطِرَابًا
动荡，混乱，动乱，不安定

(٤) ضَرْبُ عَدَدٍ فِي آخَرَ (فِي الْحِسَابِ)
乘法（以甲数乘乙数）

عَلَامَةُ الضَّرْبِ 乘号

(٦) ضَرْبٌ جـ أَضْرَابٌ وضُرُوبٌ 种类，品种，式样

(٢) ضَرْبَةٌ جـ ضَرَبَاتٌ 打一下，一击

ضَرْبَةٌ قَاضِيَةٌ / ضَرْبَةٌ سَاحِقَةٌ 致命的打击

ضَرْبَةُ الإِرْسَالِ 发球

ضَرْبَةُ الْجَزَاءِ 罚点球

(٦) إِضْرَابٌ جـ إِضْرَابَاتٌ 罢工，罢课，罢市

اَلْمُضَارَبَةُ الْمَالِيَّةُ 金融投机

اَلْمُضَارَبَةُ عَلَى سِعْرِ الدُّولَارِ الأَمْرِيكِيِّ 炒美元

*(٤) ضَرِيبَةٌ جـ ضَرَائِبُ 税

ضَرَائِبُ جُمْرُكِيَّةٌ / رُسُومٌ جُمْرُكِيَّةٌ 关税

حَوَاجِزُ (أَوْ قُيُودُ) الضَّرَائِبِ (أَوِ الرُّسُومِ)
الْجُمْرُكِيَّةِ 关税壁垒

ضَرِيبَةُ الدَّخْلِ 所得税

ضَرَائِبُ عَلَى الْقِيمَةِ الْمُضَافَةِ 增值税

ضَرَائِبُ تَصَاعُدِيَّةٌ 累进税

*(٤) مُضْطَرِبٌ م مُضْطَرِبَةٌ
动荡的，混乱的，动乱的，不安定的

(٤) مِضْرَبٌ جـ مَضَارِبُ 球拍

ضِدَّ التَّيَّارِ 逆流，逆水而上；返潮流

ضِدَّ الرُّطُوبَةِ 防潮

ضِدَّ الانْكِمَاشِ 防缩（水）

ثَلَاثَةٌ ضِدَّ صِفْرٍ 三比零

*(٤) تَضَخَّمَ تَضَخُّمًا 增大，膨胀

اَلتَّضَخُّمُ الْمَالِيُّ 通货膨胀

(٤) ضَخَامَةٌ 庞大，巨大，粗大

*(٤) ضَخْمٌ جـ ضِخَامٌ م ضَخْمَةٌ
巨大的，庞大的，魁梧的

*(٢) ضَرَبَهُ ـِ ضَرْبًا 打，打击

ضَرَبَ التِّلِفُونَ 打电话

ضَرَبَ مَثَلًا 打比方，举例

ضَرَبَتْهُ الشَّمْسُ 中暑

ضَرَبَ النَّقْدَ 铸币

ضَرَبَ الْجِذْرُ 生根，扎根

ضَرَبَ الْخَيْمَةَ 支帐篷，搭帐篷

ضَرَبَ أَجَلًا أو مَوْعِدًا 约会

ضَرَبَ الرَّقْمَ الْقِيَاسِيَّ 打破纪录

ضَرَبَ عُنُقَهُ 斩首，砍头

ضَرَبَ الْحِصَارَ عَلَى مَكَانٍ 包围，封锁

(٨) ضَارَبَ مُضَارَبَةً فِي السوق 投机倒把

(٦) أَضْرَبَ إِضْرَابًا عَنِ الْعَمَلِ أَوِ الدراسة أَوِ الطَّعَامِ
罢工；罢课；绝食

中文	阿拉伯语
陵墓，寝陵	(٨) ضَرِيحٌ جـ ضَرَائِحُ
损害，伤害，对…有害	*(٤) ضَرَّ ـُ ضَرَرًا فُلَانًا أَوْ بِهِ / أَضَرَّهُ إِضْرَارًا
迫使，强制	*(٢) اِضْطَرَّهُ اِضْطِرَارًا إِلَى كَذَا
被迫，不得不…	اُضْطُرَّ إِلَى كَذَا
损失，危害	*(٤) ضَرَرٌ جـ أَضْرَارٌ
必须，急需，必要性	*(٤) ضَرُورَةٌ جـ ضَرُورَاتٌ
必要时	عِنْدَ الضَّرُورَةِ
不一定非…不可	لَيْسَ بِالضَّرُورَةِ أَنْ …
必要的，必需的	*(٢) ضَرُورِيٌّ م ضَرُورِيَّةٌ
日用必需品	ضَرُورِيَّاتٌ يَوْمِيَّةٌ
生活必需品	ضَرُورِيَّاتُ الْحَيَاةِ
有害的	(٤) ضَارٌّ م ضَارَّةٌ / مُضِرٌّ مُضِرَّةٌ
被迫的，不得已的	*(٢) مُضْطَرٌّ جـ مُضْطَرُّونَ م مُضْطَرَّةٌ
地势，地形，地貌	(٨) تَضَارِيسُ جُغْرَافِيَّةٌ
燃烧	(٨) اِضْطَرَمَتِ النَّارُ
软弱，无能为力，做不了	(٤) ضَعُفَ ـُ ضَعْفًا عَنْ كَذَا
削弱，冲淡	*(٤) أَضْعَفَ إِضْعَافًا الشَّيْءَ
加倍	*(٤) ضَاعَفَ مُضَاعَفَةً الشَّيْءَ
增加一倍，翻一翻，成倍增长	(٦) تَضَاعَفَ تَضَاعُفًا الشَّيْءُ
倍	(٤) ضِعْفٌ جـ أَضْعَافٌ
弱的，软弱的，虚弱的，差的	*(٢) ضَعِيفٌ جـ ضُعَفَاءُ م ضَعِيفَةٌ
杂乱的梦，梦魇，妄想	(٨) أَضْغَاثُ أَحْلَامٍ
压，按，挤	(٤) ضَغَطَ ـَ ضَغْطًا الشَّيْءَ
施加压力，按	ضَغَطَ عَلَيْهِ
压，榨，强迫；压力，压迫	*(٤) ضَغْطٌ
气压	الضَّغْطُ الْجَوِّيُّ
血压	ضَغْطُ الدَّمِ
青蛙	(٤) ضِفْدَعَةٌ جـ ضَفَادِعُ
编辫子；打绳	(٨) ضَفَرَ ـِ ضَفْرًا وضَفَرَ الشَّعْرَ وَالْحَبْلَ ونَحْوَهُمَا
协力，齐心合力	(٦) تَضَافَرَتْ جُهُودُهُمْ عَلَى …
发辫，辫子	(٦) ضَفِيرَةٌ جـ ضَفَائِرُ
编织物	(٨) مُضَفَّرَاتٌ
河岸，河边	*(٤) ضَفَّةٌ جـ ضِفَافٌ
增添	(٦) أَضْفَى إِضْفَاءً عَلَيْهِ كَذَا
博学，通晓	(٦) تَضَلَّعَ تَضَلُّعًا مِنَ الْعُلُومِ
担负起，承担，肩负	(٤) اِضْطَلَعَ بِالْأَمْرِ: قَوِيَ عَلَيْهِ ونَهَضَ بِهِ
肋骨；（几何图形的）边	(٤) ضِلْعٌ جـ ضُلُوعٌ وأَضْلَاعٌ
平行四边形	مُتَوَازِي الْأَضْلَاعِ

*(٤) ضَلَّ ـِ ضَلَالاً وضَلَالَةً الطَّرِيقَ 迷路，误入歧途

(٦) ضَلَّلَ تَضْلِيلاً فُلَانًا

迷惑，欺骗，引入歧途，误导

(٨) ضَالٌّ جـ ضَالُّونَ 迷途者，误入歧途者

(٨) اِضْمَحَلَّ اِضْمِحْلَالاً الشَّيْءُ 消亡，消逝，消失

(٦) ضَمَّدَ تَضْمِيدًا الْجُرْحَ 包扎（伤口）

(٦) ضِمَادٌ جـ أَضْمِدَةٌ وضَمَائِدُ

绷带；敷料，纱布块

*(٤) أَضْمَرَ إِضْمَارًا لِفُلَانٍ كَذَا 包藏，心怀

(٨) ضَامِرٌ م ضَامِرَةٌ 消瘦的，干瘪的，瘪的

*(٤) ضَمِيرٌ جـ ضَمَائِرُ 良心，天良；代名词

مُسْتَرِيحُ الضَّمِيرِ

安心的，坦然的，心安理得的

(٨) مِضْمَارٌ جـ مَضَامِيرُ

跑马场，赛马场；方面，领域

مِضْمَارُ السَّبْقِ 跑马场，赛场

(٨) مُضْمَرٌ م مُضْمَرَةٌ 含蓄的，隐含的

(٢) ضَمَّ ـُ ضَمًّا الشَّيْءَ 包括，集拢，合并

(٤) ضَمَّهُ إِلَى صَدْرِهِ 拥抱

*(٢) اِنْضَمَّ اِنْضِمَامًا إِلَى ... 参加，加入，并入

*(٤) ضَمِنَ ـَ ضَمَانًا الشَّيْءَ أَوْ بِهِ

保证，担保，保障

*(٤) تَضَمَّنَ تَضَمُّنًا الشَّيْءَ 包括，包含

*(٤) تَضَامَنَ تَضَامُنًا الْقَوْمُ 团结一致

*(٤) مِنْ ضِمْنِهِ 其中有…，包括在内

*(٤) ضَمَانٌ (ضَمَانَةٌ) جـ ضَمَانَاتٌ

保证，保障，保证金

خِطَابُ الضَّمَانِ 保价信

ضَمَانٌ ائْتِمَانِيٌّ 信用保证，信用担保

ضَمَانُ الْقَبُولِ 承兑保证

*(٢) مَضْمُونٌ جـ مَضَامِينُ 内容，含义

(٨) ضَنُكَ ـُ ضَنَاكَةً عَيْشُهُ 穷困，窘迫

(٦) ضَنْكٌ / ضِيقٌ 穷困，窘迫

عَيْشٌ ضَنْكٌ 穷困潦倒的生活

(٨) ضَنَّ ـِ ضَنًّا بِكَذَا 吝啬，悭吝

(٨) ضَنِينٌ 吝啬的，悭吝人

(٨) ضَنِيَ يَضْنَى ضَنًى 虚弱无力，精疲力竭

(٦) مُضْنًى 精疲力竭的

(٦) اِضْطَهَدَهُ اِضْطِهَادًا 压迫，迫害

(٦) مُضْطَهَدٌ م مُضْطَهَدَةٌ 受迫害的，被压迫者

(٨) ضَاهَى مُضَاهَاةً الشَّيْءَ

类似，相像，与…相媲美，对比

*(٤) أَضَاءَ يُضِيءُ إِضَاءَةً الشَّيْءُ وأَضَاءَ الشَّيْءَ

发光；照亮，照耀

(٨) اِسْتَضَاءَ اِسْتِضَاءَةً بِكَذَا 借光；请教，求教

*(٢) ضَوْءٌ جـ أَضْوَاءٌ / ضِيَاءٌ 光，光线

附加的，补充的 (٤) إِضَافِيٌّ م إِضَافِيَّةٌ
主人，东道主；招待员 *(٤) مُضِيفٌ م مُضِيفَةٌ
好客的，殷勤的 (٤) مِضْيَافٌ
狭窄，容不下 *(٤) ضَاقَ ـِ ضِيقًا الْمَكَانُ
时间紧迫 ضَاقَ الْوَقْتُ
ضَاقَ صَدْرُهُ بِكَذَا
烦闷，忧郁；不能忍受，受不了
走投无路 ضَاقَتْ بِهِ السُّبُلُ
*(٤) ضَايَقَ مُضَايَقَةً فُلانًا
找麻烦，作难，和…过不去，挤对，欺侮
厌烦，讨厌 (٦) تَضَايَقَ تَضَايُقًا مِنْهُ
银根紧，拮据 ضِيقٌ مَالِيٌّ
憋气，喘不过气来 ضِيقُ النَّفَسِ
窄的，狭窄的，紧的 *(٢) ضَيِّقٌ م ضَيِّقَةٌ
眼界狭窄，目光短浅 ضَيِّقُ الأُفُقِ
令人厌烦的事，麻烦 (٦) مُضَايَقَةٌ ج مُضَايَقَاتٌ
(٦) مُتَضَايِقٌ م مُتَضَايِقَةٌ
想不开的，心烦的，闷闷不乐的
狭路；海峡，隘口 *(٤) مَضِيقٌ ج مَضَايِقُ
直布罗陀海峡 مَضِيقُ جَبَلِ طَارِقٍ
霍尔木兹海峡 مَضِيقُ هُرْمُزَ
欺压，虐待 (٨) ضَامَ ـِ ضَيْمًا فُلانًا

红灯 اَلضَّوْءُ الأَحْمَرُ
黄灯 الضَّوْءُ الأَصْفَرُ
绿灯 الضَّوْءُ الأَخْضَرُ
按照，依据，在…指导下 عَلَى ضَوْءِ ...
光辉的，明亮的，发光的 (٤) مُضِيءٌ م مُضِيئَةٌ
被照亮的 (٤) مُضَاءٌ م مُضَاءَةٌ
光电，光电学 (٨) اَلضَّوْكَهْرَبِيَّةُ
喧哗，吵闹 (٤) ضَوْضَاءُ / ضَوْضَى
危害 (٨) ضَيْرٌ
不要紧，不妨 لا ضَيْرَ
遗失，丢失 *(٤) ضَاعَ ـِ ضَيَاعًا مِنْهُ الشَّيْءُ
*(٤) ضَيَّعَ تَضْيِيعًا الشَّيْءَ / أَضَاعَهُ إِضَاعَةً
失掉，损失，浪费；错过（机会）
*(٤) أَضَافَ إِضَافَةً الشَّيْءَ إِلَى الشَّيْءِ
加上，添加，补充
除此而外，此外 بالإِضَافَةِ إِلَي ...
并，并且，另外 إِضَافَةَ كَذَا
加之；何况 (٤) أَضِفْ إِلَى ذَلِكَ
要求招待；投宿 (٨) اِسْتَضَافَهُ اسْتِضَافَةً
申办 اِسْتَضَافَ الدَّوْرَةَ لِـ ...
客人，来宾 *(٢) ضَيْفٌ ج ضُيُوفٌ
添加部分；附加工资 (٦) إِضَافَاتٌ

ض

الطاء

(٨) طَأْطَأَ يُطَأْطِئُ طَأْطَأَةً رَأْسَهُ وَغَيْرَهُ	低下，垂下
*(٢) طِبٌّ	医疗，医学
اَلطِّبُّ الصِّينِيُّ التَّقْلِيدِيُّ	中医
(٢) طِبِّيٌّ م طِبِّيَّةٌ	医疗的，医学的
*(٢) طَبِيبٌ ج أَطِبَّاءُ م طَبِيبَةٌ	医生，大夫
(٨) طَابُورٌ ج طَوَابِيرُ	纵队，大队，队列
*(٢) طَبَخَ ـُ طَبْخًا الشَّيْءَ	做饭，烹调
*(٢) طَبَّاخٌ ج طَبَّاخُونَ	炊事员，厨师
(٢) مَطْبَخٌ ج مَطَابِخُ	厨房
(٢) طَبْشُورَةٌ ج طَبَاشِيرُ	粉笔
*(٢) طَبَعَ ـَ طَبْعًا الْكِتَابَ وغَيْرَهُ	印刷，印染
تَحْتَ الطَّبْعِ	印刷中
(٦) طَبَّعَهُ تَطْبِيعًا	使习惯；使正常
تَطْبِيعُ الْعَلَاقَةِ بَيْنَ ...	使…关系正常化
(٦) طَبْعٌ ج طِبَاعٌ	本性，秉性
(٢) طَبْعًا / بِالطَّبْعِ	当然，自然
(٤) طَبْعَةٌ ج طَبَعَاتٌ	版，版次
اَلطَّبْعَةُ الأُولَى	初版，第一次印刷
*(٤) الطِّبَاعَةُ	印刷术，印刷业
*(٢) اِنْطِبَاعٌ ج اِنْطِبَاعَاتٌ	印象
(٨) اَلاِنْطِبَاعِيَّةُ / اَلتَّأَثُّرِيَّةُ	印象派
*(٢) طَابَعٌ وَطَابِعٌ ج طَوَابِعُ	印记，戳；秉性
طَوَابِعُ بَرِيدٍ / طَوَابِعُ بَرِيدِيَّةٌ	邮票
*(٢) اَلطَّبِيعَةُ	自然，自然界；本质
بِطَبِيعَةِ الْحَالِ	自然，不用说
(٢) طَبِيعِيٌّ م طَبِيعِيَّةٌ	自然的，天然的，正常的
*(٤) مَطْبُوعَاتٌ	印刷品，出版物
(٤) مَطْبَعٌ وَمَطْبَعَةٌ ج مَطَابِعُ	印刷厂，印刷所
*(٤) طَبَّقَ تَطْبِيقًا الأَمْرَ	贯彻，实施，推行
(٨) أَطْبَقَ إِطْبَاقًا الشَّيْءَ	闭上，合上，覆盖
(٦) اِنْطَبَقَ اِنْطِبَاقًا الشَّيْءُ عَلَى كَذَا	与…相符，适用于…
*(٢) طَبَقٌ ج أَطْبَاقٌ	盘子，托盘；道、盘（菜，量词）
*(٤) طِبْقَ كَذَا / طِبْقًا لِكَذَا	依照，根据
*(٤) طَبَقَةٌ ج طَبَقَاتٌ	层次，阶层，阶级
(٨) طَبَقِيٌّ م طَبَقِيَّةٌ	阶级的
(٤) تَطْبِيقٌ ج تَطْبِيقَاتٌ	应用，实践，实习

(٨) طَرَابِزُونٌ جـ طَرَابِزُونَاتٌ　护栏，扶手

(٨) طَرْبُوشٌ جـ طَرَابِيشُ　带穗的红毡帽

*(٤) طَرَحَ ـَ طَرْحًا الشَّيْءَ أَوْ بِهِ

抛出，丢下，扔掉；减掉

طَرَحَ عَلَيْهِ سُؤَالاً　提出问题

(٤) اَلطَّرْحُ (فِي الْحِسَابِ)　减法

(٤) مَطْرُوحٌ مِنْهُ (فِي الْحِسَابِ)　被减数

(٨) طَرِيحُ الْفِرَاشِ　卧床不起

*(٤) طَرَدَ ـُ طَرْدًا فُلاَنًا　驱逐，赶走

(٨) طَارَدَهُ مُطَارَدَةً　追赶，追击

(٦) اِسْتَطْرَدَ قَائِلاً　接着说；插叙

(٤) طَرْدٌ جـ طُرُودٌ　包裹

طَرْدٌ بَرِيدِيٌّ　邮包

(٦) مُطَّرِدٌ م مُطَّرِدَةٌ　不断的，连续的

(٨) طَرَّادَةٌ　巡洋舰

(٤) طَرَّزَ تَطْرِيزًا الثَّوْبَ　刺绣，绣花

*(٤) طِرَازٌ جـ طُرُزٌ　形式，式样，模样

(٤) طُرْشِي / طُرْشٌ / مُخَلَّلٌ　泡菜，酸菜

(٨) أَطْرَشُ م طَرْشَاءُ جـ طُرْشٌ　聋子

(٨) طُرْطُورٌ جـ طَرَاطِيرُ

锥形帽，小丑帽，风衣的兜帽

*(٤) طَرَفٌ جـ أَطْرَافٌ　端；方面；边区；肢体

اَلطَّرَفُ الأَوَّلُ　甲方

*(٢) طَابَقٌ وَطَابِقٌ جـ طَوَابِقُ　（楼）层

(٨) الطِبَاقُ والْمُقَابَلَةُ　对偶，对仗

(٦) مُطَابِقٌ لِكَذَا　适用于…的，适合于…的

(٨) مُنْطَبِقٌ عَلَى كَذَا　与…相符，适用于…

(٤) طَبْلٌ جـ طُبُولٌ　鼓

(٨) طَبْلَتَا الأُذُنِ　鼓膜〔解〕

(٦) طِحَالٌ جـ طِحَالاَتٌ　脾脏

(٤) طَحَنَ ـَ طَحْنًا الحَبَّ وَغَيْرَهُ　磨（面、粉）

(٨) تَطَاحَنَ تَطَاحُنًا الْقَوْمُ

厮杀，混战，互相倾扎

(٦) طَاحُونٌ وَطَاحُونَةٌ جـ طَوَاحِينُ / مِطْحَنَةٌ جـ

مَطَاحِنُ　磨，磨粉机

(٨) مَطْحَنٌ جـ مَطَاحِنُ　磨房，面粉厂

(٨) طَحِينٌ / دَقِيقٌ　面粉

*(٤) طَرَأَ ـَ طَرْأً عَلَيْهِمْ الأَمْرُ

突然来临，不期而至；发生

(٦) طَارِئَةٌ جـ طَوَارِئُ　意外，不测，突发事件

حَالَةُ الطَّوَارِئِ　紧急状态

*(٢) طَرَابُلُسُ　的黎波里

(٤) طَرَبٌ　高兴，兴奋，欣喜

آلَةُ الطَّرَبِ　乐器

*(٤) مُطْرِبٌ م مُطْرِبَةٌ

使人高兴的；歌手，歌星，歌唱家

ط

اَلطَّرَفُ الثَّانِي　乙方

(٤) طَرِيفٌ م طَرِيفَةٌ　新奇的，新颖的，有趣的

(٦) طَرِيفَةٌ جـ طَرَائِفُ　奇谈，趣闻

(٦) مُتَطَرِّفٌ م مُتَطَرِّفَةٌ

极端的，过激的，激进的

(٤) طَرَقَ ـُ طَرْقًا الْبَابَ　敲门

طَرَقَ الْمَوْضُوعَ　涉及，谈到，提到

(٨) أَطْرَقَ إِطْرَاقًا فُلَانٌ　缄默，沉默

أَطْرَقَ رَأْسَهُ　低头

(٨) تَطَرَّقَ تَطَرُّقًا إِلَى الْمَوْضُوعِ　涉及，谈到，提到

(٨) تَطَرَّقَ إِلَيْهِ الشَّكُّ　起疑心

(٨) جَبَلُ طَارِقٍ　直布罗陀

*(٢) طَرِيقٌ جـ طُرُقٌ وَطُرُقَاتٌ　路，道路

عَنْ طَرِيقِ ... / عَبْرَ طَرِيقِ ...　通过，取道

اَلطَّرِيقُ الدَّائِرِيَّةُ　环行路

*(٢) طَرِيقَةٌ جـ طُرُقٌ وَطَرَائِقُ　方式，方法，手段

(٨) مِطْرَقٌ وَمِطْرَقَةٌ جـ مَطَارِقُ　锤子，榔头

(٨) طُرُمْبَةٌ وَطُلُمْبَةٌ / مِضَخَّةٌ　泵，抽水机

(٢) طَرِيٌّ م طَرِيَّةٌ　新鲜的，鲜嫩的，柔软的

*(٢) طَازَجٌ وَطَازِجٌ م طَازِجَةٌ　新鲜的

(٢) طِسْتٌ　脸盆

(٨) طَعَّمَهُ تَطْعِيمًا بِكَذَا

接种（疫苗）；嫁接（树苗）；镶嵌（珠宝）

(٤) أَطْعَمَهُ إِطْعَامًا　喂，喂养

*(٢) طَعْمٌ　味道，滋味

(٨) طَعْمِيَّةٌ　素丸子

*(٢) طَعَامٌ جـ أَطْعِمَةٌ　食物，食品，饭食

*(٢) مَطْعَمٌ جـ مَطَاعِمُ　食堂，饭馆

(٦) طَعَنَ ـَ ـُ طَعْنًا بِالرُّمْحِ وَنَحْوِهِ　穿，刺，扎入

(٨) طَعَنَ فِي الْحُكْمِ　申诉，抗诉，弹劾

(٨) طَاعُونٌ جـ طَوَاعِينُ　瘟疫

(٤) طَاعِنٌ فِي السِّنِّ م طَاعِنَةٌ فِيهَا

年迈的，上了年纪的

(٨) طُغْمَةٌ جـ طُغُمَاتٌ　帮，伙，集团

(٦) طَغَى ـَ طُغْيَانًا　过度，横行，肆虐

طَغَى السَّيْلُ　暴涨，泛滥

(٦) طَاغٍ (الطَّاغِي) م طَاغِيَةٌ جـ طُغَاةٌ

专横的；暴君，恶霸

(٨) طَاغِيَةٌ (اِسْمُ مُبَالَغَةٍ)　暴君，恶霸

(٤) أَطْفَأَ إِطْفَاءً النَّارَ　灭，熄灭，扑灭

(٨) اِنْطَفَأَتِ انْطِفَاءً النَّارُ　（火）熄灭

(٨) مِطْفَأَةٌ جـ مَطَافِئُ　灭火器

رِجَالُ الْمَطَافِئِ　消防队员

(٨) طَفَّايَةٌ جـ طَفَّايَاتٌ　烟灰缸；灭火器

(٨) طَافِحٌ م طَافِحَةٌ　充盈的，泛滥的

(٨) طَفْرَةٌ　一跳，一跃

طَالِبٌ مُسْتَمِعٌ 旁听生

طَالِبٌ مُنْتَظِمٌ 正规生，正式生

طَالِبٌ مُنْتَسِبٌ 注册生，正式生

طَالِبٌ بِالْمُرَاسَلَةِ 函授生

*(٢) مَطْلُوبٌ جـ مَطْلُوبَاتٌ وَمَطَالِيبُ

所寻求的，需要的，要求

(٨) طِلَسْمٌ جـ طَلَاسِمُ 符咒，符录，密码文件

*(٢) طَلَعَ ـُ طُلُوعًا الشَّيْءُ 出现，上升

طَلَعَتِ الشَّمْسُ 太阳升起

(٤) طَلَعَ السُّلَّمَ أَوْ غَيْرَهُ / صَعِدَ 登梯子，爬梯子

*(٢) طَالَعَ مُطَالَعَةً الْكِتَابَ 阅读，阅览

(٦) أَطْلَعَهُ إِطْلَاعًا عَلَى الأَمْرِ 告诉，通知

*(٤) تَطَلَّعَ تَطَلُّعًا إِلَى كَذَا 看，展望；期望，憧憬

*(٤) اِطَّلَعَ اِطِّلَاعًا عَلَى كَذَا

看，了解，获悉，观摩，浏览

(٦) اِسْتَطْلَعَ اِسْتِطْلَاعًا الْخَبَرَ أَو رَأْيَ فُلَانٍ

探听，考察，侦察；采访

*(٤) طَلِيعَةٌ جـ طَلَائِعُ 先锋，先锋队；先兆

(٤) مَطْلَعٌ جـ مَطَالِعُ 开端；先兆

*(٤) أَطْلَقَ إِطْلَاقًا عَلَى الْعَدُوِّ النَّارَ أَوِ الرَّصَاصَ

开火，开枪

وَقْفُ إِطْلَاقِ النَّارِ 停火

(٤) أَطْلَقَ قَمَرًا صِنَاعِيًا 发射人造卫星

(٨) طَفِيفٌ م طَفِيفَةٌ 些微的，轻微的

(٨) طَفِقَ يَفْعَلُ كَذَا / أَخَذَ يَفْعَلُهُ

开始做，着手做

*(٢) طِفْلٌ جـ أَطْفَالٌ م طِفْلَةٌ 婴儿，儿童，小孩

*(٢) طُفُولَةٌ 童年

(٨) طُفَيْلِيٌّ 寄生者；食客，不速之客

*(٤) طَفَا ـُ طَفْوًا الشَّيْءُ 飘浮，浮起

*(٤) طَقْسٌ جـ طُقُوسٌ 气候，天气，气象；礼仪

(٦) طَقْمٌ وَطَاقِمٌ جـ أَطْقُمٌ 套，副，组

طَاقِمُ الطَّائِرَةِ 机组，机组人员

*(٢) طَلَبَ ـُ طَلَبًا مِنْهُ الشَّيْءَ 请求，要求，寻求

طَلَبَ الْعِلْمَ 求学

طَلَبَ يَدَهَا 求婚

(٦) طَالَبَهُ مُطَالَبَةً بِكَذَا 要求（某种权利）

*(٤) تَطَلَّبَ تَطَلُّبًا الأَمْرَ 要求，需求

*(٢) طَلَبٌ جـ طَلَبَاتٌ 要求，需求

طَلَبٌ وَعَرْضٌ 供求

طَلَبُ شِرَاءٍ 订单

(٨) اَلْمُطَالَبَةُ بالتَّعوِيضَاتِ 索赔

(٦) مُتَطَلَّبَاتٌ 要求，需求

(٢) مَطْلَبٌ جـ مَطَالِبُ 要求，目标

*(٢) طَالِبٌ جـ طُلَّابٌ وَطَلَبَةٌ م طَالِبَةٌ

学生，学员；申请人

ط

*(٤) أَطْلَقَ عَلَيْهِ اِسْمَ كَذَا　命名

(٦) أَطْلَقَ سَرَاحَهُ / أَطْلَقَهُ　解散，释放

(٤) طَلَّقَ تَطْلِيقًا الرَّجُلُ زَوْجَتَهُ　休妻，离异，离婚

*(٤) اِنْطَلَقَ اِنْطِلاَقًا إِلَى ...　出发，奔向，奔驰

نُقْطَةُ الاِنْطِلاَقِ　起点，出发点

(٤) اِنْطَلَقَ فِي الْحَدِيثِ　说话流利，语言流畅

(٤) طَلاَقٌ　休妻，离异，离婚

*(٢) بِطَلاَقَةٍ / بِانْطِلاَقٍ　流利地，流畅地

(٨) طَلْقَةٌ جـ طَلَقَاتٌ　发（子弹或炮弹，量词）

(٢) مُطْلَقًا / عَلَى الإِطْلاَقِ　绝对地；不，决不

اَلأَغْلَبِيَّةُ الْمُطْلَقَةُ　绝对多数

(٤) طَلْقٌ / طَلِيقٌ　自由的，无拘束的，（空气）流通

فِي الْهَوَاءِ الطَّلْقِ　（在）露天，（在）户外

*(٤) أَطَلَّ إِطْلاَلاً عَلَى الشَّيْءِ　俯视，鸟瞰

(٨) طَلَلٌ جـ أَطْلاَلٌ　废墟，旧址

(٤) مُطِلٌّ عَلَى الشَّيْءِ م مُطِلَّةٌ عَلَيْهِ

濒临的，居高临下的

(٦) طِلاَءٌ　涂料，油漆

(٤) مَطْلِيٌّ م مَطْلِيَّةٌ　油漆的，上油的，镀…的

(٨) طَمَثَتْ ـُ طَمْثًا الْمَرْأَةُ　行经，来月经

(٨) طَمْثٌ　月经

(٤) طَمَحَ ـَ طُمُوحًا إِلَى ...　渴望，追求，向往

*(٤) طُمُوحٌ جـ طُمُوحَاتٌ　理想，抱负，追求

(٦) طَمَّاحٌ / طَمُوحٌ

有抱负的，有大志的，雄心勃勃的

(٦) مَطْمَحٌ جـ مَطَامِحُ　目标，抱负，期望，理想

(٨) طَمَسَ ـِ طَمْسًا الشَّيْءَ

抹去，涂去；覆盖，掩盖；抹平，平息，镇压

*(٢) طَمَاطِم / بَنْدُورَة　番茄，西红柿

*(٤) طَمِعَ ـَ طَمَعًا فِي كَذَا أَوْ بِهِ

妄想，有野心，垂涎

(٤) طَمَعٌ جـ أَطْمَاعٌ / مَطْمَعٌ جـ مَطَامِعُ

贪婪，野心

(٦) مَطْمَعٌ جـ مَطَامِعُ　野心；诱惑；诱饵

(٦) طَمْأَنَ طَمْأَنَةً فُلاَنًا

使安心，使放心，安慰，抚慰

*(٤) اِطْمَأَنَّ يَطْمَئِنُّ اِطْمِئْنَانًا وَطُمَأْنِينَةً　安心，放心

(٤) طُمَأْنِينَةٌ / اِطْمِئْنَانٌ　宁静，安宁，稳定

*(٤) مُطْمَئِنٌّ م مُطْمَئِنَّةٌ　安心的，放心的

(٨) اَلطَّمْيُ　淤泥

(٨) أَطْنَبَ فِي الْكَلاَمِ أَوِ الْوَصْفِ أَوِ الأَمْرِ

夸张，言过其实

(٤) طُنٌّ جـ أَطْنَانٌ　吨（重量单位）

طُنٌّ طَوِيلٌ: طَنٌّ إِنْجِلِيزِيٌّ　英吨

طُنٌّ قَصِيرٌ: طَنٌّ أَمْرِيكِيٌّ　短吨，美吨

طُنٌّ مِتْرِيٌّ　公吨

中文	阿拉伯语
耳鸣	(٨) طَنِينُ الأُذُنِ
纯洁的，圣洁的	(٦) طَاهِرٌ م طَاهِرَةٌ
消毒剂，清洁剂；消毒用具	(٦) مُطَهَّرَاتٌ
烹调，做饭	(٦) طَهَا يَطْهُو طَهْوًا الطَّعَامَ
砖	(٨) طُوبٌ وَاحِدَتُهُ طُوبَةٌ ج طُوبَاتٌ
消灭，推翻，打倒	(٦) أَطَاحَهُ أَوْ بِهِ إِطَاحَةً
发展，使发达	*(٤) طَوَّرَ تَطْوِيرًا الشَّيْءَ
发展，进化，发达	*(٤) تَطَوَّرَ تَطَوُّرًا الأَمْرُ
发展，进展	(٤) تَطَوُّرٌ ج تَطَوُّرَاتٌ
界限，阶段；状态；次	(٨) طَوْرٌ ج أَطْوَارٌ
怪癖的，古怪的，不合群的	غَرِيبُ الأَطْوَارِ
发达的，先进的	(٤) مُتَطَوِّرٌ م مُتَطَوِّرَةٌ
发达国家	الدُّوَلُ المُتَطَوِّرَةُ
鱼雷	(٨) طُورْبِيدٌ ج طُورْبِيدَاتٌ
碗，杯，酒杯	(٨) طَاسٌ وَطَاسَةٌ ج طَاسَاتٌ
孔雀	(٨) طَاوُوسٌ
顺从，服从，听从	*(٤) أَطَاعَ إِطَاعَةً فُلَانًا
	(٤) طَاوَعَ مُطَاوَعَةً فُلَانًا فِي الأَمْرِ أَوْ عَلَيْهِ
听从，听使唤	
志愿做，自愿做	*(٤) تَطَوَّعَ تَطَوُّعًا الأَمْرَ أَوْ لَهُ
能，能够，会	(٢) اِسْتَطَاعَ اسْتِطَاعَةً الأَمْرَ
顺从，服从，听命	(٤) طَاعَةٌ
遵命	سَمْعًا وَطَاعَةً

中文	阿拉伯语
不管他愿意与否	(٨) طَوْعًا أَوْ كُرْهًا
听话的，顺从的	(٤) مُطِيعٌ ج مُطِيعُونَ م مُطِيعَةٌ
	(٦) مُتَطَوِّعٌ ج مُتَطَوِّعُونَ م مُتَطَوِّعَةٌ
志愿者，志愿兵	
	*(٦) بِقَدْرِ المُسْتَطَاعِ / بِقَدْرِ الاِسْتِطَاعَةِ
尽可能地，力所能及地	
绕，环行，巡回，漫游，周游	*(٤) طَافَ ـُ طَوَافًا فِي مَكَانٍ أَوْ بِهِ
大洪水	(٨) اَلطُّوفَانُ
群，伙，派别，宗派	(٦) طَائِفَةٌ ج طَوَائِفُ
巡逻艇	(٨) طَوَّافَةٌ
包围，围困	(٦) طَوَّقَ تَطْوِيقًا المَدِينَةَ
拥抱他，搂住	طَوَّقَهُ بِذِرَاعَيْهِ
	*(٤) أَطَاقَ إِطَاقَةً الأَمْرَ
忍受，承受，经得起，受得住	
不堪忍受的，吃不消的	لَا يُطَاقُ ...
能力，能量	*(٤) طَاقَةٌ ج طَاقَاتٌ
原子能	اَلطَّاقَةُ الذَّرِّيَّةُ
太阳能	اَلطَّاقَةُ الشَّمْسِيَّةُ
环，箍，圈儿	(٤) طَوْقٌ ج أَطْوَاقٌ
救生圈	طَوْقُ النَّجَاةِ
小帽，便帽，犹太帽	(٨) طَاقِيَّةٌ ج طَوَاقِيُّ
东京	(٤) طُوكِيُو

*(٢) طَالَ ـُ طُولاً الشَّيْءُ 长；延长

(٢) أَطَالَ إِطَالَةً الشَّيْءَ 放长，延长，拉长，加长

*(٤) طَالَمَا 只要；既然

*(٢) طُولٌ جـ أَطْوَالٌ 长度，高度

طُولَ الْيَوْمِ 整天，终日

طُولَ اللَّيْلِ 整夜

طُولَ السَّنَةِ 整年，终年

طُولَ الْحَيَاةِ / طُولَ الْعُمْرِ 一生，终生，毕生

طُولاً وعَرْضًا 广泛地；到处，各地

عَلَى طُولٍ (مَشَى عَلَى طُولٍ ...)

一直地，一直走

*(٤) طِوَالَ كَذَا / طِيلَةَ كَذَا 整个…，…期间

(٨) طَائِلٌ جـ طَوَائِلُ 利益，好处

لا طَائِلَ فِيهِ 毫无益处

(٨) طَائِلٌ 巨大的，庞大的

مَبَالِغُ طَائِلَةٌ / أَمْوَالٌ طَائِلَةٌ 巨款

*(٢) طَوِيلٌ جـ طِوَالٌ م طَوِيلَةٌ

长的，冗长的；（个头）高的

(٢) طَاوِلَةٌ جـ طَاوِلاتٌ 桌子，案子

(٤) مُسْتَطِيلٌ م مُسْتَطِيلَةٌ

长的，长方形的；矩形

(٤) طَوَى يَطْوِي طَيًّا الشَّيْءَ 卷起，折叠

(٦) اِنْطَوَى اِنْطِوَاءً الشَّيْءُ 被卷起；卷曲

(٨) طَوِيٌّ م طَوِيَّةٌ 柔软的；易卷曲的，易弯折的

(٨) طَيَّةٌ جـ طَيَّاتٌ 折缝，折痕

(٨) طَيَّةٌ وطِيَّةٌ جـ طَيَّاتٌ / نِيَّةٌ 意愿，意图

*(٤) طَابَ ـِ طِيبًا وطِيبَةً الأَمْرُ 好，美好，有趣

يَطِيبُ لِي أَنْ ... 我（甘）愿…，我想…

*(٢) طَيِّبٌ جـ طَيِّبُونَ م طَيِّبَةٌ

好的，美好的；善良的；好吃的；芬芳的

كُلُّ سَنَةٍ وَأَنْتَ طَيِّبٌ 新年好!

*(٢) طَارَ ـِ طَيْرًا وَطَيَرَانًا 飞，飞翔

*(٤) تَطَايَرَ تَطَايُرًا 四散，纷飞，飞溅

*(٢) طَائِرٌ جـ طَيْرٌ وَطُيُورٌ 鸟，禽

*(٢) طَيَرَانٌ 飞行，航空

*(٢) طَائِرَةٌ جـ طَائِرَاتٌ 飞机

اَلطَّائِرَةُ النَّفَّاثَةُ 喷气式飞机

طَائِرَةٌ عَمُودِيَّةٌ / هِلِيُوكُوبْتَر 直升机

طَائِرَةٌ وَرَقِيَّةٌ / طَيَّارَةٌ 风筝

(٢) طَيَّارٌ جـ طَيَّارُونَ م طَيَّارَةٌ 飞行员

*(٢) مَطَارٌ جـ مَطَارَاتٌ 机场

(٦) طَائِشٌ م طَائِشَةٌ

轻率的，鲁莽的，浮躁的；没命中的

(٤) طِينٌ جـ أَطْيَانٌ 泥，泥土

مِنْ طِينٍ وَاحِدٍ 一路货色，一丘之貉

الظاء

(٨) ظَبْيٌ جـ ظِبَاءٌ 羚羊

(٢) أَبُو ظَبِي 阿布扎比

(٨) تَظَرَّفَ وتَظَارَفَ فُلاَنٌ 假充斯文，附庸风雅

*(٢) ظَرْفٌ جـ ظُرُوفٌ

信封，封皮；环境，条件，情况

اَلظُّرُوفُ الْوَطَنِيَّةُ 国情

(٦) ظَرَافَةٌ 聪明，伶俐，文雅，幽默，风趣

*(٢) ظَرِيفٌ جـ ظُرَفَاءُ م ظَرِيفَةٌ

聪明的，文雅的，有风趣的，诙谐的

(٦) مَظْرُوفٌ جـ مَظَارِيفُ （封口的）信

*(٤) ظَفِرَ ـَ ظَفَرًا بِهِ وعَلَيْهِ 获得，赢得，取胜

(٤) ظُفْرٌ جـ أَظْفَارٌ 手指甲，脚趾甲

(٤) مُظَفَّرٌ م مُظَفَّرَةٌ 战无不胜的

*(٢) ظَلَّ (يَظَلُّ) يَفْعَلُ كَذَا 一直，继续，始终

(٨) ظَلَّلَ تَظْلِيلاً الشَّيْءَ 遮阴，遮光（罩上阴影）

*(٤) ظِلٌّ جـ ظِلاَلٌ 影子，阴影，阴凉处

فِي ظِلِّ كَذَا

在…保护下，在…条件下，在…下

(٨) ظَلِيلٌ م ظَلِيلَةٌ 有阴影的，遮阴的

*(٤) مِظَلَّةٌ جـ مِظَلاَّتٌ وَمَظَالُّ: شَمْسِيَّةٌ 伞，阳伞

جُنُودُ الْمِظَلاَّتِ 伞兵

(٤) ظَلَمَهُ ـِ ظُلْمًا

欺负，虐待，迫害，冤枉，委屈

(٤) أَظْلَمَتِ الدُّنْيَا 天黑了

(٦) ظُلْمٌ 不义，不公平，虐待，压迫

*(٤) ظَلاَمٌ / ظُلْمَةٌ جـ ظُلُمَاتٌ 昏暗，黑暗

(٦) ظَالِمٌ 不公正的；暴虐者，压迫者

(٦) مَظْلُومٌ م مَظْلُومَةٌ 被冤枉的，受欺负的

(٤) مُظْلِمٌ م مُظْلِمَةٌ 昏暗的，阴暗的

(٨) ظَمِئَ ـَ ظَمَأً 干渴

(٨) ظَمِئٌ وظَمْآنٌ جـ ظِمَاءٌ 干渴的，口干的

*(٢) ظَنَّ ـُ ظَنًّا الأَمْرَ 猜想，以为，认为

(٨) ظَنُونٌ / ظَنَّانٌ 多疑的

(٨) ظَنِينٌ 怀疑对象，可疑的，有问题的

*(٢) ظَهَرَ ـَ ظُهُورًا الشَّيْءُ 出现，呈现，露出

*(٤) أَظْهَرَ إِظْهَارًا الشَّيْءَ 显示，表现

*(٤) تَظَاهَرَ تَظَاهُرًا بِكَذَا 假装，装作

(٤) اِسْتَظْهَرَ اِسْتِظْهَارًا الدَّرْسَ 背记，熟读成诵

*(٢) ظَهْرٌ جـ ظُهُورٌ 背，脊背；表面，背面

ظَهْرُ السَّفِينَةِ 船甲板

ظ

عَلَى ظَهْرِ قَلْبٍ / عَنْ ظَهْرِ قَلْبِهِ 背记

قَلَبَ لَهُ ظَهْرَ الْمِجَنِّ 翻脸，倒戈

*(٢) ظُهْرًا 中午，正午

قَبْلَ الظُّهْرِ 上午，午前

بَعْدَ الظُّهْرِ 下午，午后

(٨) ظَهِيرَةٌ جـ ظَهَائِرُ 日中，中午

(٨) تَظْهِيرُ الصُّكُوكِ الْمَالِيَّةِ 票据背签

(٨) مُظَاهَرَةٌ 游行，示威

(٢) ظَاهِرٌ جـ ظَاهِرَةٌ

明显的，表面的；外表，外貌，外观

(٨) ظَاهِرِيٌّ م ظَاهِرِيَّةٌ

表面的，外部的，肤浅的

(٤) ظَاهِرَةٌ جـ ظَوَاهِرُ 现象

(٨) ظَهِيرٌ (فِي كُرَةِ الْقَدَمِ) 后卫

*(٤) مَظْهَرٌ جـ مَظَاهِرُ 外貌，外观，表象，现象

ظ

العين

(٨) عَبَأَ ـَ عَبْأً بِهِ أَوْ إِلَيْهِ 注意，留意
لاَ يُعْبَأُ لَهُ 不值得留意
(٦) عَبَّأَ تَعْبِئَةَ الْجَيْشَ 动员
اَلتَّعْبِئَةُ الْعَامَةُ 总动员
(٦) عَبَّأَ الشَّيْءَ فِي الْوِعَاءِ 装填，装满
اَلتَّعْبِئَةُ （内）包装
(٤) عِبْءٌ جـ أَعْبَاءٌ 负担，负荷
(٤) عَبَاءَةٌ 斗篷
(٨) عَبَّ ـُ عَبًّا الْمَاءَ 一饮而尽
عَبَّ الْهَوَاءَ 吸气，深吸气
(٨) عُبَابٌ 急流，激流
(٤) عَبِثَ ـَ عَبَثًا بِكَذَا 玩弄，捉弄；扰乱（法制）
*(٤) عَبَثًا 徒劳地，无益地，白白地
*(٤) عَبَدَ ـُ عِبَادَةً 崇拜，尊崇，顶礼膜拜
(٦) عَبَّدَ تَعْبِيدًا الطَّرِيقَ 铺路，修路
(٦) اِسْتَعْبَدَهُ اِسْتِعْبَادًا 奴役
*(٤) عَبْدٌ جـ عَبِيدٌ 奴隶
(٨) عَبَّادُ الشَّمْسِ 向日葵
(٨) عُبُودَةٌ / عُبُودِيَّةٌ 奴隶的身份
(٨) اَلْعُبُودِيَّةُ 奴隶主义
(٦) مَعْبُودٌ م مَعْبُودَةٌ 受崇拜的，神圣的
(٤) مَعْبَدٌ جـ مَعَابِدُ 寺，庙
(٤) مُعَبَّدٌ م مُعَبَّدَةٌ 平坦的，铺平的
*(٤) عَبَرَ ـُ عُبُورًا النَّهْرَ أَوْ غَيْرَهُ 越过，渡，横渡
*(٤) عَبَّرَ تَعْبِيرًا عَنْ كَذَا 表示，表达，抒发
*(٤) اِعْتَبَرَهُ كَذَا اِعْتِبَارًا 认为，看作
(٤) يُعْتَبَرُ شَيْئًا …（被认为）是
(٦) اِعْتَبَرَ فُلاَنًا 重视，尊重，敬重
(٤) عَبْرَ كَذَا 通过，经过
(٦) عِبْرَةٌ جـ عِبَرٌ 教训；先例，借鉴
*(٢) عِبَارَةٌ جـ عِبَارَاتٌ 短语，词语，措词
عِبَارَةٌ عَنْ كَذَا 即，就是
بِعِبَارَةٍ أَبْسَطَ 更简单地说，简而言之
بِعِبَارَةٍ أُخْرَى 换句话说
بِعِبَارَةٍ أَصَحَّ / بِعِبَارَةٍ أَدَقَّ 更确切地说
(٢) تَعْبِيرٌ جـ تَعْبِيرَاتٌ وتَعَابِيرُ 表达形式，词语
تَعَابِيرُ مُتَدَاوَلَةٌ 常用语
*(٤) اِعْتِبَارًا لِكَذَا 考虑到

(٦) اِعْتِبَارًا مِنْ كَذَا / اِبْتِدَاءً مِنْ كَذَا　从…起

(٨) اِعْتِبَارٌ　名誉；威望

إِعَادَةُ اِعْتِبَارِهِ　平反，恢复名誉

عَابِرَاتُ الْمُحِيطِ　远洋海轮

(٨) اَلْعِبْرَانِيُّ وَالْعِبْرِيُّ　希伯来的；希伯来人

(٨) اَلْعِبْرِيَّةُ　希伯来语

(٨) عَبِيرٌ　香，芳香，香气

(٨) مَعْبَرٌ ج مَعَابِرُ　通道，渡口

(٨) مِعْبَرَةٌ وَمِعْبَرٌ ج مَعَابِرُ　渡船

(٦) عَبَسَ ـِ عَبْسًا وعُبُوسًا الْوَجْهُ　蹙额，皱眉头

(٨) عَابِسٌ وَعَبُوسٌ

愁眉苦脸的，严肃的，阴沉的

(٨) اَلْعَبَّاسِيَّةُ / بَنُو عَبَّاسٍ　阿拔斯王朝

(٨) عَبَطَ ـِ عَبْطًا وَاعْتَبَطَ الأَمْرَ

乱来，随意行事

(٨) عَبِقٌ وعَابِقٌ وعَبِيقٌ　芬芳的，浓郁的，香醇的

*(٤) عَبْقَرِيٌّ ج عَبَاقِرَةٌ م عَبْقَرِيَّةٌ　天才的；天才

(٨) عَتَبَ ـِ عَتْبًا وعِتَابًا فُلَانًا أو عَلَيْهِ　责备，埋怨

(٦) عَتَبَةٌ ج عَتَبَاتٌ　门槛；门楣；踏板；台阶

(٦) عَتَادٌ ج عُتُدٌ / مُعَدَّاتٌ　装备，设备

(٨) عَتَقَ ـِ عَتْقًا وَعِتْقًا وَعَتُقَ ـُ عَتَاقَةً: صَارَ عَتِيقًا　ع

变老，变旧

(٨) أَعْتَقَ إِعْتَاقًا الْعَبْدَ　释放奴隶

*(٤) عَاتِقٌ ج عَوَاتِقُ　肩，肩膀

أَخَذَ شَيْئًا عَلَى عَاتِقِهِ　肩负起，挑起

(٨) عَتِيقٌ ج عُتُقٌ وعِتَاقٌ م عَتِيقَةٌ

古老的，陈旧的；纯正的

اَلْعِتَاقُ مِنَ الْخَيْلِ / النَّجَائِبُ　良种马

(٨) عَتَلَةٌ: ذِرَاعٌ ورَافِعَةٌ　杠杆

فِعْلُ الْعَتَلَةِ　杠杆作用

(٨) عَتَّالٌ ج عَتَّالَةٌ وَعَتَّالِين　挑夫，脚夫，搬运工

(٨) عَتَّمَ وأَعْتَمَ اللَّيْلُ　变黑，昏暗，黑夜来临

(٨) مُعْتِمٌ م مُعْتِمَةٌ　黑暗的，阴暗的，不发光的

(٨) عَتَا ـُ عُتُوًّا　狂傲，暴虐，专横

(٨) عَاتٍ ج عُتَاةٌ　狂傲的，狂暴的；暴君

(٤) عَثَرَ ـُ عُثُورًا عَلَى الشَّيْءِ

（偶然）发现，拾到

(٦) تَعَثَّرَ تَعَثُّرًا الرَّجُلُ فِي الطَّرِيقِ

跌倒，栽跟头，磕磕绊绊

تَعَثَّرَ لِسَانُهُ　口吃，结巴

(٨) عَثْرَةٌ　跌倒；挫折

حَجَرُ عَثْرَةٍ　绊脚石

(٦) عُثْمَانِيٌّ م عُثْمَانِيَّةٌ　奥斯曼的

اَلدَّوْلَةُ الْعُثْمَانِيَّةُ　奥斯曼帝国

(٤) عَجِبَ ـَ عَجَبًا مِنْ كَذَا　惊奇，诧异

*(٢) أَعْجَبَ إِعْجَابًا الأَمْرُ فُلَانًا　使惊讶，使钦佩

(٤) عَجِلَ ـَ عَجَلاً وعَجَلَةً وعَجَّلَ وتَعَجَّلَ واسْتَعْجَلَ
急忙，匆忙，着急
*(٤) عَجَّلَهُ وأعْجَلَهُ واسْتَعْجَلَهُ: اِسْتَحَثَّهُ
加快，促进，推进
(٢) عَلَى عَجَلٍ / فِي عَجَلٍ 匆忙地，急速地
(٤) عَجَلَةٌ جـ عَجَلاتٌ 车轮，车辆；齿轮
عَجَلاتُ الْهُبُوطِ 起落架
(٨) عِجْلٌ جـ عُجُولٌ 牛犊
(٨) عُجْلَةٌ وعُجْلٌ 便饭，便餐，快餐
(٤) عَاجِلٌ م عَاجِلَةٌ
快的，急速的，匆忙的，紧迫的
عَاجِلاً أَوْ آجِلاً 早晚，迟早
(٨) مُسْتَعْجِلٌ م مُسْتَعْجِلَةٌ 迅速的，匆忙的
(٨) مُسْتَعْجَلٌ م مُسْتَعْجَلَةٌ 要加快的，被催促的
(٨) أَعْجَمُ م عَجْمَاءُ جـ عُجْمٌ 非阿拉伯人
(٨) أَعْجَمِيٌّ 外国人；波斯人；外国的
(٤) مُعْجَمٌ جـ مَعَاجِمُ 字典，词典
(٨) عَجْمَان (فِي الإِمَارَاتِ الْعَرَبِيَّةِ) 阿治曼
(٦) عَجَنَ ـِ عَجْنًا الدَّقِيقَ وَاعْتَجَنَهُ 用水和面
(٤) عَجِينٌ / عَجِينَةٌ 面团
(٢) مَعْجُونٌ جـ مَعَاجِينُ 糊，浆，膏
مَعْجُونُ الأَسْنَانِ 牙膏
(٤) عَدَّ ـُ عَدًّا وَتَعْدَادًا الشَّيْءَ 数，计算

أُعْجِبَ بِكَذَا 佩服，钦佩，赞赏
*(٤) تَعَجَّبَ تَعَجُّبًا مِنْ كَذَا / اِسْتَعْجَبَ مِنْهُ
惊讶，奇怪
*(٢) عَجَبًا / يَا لَلْعَجَبِ! 奇怪！怪事！
*(٢) إِعْجَابٌ 钦佩，欣赏，赞赏
اَلإِعْجَابُ بِالنَّفْسِ 自我欣赏，自鸣得意
*(٢) عَجِيبٌ م عَجِيبَةٌ 奇怪的，奇妙的
*(٤) عَجِيبَةٌ جـ عَجَائِبُ 奇迹
*(٢) مُعْجَبٌ بِكَذَا جـ مُعْجَبُونَ م مُعْجَبَةٌ
钦佩的，欣赏的，喜欢
(٦) عَجَّ ـِ عَجًّا عَجِيجًا 喧哗，喊叫，吵闹，热闹
(٨) عُجَّةُ الْبَيْضِ 蛋饼，摊鸡蛋
(٨) عَجْرَفَ وتَعَجْرَفَ 傲慢
(٢)عَجَزَ ـِ عَجْزًا عَنْ كَذَا 无能为力，做不了
(٦) اَلْعَجْزُ 赤字，逆差，亏损
عَجْزُ الْمِيزَانِ التِّجَارِيِّ 贸易逆差
(٨) عَجُزٌ 尾部，后部；屁股
(٢) عَاجِزٌ جـ عَجَزٌ وعَجَزَةٌ م عَاجِزَةٌ عَنْ ...
无力的，无能的，不行的
دَارُ الْعَجَزَةِ 敬老院，养老院
*(٢) عَجُوزٌ جـ عُجُزٌ وعَجَائِزُ (لِلْمُذَكَّرِ وَالْمُؤَنَّثِ)
老人，老太婆，老头儿
*(٤) مُعْجِزَةٌ جـ مُعْجِزَاتٌ 奇迹

لاَ يُعَدُّ / لاَ يُحْصَى 无数的，数不清的

*(٤) عَدَّهُ كَذَا 认为，看作

*(٢) أَعَدَّ إِعْدَادًا الأَمْرَ أَوِ الشَّيْءَ

准备，预备，安排

(٤) أَعَدَّ مَقَالَةً أَوْ غَيْرَهَا 执笔，编写

(٤) أَعَدَّ رِجَالاً 培养，造就

(٦) اِعْتَدَّ اِعْتِدَادًا بِنَفْسِهِ 自信；自恃，自以为是

(٦) تَعَدَّدَ تَعَدُّدًا 变多，增多

*(٢) اِسْتَعَدَّ اِسْتِعْدَادًا لِكَذَا 准备，预备

(٨) تَعْدَادٌ 统计

(٦) عُدَّةٌ جـ عُدَدٌ / مُعَدَّاتٌ 器材，设备，装备

*(٢) عَدَدٌ جـ أَعْدَادٌ 数目，数字，一些

*(٢) عِدَّةٌ 几个，一些

(٨) عِدَادٌ: قِرْنٌ 同等的，对等的，相似的

فِي عِدَادِهِمْ 他们中的一个

(٤) إِعْدَادٌ 执笔，编写

*(٢) إِعْدَادِيٌّ م إِعْدَادِيَّةٌ 预备的；初中的

(٨) اَلتَّعَدُّدِيَّةُ الْحِزْبِيَّةُ 多党制

(٨) اَلتَّعَدُّدِيَّةُ السِّيَاسِيَّةُ 政治多元化

(٢) اِسْتِعْدَادٌ جـ اِسْتِعْدَادَاتٌ

准备，预备；预应状况，素养，素质

عَلَى أَتَمِّ اسْتِعْدَادٍ لِـ ... / عَلَى تَمَامِ الاِسْتِعْدَادِ لِـ ...

准备就绪，整装待发

*(٢) عَدِيدٌ م عَدِيدَةٌ 许多（的），很多（的）

اَلْعَدِيدُ مِنْ ... 许多， 很多

(٨) مَعْدُودٌ م مَعْدُودَةٌ 屈指可数的，为数不多的

(٨) عَدَّادٌ 计数器

عَدَّادُ الْكَهْرَبَاءِ (أَوِ الْمَاءِ أَوِ الْغَازِ)

电（水、煤气）表

(٢) مُتَعَدِّدٌ م مُتَعَدِّدَةٌ 众多的，各种各样的

مُتَعَدِّدُ الأَطْرَافِ 多边的

مُتَعَدِّدُ الْجِنْسِيَّاتِ 多国的

مُتَعَدِّدُ الْمَقَاطِعِ 多音节的

*(٢) مُسْتَعِدٌّ جـ مُسْتَعِدُّونَ م مُسْتَعِدَّةٌ

有准备的，准备好的

(٦) عَدَسٌ وَاحِدَتُهُ عَدَسَةٌ 小扁豆

(٦) عَدَسَةٌ جـ عَدَسَاتٌ 透镜，镜片，镜头

اَلْعَدَسَاتُ اللاَّصِقَةُ 隐形眼镜

(٦) عَدَلَ ـِ عَدْلاً وعُدُولاً عَنْ كَذَا

偏离，越轨；放弃

(٤) عَدَّلَ تَعْدِيلاً الشَّيْءَ (عَلَى ...)

调整，纠正，修改

*(٤) عَادَلَ مُعَادَلَةً الشَّيْءَ 等于，相等，抵得上

(٦) اِعْتَدَلَ اِعْتِدَالاً / اِسْتَقَامَ 正，正直

(٨) تَعَادَلَ تَعَادُلاً الشَّيْئَانِ 相称，相等，平衡

(٤) عَدْلٌ 正义，公正，正直；司法

(٦) عَدَالَةٌ　正义，公正；司法

*(٤) تَعْدِيلٌ جـ تَعْدِيلاتٌ　调整，纠正

تَعْدِيلٌ هَيْكَلِيٌّ　结构性调整

(٨) تَعَادُلُ الْمُؤَهِّلاَتِ　同等学历

(٦) اِعْتِدَالٌ　适度，适中，温和，常态

اَلاِعْتِدَالُ الرَّبِيعِيُّ　春分

اَلاِعْتِدَالُ الْخَرِيفِيُّ　秋分

*(٤) عَادِلٌ م عَادِلَةٌ　公正的，正义的

*(٢) مُعْتَدِلٌ م مُعْتَدِلَةٌ　温和的，适中的，正直的

*(٤) مُعَدَّلٌ　平均数，比例，率

مُعَدَّلُ الْخُصُوبَةِ　生育率

مُعَدَّلُ الْوَفَيَاتِ　死亡率

مُعَدَّلُ الزِّيَادَةِ السُّكَّانِيَّةِ　人口增长率

مُعَدَّلُ النُّمُوِّ الاِقْتِصَادِيِّ　经济增长率

(٨) مُعَادَلَةٌ جـ مُعَادَلاتٌ　方程式

(٨) أَعْدَمَهُ إِعْدَامًا　处死，处决，消灭

(٨) اِنْعَدَمَ اِنْعِدَامًا الشَّيْءُ　被消灭，不存在

*(٤) عَدَمُ ...　不…，没有…

عَدَمُ الثِّقَةِ　不信任

عَدَمُ التَّدَخُّلِ فِي كَذَا　不干涉

*(٤) اَلإِعْدَامُ　死刑，处决

(٨) عَدِيمُ كَذَا

被剥夺掉…的，不…的，无…的

عَدِيمُ الْحَيَاةِ　无生命的

عَدِيمُ الْجَدْوَى　无益的

عَدِيمُ النَّظِيرِ　无双的

(٨) مُعْدَمٌ　贫穷的，一无所有的

فَقِيرٌ مُعْدَمٌ　赤贫的，极端贫困的

(٤) اَلتَّعْدِينُ　采矿

*(٢) عَدَن　亚丁

*(٤) مَعْدِنٌ جـ مَعَادِنُ　矿物，金属，矿山

اَلْمَعَادِنُ اللاَّحَدِيدِيَّةُ / اَلْمَعَادِنُ غَيْرُ الْحَدِيدِيَّةِ

有色金属

(٤) مَعْدِنِيٌّ م مَعْدِنِيَّةٌ　金属的，矿物的

مَاءٌ مَعْدِنِيٌّ　矿泉水

(٢) عَدَا يَعْدُو عَدْوًا　跑，奔跑

(٨) عَدَّى تَعْدِيَةً الشَّيْءَ　超过，越过

عَدَّى الرَّجُلَ إِلَى الشَّاطِئِ الآخَرِ　渡人到对岸

(٦) عَدَّى الْفِعْلَ　使（动词）及物

(٦) عَادَى يُعَادِي مُعَادَاةً وعِدَاءً فُلاَنًا

敌视，作对，结仇

(٦) تَعَدَّى تَعَدِّيًا الشَّيْءَ　超越，越过，超过

*(٤) اِعْتَدَى يَعْتَدِي اِعْتِدَاءً عَلَى ...　侵犯，侵略

(٤) عَدَا / مَا عَدَا　除…之外

(٤) عَدَاوَةٌ / عِدَاءٌ　敌意，敌视，怨恨

*(٤) عُدْوَانٌ　侵略

(٦) عَدْوَى 传染，感染，传染性

*(٤) عَدُوٌّ جـ أَعْدَاءٌ 敌人，仇人

عَدُوٌّ لَدُودٌ / أَعْدَى الأَعْدَاءِ 死敌，死对头

(٦) مُعْدٍ م مُعْدِيَةٌ 传染的

(٦) مُعَادٍ (اَلْمُعَادِي) لِـ ... 与…为敌的，反…的

(٤) مُعْتَدٍ (اَلْمُعْتَدِي) جـ مُعْتَدُونَ 侵略者

(٨) عَذُبَ ـُ عُذُوبَةً الشَّرَابُ 成为适口的，甜的

(٤) عَذَّبَهُ تَعْذِيبًا 折磨，拷打

*(٤) تَعَذَّبَ تَعَذُّبًا 受折磨，遭罪

*(٢) عَذْبٌ م عَذْبَةٌ 甜美的，不苦的

(٤) عَذَابٌ جـ أَعْذِبَةٌ 痛苦，折磨

(٤) عَذَرَهُ ـِ عُذْرًا ومَعْذِرَةً فِي كَذَا أَوْ عَلَيْهِ

原谅，宽恕

(٨) تَعَذَّرَ تَعَذُّرًا عَلَيْهِ الأَمْرُ 成为困难的

*(٤) اِعْتَذَرَ اِعْتِذَارًا عَنْ فِعْلِهِ أَوْ مِنْهُ

推辞，托词，找借口

(٤) اِعْتَذَرَ إِلَيْهِ 请求原谅，道歉

(٦) عُذْرٌ جـ أَعْذَارٌ / مَعْذِرَةٌ 借口，理由，托词

(٤) عَذْرَاءُ جـ عَذَارَى 处女

غَابَاتٌ عَذْرَاءُ 原始森林

مَرْيَمُ الْعَذْرَاءُ / أُمُّ الْمَسِيحِ 贞女玛利亚

أَرْضٌ عَذْرَاءُ 处女地

*(٤) مَعْذِرَةً 对不起，请原谅

(٨) مُتَعَذِّرٌ م مُتَعَذِّرَةٌ 困难的，难于做到的

(٨) عَذَلَهُ ـُ عَذْلاً وَعَذَّلَهُ 埋怨，怪罪，责备

(٤) عَرَّبَ تَعْرِيبًا الْكِتَابَ أَوْ نَحْوَهُ

译成阿拉伯语；使阿拉伯化

*(٤) أَعْرَبَ إِعْرَابًا عَنْ كَذَا 表达，表示，表明

أَعْرَبَ الْجُمْلَةَ 分析句子

(٨) تَعَرَّبَ واسْتَعْرَبَ 阿拉伯化

(٨) اَلاِسْتِعْرَابُ 阿拉伯学

(٦) اَلْعُرُوبَةُ 泛阿拉伯主义

*(٢) عَرَبِيٌّ جـ عَرَبٌ م عَرَبِيَّةٌ

阿拉伯的；阿拉伯人

*(٤) أَعْرَابِيٌّ جـ أَعْرَابٌ 阿拉伯游牧人

*(٤) عَرَبَةٌ جـ عَرَبَاتٌ 车，车辆，车厢

عَرَبَةٌ سِيَاحِيَّةٌ 软座车

عَرَبَةُ مَقَاعِدَ عَادِيَّةٍ 硬座车

عَرَبَةُ نَوْمٍ 卧铺车

عَرَبَةٌ قَلاَّبَةٌ 翻斗车，自卸车

(٨) مُسْتَعْرِبٌ م مُسْتَعْرِبَةٌ

阿拉伯化的，阿拉伯学学者

(٨) عَرْبَدَ يُعَرْبِدُ عَرْبَدَةً: سَاءَ خُلُقُهُ

撒野，撒泼，犯浑，发酒疯

(٨) عِرْبِيدٌ 撒野的，撒泼的，犯浑的；无赖

(٨) عُرْبُونٌ وعَرْبُونٌ جـ عَرَابِينُ 定钱，订金

挡路，拦路	*(٤) اِعْتَرَضَ اِعْتِرَاضًا الطَّرِيقَ
反对	اِعْتَرَضَ عَلَيْهِ
检阅	(٦) اِسْتَعْرَضَ اِسْتِعْرَاضًا الْجَيْشَ
回忆，回顾	(٦) اِسْتَعْرَضَ الأَمْرَ
展出，陈列，检阅	*(٢) عَرْضٌ
发盘，报价，递盘	عَرْضُ سِعْرِ الْبِضَاعَةِ
供销	اَلْعَرْضُ وَالتَّسْوِيقُ
供求，市场行情	اَلْعَرْضُ وَالطَّلَبُ
宽，宽度	*(٢) عَرْضٌ جـ أَعْرَاضٌ
纵横，到处	طُولاً وَعَرْضًا
纬度	خَطُّ الْعَرْضِ
演出，节目	(٢) عَرْضٌ جـ عُرُوضٌ
	(٨) عَرَضٌ جـ أَعْرَاضٌ
一时的东西，偶然性；征候，表象；症状	
偶然地，意外地	عَرَضًا / اِتِّفَاقًا
面子，名誉，贞操	(٨) عِرْضٌ جـ أَعْرَاضٌ
海面，洋面	(٤) عُرْضُ الْبَحْرِ
易受…的，易遭…的	(٤) عُرْضَةً لِكَذَا
诗韵学	(٨) اَلْعَرُوضُ
事故，不测事件，灾难	(٨) عَارِضٌ جـ عَوَارِضُ
服装模特	(٨) عَارِضَةُ الأَزْيَاءِ
宽的，宽阔的	*(٢) عَرِيضٌ م عَرِيضَةٌ
展品，陈列品	*(٢) مَعْرُوضٌ جـ مَعْرُوضَاتٌ
担保押金	عُرْبُونُ الضَّمَانِ
	(٦) عَرَّجَ تَعْرِيجًا عَلَى فُلاَنٍ أَوْ مَكَانٍ
顺道看…人，顺道去…地方	
跛子，瘸子	(٦) أَعْرَجُ م عَرْجَاءُ جـ عُرْجٌ
梯子	(٨) مِعْرَاجٌ جـ مَعَارِيجُ
登宵之夜〔伊〕	لَيْلَةُ الْمِعْرَاجِ
	(٤) مُتَعَرِّجٌ م مُتَعَرِّجَةٌ
曲折的，蜿蜒的，弯弯曲曲的	
婚礼	(٤) عُرْسٌ جـ أَعْرَاسٌ
新郎	(٤) عَرِيسٌ جـ عِرْسَانٌ
新娘	(٤) عَرُوسٌ وَعَرُوسَةٌ جـ عَرَائِسُ
玩偶，洋娃娃	(٤) عَرُوسَةٌ
王位，宝座	(٦) عَرْشٌ جـ عُرُوشٌ
	*(٢) عَرَضَ ـِ عَرْضًا الشَّيْءَ
陈列，展出，摆出，提出	
提交，呈递	عَرَضَ الأَمْرَ عَلَيْهِ
放映电影	عَرَضَ الْفِيلْمَ
晾，晒	(٤) عَرَّضَ تَعْرِيضًا الشَّيْءَ لِلشَّمْسِ
使遭受，使蒙受	*(٤) عَرَّضَ فُلاَنًا لِكَذَا
反对，对抗	*(٤) عَارَضَ مُعَارَضَةً فُلاَنًا أَوْ شَيْئًا
避开，躲避，不理睬	(٦) أَعْرَضَ إِعْرَاضًا عَنْ كَذَا
遭到，蒙受	*(٤) تَعَرَّضَ تَعَرُّضًا لِكَذَا
与…相抵触，冲突	(٦) تَعَارَضَ تَعَارُضًا مَعَ كَذَا

(٤) (عِبَارَةٌ) مُعْتَرِضَةٌ / (جُمْلَةٌ) مُعْتَرِضَةٌ 插入句，插入成分

*(٢) مَعْرِضٌ جـ مَعَارِضُ 展览馆，陈列室

*(٢) عَرَفَ ـِ مَعْرِفَةً فُلاَنًا أَوْ أَمْرًا 知道，晓得，认识

*(٤) عَرَّفَهُ تَعْرِيفًا بِكَذَا 介绍

*(٤) اِعْتَرَفَ اِعْتِرَافًا بِكَذَا 承认，招供

*(٢) تَعَرَّفَ تَعَرُّفًا إِلَى فُلاَنٍ أَوْ عَلَيْهِ 认识，结识

*(٤) تَعَارَفَ تَعَارُفًا الْقَوْمُ 相识

(٨) عُرْفٌ جـ عُرَفٌ وَأَعْرَافٌ 恩惠，善行；习俗，惯例

اَلْعُرَفُ الدِّبْلُومَاسِيَّةُ 外交惯例

(٨) عِرْفَانٌ 知识；感激之情

(٨) تَعْرِيفٌ 下定义，界定；告知，介绍

(٨) تَعْرِفَةٌ وَتَعْرِيفَةٌ 税率，税则；（铁路、旅馆等的）价目表，费率表，运费单

اَلتَّعْرِفَةُ الْجُمْرُكِيَّةُ 海关税则，海关税率

تَعْرِفَةُ الاِسْتِيرَادِ 进口税则

(٢) عَرِيفٌ م عَرِيفَةٌ 班长

(٨) عَرَّافٌ 看相的，算命者，卜卦人

*(٢) مَعْرِفَةٌ جـ مَعَارِفُ 知识，学问

*(٢) مَعْرُوفٌ 已知的，众所周知的，有名的；恩德，善行

مِنَ الْمَعْرُوفِ أَنَّ ... 众所周知…

(٨) مُتَعَارَفٌ / مَعْرُوفٌ 公认的，周知的

(٤) عَرَقٌ 汗，汗水

(٤) عِرْقٌ جـ عُرُوقٌ 血管，血统；人种

*(٢) اَلْعِرَاقُ 伊拉克

(٢) عِرَاقِيٌّ جـ عِرَاقِيُّونَ م عِرَاقِيَّةٌ 伊拉克的；伊拉克人

(٢) عَرِيقٌ م عَرِيقَةٌ 古老的，有根基的

(٦) عَرْقَلَ عَرْقَلَةً الأَمْرَ 妨碍，阻挠

*(٤) عَرْقَلَةٌ جـ عَرَاقِيلُ 障碍，障碍物

(٨) عَرَكَ ـُ عَرْكًا الشَّيْءَ 擦，揉

عَرَكَهُ الدَّهْرُ 磨炼

(٨) عَرِيكَةٌ جـ عَرَائِكُ 性情，性格

*(٤) مَعْرَكَةٌ جـ مَعَارِكُ 战斗，战役；战场

(٨) عَارِمٌ وَعَرِمٌ جـ عَرَمَةٌ 恶棍；猛烈的，湍急的

(٨) عَرِينٌ وَعَرِينَةٌ 兽穴

(٨) عَرَّى تَعْرِيَةً الشَّيْءَ 揭发，揭露

(٦) اِعْتَرَى اِعْتِرَاءً الأَمْرُ فُلاَنًا 遭遇，碰上

(٨) تَعَرَّى تَعَرِّيًا مِنْ ثِيَابِهِ وَمِنْ أَوْرَاقِهِ 脱光（衣服），（树叶）掉光

(٦) عُرْوَةٌ جـ عُرًى 扣眼；把；柄；绳结

عُرَى الصَّدَاقَةِ 友好联系，友好关系

(٨) عَرَاءٌ جـ أَعْرَاءٌ 野外，室外

(٤) عَارٍ (اَلْعَارِي) م عَارِيَةٌ / عُرْيَانٌ م عُرْيَانَةٌ
赤身的，裸体的

(٨) عِزْبَةٌ جـ عِزَبٌ 农场，庄园

*(٤) أَعْزَبُ جـ عُزْبٌ 未婚的，独身的，单身汉

*(٤) عَزَّ ـِ عِزًا عَلَيْهِ الأَمْرُ 难以，困难

يَعِزُّ عَلَيْنَا أَنْ ...
我们难以…，舍不得，不忍心

*(٤) عَزَّزَ تَعْزِيزًا الشَّيْءَ 加强，增强，巩固

*(٤) اِعْتَزَّ اِعْتِزَازًا بِكَذَا 珍惜，珍视，以…自豪

*(٤) عِزَّةٌ 自尊，尊严

*(٢) عَزِيزٌ جـ أَعِزَّاءُ م عَزِيزَةٌ
亲爱的，高贵的，珍贵的

(٤) عَزَفَ ـِ عَزْفًا عَلَى الآلَةِ الْمُوسِيقِيَّةِ
吹，拉，弹，奏，演奏

*(٤) عَزَلَ ـِ عَزْلاً الشَّيْءَ عَنْ غَيْرِهِ 分隔，隔离

عَزَلَهُ عَنْ مَنْصِبِهِ 革职，撤职

(٦) عُزْلَةٌ 孤立，孤独

(٦) أَعْزَلُ م عَزْلاَءُ جـ عُزْلٌ
手无寸铁的，赤手空拳的，非武装的

(٤) عَازِلٌ 绝缘体

(٢) عَزَمَ ـِ عَزْمًا عَلَى الأَمْرِ 决心，决意

(٦) اِعْتَزَمَ اِعْتِزَامًا الأَمْرَ وَعَلَيْهِ 打算，想…

*(٢) عَزِيمَةٌ جـ عَزَائِمُ 决心，意志

(٦) عَزَا ـُ عَزْوًا الشَّيْءَ أَوْ فُلاَنًا إِلَى فُلاَنٍ 把某事（人）归咎某人；说某人与某人有亲戚关系

(٦) عَزَّى يُعَزِّي تَعْزِيَةً فُلاَنًا 安慰，慰问，吊唁

(٦) تَعَسَّرَ تَعَسُّرًا عَلَيْهِ الأَمْرُ 事情困难

(٦) عُسْرٌ 困难，困境

(٦) عَسِيرٌ م عَسِيرَةٌ 困难的

(٨) تَعَسَّفَ تَعَسُّفًا الأَمْرَ: فَعَلَهُ بِلاَ رَوِيَّةٍ
莽撞行事，蛮干

(٨) تَعَسُّفِيٌّ م تَعَسُّفِيَّةٌ 专横的，霸道的

*(٤) عَسْكَرِيٌّ جـ عَسْكَرِيُّونَ م عَسْكَرِيَّةٌ
军事的，军人

(٨) اَلْعَسْكَرِيَّةُ 军国主义

(٤) مُعَسْكَرٌ جـ مُعَسْكَرَاتٌ 军营

(٢) عَسَلٌ 蜜

(٨) عَسَى (فِعْلٌ جَامِدٌ)
也许，或许，说不定，但愿

*(٢) عُشْبٌ جـ أَعْشَابٌ وَاحِدَتُهُ عُشْبَةٌ
青草，绿草

(٨) عُشْبِيٌّ م عُشْبِيَّةٌ 草本的

*(٢) عَشْرٌ وَعَشَرَةٌ جـ عَشَرَاتٌ 十

(٤) عُشْرٌ جـ أَعْشَارٌ 十分之一

*(٢) عِشْرُونَ (عِشْرِينَ) 二十

(٢) اَلْعِشْرِينَاتُ / اَلْعِشْرِينِيَّاتُ 二十年代

(٦) تَعَصُّبٌ 偏护，偏袒；门户之见，狭隘性；偏执，派性，宗派主义

تَعَصُّبٌ فِي مَذْهَبِهِ 门户之见，一家之言

اَلتَّعَصُّبُ الْقَبَلِيُّ / اَلْعَصَبِيَّةُ الْقَبَلِيَّةُ 宗族主义

(٨) عَصِيبٌ م عَصِيبَةٌ 艰难的，危难的

(٨) مُعَصَّبٌ وَمَعْصُوبٌ 带着绷带的，蒙上眼睛的

(٤) عَصَرَ ـِ عَصْرًا الشَّيْءَ 挤，拧，榨

عَصَرَ الْغَسِيلَ 挤干衣服

(٦) عَاصَرَهُ مُعَاصَرَةً 与…同时代

*(٢) عَصْرٌ / بَعْدَ الظُّهْرِ 下午（三点到五点）

*(٢) عَصْرٌ جـ عُصُورٌ 时代

اَلْعَصْرُ الْمَمْلُوكِيُّ 马木鲁克时代

اَلْعُصُورُ الْوُسْطَى 中世纪时代

(٢) عَصْرِيٌّ م عَصْرِيَّةٌ 当代的，现代的

*(٢) عَصِيرٌ 汁，浆

(٨) عَصَّارَةٌ جـ عَصَّارَاتٌ / مِعْصَرَةٌ جـ مَعَاصِرُ وَمَعَاصِيرُ 榨汁机

(٨) إِعْصَارٌ جـ أَعَاصِيرُ 飓风，龙卷风

*(٤) مُعَاصِرٌ م مُعَاصِرَةٌ 当代的，同时代的

(٢) عَصْرَنَةٌ جـ عَصْرَنَاتٌ 现代化

(٤) عَصَفَتْ ـِ عَصْفًا الرِّيحُ 起风，刮风

*(٤) عَاصِفَةٌ جـ عَوَاصِفُ 大风，风暴；风波

(٨) اَلْعَاشُورَاءُ / عِيدُ الْعَاشُورَى 阿舒拉节（回历一月初十）

(٦) عَاشَرَهُ مُعَاشَرَةً 交往，交际，相处

(٨) عُشَارَ / مَعْشَرَ 十个十个地

(٨) عَشِيرَةٌ جـ عَشَائِرُ 部族

(٨) مَعْشَرٌ جـ مَعَاشِرُ 一伙，一群

(٤) عُشٌّ جـ أَعْشَاشٌ وَعِشَاشٌ 窝，巢

عُشُّ السُّنُونُو 燕窝

(٦) عَشِقَهُ ـَ عِشْقًا 恋爱，热恋

(٦) عَاشِقٌ جـ عُشَّاقٌ وَعَاشِقُونَ م عَاشِقَةٌ وَعَاشِقٌ جـ عَوَاشِقُ 恋人，爱人，情人

*(٢) تَعَشَّى تَعَشِّيًا 吃晚饭

*(٢) عَشَاءٌ جـ أَعْشِيَةٌ 晚饭

(٨) عِشَاءٌ / عَشِيَّةٌ 傍晚，黄昏

(٨) أَعْشَى م عَشْوَاءُ جـ عُشْيٌ 夜盲

(٨) عَشْوَائِيٌّ م عَشْوَائِيَّةٌ 盲目的，盲无目的的

(٤) عَصَبٌ جـ أَعْصَابٌ 神经；筋，腱

*(٤) عَصَبِيٌّ م عَصَبِيَّةٌ 神经的，神经质的

(٨) عَصَبِيَّةٌ 神经质，神经过敏

(٨) عِصَابٌ وَعِصَابَةٌ 绷带

(٤) عُصْبَةٌ / عِصَابَةٌ 邦，团，伙

عِصَابَةُ الْمَافِيَا 黑社会

حَرْبُ الْعِصَابَاتِ 游击战

水星〔天〕 (٨) عُطَارِدُ

打喷嚏 (٨) عَطَسَ ـِ عَطْسًا

鼻烟壶 (٨) عَاطُوسٌ

渴，口渴 *(٢) عَطِشَ ـَ عَطَشًا / ظَمِئَ ـَ ظَمَأً

*(٢) عَطْشَانُ جـ عِطَاشٌ م عَطْشَانَةٌ وَعَطْشَى

渴的，口渴的

同情，怜爱 *(٤) عَطَفَ ـِ عَطْفًا عَلَيْهِ

情绪，感情 *(٢) عَاطِفَةٌ جـ عَوَاطِفُ

多情的，多愁善感的 (٨) عَاطِفِيٌّ م عَاطِفِيَّةٌ

*(٤) مِعْطَفٌ جـ مَعَاطِفُ / بَلْطُو جـ بَلْطُوَات

大衣，外套

拐弯处，转折点 (٦) مُنْعَطَفٌ

失业 (٦) عَطَلَ ـُ عَطَالَةٌ الرَّجُلُ

废弃；使停业；耽误，妨碍 *(٤) عَطَّلَهُ تَعْطِيلاً

失业，停工 *(٤) تَعَطَّلَ تَعَطُّلاً

耽误，耽搁 تَعَطَّلَ عَنْ كَذَا

تَعَطَّلَتِ الآلَةُ أو غَيْرُهَا

损坏，出故障，停止转动

停业 تَعَطَّلَ الدُّكَّانُ

损坏，故障 (٨) عُطْلٌ

假期，假日 *(٢) عُطْلَةٌ

寒假 عُطْلَةُ الشِّتَاءِ / اَلْعُطْلَةُ الشَّتَوِيَّةُ

暑假 عُطْلَةُ الصَّيْفِ / اَلْعُطْلَةُ الصَّيْفِيَّةُ

小鸟，麻雀 (٤) عُصْفُورٌ جـ عَصَافِيرُ

(٦) اِعْتَصَمَ اِعْتِصَامًا بِهِ

紧紧抓住，固守；依靠，受（主）庇护

首都，首府，京城 *(٢) عَاصِمَةٌ جـ عَوَاصِمُ

棍，棒，手杖（阴性） (٤) عَصًا جـ عِصِيٌّ وعُصِيٌّ

手腕子 (٨) مِعْصَمٌ جـ مَعَاصِمُ

(٨) عَصَاهُ ـِ عَصْيًا ومَعْصِيَةً: خَالَفَ أَمْرَهُ

不服从，造反

使不服从，使违抗 (٨) عَصَّاهُ تَعْصِيَةً

(٦) اِسْتَعْصَى اِسْتِعْصَاءً الأَمْرُ

（事情）困难，艰难

(٦) مُسْتَعْصٍ (الْمُسْتَعْصِي) م مُسْتَعْصِيَةٌ

困难的；医不好的

不治之症 (٨) اَلأَمْرَاضُ الْمُسْتَعْصِيَةُ

上臂 (٦) عَضُدٌ وعُضُدٌ جـ أَعْضَادٌ وأَعْضُدٌ

助他一臂之力 شَدَّ عَضُدَهُ

咬 (٤) عَضَّهُ ـُ عَضًّا

（咬）一口 (٨) عَضَّةٌ جـ عَضَّاتٌ

肌肉 (٤) عَضَلَةٌ جـ عَضَلاتٌ

肢体；成员 *(٢) عُضْوٌ جـ أَعْضَاءٌ

成员资格，（党、会）籍， (٦) عُضْوِيَّةٌ

香精，香水 (٤) عِطْرٌ جـ عُطُورٌ

芳香的，芬芳的 (٤) عِطْرِيٌّ م عِطْرِيَّةٌ / عَطِرٌ م عَطِرَةٌ

ع

(٤) عَاطِلٌ جـ عَاطِلُونَ م عَاطِلَةٌ / مُعَطَّلٌ
没有工作的，失业者

*(٢) أَعْطَى يُعْطِي إِعْطَاءً فُلاَنًا شَيْئًا 给，送给，提供

(٦) تَعَاطَى تَعَاطِيًا شَيْئًا أَوْ مِهْنَةً
取，拿；服用；做，从事

تَعَاطَى الْمُخَدِّرَاتِ 吸毒

(٦) عَطَاءٌ جـ أَعْطِيَةٌ وَعَطَاءَاتٌ / عَطِيَّةٌ جـ عَطَايَا وَعَطِيَّاتٌ 礼物，赠品，俸禄

(٨) عَطَاءٌ جـ عَطَاءَاتٌ 出价，标价

كُرَّاسَةُ الْعَطَاءِ 标书

قَبُولُ الْعَطَاءِ أَوِ الْفَائِزُ بِالْعَطَاءِ أَوْ آخِذُ الْعَطَاءِ
中标

(٦) مُعْطَيَاتٌ 资料，材料；数据

(٦) عَظُمَ ـُ عِظَمًا وَعَظَامَةً
成为伟大的，变成巨大的

(٦) عَظَّمَهُ تَعْظِيمًا 尊敬，赞颂；加大，夸张

(٦) تَعَاظَمَ تَعَاظُمًا الشَّيْءُ 增大，壮大

*(٤) عَظَمَةٌ 伟大，庄严，壮丽

(٤) عَظْمٌ جـ عِظَامٌ 骨头，骨骼

(٤) عَظِيمٌ جـ عُظَمَاءُ م عَظِيمَةٌ
巨大的，伟大的，重大的；伟人

(٢) أَعْظَمُ م عُظْمَى 最伟大的，最了不起的

*(٢) مُعْظَمٌ 多数，主要部分

(٨) عَفَرَهُ ـِ عَفْرًا وعَفَّرَهُ فِي التُّرَابِ
使蒙尘，使埋在灰尘中

(٤) عِفْرِيتٌ جـ عَفَارِيتُ
魔鬼，鬼怪；狡猾的，淘气鬼（小孩）

(٦) عَفَّ ـِ عَفًّا وَعَفَافًا 清廉，守节，守贞操

عَفَّ عَنْ كَذَا 克制，节制

(٨) عَفِيفٌ جـ أَعِفَّةٌ وأَعِفَّاءُ
清白的，守节的，廉洁的，清廉的

(٤) تَعَفَّنَ تَعَفُّنًا الشَّيْءُ 腐烂，腐败，腐朽，发霉

*(٤) عَفَا ـُ عَفْوًا عَنْ فُلاَنٍ أَوْ عَنْ ذَنْبِهِ 原谅，宽恕

(٦) أَعْفَى إِعْفَاءً فُلاَنًا مِنْ كَذَا أَوْ عَنْهُ / عَافَاهُ مِنْهُ
豁免，取消，免除

*(٢) عَفْوًا 对不起，请原谅

(٤) عَفَوِيٌّ م عَفَوِيَّةٌ 自发的

(٢) عَافِيَةٌ 健康，无恙

(٦) عَقَبَهُ ـُ عَقْبًا وَعُقُوبًا / أَعْقَبَهُ
接踵而来，随后而至

(٦) عَاقَبَهُ مُعَاقَبَةً بِذَنْبِهِ وعَلَيْهِ 惩罚，治罪

(٨) تَعَاقَبَ تَعَاقُبًا عَلَى كَذَا 相继出现，一个接着一个

(٨) عَقْبٌ وَعَقِبٌ جـ أَعْقَابٌ 脚后跟；儿孙，后裔

(٤) عَقِبَ كَذَا 在…之后，紧接…之后

*(٤) عَقَبَةٌ جـ عَقَبَاتٌ 障碍，阻碍

*(٤) عَاقِبَةٌ جـ عَوَاقِبُ 后果，结局，下场

(٨) عَاقِرٌ (لِلْمُذَكَّرِ والْمُؤَنَّثِ) جـ عُقَّرٌ وعَوَاقِرُ /
عَقِيمٌ 不育的
(٦) عَقَارٌ جـ عَقَارَاتٌ 不动产，房地产
(٤) عَقَّارٌ جـ عَقَاقِيرُ 药材，草药
(٤) عَقْرَبٌ جـ عَقَارِبُ 蝎子；（钟表的）指针
عَقْرَبُ السَّاعَاتِ 时针
عَقْرَبُ الدَّقَائِقِ 分针
عَقْرَبُ الثَّوَانِي 秒针
(٨) عَقِيقٌ 玛瑙
(٦) اِعْتَقَلَهُ اِعْتِقَالاً 拘留，拘押，逮捕
(٦) تَعَقَّلَ تَعَقُّلاً / تفكَّرَ 动脑筋，思考，深思
(٨) تَعَاقَلَ تَعَاقُلاً 装明白，自作聪明
*(٢) عَقْلٌ جـ عُقُولٌ 智力，智慧，头脑，理解力
(٢) عَقْلِيٌّ م عَقْلِيَّةٌ 智力的，精神的，理性的
(٤) اَلْعُقْلَةُ 单杠
(٨) عِقَالٌ جـ عُقُلٌ 阿拉伯头箍
*(٤) عَاقِلٌ جـ عُقَلَاءُ وعَاقِلُونَ م عَاقِلَةٌ
理智的，明智的，聪明的，智慧的
*(٢) عَقِيلَةٌ جـ عَقِيلَاتٌ 夫人，太太
*(٢) مَعْقُولٌ جـ مَعْقُولَةٌ 合理的，可以理解的
(٨) مَعْقَلٌ جـ مَعَاقِلُ 碉堡，堡垒，炮台，要塞
(٨) مُعْتَقَلٌ جـ مُعْتَقَلَاتٌ 拘留所，集中营
(٨) عَقْلَنَةٌ 合理化

*(٤) عُقُوبَةٌ جـ عُقُوبَاتٌ / عِقَابٌ 惩罚，处治
(٤) عَقَدَ ـِ عَقْدًا الْحَبْلَ وغَيْرَهُ 打结
عَقَدَ الاِجْتِمَاعَ 召集会议，举办会议
عَقَدَ الْمُعَاهَدَةَ 缔结，签订（条约）
عَقَدَ الشَّيْءُ لِسَانَهُ 使哑口无言，使张口结舌
(٦) اِنْعَقَدَ اِنْعِقَادًا الْمُؤْتَمَرُ 召开
(٨) اِنْعَقَدَ لِسَانُهُ 说不出话来，无言以对
*(٢) اِعْتَقَدَ اِعْتِقَادًا الأَمْرَ 相信，觉得，认为
(٦) تَعَاقَدَ تَعَاقُدًا مَعَهُ عَلَى كَذَا
与…订立（合同、契约等），缔结
اَلإِدَارَةُ بِالتَّعَاقُدِ 承包经营
نِظَامُ التَّعَاقُدِ 合同制
(٦) عَقْدٌ جـ عُقُودٌ 契约，合同；十位数；十年
(٨) عُقْدَةٌ جـ عُقَدٌ 绳扣，结；难题
عُقْدَةٌ نَفْسِيَّةٌ 心病，心理障碍
(٤) عَقِيدَةٌ جـ عَقَائِدُ 信仰，信条，信念
(٦) مَعْقُودٌ م مَعْقُودَةٌ 打结的，系起来的；
硬化的，硬结的；缔结的
مَعْقُودُ اللِّسَانِ 张口结舌，说不出话来
*(٤) مُعَقَّدٌ م مُعَقَّدَةٌ 错综的，复杂的
(٦) مُعْتَقَدٌ جـ مُعْتَقَدَاتٌ / اِعْتِقَادٌ جـ اِعْتِقَادَاتٌ
信仰，信条
(٦) عُنْقُودٌ 串，嘟噜

ع

(٨) تَعْقِيمٌ 消毒，杀菌

(٨) عَقِيمٌ (لِلْمُؤَنَّث) جـ عَقَائِمُ وعُقْمٌ / عَقِيمٌ (لِلرَّجُلِ) جـ عُقَمَاءُ وعِقَامٌ وعَقْمَى 无结果的；不育的，不孕的

(٨) اِعْتَكَرَ اِعْتِكَارًا 变浑浊；忧虑

(٨) عَكَرٌ 浑浊

(٨) عَكِرٌ م عَكِرَةٌ / كَدِرٌ م كَدِرَةٌ 浑浊的

(٨) عُكَّازٌ وَعُكَّازَةٌ جـ عَكَاكِيزُ وعُكَّازَاتٌ 拐杖，手杖

(٤) عَكَسَ ـِ عَكْسًا الشَّيْءَ 颠倒；反射，反映

(٨) اِنْعَكَسَ اِنْعِكَاسًا النُّورُ أَوْ غَيْرُهُ 反射，反映

*(٤) بِالْعَكْسِ / عَلَى عَكْسِ ذَلِكَ 反之，与此相反

(٨) مُعَاكِسٌ م مُعَاكِسَةٌ 逆的；反对的，相反的

(٦) عَكَفَ ـُ عَكْفًا عَلَى الأَمْرِ 埋头于，专心于

*(٢) عُلْبَةٌ جـ عُلَبٌ 盒子，匣子，罐子

*(٤) مُعَلَّبَاتٌ / الأَطْعِمَةُ المُعَلَّبَةُ 罐头食品

*(٤) عَالَجَ عِلَاجًا الْمَرِيضَ 治疗，医治

*(٤) عَالَجَ مُعَالَجَةً الْمَسْأَلَةَ 处理，解决

(٨) عَلَفٌ جـ أَعْلَافٌ 饲料

(٤) عَلِقَ ـَ عَلَقًا بِذِهْنِهِ الشَّيْءُ 牵挂，萦绕

*(٢) عَلَّقَ تَعْلِيقًا الشَّيْءَ عَلَى كَذَا 悬挂

(٢) عَلَّقَ آمَالَهُ عَلَى فُلَانٍ 寄希望于

(٤) عَلَّقَ عَلَى الْمَقَالَةِ أَوْ غَيْرِهَا 评论，批注

*(٢) تَعَلَّقَ تَعَلُّقًا بِكَذَا 有关，关于

فِيمَا يَتَعَلَّقُ بِكَذَا 与…有关的

*(٢) عَلَاقَةٌ جـ عَلَاقَاتٌ 关系

*(٤) تَعْلِيقٌ جـ تَعْلِيقَاتٌ 评论，批注

(٤) مُعَلَّقٌ م مُعَلَّقَةٌ 悬挂的；悬而未决的

جِسْرٌ مُعَلَّقٌ 吊桥

(٨) اَلْمُعَلَّقَاتُ 悬诗

(٨) عَلَّاقَةُ الثِّيَابِ 衣架，衣钩

(٨) عَلَكَ ـِ عَلْكًا الْعِلْكَ وَنَحْوَهُ 嚼（口香糖）

(٨) عِلْكٌ وَاحِدَتُهُ عِلْكَةٌ / لِبَانَةٌ 口香糖

(٦) عَلَّلَ تَعْلِيلًا الأَمْرَ 说明（理由），解释（原因）

(٨) اِعْتَلَّ اِعْتِلَالًا / مَرِضَ 生病，功能紊乱

(٦) عِلَّةٌ جـ عِلَّاتٌ وعِلَلٌ 原因，理由；弱点，毛病

(٦) عَلِيلٌ جـ أَعِلَّاءُ 有毛病的；生病的

اَلْهَوَاءُ الْعَلِيلُ 微风，和风

(٨) مُعْتَلٌّ م مُعْتَلَّةٌ 病人；带病母的（词）

*(٢) عَلِمَ ـَ عِلْمًا الأَمْرَ أَوْ بِهِ 知道，了解；懂得

*(٢) عَلَّمَهُ الشَّيْءَ تَعْلِيمًا 教，传授，教育

(٤) أَعْلَمَهُ الأَمْرَ أَوْ بِهِ إِعْلَامًا 通知，告诉，报告

*(٢) تَعَلَّمَ تَعَلُّمًا الشَّيْءَ 学，学习，受教育

تَعَلَّمَ مِنْ فُلَانٍ 向…学习

*(٢) عِلْمٌ جـ عُلُومٌ 知识，学问，科学
اَلْعِلْمُ الْوَسِيطُ / اَلْعِلْمُ الْمُشْتَرَكُ مِنَ الْعِلْمَيْنِ
边缘科学
عِلْمُ الْبِيئَةِ 环境学
اَلْعُلُومُ الإِنْسَانِيَّةُ / اَلْعُلُومُ الأَدَبِيَّةُ 人文科学
اَلْعُلُومُ الطَّبِيعِيَّةُ 自然科学
*(٢) عِلْمِيٌّ م عِلْمِيَّةٌ 科学的，学术的
*(٤) عَلَمٌ جـ أَعْلامٌ 旗帜；名人，杰出活动家
(٤) اَلْعَلَمُ الْوَطَنِيُّ 国旗
*(٤) عَلامَةٌ جـ عَلامَاتٌ 标志，记号；征兆
عَلامَةٌ مُوجَبَةٌ 正号
عَلامَةٌ سَالِبَةٌ 负号
عَلامَةٌ تِجَارِيَّةٌ 商标
*(٢) تَعْلِيمٌ جـ تَعَالِيمُ 教育，教导，学说；指示
اَلتَّعْلِيمُ الْمَجَّانِيُّ 免费教育
اَلتَّعْلِيمُ الْمِهَنِيُّ 职业教育
اَلتَّعْلِيمُ بِالْمُرَاسَلَةِ 函授教育
اَلتَعْلِيمُ الإِلْزَامِيُّ / اَلتَعْلِيمُ الإِجْبَارِيُّ
义务教育
(٤) اَلتَعْلِيمَاتُ 须知；指示，指令；说明
(٢) تَعْلِيمِيٌّ م تَعْلِيمِيَّةٌ 教育的
*(٤) إِعْلامٌ جـ إِعْلامَاتٌ 通知，通告；宣传
(٨) إِعْلامِيٌّ م إِعْلامِيَّةٌ 新闻的，宣传的

(٨) اِسْتَعْلَمَهُ الأَمْرَ اِسْتِعْلامًا 查询；询问
اِسْتِعْلامَاتٌ 问讯处
*(٢) عَالَمٌ جـ عَوَالِمُ 世界
عَالَمُ الْحَيَوَانِ 动物界
عَالَمُ النَّبَاتِ 植物界
عَالَمُ الْغَيْبِ 幽冥世界；来世
(٢) عَالَمِيٌّ م عَالَمِيَّةٌ 世界的，国际的
(٨) اَلْعَوْلَمَةُ 世界一体化
*(٢) عَالِمٌ جـ عُلَمَاءُ م عَالِمَةٌ 学者，科学家
(٤) مَعْلُومٌ م مَعْلُومَةٌ 已知的，有名的
مِنَ الْمَعْلُومِ أَنَّ ... 众所周知…
*(٤) مَعْلُومَاتٌ 材料，资料，知识；信息，情报
بَنْكُ الْمَعْلُومَاتِ 信息库
صِنَاعَةُ الْمَعْلُومَاتِ 信息工业
عَصْرُ الْمَعْلُومَاتِ 信息时代
*(٤) مَعَالِمُ الْمَدِينَةِ 市容，城市的面貌
*(٢) مُعَلِّمٌ جـ مُعَلِّمُونَ م مُعَلِّمَةٌ 教师，教员，导师
(٨) اَلْمَعْلُومَاتِيَّةُ 信息学，信息工程
(٢) مُتَعَلِّمٌ جـ مُتَعَلِّمُونَ م مُتَعَلِّمَةٌ
受过教育的，有文化的；学员，学徒
*(٤) أَعْلَنَ إِعْلانًا الأَمْرَ 宣布，宣告，公布
(٤) عَلَنًا 公开地，公然地
*(٤) عَلَنِيٌّ جـ عَلَنِيَّةٌ 公开的，明目张胆的

(٨) عَلانِيَّةٌ / شَفَّافِيَّةٌ 透明度，公开性

*(٤) إِعْلانٌ جـ إِعْلانَاتٌ 布告，公告，广告

(٤) عَلاَ ـُ عُلُوًّا الشَّيْءُ 高，升高，升起

(٤) عَلاَ الْمَكَانَ 登，上

(٨) اِعْتَلَى اِعْتِلاءً الْعَرْشَ 登基

*(٢) تَعَالَ، تَعَالَيْ، تَعَالَوْا 来！过来！

(٨) اِسْتَعْلاَهُ: غَلَبَهُ وَقَهَرَهُ 占上风，压倒

*(٢) عَلَى （介词）

▲ بِمَعْنَى فَوْقَ: وَضَعْتُ سَاعَتِي عَلَى الْمَكْتَبِ

表示在…上

▲ بِمَعْنَى مَعَ: بَذَلَ الْمَالَ عَلَى فَقْرِهِ.

表示虽然、尽管

▲ اَلتَّعْلِيلُ: عَلاَمَ تَضْرِبُنِي؟ 表示原因

▲ بِمَعْنَى حَسَبَ ...: فَعَلْتُ ذَلِكَ عَلَى إِرَادَتِهِ.

表示按照

▲ بِمَعْنَى فِي (الظَّرْفِيَّة): عَلَى الْعِيدِ / فِي الْعِيدِ.

表示在…时间或方位

▲ بِمَعْنَى ضِدَّ: رَفَعَ الدَّعْوَى عَلَيْهِ. 表示反对

(٤) عُلُوٌّ / عَلاءٌ 高，高处，高度

(٤) عَلَوِيٌّ م عَلَوِيَّةٌ 上面的，空中的，天上的

(٤) عِلاوَةً عَلَى ذَلِكَ / عِلاوَةً عَنْ ذَلِكَ 此外，还有

(٨) عِلاوَةٌ جـ عِلاوَاتٌ وَعَلاَوَى

附加，额外；补助，津贴

عِلاوَةُ التَّصْدِيرِ / دَعْمُ التَّصْدِيرِ 出口补贴

*(٢) عَالٍ (الْعَالِي) م عَالِيَةٌ 高的，高声的，崇高的

*(٢) أَعْلَى م عُلْيَا 最高的

أَعْلاَهُ / قَبْلاً 上面的，前面的

مِنْ أَعْلَى إِلَى أَسْفَلَ 从上到下

(٨) مَعْلاَةٌ جـ مَعَالٍ 高贵，荣耀

صَاحِبُ الْمَعَالِي 阁下（对部长的尊称）

مَعَالِيكَ (يَا مَعَالِيَ الْوَزِيرِ) （您）阁下

(٦) عَمَدَ ـِ عَمْدًا لِلأَمْرِ أَوْ إِلَيْهِ 决意做，打算做

عَمْدًا 故意地，存心地

(٨) تَعَمَّدَ تَعَمُّدًا الأَمْرَ 故意做，执意做

*(٤) اِعْتَمَدَ اِعْتِمَادًا عَلَى كَذَا 依靠，依赖

(٦) اِعْتَمَدَ الأَمْرَ 认定，批准，核准

*(٤) عُمْدَةٌ جـ عُمَدٌ 柱，支柱

عُمْدَةُ مَدِينَةٍ مَا 市长

عُمْدَةُ الْقَرْيَةِ 村长

*(٤) عِمَادٌ جـ عُمُدٌ 支柱，柱子

(٨) عِمَادَةٌ 院长职务，院长办公室

*(٤) عَمُودٌ وَعَامُودٌ جـ أَعْمِدَةٌ وَعُمُدٌ وَعَمَدٌ 杆，柱

اَلْعَمُودُ فِي الصَّحِيفَةِ （报纸的）栏目

اَلْعَمُودُ الْفِقْرِيُّ 脊骨，脊柱

(٤) عَمُودِيٌّ م عَمُودِيَّةٌ 垂直的；柱形的

(٤) الاِعْتِمَادُ عَلَى النَّفْسِ 自力更生

(٦) اِعْتِمَادٌ جـ اِعْتِمَادَاتٌ

信用贷款，拨款，专款，基金

اِعْتِمَادٌ مَالِيٌّ 基金，拨款，专款

اِعْتِمَادٌ غَيْرُ قَابِلٍ لِلإِلْغَاءِ 不可撤销信用证

أَوْرَاقُ الاِعْتِمَادِ 国书

*(٢) عَمِيدٌ جـ عُمَدَاءُ م عَمِيدَةٌ

主任，（学院）院长

(٨) عَمَّرَهُ اللهُ （真主）使长寿

(٨) عَمَّرَ تَعْمِيرًا الدَّارَ 建筑房屋

*(٤) عُمْرَانٌ 建筑，建设，文明；兴盛，繁荣

*(٢) عُمْرٌ جـ أَعْمَارٌ 年龄，寿命，一生

عُمْرٌ مَدِيدٌ 长寿

(٨) عُمْرَةٌ 小朝觐〔伊〕

(٤) عِمَارَةٌ جـ عِمَارَاتٌ 建筑物，大楼

*(٤) اَلاِسْتِعْمَارُ 殖民主义，帝国主义

(٤) عَامِرٌ م عَامِرَةٌ / مَعْمُورٌ م مَعْمُورَةٌ

有人烟的，人口稠密的，被开垦的

(٨) عَمَّارٌ 寿星

(٤) اَلْمَعْمُورَةُ 世界

(٤) مُعَمِّرٌ م مُعَمِّرَةٌ 长寿的，高龄的

سِلْعَةٌ مُعَمِّرَةٌ 耐用消费品

(٨) مِعْمَارِيٌّ جـ مِعْمَارِيُّونَ م مِعْمَارِيَّةٌ

建筑的，建筑师

(٤) مُسْتَعْمَرَةٌ جـ مُسْتَعْمَرَاتٌ 殖民地

شِبْهُ مُسْتَعْمَرَةٍ 半殖民地

(٦) تَعَمَّقَ تَعَمُّقًا فِي الْبَحْثِ أَوْ غَيْرِهِ

深化，深入，钻研

*(٤) عُمْقٌ جـ أَعْمَاقٌ 深处，深度

مِنْ أَعْمَاقِ قَلْبِي

由衷地，衷心地，发自内心地

*(٤) عَمِيقٌ م عَمِيقَةٌ 深的，深刻的，深奥的

*(٢) عَمِلَ ـَ عَمَلاً 做，工作，劳动

(٤) عَمِلَ عَلَى كَذَا 致力于，努力

(٢) عَمِلَ بِالأَمْرِ أَوْ بِالنَّصِيحَةِ 遵从，照办

*(٤) عَامَلَ مُعَامَلَةً فُلاَنًا 对待，待遇

(٨) تَعَامَلَ تَعَامُلاً الْقَوْمُ

交往，交际，打交道，业务往来

*(٢) اِسْتَعْمَلَ اِسْتِعْمَالاً الشَّيْءَ 使用，运用

*(٢) عَمَلٌ جـ أَعْمَالٌ 工作，劳动，行动；作品

الأَعْمَالُ الْجُسْمَانِيَّةُ 体力劳动

الأَعْمَالُ الذِّهْنِيَّةُ 脑力劳动

اَلأَعْمَالُ الأَدَبِيَّةُ 文学作品

أَعْمَالُ الْحَفْرِ وَالرَّدْمِ 土方工程

*(٤) عَمَلِيٌّ م عَمَلِيَّةٌ

实际的，切实可行的，务实的

*(٤) عَمَلِيَّةٌ جـ عَمَلِيَّاتٌ 行动，工序，过程

*(٤) عَمَّ ـُ عُمُومًا الشَّيْءُ 普及，遍及，流行

*(٤) عَمَّمَ تَعْمِيمًا الشَّيْءَ 普及，推广

*(٢) عَمٌّ جـ أَعْمَامٌ 伯父，叔父

زَوْجَةُ الْعَمِّ 婶母

*(٢) عَمَّةٌ جـ عَمَّاتٌ 姑姑，姑母

زَوْجُ الْعَمَّةِ 姑父

(٨) عِمَامَةٌ وَعَمَامَةٌ جـ عَمَائِمُ وعِمَامٌ 缠头巾

(٤) عُمُومًا 通常，一般

(٤) عُمُومِيٌّ م عُمُومِيَّةٌ 公众的，公共的，普遍的

(٨) تَعْمِيمُ الرَّيِّ / تَعْمِيمُ مَشَارِيعِ الرَّيِّ 水利化

*(٢) عَامٌّ م عَامَّةٌ 公共的，全体的，总的

عَامَّةً 总的，整个的

*(٤) اَلْعَامِّيَّةُ / اَللُّغَةُ الْعَامِّيَّةُ 土语，方言

(٨) عَمِيمٌ م / شَامِلٌ

包罗万象的，总括的；大众的

*(٢) عُمَانُ أَوْ عُمَانٌ 阿曼（国名）

*(٤) عَمَّانُ أَوْ عَمَّانٌ 安曼（约旦首都）

(٨) عَمِيَ ـَ عَمًى عَنْ كَذَا

不明白，不认识，不了解

(٨) عَمِيَ عَلَيْهِ الأَمْرُ: اِلْتَبَسَ 模糊，不清楚

*(٤) أَعْمَى جـ عُمْيَانٌ وعُمْيٌ م عَمْيَاءُ جـ عُمْيٌ /

ضَرِيرٌ م ضَرِيرَةٌ 失明的，盲人

*(٢) عَنْ 介词

عَمَلِيَّةٌ جِرَاحِيَّةٌ 外科手术

عَمَلِيَّةٌ تَحْوِيلِيَّةٌ 转账，过户

*(٤) عُمْلَةٌ جـ عُمْلاَتٌ 货币

عُمْلَةٌ وَرَقِيَّةٌ / عُمْلَةُ وَرَقٍ 纸币，钞票

عُمْلَةٌ سِيَاحِيَّةٌ 旅行支票，外汇券

عُمْلَةٌ صَعْبَةٌ / عُمْلَةٌ أَجْنَبِيَّةٌ

外汇，外币，硬通货

(٦) اَلْعِمَالَةُ 劳务，劳工

(٨) الْعَمَالَةُ والعِمَالَةُ والْعُمَالَةُ: أُجْرَةُ العَامِلِ أَوِ الْعَمِيلِ

工资，工钱；佣金，回扣

(٨) عُمُولَةٌ / أُجْرَةُ الْعَمِيلِ 佣金，回扣，手续费

*(٤) مُعَامَلَةٌ جـ مُعَامَلاَتٌ 待遇；交往，交道

مُعَامَلَةُ الدَّوْلَةِ الأَكْثَرِ رِعَايَةً 最惠国待遇

(٦) مُعَامَلاَتٌ / تَعَامُلاَتٌ 往来，交道，业务

*(٤) عَامِلٌ جـ عُمَّالٌ م عَامِلَةٌ 工人，劳动者

*(٢) عَامِلٌ جـ عَامِلُونَ 工作人员，官员

*(٤) عَامِلٌ جـ عَوَامِلُ 因素

(٨) عَمِيلٌ جـ عُمَلاَءُ 代理人，中间人；走狗；

买主，主顾，客户

(٨) مَعْمُولٌ بِهِ 生效的，通行的

*(٢) مَعْمَلٌ جـ مَعَامِلُ 工厂，作坊，实验室

(٨) عِمْلاَقٌ جـ عَمَالِقَةٌ 巨人，巨大的

شَرِكَةٌ عِمْلاَقَةٌ 大公司，超级公司

(٤) عُنْفٌ 严厉，激烈，暴力

*(٤) عَنِيفٌ م عَنِيفَةٌ 猛烈的，激烈的，严酷的

(٨) عُنْفُوَانُ الشَّبَابِ 青春，风华正茂，豆蔻年华

*(٤) عَانَقَهُ مُعَانَقَةً 拥抱

*(٤) اِعْتَنَقَ اِعْتِنَاقًا الدِّينَ 信仰，信奉

(٦) تَعَانَقَ الرَّجُلاَنِ 相互拥抱

(٤) عُنُقٌ جـ أَعْنَاقٌ 颈，脖子

(٨) عَنْكَبُوتٌ جـ عَنَاكِبُ 蜘蛛

(٨) عَنَانٌ / سَحَابٌ 云，云彩

(٨) عِنَانٌ جـ أَعِنَّةٌ 缰绳

أَطْلَقَ لَهُ الْعِنَانَ 放任，放纵

(٢) عُنْوَانٌ جـ عَنَاوِينُ 地址，题目，标题

*(٢) عَنَى يَعْنِي عِنَايَةً بِكَلاَمِهِ كَذَا 他的意思是

*(٤) عَنَى الأَمْرُ فُلاَنًا 相关，有关

هٰذَا لا يَعْنِيكَ 这与你无关

عُنِيَ يُعْنَى بِكَذَا 关心，关切，注意

*(٤) عَانَى مُعَانَاةً الشَّيْءَ أَوْ مِنْهُ 遭受，忍受

*(٢) اِعْتَنَى اِعْتِنَاءً بِكَذَا 关心，关怀，照料

*(٢) عِنَايَةٌ جـ عِنَايَاتٌ 关心，关怀，照料

(٤) عَنَاءٌ 劳累，辛苦，艰难

*(٢) مَعْنًى جـ مَعَانٍ (اَلْمَعَانِي) 意思，意义，含义

بِكُلِّ مَعْنَى الْكَلِمَةِ 真正的，名副其实的

(٤) مَعْنِيٌّ م مَعْنِيَّةٌ 有关的，相关的

▲ بِمَعْنَى مِنْ: سَافَرَ عَنْ بَلَدِهِ. 从

▲ بِمَعْنَى حَوْلَ: سَأَلْتُ عَنْ صِحَّتِهِ. 关于

▲ بِمَعْنَى بَدَل: دَفَعْتُ عَنْهُ ثَمَنَ التَّذْكِرَةِ. 代替

▲ بِمَعْنَى بَعْدَ: عَنْ قَرِيبٍ / عَمَّا قَرِيبٍ

以后，不久

▲ اَلتَّعْلِيلُ: فَعَلَ ذٰلِكَ عَنِ اضْطِرَارٍ. 由于

*(٢) اَلْعِنَبُ 葡萄

(٨) تَعَنَّتَ تَعَنُّتًا الرَّجُلُ 固执，顽固

(٨) مُتَعَنِّتٌ م مُتَعَنِّتَةٌ 顽固的

*(٢) عِنْدَ 时空名词

ظَرْفٌ لِلْمَكَانِ: جَلَسَ عِنْدَ النَّافِذَةِ.

他坐在窗前

(٢) ظَرْفٌ لِلزَّمَانِ: عِنْدَ الظُّهْرِ 中午时分

(٢) عِنْدَئِذٍ 当时，那时

(٨) عِنْدَكَ / مَكَانَكَ / قِفْ 站住

(٨) عِنَادٌ 顽固，执拗

(٤) عَنِيدٌ م عَنِيدَةٌ 顽固的，执拗的，倔强的

(٤) عَنْزٌ اَلْوَاحِدَةُ عَنْزَةٌ جـ عَنْزَاتٌ 母山羊

*(٤) عُنْصُرٌ جـ عَنَاصِرُ 成分，元素，要素；分子

عُنْصُرٌ رِكَائِزِيٌّ 骨干

عَنَاصِرُ ذَاتُ إِشْعَاعٍ / عَنَاصِرُ مُشِعَّةٌ

放射性元素

(٨) اَلْعُنْصُرِيَّةُ 种族主义

اَلْجَبْهَةُ الْمَعْنِيَّةُ 有关方面

اَلأَطْرَافُ الْمَعْنِيَّةُ 有关各方

*(٤) مَعْنَوِيٌّ م مَعْنَوِيَّةٌ

精神上的，道义上的；抽象的

*(٤) مَعْنَوِيَّةٌ جـ مَعْنَوِيَّاتٌ 士气，情绪，精神状态

(٦) عَهِدَ ـَ عَهْدًا الأَمْرَ 关心，留心，注意；知晓

(٦) عَهِدَ إِلَيْهِ بِكَذَا 委托，托付

(٦) عَاهَدَهُ مُعَاهَدَةً 缔约，联盟

(٦) تَعَهَّدَ تَعَهُّدًا الأَمْرَ 关心，留意，照管

(٦) تَعَهَّدَ بِالأَمْرِ 承担，承诺，承包

*(٤) عَهْدٌ جـ عُهُودٌ

诺言，保证；信约，誓约；时代

(٨) اَلْعَهْدُ الْقَدِيمُ / اَلتَّوْرَاةُ 旧约

(٦) مُعَاهَدَةٌ جـ مُعَاهَدَاتٌ 条约，盟约

(٤) مَعْهَدٌ جـ مَعَاهِدُ 学院，专科大学；学会，协会

(٨) عَاهِرٌ جـ عُهَّارٌ 奸夫，嫖客

(٨) عَاهِرَةٌ جـ عَاهِرَاتٌ 淫妇，妓女

(٦) عَاهِلٌ جـ عَوَاهِلُ 皇帝，国王

(٨) عَوِجَ ـَ عَوَجًا وَاعْوَجَّ وَتَعَوَّجَ الْعُودُ وَنَحْوُهُ

弯曲

(٤) اَلْعَاجُ 象牙

(٤) أَعْوَجُ جـ عُوجٌ م عَوْجَاءُ / مُعْوَجٌّ م مُعْوَجَّةٌ

弯曲的，卷曲的

*(٢) عَادَ ـُ عَوْدَةً إِلَيْهِ

回来，回去，返回；重新开始

عَادَ بِكَذَا 带回

عَادَ عَلَيْهِ بِكَذَا 导致，招致

لَمْ يَعُدْ يَفْعَلُ كَذَا 不再…

(٤) عَادَ ـُ عِيَادَةً الْمَرِيضَ 探望病人

(٨) عَوَّدَ فُلاَنًا الأَمْرَ 使某人习惯于

(٤) عَاوَدَهُ يُعَاوِدُهُ الشَّيْءُ

再现，反复，萦绕；犯（病）

عَاوَدَتْهُ ذِكْرَى ... 他又想起，重温

عَاوَدَهُ الْحَنِينُ إِلَى ... 他又怀念起

*(٢) أَعَادَ إِعَادَةً الأَمْرَ 重复，恢复

أَعَادَ الشَّيْءَ إِلَى مَكَانِهِ 归还，放回原处

أَعَادَ النَّظَرَ فِي كَذَا 重新考虑

*(٢) تَعَوَّدَ تَعَوُّدًا الأَمْرَ 习惯于…

*(٤) اِعْتَادَ اِعْتِيَادًا الشَّيْءَ

习惯于…，养成某种习惯

*(٤) اِسْتَعَادَهُ اِسْتِعَادَةً 恢复，收回

*(٤) عِيَادَةٌ طِبِّيَّةٌ 门诊部，诊疗所

(٤) عُودٌ جـ أَعْوَادٌ وَعِيدَانٌ

棍子，杆儿；纤细的躯干

(٤) عُودَانِ 筷子

(٨) عُودٌ جـ أَعْوَادٌ 四弦琴

*(٢) عِيدٌ جـ أَعْيَادٌ　节日，纪念日

اَلْعِيدُ الْوَطَنِيُّ　国庆节

عِيدُ الْمِيلَادِ　圣诞节

عِيدُ رَأْسِ السَّنَةِ الْمِيلَادِيَّةِ　新年元旦

عِيدُ رَأْسِ السَّنَةِ الْهِجْرِيَّةِ　回历新年

عِيدُ الْفِصْحِ / عِيدُ الْقِيَامَةِ　复活节

عِيدُ مَوْلِدِ النَّبِيِّ　先知诞辰

عِيدُ الْفِطْرِ　开斋节

عِيدُ الْأَضْحَى　宰牲节，古尔邦节

عِيدُ شَمِّ النَّسِيمِ الْمِصْرِيُّ　埃及的惠风节

عِيدُ الرَّبِيعِ (فِي الصِّينِ)　春节（中国的）

عِيدُ الْعُمَّالِ الْعَالَمِيُّ / يَوْمُ الْعُمَّالِ　国际劳动节

عِيدُ الْأَطْفَالِ الدَّوْلِيُّ / يَوْمُ الطِّفْلِ الْعَالَمِيُّ　国际儿童节

عِيدُ النِّسَاءِ الدَّوْلِيُّ / يَوْمُ الْمَرْأَةِ　国际妇女节

عِيدُ الْأُمِّ　母亲节

(٤) عِيدِيَّةٌ　礼物，节日礼物

*(٢) عَادَةٌ جـ عَادَاتٌ　风俗，习俗，习惯

عَادَةً / فِي الْعَادَةِ　平常，通常

كَالْعَادَةِ　像平常一样

مِنْ عَادَتِهِ (عَلَى عَادَتِهِ) أَنْ ...　他习惯…

(٢) عَادِيٌّ م عَادِيَّةٌ　普通的，平常的，一般的

(٦) اِعْتِيَادِيٌّ م اِعْتِيَادِيَّةٌ　通常的，平常的，普通的

(٦) عَائِدٌ وَعَائِدَةٌ جـ عَوَائِدُ وَعَائِدَاتٌ　收入，收益，好处

(٢) مُعِيدٌ جـ مُعِيدُونَ م مُعِيدَةٌ　助教

*(٢) كَالْمُعْتَادِ　和往常一样

(٨) أَعُوذُ بِاللهِ مِنْ كَذَا　求真主保佑

*(٢) أَعَارَهُ يُعِيرُ إِعَارَةً الشَّيْءَ　借给，借出

(٢) أَعَارَهُ اِهْتِمَامًا　给予重视，表示关注

*(٢) اِسْتَعَارَ اِسْتِعَارَةً مِنْهُ شَيْئًا　借，借入

(٨) اَلِاسْتِعَارَةُ　借喻，隐喻

(٨) أَعْوَرُ جـ عُورٌ م عَوْرَاءُ　独眼的

(٨) مُسْتَعَارٌ م مُسْتَعَارَةٌ　借用的，假借的

الِاسْمُ الْمُسْتَعَارُ　假名，笔名，化名

(٨) أَعْوَزَهُ الشَّيْءُ　某人缺某物

(٨) عَوِصَ ـَ عِيَاصًا الْكَلَامُ　艰涩，费解

(٨) عَوِيصٌ م عَوِيصَةٌ　艰涩的，费解的，难懂的

(٦) عَوَّضَهُ تَعْوِيضًا مِنْ كَذَا　补偿，赔偿

(٦) عِوَضًا عَنْ كَذَا / عِوَضًا مِنْهُ　代替，补偿

*(٤) تَعْوِيضَاتٌ　赔偿，赔款

(٤) عَاقَهُ ـُ عَوْقًا عَنْ كَذَا / أَعَاقَهُ عَنْهُ　妨碍，阻挠

(٦) عَائِقٌ جـ عَوَائِقُ: مُعَوِّقَاتٌ　障碍，困难

عَوَائِقُ جُمْرُكِيَّةٌ　关税壁垒

(٨) مُعَوَّقٌ جـ مُعَوَّقُونَ م مُعَوَّقَةٌ　残疾人

*(٤) عَالَ ـُ عِيَالَةً الْأُسْرَةَ / أَعَالَهَا إِعَالَةً　赡养，养活

(٨) عَوَّلَ وأَعْوَلَ　恸哭，号啕大哭

(٨) عَوَّلَ عَلَى فُلَانٍ أَوْ بِهِ　依靠，依赖

يُعَوَّلُ هَذَا الْعَقْدُ عَلَى النَّصَّيْنِ عَلَى حَدٍّ سَوَاءٍ.

本合同两种文本具同等效力。

(٨) عَوِيلٌ　恸哭，号啕

*(٢) عَائِلَةٌ جـ عَائِلَاتٌ　家庭，家，家属

(٢) عَائِلِيٌّ م عَائِلِيَّةٌ　家庭的

(٦) عَيِّلٌ جـ عِيَال وعَالَةٌ　家小；家眷，家累

يَعِيشُ عَالَةً عَلَى غَيْرِهِ.

靠别人生活，依赖别人。

(٨) مِعْوَلٌ جـ مَعَاوِلُ　镐

(٤) عَامَ ـُ عَوْمًا فِي الْمَاءِ　游泳，泅水

*(٢) عَامٌ جـ أَعْوَامٌ　年，年度

كُلُّ عَامٍ وَأَنْتُمْ بِخَيْرٍ　新年好，恭贺新年

(٤) عَائِمٌ م عَائِمَةٌ　泅水者；飘浮的

(٨) عَوَّامَةٌ　浮标；救生圈

*(٤) أَعَانَهُ إِعَانَةً عَلَى كَذَا　帮助，协助，援助，救助

*(٤) تَعَاوَنَ تَعَاوُنًا النَّاسُ عَلَى الأَمْرِ　合作，互助

(٦) اِسْتَعَانَ اِسْتِعَانَةً بِهِ　求助，求援，借助

*(٤) عَوْنٌ / مَعُونَةٌ جـ مَعُونَاتٌ　援助，帮助，救援

(٤) عَوْنٌ جـ أَعْوَانٌ　助手，副手

(٤) تَعَاوُنِيَّةٌ جـ تَعَاوُنِيَّاتٌ　合作社

*(٤) إِعَانَةٌ　援助，帮助

إِعَانَةٌ دِرَاسِيَّةٌ / مِنْحَةٌ دِرَاسِيَّةٌ　奖学金，助学金

إِعَانَةٌ مَالِيَّةٌ / مَعُونَةٌ مَالِيَّةٌ　津贴，补助金

(٤) مُعَاوِنٌ جـ مُعَاوِنُونَ م مُعَاوِنَةٌ

助手，助理，副手

(٦) عَاهَةٌ جـ عَاهَاتٌ　病害，虫害；残疾

ذُو الْعَاهَةِ　有残疾的，残废人

(٨) عَوَى يَعْوِي عُوَاءً الْكَلْبُ وَالذِّئْبُ　狗吠、狼嗥

(٤) عَيْبٌ جـ عُيُوبٌ　缺点，缺陷，毛病

(٨) مُعَيَّبٌ / مَعْيُوبٌ　有毛病的，有缺点的

قُمَاشٌ مُعَيَّبٌ　疵布

(٨) عَيَّرَ فُلَانًا / عَيَّبَهُ　责骂，羞辱，揭短

(٨) عِيَارٌ جـ عِيَارَاتٌ　标准，尺度，规格，口径

عِيَارُ الذَّهَبِ　金子成色（通称 K）

(٦) عَارٌ　耻辱

(٦) مِعْيَارٌ جـ مَعَايِيرُ　标准，准绳，规格

(٨) عِيسَى　耶稣

*(٢) عَاشَ ـِ عَيْشًا وعِيشَةً ومَعِيشَةً　活，生活

عَاشَ عَلَى ...　以…为生，靠…生活

عَاشَ　万岁

*(٤) مَعَاشٌ جـ مَعَاشَاتٌ

薪俸，生活费，津贴，年金

مَعَاشُ التَّقَاعُدِ　退休金，养老金

*(٤) اَلتَّعَايُشُ السِّلْمِيُّ　和平共处

(٨) عَافَ ـِ عَيْفًا وعِيَافًا الشَّيْءَ 嫌恶，讨厌，嫌弃

(٦) عَيَّلَ عِيَالَهُ 抚养，供养，赡养

(٨) عَائِلٌ جـ عَالَةٌ 穷的，贫穷的

*(٤) عَيَّنَ تَعْيِينًا الشَّيْءَ 指定，限定，规定

عَيَّنَ فُلانًا (وَزِيرًا مَثَلاً) 任命，委任

(٨) تَعَيَّنَ تَعَيُّنًا عَلَيْهِ الأَمْرُ 成为他的责任

*(٢) عَيْنٌ جـ عُيُونٌ وأَعْيُنٌ

眼睛；泉眼；实物；硬币（阴性）

بِأُمِّ الْعَيْنِ 亲眼所见

بِعَيْنِهِ / بِنَفْسِهِ 本人，亲自

بِالْعَيْنِ الْمُجَرَّدَةِ 用肉眼

اَلْعَيْنُ بِالْعَيْنِ: اَلصَّاعُ بِالصَّاعِ 以眼还眼

أَصْبَحَ أَثَرًا بَعْدَ عَيْنٍ. 名存实亡

(٨) عَيْنِيٌّ م عَيْنِيَّةٌ 实物的，实实在在的

اَلْمُقَايَضَةُ الْعَيْنِيَّةُ 易货贸易，物物交易

(٨) أَعْيَانٌ 显贵，名流，知名人士

(٨) عَيِّنَةٌ جـ عَيِّنَاتٌ 样品，标本

*(٤) مُعَيَّنٌ م مُعَيَّنَةٌ

指定的，规定的，一定的，某（种）

(٤) أَعْيَاهُ يُعْيِي إِعْيَاءً الأَمْرُ

使精疲力竭，棘手，使束手无策

(٨) عَيَّانٌ / مَرِيضٌ 疲惫的，病弱的，病人

الغين

(٢) غدًا / فِي الْغَدِ	明天
بَعْدَ غَدٍ	后天
*(٢) غَدَاءٌ	午饭，中饭
*(٤) غَذَّى يُغَذِّي تَغْذِيَةً الْجِسْمَ	滋养，滋补
*(٢) غِذَاءٌ جـ أَغْذِيَةٌ	营养品，食品
(٤) مُغَذٍّ (اَلْمُغَذِّي) م مُغَذِّيَةٌ	滋补的，营养丰富的
*(٢) غَرَبَتْ ـُ غُرُوبًا الشَّمْسُ	日落
(٤) اِغْتَرَبَ اِغْتِرَابًا	背井离乡，流落他乡
*(٤) اِسْتَغْرَبَ اِسْتِغْرَابًا الأَمْرَ أَوْ مِنْهُ	诧异，觉得奇怪
*(٢) غَرْبٌ	西，西方，西部
*(٢) غَرْبِيٌّ جـ غَرْبِيُّونَ م غَرْبِيَّةٌ	西方的；西方人
(٤) غُرْبَةٌ	远离故乡；乡思
(٤) غُرَابٌ جـ غِرْبَانٌ وأَغْرِبَةٌ	乌鸦
*(٢) غَرِيبٌ جـ غُرَبَاءُ م غَرِيبَةٌ	陌生的，奇怪的；外来的，外乡人
(٤) مَغْرِبٌ	黄昏，傍晚；西方
*(٢) اَلْمَغْرِبُ	摩洛哥
(٢) مَغْرِبِيٌّ جـ مَغَارِبَةٌ م مَغْرِبِيَّةٌ	摩洛哥的；摩洛哥人
(٤) غُبَارٌ	灰尘，粉尘
شَيْءٌ لَيسَ عَلَيْهِ غُبَارٌ	没什么毛病，无可挑剔
(٨) غَابِرٌ جـ غُبَّرٌ وغَابِرُونَ	过去的，以往的，逝去的
(٨) أَغْبَرُ م غَبْرَاءُ جـ غُبْرٌ	土灰色，土褐色的
(٨) مُغَبَّرٌ: مُغَطًّى بِالْغُبَارِ	蒙着灰尘的，尘封的
(٤) غَبَطَ ـِ غَبْطًا وغِبْطَةً الرَّجُلَ	羡慕
(٦) اِغْتَبَطَ اِغْتِبَاطًا	高兴，欣喜
*(٤) غِبْطَةٌ	高兴，欣喜，快乐
(٨) غَبِيٌّ جـ أَغْبِيَاءُ م غَبِيَّةٌ	愚蠢的，呆傻的，笨蛋
(٨) غُدَّةٌ جـ غُدَدٌ	腺，腺体
اَلْغُدَّةُ الدَّرَقِيَّةُ	甲状腺
اَلْغُدَّةُ ذَاتُ الإِفْرَازِ الدَّاخِلِيِّ	内分泌腺〔解〕
*(٢) غَادَرَ مُغَادَرَةً الْمَكَانَ	离开
(٨) غَدْرٌ / خِيَانَةٌ	背叛，变节
(٨) غَادِرٌ	不忠的，背信弃义的，大逆不道的
(٨) غَدِيرٌ جـ غُدْرَانٌ وأَغْدِرَةٌ	水池，水塘，小河
(٨) غَدَا ورَاحَ	早出晚归
*(٢) تَغَدَّى يَتَغَدَّى تَغَدِّيًا	吃午饭，用午餐

غَرِقَ فِي التَّفْكِيرِ 沉思

غَرِقَ فِي أَمْرٍ 专心于，埋头干

(٦) أَغْرَقَ فِي كَذَا 过分…，大加…，夸大

أَغْرَقَ السُّوقَ بِكَذَا 倾销

*(٢) اِسْتَغْرَقَ اِسْتِغْرَاقًا الْوَقْتَ 占用时间，历时

*(٢) اِسْتَغْرَقَ فِي ... 沉浸在…，沉醉于…

*(٢) اِسْتَغْرَقَ فِي النَّوْمِ 睡着了，熟睡

(٨) الإِغْرَاقُ 倾销

(٤) غَارِقٌ فِي ... 沉浸在…，埋头于，醉心于

(٤) غَرِيقٌ جـ غَرْقَى م غَرِيقَةٌ 淹死的，溺死的

(٦) اِغْرَوْرَقَتِ الْعَيْنُ بِالدَّمْعِ 眼泪汪汪，热泪盈眶

(٦) غَرَامٌ 爱，爱情，恋爱

(٦) غَرَامَةٌ جـ غَرَامَاتٌ 罚款

غَرَامَةُ الْحَرْبِ 战争赔款

غَرَامَةُ الدَّفْعِ الْمُؤَجَّلِ / غَرَامَةُ تَأْخِيرِ الدَّفْعِ
滞纳金

(٦) مُغْرَمٌ بِهِ / مُولَعٌ بِهِ 酷爱，迷恋，醉心于…

*(٤) أَغْرَاهُ يُغْرِي إِغْرَاءً بِكَذَا
引诱，诱惑，怂恿，挑唆

(٨) غَرْوٌ / عَجَبٌ 奇怪

لاَ غَرْوَ مِنْ كَذَا / لاَ عَجَبَ فِيهِ 不足为奇

*(٤) غَزَارَةٌ 多，丰富，丰盛，充沛

*(٤) غَزِيرٌ م غَزِيرَةٌ 多的，丰富的，充沛的

(٨) غَرْبَلَ غَرْبَلَةً الْحِنْطَةَ وغَيْرَهَا 筛（麦、稻等）

(٨) غِرْبَالٌ جـ غَرَابِيلُ 筛子

(٤) غَرَّدَ تَغْرِيدًا الطَّائِرُ 鸟鸣

(٨) عَلَى غِرَّةٍ / عَلَى حِينِ غِرَّةٍ
冷不防地，出其不意地

(٦) عَلَى غِرَارِ كَذَا 像…那样，仿照…

(٨) غِرٌّ جـ أَغْرَارٌ 无经验的；冒失的

(٤) غُرُورٌ 骄傲，自满

*(٤) مَغْرُورٌ م مَغْرُورَةٌ 自负的，骄傲的

(٨) غَرَزَ ـِ غَرْزًا الإِبْرَةَ فِي الشَّيْءِ 扎，刺，扎入

(٦) غَرِيزَةٌ جـ غَرَائِزُ 本能，天性

*(٢) غَرَسَ ـِ غَرْسًا الشَّجَرَ 栽树，植树

(٨) غِرْسٌ جـ أَغْرَاسٌ 苗，树苗

*(٤) غَرَضٌ جـ أَغْرَاضٌ 宗旨，目的；东西，什物

(٨) غَرْغَرَ وتَغَرْغَرَ 含漱，漱口

(٨) غَرَفَ ـِ غَرْفًا الْمَاءَ 舀（水），（用手）捧（水）

(٢) غُرْفَةٌ جـ غُرَفٌ 房间，室

غُرْفَةُ الأَكْلِ 餐室

غُرْفَةُ الْجُلُوسِ 客厅，起居室

غُرْفَةُ النَّوْمِ 寝室，卧室

اَلْغُرْفَةُ التِّجَارِيَّةُ 商会

(٦) مِغْرَفَةٌ جـ مَغَارِفُ 勺子，舀子

*(٤) غَرِقَ ـَ غَرَقًا فِي الْمَاءِ 沉没，淹没

(٤) غَزَلَ ـِ غَزْلاً الْقُطْنَ أَوْ غَيْرَهُ　纺纱

اَلْغَزْلُ وَالنَّسِيجُ　纺织

(٦) غَزَلَ ـِ غَزَلاً بِالْمَرْأَةِ وَغَازَلَهَا　调情，挑逗

شِعْرُ الْغَزَلِ　情诗

(٨) غَزَّالَةٌ / مَكِنَةُ غَزْلٍ　纺纱机

(٨) مِغْزَلٌ جـ مَغَازِلُ　纺锤，纺车；锭子

(٤) غَزَالٌ جـ غِزْلَانٌ　羚羊

(٤) غَزَا ـُ غَزْوًا الْبَلَدَ　入侵

غَزْوُ الْفَضَاءِ　征服太空

غَزْوُ الصَّحْرَاءِ　向沙漠进军

(٤) غَازٍ (الْغَازِي) جـ غُزَاةٌ　入侵者，侵略者

*(٤) مَغْزًى جـ مَغَازٍ (الْمَغَازِي)　意义，含义

(٨) غَسَقٌ: ظُلْمَةُ أَوَّلِ اللَّيْلِ　傍晚，暮色

*(٢) غَسَلَ ـِ غَسْلاً الشَّيْءَ　洗，洗涤

(٨) اِغْتَسَلَ اِغْتِسَالاً　洗澡，沐浴；做大净

(٢) غَسِيلٌ　要洗的衣服；洗过的衣服

*(٢) غَسَّالَةٌ جـ غَسَّالَاتٌ　洗衣机

(٦) مَغْسِلٌ جـ مَغَاسِلُ　盥洗室

(٦) مَغْسَلَةٌ　脸盆架

(٦) غَشَّ ـُ غَشًّا فِي الاِمْتِحَانِ وَغَيْرِهِ

欺骗，掺假，作弊

غَشٌّ ضَرِيبِيٌّ　偷税，漏税

(٨) غَشِيمٌ جـ غُشَمَاءُ　生手，笨拙的；未加工的

(٨) أُغْشِيَ عَلَى بَصَرِهِ　他眼花缭乱，看花眼了

(٦) مَغْشِيٌّ عَلَيْهِ م مَغْشِيٌّ عَلَيْهَا

晕过去的，不省人事的

(٤) غِشَاءٌ جـ أَغْشِيَةٌ　表皮，薄膜；封面

(٦) اِغْتَصَبَ اِغْتِصَابًا الشَّيْءَ　夺取，强占，霸占

اِغْتَصَبَ الْمَرْأَةَ　强奸，强暴

(٦) غَصَّ ـُ غَصَصًا بِكَذَا　噎住，呛住

(٨) غُصَّةٌ جـ غُصَصٌ　苦恼，悲痛，辛酸

(٢) غُصْنٌ جـ أَغْصَانٌ وَغُصُونٌ　树枝

*(٤) غَضِبَ ـَ غَضَبًا　生气，愤怒

غَضِبَ عَلَى فُلَانٍ　恼怒，生某人的气

(٤) أَغْضَبَهُ إِغْضَابًا　激怒，触怒；得罪

(٢) غَاضِبٌ م غَاضِبَةٌ / غَضْبَانُ م غَضْبَانَةٌ وَغَضْبَى /

غَضُوبٌ　发怒的，生气的

(٨) غَضِرَ ـَ غَضَرًا وَغَضَارَةً: أَخْصَبَ

（树木）茂盛，葱茏

(٨) غَضِيرٌ م غَضِيرَةٌ　青葱的，茂盛的

(٦) بِغَضِّ النَّظَرِ عَنْ كَذَا　不顾，不管，不问

(٨) غَضْنٌ جـ غُضُونٌ　皱纹，皱褶

فِي غُضُونِ كَذَا / فِي أَثْنَائِهِ　在当…中，其间

(٨) أَغْضَى عَيْنَهُ: طَبَقَ جَفْنَيْهِ　合眼，闭目

(٨) تَغَاضَى تَغَاضِيًا عَنْ كَذَا

假装不见，视而不见，默许

(٦) غَطْرَسَ وتَغَطْرَسَ 傲慢，摆架子，妄自尊大

(٤) غَطَسَ ـِ غَطْسًا فِي الْمَاءِ / غَاصَ فِيهِ 潜水

(٤) اَلْغَطْسُ 跳水；潜水

غَطْسَةٌ مِنَ السُّلَّمِ الثَّابِتِ 跳台跳水

غَطْسَةٌ مِنَ السُّلَّمِ الْمُتَحَرِّكِ 跳板跳水

(٨) غَاطِسُ السَّفِينَةِ （船）吃水

(٤) غَطَّاسٌ م غَطَّاسَةٌ / غَوَّاصٌ م غَوَّاصَةٌ 潜水员

*(٤) غَطَّى يُغَطِّي تَغْطِيَةً الشَّيْءَ 遮盖，掩盖，覆盖

غَطَّى احْتِيَاجَاتِ كَذَا 满足需要

(٦) اَلتَّغْطِيَةُ الإِخْبَارِيَّةُ 新闻报道，新闻采访

*(٤) غِطَاءٌ جـ أَغْطِيَةٌ 盖子，罩子，套子

(٦) غَفَرَ ـِ غَفْرًا وغُفْرَانًا لَهُ الْخَطَأَ 宽恕，原谅

(٨) اِسْتَغْفَرَ اِسْتِغْفَارًا فُلانًا 请求原谅，请求宽恕

اِسْتَغْفَرَ الذَّنْبَ و مِنَ الذَّنْبِ

请求宽恕，乞求赦免

(٨) غَفَّارٌ وغَفُورٌ: كَثِيرُ الْمَغْفِرَةِ 宽恕的，宽大的

(٨) غَفِيرٌ جـ غُفَرَاءُ / خَفِيرٌ

巡逻的，巡夜的，更夫

(٨) غَفَلَ ـُ غُفُولاً وغَفْلَةً عَنْ كَذَا 疏忽，大意

(٨) أَغْفَلَهُ: أَهْمَلَهُ 疏忽，遗忘，忽视

(٨) تَغَفَّلَهُ تَغَفُّلاً 乘他疏忽的时候，乘其不备

*(٤) غَفْلَةً 疏忽，大意

عَلَى غَفْلَةٍ مِنْهُ 冷不防，乘隙

فِي غَفْلَةِ عَيْنٍ 片刻，霎时间，转瞬之间

عَلَى حِينِ غَفْلَةٍ 忽然，突然

(٨) غَفْوَةٌ 睡片刻，打盹，小睡

*(٤) غَلَبَ ـِ غَلْبًا وغَلَبًا فُلانًا أَوْ عَلَيْهِ

压倒，战胜，打败

يَغْلِبُ أَنْ ...

大半是，通常是，十之八九是

*(٢) تَغَلَّبَ تَغَلُّبًا عَلَى كَذَا 克服，战胜

*(٢) غَالِبًا / فِي الْغَالِبِ 常常，往往，多半

(٤) غَالِبِيَّةٌ 多数

*(٤) أَغْلَبِيَّةٌ 大多数

الأَغْلَبِيَّةُ السَّاحِقَةُ 绝大多数

*(٤) غَلَطٌ جـ أَغْلاطٌ الْوَاحِدَةُ غَلْطَةٌ 错误，不正确

(٤) غَلِيظٌ م غَلِيظَةٌ 粗的，粗大的，粗糙的

(٨) غَلْغَلَ وتَغَلْغَلَ فِي كَذَا 深入，渗入

تَغَلْغُلٌ اقْتِصَادِيٌّ 经济渗透

(٦) غَلَّفَ تَغْلِيفًا الشَّيْءَ 包装，包封

*(٤) غِلافٌ جـ أَغْلِفَةٌ 信封，封皮，外壳

*(٢) أَغْلَقَ إِغْلاقًا الْبَابَ أَوْ غَيْرَهُ 关，关闭，锁

(٨) غَلَقٌ جـ أَغْلاقٌ / مِغْلاقٌ جـ مَغَالِيقُ 闩，锁

(٢) مُغْلَقٌ م مُغْلَقَةٌ 关着的，锁着的，闭锁的

*(٤) اِسْتَغَلَّ اِسْتِغْلالاً فُلانًا 剥削

اِسْتَغَلَّ الْمَالَ 利用，投资

اِسْتَغَلَّ الْوَقْتَ　利用时间

(٨) غُلٌّ ج أَغْلاَلٌ　脚镣，手铐，桎梏

(٤) غَلَّةٌ ج غِلاَلٌ وغَلاَّتٌ　收益，收成，农产品

(٤) غُلاَمٌ ج غِلْمَانٌ　男孩，少年；伙计，佣人

*(٤) غَلاَ يَغْلُو غَلاَءً السِّعْرُ　涨价，上涨

(٤) أَغْلَى إِغْلاَءً السِّعْرَ　抬高物价，提价

(٦) غَالَى مُغَالاَةً فِي الأَمْرِ　夸张，言过其实

*(٢) غَالٍ (اَلْغَالِي) م غَالِيَةٌ

价高的，昂贵的，贵重的；崇高的

(٢) أَغْلَى　最宝贵的，最昂贵的

(٤) غَلَى ـِ غَلَيَانًا الْمَاءُ　（水）开，沸腾

(٤) أَغْلَى إِغْلاَءً الْمَاءَ　煮开，使沸腾

(٨) غَلاَّيَةٌ　汆子，（煮）水壶，热水器

(٤) مَغْلِيٌّ م مَغْلِيَّةٌ　煮开的

(٨) أَغْمَدَ إِغْمَادًا السَّيْفَ　收剑入鞘

(٨) غِمْدٌ ج غُمُودٌ وأَغْمَادٌ　剑鞘，刀鞘

*(٤) غَمَرَ ـُ غَمْرًا الْمَاءُ الْمَكَانَ　淹没

(٤) غَامَرَ مُغَامَرَةً　冒险

(٨) اِنْغَمَرَ فِي كَذَا　被淹没，没入

(٨) فِي غَمْرَةِ الشِّتَاءِ　隆冬

*(٤) مُغَامَرَةٌ ج مُغَامَرَاتٌ　冒险

(٨) غَمَزَ ـِ غَمْزًا بِالْعَيْنِ أَوِ الْحَاجِبِ

使眼色，挤眉弄眼，以眉目示意

(٨) اِنْغَمَسَ واغْتَمَسَ فِي كَذَا

埋头于…，沉湎于…

(٦) غَمَضَ ـُ وغَمُضَ ـُ غُمُوضًا الْكَلاَمُ

（语言）含糊，模糊，暧昧

(٦) أَغْمَضَ إِغْمَاضًا عَيْنَيْهِ　闭眼，闭目

أَغْمَضَ عَنْ كَذَا　装没看见，无视

*(٤) غَامِضٌ م غَامِضَةٌ　含糊的，暧昧的

*(٤) أُغْمِيَ يُغْمَى عَلَيْهِ　晕倒，昏厥

(٤) مَغْمِيٌّ عَلَيْهِ م مَغْمِيٌّ عَلَيْهَا / مَغْشِيٌّ عَلَيْهِ

晕倒的，昏迷的

*(٤) اِغْتَنَمَ اِغْتِنَامًا الْفُرْصَةَ　利用时机，乘机

*(٦) غَنِيمَةٌ ج غَنَائِمُ　战利品，好处

*(٢) غَنَمٌ ج أَغْنَامٌ

羊（集合名词，兼指山羊和绵羊）

*(٢) غَنَّى يُغَنِّي تَغْنِيَةً بِـ ...　唱歌，歌颂

(٨) أَغْنَى إِغْنَاءً فُلاَنًا عَنْ

使富足，使不需要，使满足

(٨) اِسْتَغْنَى اِسْتِغْنَاءً عَنْ كَذَا　无须，无需，不缺

لا يُسْتَغْنَى عَنْهُ　不可缺少的，必需的

(٤) غَنِيّ　富裕，富有，满足

لا غِنًى عَنْ كَذَا　不可缺少的，必需的

(٢) اَلْغِنَاءُ　歌唱，歌咏

*(٢) أُغْنِيَّةٌ ج أَغَانٍ (الأَغَانِي)　歌，歌曲

*(٢) غَنِيٌّ جـ أَغْنِيَاءُ م غَنِيَّةٌ

富有的，富足的；富人，财主

غَنِيٌّ بـ . . .　富于…

(٨) غَانِيَةٌ جـ غَوَانٍ (اَلْغَوَانِي)　歌女，歌伎

(٨) أَغَنُّ م غَنَّاءُ　繁茂的，茂盛的，茂密的

(٢) مُغَنٍّ (الْمُغَنِّي) جـ مُغَنُّونَ م مُغَنِّيَةٌ　歌手，歌唱家

(٦) اِسْتَغَاثَ اِسْتِغَاثَةً فُلَانًا أَوْ بِهِ　求助，求援

(٨) اَلْغَوْثُ　救命，求救信号

(٨) غَارَتْ ـُ غَوْرًا العَيْنُ　凹陷

(٦) أَغَارَ إِغَارَةً عَلَيْهِمْ　袭击，侵袭

(٨) غَوْرٌ جـ أَغْوَارٌ　底，底部；深度，深处

(٨) غَارٌ جـ أَغْوَارٌ: مَغَارَةٌ　洞穴，岩洞

(٨) غَارَةٌ جـ غَارَاتٌ　袭击，进攻

(٤) غَازٌ جـ غَازَاتٌ　气体，瓦斯，煤气

اَلْغَازُ الطَّبِيعِيُّ　天然气

مَسَائِلُ الْغَازِ الطَّبِيعِيِّ　天然液化气

اَلْغَازُ الْعَادِمُ　废气

(٨) غَوَّاصَةٌ جـ غَوَّاصَاتٌ　潜水艇

(٨) مَغَاصُ اللُّؤْلُؤِ　采珠场

(٨) تَغَوَّطَ تَغَوُّطًا: قَضَى الْحَاجَةَ　大便，出恭

(٨) غَائِطٌ　大便，人粪

(٨) غَوَى يَغْوِي غَيًّا / غَوِيَ يَغْوَى غَوَايَةً: ضَلَّ

走错路，迷失方向

*(٢) غَابَ ـِ غَيْبًا وغَيْبَةً وغِيَابًا / تَغَيَّبَ

缺席，不在场，没落

غَابَتِ الشَّمْسُ　太阳落山，日落

(٨) اِغْتَابَ اِغْتِيَابًا فُلَانًا

背后说坏话，背后说三道四

(٤) غَيْبًا　背后，暗中

(٤) غَيْبًا ومَشْهَدًا

当着人和背着人，看得见和看不见

(٨) غِيَابِيٌّ　缺席的，不到案的

حُوكِمَ غِيَابِيًّا　缺席审判

(٨) غَيْبُوبَةٌ　不省人事；恍惚，出神

*(٢) غَابَةٌ جـ غَابَاتٌ　树林，森林

*(٢) غَائِبٌ جـ غَائِبُونَ م غَائِبَةٌ　缺席的，不在场的

(٨) غَيْثٌ　及时雨

(٨) غَادَةٌ جـ غَادَاتٌ　体态轻盈的，窈窕淑女

(٨) أَغْيَدُ م غَيْدَاءُ جـ غِيدٌ　婀娜的，轻盈的

(٨) غَارَ يَغَارُ غَيْرًا وغَيْرَةً فُلَانٌ عَلَى امْرَأَتِهِ

嫉妒，吃醋

*(٤) غَيَّرَ تَغْيِيرًا الشَّيْءَ　改变，改造，更换

غَيَّرَ مَلَابِسَهُ　换衣服，更衣

*(٤) تَغَيَّرَ تَغَيُّرًا الأَمْرُ　改变，变更，变化

*(٢) غَيْرٌ　除…外；不；别的

غَيْرُ مَرَّةٍ　不止一次

... وغَيْرُ ذَلِكَ	等等
عَلَى غَيْرِ الْعَادَةِ	不同寻常，异乎寻常
لاَ غَيْرُ / فَقَطْ	只，仅仅，（若干元）整
غَيْرُ مَوْجُودٍ	不在；不存在的
غَيْرَ أَنَّ ...	然而，不过，但是
غَيْرُ نَافِذِ الْمَفْعُولِ	无效的
(٨) غَيْرِيٌّ	大公无私的；利他主义者
(٨) اَلْغَيْرِيَّةُ	利他主义
(٦) غِيَارٌ / إِبْدَالٌ	更换，变更
(٢) تَغَيُّرٌ جـ تَغَيُّرَاتٌ	变化，变更，变动，变迁
(٦) اِغْتَاظَ وتَغَيَّظَ	生气，愤怒
(٦) غَيْظٌ	气愤，愤怒
(٦) اِغْتَالَ اِغْتِيَالاً فُلاَنًا	暗杀，行刺
(٤) غَامَتْ ـِ غَيْمًا السَّمَاءُ	天阴
(٤) غَيْمٌ جـ غُيُومٌ اَلْوَاحِدَةُ غَيْمَةٌ	云，乌云，阴云
*(٢) غَائِمٌ م غَائِمَةٌ	阴天的，阴沉的
*(٢) غَايَةٌ جـ غَايَاتٌ	目的，终点，极点
لِلْغَايَةِ / جِدًّا	非常，十分
فِي غَايَةِ السُّرُورِ	非常高兴
بِغَايَةِ الدِّقَّةِ	非常细心地

الفاء

*(٢) فَ 连接虚词，表示“就、于是、然后、则”等含义

(٨) اَلْفَاشِيَّةُ / اَلْفَاشِسْتِيَّةُ 法西斯

(٢) فَاصُولِيَا / فَصُولِيَا 扁豆，豆角，四季豆

(٦) فَاكْس 传真

(٤) فَانِلَّة جـ فَانِلاَّت 汗背心，棉毛衫

*(٤) فُؤَادٌ جـ أَفْئِدَةٌ 心，心脏

(٤) فَأْرٌ جـ فِئْرَانٌ الواحدة فَأْرَةٌ 老鼠

(٤) فَأْسٌ جـ فُؤُوسٌ 斧子，锄头（阴性）

*(٤) فِئَةٌ جـ فِئَاتٌ 群，组；阶层；票面值，面额

فِئَةُ السَّنَدَاتِ 债券的类别

فِئَةُ التَعْرِيفِ الْجُمْرُكِيِّ 税率

(٦) تَفَاءَلَ تَفَاؤُلاً 乐观

(٨) فَأْلٌ جـ فُؤُولٌ 吉兆；吉祥

*(٢) فِبْرَايِرُ / شُبَاطُ 二月

(٨) فَتِئَ ـَ فَتْئًا عَنْهُ 停止，停息

مَا فَتِئَ / مَا زَالَ 仍旧，仍然

(٨) فُتَاتٌ 碎片，碎屑；面包渣

*(٢) فَتَحَ ـَ فَتْحًا الْبَابَ أَوْ غَيْرَهُ 开，打开

(٤) فَتَحَ الْبِلاَدَ 攻克，征服

(٦) فَتَحَ حِسَابًا (فِي الْبَنْكِ) 开户头

(٦) فَتَحَ الْمَظَارِيفَ 开标

(٨) اللهُ يَفْتَحُ عَلَيْكَ 真主周济你（拒绝乞丐用语）

(٨) فَاتَحَهُ بِالأَمْرِ أَوْ فِيهِ 率先发言；抢先动手

*(٤) اِفْتَتَحَ اِفْتِتَاحًا الْمَعْرِضَ 开幕，开张

حَفْلَةُ الاِفْتِتَاحِ 开幕式

*(٤) اِفْتِتَاحِيَّةٌ 社论

*(٢) تَفَتَّحَ تَفَتُّحًا الزَّهْرُ 开花

(٤) فَتْحَةٌ جـ فَتَحَاتٌ 裂口，缺口，口子；开口符

(٨) فُتُوحٌ جـ فُتُوحَاتٌ 征服，征战

(٦) فَاتِحٌ جـ فَاتِحُونَ 开拓者，征服者；淡色的，浅色的

(٨) اَلْفَاتِحَةُ 《古兰经》首章

*(٢) مَفْتُوحٌ م مَفْتُوحَةٌ 开着的，公开的；被征服的

(٤) فَتَّاحَةٌ جـ فَتَّاحَاتٌ 罐头起子

*(٢) مِفْتَاحٌ جـ مَفَاتِيحُ 钥匙，开关；关键

(٤) فَتَرَ ـُ فُتُورًا 松懈，松劲，软弱无力

*(٢) فَتْرَةٌ جـ فَتَرَاتٌ 一段时间，时期，阶段

*(٢) فَاتِرٌ م فَاتِرَةٌ / بَيْنَ الْحَارِّ والْبَارِدِ

温暾的，不冷不热的

فَاتِرُ الْهِمَّةِ 萎靡不振的，暮气沉沉的

(٦) فَاتُورَةٌ جـ فَاتُورَاتٌ وَفَوَاتِيرُ 货单，发货票

*(٤) فَتَّشَ تَفْتِيشًا الشَّيْءَ وعَنْهُ 检查，搜查，寻找

فَتَّشَ عَلَى فُلَانٍ أو فَتَّشَ الأُمُورَ والأَعْمَالَ

检查工作

*(٤) مُفَتِّشٌ جـ مُفَتِّشُونَ 检查员；查票员；督学

(٨) فَتَقَ ـُ فَتْقًا الثَّوْبَ 拆，拆开

(٨) تَفَتَّقَ تَفَتُّقًا الشَّيْءُ 裂开；开绽

(٨) فَتْقٌ جـ فُتُوقٌ 裂口，裂缝

(٦) فَتَكَ ـُ فَتْكًا بِهِ

行凶，刺杀，杀（砍、刺、捅…）伤；杀害

(٨) فَتَلَ ـِ فَتْلاً الْحَبْلَ: بَرَمَهُ 捻，搓

(٦) فَتِيلٌ جـ فَتَائِلُ 灯芯；导火索

(٨) مَفْتُولٌ: مَبْرُومٌ 捻成的，搓起来的

(٨) فُتِنَ بِكَذَا 着迷，被…迷住

(٨) فِتْنَةٌ 迷恋；魅力，妖艳，妩媚

(٨) فِتْنَةٌ جـ فِتَنٌ 变乱，乱子，祸患

(٨) فَاتِنٌ وفَتَّانٌ 迷人的

(٨) اِسْتَفْتَى الْعَالِمَ فِي الْمَسْأَلَةِ

就教律问题请教学者

(٨) اَلاِسْتِفْتَاءُ الْعَامُّ 公民投票，全民公决

(٨) اَلاِسْتِفْتَاءُ الشَّعْبِيُّ 民意测验

(٨) فُتُوَّةٌ 义气，义举；青春；暴徒，恶棍

*(٢) فَتًى جـ فِتْيَانٌ 年青人，小伙子

*(٢) فَتَاةٌ جـ فَتَيَاتٌ 姑娘，少女，女青年

(٢) فَتِيٌّ جـ فَتِيَّةٌ 年青的，年轻的

(٨) اَلْمُفْتِي: اَلَّذِي يُعْطِي الْفَتْوَى

穆夫梯（伊斯兰教法说明人）

*(٤) فَاجَأَ مُفَاجَأَةً فُلَانًا 使感到突然，突然来临

(٢) فَجْأَةً 突然

(٤) مُفَاجَأَةٌ جـ مُفَاجَآتٌ

意外，不测，突发事件；惊喜

(٤) فُجَائِيٌّ م فُجَائِيَّةٌ / مُفَاجِئٌ 突然的，意外的

(٨) فَجٌّ جـ فِجَاجٌ 山路；山涧，深谷

(٤) فِجٌّ م فِجَّةٌ مِنَ الْفَوَاكِهِ أو غَيْرِهَا 生的，不熟的

(٦) فَجَّرَ الْقَذِيفَةَ 使爆炸，引爆

(٤) اِنْفَجَرَ اِنْفِجَارًا الْمَاءُ 涌出，喷出，迸发

اِنْفَجَرَتِ الْقُنْبُلَةُ 爆炸

(٢) فَجْرٌ 黎明，拂晓，清晨

(٨) فَاجِرَةٌ / زَانِيَةٌ / شَرْمُوطَةٌ 荡妇，破烂货

(٨) مُتَفَجِّرَاتٌ: مُفَرْقَعَاتٌ 炸药，爆炸物

(٨) فَجْوَةٌ جـ فَجَوَاتٌ 裂缝，空隙；差距

(٨) فَجَعَهُ ـَ فَجْعًا 使烦恼，使苦恼

(٨) فَاجِعَةٌ جـ فَوَاجِعُ 不幸事件，悲剧

(٨) اَلْفُجَيْرَةُ (إِحْدَى الإِمَارَاتِ الْعَرَبِيَّةِ الْمُتَّحِدَةِ)

富查伊拉

(٢) فُجْلٌ وفِجْلٌ الواحدةُ فُجْلَةٌ جـ فُجْلاَتٌ 萝卜

(٨) فَاحِشٌ م فَاحِشَةٌ 过分的，荒唐的，下流的

(٨) فَحْشَاءُ وفَاحِشَةٌ جـ فَوَاحِشُ 通奸；丑事

*(٢) فَحَصَ ـَ فَحْصًا الشَّيْءَ 检查，考查，检验

اَلْفَحْصُ الطِّبِّيُّ 健康检查，体检

(٨) اِسْتَفْحَلَ اِسْتِفْحَالاً الأَمْرُ: تَفَاقَمَ

（事情）严重化

(٨) فَحْلٌ جـ فُحُولٌ

公的，雄的（动物）；壮实的；杰出的

فُحُولُ الشِّعْرِ أَوِ الْعِلْمِ 桂冠诗人；大学者

(٨) أَفْحَمَ إِفْحَامًا فُلاَنًا 驳得哑口无言

*(٤) فَحْمٌ 煤，煤炭

(٨) فَحْوَى: مَغْزًى 要旨，含义

(٨) فَخٌّ جـ فُخُوخٌ / مِصْيَدَةٌ 圈套，陷阱

(٤) فَخْذٌ جـ أَفْخَاذٌ 大腿（阴性）

*(٢) فَخَرَ ـَ فَخْرًا بِكَذَا / اِفْتَخَرَ اِفْتِخَارًا بِهِ

引以为荣，为…而自豪

(٨) فَاخَرَهُ مُفَاخَرَةً 争荣誉，竞相夸耀

(٨) تَفَاخَرَ تَفَاخُرًا الْقَوْمُ 互相夸耀

(٢) فَخْرٌ 荣誉，荣耀，名誉

*(٤) فَخْرِيٌّ م فَخْرِيَّةٌ 名誉的，名誉上的

اَلرَّئِيسُ الْفَخْرِيُّ 名誉主席

*(٢) فَاخِرٌ م فَاخِرَةٌ 豪华的，华丽的，考究的

(٤) فَخُورٌ 自豪的，骄傲的

(٤) مَفْخَرَةٌ جـ مَفَاخِرُ 荣耀，骄傲；功德，业绩

(٤) فَخَّارٌ 陶器

(٤) فَخَّارِيٌّ م فَخَّارِيَّةٌ 陶器工人

(٦) فَخَامَةٌ 雄伟，壮丽，堂皇

فَخَامَةُ الرَّئِيسِ 总统阁下，主席阁下

(٨) فَخْمٌ 雄伟的，壮丽的

(٦) فَادِحٌ م فَادِحَةٌ 重大的，沉重的

خَسَارَةٌ فَادِحَةٌ 重大损失

(٨) فَدَانٌ وفَدَّانٌ جـ أَفْدِنَةٌ وفَدَادِينُ

费丹（埃及面积单位，等于 42 公亩）

(٤) فَدَى يَفْدِي فِدَاءً وَطَنَهُ بِحَيَاتِهِ 为祖国献身

(٦) تَفَادَى تَفَادِيًا الأَمْرَ أو مِنْهُ 避开，避免

(٨) فِدًى / فِدَاءٌ 牺牲，祭品

جُعِلْتُ فِدَاكَ 我愿为你赎身

(٨) فِدْيَةٌ جـ فِدًى وفِدْيَاتٌ 赎金

(٨) فِدَائِيٌّ جـ فِدَائِيُّونَ م فِدَائِيَّةٌ

敢死队员，游击队员

(٦) فَذٌّ جـ أَفْذَاذٌ

独特的，无双的，杰出的，卓越的

ف

(٤) اَلْفُرَاتُ / نَهْرُ الْفُرَاتِ	幼发拉底河
(٤) فَرَاوْلَةٌ	草莓
*(٢) تَفَرَّجَ تَفَرُّجًا عَلَى كَذَا	观看，观赏，参观
(٨) فَرْجٌ / فُرْجَةٌ ج فُرَجٌ	孔；空隙，裂缝
(٨) فَرَجٌ	缓和，舒缓，轻松，宽慰
(٨) اِنْفِرَاجٌ	缓和，缓解，解除，消散
*(٢) مُتَفَرِّجٌ ج مُتَفَرِّجُونَ م مُتَفَرِّجَةٌ	参观者，旁观者，观众
*(٢) فَرِحَ ـَ فَرَحًا بِكَذَا	高兴，欢喜
(٢) فَرَحٌ ج أَفْرَاحٌ	高兴，喜悦；喜事
(٢) فَرِحٌ م فَرِحَةٌ / فَرْحَانٌ م فَرْحَانَةٌ وفَرْحَى	高兴的，欢喜的，愉快的
(٤) فَرْخٌ ج فُرُوخٌ وفِرَاخٌ	小鸟，雏鸡
(٨) اِنْفَرَدَ بِكَذَا و تَفَرَّدَ بِهِ	单独（干），独具，独揽，成为唯一的
(٨) اِسْتَفْرَدَ بِدَوْرٍ مَرْكَزِيٍّ فِي ...	单独主宰…
*(٢) فَرْدٌ ج أَفْرَادٌ	个人，成员
(٢) فَرْدِيٌّ م فَرْدِيَّةٌ	单独的，个体的，个别的
(٤) فَرِيدٌ م فَرِيدَةٌ	唯一的，独特的，无双的
(٤) مُنْفَرِدٌ م مُنْفَرِدَةٌ	单独的，单个的
*(٢) مُفْرَدٌ ج مُفْرَدَاتٌ	单词；单独的
بِمُفْرَدِهِ / عَلَى انْفِرَادٍ	独自，单独
(٨) فِرْدَوْسٌ ج فَرَادِيسُ	天堂，乐园
*(٢) فَرَّ ـِ فَرًّا ومَفَرًّا	逃跑，溜掉，开小差
لاَ مَفَرَّ مِنْهُ	不可避免的，必然的
(٨) اِفْتَرَّ اِفْتِرَارًا	微笑，嫣然一笑
(٨) فَرَزَ ـِ فَرْزًا الشَّيْءَ	挑选，拣选
بِدُونِ فَرْزٍ	不分等级
*(٤) أَفْرَزَ إِفْرَازًا الشَّيْءَ	分泌，排出；挑选，选拔
فَرَّازٌ أو فَرَّازَةٌ	分离器，分液器，选矿器
(٨) مُفْرَزَاتٌ	分泌物
(٨) اِفْتَرَسَ الْفَرِيسَةَ	捕猎，捕获
اِفْتَرَسَ الْكُتُبَ	涉猎，浏览
(٨) اَلْفُرُوسِيَّةُ	赛马，马术
(٤) فَرَسٌ ج أَفْرَاسٌ أو خَيْلٌ	马
(٨) فِرَاسَةٌ	眼力；看相，相术
*(٤) فَارِسُ / بِلاَدُ الْفُرْسِ	波斯
(٤) فَارِسٌ ج فُرْسَانٌ	骑士
(٤) فَارِسِيٌّ ج فُرْسٌ	波斯的；波斯人
(٤) اَلْفَارِسِيَّةُ / اَللُّغَةُ الْفَارِسِيَّةُ	波斯语
(٨) فَرِيسَةٌ ج فَرَائِسُ	猎物
(٤) مُفْتَرِسٌ م مُفْتَرِسَةٌ	凶猛的
(٤) فَرَشَ ـُ فَرْشًا الشَّيْءَ	铺开，展开
فَرَشَ الْمَنْزِلَ	置备家具陈设，布置
*(٢) فُرْشَةٌ ج فُرَشٌ / فُرْشَاةٌ	刷子
فُرْشَةُ الأَسْنَانِ	牙刷

*(٢) فِرَاشٌ جـ فُرُشٌ 床铺，床
(٤) فَرَاشَةٌ جـ فَرَاشَاتٌ 蝴蝶
(٨) مَفْرَشٌ جـ مَفَارِشُ 铺床的东西，床单
(٨) فَرَّاش 仆人，工友，服务员
*(٤) مَفْرُوشَاتٌ 家具，陈设
*(٢) فُرْصَةٌ جـ فُرَصٌ 机会，时机，机遇
*(٤) فَرَضَ ـِ فَرْضًا الأَمْرَ / اِفْتَرَضَهُ
假定，假设，设定
فَرَضَ عَلَيْهِ الأَمْرَ 强加，规定
(٤) فَرْضٌ (مَدْرَسِيٌّ) جـ فُرُوضٌ / وَاجِبَاتٌ
(مَدْرَسِيَّةٌ) 功课，作业，习题
(٦) فَرِيضَةٌ جـ فَرَائِضُ
宗教义务，宗教礼仪；应尽义务
*(٤) مَفْرُوضٌ م مَفْرُوضَةٌ 设定的，规定的，必须的
مِنَ الْمَفْرُوضِ أَنْ ... 必须…，应该…
(٦) أَفْرَطَ إِفْرَاطًا 过分，过火
(٨) فَرَّطَ الشَّيْءَ أَوْ فِي الشَّيْءِ
糟蹋，浪费，滥用；玩忽
فَمَا أَفْرَطَ وَلاَ فَرَّطَ
（做事）恰如其分，恰到好处
(٨) تَفَرَّعَ تَفَرُّعًا الشَّيْءُ 分杈，分出
*(٤) فَرْعٌ جـ فُرُوعٌ
分支，枝杈；支流；分支机构，支部

(٤) فَرْعِيٌّ م فَرْعِيَّةٌ
分支的，局部的，部分的，次要的
(٨) فَارِعٌ م فَارِعَةٌ 长的，高的
(٤) فِرْعَوْنٌ جـ فَرَاعِنَةٌ 法老（古埃及国王的称号）
(٤) فَرَغَ ـُ فَرَاغًا الشَّيْءُ 用完，耗尽
فَرَغَ الإِنَاءُ 空下来，成为空的
فَرَغَ مِنَ الْعَمَلِ 完毕，完工
*(٤) فَرَّغَ تَفْرِيغًا الإِنَاءَ أو غَيْرَهُ / أَفْرَغَهُ إِفْرَاغًا
倒空，腾空，卸空
*(٤) تَفَرَّغَ تَفَرُّغًا لِلأَمْرِ 专心从事于，脱产
*(٤) فَارِغٌ م فَارِغَةٌ 空的，空着的
بِفَارِغِ الصَّبْرِ 急不可耐地，焦急地
*(٤) فَرَّقَ تَفْرِيقًا وتَفْرِقَةً الشَّيْءَ
分离开，分散，拆散；分配
فَرَّقَ بَيْنَهُمْ 挑拨，离间
*(٤) فَارَقَهُ مُفَارَقَةً وفِرَاقًا 离开，离别，分手
فَارَقَ الْحَيَاةَ 去世，逝世
(٤) تَفَرَّقَ تَفَرُّقًا النَّاسُ 散开，分散
(٨) اِفْتَرَقَ النَّاسُ 分散，散开
اِفْتَرَقَتِ الأَشْيَاءُ 不同，有区别，各不相同
*(٢) فَرْقٌ جـ فُرُوقٌ 区别，差异
فَرْقٌ رَابِحٌ: فَرْقٌ إِيجَابِيٌّ أو فَائِضٌ تِجَارِيٌّ
贸易顺差

فَرْقٌ خَاسِرٌ: فَرْقٌ سَلْبِيٌّ أو عَجْزٌ تِجَارِيٌّ

贸易逆差

*(٢) فِرْقَةٌ جـ فِرَقٌ 班，组，团，伙，队

(٦) فِرَاقٌ 分开，分离，离别

(٦) اَلتَّفْرِقَةُ الْعُنْصُرِيَّةُ 种族隔离

(٨) فَارِقَةٌ جـ فَوَارِقُ 差异，差别

(٦) مُتَفَرِّقٌ م مُتَفَرِّقَةٌ 分散的，分离的

مَنَاطِقُ مُتَفَرِّقَةٌ 不同地方，各个地区

*(٢) فَرِيقٌ جـ أَفْرِقَةٌ وفِرَقٌ 班，组，队

فَرِيقٌ (فِي الْجَيْشِ) 陆军中将

(٤) مَفْرِقُ الطُّرُقِ / مُفْتَرَقُ الطُّرُقِ 岔路口

(٨) فَرْقَعَ وتَفَرْقَعَ 噼啪作响；炸响

(٨) مُفَرْقِعَاتٌ 鞭炮，爆竹

(٨) فَرَكَ ـُ فَرْكًا الثَّوْبَ: دَلَكَهُ وحَكَّهُ

搓，揉（衣服）

فَرَكَ الْعَيْنَ 擦，揉（眼睛）

(٨) فَرَّامَةُ اللَّحْمِ 绞肉机

(٨) مَفْرُومٌ م مَفْرُومَةٌ 剁碎的，切细的

(٦) فَرْمَلَةٌ جـ فَرَامِلُ: كَمَّاحَةٌ لِلْعَرَبَةِ

刹车，制动器，车闸

(٤) فُرْنٌ جـ أَفْرَانٌ 炉，灶

(٦) فَرْنَجَ فَرْنَجَةً فُلانًا 使欧化，使洋化

(٨) تَفَرْنَجَ تَفَرْنُجًا 洋化，欧化

(٦) إِفْرَنْجِيٌّ / أُورُبِّيٌّ

欧洲人，西洋人；欧洲的，西洋的

(٢) فَرَنْسَا 法国

(٢) فَرَنْسِيٌّ م فَرَنْسِيَّةٌ 法国的；法国人

(٨) فَرَنْك جـ فَرَنْكَات 法郎

(٨) فَرْوٌ جـ فِرَاءٌ 毛皮，裘皮

(٦) اِفْتَرَى اِفْتِرَاءً عَلَيْهِ 诬蔑，造谣，诽谤

(٨) مُفْتَرَيَاتٌ 谣言

(٨) اَلْفِرْيُون 氟利昂

(٦) اِسْتِفْزَازٌ جـ اِسْتِفْزَازَاتٌ 挑衅

(٤) فَزِعَ ـَ فَزَعًا 恐惧，惧怕

(٨) أَفْزَعَهُ إِفْزَاعًا 令人恐怖，恐吓，恫吓

(٨) فَزِعٌ م فَزِعَةٌ 恐惧的，惊恐的

(٨) فَازِلِين 凡士林

*(٤) فُسْتَانٌ جـ فَسَاتِينُ 连衣裙

(٨) فُسْتُقٌ 香榧子，开心果

(٤) فَسِيحٌ م فَسِيحَةٌ 宽敞的，广阔的

(٦) فَسَخَ ـَ فَسْخًا الأَمْرَ أَوِ الْعَقْدَ

解除，废除（契约、合同）

فَسَخَ الإِيجَارَ 解除租约

*(٤) فَسَدَ ـُ فَسَادًا الطَّعَامُ 腐败，腐烂，变质

*(٤) أَفْسَدَ إِفْسَادًا كَذَا 破坏，败坏，毁坏

أَفْسَدَ بَيْنَهُمْ 挑拨，离间

*(٤) فَصَّلَ تَفْصِيلاً الثَّوْبَ 裁衣服

*(٤) اِنْفَصَلَ اِنْفِصَالاً عَنْ الشَّيْءِ 脱离，分离

*(٤) فَصْلٌ ج فُصُولٌ 季节；（书的）章节；班级

اَلْفَصْلُ الْمَدْرَسِيُّ / اَلْفَصْلُ الدِّرَاسِيُّ 学期

*(٤) تَفْصِيلٌ ج تَفَاصِيلُ 详情，细节，细目

بِالتَّفْصِيلِ 详细地，详尽地

(٨) فَاصِلٌ ج فَوَاصِلُ 间隔，隔板

دَوْلَةٌ فَاصِلَةٌ 缓冲国

(٨) فَاصِلٌ م فَاصِلَةٌ 决定性的

*(٤) فَاصِلَةٌ ج فَوَاصِلُ 逗点，逗号

(٨) فَيْصَلٌ ج فَيَاصِلُ 公证人，公断人

(٦) فَصِيلَةٌ ج فَصَائِلُ 种属，类，科；排

(٦) مَفْصِلٌ ج مَفَاصِلُ 关节

(٨) مِفْصَلَةٌ ومُفَصَّلَةٌ 铰链，合叶

(٨) اِنْفَصَمَ اِنْفِصَامًا: اِنْقَطَعَ 中断，断绝

(٦) فَضَحَ ـَ فَضْحًا الأَمْرَ 揭穿，揭发

(٦) فَضِيحَةٌ ج فَضَائِحُ 丑闻，丑事

(٦) فَضَّ ـُ فَضًّا الشَّيْءَ 拆开，解开

*(٢) فِضَّةٌ 银，银子

(٢) فِضِّيٌّ م فِضِّيَّةٌ 银的，银质的

(٨) فَضْفَاضٌ م فَضْفَاضَةٌ 宽大的，肥大的

*(٢) فَضَّلَ تَفْضِيلاً الشَّيْءَ عَلَى غَيْرِهِ 宁愿（宁肯）…也不，认为…比…更可取

(٤) فَسَادٌ 腐朽，腐败，腐化，堕落

(٤) فَاسِدٌ م فَاسِدَةٌ 腐朽的，腐败的，堕落的

(٦) فَسَّرَ تَفْسِيرًا الأَمْرَ 解释，注释，说明

تَفْسِيرُ الْقُرْآنِ 《古兰经》注释

(٦) اِسْتَفْسَرَ اِسْتِفْسَارًا فُلاَنًا عَنْ الأَمْرِ 询问，查问

(٨) اَلْفُسْفُورُ 磷

(٨) اَلْفُسْفَاتُ 磷酸盐

(٨) اَلْفِسْيُولُوجِيَا 生理学

*(٤) فَشِلَ ـَ فَشَلاً 失败

(٦) فَشَا يَفْشُو فَشْوًا وفُشُوًّا وفُشِيًّا خَبَرُهُ أو فَضْلُهُ أو سِرُّهُ 传出去，走漏，泄露

(٦) أَفْشَى إِفْشَاءً الْخَبَرَ 泄露，传开，暴露

*(٤) تَفَشَّى تَفَشِّيًا الْمَرَضُ 流行，蔓延

(٤) فَصَاحَةٌ 口齿伶俐，能言善辩

(٨) اَلْفِصْحُ: عِيدُ الْقِيَامَةِ 复活节

(٦) فَصِيحٌ م فَصِيحَةٌ 标准的，纯正的（语言）

(٦) فَصِيحٌ ج فُصَحَاءُ / فَصِيحَةٌ ج فَصَائِحُ 有口才的，口齿伶俐的

*(٤) اَلْفُصْحَى / اَللُّغَةُ الْفُصْحَى 标准语

(٨) فَصٌّ وفِصٌّ وفُصٌّ ج فُصُوصٌ 瓣，片，叶（桔、蒜、肺等）

*(٤) فَصَلَ ـِ فَصْلاً الشَّيْءَ 分开，分割，切断

فَصَلَ فُلاَنًا مِنْ عَمَلِهِ أو وَظِيفَتِهِ 开除，革职

*(٢) تَفَضَّلْ، تَفَضَّلِي، تَفَضَّلُوا بِـ ... 请…

*(٢) فَضْلٌ جـ فُضُولٌ 功劳，恩德；荣誉

بِفَضْلِ ... 由于…

مِنْ فَضْلِكَ 请，劳驾

فَضْلاً عَنْ ذَلِكَ 此外；况且

(٤) فَضْلَةٌ جـ فَضَلاَتٌ 残余，剩余，多余的

(٨) فُضُولِيٌّ جـ فُضُولِيَّةٌ

好管闲事的，爱打听的，好奇的

(٨) تَفْضِيلِيٌّ جـ تَفْضِيلِيَّةٌ 优惠的

رُسُومٌ تَفْضِيلِيَّةٌ 优惠关税

(٨) فَاضِلٌ جـ فُضَلاَءُ 有功德的，高尚的

(٨) فَاضِلٌ جـ فَاضِلاَتٌ وفَوَاضِلُ

剩余的，残余的，余额

(٤) مُفَضَّلٌ م مُفَضَّلَةٌ

被挑选的，优先的，更可取的

(٤) فَضِيلَةٌ جـ فَضَائِلُ 美德，优点

*(٢) أَفْضَلُ 最好，最佳的

*(٤) أَفْضَلِيَّةٌ 优先权，优越性，优惠

(٨) أَفْضَى إِفْضَاءً إِلَيْهِ بِكَذَا

通报，告知，通知，传达

أَفْضَى إِلَيْهِ بِسِرِّهِ 透露秘密，倾诉衷肠

*(٤) فَضَاءٌ 空地；空间，太空

(٦) فَاضٍ م فَاضِيَةٌ 空闲的，有空的

*(٢) أَفْطَرَ إِفْطَارًا 吃早饭

(٦) فُطْرٌ 蘑菇，菌类

(٤) فِطْرٌ / إِفْطَارٌ 开斋

عِيدُ الْفِطْرِ 开斋节

(٨) فِطْرَةٌ 天性

(٨) فِطْرِيٌّ م فِطْرِيَّةٌ 天然的，天生的，天赋的

*(٢) فُطُورٌ 早饭

(٤) فَطِيرَةٌ جـ فَطَائِرُ 薄饼，馅饼

(٨) فَطَمَ ـِ فَطْمًا الْوَلَدَ 断奶

(٤) فَطِنَ ـَ فِطْنًا وفِطْنَةً لِلأَمْرِ أو بِهِ أو إِلَيْهِ

了解，明白，意识到

(٤) فِطْنَةٌ جـ فِطَنٌ 聪明，伶俐；理解力

(٤) فَطِنٌ م فَطِنَةٌ 聪明的，理解力强的

*(٤) فَظَّ ـَ فَظَاظَةً فُلاَنٌ

成为粗鲁的，变得不礼貌的

(٦) فَظِيعٌ م فَظِيعَةٌ

可怕的，骇人听闻的，厉害的

(٨) فَظِيعَةٌ جـ فَظَائِعُ 可怕的事，暴行

*(٤) فَعَلَ ـَ فِعْلاً الشَّيْءَ 做，干，行事，行动

فَعَلَ بِهِ 处置，处理，对待

(٦) اِنْفَعَلَ إِنْفِعَالاً فُلاَنٌ 受影响；冲动，激动

(٦) تَفَاعَلَ الشَّيْئَانِ 相互作用，相互影响

*(٢) فِعْلٌ جـ أَفْعَالٌ 行为，行动；动词

اَلْفِعْلُ الْمُتَعَدِّي 及物动词

اَلْفِعْلُ اللاَّزِمُ 不及物动词

(٢) فِعْلاً / بِالْفِعْلِ 事实上，实际上

(٢) فِعْلِيٌّ م فِعْلِيَّةٌ 实际的，事实上的

(٦) اِنْفِعَالٌ جـ اِنْفِعَالاَتٌ 冲动，激动，生气

(٦) فاعِلِيَّةٌ / فَعَّالِيَّةٌ 作用，效力，功能，功效

*(٤) فَعَّالٌ م فَعَّالَةٌ 有效的，起作用的

(٤) مَفْعُولٌ 影响，效果

(٨) اَلْمُفَاعِلاَتُ الذَّرِّيَّةُ 原子反应堆

(٤) مُفْعَمٌ بِكَذَا م مُفْعَمَةٌ

充满…的，满载…的，充实的

(٨) أَفْعَى جـ أَفَاعٍ / حَيَّةٌ خَبِيثَةٌ 蛇，毒蛇

*(٤) فَقَدَ ـِ فَقْدًا وفُقْدَانًا الشَّيْءَ

丢失，丧失，失去

(٦) اِفْتَقَدَ اِفْتِقَادًا الشَّيْءَ 查寻，寻找

(٦) تَفَقَّدَ تَفَقُّدًا الْمَكَانَ 视察，寻找，搜查

(٦) فَقِيدٌ م فَقِيدَةٌ

丢失的，失落的；故去的，亡人

(٤) مَفْقُودٌ م مَفْقُودَةٌ 丢失的，失去的

*(٤) اِفْتَقَرَ اِفْتِقَارًا إِلَى الشَّيْءِ 需要

*(٤) فَقْرٌ 贫困，贫穷

فَقْرُ الدَّمِ: أَنِيمِيَا 贫血

*(٢) فِقْرَةٌ جـ فِقَرٌ وفِقْرَاتٌ （文章的）段落

(٨) فِقْرَةٌ جـ فِقَرٌ وفِقْرَاتٌ / فَقَارَةٌ جـ فَقَارٌ 脊椎

(٨) فِقْرِيٌّ / فَقَارِيٌّ 有脊椎的

عَمُودٌ فِقْرِيٌّ 脊柱

اَلْحَيَوَانَاتُ الْفِقْرِيَّةُ 脊椎动物

*(٢) فَقِيرٌ جـ فُقَرَاءُ م فَقِيرَةٌ 贫困的，穷人

(٨) فُقَّاعَةٌ جـ فَقَاقِيعُ 气泡，水泡

(٨) تَفَاقَمَ تَفَاقُمًا الأَمْرُ: اِسْتَفْحَلَ 变得严重，恶化

(٨) اَلْفِقْهُ: عِلْمُ الأَحْكَامِ الشَّرْعِيَّةُ 伊斯兰教法

فِقْهُ اللُّغَةِ 阿拉伯语言学

(٨) فَقِيهٌ جـ فُقَهَاءُ

伊斯兰教法学家；《古兰经》朗诵者；语言学家

*(٢) فَكَّرَ تَفْكِيرًا فِي الأَمْرِ 想，思考，考虑

*(٢) فِكْرٌ جـ أَفْكَارٌ 思想，见解

*(٢) فِكْرَةٌ 想法，念头

عَلَى فِكْرَةٍ ... 顺便提一句

(٢) فِكْرِيٌّ م فِكْرِيَّةٌ 思想的

(٤) مُفَكِّرٌ جـ مُفَكِّرُونَ م مُفَكِّرَةٌ 思想家

(٤) مُفَكِّرَةٌ جـ مُفَكِّرَاتٌ 笔记本，备忘录

*(٤) فَكَّ ـُ فَكًّا الشَّيْءَ 解开，拆开

فَكُّ النُّقُودِ 兑换零钱

(٦) فَكَّكَ تَفْكِيكًا الشَّيْءَ 分解，拆开，拆卸

(٦) تَفَكَّكَ تَفَكُّكًا الشَّيْءُ 分解，瓦解，分崩离析

*(٤) فَكُّ النُّقُودِ / فَكَّةٌ 零钱

ف

(٨) مِفَكٌّ جـ مِفَكَّاتٌ 起子，螺丝刀
*(٢) فُكَاهَةٌ جـ فُكَاهَاتٌ 笑话，俏皮话
*(٢) فَاكِهَةٌ جـ فَوَاكِهُ 水果
(٨) فَلَتَ ـِ فَلْتًا وتَفَلَّتَ تَفَلُّتًا 逃脱，溜走，解脱
تَفَلَّتَتْ مِنْ أَلْسِنَتِهِ أَقْوَالٌ 走嘴
(٨) فِلْتَر / رَاشِحٌ 滤净器，过滤器
(٨) فَلَحَ ـَ فَلْحًا الأَرْضَ 耕地，种地
(٨) فِلَاحَةٌ 农作，务农
(٨) فَلَحٌ وفَلَاحٌ 成功
*(٢) فَلَّاحٌ جـ فَلَّاحُونَ م فَلَّاحَةٌ 农民，农夫
(٤) مُفْلِحٌ جـ مُفْلِحُونَ م مُفْلِحَةٌ 成功的
(٨) فِلْذَةٌ جـ فِلَذٌ وفِلْذٌ وأَفْلَاذٌ 块，片，份
فِلْذَةُ كَبْدٍ 心肝，宝贝
*(٤) فُولَاذٌ 钢
فُولَاذٌ خَلِيطٌ / سَبِيكَةٌ فُولَاذِيَّةٌ 合金钢
(٨) فِلِزٌّ جـ فِلِزَّاتٌ 矿物
(٦) أَفْلَسَ إِفْلَاسًا التَّاجِرُ 破产
*(٤) فِلْسٌ جـ فُلُوسٌ 钱，钱币
*(٤) مُفْلِسٌ جـ مُفْلِسُونَ 身无分文的，破产者
*(٤) فِلَسْطِينُ 巴勒斯坦
(٢) فِلَسْطِينِيٌّ م فِلَسْطِينِيَّةٌ 巴基斯坦的；巴基斯坦人
*(٤) فَلْسَفَةٌ 哲学
*(٤) فَيْلَسُوفٌ جـ فَلَاسِفَةٌ 哲学家
(٨) فَلَاش 闪光灯
(٢) فُلْفُلٌ 胡椒；辣椒
فُلْفُلٌ أَخْضَرُ 青椒
فُلْفُلٌ أَسْوَدُ 黑胡椒
(٨) اِنْفَلَقَ الشَّيْءُ / اِنْشَطَرَ / اِنْشَقَّ / تَفَتَّقَ 破裂，裂开
اِنْفَلَقَ الصُّبْحُ 破晓
اِنْفَلَقَتِ الذَّرَّةُ 原子裂变
(٤) فَلَكٌ جـ أَفْلَاكٌ 天体的轨道，天体，苍穹
عِلْمُ الْفَلَكِ 天文学
(٤) فَلَكِيٌّ جـ فَلَكِيُّونَ م فَلَكِيَّةٌ 天文的；天文学家
(٨) فُلُولُ الْجَيْشِ 溃军
(٨) اَلْفُلُّ / اليَاسَمِين 茉莉花
(٨) فِلَّةٌ جـ فِلَّاتٌ / فِيلَّا 别墅
*(٢) فِلْمٌ (فِيلْمٌ) جـ أَفْلَامٌ 胶片，影片
فِلْمٌ بُولِيسِيٌّ 侦探片
فِلْمٌ تَرَاجِيدِيٌّ 悲剧片
فِلْمٌ غَرَامِيٌّ 爱情片
فِلْمٌ كَارْتُون (كَرْتُون) / فِلْمُ صُوَرٍ مُتَحَرِّكَةٍ 动画片
فِلْمٌ كُومِيدِيٌّ 喜剧片
فِلْمٌ وَثَائِقِيٌّ 文献片，纪录片
(٨) فُلَانٌ م فُلَانَةٌ 某人

ف

(٦) فَهْدٌ جـ فُهُودٌ 豹子
(٤) فِهْرِسٌ (فِهْرِسْتٌ) جـ فَهَارِسُ 目录，索引
*(٢) فَهِمَ ـَ فَهْمًا الشَّيْءَ
明白，懂得，理解，领会
(٤) تَفَهَّمَ تَفَهُّمًا الأَمْرَ 逐渐理解
*(٤) تَفَاهَمَ تَفَاهُمًا النَّاسُ 相互理解，谅解
سُوءُ التَّفَاهُمِ 误解
(٦) اِسْتَفْهَمَ اِسْتِفْهَامًا عَنْ الأَمْرِ 询问，打听
*(٢) مَفْهُومٌ م مَفْهُومَةٌ 被理解的，被领会的
*(٤) مَفْهُومٌ جـ مَفَاهِيمُ 观念，概念，内涵〔逻〕
اَلْمَفْهُومُ لِلْحَيَاةِ 人生观
اَلْمَفْهُومُ لِلْعَالَمِ 世界观
مَفَاهِيمُ الْقِيَمِ 价值观
(٨) فُوب (F.O.B): تَسْلِيمُ الْبِضَاعَةِ فَوْقَ ظَهْرِ
السَّفِينَةِ فِي مِينَاءِ الشَّحْنِ 离岸价格
*(٤) فَاتَ ـُ فَوَاتًا الأَمْرُ 过去，结束，了结
فَاتَ الأَوَانُ 过时
فَاتَ الْقِطَارُ 没赶上火车
فَاتَتْهُ الْفُرْصَةُ 错过机会，失去良机
فَاتَهُ أَنْ يَفْعَلَ كَذَا 没来得及做，未能做到
(٨) فَوَّتَ عَلَى فُلَانٍ فُرْصَةً 使失去机会
(٦) تَفَاوَتَ تَفَاوُتًا الشَّيْئَانِ 互不相同，相差悬殊
(٦) فَوَاتٌ 过去

(٨) فَلَاةٌ جـ فَلَوَاتٌ 沙漠，旷野
(٨) فُلُور 氟
(٨) فِلِّينٌ 软木
(٨) فِلِّينَةٌ جـ فِلِّينَاتٌ 软木塞
*(٢) فَمٌ جـ أَفْوَاهٌ 口，嘴
(٢) فِنْجَانٌ جـ فَنَاجِينُ / فِنْجَالٌ جـ فَنَاجِيلُ 茶碗，酒盅
(٨) فَنَّدَهُ: كَذَّبَهُ 驳斥
*(٢) فُنْدُقٌ جـ فَنَادِقُ 旅馆，饭店
(٤) فَانُوسٌ جـ فَوَانِيسُ 灯，灯笼
فَانُوسٌ سِحْرِيٌّ 幻灯
(٨) فَانِلَّةٌ جـ فَانِلَّاتٌ 棉毛衫
*(٤) تَفَنَّنَ تَفَنُّنًا فِي ... 变花样，变法儿
*(٢) فَنٌّ جـ فُنُونٌ 艺术，技术
اَلْفُنُونُ الْجَمِيلَةُ 美术
(٢) فَنِّيٌّ م فَنِّيَّةٌ 艺术的，文艺的，技术的
*(٤) فَنَّانٌ جـ فَنَّانُونَ م فَنَّانَةٌ 艺术家，美术家
(٨) فَنِيَ ـَ فَنَاءً 消亡，死亡，灭绝
لاَ يَفْنَى 不灭的，不朽的；无穷尽的
(٨) تَفَانَى تَفَانِيًا الرَّجُلُ فِي الْعَمَلِ
工作忘我，拼命干
(٨) فَنَاءٌ 灭亡
(٢) فِنَاءٌ جـ أَفْنِيَةٌ 场院
فِنَاءُ الدَّارِ 院落，庭院

فَوْقَ ذَلِكَ 此外，再者

فَوْقَ الْعَادَةِ 超常的，特别的

فَوْقَ الصَّوْتِيِّ 超音速的

(٤) فَائِقٌ م فَائِقَةٌ 优胜的，卓越的，超群的

فَائِقُ الِاحْتِرَامِ 崇高的敬意

(٢) مُتَفَوِّقٌ جـ مُتَفَوِّقُونَ م مُتَفَوِّقَةٌ

优异的，优越的，出众的

*(٢) فُولٌ 蚕豆，豆子

اَلْفُولُ السُّودَانِيُّ 花生

فُولُ الصُّويَا 大豆，黄豆

فُولٌ مُدَمَّسٌ 焖蚕豆

(٨) فُولْتَمِتْرٌ 电压表

(٨) فُونُوغْرَاف 留声机

(٤) فُوهٌ (فَاهُ، فِيهِ) جـ أَفْوَاهٌ 口，嘴

(٤) فُوهَةٌ جـ فُوهَاتٌ / فُوَّهَةٌ جـ فُوَّهَاتٌ

口，孔，眼，窟窿眼儿

*(٢) فِي 介词，表示以下含义：

▲ بِمَعْنَى دَاخِلَ: صَادَفْتُهُ فِي السُّوقِ

在…内，在

▲ بِمَعْنَى عِنْدَ: قُمْتُ مِنَ النَّوْمِ فِي طُلُوعِ الشَّمْسِ.

在…时候，当…时候

▲ بِمَعْنَى أَثْنَاءَ: فِي هَذِهِ الْفَتْرَةِ

在…期间，在…之际

مَوْتُ الْفَوَاتِ 暴死，猝死

(٦) مُتَفَاوِتٌ م مُتَفَاوِتَةٌ 互不相同的，参差不齐的

(٨) (صُورَةٌ) فُوتُوغْرَافِيَّةٌ 相片

(٨) فَوْجٌ جـ أَفْوَاجٌ 团，团队，群体

(٤) فَاحَ ـُ فَوْحًا وفَوَحَانًا الزَّهْرُ

散发香气，芳香四溢

(٨) فَوَّاحٌ 香味很浓的

*(٢) فَوْرًا / مِنْ فَوْرِهِ / عَلَى الْفَوْرِ 马上，立刻

(٤) فَوَّارَةٌ / نَافُورَةٌ 喷泉，喷水池

*(٢) فَازَ ـُ فَوْزًا بِكَذَا 获胜，获得，赢得

(٢) فَائِزٌ جـ فَائِزُونَ م فَائِزَةٌ

获胜的，成功的，得到…的

(٦) تَفَاوَضَ تَفَاوُضًا الْقَوْمُ فِي الْأَمْرِ 协商，谈判

*(٤) فَوْضَى 混乱，无政府状态

(٦) مُفَاوَضَةٌ جـ مُفَاوَضَاتٌ 谈判，洽谈，会谈

(٦) مُفَوَّضٌ 有全权的，全权代表

وَزِيرٌ مُفَوَّضٌ 公使

(٨) مُفَوَّضِيَّةٌ 公使馆

*(٢) فُوطَةٌ جـ فُوَطٌ 毛巾，浴巾

(٤) فَاقَهُ ـُ فَوْقًا 超过，胜过，高于

*(٤) أَفَاقَ إِفَاقَةً مِنْ ... 觉醒，苏醒

*(٤) تَفَوَّقَ تَفَوُّقًا عَلَى ... 胜于，优于

*(٢) فَوْقَ ... 在上面，多于，优于

▲ بِمَعْنَى عَلَى: تَنْطَلِقُ فِي الشَّارِعِ السَّيَّارَاتُ وَالْبَاصَّاتُ. 在…上面

▲ بِمَعْنَى عَنْ: تَكَلَّمَ فِي هَذَا الْمَوْضُوعِ. 关于，就…

▲ بِمَعْنَى الضَّرْبِ (فِي الْحِسَابِ): ثَلَاثَةٌ فِي أَرْبَعَةٍ 乘：如 3 乘 4

(٢) فِيمَا بَعْدُ 以后

*(٤) فِيتَامِين جـ فِيتَامِينَات 维生素

(٦) فِيتُو / حَقُّ النَّقْضِ 否决权

(٨) أَفْيَحُ م فَيْحَاءُ 广阔的，辽阔的

(٦) أَفَادَ إِفَادَةً (مِنْهُ) عِلْمًا أو مَالاً: اِكْتَسَبَهُ 获得，得到，受益

*(٤) أَفَادَهُ عِلْمًا أو مَالاً: أَكْسَبَهُ 使得到，给予，使受益，有益于；表示；告诉

(٦) تُفِيدُ الأَنْبَاءُ أَنَّ ... 消息说，报道说

*(٢) اِسْتَفَادَ اِسْتِفَادَةً مِنْ كَذَا 得益，受益

(٨) إِفَادَةٌ بِالاسْتِلَامِ 提货通知

*(٢) فَائِدَةٌ جـ فَوَائِدُ 利益，好处，用处，利息

فَائِدَةُ المَالِ 利息

فَائِدَةٌ بَسِيطَةٌ 单利

فَائِدَةٌ مُرَكَّبَةٌ 复利

*(٢) مُفِيدٌ م مُفِيدَةٌ 有用的，有益的，有利的

(٨) مُسْتَفِيدٌ م مُسْتَفِيدَةٌ 受益人；受款人

(٨) اَلْفِيدْرَالِيَّةُ 联邦制

(٨) فَيْرُوز 绿松石

(٨) فِيرُوس 病毒

(٤) فِيزِيَاء 物理

(٨) فِيشَةٌ جـ فِيشَاتٌ 插头；筹码

*(٤) فَاضَ ـِ فَيْضًا وفَيَضَانًا النَّهْرُ أو غَيْرُهُ 涨水，溢出，泛滥

(٨) أَفَاضَ الإِنَاءَ 装满，灌满

أَفَاضَ فِي الْحَدِيثِ 详谈，细述

أَفَاضَ دَمْعَهُ 挥泪，流泪

(٦) اِسْتَفَاضَ اِسْتِفَاضَةً الْخَبَرُ 传开，广传

(٨) فَيْضٌ جـ فُيُوضٌ 充裕，多；丰富的；洪水

أَزْمَةُ فَيْضِ الإِنْتَاجِ 生产过剩

فَيْضُ الصَّادِرَاتِ (أَوِ التَّصْدِيرِ) 出超

فَيْضُ الْوَارِدَاتِ (أَوْ الاسْتِيرَادِ) 入超

*(٤) فَيَضَانٌ جـ فَيَضَانَاتٌ 洪水，泛滥，水灾

(٦) فَائِضٌ 充盈的；过分的，过度的，多余的

فَائِضُ الْمِيزَانِيَّةِ 财政盈余

(٨) فَيَّاضٌ م فَيَّاضَةٌ 充足的，丰富的；慷慨大方的

(٤) مُسْتَفِيضٌ 详细的，详尽的，充分的

(٤) فِيلٌ جـ أَفْيَالٌ وفِيَلَةٌ 大象

(٨) فِينِيقِيٌّ جـ فِينِيقِيُّونَ 腓尼基人

القاف

(٨) قُبَّةٌ جـ قِبَابٌ 圆屋顶

*(٤) قَبِيحٌ م قَبِيحَةٌ

丑陋的，难看的；丢脸的，可耻的

*(٤) قَبْرٌ جـ قُبُورٌ 坟墓

*(٤) مَقْبَرَةٌ جـ مَقَابِرُ 墓地，陵园

(٤) اِقْتَبَسَ اِقْتِبَاسًا مِنْهُ النَّارَ 向…借火，取火

*(٤) اِقْتَبَسَ الْعِلْمَ أَوْ غَيْرَهُ 求知，获取知识

(٤) اِقْتَبَسَ عِبَارَةً 引用，借用

(٨) قَبَسٌ 火炬，火种

(٨) قَابِسٌ / فِيشَةٌ 插头

(٨) مَقْبَسٌ / بَرِيز 插座

*(٤) قَبَضَ ـِ قَبْضًا الشَّيْءَ وعَلَيْهِ

抓住，抓紧，握紧，捉住

أَلْقَى الْقَبْضَ عَلَيْهِ 逮捕

*(٤) اِنْقَبَضَ اِنْقِبَاضًا الشَّيْءُ / تَقَبَّضَ 收缩，紧缩

(٤) قَبْضَةٌ جـ قَبَضَاتٌ 一把，拳头

(٨) مُنْقَبِضُ الْقَلْبِ

忧虑的，心情沉重的，忧郁的，沉闷的

(٤) مِقْبَضٌ جـ مَقَابِضُ 柄，把，把手

(٨) قَبَّطَ تَقْبِيطًا وَجْهَهُ 皱眉头

(٨) قِبْطٌ جـ أَقْبَاطٌ 埃及科普特人

(٨) قُبْطَانُ جـ قَبَاطِينُ 船长，舰长；机长

(٨) قَبَعَ ـَ قُبُوعًا فِي ... 缩进，龟缩，躲进

*(٢) قُبَّعَةٌ جـ قُبَّعَاتٌ 帽子，礼帽

*(٢) قَبِلَ ـَ قُبُولاً الشَّيْءَ / تَقَبَّلَهُ

接受；答应，同意；招收

*(٢) أَقْبَلَ إِقْبَالاً إِلَيْهِ 来，迎面走来

(٤) أَقْبَلَ عَلَى الأَمْرِ 着手做，开始干

(٤) قَبَّلَهُ تَقْبِيلاً 接吻，亲吻

*(٢) قَابَلَهُ مُقَابَلَةً 会面，会见，接见

قَابَلَ الْمِثْلَ بِالْمِثْلِ

回敬，以德报德，以怨报怨

*(٤) تَقَابَلَ تَقَابُلاً النَّاسُ 相见，相会，会面

*(٢) اِسْتَقْبَلَهُ اِسْتِقْبَالاً 迎接，接待，欢迎

*(٢) قَبْلَ كَذَا 在…以前

قَبْلَ ذَلِكَ 在此之前，事先

قَبْلَ كُلِّ شَيْءٍ 首先

قَبْلَ أَنْ ... 在…之前

ق

(٢) مُقْبِلٌ م مُقْبِلَةٌ

未来的，将要到来的，下次的

اَلشَّهْرُ الْمُقْبِلُ 下月

*(٤) مُقَابِلٌ 面对…的；代价，报酬

بِلاَ مُقَابِلٍ 无偿地，免费

*(٢) مَقْبُولٌ م مَقْبُولَةٌ

被接纳的，可接受的，尚可的；合情理的

(٨) مُقَبِّلاَتٌ 开胃品，作料；冷盘

*(٢) مُسْتَقْبَلٌ 未来，前途，前景

(٨) قَبَّانٌ / مِيزَانٌ 秤，手提秤

(٨) قَبْوَةٌ جـ قَبَوَاتٌ 拱形圆顶

(٨) قَبَاءٌ جـ أَقْبِيَةٌ 外套，外衣

*(٢) قَتَلَهُ ـُ قَتْلاً 杀，杀死，打死

قَتَلَ الْوَقْتَ 消磨光阴

*(٤) قَاتَلَهُ مُقَاتَلَةً وَقِتَالاً 厮杀，战斗

(٤) قَاتِلٌ جـ قَاتِلُونَ وَقَتَلَةٌ 凶手，杀人犯；致命的

(٤) قَتِيلٌ جـ قَتْلَى / مَقْتُولٌ 被杀的，遇害的

(٤) مُقَاتِلٌ جـ مُقَاتِلُونَ 战士，斗士

(٦) مُقَاتِلَةٌ (طَائِرَةٌ مُقَاتِلَةٌ) 战斗机

(٦) مَقْتَلٌ / مَصْرَعٌ 死亡，杀死，牺牲

(٦) قَاتِمٌ 黑暗的，深暗的

أَسْوَدُ قَاتِمٌ 深黑色

ظَلاَمٌ قَاتِمٌ 漆黑，极昏暗

*(٤) مِنْ قَبْلُ 以前，从前

مِنْ ذِي قَبْلُ 比以前

*(٤) مِنْ قِبَلِ ... 来自…方面，从…那里

(٤) قُبَيْلَ كَذَا 在…之前不久

(٤) قُبْلَةٌ جـ قُبُلاَتٌ 接吻，亲吻

(٦) قِبْلَةُ (الْمُصَلِّي) （礼拜）正向

قِبْلَةُ الأَنْظَارِ 关注的目标，众望所归

*(٤) إِقْبَالٌ

兴旺，茂盛，（商品）销路好，受欢迎

*(٢) مُقَابَلَةٌ جـ مُقَابَلاَتٌ 会见，会面

*(٢) اِسْتِقْبَالٌ 迎接，接待

غُرْفَةُ الاِسْتِقْبَالِ 接待室

حَفْلَةُ الاِسْتِقْبَالِ 招待会

(٤) قَابِلٌ لِكَذَا 易…的，可…的

قَابِلٌ لِلاِلْتِهَابِ 易燃的

قَابِلٌ لِلتَّجْدِيدِ 可延期的，可延聘的

غَيْرُ قَابِلٍ لِكَذَا 不适于…的，不可…的

(٦) قَابِلِيَّةٌ جـ قَابِلِيَّاتٌ

适应性，接受能力；素质，素养

(٤) قَبِيلَةٌ جـ قَبَائِلُ 部落，部族

(٨) قَبَلِيٌّ م قَبَلِيَّةٌ 部落的

اَلتَّعَصُّبُ الْقَبَلِيُّ

部落的偏见，部落的偏激情绪

*(٤) قَحْطٌ 干旱，旱灾

(٦) قَاحِلٌ م قَاحِلَةٌ 干燥的，干旱的

(٦) اِقْتَحَمَ اِقْتِحَامًا الْمَكَانَ 闯入，冲进

اِقْتَحَمَ الأَخْطَارَ أَوِ الْعَقَبَاتِ

冲破危险，克服困难

*(٢) قَدْ 虚词（加在过去式或现在式动词前）

▲ قَدْ + اَلْفِعْلُ الْمَاضِي: قَدْ وَصَلَ صَدِيقُهُ

表示强调

▲ قَدْ + اَلْفِعْلُ الْمُضَارِعُ: قَدْ أَحْضُرُ هٰذِهِ الْحَفْلَةَ

表示可能发生

(٨) قَدَحٌ جـ أَقْدَاحٌ 杯子

(٨) قَدَّاحَةٌ / وَلاَّعَةٌ 打火机

(٨) قَدٌّ جـ قُدُودٌ وقِدَادٌ وأَقِدَّةٌ / قِوَامٌ 身材，身段

مَمْشُوقُ الْقَدِّ

婀娜多姿的，体态匀称的，身材苗条的

(٨) قَدِيدٌ / مُقَدَّدٌ 熏肉，肉干儿

*(٢) قَدَرَ ـِ قُدْرَةً ومَقْدِرَةً عَلَى كَذَا

会做，能做，能够

*(٢) قَدَّرَ تَقْدِيرًا الأَمْرَ

估计，评价；表彰；尊重；赞赏，赏识

*(٤) قَدْرٌ 数量，程度

قَدْرَ الإِمْكَانِ / عَلَى قَدْرِ الإِمْكَانِ / قَدْرَ الْمُسْتَطَاعِ 尽可能地

بِقَدْرِمَا ... 像…那样

عَلَى قَدْرِ ... 按照…；与…相等

(٤) قَدَرٌ 命运，天定

(٤) قِدْرٌ جـ قُدُورٌ 锅

*(٤) مِقْدَارٌ جـ مَقَادِيرُ 数量，分量，程度

*(٢) قُدْرَةٌ / مَقْدِرَةٌ / مَقْدُورٌ 能力

*(٢) قَادِرٌ جـ قَادِرُونَ م قَادِرَةٌ 有能力的，有能耐的

(٨) قَدِيرٌ 全能的，万能的

*(٤) فِي مَقْدُورِهِ أَنْ ... 他有能力…，…他办得到

(٤) قَدَّسَهُ تَقْدِيسًا 崇拜，尊崇

*(٤) اَلْقُدْسُ / أُورْشَلِيمُ 耶路撒冷

(٨) قَدَاسَةٌ 神圣，尊严

(٦) مَقْدِسٌ جـ مَقَادِسُ 圣地

بَيْتُ الْمَقْدِسِ 耶路撒冷

(٨) قِدِّيسٌ م قِدِّيسَةٌ 圣徒

*(٤) مُقَدَّسٌ م مُقَدَّسَةٌ 神圣的，圣洁的

(٤) قَدِمَ ـَ قُدُومًا الْمَكَانَ أَو إِلَيْهِ

来到，来临，到达

*(٢) قَدَّمَ تَقْدِيمًا شَيْئًا إِلَى فُلاَنٍ 提供，提出，

呈递，交给，奉献，赠送；演出（节目）

*(٢) قَدَّمَ فُلاَنًا إِلَيْهِ 介绍

(٦) أَقْدَمَ عَلَى الأَمْرِ 敢于…，大胆地做

*(٢) تَقَدَّمَ تَقَدُّمًا فِي ... 前进；进步，先进，发达

(٤) تَقَدَّمَتْ بِهِ السِّنُّ　上年纪，年事已高

(٤) تَقَدَّمَ مِنْ فُلَانٍ أو إِلَيْهِ　走近，走上前去

*(٤) تَقَدَّمَ إِلَيْهِ بِكَذَا　提出，呈上

*(٤) اِسْتَقْدَمَهُ اِسْتِقْدَامًا　请来，招聘，聘请

*(٢) قَدَمٌ جـ أَقْدَامٌ　脚，足（阴性）

مُشْطُ (أو مِشْطُ) الْقَدَمِ　脚背

بَاطِنُ الْقَدَمِ　脚掌心

عَلَى قَدَمٍ وسَاقٍ

正在进行中，正在加紧进行

(٦) قَدَمٌ جـ أَقْدَامٌ　一英尺（30.479 公分）

(٤) قِدَمٌ　古老，古时；陈旧

(٤) قُدُمًا　勇往直前

(٤) إِقْدَامٌ　刚毅，果敢，无畏

*(٢) قَادِمٌ جـ قَادِمُونَ م قَادِمَةٌ　未来的，前来的

اَلْأُسْبُوعُ (أو الشَّهْرُ) الْقَادِمُ　下周（月）

*(٢) قَدِيمٌ جـ قُدَمَاءُ وقُدَامَى م قَدِيمَةٌ

旧的，古老的，从前的

(٦) قُدَّامَ　前面，前边

(٨) تَقَدُّمِيٌّ م تَقَدُّمِيَّةٌ　先进的，进步的

(٦) أَقْدَمِيَّةٌ (فِي الْعُمْرِ أو الْوَظِيفَةِ)　资历

أَقْدَمِيَّةٌ فِي الْعَمَلِ　工龄

(٨) اَلْأَقْدَمُونَ / اَلْقُدَمَاءُ　古人

(٦) مِقْدَامٌ جـ مَقَادِيمُ　刚毅的，勇猛的，英勇的

(٦) مُقَدِّمُ الطَّلَبِ　申请人

(٦) مُقَدِّمُ الْعَطَاءِ　投标人

*(٤) مُقَدِّمَةٌ (مُقَدَّمَةٌ) جـ مُقَدِّمَاتٌ

前部，前面，前头

مُقَدِّمَةُ الْكِتَابِ　前言，序言，绪论

(٤) مُقَدَّمٌ م مُقَدَّمَةٌ　被提前的，预付的

(٤) مُقَدَّمًا　提前，预先

دَفْعَةٌ مُقَدَّمَةٌ　预付款

(٢) مُتَقَدِّمٌ م مُتَقَدِّمَةٌ　先进的，进步的，发达的

(٤) اِقْتَدَى اِقْتِدَاءً بِفُلَانٍ فِي كَذَا

效仿，模仿，以…为榜样

(٤) قُدْوَةٌ / أُسْوَةٌ　榜样，模范

(٤) قَذَارَةٌ　肮脏，污秽

(٤) قَذِرٌ م قَذِرَةٌ　肮脏的，污秽的，不干净的

(٨) قَاذُورَةٌ جـ قَاذُورَاتٌ　污秽，污物

*(٤) قَذَفَ ـِ قَذْفًا الشَّيْءَ أو بِهِ　投掷，抛出，射出

(٦) قَاذِفَاتُ الْقَنَابِلِ　轰炸机

(٨) قَاذِفَاتُ اللَّهَبِ　火焰喷射器

(٦) قَذِيفَةٌ جـ قَذَائِفُ　炮弹，枪弹

(٨) قَذًى جـ أَقْذِيَةٌ　微尘，（眼里的）灰尘

*(٢) قَرَأَ ـَ قِرَاءَةً الْكِتَابَ　读，念，看

*(٤) اَلْقُرْآنُ　《古兰经》

*(٢) قَارِئٌ جـ قُرَّاءٌ م قَارِئَةٌ　读者

*(٢) قَرُبَ ـُ قُرْبًا مِنْ كَذَا / اِقْتَرَبَ اِقْتِرَابًا مِنْهُ
接近，靠近，走近

(٤) قَرَّبَهُ تَقْرِيبًا إِلَيْهِ 挪近，使接近

*(٤) قَارَبَ مُقَارَبَةً الشَّيْءَ 接近，近似，约计

يُقَارِبُ بَيْنَ كَذَا وَكَذَا 使二者接近

(٨) تَقَرَّبَ تَقَرُّبًا إِلَيْهِ 靠近，巴结，套近呼

*(٢) قُرْبَ كَذَا / بِالْقُرْبِ مِنْهُ 在…附近

عَنْ قُرْبٍ 就近

(٤) قُرَابَةَ كَذَا / حَوَالَيْ كَذَا 大约，大概

(٨) قِرْبَةٌ جـ قِرَبٌ وَقِرْبَانٌ 盛水或酒的皮囊

(٨) قِرَابٌ جـ أَقْرِبَةٌ: غِمْدٌ 刀（剑）鞘

(٨) قَرَابَةٌ 亲戚关系

(٨) قُرْبَانٌ جـ قَرَابِينُ 献牲，祭品

*(٢) تَقْرِيبًا / بِوَجْهِ التَّقْرِيبِ / عَلَى التَّقْرِيبِ
大约，大概，大致

(٢) قَارِبٌ جـ قَوَارِبُ 舟，艇，小船

قَارِبُ النَّجَاةِ 救生艇

*(٢) قَرِيبٌ م قَرِيبَةٌ 近的，接近的，靠近的

قَرِيبًا / عَنْ قَرِيبٍ 最近，不久

*(٢) قَرِيبٌ جـ أَقْرِبَاءُ م قَرِيبَةٌ جـ قَرَائِبُ 亲戚，亲属

(٤) عَلَى مَقْرُبَةٍ مِنْ ... 在…附近

*(٤) مُتَقَارِبٌ م مُتَقَارِبَةٌ 相近的

(٢) اِقْتَرَحَ اِقْتِرَاحًا عَلَيْهِ كَذَا 提议，建议

*(٢) اِقْتِرَاحٌ جـ اِقْتِرَاحَاتٌ / مُقْتَرَحٌ جـ مُقْتَرَحَاتٌ
建议

(٤) قِرْدٌ جـ قُرُودٌ 猴子

*(٢) قَرَّرَ تَقْرِيرًا الأَمْرَ 决定，拿定主意

(٦) أَقَرَّ إِقْرَارًا بِكَذَا 承认，供认

أَقَرَّ مُعَاهَدَةً 批准条约

(٦) تَقَرَّرَ تَقَرُّرًا الأَمْرُ 已确定下来，已成定局

(٤) اِسْتَقَرَّ اِسْتِقْرَارًا فِي الْمَكَانِ 安定，稳定，平静

اِسْتَقَرَّ الرَّأْيُ عَلَى كَذَا 达成共识

*(٤) قَرَارٌ جـ قَرَارَاتٌ 决议，决定；底部，深处

*(٤) تَقْرِيرٌ جـ تَقَارِيرُ وَتَقْرِيرَاتٌ 报告

*(٢) قَارَّةٌ جـ قَارَّاتٌ 洲，大陆

(٨) قُرَّةُ عَيْنٍ 满意，中意，高兴

(٨) قَرِيرُ الْعَيْنِ 愉快的，高兴的

(٨) قَارُورَةٌ جـ قَوَارِيرُ 长颈瓶；瞳仁

*(٤) مَقَرٌّ جـ مَقَرَّاتٌ وَمَقَارٌّ
住处，驻在地，所在地

مَقَرُّ الْقِيَادَةِ 司令部

(٤) مُقَرَّرٌ م مُقَرَّرَةٌ 已决定的

*(٢) مُقَرَّرَاتٌ 决议；课程

مُقَرَّرَاتٌ إِلْزَامِيَّةٌ 必修课

مُقَرَّرَاتٌ اخْتِيَارِيَّةٌ 选修课

مُقَرَّرَاتٌ أَسَاسِيَّةٌ 基础课

(٨) قُرْطُبَةُ: حَاضِرَةُ الْخِلَافَةِ الأَنْدَلُسِيَّةِ
科尔多瓦（安德鲁西亚首府）

(٨) قِيرَاطٌ جـ قَرَارِيطُ
克拉（宝石重量），开（黄金质量）

纸张 (٨) قِرْطَاسٌ وقُرْطَاسٌ جـ قَرَاطِيسُ

文具，文房四宝 (٨) قِرْطَاسِيَّةٌ

敲门 *(٤) قَرَعَ ـَ قَرْعًا الْبَابَ

表决，投票 (٦) اِقْتَرَعَ اِقْتِرَاعًا عَلَى كَذَا

无记名投票 اَلاِقْتِرَاعُ السِّرِّيُّ

南瓜 (٤) اَلْقَرْعُ

签；运气 (٨) قُرْعَةٌ جـ قُرَعٌ

秃头，秃顶 (٨) قَرَعٌ / صَلَعٌ

路心，路中间 (٨) قَارِعُ الطَّرِيقِ

(٨) أَقْرَعُ جـ أَقَارِعُ وَقُرْعٌ م قَرْعَاءُ
秃头，害秃疮的人

(٨) قَرِفَ ـَ قَرَفًا الشَّيْءَ
（令人）恶心，（让人）讨厌，厌恶

犯（罪、错） (٨) اِقْتَرَفَ اقْتِرَافًا الْجَرَائِمَ

蹲 (٨) قَرْفَصَ قُرْفُصَاءَ

(٨) قَرَقُوزٌ جـ قَرَاقِيزُ / كَرَاكُوزُ / قَرَهْ جُوز
皮影戏，木偶戏

瓦，红砖 (٨) قِرْمِيدٌ جـ قَرَامِيدُ الْوَاحِدَةُ قِرْمِيدَةٌ

猩红色，洋红的 (٨) قِرْمِزِيٌّ

普通课 مُقَرَّرَاتٌ مَعَارِفَ عَامَّةٍ

专业课 مُقَرَّرَاتٌ اخْتِصَاصِيَّةٌ

安定，稳定的 *(٤) مُسْتَقِرٌّ م مُسْتَقِرَّةٌ

严寒的 (٤) قَارِسٌ / شَدِيدُ الْبَرْدِ

(٢) قِرْشٌ جـ قُرُوشٌ
一角钱（埃、叙等国货币单位）

古莱什（部族） (٦) قُرَيْشٌ

圆盘，圆片 (٤) قُرْصٌ جـ أَقْرَاصٌ

铁饼 اَلْقُرْصُ (فِي الرِّيَاضَةِ)

药片 أَقْرَاصُ الدَّوَاءِ

电话盘，号码盘 قُرْصُ التِّلِفُونِ

磁盘 اَلْقُرْصُ الْمِغْنَاطِيسِيُّ

一罗（十二打） (٨) قَرُوصَةٌ

海盗 (٦) قُرْصَانٌ جـ قَرَاصِينُ وقَرَاصِنَةٌ

海盗行为；盗版 (٦) قَرْصَنَةٌ

咬嚼；咬断；蛀蚀 (٦) قَرَضَ ـِ قَرْضًا الشَّيْءَ

放款，出借 (٦) أَقْرَضَهُ إِقْرَاضًا

借钱，借贷 (٦) اِقْتَرَضَ اِقْتِرَاضًا مِنْ فُلَانٍ

消亡，灭绝 (٦) اِنْقَرَضَ اِنْقِرَاضًا: بَادَ

(٨) اِسْتَقْرَضَ اِسْتِقْرَاضًا مِنْهُ: طَلَبَ مِنْهُ الْقَرْضَ
告贷，求借，申请贷款

借款，贷款，债务 (٦) قَرْضٌ جـ قُرُوضٌ

耳环 (٨) قُرْطٌ جـ أَقْرَاطٌ

*(٤) قارَنَ مُقارَنَةً الشَّيْءَ بالشَّيْءِ 比较，对比，对照

بِالْمُقارَنَةِ مَعَ ... 与…相比

عِلْمُ مُقارَنَةِ اللُّغاتِ 比较语言学

(٦) اِقْتَرَنَ اِقْتِرانًا الشَّيْءُ بِكَذَا 联系，联合，结合

*(٢) قَرْنٌ جـ قُرُونٌ 角，犄角；世纪

(٨) قِرانٌ 结合；结婚

عَقْدُ الْقِرانِ 证婚式

*(٤) قَرِينَةٌ جـ قَرائِنُ 妻子，夫人

(٨) قَرائِنُ الْكَلامِ / سِياقُ الْكَلامِ

文章的前后关系，上下文，语境

(٤) مَقْرُونٌ بِكَذَا 与…相连的，和…结合的

(٤) قَرْنَبِيط 菜花

(٨) قُرُنْفُلِيُّ اللَّوْنِ 桃红色，淡红色

(٨) اِسْتَقْرَى اِسْتِقْراءً الأَشْياءَ 调查，研究

(٨) اَلاِسْتِقْراءُ 归纳，归纳法〔逻〕

*(٢) قَرْيَةٌ جـ قُرًى 村庄，村落

(٤) قَرَوِيٌّ جـ قَرَوِيُّونَ م قَرَوِيَّةٌ 村民，老乡

(٤) قازُوزَةٌ 玻璃瓶；汽水

(٨) قَزْمٌ وقَزَمٌ جـ أَقْزامٌ 矮子，侏儒

(٨) قَسٌّ جـ قُسُوسٌ / قِسِّيسٌ جـ قِسِّيسُونَ وقُسَّانٌ

牧师

(٢) قِسْطٌ جـ أَقْساطٌ 份，份额，分量

أَقْساطٌ وفَوائِدُ 本息

(٦) بالتَّقْسِيطِ: عَلَى أَقْساطٍ 分期地

*(٢) قَسَمَ ـِ قَسْمًا أو قَسَّمَ تَقْسِيمًا الشَّيْءَ

分，划分

(٢) قَسَّمَ عَلَيْهِمْ الشَّيْءَ 分给，分配

(٦) أَقْسَمَ أَنْ يَفْعَلَ كَذَا 发誓，宣誓

(٤) اِقْتَسَمَ اِقْتِسامًا الشَّيْءَ 分，分成份儿

*(٤) اِنْقَسَمَ الْقَوْمُ اِنْقِسامًا إِلَى ... 被分成，分成…

*(٢) قِسْمٌ جـ أَقْسامٌ

部分，部门，局，分局，科，系

(٤) قَسَمٌ جـ أَقْسامٌ 誓词，誓言

(٤) اَلتَّقْسِيمُ (فِي الْحِسابِ) 除法

(٨) قَسِيمَةُ (الدَفْتَرِ) جـ قَسائِمُ （发票的）存根

(٨) قَسَّاهُ تَقْسِيَةً 使坚硬，使硬化

*(٤) قاسَى يُقاسِي مُقاساةً الأَلَمَ 遭受

*(٤) قَسْوَةٌ 残忍，冷酷，严酷

*(٤) قاسٍ (الْقاسِي) م قاسِيَةٌ

残忍的，狠心的，冷酷无情的

شُرُوطٌ قاسِيَةٌ 苛刻的条件

(٨) قِشْدَةُ الْحَلِيبِ: قِشْطَةٌ 乳皮

(٨) قَشَّرَ تَقْشِيرًا الشَّيْءَ 剥皮，削皮，去壳

(٨) قِشْرٌ جـ قُشُورٌ الواحدةُ قِشْرَةٌ 皮，外壳

(٨) قَشٌّ الواحدةُ قَشَّةٌ جـ قَشَّاتٌ 麦秸，稻草

سِلالُ الْقَشِّ 草编盛具

*(٢) اِقْتِصَادِيٌّ م اِقْتِصَادِيَّةٌ　经济的，节俭的

(٨) اَلاِقْتِصَادِيَّاتُ　经济学；各类经济，各种营生

*(٤) قَصِيدَةٌ ج قَصَائِدُ　诗篇，长诗

(٢) مَقْصُودٌ　有意的；目的，意图，心愿

(٤) مَقْصِدٌ ج مَقَاصِدُ　目的，目的地

(٨) قَصْدِيرٌ　锡

وَرَقُ الْقَصْدِيرِ　锡纸，锡箔

(٦) قَصَّرَ تَقْصِيرًا فِي الأَمْرِ　有欠缺，疏忽，失职

(٦) قَصَّرَ عَنْ كَذَا　罢休，住手

*(٤) اِقْتَصَرَ اِقْتِصَارًا عَلَى كَذَا　局限于

*(٢) قَصْرٌ ج قُصُورٌ　宫殿，公馆

اَلْقَصْرُ الصَّيْفِيُّ　颐和园

اَلْقَصْرُ الأُمْبِرَاطُورِيُّ　故宫

*(٤) تَقْصِيرٌ　欠缺，不足，疏漏；失职，不尽职

(٦) قُصُورٌ / قَصْرٌ / تَقْصِيرٌ　懒惰，懈怠，疏忽

(٨) قُصَارَى الْجُهُودِ　最大的努力

(٦) قُصَارَى الْقَوْلِ: خُلَاصَةُ الْقَوْلِ　简而言之

(٨) بِالاِقْتِصَارِ　扼要地

(٨) قَاصِرٌ م قَاصِرَةٌ　未成年的

*(٢) قَصِيرٌ ج قِصَارٌ م قَصِيرَةٌ　短的，短促的；矮的

قَصِيرُ الْيَدِ　力不从心，缺乏才能；手头拮据

(٨) مَقْصُورَةٌ ج مَقَاصِيرُ

小房间，雅座，包厢；楼阁

أَدَوَاتٌ قَشِّيَّةٌ　草织品，草编

(٨) قَشْعَرَ واقْشَعَرَّ بَرْدًا: اِرْتَعَدَ　发抖，打颤

(٨) قُشَعْرِيرَةٌ: رَعْدَةٌ　哆嗦，颤抖；鸡皮疙瘩

(٦) تَقَشَّفَ تَقَشُّفًا　节俭，过俭朴生活

سِيَاسَةُ التَّقَشُّفِ　紧缩政策

(٤) قَصَبُ السُّكَّرِ　甘蔗

(٨) قَصَبَةٌ ج قَصَبَاتٌ　（一根）芦苇，竹竿

قَصَبَةُ الرِّئَةِ　气管

قَصَبَةُ الْمَرْءِ أو الْمَعِدَةِ　食道

*(٢) قَصَدَ ـِ قَصْدًا الْمَكَانَ أو إِلَيْهِ　去，前往，赴

*(٢) قَصَدَ الأَمْرَ

打算，想要；指…而言，意思是…，旨在

(٤) اِقْتَصَدَ اِقْتِصَادًا فِي ...　节约，节省

*(٢) قَصْدٌ　目的，宗旨；存心，意图

بِلاَ قَصْدٍ / مِنْ غَيْرِ قَصْدٍ　无意地，无心地

قَصْدًا / عَنْ قَصْدٍ　故意地，蓄意地

*(٢) اَلاِقْتِصَادُ　节省，节约；经济

اَلاِقْتِصَادُ الْوَطَنِيُّ　国民经济

اَلاِقْتِصَادُ الْمُخَطَّطُ　计划经济

اِقْتِصَادُ السُّوقِ　市场经济

اَلاِقْتِصَادُ الْجُزْئِيُّ أَوِ الْجُزَيْئِيُّ　微观经济

اَلاِقْتِصَادُ التَّجْمِيعِيُّ أَوِ الْكُلِّيُّ أَوِ الشَّامِلُ

宏观经济

مَقْصُورَةٌ مُبَرِّدَةٌ 冷藏舱，冷藏间

(٨) قَيْصَرٌ جـ قَيَاصِرَةٌ 罗马皇帝；沙皇

*(٤) قَصَّ ـُ قَصًّا الشَّيْءَ 剪，剪断

قَصَّ الشَّرِيطَ 剪彩

*(٢) قَصَّ ـُ قَصَصًا عَلَيْهِ الْخَبَرَ 讲述，叙述

*(٢) قِصَّةٌ جـ قِصَصٌ 故事，小说

*(٤) قِصَصِيٌّ 故事的；小说家

(٨) قَاصٌّ / قَصَّاصٌ 说书人，讲故事人，小说家

(٨) اَلْقُصَاصَاتُ الصُّحُفِيَّةُ 剪报

(٨) قُصَاصَاتُ وَرَقٍ فَنِّيَّةٌ 剪纸

(٤) مِقَصٌّ جـ مَقَاصٌّ 剪刀

(٨) مُقَاصَّةٌ (فِي الْحُقُوقِ) 抵销，两抵；反诉

(٨) مُقَاصَّةٌ بَيْنَ دَيْنَيْنِ 债务相抵；结清

(٨) قَصَفَ ـِ قَصْفًا الرَّعْدُ 雷声隆隆，轰鸣

(٨) قَصَفَ ـِ قَصْفًا الْمَكَانَ 轰炸；炮轰

(٤) مَقْصَفٌ جـ مَقَاصِفُ / بُوفِيه 小吃店，简易食堂

(٨) أَقْصَاه إِقْصَاءً عَنْ ... 赶走，驱逐

(٨) اِسْتَقْصَى اِسْتِقْصَاءً الأَمْرَ وفيهِ

探查，调查，追查，寻根问底

*(٤) أَقْصَى م قُصْوَى 最远的，极端的

(٤) مِنْ أَقْصَاهَا (البلاد) إِلَى أَقْصَاهَا 全国各地

(٤) قَضِيبٌ جـ قُضْبَانٌ 棍，棒

قَضِيبُ الذَّهَبِ 金条；条金

اَلْقُضْبَانُ الْحَدِيدِيَّةُ 铁轨，钢轨

(٨) اِنْقَضَّ اِنْقِضَاضًا النَّسْرُ 扑下，俯冲

(٨) قَضَمَ ـِ قَضْمًا الشَّيْءَ 啃

*(٤) قَضَى ـِ قَضَاءً الأَمْرَ 完成

قَضَى الْوَاجِبَ 尽职，尽责

*(٢) قَضَى الْوَقْتَ 度过时间，消磨光阴

*(٤) قَضَى حَاجَةَ فُلَانٍ 满足需求

*(٤) قَضَى عَلَى ... 消灭，根绝

(٦) قَضَى ـِ قَضَاءً عَلَيْهِ بِكَذَا 判决，宣判

(٦) تَقَاضَى تَقَاضِيًا الشَّيْءَ 领取；追索，索取

*(٤) اِنْقَضَى اِنْقِضَاءً الأَمْرُ 完结，过去

*(٤) اِقْتَضَى اِقْتِضَاءً الشَّيْءَ 需要，需求，要求

(٦) اَلْقَضَاءُ 判决，审判，司法

قَضَاءُ اللهِ 死亡；天数

*(٤) قَضِيَّةٌ جـ قَضَايَا 事业；问题；案件

(٤) قَاضٍ (القَاضِي) جـ قُضَاةٌ م قَاضِيَةٌ

法官，审判官

قَاضِي الْقُضَاةِ 大法官

قَاضِي التَّحْقِيقِ 预审法官

(٨) مَقْضِيٌّ عَلَيْهِ 注定的；被定罪的

(٨) مُقْتَضًى جـ مُقْتَضَيَاتٌ 需求，需要

بِمُقْتَضَى كَذَا 依据，根据

*(٢) قَطْ / فَقَطْ 仅，只

ق

(٨) اَلْقَطْرَانُ 焦油

(٢) قَطُّ (ظَرْفُ الزَّمَانِ): مَا فَعَلْتُ ذَلِكَ قَطُّ.

从来（没有）

(٤) قِطَّةٌ جـ قِطَطٌ / هِرَّةٌ 猫

*(٢) قَطَعَ ـَ قَطْعًا الشَّيْءَ 切开，切断，割断

قَطَعَ الْعَلاَقَةَ 断绝关系

قَطَعَ رَجَاءَهُ 失望，绝望

قَطَعَ التَّذْكِرَةَ 买票，打票

قَطَعَ مَسَافَةً 走完，行程（数里）

(٦) قَطَعَ ـَ قَطْعًا فِي الْقَوْلِ وبِهِ 断言，肯定

(٤) قَطَّعَ تَقْطِيعًا الشَّيْءَ 切碎，剁碎

*(٤) قَاطَعَ مُقَاطَعَةً الْكَلاَمَ أَوِ الْعَمَلَ

打断讲话或工作；抑制，断绝

*(٤) اِنْقَطَعَ اِنْقِطَاعًا الأَمْرُ 中断，停止

اِنْقَطَعَ عَنْ ... 戒除；中止

(٤) قَطْعًا 断然，决不

*(٢) قِطْعَةٌ جـ قِطَعٌ

块，段，截；（作品的）一部分

قِطْعَةُ غِيَارٍ 零件

(٦) قِطَاعٌ جـ قِطَاعَاتٌ 部门

اَلْقِطَاعُ الْخَاصُّ 私营部门

اَلْقِطَاعُ الْعَامُّ 国营部门

(٦) اَلْمُقَاطَعَةُ التِّجَارِيَّةُ 贸易抵制

(٨) اِسْتَقْطَبَ اِسْتِقْطَابًا 极化；吸引

(٨) اَلاِسْتِقْطَابُ إِلَى النَّقِيضَيْنِ 两极分化

*(٤) قُطْبٌ جـ أَقْطَابٌ 轴，轴心，极；要人，巨头

اَلْقُطْبُ الشِّمَالِيُّ 北极

اَلْقُطْبُ الْجَنُوبِيُّ 南极

اَلْقُطْبُ السَّالِبُ 阴极（负极）

اَلْقُطْبُ الْمُوجَبُ 阳极（正极）

أَقْطَابُ السِّيَاسَةِ 政界要人

اَلنِّظَامُ الثُّنَائِيُّ الْقُطْبِيَّةِ 两极体系，两极格局

اَلنِّظَامُ الْمُتَعَدِّدُ الأَقْطَابِ

多极体制，多极格局

(٨) قَطَّرَ تَقْطِيرًا الْمَاءَ 蒸馏；淡化

(٦) قُطْرُ الدَّائِرَةِ: قُطْرُ الْمُحِيطِ （圆的）直径

نِصْفُ قُطْرٍ 半径

*(٤) قَطَرُ 卡塔尔

*(٢) قُطْرٌ جـ أَقْطَارٌ 国家，地区

*(٤) قَطْرَةٌ جـ قَطَرَاتٌ 一滴，点滴

قَطْرَةُ الْعَيْنِ 眼药；眼泪

*(٢) قِطَارٌ جـ قُطُرٌ وقِطَارَاتٌ 火车，列车

قِطَارُ الخَطِّ / قِطَارٌ مُبَاشِرٌ 直达车

قِطَارٌ خَاصٌّ 专列，专车

(٦) قَاطِرَةٌ جـ قَاطِرَاتٌ

机车，火车头，牵引车，拖轮

*(٢) مُقَاطَعَةٌ جـ مُقَاطَعَاتٌ	省
*(٤) اَلإِقْطَاعِيَّةُ	封建主义
(٤) بِلاَ انْقِطَاعٍ	不断地，不停地
(٨) تَقَاطُعُ الطُّرُقِ	交叉（线路）
(٤) قَاطِعٌ م قَاطِعَةٌ	有力的，果断的，令人信服的
(٤) قَاطِعُ التَّذَاكِرِ	检票员，售票员
(٨) قَاطِعُ الطُّرُقِ جـ قُطَّاعُهَا	土匪，强盗
(٨) قَطَّاعَةُ الْوَرَقِ	切纸机
(٨) مَقْطُوعَةٌ جـ مَقْطُوعَاتٌ	（文学、音乐作品的）片断，摘录
(٨) قَطِيعٌ جـ قُطْعَانٌ	一群（鸟、牛、羊等）
(٦) مَقْطَعٌ جـ مَقَاطِعُ	渡口，路口；采石场；音节
*(٤) مُنْقَطِعُ النَّظِيرِ	无比的，举世无双的
*(٤) قَطَفَ ـِ قَطْفًا الزَّهْرَ أَوِ الثَّمَرَ	采，摘，掐
(٨) قَطِيفَةٌ جـ قَطَائِفُ	绒，长毛绒
قَطِيفَةٌ قُطْنِيَّةٌ مُضَلَّعَةٌ / مُخْمَلٌ مُضَلَّعٌ	灯芯绒
*(٤) مُقْتَطَفٌ جـ مُقْتَطَفَاتٌ	摘录，节录，片断
(٤) قَطَنَ ـُ قُطُونًا فِي الْمَكَانِ أَوْ بِهِ	住，居住
*(٢) قُطْنٌ جـ أَقْطَانٌ	棉花
قُطْنٌ مَحْلُوجٌ	皮棉
(٢) قُطْنِيٌّ م قُطْنِيَّةٌ	棉花的，棉织的
*(٢) قَعَدَ ـُ قُعُودًا	坐，坐下，坐着
(٦) أَقْعَدَهُ إِقْعَادًا عَنِ الْعَمَلِ	使丧失劳动力
(٦) تَقَاعَدَ تَقَاعُدًا	退职，退休
*(٤) قَاعِدَةٌ جـ قَوَاعِدُ	基础，基层，基地；规则，原理
قَوَاعِدُ اللُّغَةِ	语法
*(٢) مُتَقَاعِدٌ جـ مُتَقَاعِدُونَ م مُتَقَاعِدَةٌ	退休的，退职的
*(٢) مَقْعَدٌ جـ مَقَاعِدُ	凳子，座位，席位
(٨) مُقَعَّرٌ: ضِدُّ مُحَدَّبٍ	凹下去的
(٨) أَقْفَرَ إِقْفَارًا الْمَكَانُ	荒无人烟，荒凉
(٨) قَفْرٌ جـ قِفَارٌ أو قَفْرَةٌ جـ قَفَرَاتٌ	荒凉的，无人居住的，不毛之地
*(٢) قَفَزَ ـِ قَفْزًا	跳跃，跳起
اَلْقَفْزُ الْعَالِي	跳高
اَلْقَفْزُ الْعَرِيضُ / اَلْقَفْزُ الطَّوِيلُ	跳远
اَلْقَفْزُ بِالزَّانَةِ	撑杆跳
(٢) قُفَّازٌ جـ قَفَافِيزُ	手套
(٤) قَفَصٌ جـ أَقْفَاصٌ	笼子，篓子
(٨) قُفْطَانٌ جـ قَفَاطِينُ	长袍，长衫
(٨) قُفَّةٌ جـ قُفَفٌ	筐，篮子
(٤) أَقْفَلَ إِقْفَالاً الْبَابَ أَوْ غَيْرَهُ	锁门，关闭
(٤) قُفْلٌ جـ أَقْفَالٌ	锁
*(٤) قَافِلَةٌ جـ قَوَافِلُ	驼队，商队

ق

(٨) تَقَفَّى تَقَفِّيًا رُجُلاً 跟随，尾随

(٨) قَفًا جـ أَقْفِيَةٌ 脖颈（梗）子；枕部；背面

(٨) قَافِيَةٌ جـ قَوَافٍ (القوافي): سَجْعٌ 诗韵，韵脚

*(٤) قَلَبَ ـِ قَلْبًا الشَّيْءَ / قَلَّبَهُ 翻转，颠倒

(٦) تَقَلَّبَ الْمَرِيضُ عَلَى الْفِرَاشِ 辗转反侧

(٦) اِنْقَلَبَ اِنْقِلاَبًا الشَّيْءُ 变化，颠倒，被颠倒

اَلاِنْقِلاَبُ السِّيَاسِيُّ 政变

اَلاِنْقِلاَبُ الْعَسْكَرِيُّ 军事政变

*(٢) قَلْبٌ جـ قُلُوبٌ 心，心脏；中心，中央

فِي قَلْبِ الْمَدِينَةِ 市中心

مِنْ كُلِّ قَلْبِهِ 尽心地，一心一意地

عَنْ ظَهْرِ قَلْبٍ 背记

قَلْبُ الشِّتَاءِ 隆冬，严冬

قَلْبًا وقَالِبًا 彻头彻尾，地地道道

*(٢) قَلْبِيٌّ م قَلْبِيَّةٌ 衷心的，由衷的，真心诚意的

*(٤) تَقَلُّبٌ جـ تَقَلُّبَاتٌ 变化，变迁

(٨) قَالِبٌ وقَالَبٌ جـ قَوَالِبُ 模子，铸模；模式

(٤) مُتَقَلِّبٌ م مُتَقَلِّبَةٌ 多变的；变迁的

*(٤) قَلَّدَهُ تَقْلِيدًا 模仿，效仿

(٤) قَلَّدَهُ شَيْئًا 给予，授予

(٨) تَقَلَّدَ الأمرَ أو الوزارةَ أو السلاحَ

承担，担任；佩带

*(٤) تَقْلِيدٌ جـ تَقَالِيدُ 传统，习惯

(٤) تَقْلِيدِيٌّ م تَقْلِيدِيَّةٌ 传统的，习惯的

(٦) قِلاَدَةٌ جـ قَلاَئِدُ 项链，项圈

(٦) قَلَّصَ تَقْلِيصًا الشَّيْءَ 紧缩，压缩

تَقْلِيصُ الاِسْتِيرَادِ 缩减进口，压缩进口

(٨) تَقَلَّصَ تَقَلُّصًا الشَّيْءُ 收缩，紧缩

*(٤) قَلَعَ ـَ قَلْعًا الشَّيْءَ / اِقْتَلَعَ الشَّيْءَ

拔起，拔除

*(٤) أَقْلَعَ إِقْلاَعًا الْمَرْكَبُ أَوِ الطَّائِرَةُ 起航，起飞

(٦) أَقْلَعَ عَنْ كَذَا 停止，放弃，戒除

(٤) قَلْعَةٌ جـ قِلاَعٌ 碉堡，城堡，要塞

*(٢) قَلِقَ ـَ قَلَقًا عَلَى الأَمْرِ 担心，忧虑，不安

(٢) قَلِقٌ م قَلِقَةٌ 不安的，担心的；焦急的

(٤) مُقْلِقٌ م مُقْلِقَةٌ 令人焦虑的，令人不安的

*(٢) قَلَّ ـِ قِلَّةً الشَّيْءُ 少，变少，少见

لاَ يَقِلُّ عَنْ ... 不少于…

(٢) قَلَّمَا يَفْعَلُ كَذَا / قَلِيلاً مَا يَفْعَلُهُ 很少做

(٦) أَقَلَّ إِقْلاَلاً الشَّيْءَ أَوْ فُلاَنًا إِلَى ... 运送，载

(٦) قَلَّلَ تَقْلِيلاً الشَّيْءَ 减少，缩减

(٦) اِسْتَقَلَّ السَّيَّارَةَ ونَحْوَهَا 乘坐，骑

(٦) قِلَّةٌ 少，少量，缺乏

*(٤) اِسْتِقْلاَلٌ 独立

(٦) اَلاِسْتِقْلاَلِيَّةُ 独立性，自主权

اَلاِسْتِقْلاَلِيَّةُ الإِدَارِيَّةُ 经营自主权

*(٢) قَلِيلٌ جـ قَلِيلُونَ وأَقِلاَّءُ م قَلِيلَةٌ جـ قَلاَئِلُ

少的，少量的，缺乏的

قَبْلَ قَلِيلٍ　刚才，刚刚

بَعْدَ قَلِيلٍ　过一会儿

قَلِيلاً　一点儿，很少

(٢) أَقَلُّ ؛ أَقَلُّ مِن ...　最少，比…更少

عَلَى الأَقَلِّ　至少

*(٤) أَقَلِّيَّةٌ　少数

(٤) اَلأَقَلِّيَّاتُ　少数民族

(٨) قَلَّمَ الظُّفْرَ أَوِ الشَّجَرَ　修剪

*(٢) قَلَمٌ جـ أَقْلاَمٌ　笔

بِقَلَمِ فُلاَنٍ　某人写，某人作

قَلَمُ الْحِبْرِ　钢笔

قَلَمُ الْحِبْرِ الْجَافِّ　圆珠笔

قَلَمُ الرَّصَاصِ　铅笔

(٦) قَلَمٌ جـ أَقْلاَمٌ　科，局，处，所，办公室

قَلَمُ الْمَبِيعَاتِ　销售部

*(٤) إِقْلِيمٌ جـ أَقَالِيمُ　地区，地带；省

(٤) إِقْلِيمِيٌّ م إِقْلِيمِيَّةٌ　地区的；气候的

اَلْجَوُّ الإِقْلِيمِيُّ　领空

اَلْمِيَاهُ الإِقْلِيمِيَّةُ　领海

(٢) مِقْلَمَةٌ جـ مَقَالِيمُ　笔盒，铅笔盒

(٨) مُقَلِّمٌ جـ مُقَلِّمُونَ م مُقَلِّمَةٌ　修剪者

(٨) قِلْيٌ وقِلًى وقِلْوٌ: قِلْوِيَّاتٌ　碱

(٨) قِلْوِيٌّ م قِلْوِيَّةٌ　碱的，碱性的

*(٤) مَقْلِيٌّ جـ مَقْلِيَّةٌ　煎过的，炸过的，炒过的

*(٢) قَمْحٌ　小麦

(٦) قَمَرَ ـِ قَمْرًا وقَامَرَ　赌，赌博

*(٢) قَمَرٌ جـ أَقْمَارٌ　月亮，卫星

قَمَرٌ صِنَاعِيٌّ　人造卫星

(٨) مُقْمِرٌ م مُقْمِرَةٌ　月夜的，明月高照的

(٨) قِمَارٌ ومُقَامَرَةٌ / مَيْسَرٌ　赌博

*(٢) قَامُوسٌ جـ قَوَامِيسُ　字典，辞典

*(٤) قُمَاشٌ جـ أَقْمِشَةٌ　布，布匹

قُمَاشٌ لِصْقِيٌّ: قُمَاشٌ لاَنَسِيجِيٌّ

无纺织物，无纺布，黏合纺织物

*(٢) قَمِيصٌ جـ أَقْمِصَةٌ وقُمْصَانٌ　衬衣，衬衫

(٦) قَمَعَهُ ـَ قَمْعًا　镇压

(٨) قِمْعٌ وقِمَعٌ جـ أَقْمَاعٌ　漏斗

(٨) قَمْلٌ واحدتُهُ قَمْلَةٌ جـ قَمْلاَتٌ　虱子

*(٤) قِمَّةٌ جـ قِمَمٌ　顶点，顶峰

(٦) قُمَامَةٌ جـ قُمَامٌ وقُمَامَاتٌ / زُبَالَةٌ　垃圾

*(٤) قُنْبُلَةٌ جـ قَنَابِلُ　炸弹，炮弹

قُنْبُلَةٌ يَدَوِيَّةٌ　手榴弹

قُنْبُلَةٌ زَمَنِيَّةٌ / قُنْبُلَةٌ مَوْقُوتَةٌ　定时炸弹

قُنْبُلَةٌ ذَرِّيَّةٌ　原子弹

ق

*(٢) قَهْوَةٌ 咖啡

(٤) مَقْهًى جـ مَقَاهٍ (المقاهي) 咖啡馆

(٨) اِقْتَاتَ اِقْتِيَاتًا الشَّيْءَ 把…当做食物，以…为食

(٨) اِقْتَاتَ بِالشَّيْءِ / أَكَلَهُ 吃，食

(٨) قُوتٌ 食品，食物

(٨) اَلْقَاتُ （也门）卡特

*(٢) قَادَهُ ـُ قِيَادَةً 领导，统率，指挥

*(٢) قِيَادَةٌ 指挥部，司令部

اَلْقِيَادَةُ الْعُلْيَا 最高司令部

*(٢) قَائِدٌ جـ قَادَةٌ 首长，领导人

*(٢) قَائِدٌ جـ قُوَّادٌ 将领，统帅，指挥员，长官

اَلْقَائِدُ الْعَامُّ: اَلْقَائِدُ الأَعْلَى 总司令

(٨) مِقْوَدٌ جـ مَقَاوِدُ 方向盘，把手

(٨) قَارٌ: زِفْتٌ 沥青，柏油

(٨) تَقَوَّسَ تَقَوُّسًا الشَّيْءُ 变弯曲，成拱形

(٤) قَوْسٌ جـ أَقْوَاسٌ 弓，弧（阴性）

قَوْسُ قُزَحَ 彩虹

قَوْسَانِ 括弧，括号

(٦) قَوَّضَ تَقْوِيضًا الْبِنَاءَ 拆毁，摧垮

*(٤) قَاعٌ جـ قِيعَانٌ 底，底部

*(٢) قَاعَةٌ جـ قَاعَاتٌ 大厅，堂

قَاعَةُ الرِّيَاضَةِ / اَلْقَاعَةُ الرِّيَاضِيَّةُ 体育馆

قَاعَةُ الْمُطَالَعَةِ 阅览室

قُنْبُلَةٌ هِيدْرُوجِينِيَّةٌ 氢弹

قُنْبُلَةُ النِّيُوتْرُونِ 中子弹

(٨) قِنْدِيلٌ جـ قَنَادِيلُ 灯，油灯

(٨) قَانِصٌ وقَنَّاصٌ جـ قُنَّاصٌ 狙击手，猎手

(٦) قُنْصُلٌ جـ قَنَاصِلُ 领事

(٦) قُنْصُلِيَّةٌ 领事馆

(٦) قَنْطَرَةٌ جـ قَنَاطِرُ 拱桥，拱门；闸门，水闸

*(٤) قَنِعَ ـَ قَنَاعَةً بِكَذَا / اِقْتَنَعَ اِقْتِنَاعًا بِهِ

满足，满意，信服

(٤) أَقْنَعَ إِقْنَاعًا فُلاَنًا بِكَذَا 使满足，说服

(٦) قِنَاعٌ جـ أَقْنِعَةٌ 面纱；假面具

اَلأَقْنِعَةُ الْوَاقِيَةُ مِنَ الْغَازِ 防毒面具

*(٤) قَانُونٌ جـ قَوَانِينُ 法律，法令，法则，规律

قَانُونُ القِيمَةِ 价值规律

قَانُونُ الطَّبِيعَةِ 自然规律

(٨) قَانُونِيٌّ م قَانُونِيَّةٌ 法律的，法定的，合法的

*(٤) قَنَاةٌ جـ قَنَوَاتٌ 运河，水渠，渠道；管道

قَنَاةُ السُّوَيْسِ 苏伊士运河

اَلْقَنَاةُ التِّلْفِزْيُونِيَّةُ 电视频道

(٦) قَهَرَهُ ـَ قَهْرًا 制服，征服，战胜

*(٢) اَلْقَاهِرَةُ 开罗

(٨) قَهْقَهَ قَهْقَهَةً 大笑，哈哈大笑

(٨) تَقَهْقَرَ تَقَهْقُرًا: تَرَاجَعَ 后退，退却，倒退

قاعَةُ الاِحْتِفالاتِ / قاعَةُ الاِجْتِماعاتِ 礼堂

قاعَةُ الشَّعْبِ الْكُبْرَى 人民大会堂

(٨) قَوْقَعَةٌ جـ قَوْقَعاتٌ 蜗牛

*(٢) قالَ ـُـ قَوْلاً مَقالَةً ومَقالاً 说

قِيلَ يُقالُ كَذا 据说，据传，常言道

*(٢) قَوْلٌ جـ أَقْوالٌ وأَقاوِيلُ 话，话语，言语

(٦) أَقاوِيلُ 传闻，流言，蜚语

*(٢) مَقالَةٌ جـ مَقالاتٌ 文章

(٦) مَقالٌ 讲话，文章

(٦) اَلْمُقاوَلَةُ 承包，包工

(٦) مُقاوِلٌ 承包商，包工头

مُقاوِلٌ مِنَ الْباطِنِ 分包商

(٨) اَلْقِيلُ والْقالُ 众说纷纭

*(٢) قامَ ـُـ قِيامًا 起立，站起来

قامَ مِنَ النَّوْمِ 起床

*(٢) قامَ بِكَذا 进行，从事，主持，做

(٦) قَوَّمَ تَقْوِيمًا الشَّيْءَ / قَيَّمَهُ 纠正，矫正

قَوَّمَ المَتاعَ: سَعَّرَهُ وثَمَّنَهُ 估价，定价

*(٤) قاوَمَ مُقاوَمَةً الْعَدُوَّ 抵抗，反抗，抗击

*(٢) أَقامَ إِقامَةً الشَّيْءَ 竖起，建立；举行，举办

*(٢) أَقامَ فِي مَكانٍ 居住，定居

(٦) اِسْتَقامَ اِسْتِقامَةً: اِعْتَدَلَ وانْتَصَبَ
变成直的，正的；直立，竖起

(٤) قامَةٌ جـ قاماتٌ / قَوامٌ 身材，个子

*(٢) قَوْمٌ جـ أَقْوامٌ 人们，民众，百姓

(٢) قَوْمِيٌّ م قَوْمِيَّةٌ 民族的

*(٢) قَوْمِيَّةٌ جـ قَوْمِيّاتٌ 民族

(٤) اَلْقَوْمِيَّةُ 民族性，民族主义

(٤) قِوامٌ / سَنَدٌ 支柱

*(٢) قِيمَةٌ جـ قِيَمٌ 价值，分量

(٦) اَلْقِيمَةُ الإِجْمالِيَّةُ لِلإِنْتاجِ الْقَوْمِيِّ
国民生产总值

(٤) اَلتَّقْوِيمُ السَّنَوِيُّ 年历，日历，月份牌

(٤) تَقْيِيمُ الأَعْمالِ أَوِ الْمُنْجَزاتِ
评估，评价，鉴定

(٨) إِقامَةٌ إِجْبارِيَّةٌ 软禁

(٢) قائِمٌ م قائِمَةٌ 站立的，存在的

زاوِيَةٌ قائِمَةٌ 直角

(٤) اَلْقائِمُ بِالأَعْمالِ 代办

(٢) قائِمَةٌ جـ قائِماتٌ وقَوائِمُ
清单，目录；（牲畜、桌、椅的）腿

قائِمَةُ الطَّعامِ 菜单

*(٤) قَيِّمٌ م قَيِّمَةٌ 有价值的，贵重的

(٨) اَلْمُقَوِّمُ 整流器

(٦) مُقَوِّماتٌ 成分，要素

*(٤) مُسْتَقِيمٌ م مُسْتَقِيمَةٌ 直的，笔直的；正直的

(٤) اَلْقَيْءُ 呕吐

(٨) قِيتَارٌ جـ قَيَاتِيرُ / قِيثَارٌ جـ قَيَاثِيرُ 吉他

(٨) تَقَيَّحَ تَقَيُّحًا الْجُرْحُ 生脓，化脓

(٦) قَيَّدَهُ تَقْيِيدًا 限制，制约，束缚

*(٤) قَيَّدَ اسْمَهُ 登记，挂号，注册

(٦) تَقَيَّدَ تَقَيُّدًا بِكَذَا 受制约，严格遵守

(٦) قَيْدَ كَذَا 外在…，正在…

عَلَى قَيْدِ الْحَيَاةِ 活着，在世，健在

عَلَى قَيْدِ الْمِنْحَةِ الدِّرَاسِيَّةِ 拿（着）奖学金

*(٤) قَيْدٌ جـ قُيُودٌ 桎梏，手铐；条件

بِلاَ قَيْدٍ وَلاَ شَرْطٍ 无条件地

اَلْقُيُودُ التِّجَارِيَّةُ 贸易限制

قُيُودُ الْحِصَصِ 配额限制

*(٤) قَاسَ ـِ قِيَاسًا الشَّيْءَ 测量，衡量

قَاسَ الثَّوْبَ 试衣服，试穿

قَاسَ الْحَرَارَةَ 测温度

(٤) قَاسَ الشَّيْءَ بِالشَّيْءِ 比较，对比

(٤) قِيَاسٌ جـ قِيَاسَاتٌ 尺码，标准

(٤) بِالْقِيَاسِ إِلَى ... 与…比较，比起…来

(٨) قِيَاسِيٌّ م قِيَاسِيَّةٌ 标准的，合格的，正规的

(٤) مَقَاسٌ جـ مَقَاسَاتٌ 度，尺码，长短，大小

*(٤) مِقْيَاسٌ جـ مَقَايِيسُ 标准，尺度，量具

مِقْيَاسُ الْحَرَارَةِ 温度计，体温表

(٤) مَقَامٌ جـ مَقَامَاتٌ 地位，地点，场所

(٨) مَقَامَةٌ جـ مَقَامَاتٌ

范围，领域，（某）界；麦卡麦（文体）

(٤) قَوِيَ يَقْوَى قُوَّةً عَلَى الأَمْرِ 能够，能承担

*(٢) قَوَّى يُقَوِّي تَقْوِيَةً الشَّيْءَ 加强，巩固

*(٢) قُوَّةٌ جـ قُوًى 力量，能力；威力

قُوَّةُ الْحِصَانِ 马力

اَلْقُوَى الْمُنْتِجَةُ 生产力

اَلْقُوَى الشِّرَائِيَّةُ 购买力

قُوَّةٌ اسْتِمْرَارِيَّةٌ 惯性

قُوَّةٌ قَاهِرَةٌ 不可抗力

*(٢) قُوَّةٌ جـ قُوَّاتٌ 军队，部队

اَلْقُوَّاتُ الْبَرِّيَّةُ 陆军

اَلْقُوَّاتُ الْبَحْرِيَّةُ 海军

اَلْقُوَّاتُ الْجَوِّيَّةُ 空军

اَلْقُوَّاتُ الْمُسَلَّحَةُ 武装部队

قُوَّاتٌ مُرْتَزِقَةٌ 雇佣军

قُوَّاتُ الأَمْنِ 公安部队

*(٢) قَوِيٌّ جـ أَقْوِيَاءُ م قَوِيَّةٌ

强大的，强壮的，坚强的，有力的

(٢) أَقْوَى، أَقْوَى مِنْ ... 最强大；比…更强大

(٨) مُقَوٍّ (الْمُقَوِّي) م مُقَوِّيَاتٌ 滋补剂，补药

(٤) تَقَيَّأَ تَقَيُّأً 呕吐

عَلَى الْمِقْيَاسِ الْعَالَمِيِّ 按世界标准

(٨) قِيشَانِيٌّ 上釉的瓷砖

(٨) قَايَضَ مُقَايَضَةً وقِيَاضًا فُلاَنًا بالشَّيْءِ

交换货物，易货

(٨) قَيْظٌ 炎热，酷热；仲夏

(٨) قِيَافَةٌ

跟踪，追踪，尾随；长相，相貌，外观，仪表

(٨) أَقَالَهُ إِقَالَةً مِنْ عَمَلِهِ 革职，撤职

*(٤) اِسْتَقَالَ اِسْتِقَالَةً مِنَ الْخِدْمَةِ 辞职

(٨) قَيْلُولَةٌ 午睡，小憩

الكاف

*(٢) كَ (كَذَا، كَمَا، كَذَلِكَ، كَالْعَادَةِ ...)
如，像，好似（比拟虚词）
(٦) كَارْت: بِطَاقَةٌ 卡片，名片
(٤) كَازِينُو جـ كَازِينُوهَات 娱乐场所，夜总会
(٦) كَافِتِرِيَا 自助餐厅
(٨) كَافُور 樟树，樟脑
(٨) كَاكَاوْ 可可树，可可粉
(٤) كَاكِي 柿子
(٨) كَالُورِي: سُعْرٌ (وَحْدَةٌ حَرَارِيَّةٌ) 卡，卡路里
كِيلُوكَالُورِي 千卡，大卡
*(٤) كَامِيرَا جـ كَامِيرَات 照相机
كَامِيرَا فِيدِيُو 摄像机
(٨) كَئِبَ ـَ كَأْبًا وكَآبَةً 悲哀，忧郁
(٨) اِكْتَأَبَ اِكْتِئَابًا 悲哀，悲痛，忧郁
(٨) كَئِيبٌ م كَئِيبَةٌ 伤心的，忧郁的
(٤) كَأْسٌ جـ كُؤُوسٌ 杯，酒杯，奖杯（阴性）
(٨) كَبَّ ـُ كَبًّا الإِنَاءَ 翻转，倒，弄翻
*(٤) أَكَبَّ إِكْبَابًا عَلَى عَمَلٍ / اِنْكَبَّ اِنْكِبَابًا عَلَيْهِ
专心工作，埋头工作

(٤) كَبَابٌ 烤肉串
(٨) كَبَتَ ـِ كَبْتًا غَيْظَهُ
扼制愤怒，压着性子，忍气吞声
(٨) كَبَحَ ـَ كَبْحًا الْعَوَاطِفَ وعَلَيْهَا
压住（感情），控制
(٦) كَبْحُ جِمَاحِ التَّضَخُّمِ 抑制通货膨胀
(٨) كَابِحٌ جـ كَوَابِحُ 抑制者，制约者
(٦) تَكَبَّدَ تَكَبُّدًا الأَمْرَ 遭受，经受，忍耐
تَكَبَّدَ الأَهْوَالَ 担惊受怕
*(٤) كَبْدٌ وكَبِدٌ جـ أَكْبَادٌ 肝；中部，中心
*(٤) كَبِرَ ـَ كِبَرًا فِي السِّنِّ 上年纪，年迈
(٤) كَبُرَ ـُ كِبَرًا وكُبْرًا الشَّيْءُ 大，变大
(٦) كَبَّرَ / قَالَ: اللهُ أَكْبَرُ 说：真主至大
(٨) كَبَّرَ تَكْبِيرًا الشَّيْءَ 放大，扩大
(٨) تَكَبَّرَ تَكَبُّرًا 自大，自高自大，骄傲
(٨) اِسْتَكْبَرَ اِسْتِكْبَارًا الأَمْرَ 认为重大，认为严重
*(٤) كِبْرٌ / كِبْرِيَاء 骄傲，自大
*(٢) كَبِيرٌ جـ كِبَارٌ م كَبِيرَةٌ
大的，巨大的，重大的；紧要的

ك

كِبَارُ رِجَالِ الدَّوْلَةِ 国家主要领导人

كِبَارُ الْمُوَظَّفِينَ 高级干部，高级职员

(٢) أَكْبَرُ م كُبْرَى 较大的；最大的

(٨) اَلأَكَابِرُ والأَعْيَانَ 贵族，名流，头面人物

(٤) مُكَبِّرُ الصَّوْتِ / مِكْرُوفُون 扩音器，话筒

*(٤) مُتَكَبِّرٌ جـ مُتَكَبِّرُونَ م مُتَكَبِّرَةٌ

自大的，骄傲的，狂妄的

*(٤) كِبْرِيتٌ / ثِقَابٌ 火柴

(٨) كَبَسَ ـِ كَبْسًا الشَّيْءَ 压，榨；扣杀（球）

كَبَسَ دَارَ فُلاَنٍ أو عَلَى فُلاَنٍ / هَجَمَ عَلَيهِ

وَاحْتَاطَ بِهِ 突袭，查抄，抄家

(٨) كَبْسَةٌ 突击，抄家；扣杀，扣球

(٨) كَابُوسٌ جـ كَوَابِيسُ 噩梦，梦魇

(٨) مِكْبَسٌ جـ مَكَابِسُ 压力机，压榨机；活塞

(٨) كَبَّاسٌ 压力机，压榨机；活塞

(٨) كَبْسُولَةٌ جـ كَبْسُولاَتٌ 胶囊

(٨) كَبْشٌ جـ كِبَاشٌ 羝羊，公绵羊

كَبْشُ الْفِدَاءِ 替罪羊

(٨) كَبَلَهُ ـِ كَبْلاً وكَبَّلَهُ 上手铐，上脚镣

(٨) تَكَبَّلَ تَكَبُّلاً رَجُلٌ 被戴上手铐脚镣

(٦) كَابِلٌ جـ كَوَابِلُ 电缆

(٨) كَبِينٌ جـ كَبَائِنُ وكَبَاينُ 电话亭

(٨) كَبَا ـُ كَبْوًا وكُبُوًّا: اِنْكَبَّ عَلَى وَجْهِهِ 向前摔倒

كَبَا النُّورُ أَوِ اللَّوْنُ

暗淡，朦胧；褪色，掉色

*(٢) كَتَبَ ـُ كِتَابَةً الْكِتَابَ 写，写作

(٦) اِكْتَتَبَ اِكْتِتَابًا الأَسْهُمَ 认购股票

اِكْتِتَابٌ عَامٌّ 公开认购

*(٢) كِتَابٌ جـ كُتُبٌ 书，书籍，书信

اَلْكُتُبُ الْمَدْرَسِيَّةُ 教科书

اَلْكُتُبُ الْمَخْزُونَةُ 藏书

اَلْكُتُبُ الْمُنَقَّحَةُ 善本

*(٢) كَاتِبٌ جـ كُتَّابٌ وكَتَبَةٌ وكَاتِبُونَ م كَاتِبَةٌ

作者，作家，文书，秘书

(٨) كُتَّابٌ جـ كَتَاتِيبُ 私塾

(٨) كَتِيبَةٌ جـ كَتَائِبُ

分遣队；营；大队；（骑兵）中队

*(٢) مَكْتَبٌ جـ مَكَاتِبُ

办公室，办事处，营业所；书桌

مَكْتَبُ الْبَرِيدِ 邮局

مَكْتَبُ التَّسْجِيلِ 挂号室，报名处

مَكْتَبُ التِّلِغْرَافِ 电报局

اَلْمَكْتَبُ السِّيَاسِيُّ 政治局

*(٢) مَكْتَبَةٌ جـ مَكْتَبَاتٌ 图书馆，书店

*(٢) كَتِفٌ جـ أَكْتَافٌ 肩，肩膀（阴性）

كَتِفًا لِكَتِفٍ 肩并肩

不多不少，正好 لاَ أَكْثَرُ وَلاَ أَقَلُّ

大多数 *(٤) أَكْثَرِيَّةٌ

简单多数 أَكْثَرِيَّةٌ بَسِيطَةٌ

压倒多数，绝对多数 أَكْثَرِيَّةٌ سَاحِقَةٌ

相对多数 أَكْثَرِيَّةٌ نِسْبِيَّةٌ

变稠密，变茂盛 (٨) كَثُفَ ـُ كَثَافَةً الشَّيْءُ

稠密，密集，密度，浓度 (٤) كَثَافَةٌ

人口密度 كَثَافَةُ السُّكَّانِ

浓厚的，稠密的，密集的 *(٤) كَثِيفٌ م كَثِيفَةٌ

电容器 (٨) اَلْمُكَثِّفُ

浓缩的，密集的 (٦) مُكَثَّفٌ م مُكَثَّفَةٌ

罗马天主教的 (٨) كَثُولِيكِيٌّ وكَاثُولِيكِيٌّ

咳嗽 (٨) كَحَّ ـُ كَحًّا وكَحْكَحَ كَحْكَحَةً

咳嗽 (٢) كُحَّةٌ / سُعَالٌ

涂眼睑 (٨) كَحَلَ ـُ كَحْلاً الْعَيْنَ

眼影粉 (٨) كُحْلٌ وكِحَالٌ

酒精 (٨) كُحُولٌ

劳动者 (٤) كَادِحٌ جـ كَادِحُونَ م كَادِحَةٌ

努力，苦干，辛劳 (٤) كَدٌّ

勤劳的，刻苦的 (٤) كَدُودٌ

使变得浑浊，搅浑 (٦) كَدَّرَ تَكْدِيرًا الْمَاءَ ونَحْوَهُ

扰乱，打搅，使烦恼 كَدَّرَ صَفْوَهُ

浑浊的 (٤) كَدِرٌ م كَدِرَةٌ

(٤) مَكْتُوفُ الْيَدَيْنِ جـ مَكْتُوفُو الأَيْدِي

束手无策，袖手旁观

小鸡，雏鸡 (٨) كَتْكُوتٌ جـ كَتَاكِيتُ

(٨) تَكَتَّلَ تَكَتُّلاً الشَّيْءُ

结成团，结成块；形成集团

块，团；集团 *(٤) كُتْلَةٌ جـ كُتَلٌ

金融集团 كُتْلَةٌ مَالِيَّةٌ

(٦) كَتَالُوجٌ جـ كَتَالُوجَاتٌ

总目，商品目录；说明书

*(٤) كَتَمَ ـُ كَتْمًا وكِتْمَانًا الشَّيْءَ

隐瞒，隐匿，保守（秘密）

麻，亚麻 (٤) كَتَّانٌ

近，附近 (٨) كَثَبٌ

就近，在附近 عَنْ كَثَبٍ

沙堆，沙丘 (٨) كَثِيبٌ جـ كُثْبَانٌ

多，增多，多起来 (٢) كَثُرَ ـُ كَثْرَةً الشَّيْءُ

多做，多干，多… *(٤) أَكْثَرَ إِكْثَارًا مِنْ ...

繁殖，增殖，滋生 *(٤) تَكَاثَرَ تَكَاثُرًا الشَّيْءُ

很多的，众多的，充裕的 *(٢) كَثِيرٌ م كَثِيرَةٌ

常常做，经常做 *(٤) كَثِيرًا مَا يَفْعَلُ ...

最多的；大多数；比…多 *(٢) أَكْثَرُ، أَكْثَرُ مِنْ ...

至多，最多 عَلَى الأَكْثَرِ

越发，更加，越来越… أَكْثَرَ فَأَكْثَرَ

(٤) كَادِرٌ جـ كَوَادِرُ م كَادِرَةٌ　干部

*(٤) كَدَّسَ تَكْدِيسًا الْمَحَاصِيلَ أَوْ غَيْرَهَا　堆积

*(٤) كَذَبَ ـِ كِذْبًا　说谎，撒谎

(٨) كَذَّبَهُ تَكْذِيبًا　揭穿谎言，驳斥

(٨) أُكْذُوبَةٌ جـ أَكَاذِيبُ　谎话，谎言

(٤) كَذَّابٌ / كَذُوبٌ　爱说谎的，骗人的，骗子

(٨) اِكْتَرَبَ اِكْتِرَابًا　悲伤，伤感

(٨) كَرْبٌ جـ كُرُوبٌ　忧伤，苦闷

(٨) مِكْرُوبٌ جـ مِكْرُوبَاتٌ　细菌

(٨) كَرْبُونٌ　炭

وَرَقُ الْكَرْبُونِ　复写纸

أَوَّلُ أُكْسِيدِ الْكَرْبُونِ　一氧化碳

ثَانِي أُكْسِيدِ الْكَرْبُونِ　二氧化碳

(٨) كَرْتُونٌ　硬纸板；纸箱

(٤) اِكْتَرَثَ اِكْتِرَاثًا لِلأَمْرِ

关心，留心，注意，在意

بِلاَ اكْتِرَاثٍ / دُونَ اكْتِرَاثٍ　没在意，漫不经心

*(٤) كَارِثَةٌ جـ كَوَارِثُ　灾难，祸患，浩劫

(٤) كُرَّاثٌ　韭菜

(٨) كَرَاج / جَرَاج　车库

(٨) كُرْدٌ وأَكْرَادٌ الواحدُ كُرْدِيٌّ　库尔德人

*(٤) كَرَّرَ تَكْرِيرًا الشَّيْءَ　重复，再三…；提炼

كَرَّرَ الْبِتْرُولَ　炼油

كَرَّرَ السُّكَّرَ　制糖

(٤) تَكَرَّرَ تَكَرُّرًا الأَمْرُ　重复，反复，一再发生

*(٤) مُتَكَرِّرٌ م مُتَكَرِّرَةٌ

反复的，多次的，不止一次的

(٨) كَرَزٌ　樱桃

*(٤) كَرَّسَ تَكْرِيسًا حَيَاتَهُ　奉献，献身

*(٢) كُرْسِيٌّ جـ كَرَاسِيُّ　椅子，座位；宝座

كُرْسِيٌّ بِلْيٍ　球轴承

أُسْتَاذُ كُرْسِيٍّ　正教授，首席教授

*(٢) كُرَّاسَةٌ جـ كُرَّاسَاتٌ　练习本，小册子

كُرَّاسَةُ الشُّرُوطِ وَالْمُوَاصَفَاتِ

标书（规格、条件册）

(٨) كِرْشٌ جـ كُرُوشٌ　大肚皮

(٤) كَرَفْسٌ　芹菜

(٨) كَرْكَتُون　卡通片

(٨) كَرْكَدَنٌّ　犀牛

*(٢) كَرَّمَ تَكْرِيمًا فُلاَنًا　招待，款待；尊重；表彰

(٤) أَكْرَمَ إِكْرَامًا فُلاَنًا　敬重；款待

*(٤) تَكَرَّمَ تَكَرُّمًا عَلَيْهِ بِكَذَا　惠顾，赏光

*(٢) كَرَمٌ　慷慨，大方，宽宏大量

(٦) كَرْمٌ جـ كُرُومٌ　葡萄（树、藤）

*(٤) كَرَامَةٌ

尊严，荣誉，体面；慷慨，大方，义气

ك

اَلْكُرَةُ الأَرْضِيَّةُ 地球

(٤) كُرَوِيٌّ م كُرَوِيَّةٌ 球形的，圆的

(٨) كِرُومٌ 铬〔化〕

(٨) كَرِيَ ـَ كَرًى 小憩，微睡，打盹

(٨) اِكْتَرَى اِكْتِرَاءً الشَّيْءَ 租赁，租用

(٤) كُزْبَرَةٌ 香菜

*(٤) كَسَبَ ـِ كَسْبًا الشَّيْءَ

赢得，获取，争取，取胜

كَسَبَ الْمَالَ 赚钱

كَسَبَ الرِّزْقَ / كَسَبَ الْعَيْشَ 谋生

كَسَبَ الْوَقْتَ 争取时间

*(٤) اِكْتَسَبَ اِكْتِسَابًا الشَّيْءَ 赢得，争取；赚钱

(٤) مَكْسَبٌ جـ مَكَاسِبُ 收获，收益，利润

(٦) مُكْتَسَبٌ م مُكْتَسَبَةٌ 所获得的；后天的

(٦) مُكْتَسَبَاتٌ 成果，成就

(٨) كَسَحَ ـَ كَسْحًا الْكَانَ 打扫

(٨) اِكْتَسَحَ اِكْتِسَاحًا الشَّيْءَ 横扫，席卷，扫荡

(٨) كَاسِحَةُ الأَلْغَامِ 扫雷艇，扫雷器

(٦) كَسُدَتِ ـُ كَسَادًا السُّوقُ 萧条，疲软，滞销

(٨) كَاسِدٌ م كَاسِدَةٌ 滞销的

(٤) كَسَرَ ـِ كَسْرًا الشَّيْءَ 折断，打破

كَسَرَ الْجُمُودَ 打破僵局

(٨) كَسَّرَ تَكْسِيرًا الشَّيْءَ 打碎，粉碎

حُبًّا وكَرَامَةً 甘心情愿

*(٢) كَرِيمٌ جـ كِرَامٌ وكُرَمَاءُ م كَرِيمَةٌ

慷慨的；好客的；高贵的，高尚的

اَلْحَجَرُ الْكَرِيمُ 宝石

اَلْمَعْدِنُ الْكَرِيمُ 贵金属

(٨) اَلْكَرِيمُ (لِلْوَجْهِ) 润面油，润肤乳

(٤) مُكَرَّمٌ م مُكَرَّمَةٌ 受敬重的，尊贵的，有威望的

(٤) كُرُنْبٌ / مَلْفُوفٌ 洋白菜，卷心菜

(٨) كُورْنِيش وكُرْنِيشٌ جـ كَرَانِيشُ

飞檐；滨海大道，沿河大街

*(٤) كَرِهَ ـَ كَرَاهِيَةً الشَّيْءَ 讨厌，厌恶

(٦) أَكْرَهَ إِكْرَاهًا فُلَانًا عَلَى الأَمْرِ 强迫，强制

(٨) كُرْهًا وعَلَى كُرْهٍ وعَنْ كَرَاهِيَةٍ

被迫地，勉强地

(٤) كَرِيهٌ م كَرِيهَةٌ 可恶的；难闻的，有臭味的

(٤) مَكْرُوهٌ 讨厌的，可憎的；不幸，灾祸

*(٢) كُرَةٌ جـ كُرَاتٌ 球，球体

كُرَةُ السَّلَّةِ 篮球

اَلْكُرَةُ الطَّائِرَةُ 排球

كُرَةُ الطَّاوِلَةِ 乒乓球

كُرَةُ الرِّيشِ 羽毛球

كُرَةُ التَّنِسِ / اَلتِّنِسِ 网球

كُرَةُ الْقَدَمِ 足球

*(٢) اِنْكَسَرَ اِنْكِسارًا الشَّيْءُ

被折断，破裂，破碎；受挫

(٨) اَلْكُسُورُ الْعادِيَّةُ 分数

(٨) اَلْكُسُورُ الْعُشْرِيَّةُ 小数

(٨) كَسَّارَةُ الْحِجارَةِ 碎石机

(٨) كُسُوفُ الشَّمْسِ 日食

(٨) كَسِلَ ـَ كَسَلاً وتَكاسَلَ 懒，懒惰

*(٢) كَسْلانٌ جـ كُسالَى م كَسْلانَةٌ 懒惰的；懒汉

(٨) مُتَكاسِلٌ م مُتَكاسِلَةٌ 懒洋洋的，懒惰的

(٨) كَساهُ ثَوْبًا يَكْسُو كَسْوًا 给某人穿衣服

(٨) اِكْتَسَى اِكْتِسَاءً الثَّوْبَ 穿衣服

(٨) كِساءٌ جـ أَكْسِيَةٌ 衣服

اَلْكِساءُ الدَّافِئُ والطَّعامُ الكافِي 温饱

*(٤) كَشَفَ ـِ كَشْفًا الشَّيْءَ وعَنْهُ 揭开，揭露，暴露

*(٤) اِكْتَشَفَ اِكْتِشافًا الشَّيْءَ

发现，发明；看出，揭示

*(٤) اِنْكَشَفَ اِنْكِشافًا الأَمْرُ 露出，暴露

*(٤) اِسْتَكْشَفَ اِسْتِكْشافًا عَنْ ...

探索，探测，探险，侦察

(٦) كَشْفٌ جـ كُشُوفٌ 单子，清单，表

كَشْفُ الْمُطالَبَةِ 索赔清单

(٤) اِكْتِشافٌ جـ اِكْتِشافاتٌ / مُكْتَشَفٌ جـ مُكْتَشَفاتٌ

发现

(٨) كَشَّافٌ 检查员，侦察员

كَشَّافُ الْجُمْرُكِ 海关检查员

اَلنُّورُ الْكَشَّافُ / اَلضَّوْءُ الْكَشَّافُ / اَلْمِصْباحُ

اَلْكَشَّافُ 探照灯

(٨) كَشَّافَةٌ 童子军

(٤) مَكْشُوفٌ م مَكْشُوفَةٌ

被揭露的；露天的；不设防的；裸露的

اَلشِّراءُ وَالْبَيْعُ عَلَى الْمَكْشُوفِ 买空卖空

مُكْتَشَفاتٌ أَثَرِيَّةٌ 出土文物

(٤) كُشْكٌ جـ أَكْشاكٌ 亭子，棚子

(٦) اِكْتَظَّ اِكْتِظاظًا الْمَكانُ بِكَذا 挤满，塞满

(٦) كَظَمَ ـِ كَظْمًا غَيْظَهُ

抑制（愤怒），压住（性子），忍住（气）

(٤) مُكَعَّبٌ م مُكَعَّبَةٌ 立方的

مِتْرٌ مُكَعَّبٌ 立方米

*(٤) اَلْكَعْبَةُ / اَلْبَيْتُ الْحَرامُ 克而白（麦加的天房）

(٢) اَلْكَعْكُ الواحدةُ كَعْكَةٌ 糕点

*(٤) كافَأَهُ مُكافَأَةً عَلَى كَذا 奖赏，酬劳，酬谢

(٦) تَكافَأَ تَكافُؤًا الْقَوْمُ 彼此平等

تَكافُؤُ الْفُرَصِ 机会均等

*(٤) كَفاءَةٌ جـ كَفاءَاتٌ 才能，才干；资格

(٤) مُكافَأَةٌ جـ مُكافَآتٌ 报酬，酬劳，奖赏

*(٤) كُفْءٌ جـ أَكْفاءٌ 有才干的，旗鼓相当的，对手

(٦) كِفَايَةٌ 充分，足够；能力，才干

(٢) كَافٍ (اَلْكَافِي) م كَافِيَةٌ

足够的，充足的，充分的

(٨) كَلأٌ جـ أَكْلاءٌ 草，饲草

(٢) كَلْبٌ جـ كِلاَبٌ 狗

(٤) كَلاَسِكِيٌّ م كَلاَسِكِيَّةٌ 古典的，经典的

(٨) اَلْكِلْسِيُومُ 钙

*(٤) كَلَّفَ تَكْلِيفًا فُلاَنًا الأَمْرَ أو بِهِ

责成，委派，使承担，让…干

(٤) كَلَّفَهُ مَالاً أو غَيْرَهُ

使花费，让他用…钱；使付出代价

(٤) تَكَلَّفَ تَكَلُّفًا الأَمْرَ 承担；勉强做

*(٤) تَكْلِيفٌ جـ تَكَالِيفُ 花费，费用，成本

*(٢) لاَ تَكْلِيفَ / بِلاَ تَكْلِيفٍ / لاَ كُلْفَةَ 不客气

(٨) تَكْلِفَةٌ أو كُلْفَةٌ 成本，费用

(٨) كَلَّلَهُ 给他加冕

كَلَّلَهُ بِالنَّجَاحِ

让他取得圆满结果，使大功告成

*(٤) تَكَلَّلَ تَكَلُّلاً بالنَّجَاحِ 取得圆满结果，告成

*(٢) كُلٌّ 每一个；全部，所有，整个

كُلُّ شَيْءٍ 一切，所有的东西

كُلَّ يَوْمٍ 每天

كُلَّ الْيَوْمِ 整天，终日

كُفْءٌ لِكَذَا 能胜任…的

*(٤) كَافَحَهُ مُكَافَحَةً وكِفَاحًا 与之斗争，反对，奋斗

مُكَافَحَةُ الأُمِّيَّةِ 扫盲

مُكَافَحَةُ الْمُخَدِّرَاتِ 禁毒

مُكَافَحَةُ الْفَسَادِ 反腐败

مُكَافَحَةُ عَمَلِيَّةِ التَّهْرِيبِ 反走私活动

(٤) مُكَافِحٌ جـ مُكَافِحُونَ م مُكَافِحَةٌ 战士，斗士

(٨) كَفَرَ ـُ كُفْرًا وكُفْرَانًا بِالنِّعْمَةِ 忘恩负义

(٨) كَافِرٌ جـ كُفَّارٌ وكَافِرُونَ

忘恩负义的；不信教的，异教徒

*(٤) كَفَّ ـُ كَفًّا عَنْ كَذَا 停止，放弃，作罢

(٤) كَفٌّ جـ أَكُفٌّ وكُفٌّ وكُفُوفٌ 手掌（阴性）

(٤) كَافَّةً 全部，全体

(٨) كَفِيفٌ ومَكْفُوفٌ جـ مَكَافِيفُ / أَعْمَى 盲人

(٦) كَفَلَ ـُ كَفْلاً وكَفَالَةً الرَّجُلَ وبِهِ أَوِ الْمَالَ

وبِالْمَالِ 保证，担保，保障

*(٤) كَفَالَةٌ جـ كَفَالاَتٌ 保证

(٦) كَفِيلٌ جـ كُفَلاَءُ 保证人，保释人，监护人

(٨) كَفَنٌ جـ أَكْفَانٌ 裹尸布，寿衣

*(٢) كَفَى يَكْفِي كِفَايَةً الشَّيْءُ فُلاَنًا 足够，够用

*(٤) اِكْتَفَى يَكْتَفِي اِكْتِفَاءً بِكَذَا

满足于…，以…为满足

اَلاِكْتِفَاءُ الذَّاتِيُّ 自给自足

*(٤) كِلاَ م كِلْتَا	两个
كِلاَهُمَا م كِلْتَاهُمَا	他俩，她俩
مِنْ كِلاَ الطَّرَفَيْنِ	来自双方
(٨) كِلُورِيدُ الصُّودِيُوم	氯化钠
*(٢) كَمْ (كَمِ اسْتِفْهَامِيَّةٌ)	多少（疑问名词）
كَمِ السَّاعَةُ الآنَ؟	现在几点了?
بِكَمْ هٰذَا الْقَلَمُ؟	这支笔多少钱?
*(٤) كَمْ خَبَرِيَّةٌ	多少，许多，多么（陈述性名词）
كَمْ هُوَ لَطِيفٌ!	多么和蔼的人啊!
كَمْ أَتَمَنَّى أَنْ ...	我多么希望…
*(٢) كَمَا	如，像，正如…那样
(٨) كَمْبُودِيَا	柬埔寨
(٨) كَمْبُورِج	剑桥
(٨) كَمْبِيَالَة	期票，汇票，票据
(٨) كَمْبِيُو	兑换，汇兑
(٤) كُمْبِيُوتَر / اَلْعَقْلُ الأَلِكْتَرُونِيُّ	电子计算机，电脑
*(٢) كُمَّثْرَى / إِجَّاصٌ	梨
(٨) كُمْسَارِي جـ كُمْسَارِيَّة	售票员，列车员
(٦) اِنْكَمَشَ اِنْكِمَاشًا الشَّيْءُ: تَقَلَّصَ	收缩，缩短
اِنْكِمَاشُ الأَسْوَاقِ	市场萎缩
(٨) كَمَّاشَةٌ جـ كَمَّاشَاتٌ	钳子
(٢) كَمَّلَ تَكْمِيلاً الشَّيْءَ	完成，补充
*(٤) أَكْمَلَ إِكْمَالاً الشَّيْءَ / اِسْتَكْمَلَهُ	做完，完成
كُلٌّ مِنْهُمْ	他们中的每个人
كُلُّهُمْ	他们全体
*(٢) كُلَّمَا فَعَلَ ... فَعَلَ ...	每当…，每逢…，愈…愈…
*(٢) كُلِّيَّةٌ جـ كُلِّيَّاتٌ	学院，专科学校
*(٢) كَلاَّ	不，决不
*(٤) بِلاَ كَلَلٍ وَلاَ مَلَلٍ / بِدُونِ كَلَلٍ وَلاَ مَلَلٍ	不懈地，孜孜不倦地
(٨) إِكْلِيلٌ جـ أَكَالِيلُ	王冠，桂冠，花环，花圈
*(٢) كَلَّمَهُ تَكْلِيمًا	与某人说话
كَلَّمَهُ بِالتِّلْفُون	给他打电话
*(٢) تَكَلَّمَ تَكَلُّمًا مَعَهُ عَنْ كَذَا	谈话，说话，讲话
*(٢) كَلِمَةٌ جـ كَلِمَاتٌ	字，词；发言，讲话
كَلِمَةٌ افْتِتَاحِيَّةٌ / كَلِمَةُ الافْتِتَاحِ	开幕词
كَلِمَةٌ خِتَامِيَّةٌ / كَلِمَةُ الاخْتِتَامِ	闭幕词
بِكَلِمَةٍ أُخْرَى	换句话说
*(٢) كَلاَمٌ	话，话语，谈话
كَلاَمٌ فَارِغٌ	空谈，空话，废话
كَلاَمٌ مَعْسُولٌ	甜言蜜语
سِيَاقُ الْكَلاَمِ	说话的上下文，语流，语境
مُكَالَمَةٌ تِلِفُونِيَّةٌ	通话，电话
(٢) مُتَكَلِّمٌ	说话人，发言人；第一人称
(٤) كُلْيَةٌ جـ كُلًى	肾，腰子

*(٢) كَنَسَ ـُ كَنْسًا الأَرْضَ 扫地
(٤) كَنَّاسٌ جـ كَنَّاسُونَ م كَنَّاسَةٌ 清洁工
*(٤) كَنِيسَةٌ جـ كَنَائِسُ 教堂
(٢) مِكْنَسَةٌ جـ مَكَانِسُ 扫帚
مِكْنَسَةٌ كَهْرَبَائِيَّةٌ / شَفَّاطَةٌ 吸尘器
(٨) كَنْعَانُ 迦南
(٨) اِكْتَنَفَهُ الْقَوْمُ اِكْتِنَافًا 包围，环绕
(٨) كَنَفٌ جـ أَكْنَافٌ 保护；边，侧，翼
أَخَذَهُ تَحْتَ كَنَفِهِ 置于他的保护之下
*(٤) كَنَّ ـُ كَنًّا لَهُ (الشُّعُورَ) 怀着，怀抱着
(٨) كِنَانَةٌ جـ كِنَانَاتٌ وكَنَائِنُ 箭袋
*(٢) كَانُونُ الأَوَّلُ / دِيسَمْبَرُ 十二月
*(٢) كَانُونُ الثَّانِي / يَنَايِرُ 一月
(٨) كِنَايَةٌ 转喻，换喻，借代；暗示，暗语
(٨) كُنْيَةٌ 别称，别号
(٦) كَهْرَبَ كَهْرَبَةً الشَّيْءَ
使带电，充电；使变得一触即发
(٨) كَهْرَبَةٌ 电气化
*(٤) اَلْكَهْرَبَاءُ 电（阴性）
(٤) كَهْرَبَائِيٌّ م كَهْرَبَائِيَّةٌ / كَهْرَبِيٌّ
电的，电力的，电动的，电气化的
الأَجْهِزَةُ الْكَهْرَبَائِيَّةُ 电器
(٤) كَهْرَحَرَارِيٌّ م كَهْرَحَرَارِيَّةٌ 电热的

(٤) كَمَالٌ 完美，完全，圆满
كَمَالُ الأَجْسَامِ 健美
(٨) كَمَالِيَّاتٌ 奢侈品
(٨) تَكَامُلٌ اقْتِصَادِيٌّ 经济互补，经济一体化
*(٢) كَامِلٌ م كَامِلَةٌ 完全的，完整的，十足的
(٤) بِأَكْمَلِهِ 完全，充分，十足
(٤) كُمٌّ جـ أَكْمَامٌ 袖子，衣袖
(٦) كَمٌّ / كَمِّيَّةٌ 数量
كَمًّا وجَوْدَةً 数量和质量
(٦) كَمِّيٌّ م كَمِّيَّةٌ 量的，定量的
إِنْتَاجٌ كَمِّيٌّ 批量生产
*(٢) كَمِّيَّةٌ جـ كَمِّيَّاتٌ 数量，分量，定额，一批
(٨) كِمَامٌ وكِمَامَةٌ 口罩
(٦) كَمِنَ ـَ وكَمَنَ ـُ كُمُونًا: تَوَارَى وَاخْتَفَى
隐藏，躲藏，潜伏
(٨) كَمَنَ الشَّيْءَ: أَخْفَاهُ 藏匿
(٤) كَامِنٌ م كَامِنَةٌ 暗藏的，潜在的
(٨) كَمِينٌ 伏兵，埋伏
(٨) كَمَنْجَة / كَمَان 小提琴
(٨) كَمَنْجَةُ جَهِيرٍ 大提琴
(٨) كَنَبٌ 老茧，胼胝
(٤) كَنَدَا 加拿大
(٤) كَنْزٌ جـ كُنُوزٌ 宝藏，财宝；积蓄

(٤) كَهْرَمَائِيٌّ م كَهْرَمَائِيَّةٌ 水电的

مَحَطَّةٌ كَهْرَمَايَّةٌ 水电站

(٨) كَهْرَمِغْنَاطِيسِيَّةٌ 电磁

(٨) مُكَهْرَبٌ جـ مُكَهْرَبَةٌ

带电的，充电的；一触即发的

(٨) كَهْفٌ جـ كُهُوفٌ 山洞，洞穴

*(٤) كُهُولَةٌ 中年，壮年

(٦) كَهْلٌ جـ كُهُولٌ

中年，壮年；中年的；壮年的

(٨) كَاهِلٌ جـ كَوَاهِلُ 肩，肩背

(٦) تَكَهَّنَ تَكَهُّنًا لَهُ 占卜，算命

تَكَهَّنَ بِالأَمْرِ 预言，预示

(٨) كَاهِنٌ جـ كُهَّانٌ 牧师，祭司，教士，神父

*(٢) كُوبٌ جـ أَكْوَابٌ 杯子，玻璃杯

(٤) كُوبْرِي جـ كَبَارِي 桥

(٨) كُوبُونٌ جـ كُوبُونَاتٌ 票证

(٨) كُوتَا: حِصَّةٌ 配额，定额

(٤) كُوخٌ جـ أَكْوَاخٌ 茅舍，草房，小屋

*(٤) كَادَ يَكَادُ (يَفْعَلُ كَذَا) 几乎，差点儿

*(٤) مَا كَادَ (لَمْ يَكَدْ) يَفْعَلُ كَذَا حَتَّى .../ مَا

إِنْ ... حَتَّى ... 他刚…就…

(٤) كُورِيَا 朝鲜

(٤) كُورِيَا الْجَنُوبِيَّةُ 韩国

(٨) كُوزٌ جـ أَكْوَازٌ وكِيزَانٌ

水罐，水壶，大杯；玉米棒子，老玉米

(٤) كُوسَا / كُوسَى 西葫芦

(٨) كُوعٌ جـ أَكْوَاعٌ 肘

(٤) كُوفِيَّةٌ جـ كُوفِيَّاتٌ 头巾，缠头巾

(٨) كُوكٌ 焦炭

(٨) كُوكَايِين 可卡因

*(٤) كَوْكَبٌ جـ كَوَاكِبُ 星星，星球

(٨) كُولِيرَا 霍乱

(٤) كَوَّمَ تَكْوِيمًا الشَّيْءَ 堆积

(٤) كَوْمٌ جـ أَكْوَامٌ وكِيمَانٌ / كُومَةٌ جـ كُوَمٌ

堆，垛

(٨) اَلْكُومُنُولْث 英联邦

(٨) كُومُنُولْثُ الدُّوَلِ الْمُسْتَقِلَّةِ

独立国家联合体（独联体）

(٨) كُومِيدِيَا 喜剧

*(٢) كَانَ ـُ كَوْنًا 是；有，存在，发生

▲ فِعْلٌ نَاقِصٌ: كُنْتُ أَتَعَلَّمُ فِي هذهِ الْمَدْرَسَةِ.

残缺动词：那时我正在这所学校念书。

▲ فِعْلٌ تَامٌّ: لَولاَ الْعَمَلُ، لَمَا كَانَ الإِنْسَانُ

完全动词：没有劳动就没有人类自身。

*(٢) كَوَّنَ تَكْوِينًا الشَّيْءَ 构成，组成，形成

*(٢) تَكَوَّنَ تَكَوُّنًا الشَّيْءُ مِنْ كَذَا 形成，由…组成

ك

袋子，口袋 كِيسٌ جـ أَكْيَاسٌ

调节空气 (٤) كَيَّفَ تَكْيِيفًا الْهَوَاءَ

适应，应变 (٦) تَكَيَّفَ تَكَيُّفًا

适应能力，应变能力 اَلْقُدْرَةُ عَلَى التَّكَيُّفِ

怎样，如何 *(٢) كَيْفَ

随你的便，你看着办吧 عَلَى كَيْفِكَ

无论如何，不管怎样 *(٤) كَيْفَمَا

任意的；质量的 (٨) كَيْفِيٌّ م كَيْفِيَّةٌ

情况；方法；质量 *(٤) كَيْفِيَّةٌ

空调机 (٤) مُكَيِّفُ الْهَوَاءِ / كَنْدِيشِنْ

量 (٨) كَالَ ـِ كَيْلاً الْقَمْحَ وَنَحْوَهُ

针锋相对，以牙还牙 (٨) يَكِيلُ الصَّاعَ بِالصَّاعِ

量器（升、斗等） (٨) كَيْلٌ جـ أَكْيَالٌ

公斤，千克 (٢) كِيلُو / كِيلُوغَرَامٌ جـ كِيلُوغَرَامَاتٌ

公里 *(٢) كِيلُومِتْرٌ جـ كِيلُومِتْرَاتٌ

千瓦小时，度（电） (٨) كِيلُووَاطُ سَاعَةً / كُوسَا

化学 *(٤) كِيمِيَاءُ / كِيمِيَا

(٤) كِيمَاوِيٌّ / كِيمِيَائِيٌّ / كِيمِيَاوِيٌّ

化学的；化学家

奎宁 (٨) كِينَا

屈从，顺从 (٦) اِسْتَكَانَ اِسْتِكَانَةً لِفُلَانٍ: خَضَعَ

宇宙 *(٤) اَلْكَوْنُ

本质；实体；存在 (٦) كِيَانٌ

(٨) كَائِنٌ مَا كَانَ أَوْ كَائِنٌ مَنْ كَانَ

无论如何；不管是谁

*(٢) مَكَانٌ جـ أَمْكِنَةٌ وأَمَاكِنُ

地方，地点，场所，位置

位置，地位，身份 *(٤) مَكَانَةٌ جـ مَكَانَاتٌ

宇宙万物 *(٤) اَلْكَائِنَاتُ

由…构成的 (٢) مُكَوَّنٌ مِنْ م مُكَوَّنَةٌ مِنْ

（美国）国会 (٨) كُونْغْرَس

联邦制 (٨) اَلْكُونْفِيدْرَالِيَّةُ

熨，烫 (٤) كَوَى يَكْوِي كَيًّا الْمَلَابِسَ

烙铁，熨斗 (٤) مِكْوَاةٌ جـ مَكَاوٍ (المَكَاوِي)

科威特（国名）；科威特城 *(٢) اَلْكُوَيْتُ

(٢) كُوَيْتِيٌّ جـ كُوَيْتِيُّونَ م كُوَيْتِيَّةٌ

科威特的；科威特人

为了，以便 *(٢) كَيْ، لِكَيْ

欺骗，欺诈 (٨) كَادَ ـِ كَيْدًا وكَايَدَهُ: خَدَعَهُ

阴谋，诡计 (٨) مَكِيدَةٌ جـ مَكَايِدُ

煤油，煤油灯 (٨) كِيرُوسِين

ك

اللام

(٢) لَ :حَلْفٌ لِلتَّوْكِيدِ 强调虚词

إِنَّ ذَلِكَ لَضَرُورِيٌّ كُلَّ الضَّرُورَةِ.

那（这）是十分必要的。

*(٢) لِ: حَرْفُ جَرٍّ 介词

▲ لِلاِخْتِصَاصِ أَوِ الْمُلْكِ

表示所有权，译作“有”或“…的”

هَذِهِ لَكَ، وَذَلِكَ لِي. 这是你的，那是我的。

لِي مُسَجِّلٌ جَدِيدٌ. 我有一台新录音机。

▲ لِلتَّعْدِيَةِ 表示及物

مَا أَشَدَّ حُبَّ الأُمِّ لاِبْنِهَا!

母亲是多么爱孩子啊！

▲ لِلتَّعْلِيلِ 说明原因目的

جِئْتُ هُنَا لِلدِّرَاسَةِ. / جِئْتُ هُنَا لأَتَعَلَّمَ.

我是为了学习到这儿来的。

▲ لِلأَمْرِ 表示命令

لِنَتَقَدَّمْ إِلَى الأَمَامِ سَوِيًّا.

让我们共同前进吧！

(٢) لِئَلاَّ (لِ + أَنْ + لاَ) 以免，免得

أَرْجُو أَنْ نَتَوَقَّفَ عَنْ هَذَا النِّقَاشِ لِئَلاَّ يَضِيعَ الْوَقْتُ سُدًى.

我希望停止这场争论，以免白费时间。

*(٢) لاَ 否定虚词

▲ حَرْفُ نَفْيٍ لِلْجَوَابِ: 否定答词

– هَلْ وَافَقَ عَلَى ذَلِكَ؟

—这事儿他同意了吗？

– لاَ، لَمْ يُوَافِقْ عَلَيْهِ. —不，他没有同意。

▲ حَرْفُ نَفْيٍ لِلْفِعْلِ

现在式动词前的否定虚词

عَفْوًا، لاَ أَعْرِفُ عُنْوَانَهُ.

抱歉，我不知道他的地址。

▲ لاَ النَّاهِيَةِ 禁戒虚词

لاَ تَتَكَلَّمْ بِصَوْتٍ عَالٍ! 别大声说话！

▲ لاَ النَّافِيَةِ لِلْجِنْسِ 否定全类的虚词

لاَ حَيَاةَ بِلاَ مَاءٍ. 没有水就没有生命。

▲ بِمَعْنَى غَيْر 表示“无”“非”

لاَمَحْدُودٌ؛ لاَنِهَائِيٌّ؛ لاَحِزْبِيٌّ

无限的；无止境的；无党派的

*(٤) لاَ ... إِلاَّ ... 只…，仅…

ل

(٨) لَاسِلْكِيٌّ م لَاسِلْكِيَّةٌ 无线的，无线电的

(٨) لَاهَايْ 海牙

(٨) لَاوْس 老挝

(٦) تَلَأْلَأَ تَلَأْلُؤًا النَّجْمُ وَغَيْرُهُ 发光，闪光，发亮

(٤) لُؤْلُؤٌ جـ لَآلِئُ الواحدة لُؤْلُؤَةٌ 珍珠

(٦) لَاءَمَهُ مُلَاءَمَةً الشَّيْءُ 适宜，适合

(٦) اِلْتَأَمَ اِلْتِئَامًا الشَّيْئَانِ

合为一体，结合到一块，联合为一体

اِلْتَأَمَ الْجُرْحُ 被修复；（伤口）合拢，愈合

*(٤) مُلَائِمٌ م مُلَائِمَةٌ 适宜的，适当的，合适的

(٨) لَئِيمٌ جـ لُؤَمَاءُ ولِئَامٌ

卑鄙的，奸诈的，下贱的

(٤) لُبٌّ جـ أَلْبَابٌ وأَلُبٌّ

果仁，瓜子；实质，精华；心

(٨) لَبِيبٌ جـ أَلِبَّاءُ م لَبِيبَةٌ جـ لَبِيبَاتٌ ولَبَائِبُ

聪明的，机智的

(٤) لَبِثَ ـَ لُبْثًا فِي الْمَكَانِ 留，逗留

*(٤) مَا لَبِثَ (لَمْ يَلْبَثْ) أَنْ فَعَلَ كَذَا

立即做，很快就

*(٢) لَبِسَ ـَ لُبْسًا الثَّوْبَ 穿，戴，着（装）

(٦) اِلْتَبَسَ اِلْتِبَاسًا عَلَيْهِ الأَمْرُ

暧昧，模糊，含糊不清

(٤) لِبَاسٌ جـ أَلْبِسَةٌ ولُبُسٌ 衣服，衬裤

(٨) مُلَابَسَاتٌ 时机，形势，境遇

*(٢) مَلْبَسٌ جـ مَلَابِسُ 衣服

مَلَابِسُ جَاهِزَةٌ 成衣

(٨) لَبِقَ ـَ لَبَقًا ولَبُقَ ـُ لَبَاقَةً

举止文雅，谈吐得体，潇洒，有风度

(٨) لَبِقٌ م لَبِقَةٌ

举止文雅的，谈吐得体的，潇洒的，有风度的

*(٢) لَبَنٌ جـ أَلْبَانٌ 奶，乳

(٤) لَبَنُ الزَّبَادِي / لَبَنٌ حَامِضٌ 酸奶

(٨) لَبَنِيَّاتٌ 奶制品

(٨) لِبَانَةٌ 制奶业

(٤) لُبَانٌ / لُبَانَةٌ / عِلْكٌ 口香糖

*(٢) لُبْنَانُ 黎巴嫩

(٢) لُبْنَانِيٌّ جـ لُبْنَانِيُّونَ م لُبْنَانِيَّةٌ 黎巴嫩的；黎巴嫩人

(٨) لَبِنٌ واحدته لَبِنَةٌ 土坯

*(٢) لَبَّى يُلَبِّي تَلْبِيَةً الدَّعْوَةَ 响应号召

(٢) تَلْبِيَةً لِدَعْوَةِ فُلَانٍ 应…的邀请

(٨) لَبَّيْكَ! 到！有！来了！

(٤) لِتْرٌ جـ لِتْرَاتٌ 公升

(٨) لَثَّمَ تَلْثِيمًا فَمَهُ 用围巾遮住口鼻

(٨) لِثَامٌ جـ لُثُمٌ / بُرْقُعٌ 面纱，围巾

أَمَاطَ اللِّثَامَ عَنْ فُلَانٍ / أَزَاحَهُ عَنْهُ

揭去…的面纱，揭露…真相

*(٤) لَجأَ ـَ لُجوءًا إِلَى كذَا

投奔，投靠，避难；诉诸…，采取

(٦) لاَجِئٌ جـ لاَجِئُونَ　难民，逃亡者

(٦) مَلْجأٌ جـ مَلاَجِئُ　避难所，收容所，防空洞

(٨) لُجٌ ولُجَّةٌ جـ لُجَجٌ　汪洋大海

*(٢) لَجْنَةٌ جـ لِجانٌ　委员会

اَللَّجْنَةُ الْمَرْكَزِيَّةُ　中央委员会

اَللَّجْنَةُ الأُولُمْبِيَّةُ الدَّوْلِيَّةُ　国际奥委会

*(٤) أَلَحَّ إِلْحَاحًا عَلَى فُلاَنٍ فِي كذَا

强求，再三要求，硬要

(٤) مُلِحٌّ م مُلِحَّةٌ　迫切的，急切的，紧迫的

(٨) لَحْدٌ جـ أَلْحَادٌ ولُحُودٌ / قَبْرٌ　坟墓

(٨) مُلْحِدٌ / كَافِرٌ　叛教者

(٦) لَحِسَ ـَ لَحْسًا الشَّيْءَ　舔

(٤) لَحَظَ ـَ لَحْظًا فُلاَنًا أَوْ إِلَيْهِ　瞟，瞥见

*(٤) لاَحَظَ مُلاَحَظَةً الشَّيْءَ　观察，看到，觉察到

*(٢) لَحْظَةٌ جـ لَحَظَاتٌ　一瞥，一瞬，刹那

فِي لَحْظَةٍ　瞬间，片刻，顷刻间

بَيْنَ لَحْظَةٍ وأُخْرَى　不时地

*(٤) مُلاَحَظَةٌ جـ مُلاَحَظَاتٌ

观点，意见，看法，按语

*(٤) مَلْحُوظٌ م مَلْحُوظَةٌ　明显的，显著的，看得到的

*(٤) لِحَافٌ جـ لُحُفٌ　被子

*(٤) لَحِقَ ـَ لَحْقًا ولَحَاقًا فُلاَنًا أو بِهِ

赶上，追上；跟随，依附

(٤) لاَحَقَ مُلاَحَقَةً فُلاَنًا　尾随，追踪，跟踪

(٦) أَلْحَقَ بِهِ خَسَائِرَ فَادِحَةً　使他蒙受重大损失

*(٢) اِلْتَحَقَ اِلْتِحَاقًا بِـ . . .　加入，参加

اِلْتَحَقَ بِالْمَدْرَسَةِ　入学

*(٤) مُلْحَقٌ بِكَذَا م مُلْحَقَةٌ　附属于，附加的

(٤) مُلْحَقٌ جـ مُلْحَقَاتٌ　增补，补遗；附件

(٨) مُلْحَقٌ (فِي السِفَارَةِ)　随员；专员

(٤) مُتَلاَحِقٌ م مُتَلاَحِقَةٌ

接连不断的，接踵而来的

(٨) اِلْتَحَمَ اِلْتِحَامًا الْجُرْحُ/ اِلْتَأَمَ

黏合；（伤口）愈合

(٨) اِلْتَحَمَتِ الْحَرْبُ: تَلاَحَمَ الْقَوْمُ

血战，混战，鏖战

*(٢) لَحْمٌ جـ لُحُومٌ　肉

لَحْمٌ مَفْرُومٌ　肉末

(٨) لِحَامٌ　焊接

(٨) مَلْحَمَةٌ جـ مَلاَحِمُ　血战；史诗

(٨) لَحْمِيَّاتٌ / لَوَاحِمُ / أَكَلَةُ اللُّحُوم　食肉动物

(٨) لَحَّنَ تَلْحِينًا　谱曲，作曲

*(٤) لَحْنٌ جـ أَلْحَانٌ　曲调，乐曲

(٤) مُلَحِّنٌ جـ مُلَحِّنُونَ م مُلَحِّنَةٌ　作曲家

(٨) لِزَاقٌ 胶水，浆糊

(٨) لَزَّاقَةٌ 胶条

*(٤) لَزِمَ ـَ لُزُومًا فُلاَنًا الأَمْرُ أَوِ الشَّيْءُ
成为必须，不可缺少

(٤) لَزِمَ الْفِرَاشَ 卧床不起

(٤) لَزِمَ الْبَيْتَ 闭门不出，足不出户

(٦) لاَزَمَ مُلاَزَمَةً فُلاَنًا أو شَيْئًا
相守，形影不离；遵守，保持

(٦) أَلْزَمَهُ بِكَذَا: أَجْبَرَهُ عَلَيْهِ
强制某人做某事；使担负责任

*(٤) اِلْتَزَمَ اِلْتِزَامًا الأَمْرَ 遵守，保持；承担，担负

(٦) اِسْتَلْزَمَ اِسْتِلْزَامًا الشَّيْءَ 认为必要；需要

(٦) إِلْزَامِيٌّ م إِلْزَامِيَّةٌ 强制性的，义务的

اَلتَّعْلِيمُ الإِلْزَامِيُّ 义务教育

(٨) اِلْتِزَامٌ جـ اِلْتِزَامَاتٌ / اِلْتِزَامِيَّةٌ 义务，本分

*(٢) لاَزِمٌ م لاَزِمَةٌ 必需的，必不可少的

*(٢) اَللَّوَازِمُ الْيَوْمِيَّةُ 日用必需品

(٤) مِلْزَمَةٌ جـ مَلاَزِمُ 老虎钳；印张；讲义

(٦) مُسْتَلْزَمَاتٌ 必需品

(٨) لَسَعَهُ ـَ لَسْعًا: لَدَغَهُ 刺，螫；讥讽，挖苦

*(٢) لِسَانٌ جـ أَلْسُنٌ وأَلْسِنَةٌ 舌头；语言

(٤) عَلَى لِسَانِ ... / بِلِسَانِ ...
代表…，以…名义

(٤) لِحْيَةٌ جـ لِحًى 胡子，胡须

*(٤) لَخَّصَ تَلْخِيصًا الْكَلاَمَ 总结，归纳，概括

(٤) مُلَخَّصٌ جـ مُلَخَّصَاتٌ 精华，摘要，梗概

(٨) لَدُودٌ جـ أَلِدَّةٌ / أَلَدُّ جـ لُدٌّ ولِدَادٌ م لَدَّاءُ
激烈争吵的，相持不下的

عَدُوٌّ لَدُودٌ 顽敌，死敌

(٨) لَدَغَهُ ـَ لَدْغًا: عَضَّهُ أو لَسَعَهُ 叮，刺，蜇，咬

(٨) لُدُونَةٌ / لَدَانَةٌ: مُطَاوَعَةٌ 可塑性，柔软性

*(٤) لَدَى / عِنْدَ 在…跟前

(٨) تَلَذَّذَ تَلَذُّذًا الشَّيْءَ
品味，觉得有味道；感兴趣，觉得有意思

*(٤) اِسْتَلَذَّ اِسْتِلْذَاذًا الأَمْرَ
感兴趣，觉得有意思，…得津津有味

*(٤) لَذَّةٌ جـ لَذَّاتٌ 趣味，乐趣，快感

*(٢) لَذِيذٌ م لَذِيذَةٌ 可口的，美味的；有趣的

(٨) لاَذِعٌ م لاَذِعَةٌ 灼热的，辛辣的，尖刻的

*(٢) اَلَّذِي، اَللَّذَانِ (اَللَّذَيْنِ)، اَلَّذِينَ، اَلَّتِي،
اَللَّتَانِ (اَللَّتَيْنِ)، اَللاَّتِي (اَللاَّئِي) 连接名词

(٨) لَزِجٌ م لَزِجَةٌ 黏的，黏性的

(٨) لُزُوجَةٌ 黏性，胶质

(٨) لَزِقَ ـَ لُزُوقًا / لَصِقَ 黏着，黏贴

(٨) لَزِقٌ م لَزِقَةٌ 黏的

(٨) لَزْقَةٌ جـ لُزَقٌ / لَصُوقٌ 膏药

扮演角色；起作用 (٤) لَعِبَ دَوْرًا

玩弄手法，捣鬼 (٨) تَلَاعَبَ تَلَاعُبًا

营私舞弊 تَلَاعَبَ فِي الْأَمْرِ

游戏，运动 *(٢) لَعِبٌ جـ أَلْعَابٌ

体育运动 اَلْأَلْعَابُ الرِّيَاضِيَّةُ

徒手操 اَلْأَلْعَابُ السُّوَيْدِيَّةُ

田径运动 أَلْعَابُ الْقُوَى

烟火 اَلْأَلْعَابُ النَّارِيَّةُ

贪玩的；风流的，风骚的 (٨) لَعُوبٌ جـ لَوَاعِبُ

玩具 *(٢) لُعْبَةٌ جـ لُعَبٌ

口水，唾液 (٤) لُعَابٌ

运动员 *(٢) لَاعِبٌ جـ لَاعِبُونَ م لَاعِبَةٌ

操场，运动场 *(٢) مَلْعَبٌ جـ مَلَاعِبُ

犹豫；支吾，结巴 (٨) لَعْثَمَ وتَلَعْثَمَ فِي الْأَمْرِ

小勺，汤匙 (٢) مِلْعَقَةٌ جـ مَلَاعِقُ

也许，说不定 *(٢) لَعَلَّ ...

诅咒，咒骂 (٤) لَعَنَهُ ـَ لَعْنًا

该死的，可恶的，歹徒 (٦) مَلْعُونٌ / لَعِينٌ

谜，谜语 (٨) لُغْزٌ جـ أَلْغَازٌ

喧哗，吵闹，叫嚣 (٨) لَغَطَ ـَ لَغْطًا ولِغَاطًا الْقَوْمُ

地雷 (٨) لَغَمٌ جـ أَلْغَامٌ

废除，取消，宣告无效 (٦) أَلْغَى إِلْغَاءً الشَّيْءَ

语言 *(٢) لُغَةٌ جـ لُغَاتٌ

مَعْقُودُ اللِّسَانِ

难于启齿的，说不出话来的，张口结舌的

口齿伶利的，有口才的 مُنْطَلِقُ اللِّسَانِ

消亡，消失，化为乌有 (٦) تَلَاشَى تَلَاشِيًا الشَّيْءُ

小偷，贼，盗贼 (٤) لِصٌّ جـ لُصُوصٌ

(٤) لَصِقَ ـَ لَصْقًا بِكَذَا / لَزِقَ ـَ لُزُوقًا بِكَذَا

粘在一起，粘贴

和…黏合，与…连接 *(٤) اِلْتَصَقَ اِلْتِصَاقًا بِكَذَا

贴近的，邻近的 (٤) مُلَاصِقٌ م مُلَاصِقَةٌ

贴近的；紧贴的 *(٤) لَصِقٌ م لَصِقَةٌ

黏合，贴在一起 (٦) أَلْصَقَهُ بِكَذَا إِلْصَاقًا

强加于，强迫接受 (٦) أَلْصَقَهُ بِالْأَمْرِ

污染，弄脏 (٦) لَطَخَ ـَ لَطْخًا الشَّيْءَ

受污染，被弄脏 (٨) تَلَطَّخَ تَلَطُّخًا بِكَذَا

污点 (٨) لَطْخَةٌ

亲切，和蔼；文雅 (٢) لُطْفٌ

*(٢) لَطِيفٌ جـ لِطَافٌ ولُطَفَاءُ ولَطِيفُونَ م لَطِيفَةٌ

亲切的，和蔼的，体贴人的， جـ لَطَائِفُ

文雅的

打耳光；打嘴巴 (٨) لَطَمَهُ ـِ لَطْمًا

(٨) تَلَاطَمَتْ تَلَاطُمًا الْأَمْوَاجُ

（波涛）汹涌，澎湃

玩，玩耍 *(٢) لَعِبَ ـَ لَعِبًا بِكَذَا

اَللُّغَةُ الْعَرَبِيَّةُ / اَلْعَرَبِيَّةُ / لُغَةُ الضَّادِ 阿拉伯语

اَللُّغَةُ الْمَكْتُوبَةُ 书面语，文字

اَللُّغَةُ الأُمُّ 母语

اَللُّغَةُ اللاَّتِينِيَّةُ 拉丁语

(٢) لُغَوِيٌّ م لُغَوِيَّةٌ 语言的；语言学家

*(٤) لَفَتَ ـِ لَفْتًا نَظَرَهُ إِلَى كَذَا / أَلْفَتَ نَظَرَهُ إِلَيْهِ

引起注意

*(٤) اِلْتَفَتَ اِلْتِفَاتًا إِلَى كَذَا / تَلَفَّتَ تَلَفُّتًا إِلَيْهِ

回头看，注意，顾盼

(٤) لاَفِتَةٌ جـ لاَفِتَاتٌ 招牌，标语牌

*(٤) لَفَظَ ـِ لَفْظًا الشَّيْءَ أو بِهِ مِنْ فَمِهِ 吐出；说出

لَفَظَ أَنْفَاسَهُ الأَخِيرَةَ 咽气，死亡

*(٤) لَفْظٌ جـ أَلْفَاظٌ 字，词，词句，措词

(٨) لَفْظَةٌ 单字，字眼儿

*(٤) لَفَّ ـُ لَفًّا الشَّيْءَ 卷起，包起，缠绕

(٤) اِلْتَفَّ اِلْتِفَافًا النَّاسُ حَوْلَهُ

聚集（团结）在他周围

(٨) لَفَّةٌ مِنَ الْوَرَقِ وَنَحْوِهِ

一卷（纸，胶卷），一盘（胶片）

(٨) لِفَافَةٌ جـ لَفَائِفُ 包皮，包装；绷带

لِفَافَةُ تِبْغٍ 卷烟

لَفَائِفُ مَخْطُوطَةٌ وَمَرْسُومَةٌ 字画卷轴

(٤) مَلْفُوفٌ صِينِيٌّ 大白菜

(٦) مِلَفٌّ جـ مِلَفَّاتٌ

卷宗，文件夹，档案袋；线圈

مِلَفُّ الْخِدْمَةِ 履历表

(٨) أَلْفَى إِلْفَاءً الشَّيْءَ / وَجَدَهُ 发现，发觉，找到

(٨) تَلاَفَى تَلاَفِيًا الأَمْرَ 修正，改善

تَلاَفَى الْخَسَارَةَ 弥补，补偿

تَلاَفَى أَثَرَ كَذَا 避免（影响）

تَلاَفَى الشَّرَّ قَبْلَ اسْتِفْحَالِهِ 防患于未然…

(٦) لَقَّبَهُ تَلْقِيبًا بِكَذَا 加诨名，起外号

*(٤) لَقَبٌ جـ أَلْقَابٌ 别名，外号，绰号，称号

أَلْقَابٌ أَكَادِيمِيَّةٌ 学衔

(٤) مُلَقَّبٌ بِكَذَا م مُلَقَّبَةٌ 叫做…的，号称…的

(٦) لَقَّحَ تَلْقِيحًا النَّبَاتَ 授粉，接枝，嫁接

(٦) لَقَّحَه بِلَقَاحِ مَرَضٍ مُعْدٍ 接种（疫苗）

لَقَّحَ جِسْمَ الإِنْسَانِ أَوِ الْحَيَوَانِ بِمَصْلِ الْجُدَرِيِّ

种牛痘

*(٤) اِلْتَقَطَ اِلْتِقَاطًا الشَّيْءَ 捡起，拾起

اِلْتَقَطَ الصُّوَرَ 照相，摄影

(٨) لَقِيطٌ جـ لُقَطَاءُ 弃婴，弃儿

(٨) مِلْقَطٌ جـ مَلاَقِطُ 镊子，夹子

(٨) تَلَقَّفَ تَلَقُّفًا الشَّيْءَ 抓住，接住（球）

*(٤) لُقْمَةٌ جـ لُقَمٌ 一口（食物）

(٨) لَقَّنَ تَلْقِينًا فُلاَنًا الْكَلاَمَ 口授，传授，教诲

*(٢) لَقِيَ يَلْقَى لِقَاءً فُلانًا
见面，相遇；受到，遇到

*(٢) أَلْقَى يُلْقِي إِلْقَاءً الشَّيْءَ إِلَى ... 抛，投，扔

أَلْقَى خِطَابًا أو كَلِمَةً
发言，发表讲话，致词

أَلْقَى عَلَيْهِ مَسْؤُولِيَّةَ ... 让他对某事负责

أَلْقَى الأُسْتَاذُ الدَّرْسَ 授课，讲课

أَلْقَى عَلَيْهِ دَرْسًا
教训他一通，给他上了一课

أَلْقَى بِنَفْسِهِ فِي ... 投身于，跳进

أَلْقَى القَبْضَ عَلَيْهِ 逮捕

أَلْقَى نَظَرَهُ إِلَى كَذَا أَوْ فِيهِ 把眼光投向…

أَلْقَى عَلَيْهِ نَظْرَةً 看一眼，过目

(٤) لاقَى فُلانًا 遇见，相会

لاقَى يُلاقِي مُلاقَاةً الشَّيْءَ 遇到，受到，遭受

*(٢) تَلَقَّى يَتَلَقَّى تَلَقِّيًا مِنْهُ شَيْئًا 收到，接到

تَلَقَّى الدُّرُوسَ 上课

(٦) تَلاقَى تَلاقِيًا القَوْمُ 相遇，相逢，相聚

*(٤) اِلْتَقَى يَلْتَقِي اِلْتِقَاءً النَّاسُ / تَلاقَوْا
相会，相逢，会晤，会见

(٤) اِسْتَلْقَى اِسْتِلْقَاءً عَلَى ... 躺，卧

*(٢) لِقَاءٌ جـ لِقَاءَاتٌ 会见，会晤

إِلَى اللِّقَاءِ 再见

*(٢) مِنْ تِلْقَاءِ نَفْسِهِ 自动地，自愿地

(٤) مُلْتَقًى 会合处，会合点

مُلْتَقَى الطُّرُقِ 交叉路口

*(٤) تِلْقَائِيٌّ م تِلْقَائِيَّةٌ 自动的，自愿的，自觉的

(٤) مُلاكَمَةٌ 拳击

*(٢) لٰكِنْ 然而，但是，可是

*(٢) لٰكِنَّ 然而，但是，可是

*(٢) لَمْ (يَفْعَلْ) 没，没有

لَمْ (يَفْعَلْ) بَعْدُ 尚未，还没有

*(٢) لِمَ / لِمَاذَا 为什么，为啥

(٨) لَمْبَة: مِصْبَاحٌ 灯泡，灯

(٤) لَمَحَ ـَ لَمْحًا الشَّيْءَ 瞥，瞥见

*(٤) لَمْحَةٌ جـ لَمَحَاتٌ 一瞥；掠影，剪影；概略

*(٤) مَلامِحُ 面貌，容貌

*(٤) لَمَسَ ـُ لَمْسًا الشَّيْءَ 摸，触摸；感觉，体会

(٨) تَلَمَّسَ تَلَمُّسًا الشَّيْءَ 探索，探求，力图发现

(٦) اِلْتَمَسَ اِلْتِمَاسًا الشَّيْءَ 寻求，请求，申请

(٨) لَمْسَةٌ جـ لَمَسَاتٌ
一触，一碰；（涂抹、写、添）一笔

(٤) مَلْمُوسٌ م مَلْمُوسَةٌ 可触（感）知的；具体的

(٤) لَمَعَ ـَ لَمْعًا ولَمَعَانًا الشَّيْءُ 闪烁，闪光

(٨) اِلْتَمَعَ وَالْتُمِعَ لَوْنُهُ 失色，变色，褪色

*(٤) لامِعٌ م لامِعَةٌ / لَمَّاعٌ 光亮的，闪光的

اَلْمَدْرَسَةُ اللاَّهُوتِيَّةُ　神学院

(٨) لَهِثَ ـَ لَهْثًا ولَهَاثًا ولَهَثَانًا　喘，喘气；口渴

(٨) لَهِجَ ـَ لَهَجًا بالشَّيْءِ

嗜（酒），好（色），贪恋，沉溺于

*(٤) لَهْجَةٌ جـ لَهَجَاتٌ　口音，腔调，语调，语气

بِلَهْجَةٍ شَدِيدَةٍ　强硬地

بِلَهْجَةٍ قَاطِعَةٍ　断然地，斩钉截铁地

(٨) تَلَهَّفَ تَلَهُّفًا عَلَى الشَّيْءِ

哀伤，痛惜；渴求，热望

بِتَلَهُّفٍ / بِلَهْفَةٍ　殷切地，热切地

(٨) أَلْهَمَ إِلْهَامًا فُلاَنًا　启示，启迪，感召

(٨) اِلْتَهَمَ اِلْتِهَامًا الشَّيْءَ　吞下；吞噬

(٨) اِسْتَلْهَمَ اِسْتِلْهَامًا اللهَ خَيْرًا: طَلَبَ الإِلْهَامَ

祈求灵感，求教

(٨) لَهَا يَلْهُو لَهْوًا　游戏，娱乐，玩耍

(٨) أَلْهَى إِلْهَاءً فُلاَنًا عَنْ كَذَا: شَغَلَهُ عَنْهُ

打扰，使分心；转移注意力

(٨) مَلْهَاة: كُومِيدِيَا　喜剧

*(٢) مَلْهًى جـ مَلاَهٍ (المَلاهِي)　游乐场，娱乐场所

مَلْهًى لَيْلِيٌّ　夜总会

*(٤) لَوْ　如果，倘若

▲ حَرْفٌ غَيْرُ جَازِمٍ، بِمَعْنَى إِنْ

不使动词变切格的条件虚词

(٨) لَمَّاعٌ م لَمَّاعَةٌ　有光泽的；闪闪发光的

(٨) لِمْفَاوِيٌّ م لِمْفَاوِيَّةٌ　淋巴的，淋巴腺的

(٦) أَلَمَّ إِلْمَامًا بِالأَمْرِ　了解，领悟，粗通

*(٢) لَمَّا فَعَلَ ...　当…时候；既然…

لَمَّا جَاءَنِي صَدِيقِي، أَكْرَمْتُهُ.

朋友一来便受到我的款待。

(٤) لَمَّا يَفْعَلْ ...　尚未，还没有

لَمَّا نُنْجِزْ هٰذَا الْمَشْرُوعَ.

这个项目我们还没有完成呢。

*(٢) لَنْ (يَفْعَلَ)　不会，绝不

(٤) لُنْدُنْ　伦敦

(٨) أَلْهَبَ إِلْهَابًا النَّارَ　点火，燃火

أَلْهَبَ الأَفْئِدَةَ　激发，激怒

(٤) اِلْتَهَبَ اِلْتِهَابًا الشَّيْءُ　燃烧；发炎

(٤) لَهَبٌ / لَهِيبٌ　火焰，火舌

*(٤) اِلْتِهَابٌ (فِي الطِّبِّ)　发炎，炎症

اَلاِلْتِهَابُ الرِّئَوِيُّ　肺炎

اِلْتِهَابُ الْمَعِدَةِ　胃炎

اِلْتِهَابُ اللَّوْزَتَيْنِ　扁桃腺炎

اِلْتِهَابُ الزَّائِدَةِ الدُّودِيَّةِ　盲肠炎，阑尾炎

(٨) اللاَّهُوتُ　神性，神格〔神〕

عِلْمُ اللاَّهُوتِ　神学

(٨) لاَهُوتِيٌّ　神学的，神学家

لَوْ تَزُورُنِي غَدًا أَنْتَظِرُكَ فِي الْبَيْتِ.

你要是明天来我家的话，我会在家等你的。

▲ حَرْفُ امْتِنَاعٍ لامْتِنَاعٍ 表虚拟

لَوْ تَأَخَّرْنَا قَلِيلاً، لَمَا أَدْرَكْنَا هَذَا الْقِطَارَ.

我们要再晚一会儿的话，就赶不上这趟车了。

*(٤) وَلَوْ 即使，尽管，哪怕，纵然

مَا زُرْتُ هَذَا الْمَعْرِضَ وَلَوْ مَرَّةً.

这个展览我没有去过，一次也没有去过。

*(٤) لَوْلاَ ...لَـ ...

要是没有（要不是）…，就…

لَوْلاَ النِّيلُ لَكَانَتْ مِصْرُ صَحْرَاءَ.

要是没有尼罗河，埃及早就是一片沙漠了。

(٨) لُوتُس 荷花

(٤) لَوَّثَ تَلْوِيثًا الشَّيْءَ 污染，沾污，弄脏

*(٤) تَلَوَّثَ تَلَوُّثًا الشَّيْءُ 被污染

*(٤) مُلَوَّثٌ م مُلَوَّثَةٌ 受污染的，被弄脏的

(٤) لاَحَ ـُ لَوْحًا الشَّيْءُ 显出，呈现

يَلُوحُ لِي كَذَا 我觉得，我认为

*(٤) لَوَّحَ تَلْوِيحًا بِكَذَا 挥舞，摆动

لَوَّحَ بِيَدِهِ 挥手，摆手

(٤) لَوْحٌ جـ أَلْوَاحٌ 板，木板

*(٢) لَوْحَةٌ جـ لَوْحَاتٌ 牌子，门牌；画幅

لَوْحَةُ الإِنَارَةِ 配电盘

(٦) لائِحَةٌ جـ لَوَائِحُ 章程，规章，条例

(٨) لاَذَ ـُ لَوْذًا بِأَذْيَالِ الْفِرَارِ أَوْ بِالْفِرَارِ

逃之夭夭，逃走

(٨) مَلاَذٌ جـ مَلاَوِذُ: مَلْجَأٌ 避难所，隐蔽处

(٨) لُورِّيٌّ جـ لُورِّيَّاتٌ: شَاحِنَةٌ 卡车，货车

(٨) لَوْزُ الْقُطْنِ 棉桃

(٨) اَللَّوْزَتَانِ 扁桃腺

(٨) اِلْتَاعَ اِلْتِيَاعًا قَلْبُهُ: اِحْتَرَقَ هَمًّا 焦虑，焦急

(٨) لَوْعَةٌ 煎熬，痛苦

(٨) لَوْلَبِيٌّ / حَلَزُونِيٌّ 螺旋形的

مِسْمَارٌ لَوْلَبِيٌّ 螺丝钉

*(٤) لاَمَ ـُ لَوْمًا فُلاَنًا عَلَى كَذَا 埋怨，责怪

(٦) لَوَّنَ تَلْوِينًا الشَّيْءَ 着色，上色；使多样化

(٤) تَلَوَّنَ تَلَوُّنًا الشَّيْءُ 变色，成为彩色的

*(٢) لَوْنٌ جـ أَلْوَانٌ 颜色；种类，样

لَوْنٌ زَاهٍ 鲜艳的颜色

لَوْنٌ فَاتِحٌ 浅色

لَوْنٌ قَاتِمٌ 深色

لَوْنٌ هَادِئٌ 素色

*(٢) مُلَوَّنٌ م مُلَوَّنَةٌ 彩色的，杂色的

(٦) اِلْتَوَى اِلْتِوَاءً الشَّيْءُ 成为弯曲的，扭曲的

اِلْتَوَى عَلَيْهِ الأَمْرُ

成为曲折的，成为错综复杂的

(٨) اَللِّيفُكِيمَاوِيُّ 化纤

*(٤) لاَقَ ـِ لِيَاقَةً بِفُلاَنٍ الشَّيْءُ 合适，适宜，相称

(٨) لِيَاقَةٌ 举止大方，谈吐得体，有风度

(٤) لاَئِقٌ م لاَئِقَةٌ

得当的，相宜的，大方的，潇洒的

*(٢) لَيْلٌ جـ لَيَالٍ (اللَّيَالِي) الوَاحِدَةُ لَيْلَةٌ 夜，夜晚

لَيْلاً وَنَهَارًا / لَيْلَ نَهَارَ

日夜，日日夜夜，夜以继日

أَلْفُ لَيْلَةٍ وَلَيْلَةٌ 一千零一夜

لَيْلَةُ القَدْرِ 盖德尔夜（斋月第 27 晚）

(٢) لَيْلِيٌّ م لَيْلِيَّةٌ 夜的，夜间的

(٤) لَيْمُونٌ 柠檬

عَصِيرُ اللَّيْمُونِ 柠檬汁

(٨) لَيْمُونَادَةٌ 柠檬水

(٦) لاَنَ ـِ لِينًا الشَّيْءُ 变软，变柔和，温和

(٨) لُيُونَةٌ 柔软，温和，灵活变通

*(٤) لَيِّنٌ م لَيِّنَةٌ 柔软的，柔和的，温和的

(٨) لِوَاءٌ جـ أَلْوِيَةٌ 旗帜；旅；少将；省

(٨) اِلْتِوَاءُ الْقَدَمِ （脚）扭伤

(٤) مُلْتَوٍ (اَلْمُلْتَوِي) م مُلْتَوِيَةٌ

弯曲的，蜿蜒的，曲折的

(٨) اَللِّيبْرَالِيَّةُ 自由化

*(٢) لِيبِيَا 利比亚

(٢) لِيبِيٌّ م لِيبِيَّةٌ 利比亚的；利比亚人

*(٢) لَيْتَ 但愿

لَيْتَ الشَّبَابَ يَعُودُ. 但愿青春能回还。

(٤) لِيرَةٌ جـ لِيرَاتٌ 里拉（货币名）

(٨) لِيزَر ولاَزَر 激光

*(٢) لَيْسَ 不是

*(٤) لِيسَانْس 文科学士

(٤) لِيفٌ جـ أَلْيَافٌ 纤维

أَلْيَافٌ بَصَرِيَّةٌ 光纤

أَلْيَافٌ اصْطِنَاعِيَّةٌ: أَلْيَافٌ تَرْكِيبِيَّةٌ

人造纤维，合成纤维

ل

الميم

*(٢) مَا / مَاذَا (اِسْمُ اسْتِفْهَامٍ) 什么（疑问名词）

مَا الخبرُ؟ مَاذَا تَعْمَلُ الآنَ؟

情况怎么样了？你现在干什么呢？

▲ مَا (حَرْفُ نَفْيٍ) 没有（否定虚词）

مَا رَأَيْتُهُ أَمْسِ. 昨天（我）没有看见他。

▲ مَا (اِسْمُ الْمَوصُولِ) 的，者（连接名词）

قُلْ مَا تُرِيدُ. 想说什么就说什么。

▲ مَا (اِسْمُ الشَّرْطِ) 什么，啥（条件名词）

مَا تَزْرَعْ تَحْصُدْ. 种瓜得瓜，种豆得豆。

▲ مَا (التَّعَجُّبِيَّةُ) 多么，真（表惊叹的名词）

مَا أَجْمَلَ هٰذِهِ الْحَدِيقَةَ! 多美的花园啊！

*(٤) مَاجِسْتِير 硕士学位

(٨) مَدَام ومَادَام جـ مَدَامَات / سَيِّدَةٌ

夫人，太太

*(٢) مَارِسُ / آذَارُ 三月

(٨) مَارْش: لَحْنُ السَّيْرِ 进行曲

(٨) مَارْشَال / مُشِير 元帅

(٨) اَلْمَارْكُ الأَلْمَانِيُّ 马克（德）

(٤) مَارْكَةٌ جـ مَارْكَات 标记，牌号，商标

(٦) اَلْمَارْكَسِيَّةُ 马克思主义

(٨) مَارُونِيٌّ جـ مَوَارِنَةٌ

基督教马龙派（黎巴嫩）

(٨) مَاكْرُو 宏观

(٦) مَالِيزِيَا 马来西亚

(٤) مَانْجُو / مَنْجَة 芒果

(٨) مَأْمَأَ مَأْمَأَةً الْخَرُوفُ 羊叫，咩咩

*(٤) مَؤُونَةٌ ومُؤْنَةٌ جـ مُؤَنٌ 供应，给养，粮食

*(٤) مَايُو / أَيَّارُ 五月

(٤) مَايُوه (مَيُّوه) جـ مَايُوهَاتٌ 游泳衣，泳装

*(٢) مِائَةٌ (مِئَةٌ) جـ مِئَاتٌ 百，一百

خَمْسٌ بِالْمِئَةِ / خَمْسٌ فِي الْمِئَةِ 百分之五

مِائَةٌ بِالْمِائَةِ 百分之百

(٢) مِئَوِيٌّ م مِئَوِيَّةٌ 百的，百年的，百分率的

(٢) مِتْرٌ جـ أَمْتَارٌ 米，公尺

(٨) مِتْرَاسٌ جـ مَتَارِيسُ 街垒

(٢) مِتْرُو 地下铁道

*(٢) تَمَتَّعَ تَمَتُّعًا بِكَذَا / اِسْتَمْتَعَ اِسْتِمْتَاعًا بِهِ

享受，享有；欣赏

(٤) مُتْعَةٌ جـ مُتَعٌ　享受，乐趣，快感

*(٢) مَتَاعٌ جـ أَمْتِعَةٌ / عَفْش　行李，家什

أَمْتِعَةُ الْبَيْتِ　什物，家什

*(٢) مُمْتِعٌ م مُمْتِعَةٌ　有趣的，引人入胜的

(٨) مَتَانَةٌ　结实，坚实，牢固

(٨) مَتْنٌ جـ مُتُونٌ　背，脊背

عَلَى مَتْنِ الطَّائِرَةِ (أَوِ السَّفِينَةِ)

在飞机（或船）上，乘飞机（或船）

*(٢) مَتِينٌ م مَتِينَةٌ　结实的，坚固的，牢靠的

*(٢) مَتَى (اِسْمُ اسْتِفْهَامٍ)

何时，什么时候（疑问名词）

*(٢) مَتَى (اِسْمُ شَرْطٍ)

什么时候，无论何时（条件名词）

مَتَى تَطْلُعِ الشَّمْسُ، تَخْتَفِ النُّجُومُ.

太阳出，星辰落。

*(٢) مَثَّلَهُ تَمْثِيلاً　扮演；代表，代理；体现

*(٤) تَمَثَّلَ تَمَثُّلاً فِي ...　表现在…，体现在…

(٦) تَمَثَّلَ بِهِ

以…为例，拿…做样子，模仿，模拟，效法

(٨) اِمْتَثَلَ اِمْتِثَالاً أَمْرَهُ

服从，认可，认同，默认；仿照，遵照

*(٢) مِثْلٌ جـ أَمْثَالٌ　类似，好像，如同

مِثْلُ ...　如，像

فِي مِثْلِ هَذِهِ الأَحْوَالِ　在类似情况下

(٨) مِثْلاً بِمِثْلٍ　对等地，相等地，平等地

قَايَضَ شَيْئًا بِشَيْءٍ مِثْلاً بِمِثْلٍ　等价交换

مَبْدَأُ مُقَابَلَةِ الْمِثْلِ بِالْمِثْلِ　对等原则

(٤) مِثْلَمَا / كَمَا　正如，正好像

*(٢) مَثَلٌ جـ أَمْثَالٌ　事例，谚语，格言

مَثَلاً　例如，比方说

(٤) مَثَلُهُ كَمَثَلِ ...　正如…一样，…也一样

*(٤) اَلْمَثَلُ الأَعْلَى جـ اَلْمُثُلُ الْعُلْيَا　理想，典型

*(٢) مِثَالٌ جـ أَمْثِلَةٌ ومُثُلٌ　例子，典范

عَلَى سَبِيلِ الْمِثَالِ　例如，比方说

*(٦) مِثَالِيٌّ م مِثَالِيَّةٌ

典型的，理想的；唯心主义的

(٨) اَلْمِثَالِيَّةُ　唯心主义，唯心论

*(٤) تِمْثَالٌ جـ تَمَاثِيلُ　塑像，雕像

تِمْثَالٌ فَخَّارِيٌّ　陶俑

تِمْثَالٌ صَلْصَالِيٌّ صَغِيرٌ　泥塑（泥人）

تِمْثَالُ عَجِينٍ صَغِيرٌ　面人

*(٢) تَمْثِيلِيَّةٌ جـ تَمْثِيلِيَّاتٌ　戏剧，剧本

تَمْثِيلِيَّةٌ عَرَائِسِيَّةٌ　木偶戏

*(٤) لاَ مَثِيلَ لَهُ / لَمْ يَسْبِقْ لَهُ مَثِيلٌ

无比的，无双的，没有先例的

(٨) أُمْثُولَةٌ جـ أُمْثُولاَتٌ / قَوْلٌ مَأْثُورٌ　警句，格言

(٨) أَمْثَلُ جـ أَمَاثِلُ م مُثْلَى
更（最）优秀的，更（最）高贵的
*(٢) مُمَثِّلٌ جـ مُمَثِّلُونَ م مُمَثِّلَةٌ 代表；演员
*(٤) مُمَاثِلٌ م مُمَاثِلَةٌ 类似的，相仿的，相当的
(٨) مَجَّ ـُ مَجًّا الشَّيْءَ وبِالشَّيْءِ 吐出，吐
(٨) مُجَاجٌ / رِيقٌ 唾沫，唾液
(٤) مَجَّدَهُ تَمْجِيدًا 推崇，赞美，颂扬
(٤) مَجْدٌ جـ أَمْجَادٌ 光荣，荣誉
*(٤) مَجِيدٌ جـ أَمْجَادٌ م مَجِيدَةٌ 光荣的
(٨) اَلْمَجَرُ / هِنْغَارِيَا 匈牙利
(٨) اَلْمَجَرَّةُ 银河，天河
(٨) مُجُونٌ 厚颜无耻，放肆，放荡
(٨) مَاجِنٌ جـ مُجَّانٌ
厚颜无耻的，放肆的，放荡的
(٤) مَجَّانًا 免费地，无偿地
(٦) مَجَّانِيَّةٌ 免费
(٨) مَحَارٌ 蛤蜥
(٦) مَحْضٌ 纯粹的
بِمَحْضِ إِرَادَتِهِ 纯属自愿地，完全自愿地
(٨) مَحْلٌ جـ مُحُولٌ 不毛，贫瘠；干旱；饥馑
*(٤) اِمْتَحَنَهُ اِمْتِحَانًا 考验，考试
*(٤) مِحْنَةٌ جـ مِحَنٌ 艰难，困苦，灾难，考验
*(٢) اِمْتِحَانٌ جـ اِمْتِحَانَاتٌ 考试，检查

اَلاِمْتِحَانُ الشَّفَوِيُّ 口试
اَلاِمْتِحَانُ التَّحْرِيرِيُّ 笔试
إِعَادَةُ الاِمْتِحَانِ / اَلاِمْتِحَانُ اللاَّحِقُ / اِمْتِحَانُ الدَّوْرَةِ الثَّانِيَةُ 补考
اِمْتِحَانٌ مُغْلَقٌ 闭卷考试
اِمْتِحَانٌ مَفْتُوحٌ 开卷考试
(٤) مَحَا يَمْحُو مَحْوًا الشَّيْءَ 抹掉，擦掉，勾销
أَثَرٌ لاَ يُمْحَى 不可磨灭的印象
*(٤) مَحْوُ الأُمِّيَّةِ 扫盲
(٢) مِمْحَاةٌ 板擦，橡皮，消字灵
(٤) مُخٌّ 大脑，精髓
مُخُّ الْعَظْمِ / اَلنُّخَاعُ 骨髓
(٤) مُخِّيٌّ 大脑的，脑的
نَزِيفٌ مُخِّيٌّ 脑溢血
(٨) تَمَخَّضَتْ تَمَخُّضًا الْمَرْأَةُ 分娩，生产
تَمَخَّضَتْ (جُهُودُ الْمُبْتَكِرِينَ) عَنْ ...
产生…结果，结出硕果
(٨) مَخَاضٌ 分娩时的阵痛
(٨) مُخَاطٌ جـ أَمْخِطَةٌ 鼻涕
*(٤) مِدَالِيَّةٌ جـ مِدَالِيَّاتٌ 奖牌，奖章
*(٢) مَدَحَهُ ـَ مَدْحًا 称赞，赞扬，赞美
(٨) مَدْحٌ / مَدِيحٌ جـ مَدَائِحُ 赞美，颂扬，赞美词
*(٤) مَدَّ ـُ مَدًّا الشَّيْءَ 伸，伸展，延展，拉长

(٤) مَدَّدَ تَمْدِيدًا الشَّيْءَ　延伸，延展，展（期）

*(٤) أَمَدَّ إِمْدَادًا فُلَانًا بِكَذَا
供给，供应，接济，支援

*(٤) اِمْتَدَّ اِمْتِدَادًا الشَّيْءُ إِلَى ...　延伸，扩展

(٨) تَمَدَّدَ تَمَدُّدًا الشَّيْءُ　延长，伸展

يَتَمَدَّدُ بِالْحَرَارَةِ وَيَتَقَلَّصُ بِالْبُرُودَةِ　热胀冷缩

*(٤) اِسْتَمَدَّ اِسْتِمْدَادًا مِنْهُ الشَّيْءَ　汲取，获取

(٨) مَدٌّ وَجَزْرٌ　潮汐

(٨) مَدَدٌ جـ أَمْدَادٌ　援兵，援军；支援，援助

(٤) مِدَادٌ　墨汁，墨水

*(٢) مُدَّةٌ جـ مُدَدٌ　时间，时期，限期，一段时间

*(٢) مَادَّةٌ جـ مَوَادُّ
物质，材料；科目，课程；条款

اَلْمَوَادُّ الْخَامُ　原料

اَلْمَوَادُّ الْعُضْوِيَّةُ　有机质

مَوَادُّ أَوَّلِيَّةٌ　原材料；素材

مَوَادُّ عَازِلَةٌ　绝缘材料

مَوَادُّ مُقَاوِمَةٌ لِلتَّعَفُّنِ　防腐材料

مَوَادُّ وَاقِيَةٌ　防腐剂

*(٤) مَادِّيٌّ م مَادِّيَّةٌ　物质的；唯物的

*(٤) اَلْمَادِّيَّةُ　唯物主义

(٨) مَدِيدٌ م مَدِيدَةٌ　长的，延长的，拖长的

عُمْرٌ مَدِيدٌ　长寿

*(٤) مَدَنِيٌّ م مَدَنِيَّةٌ
文明的，开化的；民事的，民用的

*(٤) اَلْمَدَنِيَّةُ　文明，文化

*(٢) مَدِينَةٌ جـ مُدُنٌ　城市，都会

(٤) اَلْمَدِينَةُ الْمُنَوَّرَةُ　麦地那

(٦) مُتَمَدِّنٌ م مُتَمَدِّنَةٌ
文明的，开化的，城市化的

(٦) تَمَادَى تَمَادِيًا فِي ...　固执，顽固不化，执意

*(٤) مَدًى　范围，距离，限度

مَدَى الْبَصَرِ　视野，眼界

مَدَى الْحَيَاةِ　终生，毕生

بَعِيدُ الْمَدَى　深远的，远大的，远程的

عَلَى مَدَى السَّنَةِ　终年，全年，一年到头

(٨) تَمَدَّنَ تَمَدُّنًا　开化，成为文明的

أَفْكَارُ التَّمَدُّنِ وَالتَّحْضِيرِ　开明思想

(٦) مَرَّاكِشُ: مَدِينَةٌ فِي الْمَغْرِبِ أَوْ بِلَادُ الْمَغْرِبُ
马拉喀什；摩洛哥

(٢) مَرْءٌ (أُمْرُؤٌ) جـ رِجَالٌ　人，男人

*(٢) مَرْأَةٌ (اِمْرَأَةٌ) جـ نِسَاءٌ وَنِسْوَةٌ　女人，妇女

*(٤) مُرُوءَةٌ　仗义，豪爽，男子气

(٨) مَرِيءٌ جـ مُرُؤٌ وَأَمْرِئَةٌ　食管，食道

(٨) مَرِيئًا
祝你健康（饮食后的祝词）！您吃好了！

(٢) مَارٌّ جـ مَارَّةٌ 行人，过路的
(٤) مَرِيرٌ م مَرِيرَةٌ 艰苦，艰难的
(٢) مُسْتَمِرٌّ م مُسْتَمِرَّةٌ 继续的，连续的
*(٤) مَمَرٌّ جـ مَمَرَّاتٌ 走廊，过道
*(٤) مَارَسَ مُمَارَسَةً الأَمْرَ 从事，实行，搞（工作）
*(٢) مَرِضَ ـَ مَرَضًا 生病，害病
(٨) تَمَارَضَ تَمَارُضًا 装病，托病
*(٢) مَرَضٌ جـ أَمْرَاضٌ 病，疾病
أَمْرَاضٌ مُعْدِيَةٌ / أَمْرَاضٌ سَارِيَةٌ 传染病
مَرَضٌ مُزْمِنٌ 慢性病
*(٢) مَرِيضٌ جـ مَرْضَى م مَرِيضَةٌ 病人，病号
*(٢) مُمَرِّضٌ جـ مُمَرِّضُونَ م مُمَرِّضَةٌ
护士，护理人员
(٨) مُرْفِين 吗啡
(٢) مَرَقٌ / مَرَقَةٌ 汤，肉汤
(٨) مَرْكَزَ مَرْكَزَةً الشَّيْءَ 集中
(٨) تَمَرْكَزَ تَمَرْكُزًا الشَّيْءُ
集中化；集中起来，驻扎
تَمَرْكُزُ الرَّأْسَمَالِ 资本的集中
(٨) مَرْمَرٌ 雪花石膏；白色大理石
*(٤) مَرَّنَهُ تَمْرِينًا عَلَى الأَمْرِ 使习惯，训练，教练
*(٢) تَمَرَّنَ تَمَرُّنًا عَلَى كَذَا 练习，训练
*(٤) مُرُونَةٌ 弹性；灵活性

(٤) مَرْجٌ جـ مُرُوجٌ 草原，草地，牧场
(٨) مَرْجَانٌ 珊瑚
(٤) مَرِحَ ـَ مَرَحًا 欢快，高兴，兴高采烈
(٤) مَرِحٌ م مَرِحَةٌ 高兴的，欢快的
(٤) مَرْحَى! 妙极了！好极了！
(٨) اَلْمِرِّيخُ 火星
(٨) تَمَرَّدَ تَمَرُّدًا الْقَوْمُ 造反，叛乱，哗变
(٨) مَارِدٌ جـ مَرَدَةٌ 巨人，大力士
*(٢) مَرَّ ـُ مُرُورًا بِالْمَكَانِ أو عَلَيْهِ 经过，走过
(٨) مَرَّرَ تَمْرِيرًا كَذَا 使通过，传，传递
*(٢) اِسْتَمَرَّ اِسْتِمْرَارًا فِي كَذَا 继续，持续，连续
(٨) مُرُورٌ 通过，经过
شُرْطِيُّ الْمُرُورِ 交通警察
*(٤) مُرٌّ م مُرَّةٌ 苦的；痛苦的
*(٢) مَرَّةٌ جـ مَرَّاتٌ ومِرَارٌ 次，回，遍
مَرَّةً / ذَاتَ مَرَّةٍ 有一次
لِأَوَّلِ مَرَّةٍ 初次，第一次
مَرَّةً أُخْرَى 再一次，又一次
مَرَّةً بَعْدَ مَرَّةٍ / مَرَّةً بَعْدَ أُخْرَى
再三，一次又一次
مِرَارًا وَتَكْرَارًا 多次，反复，三番五次
(٤) مَرَارَةٌ 苦，苦味；痛苦
(٨) مَرَارَةٌ جـ مَرَائِرُ 苦胆，胆囊

(٢) مِمْسَحَةٌ جـ مَمَاسِحُ 擦子，抹布，墩布

(٨) مَاسُورَةٌ جـ مَوَاسِيرُ 管子，筒儿

*(٤) مَسَّ ـُ مَسًّا الشَّيْءَ 摸，触摸

مَسَّ فُلانًا 伤害，触犯，侮辱

(٦) مَاسٌّ م مَاسَّةٌ 迫切的，急需的

(٨) أَمَسُّ الْحَاجَةِ 最急迫的需要

*(٢) أَمْسَكَ إِمْسَاكًا الشَّيْءَ أَوْ بِهِ 抓住，握住，拿住

*(٤) تَمَسَّكَ تَمَسُّكًا بِكَذَا 坚持；遵循

(٨) تَمَاسَكَ تَمَاسُكًا الشَّيْءُ أَوِ الشَّيْئَانِ

结成一团，质地坚实难分，凝聚

(٤) إِمْسَاكٌ / انْقِبَاضُ الْبَطْنِ 便秘

(٨) مِسْكٌ 麝香

(٨) مُمْسِكٌ م مُمْسِكَةٌ 吝啬的，节俭的

(٨) أَمْسَى 渐近黄昏；变成

*(٢) مَسَاءٌ 晚上

*(٤) أُمْسِيَّةٌ جـ أُمْسِيَّاتٌ 夜晚，晚会

(٢) مَشَطَ ـُ مَشْطًا الشَّعْرَ / مَشَّطَهُ 梳头，梳理

(٢) مُشْطٌ أو مِشْطٌ جـ أَمْشَاطٌ 梳子

(٨) مَمْشُوقُ الْقِوَامِ 苗条的，匀称的

(٢) مِشْمِشٌ واحدته مِشْمِشَةٌ 杏儿，杏子

*(٢) مَشَى يَمْشِي مَشْيًا 走，行走

*(٤) مَاشَى يُمَاشِي مُمَاشَاةً فُلانًا أو شَيْئًا

并行，并驾齐驱；与…相适应

دِبْلُومَاسِيَّةُ الْمُرُونَةِ 弹性外交

(٨) مِرَانٌ 实习，练习，操练

*(٢) تَمْرِينٌ جـ تَمْرِينَاتٌ وتَمَارِينُ 练习，操练

(٤) مَرِنٌ م مَرِنَةٌ 灵活的，有弹性的

(٤) مَزَجَ ـُ مَزْجًا الشَّيْءَ بِكَذَا

掺和，混合，掺兑，冲淡

*(٤) اِمْتَزَجَ اِمْتِزَاجًا بِكَذَا 掺杂，与…混合

(٨) مِزَاجٌ جـ أَمْزِجَةٌ 脾气，性情，气质

(٤) مَزِيجٌ 混合物，合剂

*(٤) مَزَحَ ـَ مَزْحًا مَعَ فُلانٍ 开玩笑

(٨) مَازَحَهُ مِزَاحًا 和他开玩笑

(٤) مِزَاحٌ 玩笑

(٨) مَازِحٌ ومَزَّاحٌ 小丑，滑稽家，诙谐者

*(٤) مَزَّقَ تَمْزِيقًا الشَّيْءَ 撕破，撕毁

(٤) تَمَزَّقَ تَمَزُّقًا الشَّيْءُ 被撕破，被粉碎

*(٤) مَزِيَّةٌ جـ مَزَايَا 优点，特长，特点；优惠，优待

مَزَايَا الْبِطَالَةِ والْمَرَضِ 失业、生病优待金

*(٢) مَسَحَ ـَ مَسْحًا الشَّيْءَ 擦，擦掉，抹去

(٤) مَسَحَ ـَ مِسَاحَةَ الأَرْضِ 测量，丈量（土地）

*(٤) مِسَاحَةٌ جـ مِسَاحَاتٌ 面积

(٤) مَسِيحِيٌّ جـ مَسِيحِيُّونَ / نَصْرَانِيٌّ جـ نَصَارَى

基督教徒

(٤) اَلْمَسِيحِيَّةُ / اَلدِّينُ الْمَسِيحِيُّ 基督教

*(٢) تَمَشَّى يَتَمَشَّى تَمَشِّيًا 散步，溜达

(٦) تَمَاشِيًا مَعَ ... 随着，按照…，与…一致

(٢) مَاشٍ (المَاشِي) جـ مُشَاةٌ 步行的，步兵

مُشَاةُ الْبَحْرِيَّةِ 海军陆战队

*(٢) مَاشِيَةٌ جـ مَوَاشٍ (المَوَاشِي) 牲口，家畜

(٨) مَصَّرَ تَمْصِيرًا الْمَكَانَ

开拓定居地；建城镇；使埃及化

*(٢) مِصْرُ 埃及

(٢) مِصْرِيٌّ جـ مِصْرِيُّونَ م مِصْرِيَّةٌ 埃及的；埃及人

(٤) مَصَّ ـُ مَصًّا الشَّيْءَ / اِمْتَصَّهُ اِمْتِصَاصًا

吸，吮吸，吸收

(٨) مِمَصٌّ / مَاصَّةٌ 吸管

(٨) مَصْلُ الدَّمِ 血清

(٨) مَضَغَ ـُ مَضْغًا الطَّعَامَ 咀嚼

(٨) مَضْمَضَ مَضْمَضَةً الْمَاءَ فِي فَمِهِ / مَصْمَصَ

漱口

*(٤) مَضَى يَمْضِي مُضِيًّا الْوَقْتُ 过去，逝去

(٤) مَضَى فِي الأَمْرِ 继续

(٦) أَمْضَى الرِّسَالَةَ وَنَحْوَهَا 签字，签名

(٨) أَمْضَى الإِجَازَةَ 度假

(٢) مَاضٍ (المَاضِي) م مَاضِيَةٌ

过去的，从前的；锋利的

*(٤) أَمْطَرَتْ تُمْطِرُ السَّمَاءُ 下雨

*(٢) مَطَرٌ جـ أَمْطَارٌ 雨

(٤) مُمْطِرٌ م مُمْطِرَةٌ 阴雨的，多雨的

(٤) مِمْطَرٌ ومِمْطَرَةٌ جـ مَمَاطِرُ 雨衣

(٨) مَطْرَان ومِطْرَان جـ مَطَارِينُ 大主教〔宗〕

(٤) مَطَّاطٌ 橡胶；有弹性的

مَطَّاطُ تَرْبِيطٍ 橡皮筋

(٨) مُمَاطَلَةٌ 拖延，拖拉

(٨) اِمْتَطَى يَمْتَطِي الدَّابَّةَ أَوْ نَحْوَهَا 骑，乘

(٨) مَطِيَّةٌ جـ مَطَايَا 坐骑

*(٢) مَعَ 和，同，与

مَعًا 一同，一起，一块

مَعَ ذَلِكَ 虽然，尽管如此

مَعَ أَنَّ ... 虽然，尽管

مَعَ الرَّأْيِ أَوْ مَعَ فُلَانٍ: وَافَقَهُ 同意

مَعَ التَّيَّارِ 顺流

مَعَ الرِّيحِ 顺风

*(٤) مَعِدَةٌ 胃

(٤) مَعْزٌ ومَعَزٌ (اِسْمُ الْجِنْسِ) الواحدُ مَاعِزٌ جـ

مَعْزٌ م مَاعِزَةٌ جـ مَوَاعِزُ 山羊

*(٤) أَمْعَنَ إِمْعَانًا فِي الأَمْرِ

仔细做，认真做，专心致志做

أَمْعَنَ النَّظَرَ فِي ... 仔细观察

أَمْعَنَ فِي التَّفْكِيرِ 深思熟虑

م

(٨) مَكُّوكٌ 梭子

زِيَارَاتٌ مَكُّوكِيَّةٌ 穿梭访问

*(٢) أَمْكَنَ إِمْكَانًا فُلَانًا الأَمْرُ 可能，成为可能

إِذَا أَمْكَنَ / إِنْ أَمْكَنَ 如果可能

يُمْكِنُ أَنْ ... …是可能的

فِي أَسْرَعِ مَا يُمْكِنُ 尽快地

عَلَى قَدْرِ الإِمْكَانِ 尽可能地

*(٤) مَكَّنَهُ تَمْكِينًا مِنَ الأَمْرِ 使他有可能

*(٤) تَمَكَّنَ تَمَكُّنًا مِنَ الأَمْرِ 能，能做，学会

تَمَكَّنَ مِنْ عِلْمٍ 掌握，精通

*(٤) إِمْكَانِيَّةٌ جـ إِمْكَانِيَّاتٌ 可能性；潜力，力量

*(٢) مُمْكِنٌ 可能的，可以

مِنَ الْمُمْكِنِ أَنْ ... …是可能的

*(٤) مَاكِينَةٌ (مَاكِنَةٌ) جـ مَاكِينَاتٌ ومَكَائِنُ 机器

*(٤) مَكْنَنَةٌ 机械化

(٦) مِكَانِيكَا ومِيكَانِيكَا 力学，机械学

(٨) مَكْيَاج ومَاكْيَاج 化妆

*(٢) مَلَأَ ـَ مَلْأً الإِنَاءَ مَاءً أَوْ بِالْمَاءِ

灌满，盛满，填充

مَلَأَ الإِسْتِمَارَةَ 填表格

مَلَأَ السَّاعَةَ 给钟表上弦

*(٤) اِمْتَلَأَ اِمْتِلَاءً الإِنَاءُ مَاءً 灌（充）满水

(٤) مِلْءُ ... 满…

(٤) مَعْيٌ جـ أَمْعَاءٌ 肠

اَلأَمْعَاءُ الدَّقِيقَةُ 小肠

اَلأَمْعَاءُ الْغَلِيظَةُ 大肠

(٨) مَغْنَطَ مَغْنَطَةً الشَّيْءَ / غَنَّطَهُ 使磁化

(٨) تَمَغْنَطَ تَمَغْنُطًا الشَّيْءُ 应磁，磁感应，磁化

(٨) مُمَغْنَطَةٌ 磁化的

اَلْمَوَادُّ الْمُمَغْنَطَةُ / اَلْمَوَادُّ الْمُغَنَّطَةُ 磁化物质

(٤) مِغْنَاطِيسِيٌّ م مِغْنَاطِيسِيَّةٌ 磁的，磁性的

حَقْلٌ مِغْنَاطِيسِيٌّ (أو مِغْنَطِيسِيٌّ) 磁场

جَذْبٌ مِغْنَاطِيسِيٌّ 磁引力

(٨) مَقَتَ ـُ مَقْتًا رَجُلًا 憎恶，厌恶

*(٦) مَقْدِيشُو 摩加迪沙

(٨) مُقْلَةٌ جـ مُقَلٌ 眼珠，眼球

*(٤) مَكَثَ ـُ مُكُوثًا بِالْمَكَانِ 居住，逗留，停留

(٦) مَاكِرٌ جـ مَكَرَةٌ ومَاكِرُونَ م مَاكِرَةٌ

狡猾的，滑头的，奸诈的

(٨) مِكْرُوبٌ جـ مِكْرُوبَاتٌ / مِيكْرُوب جـ

مِيكْرُوبَات 细菌，微生物

(٤) مِكْرُوبَاص 小型公共汽车，微型面包车

(٤) مِكْرُوفُون 麦克风，话筒

(٤) مَكْرُونَة ومَعْكَرُونَة 通心面

(٨) اَلْمَكْسِيك 墨西哥

*(٤) مَكَّةُ 麦加

*(٤) مِلْكٌ ومُلْكٌ جـ أَمْلاكٌ 财产，产业

*(٤) مِلْكِيَّةٌ 所有权，所有制

اَلْمِلْكِيَّةُ الفِكْرِيَّةُ 知识产权

(٤) مَلَكٌ ومَلاَكٌ جـ مَلاَئِكَةٌ 天使，天神

(٨) مَلَكَةٌ جـ مَلَكَاتٌ: صِفَةٌ رَاسِخَةٌ في النَّفْسِ

素养，特性

(٤) مَلِكٌ جـ مُلُوكٌ 国王，君主

*(٤) مَلِكَةٌ جـ مَلِكَاتٌ 女王，王后

*(٤) اَلْمَلَكِيَّةُ 君主制，帝制，君主政体

(٤) مَالِكٌ جـ مُلاَّكٌ 物主，领主，占有者

مَالِكُ الأَرْضِ / مَلاَّكُ الأَرْضِ 地主

(٨) مَمْلُوكٌ جـ مَمَالِيكُ 被占有的；奴隶

*(٤) مُمْتَلَكَةٌ جـ مُمْتَلَكَاتٌ 财产，资产

*(٤) مَمْلَكَةٌ جـ مَمَالِكُ 王国

(٤) اَلْمَمْلَكَةُ الْعَرَبِيَّةُ السُّعُودِيَّةُ 沙特阿拉伯王国

(٤) اَلْمَمْلَكَةُ الأُرْدُنِيَّةُ الْهَاشِمِيَّةُ 约旦哈希姆王国

(٤) اَلْمَمْلَكَةُ الْمَغْرِبِيَّةُ 摩洛哥王国

*(٤) مَلَّ ـَ مَلَلاً الشَّيْءَ أو مِنْهُ 厌烦，厌倦，腻味

(٦) مَلَلٌ 厌倦，厌烦

بِلاَ مَلَلٍ 不倦地

*(٤) مُمِلٌّ م مُمِلَّةٌ 使人厌烦的，乏味的

(٦) أَمْلَى إِمْلاَءً عَلَيْهِ الْكِتَابَ

口授，听写；指示他…

مِلْءُ عُيُونِنَا 满眼

(٤) مُلاَءَةٌ 阿拉伯女用长袍；床单

*(٤) مَلِيءٌ م مَلِيئَةٌ / مَمْلُوءٌ م مَمْلُوءَةٌ 充满的，装满的

(٨) مُمْتَلِئٌ م مُمْتَلِئَةٌ 装满的，盛满的，鼓鼓囊囊的

(٨) مَلاَرِيَا 疟疾

(٨) مَلَّحَ تَمْلِيحًا الطَّعَامَ 腌，腌制

*(٢) مِلْحٌ جـ أَمْلاَحٌ 盐

*(٤) مِلاَحَةٌ 航行，航运，航海

(٤) مَالِحٌ م مَالِحَةٌ 咸的

(٨) مَلِيحٌ م مَلِيحَةٌ

漂亮的，俊俏的，标致的，有风度的

(٨) مُمَلَّحٌ م مُمَلَّحَةٌ 咸的，腌制的

(٤) مَلاَّحٌ جـ مَلاَّحُونَ 水手，海员

(٨) مَوَالِحُ 酸水果

(٤) أَمْلَسُ م مَلْسَاءُ 光滑的，滑溜的

(٨) تَمَلَّقَهُ تَمَلُّقًا 阿谀，奉承，迎合，讨好

*(٢) مَلَكَ ـِ مَلْكًا ومُلْكًا ومِلْكًا الشَّيْءَ

占有，掌握，控制

يَمْلِكُ زِمَامَ الْمُبَادَرَةِ 掌握主动权

*(٤) اِمْتَلَكَ يَمْتَلِكُ اِمْتِلاَكًا الشَّيْءَ / تَمَلَّكَهُ

占有，领有

*(٤) تَمَالَكَ تَمَالُكًا عَنْ كَذَا 克制，自制

لَمْ يَتَمَالَكْ عَنْ ... 禁不住，情不自禁

م

▲ اَلتَّبْعِيضُ 表示部分

مِنْهُمُ الْوَاقِفُ، ومِنْهُمُ الجَالِسُ.

（他们当中）有站着的，有坐着的。

▲ لِلْبَيَانِ 用以说明

نَاقَشْنَا فِي شَتَّى الْمَوَاضِيعِ مِنْ أَدَبِيَّةٍ وسِيَاسِيَّةٍ.

我们讨论了文艺和政治方面的许多问题。

▲ اَلتَّعْلِيلُ 表原因

سُرِرْتُ كَثِيرًا مِنْ نَجَاحِهِ.

我因他的成功而感到十分高兴。

▲ اَلتَّفْضِيلُ 表示比较

هُوَ أَكْبَرُ مِنِّي سِنًّا. 他岁数比我大。

(٤) مِمَّا ... 从而…

(٤) اَلْمَنَامَةُ 麦纳麦

*(٤) مَنَحَ ـَ مَنْحًا فُلانًا الشَّيْءَ

给，给予，授予，赠予

(٤) مِنْحَةٌ جـ مِنَحٌ 礼品，赠品

مِنْحَةٌ دِرَاسِيَّةٌ 奖学金

(٨) مَانِحٌ 捐赠人，赠予者

اَلدَّوْلَةُ الْمَانِحَةُ 捐赠国，援助国

(٨) اَلْمَنْجَنِيز 锰

*(٢) مُنْذُ 自从，自…以来

مُنْذُ ذَلِكَ الْوَقْتِ 从那时候起

مُنْذُ عَهْدٍ قَرِيبٍ 近来

*(٢) اَلإِمْلاَءُ 口授，让其听写

(٨) أُمْلِيَةٌ جـ أَمَالٍ 讲义，笔记

(٤) مِلْيَارٌ جـ مِلْيَارَاتٌ 十亿

(٨) مِلِّيمِتْرٌ جـ مِلِّيمِتْرَاتٌ 毫米

*(٢) مِلْيُونٌ جـ مَلاَيِينُ 百万

(٨) مِلْيُونِير 富翁，富豪

(٨) مِلِّيمٌ جـ مِلِّيمَاتٌ 埃币一分

*(٢) مَنْ (اِسْمُ اسْتِفْهَامٍ) 谁，哪个人（疑问名词）

مَنْ هُوَ؟ 他是谁？

▲ مَنْ (اِسْمُ الْمَوْصُولِ)

者，的，…的人（连接名词）

نُسَاعِدُ مَنْ يَحْتَاجُ إِلَى الْمُسَاعَدَةِ.

我们帮助那些需要帮助的人。

▲ مَنْ (اِسْمُ شَرْطٍ)

者，谁，只要（条件名词）

مَنْ يَجْتَهِدْ يَنْجَحْ.

只要努力，就能取得成功。

*(٢) مِنْ (حَرْفُ جَرٍّ) مِنْ مَعَانِيهِ 介词

▲ اِبْتِدَاءُ الْغَايَةِ فِي الزَّمَنِ والْمَكَانِ

表示时间、地点的起点

خَرَجْتُ مِنَ الْبَيْتِ 我是从家里出来的。

مَرِضَ مِنْ يَوْمِ الْجُمْعَةِ.

他从星期五就病了。

(٤) مَهْدٌ جـ مُهُودٌ 摇篮

مَهْدُ الْحضَارَةِ 文明的摇篮

مَهْدُ الثَّوْرَةِ 革命的摇篮

*(٤) تَمْهِيدٌ 序，前言

(٤) تَمْهِيدِيٌّ م تَمْهِيدِيَّةٌ 预备的，筹备的

(٤) مُمَهَّدٌ م مُمَهَّدَةٌ 平坦的；准备就序的

(٨) مَهَرَ ـُ مَهْرًا فُلاَنٌ فِي كَذَا 擅长，熟练

(٨) مَهْرٌ جـ مُهُورٌ 彩礼，财礼

(٨) مُهْرٌ م مُهْرَةٌ 马驹，小马

*(٤) مَهَارَةٌ جـ مَهَارَاتٌ 技巧，技能，本领

*(٢) مَاهِرٌ جـ مَاهِرُونَ ومَهَرَةٌ م مَاهِرَةٌ

熟练的，纯熟的，擅长…的

*(٤) مَهْرَجَانٌ جـ مَهْرَجَانَاتٌ 联欢会，联欢节

اَلْمَهْرَجَانُ الرِّيَاضِيُّ 运动会

(٦) أَمْهَلَ إِمْهَالاً الأَمْرَ 宽限，缓期

*(٤) تَمَهَّلَ تَمَهُّلاً فِي الأَمْرِ 慢慢做，从容地做

(٢) مَهْلاً / عَلَى مَهْلِكَ 慢点！别忙！

(٦) مُهْلَةٌ 宽限的日期

*(٤) مَهْمَا (اِسْمُ شَرْطٍ جَازِمٌ) 无论如何，不管怎样

مَهْمَا يَكُنِ الْجَوُّ نُوَاظِبْ عَلَى الرِّيَاضَةِ الْبَدَنِيَّةِ.

不管天气怎样，我们都坚持体育锻炼。

*(٢) مِهْنَةٌ جـ مِهَنٌ 职业，行当，行业，工作

(٢) مِهَنِيٌّ م مِهَنِيَّةٌ 职业的，行业的

*(٢) مَنَعَهُ ـَ مَنْعًا الشَيْءَ أو عَنْهُ أو مِنْهُ 禁止，阻止

*(٤) اِمْتَنَعَ اِمْتِنَاعًا عَنْ كَذَا

不肯，拒不；戒断，戒除

اِمْتَنَعَ عَنْ التَّصْوِيتِ 弃权

(٢) مَنَاعَةٌ 抵抗力，免疫力

*(٤) مَانِعٌ جـ مَوَانِعُ 妨害，障碍

لاَ مَانِعَ 没意见，无妨，可以

(٤) مَنِيعٌ م مَنِيعَةٌ

坚固的，坚不可摧的，不可克服的

(٢) مَمْنُوعٌ م مَمْنُوعَةٌ

被禁止的，违禁的，不许可的

(٨) مُمْتَنِعٌ م مُمْتَنِعَةٌ 弃权的，弃权者

(٦) مُنْغُولِيَا 蒙古

(٨) مَنَّ ـُ مَنًّا عَلَيْهِ بِكَذَا 赠送，赐予

(٨) مُنِيَ يُمْنَى بِكَذَا 遭（难），受（灾），遭受

*(٢) تَمَنَّى يَتَمَنَّى تَمَنِّيًا الأَمْرَ 希望，期望，祝愿

(٨) مَنًى ومَنِيَّةٌ جـ مَنَايَا 死亡；命运，天数

(٦) مُنْيَةٌ جـ مُنًى 希望

*(٢) أُمْنِيَّةٌ جـ أَمَانٍ (اَلأَمَانِي)

希望，愿望，宿愿，理想

(٢) تَمَنٍّ (التَّمَنِّي) جـ تَمَنِّيَاتٌ 祝愿

*(٤) مَهَّدَ تَمْهِيدًا الأَمْرَ 安排，准备，为…铺平道路

مَهَّدَ الطَّرِيقَ 铺路

(٨) اِمْتَهَنَ اِمْتِهَانًا فُلاَنًا 轻视，鄙视，蔑视

(٨) مَاءَ ـُ مُؤَاءً الْهِرُّ 猫叫，喵

*(٢) مَاتَ ـُ مَوْتًا 死，死人

(٨) أَمَاتَهُ إِمَاتَةً 杀害，处死

(٨) تَمَاوَتَ تَمَاوُتًا 装死，假死

(٨) اِسْتَمَاتَ اِسْتِمَاتَةً 拼死，拼命，奋不顾身

*(٤) مَيْتٌ جـ أَمْوَاتٌ ومَوْتَى / مَيِّتٌ جـ مَيِّتُونَ

死的，死人

اَلْبَحْرُ الْمَيِّتُ 死海

دُيُونٌ مَيِّتَةٌ 呆账

(٨) مُمِيتٌ م مُمِيتَةٌ 致命的，致死的

(٨) مُوتُور / مُوطُور 发动机，马达

(٨) مُوتُوسَيْكَل / دَرَّاجَةٌ نَارِيَّةٌ 摩托车

(٨) مَاجَ ـُ مَوْجًا الْبَحْرُ 波涛汹涌，澎湃

مَاجَ الْمَكَانُ بِكَذَا 活跃着

(٨) تَمَوَّجَ تَمَوُّجًا الشَّيْءُ 起伏，波动

*(٤) مَوْجٌ جـ أَمْوَاجٌ 波浪，浪涛

(٤) مَوْجَةٌ جـ مَوْجَاتٌ 浪头，浪潮；（无线电）波段

اَلْمَوْجَةُ الْقَصِيرَةُ 短波

اَلْمَوْجَةُ الْمُتَوَسِّطَةُ 中波

اَلْمَوْجَةُ الطَّوِيلَةُ 长波

(٨) مَائِجٌ / مُتَمَوِّجٌ 澎湃的，波动的，波浪式的

(٤) مُودَة / مُوضَة / مُودِيل أو مُودَيْل 样式，款式

مُودَيْل ٢٠٠٠ 2000 年产，2000 年型

*(٤) مُورِيتَانِيَا 毛里塔尼亚

*(٢) مَوْزٌ وَاحِدَتُه مَوْزَةٌ 香蕉

(٨) مُوزَايِيك 马赛克

(٤) مُوسْكُو 莫斯科

(٨) مُوسَى جـ مَوَاسٍ (المواسِي) ومُوسٌ جـ أَمْوَاسٌ

剃须刀

(٨) مَاسٌ جـ أَلْمَاسٌ 钻石，金刚石

*(٢) مُوسِيقَى / مُوسِيقَا 音乐

(٢) مُوسِيقَارٌ / مُوسِيقِيٌّ 音乐家

*(٤) مَوَّلَ تَمْوِيلاً فُلاَنًا أو الْعَمَلَ

提供资金，资助，出资

*(٢) مَالٌ جـ أَمْوَالٌ 金钱，资产，财富

(٢) مَالِيٌّ م مَالِيَّةٌ 金钱的，财政的，财务的

*(٤) اَلْمَالِيَّةُ 财政，金融

(٨) مُومِيَا ومُمِيَاء جـ مُومِيَاءَات / مُومِيَة جـ مُومِيَات

干尸，木乃伊

*(٤) مَوَّنَ تَمْوِينًا فُلاَنًا بِكَذَا 供应，供给

(٨) مُونَة جـ مُوَنٌ / مُؤْنَةٌ 粮食，口粮

(٨) مُونْتَاج 剪辑，蒙太奇；意识流

(٨) مَوَّهَ تَمْوِيهًا الشَّيْءَ بِمَاءِ الذَّهَبِ أَوِ الْفِضَّةِ أَوْ نَحْوِهِ

镀（金或银等）

مَوَّهَ الْحَقِيقَةَ 掩盖真相

مَوَّهَ الْقِدْرَ أَوْ غَيْرَهَا 加水，冲淡，稀释；伪装

حَرَكَةُ تَمْوِيهٍ 假动作

(٦) مَاهِيَّةٌ 本质；实质

*(٢) مَاءٌ جـ مِيَاهٌ 水

اَلْمَاءُ الْعَذْبُ 淡水

مَاءُ الْوَجْهِ 脸面，面子，自尊心

أَرَاقَ مَاءَ وَجْهِهِ 丢他的面子，使丢脸

مِيَاهٌ إِقْلِيمِيَّةٌ 领海

(٢) مَائِيٌّ م مَائِيَّةٌ 水的，水生的，水上的

*(٢) مَيْدَانٌ جـ مَيَادِينُ 广场；领域；范畴

مَيْدَانُ الْقِتَالِ 战场

مَيْدَانُ إِطْلَاقِ الصَّوَارِيخِ 火箭发射场

(٦) مَيْدَانِيٌّ م مَيْدَانِيَّةٌ 实地的，现场的

(٨) مَادَ ـِ مَيْدًا الشَّيْءُ

震动，震荡，前后摇摆，左右摆动

*(٢) مَائِدَةٌ جـ مَوَائِدُ 桌子，餐桌；筵席

*(٤) مَيَّزَ تَمْيِيزًا الشَّيْءَ 区分，区别，鉴别，分辨

*(٤) تَمَيَّزَ تَمَيُّزًا بِكَذَا / اِمْتَازَ اِمْتِيَازًا بِهِ

被区别开，具有…特色，具有

(٦) اِمْتَازَ بِهِ 具有

اِمْتَازَ عَلَى غَيْرِهِ 超群出众

*(٤) مِيزَةٌ جـ مِيزَاتٌ / مُمَيِّزٌ جـ مُمَيِّزَاتٌ

特点，特征，特色，优越性

(٨) اَلتَّمْيِيزُ الْعُنْصُرِيُّ 种族歧视

(٦) اِمْتِيَازٌ جـ اِمْتِيَازَاتٌ 特权，特许

اِمْتِيَازَاتٌ أَجْنَبِيَّةٌ 治外法权

حَقُّ الِامْتِيَازِ 专利权

(٤) مُتَمَيِّزٌ م مُتَمَيِّزَةٌ

特殊的，明显的，区别于其它的

*(٢) مُمْتَازٌ جـ مُمْتَازُونَ م مُمْتَازَةٌ 优秀的，优异的

(٨) مَائِعٌ 流体

(٨) مِيكْرُو 微观

(٨)مِيكْرُوسْكُوب: مِجْهَرٌ 显微镜

مِيكْرُوسْكُوب أَلِكْتْرُونِيّ 电子显微镜

(٨) مِيكْرُوفِلْم 微缩胶卷

(٨) مِيكْرُوكُومْبِيُوتِر 微电脑

*(٤) مَالَ ـِ مَيْلًا الشَّيْءُ 倾斜，歪斜

مَالَ إِلَى ... 偏向，倾向；喜爱

(٨) تَمَايَلَ تَمَايُلًا الشَّيْءُ 左右摇摆

(٤) مَيْلٌ جـ مُيُولٌ 偏向，偏爱，爱好，兴趣

(٤) مِيلٌ جـ أَمْيَالٌ 英里

(٨) مُتَمَايِلٌ م مُتَمَايِلَةٌ 摇摆的，蹒跚的

(٨) اَلْمِيلِيشِيَا 民兵

(٨) مِينَا 瓷釉

(٤) مِينَاءٌ جـ مَوَانِئُ وَمَوَانٍ (الْمَوَانِي) 港口，码头

مِينَاءٌ جَوِّيٌّ 空港，机场

النون

(٨) نَازِيٌّ 纳粹，纳粹分子

(٦) نَاءٍ (النَّائِي) م نَائِيَةٌ 遥远的，边远的

(٨) نَايٌ جـ نَايَاتٌ 笛子

*(٤) تَنَبَّأَ تَنَبُّؤًا بِكَذَا 预示，预言

(٨) تَنَبُّؤَاتٌ جَوِّيَّةٌ 天气预报

(٨) نُبُوءَةٌ / نُبُوَّةٌ 预言

*(٤) نَبَأٌ جـ أَنْبَاءٌ 消息，新闻

*(٤) نَبِيٌّ جـ أَنْبِيَاءُ 先知，预言家

(٤) أُنْبُوبَةٌ / أُنْبُوبٌ جـ أَنَابِيبُ 管子，管道，筒儿

*(٤) نَبَتَ ـُ نَبْتًا ونَبَاتًا 生长

*(٢) نَبَاتٌ جـ نَبَاتَاتٌ 植物，草木

(٦) نَبَاتِيٌّ م نَبَاتِيَّةٌ 植物的；素食主义者

(٨) نَبَحَ ـَ نُبَاحًا الْكَلْبُ 狗叫，吠

(٦) نَبَذَ ـِ نَبْذًا الشَّيْءَ 摈弃，丢弃；扔掉

(٤) نَبِيذٌ 葡萄酒

(٨) مَنْبُوذٌ م مَنْبُوذَةٌ 被废弃的，被撤销的；弃婴

(٨) نِبْرَاسٌ جـ نَبَارِيسُ 灯，路灯

(٤) مِنْبَرٌ جـ مَنَابِرُ 讲台，讲坛

(٤) نَبَضَ ـِ نَبْضًا الْعِرْقُ 跳动，搏动

*(٤) نَبْضَةٌ جـ نَبَضَاتٌ 脉搏

(٨) نَابِضٌ م نَابِضَةٌ 跳动的，悸动的；生动的

نَابِضَةٌ بِالْحَيَاةِ

活生生的，生动的，生机勃勃的

(٨) اِسْتَنْبَطَ اِسْتِنْبَاطًا الْحُكْمَ 推论，推断，演绎

(٤) نَبَعَ ـُ نَبْعًا النَّهْرُ 发源

*(٤) مَنْبَعٌ جـ مَنَابِعُ / يَنْبُوعٌ جـ يَنَابِيعُ 水源，源泉

(٤) نَبَغَ ـُ نُبُوغًا فُلَانٌ فِي الْعِلْمِ ونَحْوِهِ

杰出，出众，出类拔萃

(٦) نَابِغَةٌ جـ نَوَابِغُ 出众的，杰出的；才子

(٨) نَبُلَ ـُ نَبَالَةً فُلَانٌ 高贵，高尚

*(٤) نَبِيلٌ جـ نُبَلَاءُ م نَبِيلَةٌ

高尚的，高贵的，崇高的

*(٤) نَبَّهَهُ تَنْبِيهًا إِلَى كَذَا 提醒，唤醒，告诫

نَبَّهَ عَلَى الأَمْرِ أو إِلَيْهِ 知照，关照，通知

*(٢) اِنْتَبَهَ اِنْتِبَاهًا إِلَى كَذَا أَوْ لَهُ 注意，留心

(٨) نَبِيهٌ جـ نُبَهَاءُ: نَابِهٌ

精明的，睿智的；有名气的；高贵的

*(٢) مُنَبِّهٌ جـ مُنَبِّهَاتٌ 闹钟

(٨) نَتَأَ ـَ نَتْأً ونُتُوءًا الشَّيْءُ 突出，凸起，隆起

(٤) نَتَجَ ـِ نَتْجًا الشَّيْءُ مِنْ كَذَا 发生，产生

*(٢) أَنْتَجَ إِنْتَاجًا الشَّيْءَ 生产，制造

(٨) اِسْتَنْتَجَ اِسْتِنْتَاجًا الأَمْرَ / اِسْتَنْبَطَهُ 推论，推断

(٨) نِتَاجٌ 收成，产品

*(٢) إِنْتَاجٌ جـ إِنْتَاجَاتٌ 生产；作品

قُوَّةُ الإِنْتَاجِ 生产力

عَلاَقَاتُ الإِنْتَاجِ 生产关系

وَسَائِلُ الإِنْتَاجِ 生产资料

تَكَالِيفُ الإِنْتَاجِ 生产成本

اَلإِنْتَاجُ بِكَمِيَّةٍ مَطْلُوبَةٍ 批量生产

(٨) اَلإِنْتَاجِيَّةُ 生产率

(٦) نَاتِجٌ عَنْ كَذَا م نَاتِجَةٌ 由…产生的，起因于…

*(٢) نَتِيجَةٌ جـ نَتَائِجُ 结果，成果，后果，结局

نَتِيجَةً لِكَذَا 由于…

(٢) مُنْتِجٌ جـ مُنْتِجُونَ م مُنْتِجَةٌ 生产者

*(٤) مُنْتَجَاتٌ / مَنْتُوجَاتٌ 产品，制品

مُنْتَجَاتٌ مَحَلِّيَّةٌ / مُنْتَجَاتٌ بَلَدِيَّةٌ 土物产

مُنْتَجَاتٌ نِصْفُ جَاهِزَةٍ 半成品

(٨) نِتْرُوجِين 氮

(٨) نَتَشَ ـِ نَتْشًا الشَّوْكَةَ 拔（刺）

(٨) نَتَفَ ـِ نَتْفًا الرِّيشَ أَوِ الشَّعْرَ 拔（毛）

(٨) نُتْفَةٌ جـ نُتَفٌ 一星半点儿；摘引，摘录

(٨) نَتُنَ ـُ نَتَانَةً ونُتُونَةً 腐臭，发臭

(٨) نَتِنٌ م نَتِنَةٌ 臭的，腐臭的

*(٤) نَثَرَ ـُ نَثْرًا الشَّيْءَ / نَثَّرَهُ 撒，播撒

(٦) تَنَاثَرَتِ الأَشْيَاءُ تَنَاثُرًا 散落，错落

(٤) اَلنَّثْرُ 散文

النَّثْرُ الْجَدَلِيُّ 议论文

*(٤) أَنْجَبَ إِنْجَابًا وَلَدًا 生子

(٤) نَجِيبٌ جـ نُجَبَاءُ م نَجِيبَةٌ

优秀的，高贵的；有出息的

*(٢) نَجَحَ ـَ نَجَاحًا 成功，及格

(٨) أَنْجَحَهُ إِنْجَاحًا 促使成功，促成，促进

(٢) نَجَاحٌ جـ نَجَاحَاتٌ 成功，成绩，成就

(٤) إِنْجَاحٌ 促成，促进

*(٢) نَاجِحٌ جـ نَاجِحُونَ م نَاجِحَةٌ 成功的，顺利的

(٨) نَجَدَهُ ـُ نَجْدًا 援助，帮助，救援

(٨) اِسْتَنْجَدَ اِسْتِنْجَادًا فُلاَنًا أَوْ بِهِ

求救，求援，呼救

(٨) نَجْدَةٌ جـ نَجَدَاتٌ 援助，帮助

بُولِيسُ النَّجْدَةِ 救护警察

(٨) نَجْدٌ جـ أَنْجَادٌ 高地，高原

(٨) نِجَارَةٌ 木匠活，木工行业

(٤) نَجَّارٌ جـ نَجَّارُونَ 木匠，木工

*(٢) أَنْجَزَ إِنْجَازًا الأَمْرَ 完成，做完

ن

*(٢) إِنْجازٌ جـ إِنْجازَاتٌ / مُنْجزَاتٌ 成就

(٨) نَجِسٌ ونَجاسَةٌ 污秽，肮脏

(٨) نَاجِعٌ جـ نَاجِعَةٌ ونَوَاجِعُ م نَاجِعَةٌ

有效的，有益的，有益于健康的

(٨) نَجَفَةٌ جـ نَجَفَاتٌ 枝形挂灯

(٨) مِنْجَلٌ جـ مَنَاجِلُ 镰刀

(٨) نَجَمَ ـُ نُجُومًا الشَّيْءُ 露出，呈现

(٤) نَجْمٌ جـ نُجُومٌ الواحدة نَجْمَةٌ 星，星体；明星

اَلنَّجْمُ السِّنَمَائِيُّ 电影明星

(٨) اَلتَّنْجِيمُ: عِلْمُ التَّنْجِيمِ 星相学，占星术

(٨) نَاجِمٌ عَنْ كَذَا: نَاتِجٌ عَنْ 由…发生或产生的

(٨) نَجَّامٌ: مُنَجِّمٌ 星相家，阴阳先生

*(٤) مَنْجَمٌ جـ مَنَاجِمُ 矿，矿山

مَنْجَمٌ مَكْشُوفٌ 露天矿

*(٤) نَجَا ـُ نَجَاةً مِنْ كَذَا 得救，幸免，逃脱

(٨) نَاجَى مُنَاجَاةً صَدِيقَهُ 密谈，讲心里话

(٨) تَنَاجَى تَنَاجِيًا الْقَوْمُ 讲知心话，互通心声

(٨) نَجَاةٌ 得救，幸免

طَوْقُ النَّجَاةِ 救生圈

(٦) نَحَتَ ـِ نَحْتًا الشَّيْءَ 雕刻

(٤) اَلنَّحْتُ 雕刻，雕塑

نَحْتُ الصَّدَفِ: حَفْرُ الصَّدَفِ 贝雕

نَحْتُ الْخَشَبِ 木雕

(٦) نَحَّاتٌ 雕刻家，雕塑家

(٨) نَحَرَ ـَ نَحْرًا الْبَهِيمَةَ 宰，杀

(٨) تَنَاحَرُوا يَتَنَاحَرُونَ 掐架，凶殴，狠斗，斗争

(٨) نَحْرٌ جـ نُحُورٌ 胸口

(٨) اِنْتَحَرَ اِنْتِحَارًا 自杀

(٨) نَحْسٌ جـ نُحُوسٌ 倒霉，不幸，噩运

*(٤) نُحَاسٌ 铜

(٨) مَنْحُوسٌ: نَحِسٌ 不幸的，不祥的，倒霉的

(٨) نَحِفَ ـَ نَحَافَةً 纤细，清癯；瘦弱，憔悴

*(٤) نَحِيفٌ جـ نِحَافٌ ونُحَفَاءُ م نَحِيفَةٌ / نَحِيلٌ

纤弱的，清癯的；瘦弱的，憔悴的

(٨) نَحَلَ ـَ نَحْلاً الْقَوْلَ 伪造，捏造，杜撰

(٨) اِنْتَحَلَ اِنْتِحَالاً التَّأْلِيفَ 抄袭，剽窃

(٢) اَلنَّحْلُ الواحدة نَحْلَةٌ 蜜蜂

(٨) نَحِيلٌ جـ نَحْلَى 瘦，弱

*(٢) نَحْنُ 我们

(٨) نَحَّى الشَّيْءَ عَنْ مَوْضِعِهِ 移动，挪开，搬走

*(٢) نَحْوٌ جـ أَنْحَاءٌ

方向，方面，方位；方法，样式

فِي أَنْحَاءِ الْبِلاَدِ 全国各地

فِي أَنْحَاءِ الْعَالَمِ 世界各地

نَحْوَ مَكَانٍ (نَحْوَ الشَّرْقِ، نَحْوَ الْمَكْتَبَةِ)

向某地（向东，向图书馆），朝…

*(٢) نَحْوَ ...(نحوَ ساعتَيْنِ)

约，大约，左右，上下（约两小时）

*(٤) اَلنَّحْوُ / اَلْقَوَاعِدُ 语法，句法

(٤) نَحْوِيٌّ 语法的；语法学家

*(٢) نَاحِيَةٌ جـ نَوَاحٍ (اَلنَّوَاحِي)

方向，方面；地区

*(٤) اِنْتَخَبَ اِنْتِخَابًا فُلاَنًا 选举，选拔

(٤) اِنْتِخَابٌ جـ اِنْتِخَابَاتٌ 选举

(٤) نَخْبٌ جـ أَنْخَابٌ 表示祝愿的酒

شَرِبَ نَخْبَ فُلاَنٍ 为某人健康干杯

(٤) نَاخِبٌ / مُنْتَخِبٌ 选举人，选民

(٤) مُنْتَخَبٌ جـ مُنْتَخَبُونَ 被选举人，选手

(٤) نَخْلٌ / نَخِيلٌ الواحدةُ نَخْلَةٌ 枣椰树

(٨) نَدَبَ ـُ نَدْبًا الْمَيْتَ 哭丧，悼念

(٨) نَدَبَ وَانْتَدَبَ اِنْتِدَابًا فُلاَنًا إِلَى الأَمْرِ أَوْ لَهُ

委派，派遣

(٨) اَلاِنْتِدَابُ 托管

صَكُّ الاِنْتِدَابِ 托管委任状，托管证书

(٨) نَدْبَةٌ جـ نَدْبٌ جج نُدُوبٌ 瘢痕，伤痕，疤

*(٤) مَنْدُوبٌ جـ مَنْدُوبُونَ م مَنْدُوبَةٌ

代表，被委派的

(٨) مُنْتَدَبٌ 被委任的

(٨) مَنْدُوحَةٌ 余地

لاَ مَنْدُوحَةَ عَنْ ... 不可避免，必然

(٦) نَدَّدَ تَنْدِيدًا بِفُلاَنٍ 谴责，责备

(٦) نِدٌّ جـ أَنْدَادٌ

相同的，匹敌的，对等的，一样的

مِنْ نِدِّهِ / مِنْ لِدَتِهِ 同岁的，同代的

(٨) اَلنِّدِّيَّةُ 对等，对等性

(٨) نَدَرَ ـُ نَدْرًا الشَّيْءُ

稀少，少有，罕见，不常见

(٨) نُدْرَةٌ 稀少，罕见

*(٤) نَادِرٌ م نَادِرَةٌ 稀有的，罕见的

*(٤) نَادِرَةٌ جـ نَوَادِرُ 珍品，珍奇；奇闻，逸事

(٨) نَدَفَ ـِ نَدْفًا الْقُطْنَ 弹棉花

(٨) نَادِلٌ جـ نُدُلٌ: خَادِمٌ فِي الْمَطْعَمِ وهُوَ الْجَرْسُون

侍应生，服务员，招待员

(٨) مِنْدَالَةٌ جـ مِنْدَالاَتٌ 夯，夯土机；打桩机

(٢) مِنْدِيلٌ جـ مَنَادِيلُ 手绢，手帕，头巾

*(٤) نَدِمَ ـَ نَدَامَةً عَلَى كَذَا 后悔，悔恨

(٨) نَادَمَهُ مُنَادَمَةً عَلَى الشَّرَابِ 同饮；成为酒友

(٨) نَدِيمٌ جـ نُدَمَاءُ وِنِدَامٌ ونُدْمَانٌ / نَدْمَانٌ جـ نَدَامَى

酒友，朋友

*(٢) نَادَى يُنَادِي مُنَادَاةً فُلاَنًا أَوْ بِهِ

呼唤，召唤，呼叫

(٨) نَادَى مُنَادَاةً عَلَى الشَّيْءِ 叫卖

ن

(٨) اِنْتَدَى اِنْتِدَاءً الْقَوْمُ 在俱乐部集会，聚会，开会

*(٤) نَدْوَةٌ جـ نَدَوَاتٌ 座谈会

(٨) مُنْتَدًى جـ مُنْتَدَيَاتٌ 会所，俱乐部；论坛

*(٤) نِدَاءٌ جـ نِدَاءَاتٌ 号召，呼吁，召唤

اَلنِّدَاءُ اللاَّسِلْكِيُّ 无线寻呼

(٨) اَلنَّدَى 露水

(٨) نَدِيٌّ م نَدِيَّةٌ 潮湿的，湿润的

*(٤) نَادٍ (اَلنَّادِي) جـ أَنْدِيَةٌ وَنَوَادٍ (النَّوَادِي) 俱乐部

(٨) نَذَرَ ـِ نَذْرًا وَنُذُورًا الأَمْرَ 许愿

*(٤) أَنْذَرَ إِنْذَارًا فُلاَنًا بِكَذَا 警告，告诫；预示

(٦) إِنْذَارٌ جـ إِنْذَارَاتٌ 警告，警报

إِنْذَارٌ نِهَائِيٌّ 最后通谋

(٨) نَذْرٌ جـ نُذُورٌ 许愿

(٨) اَلنَّرْجِسُ 水仙

(٨) نَرْجِيلَةٌ جـ نَرَاجِيلُ / نَارْجِيلَةٌ جـ نَارْجِيلاَتٌ 水烟筒

(٨) نَزَحَ ـَ نَزْحًا عَنْ مَكَانٍ 远离；离乡背井

(٨) نَزْرٌ: يَسِيرٌ 少量，微量，一点点

*(٤) نَزَعَ ـِ نَزْعًا الشَّيْءَ / اِنْتَزَعَهُ 拔除，免除，剥夺，脱下

نَزْعُ السِّلاَحِ 裁军

نَزْعُ الْمِلْكِيَّةِ 征用，没收（土地），剥夺所有权

(٨) اِنْتَزَعَ اِنْتِزَاعًا الشَّيْءُ 被脱下，被剥夺

(٨) تَنَازَعَ تَنَازُعًا النَّاسُ 互相争夺，争论

*(٤) نِزَاعٌ / مُنَازَعَةٌ 争执，争论，纠纷

(٦) نَزْعَةٌ جـ نَزَعَاتٌ 倾向，主义，思潮

اَلنَّزْعَةُ الذَّاتِيَّةُ 主观主义

نَزْعَةُ الْحِمَايَةِ التِّجَارِيَّةِ 贸易保护主义

(٤) نَزَفَ ـِ نَزْفًا الدَّمُ 出血，流血

(٤) نَزِيفٌ 流血过多，大出血

*(٢) نَزَلَ ـِ نُزُولاً 下，下降，降低

(٢) نَزَلَ فِي مَكَانٍ 停留，逗留，住下来

(٨) أَنْزَلَ بِهِ خَسَارَةً: أَلْحَقَ بِهِ خَسَارَةً 使遭受损失

(٦) تَنَازَلَ تَنَازُلاً عَنْ كَذَا 让步，退让

تَنَازَلَ لَهُ عَنْ مِلْكٍ 转让，出让

تَنَازَلَ عَنِ الْعَرْشِ 退位

(٨) تَنْزِيلٌ / تَخْفِيضٌ 降价

اَلتَّنْزِيلاَتُ الْكُبْرَى / الأُوكَازِيُون 大降价

(٨) تَنَازُلاَتٌ 让步，妥协

اَلتَّوْقِيتُ التَّنَازُلِيُّ 倒计时

(٨) نَازِلَةٌ جـ نَازِلاَتٌ وَنَوَازِلُ 天灾

(٨) نَزِيلٌ جـ نُزَلاَءُ / ضَيْفٌ 客人

*(٢) مَنْزِلٌ جـ مَنَازِلُ 房子，住宅，寓所

(٢) مَنْزِلِيٌّ م مَنْزِلِيَّةٌ 家庭的，家养的

*(٤) مَنْزِلَةٌ جـ مَنَازِلُ 地位，身份

(٦) نَزِهٌ ونَزِيهٌ جـ نُزَهَاءُ

纯洁的，清白的，廉洁的

*(٤) تَنَزَّهَ تَنَزُّهًا فِي مَكَانٍ 游玩，游览，散心

(٨) نَزَاهَةٌ 廉洁，清廉

*(٤) نُزْهَةٌ جـ نُزَهٌ 游玩，游览，散步，散心

*(٤) مُنْتَزَهٌ جـ مُنْتَزَهَاتٌ / مُتَنَزَّهٌ جـ مُتَنَزَّهَاتٌ

公园，游览胜地

(٨) نَسَبَ ـُ نَسَبًا ونِسْبَةً إِلَيْهِ كَذَا 归罪于，归咎于

*(٢) نَاسَبَ مُنَاسَبَةً الشَّيْءُ فُلَانًا 适合，适宜，相称

(٦) تَنَاسَبَ تَنَاسُبًا مَعَ ...

与…相适应，与…相称…

*(٤) اِنْتَسَبَ اِنْتِسَابًا إِلَى ... 加入，归属于，出身于

(٨) نَسَبٌ جـ أَنْسَابٌ 门第，出身，亲属关系

*(٤) نِسْبَةٌ 比例，比率

اَلنِّسْبَةُ الْمِئَوِيَّةُ 百分比

نِسْبَةُ دَوَرَانِ رَأْسِ الْمَالِ 资金周转率

نِسْبَةُ الْعَوَادِمِ وَالْأَنْتَاجِ الْمَعِيبِ 废品和次品率

*(٢) بِالنِّسْبَةِ إِلَى ... 对于；与…相比

(٤) نِسْبِيًّا 相对地，比较地

*(٢) مُنَاسَبَةٌ جـ مُنَاسَبَاتٌ

原因；场合，时机，机遇

بِمُنَاسَبَةِ ... 值此…之际

(٨) اَلتَّنَاسُبُ الطَّرْدِيُّ / اَلنِّسْبَةُ الْمُبَاشِرَةُ 成正比

(٨) اَلتَّنَاسُبُ الْعَكْسِيُّ 成反比

(٨) نَسِيبٌ جـ أَنْسِبَاءُ ونُسَبَاءُ 亲戚

(٨) مَنْسُوبٌ إِلَى كَذَا ... 归于，属于

اَلِاسْمُ الْمَنْسُوبُ 从属名词

(٨) مَنْسُوبَاتُ الْمِيَاهِ 水平面

*(٢) مُنَاسِبٌ م مُنَاسِبَةٌ 适合的，适当的，相称的

(٤) نَسَجَ ـُ نَسْجًا الثَّوْبَ 织，编织

*(٤) نَسِيجٌ جـ أَنْسِجَةٌ / مَنْسُوجَاتٌ 纺织品

نَسِيجُ وَحْدِهِ 无双的，无比的，唯一的

(٨) نَسَخَ ـَ نَسْخًا الشَّيْءَ

消除，抹去，废除；誊写

(٨) اِسْتَنْسَخَ اِسْتِنْسَاخًا الْكِتَابَ 抄写，誊写，复印

*(٢) نُسْخَةٌ جـ نُسَخٌ 本，册，份

(٨) نَاسِخٌ جـ نُسَّاخٌ 抄写者，誊写者

آلَةٌ نَاسِخَةٌ / آلَةُ تَصْوِيرٍ 复印机

(٤) نَسْرٌ جـ نُسُورٌ 鹰

(٨) نَسَفَ ـِ نَسْفًا الْبِنَاءَ 摧毁，爆破

(٨) نَاسِفَةٌ 爆炸物，炸药

*(٤) نَسَّقَ تَنْسِيقًا الْأَمْرَ 安排，整理，协调

(٨) تَنَاسَقَتْ تَنَاسُقًا الْأَشْيَاءُ

协调，井然有序，相互配合

(٨) نَاسِكٌ جـ نُسَّاكٌ 隐士，出家人

(٨) تَنَاسَلَ تَنَاسُلًا الْقَوْمُ 生育，繁殖

(٨) أَنْشَدَهُ الشِّعْرَ （对…）吟咏，朗诵

(٨) نَاشَدَهُ مُنَاشَدَةً الأَمْرَ 寻求，恳求，呼吁

*(٢) نَشِيدٌ / أُنْشُودَةٌ جـ أَنَاشِيدُ 歌，歌曲

اَلنَّشِيدُ الْوَطَنِيُّ 国歌

(٨) مَنْشُودٌ 所寻求的；所希望的

*(٢) نَشَرَ ـُ نَشْرًا الشَّيْءَ 铺开，展开，公开

نَشَرَ الْمَلاَبِسَ 晾衣服，晒衣服

نَشَرَ الْقُوَّاتِ 布署兵力

نَشَرَ الْخَشَبَ / شَقَّهُ بِالْمِنْشَارِ 锯木头

(٤) نَشَرَ الْخَبَرَ أَوِ الْكِتَابَ 公布，发表，出版

دَارُ النَّشْرِ 出版社

*(٤) اِنْتَشَرَ اِنْتِشَارًا الْخَبَرُ أَوْ غَيْرُهُ

传播开，扩散，流行

(٤) نَشْرَةٌ جـ نَشَرَاتٌ 公告，传单，刊物

نَشْرَةُ الأَخْبَارِ / اَلنَّشْرَةُ الإِخْبَارِيَّةُ 新闻广播

اَلنَّشْرَةُ الْجَوِّيَّةُ 天气预报

*(٤) مَنْشُورٌ جـ مَنْشُورَاتٌ 传单，宣传品，出版物

(٨) مِنْشَارٌ جـ مَنَاشِيرُ 锯子

(٤) مُنْتَشِرٌ م مُنْتَشِرَةٌ

流传的，流行的，遍布的，蔓延的

(٢) نَشِطَ ـَ نَشَاطًا 活泼，活跃，积极，奋发

*(٢) نَشَّطَ تَنْشِيطًا فُلاَنًا 使活跃，激发，促进

*(٢) نَشَاطٌ جـ نَشَاطَاتٌ 活动；积极性

(٤) اَلنَّسْلُ 生育

تَحْدِيدُ النَّسْلِ / تَقْيِيدُ النَّسْلِ 节制生育

*(٤) نَسَمَةٌ جـ نَسَمَاتٌ 人（口）；呼吸，气息

(٤) نَسِيمٌ 和风，微风

*(٢) نَسِيَ يَنْسَى نِسْيَانًا الأَمْرَ 忘记，忘却，遗忘；忽略

(٨) تَنَاسَى تَنَاسِيًا الشَّيْءَ 假装忘记

(٨) نِسْوَةٌ / نِسَاءٌ 女人，妇女

(٨) نِسْوِيٌّ م نِسْوِيَّةٌ / نِسَائِيٌّ م نِسَائِيَّةٌ

妇女的，阴性的，女性的；温柔的

(٤) مَنْسِيٌّ م مَنْسِيَّةٌ 被遗忘的，忘却的

*(٤) نَشَأَ ـَ نُشُوءًا وَنَشْأَةً

发生，产生；发育，成长

*(٢) أَنْشَأَ إِنْشَاءً الشَّيْءَ 创办，建立

*(٢) إِنْشَاءٌ 写作，作文

*(٤) نَشْأَةٌ: شَبِيبَةٌ 青少年

(٤) نَاشِئٌ جـ نَشْءٌ وَنَشَأٌ م نَاشِئَةٌ جـ نَوَاشِئُ

成长的，年青的，新生的，青少年

(٨) مَنْشَأٌ 起源，根源，出身

*(٤) مُنْشَأَةٌ جـ مُنْشَآتٌ 机构，企业；设施

(٨) نَشِبَتْ ـَ نُشُوبًا الْحَرْبُ 战争爆发

(٨) نَشَجَ ـِ نَشِيجًا الْبَاكِي 哽咽，啜泣

(٨) نَشَدَ ـُ نَشْدًا وَنِشْدَانًا / أَنْشَدَ إِنْشَادًا الضَّالَّةَ

寻求，寻觅

*(٢) نَشِيطٌ جـ نَشَاطَى ونِشَاطٌ ونَشِيطُونَ م نَشِيطَةٌ
活跃的，积极的，主动的，勤奋的

(٦) مُنَشِّطَاتٌ 兴奋剂

(٨) نَشَفَ ـِ نَشْفًا الْمَاءَ 擦干，揩干；吸干

(٨) نَشَّافٌ 吸墨纸

*(٢) مِنْشَفَةٌ جـ مَنَاشِفُ / نَشَّافَةٌ 毛巾，面巾

(٦) اِسْتَنْشَقَ اِسْتِنْشَاقًا الْهَوَاءَ 吸，吸入

(٨) نَشَلَ ـُ نَشْلاً الشَّيْءَ 抢夺

(٨) اِنْتَشَلَ اِنْتِشَالاً الشَّيْءَ 抢夺；解救；打捞

(٨) نَشَّالٌ 扒手，窃贼

(٨) نَشَا / نَشَاءٌ 淀粉

(٨) نَشْوَةٌ 微醉，陶醉，兴奋

(٨) مُنْتَشٍ (اَلْمُنْتَشِي) / نَشْوَانُ م نَشْوَى م نَشَاوَى
陶醉的，洋洋得意的，兴奋的

(٨) نَشَوِيٌّ م نَشَوِيَّةٌ 淀粉的

(٤) نَصَبَ ـُ نَصْبًا الشَّيْءَ 树立，竖起

(٤) نُصْبٌ جـ أَنْصَابٌ 碑

اَلنُّصْبُ التَّذْكَارِيُّ 纪念碑

(٨) نِصَابٌ قَانُونِيٌّ 法定数额，法定人数

*(٤) نَصِيبٌ جـ أَنْصِبَةٌ 份额；运气

*(٤) مَنْصِبٌ جـ مَنَاصِبُ 职位，职务，官职

(٨) أَنْصَتَ إِنْصَاتًا إِلَى الصَّوْتِ أَوْ لَهُ / أَصْغَى
倾听，侧耳细听

*(٢) نَصَحَ ـَ نُصْحًا فُلاَنًا أَوْ لَهُ 劝说，忠告

*(٢) نَصِيحَةٌ جـ نَصَائِحُ 忠告，劝告，嘱咐

(٦) نَصَرَ ـُ نَصْرًا فُلاَنًا / نَاصَرَهُ 帮助，支持，援助

*(٤) اِنْتَصَرَ اِنْتِصَارًا عَلَى ... 战胜，获胜，打败

*(٤) نَصْرٌ 胜利，凯旋

*(٤) اِنْتِصَارٌ جـ اِنْتِصَارَاتٌ 胜利

(٨) نَصِيرٌ جـ نُصَرَاءُ وأَنْصَارٌ 拥护者，支持者

(٨) اَلأَنْصَارُ الواحد أَنْصَارِيٌّ
辅士（麦地那辅助穆圣的穆斯林）

(٨) نَصْرَانٌ ونَصْرَانِيٌّ جـ نَصَارَى / مَسِيحِيٌّ 基督徒

(٦) نَصَّ ـُ نَصًّا عَلَى ... 明文规定

*(٢) نَصٌّ جـ نُصُوصٌ 原文；课文

*(٤) مِنَصَّةٌ جـ مَنَاصٌّ 讲台，讲坛

مِنَصَّةُ الرِّئَاسَةِ 主席台

مِنَصَّةُ الإِطْلاَقِ （火箭）发射架，发射台

(٨) نَاصِعٌ م نَاصِعَةٌ 清楚的；纯洁的

نَاصِعُ الْبَيَاضِ 雪白的，洁白的

(٨) أَنْصَفَ إِنْصَافًا فُلاَنٌ 成为公正的，公平的

(٨) أَنْصَفَ إِنْصَافًا فُلاَنًا 公平对待

*(٢) نِصْفٌ جـ أَنْصَافٌ 一半，二分之一

(٨) مُنْصِفٌ م مُنْصِفَةٌ 公正的，公道的

*(٤) مُنْتَصَفُ كَذَا 中…，半…

مُنْتَصَفُ اللَّيْلِ 半夜

(٤) نَاطِقٌ جـ نَاطِقُونَ 发言人，讲话人

اَلنَّاطِقُ أَوِ الْمُتَحَدِّثُ بِلِسَانِ ... …发言人

*(٦) مَنْطِقٌ 逻辑

(٦) مَنْطِقِيٌّ م مَنْطِقِيَّةٌ 合乎逻辑的

*(٢) مِنْطَقَةٌ جـ مَنَاطِقُ 地区，地带，区域，范围

*(٢) نَظَرَ ـُ نَظَرًا الشَّيْءَ أَوْ إِلَيْهِ 看，瞧，望

*(٤) نَظَرَ فِي الأَمْرِ 考虑，思量，审视，检查

*(٢) اِنْتَظَرَهُ اِنْتِظَارًا 等候，等待，盼望

*(٢) نَظَرٌ جـ أَنْظَارٌ 眼光，目光，眼力

(٤) نَظَرًا لِكَذَا 由于，因为，考虑到

(٢) نَظْرَةٌ جـ نَظَرَاتٌ 一眼，一瞥，目光

لأَوَّلِ نَظْرَةٍ 初见，（头）一眼

(٤) نَظَرِيٌّ م نَظَرِيَّةٌ 理论的，理论上的

*(٤) نَظَرِيَّةٌ جـ نَظَرِيَّاتٌ 理论，学说

(٨) نِظَارَةٌ: إِدَارَةٌ أَوْ وِزَارَةٌ

管理；部；校长职务，校长职位

(٨) اَلتَّنَاظُرُ / اَلتَّمَاثُلُ 相对，对称

(٤) نَاظِرُ الْمَدْرَسَةِ أو نَاظِرُ الْمَحَطَّةِ 校长；站长

(٨) مُنَاظِرٌ / مُنَافِسٌ

与之相对的，对手，竞争者

(٨) مَنْظُورٌ م مَنْظُورَةٌ 可见的，有形的

غَيْرُ مَنْظُورٍ 无形的

*(٤) مِنَ الْمُنْتَظَرِ أَنْ ... 预料…，即将…

فِي مُنْتَصَفِ الطَّرِيقِ 中途，半路

(٨) نَصَلَ ـُ نَصْلاً اللَّوْنُ 退色

(٨) نَضَبَ ـِ نُضُوبًا الشَّيْءُ 枯竭，干涸

*(٢) نَضِجَ ـَ نَضْجًا الطَّعَامُ أَوِ الثَّمَرُ 成熟

(٢) نَاضِجٌ م نَاضِجَةٌ 成熟的，做熟的

(٨) نَضَحَ ـَ نَضْحًا الشَّيْءَ بِالْمَاءِ 撒上水

(٨) نَضَحَ الإِنَاءُ بِالْمَاءِ 渗水

نَضَحَ الْجَسَدُ بِالْعَرَقِ 出汗

*(٢) مِنْضَدَةٌ جـ مَنَاضِدُ 桌子

(٨) نَضَرَ ـُ وَنَضِرَ ـَ نَضْرًا وَنَضْرَةً وَنَضَارَةً اللَّوْنُ

أَوِ الْوَجْهُ 成为鲜嫩的，艳丽的

(٤) نَاضِرٌ م نَاضِرَةٌ / نَضِيرٌ

鲜艳的，鲜嫩的，青翠的，葱茏的

*(٢) نَاضَلَ مُنَاضَلَةً وَنِضَالاً الْعَدُوَّ أو ضِدَّهُ 斗争

*(٢) نِضَالٌ جـ نِضَالاَتٌ 斗争

(٢) مُنَاضِلٌ جـ مُنَاضِلُونَ م مُنَاضِلَةٌ 斗士，战士

(٨) نَاطِحَةُ السَّحَابِ 摩天大楼

*(٢) نَطَقَ ـِ نُطْقًا 发音，说话，发言

(٨) أَنْطَقَهُ إِنْطَاقًا 使发音，使说话

(٦) اِسْتَنْطَقَ اِسْتِنْطَاقًا الْمُتَّهَمَ أَوِ الشَّاهِدَ 盘诘，讯问

*(٢) اَلنُّطْقُ 发音

*(٤) نِطَاقٌ 范围，领域，规模

عَلَى نِطَاقٍ وَاسِعٍ 广泛地，大规模地

ن

(٨) نَظِيرٌ جـ نُظَرَاءُ 相似的，类似的；同等的，对等的；同业，同行

لاَ نَظِيرَ لَهُ / لَيْسَ لَهُ نَظِيرٌ 无比的，无双的

(٨) نَظِيرَةٌ جـ نَظَائِرُ 同位素

اَلنَّظَائِرُ الْمُشِعَّةُ （放射性）同位素

(٢) نَظَّارَةٌ جـ نَظَّارَاتٌ 眼镜

*(٢) مَنْظَرٌ جـ مَنَاظِرُ 景色，风光；外观，模样

(٨) مَنْظَرَةٌ 客厅，接待室

(٨) مِنْظَارٌ جـ مَنَاظِيرُ 镜子

اَلْمِنْظَارُ الطِّبِّيُّ 窥镜〔医〕

*(٢) نَظَّفَ تَنْظِيفًا الشَّيْءَ 打扫，洗涤，收拾干净

*(٢) نَظَافَةٌ 清洁，干净

*(٢) نَظِيفٌ م نَظِيفَةٌ 清洁的，干净的

(٨) مُنَظِّفٌ جـ مُنَظِّفَاتٌ 去污粉，清洁剂

*(٢) نَظَّمَ تَنْظِيمًا الشَّيْءَ 组织，安排，整理，调整

(٤) اِنْتَظَمَ اِنْتِظَامًا فِي ... 参加，加入

*(٢) نِظَامٌ جـ نُظُمٌ وأَنْظِمَةٌ 制度，秩序，体系，章程

نظام الْجِرَايَاتِ 供给制

نِظَامُ الْجِرَايَاتِ / الْمُقَنَّنَاتُ 配给制

نِظَامُ الْمُرُورِ 交通规则

اَلنِّظَامُ الاِجْتِمَاعِيُّ 社会制度

نِظَامُ الْمَرْكَزِيَّةِ الدِّيمُقْرَاطِيَّةِ 民主集中制

اَلنِّظَامُ الْمَلَكِيُّ 君主制

اَلنِّظَامُ الْجُمْهُورِيُّ 共和制

اَلنِّظَامُ الدِّينَامِيُّ 动力系统

نِظَامُ الْفَرَامِلِ 制动系统

نِظَامُ الْقِيَادَةِ وَالْمُرَاقَبَةِ 指挥与监察（视）系统

نِظَامُ نَقْلِ الْقُوَّةِ 传动系统

*(٤) نِظَامِيٌّ م نِظَامِيَّةٌ 正规的，常备的，有秩序的

اَلْجَيْشُ النِّظَامِيُّ 正规军

(٦) تَنْظِيمُ الأُسْرَةِ 计划生育

(٨) مَنْظُومٌ: ضِدُّ مَنْثُورٍ 诗，韵文

(٢) مُنَظَّمٌ م مُنَظَّمَةٌ / مُنْتَظِمٌ م مُنْتَظِمَةٌ 整齐的，有秩序的，有组织的，有系统的

*(٢) مُنَظَّمَةٌ جـ مُنَظَّمَاتٌ 组织，机构，团体

(٨) نَعَتَ ـَ نَعْتًا الشَّيْءَ 描述，形容

(٨) نَعْتٌ 形容词，定语

(٨) نَعَسَ ـَ ـُ نَعْسًا 困倦，想睡，瞌睡

(٤) نُعَاسٌ 瞌睡，困倦

*(٤) نَعْسَانٌ م نَعْسَانَةٌ 困倦的，瞌睡的

(٤) أَنْعَشَهُ إِنْعَاشًا 提神，使复苏，使振作，激励

(٨) اِنْتَعَشَ اِنْتِعَاشًا 复苏，振作，振奋，兴奋

(٨) نَعْشٌ جـ نُعُوشٌ: تَابُوتُ الْمَوْتَى

棺材，棺架，尸架，尸床，灵柩

*(٤) مُنْعِشٌ م مُنْعِشَةٌ

清新的，提神的，使人振作的

اَلْهَوَاءُ الْمُنْعِشُ 清新的空气

(٨) نَعْلٌ جـ نِعَالٌ 便鞋，鞋底（阳性）

(٤) نَعِمَ ـَـ نَعْمَةً ومَنْعَمًا الرَّجُلُ

舒适，安逸，享福

*(٤) أَنْعَمَ إِنْعَامًا النَّظَرَ فِي كَذَا 细看，仔细研究

*(٢) نَعَمْ / أَجَلْ 是，是的，对

*(٤) نِعْمَةٌ جـ نِعَمٌ ونِعْمَاتٌ 恩惠，恩赐

(٤) نُعُومَةٌ 柔软，柔和，细嫩

مُنْذُ نُعُومَةِ أَظْفَارِهِ 自幼，自童年时代起

(٨) نَعَامَةٌ جـ نَعَامٌ ونَعَامَاتٌ ونَعَائِمُ 鸵鸟

*(٤) نَاعِمٌ م نَاعِمَةٌ 柔软的，细腻的，光滑的

(٤) نَعِيمًا 洗浴或理发后的问候语

(٨) نَعْنَاعٌ 薄荷

(٨) نَعَى ـَـ نَعْيًا فُلَانًا 报丧，（发）讣告

(٨) نَغَمٌ جـ أَنْغَامٌ 曲调，旋律

(٨) نَغْمَةٌ جـ نَغَمَاتٌ 节奏，节拍

(٤) نَفَثَ ـُـ نَفْثًا الشَّيْءَ 吐出，喷出

(٨) نَفْحَةٌ جـ نَفَحَاتٌ 香味，芳香

(٨) نَفَخَ ـُـ نَفْخًا فِي كَذَا 吹，吹气，打气；灌输

(٨) اِنْتَفَخَ اِنْتِفَاخًا الشَّيْءُ 胀满，鼓起，充满气体

(٨) مَنْفُوخٌ: مُنْتَفِخٌ

膨胀的，肿胀的，鼓起的，打足气的

قَارِبٌ مَنْفُوخٌ 橡皮艇

(٨) مِنْفَاخٌ جـ مَنَافِيخُ 打气筒，气泵

*(٤) نَفِدَ ـَـ نَفَادًا الشَّيْءُ 耗尽，用完

نَفِدَ صَبْرُهُ 失去耐心

نَفِدَتْ طَبْعَةُ الْكِتَابِ （书）绝版

(٦) اِسْتَنْفَدَ اِسْتِنْفَادًا الشَّيْءَ 耗尽，用完，花光

(٤) نَافِدُ الصَّبْرِ 失去耐心的，急不可耐的

(٤) نَفَذَ ـُـ نُفُوذًا ونَفَاذًا الشَّيْءُ فِي الشَّيْءِ

贯穿，穿过，穿透

*(٤) نَفَّذَ تَنْفِيذًا الأَمْرَ 贯彻，执行，履行，实施

(٨) نُفُوذٌ 势力，权势

*(٤) تَنْفِيذِيٌّ م تَنْفِيذِيَّةٌ 执行的，实施的

اَللَّجْنَةُ التَّنْفِيذِيَّةُ 执行委员会

*(٢) نَافِذَةٌ جـ نَوَافِذُ 窗户，窗口

(٤) مَنْفَذٌ جـ مَنَافِذُ 通道，出路

(٨) نَفَرَ ـِـ نَفْرًا مِنْهُ: كَرِهَهُ 讨厌，憎恶

نَفَرَ عَنْهُ: أَعْرَضَ عَنْهُ 躲开，避开，远避

(٨) نَفَرَ إِلَى الشَّيْءِ: أَسْرَعَ إِلَيْهِ 赶忙，赶快

(٨) نَافَرَهُ مُنَافَرَةً

对着干，打官司；攀比（门第高下等）

*(٢) نَفَعَ ـَ نَفْعًا فُلاَنًا الشَّيْءُ 有用，有效，有利
يَنْفَعُ لِكَذَا 适用于…
لاَ يَنْفَعُ 无益，无用，无效
*(٤) اِنْتَفَعَ اِنْتِفَاعًا بِكَذَا أَوْ مِنْهُ 利用，享用
(٢) نَافِعٌ م نَافِعَةٌ 有用的，有益的，有效的
*(٤) مَنْفَعَةٌ جـ مَنَافِعُ 用处，效用，收益，利益
اَلْمَنْفَعَةُ الْمُتَبَادَلَةُ 互利
*(٤) أَنْفَقَ إِنْفَاقًا الْمَالَ 花费，用钱，开销
(٦) نَفَقٌ جـ أَنْفَاقٌ 坑道，地道，隧道
*(٤) نَفَقَةٌ جـ نَفَقَاتٌ 费用，经费，开支
(٨) مُنَافِقٌ 伪君子，两面派，阳奉阴违的
(٤) نَفَى ـِ نَفْيًا الشَّيْءَ 否定，否认
(٨) نَفَى فُلاَنًا مِنْ بَلَدِهِ 流放，赶走，驱逐
(٨) نَافَى مُنَافَاةً الشَّيْءُ الشَّيْءَ 排斥，不相容，抵触
(٨) تَنَافَى تَنَافِيًا الشَّيْئَانِ
互相排斥，互不相容，相互抵触
(٨) مَنْفًى جـ مَنَافٍ (الْمَنَافِي) 流放地，流放所
حُكُومَةُ الْمَنْفَى / حُكُومَةٌ فِي الْمَنْفَى 流亡政府
(٨) مَنْفِيٌّ م مَنْفِيَّةٌ 被放逐的，被驱逐的，被流放的
(٨) نِفَايَةٌ جـ نِفَايَاتٌ / تَالِفٌ جـ تَوَالِفُ
废料，废物，垃圾
(٨) نَقَّبَ تَنْقِيبًا فِي الأَرْضِ 钻探，勘探，勘查，探查
(٨) نَقْبٌ جـ نِقَابٌ 孔，窟窿，洞眼

(٨) نَفَرٌ وَنَفِيرٌ جـ أَنْفَارٌ 群，伙，组，队，个人
(٦) نَافُورَةٌ 喷泉，喷水池
*(٤) نَافَسَ مُنَافَسَةً فُلاَنًا فِي الأَمْرِ 竞争，竞赛
*(٤) تَنَفَّسَ تَنَفُّسًا 呼吸
*(٤) تَنَافَسَ تَنَافُسًا الْقَوْمُ فِي الأَمْرِ 竞争，竞赛
(٤) نَفَسٌ جـ أَنْفَاسٌ 气息，呼吸
*(٢) نَفْسٌ جـ نُفُوسٌ 精神，心灵，内心
*(٢) نَفْسٌ جـ أَنْفُسٌ
自己，自身，本人；相同的事物
فِي نَفْسِ الْوَقْتِ 同时
نَفْسُ التَّمْرِينَاتِ 同样的练习
بِنَفْسِهِ، بِنَفْسِهَا 自己，亲自
(٤) نَفْسِيٌّ م نَفْسِيَّةٌ / نَفْسَانِيٌّ م نَفْسَانِيَّةٌ
精神的，心理的
(٨) نُفَسَاءُ جـ نِفَاسٌ 产妇
(٤) نَفِيسٌ م نَفِيسَةٌ 珍贵的，贵重的
*(٤) نَفِيسَةٌ جـ نَفَائِسُ 贵重物品
(٨) نَفَضَ ـُ نَفْضًا الثَّوْبَ وَعَنْهُ التُّرَابَ
抖去，拍掉，掸去
(٨) اِنْتِفَاضَةٌ جـ اِنْتِفَاضَاتٌ 起义，暴动
(٨) مِنْفَضَةُ السَّجَائِرِ 烟灰缸
*(٤) اَلنِّفْطُ / اَلْبِتْرُولُ 石油
اَلنِّفْطُ الْخَامُ 原油

مُنَاقَصَةٌ عَامَّةٌ 公开招标

(٤) نَاقِصٌ جـ نُقَّصٌ م نَاقِصَةٌ

缺乏的，不足的，残缺的

(٨) نَاقِصٌ: عَلامَةُ الطَّرْحِ 减；减号

*(٤) نَقِيصَةٌ جـ نَقَائِصُ / نَوَاقِصُ 缺点，不足，短处

(٨) نَقَضَ ـُ نَقْضًا الشَّيْءَ 违反，破坏，撕毁；

解散，撤销；驳斥，驳倒

(٦) تَنَاقُضٌ جـ تَنَاقُضَاتٌ 矛盾，抵触

(٤) أَنْقَاضٌ 废墟，残垣，断壁

*(٤) نُقْطَةٌ جـ نُقَطٌ ونِقَاطٌ 点，句点；要点

نُقْطَةُ الانْطِلاقِ 出发点

(٤) مُسْتَنْقَعٌ جـ مُسْتَنْقَعَاتٌ 沼泽

*(٢) نَقَلَ ـُ نَقْلاً الشَّيْءَ إِلَى ...

搬运，移动；抄写

نَقَلَ عِبَارَةً عَنْ مَقَالَةٍ أَوْ غَيْرِهَا 引用，引证

نَقَلَ الْكِتَابَ مِنْ لُغَةٍ إِلَى أُخْرَى 翻译

(٤) تَنَاقَلَتْهُ (خَبَرًا مَثَلاً) الأَلْسِنَةُ تَنَاقُلاً

流传，传颂，辗转相告

تَنَاقَلَتْهُ الأَيْدِي 辗转相传

*(٢) اِنْتَقَلَ اِنْتِقَالاً مِنْ مَكَانٍ إِلَى آخَرَ / تَنَقَّلَ

搬迁，转移

(٦) اِنْتِقَالِيٌّ م اِنْتِقَالِيَّةٌ 过渡的

مَرْحَلَةٌ انْتِقَالِيَّةٌ 过渡阶段，过渡时期

(٨) نِقَابٌ جـ نُقُبٌ 面纱

(٤) نِقَابَةٌ جـ نِقَابَاتٌ 工会

(٨) نَقِيبٌ جـ نُقَبَاءُ

会长，（工会）主席，主管，总干事；上尉

(٨) نَقَّابَةٌ 钻孔机，凿岩机

(٦) نَقَّحَ تَنْقِيحًا الْكِتَابَ 修正，修订，润色

*(٤) نَقَدَهُ ـُ نَقْدًا / اِنْتَقَدَهُ اِنْتِقَادًا 批评，批判

*(٢) نَقْدٌ جـ نُقُودٌ 钱，现金

نُقُودٌ مَسْكُوكَةٌ 硬币

*(٤) أَنْقَذَ إِنْقَاذًا رَجُلاً مِنْ كَذَا 拯救，营救

(٨) مِنْقَارٌ جـ مَنَاقِيرُ 雕刻刀；镐头；喙（鸟嘴）

(٨) نَاقُوسٌ جـ نَوَاقِيسُ 钟

(٤) نَقَشَ ـُ نَقْشًا الشَّيْءَ 彩绘，雕刻，篆刻

*(٢) نَاقَشَ مُنَاقَشَةً ونِقَاشًا مَعَهُ فِي مَسْأَلَةٍ ونَاقَشَ

مَسْأَلَةً 讨论，辩论

*(٤) تَنَاقَشَ تَنَاقُشًا مَعَهُ فِي مَسْأَلَةٍ 讨论，辩论

(٤) نَقْشٌ جـ نُقُوشٌ 彩绘，雕刻，铭文，花纹

*(٢) مُنَاقَشَةٌ جـ مُنَاقَشَاتٌ / نِقَاشٌ

讨论，辩论，争论

*(٤) نَقَصَ ـُ نَقْصًا ونُقْصَانًا الشَّيْءُ

减少，减低，缩减

يَنْقُصُهُ الشَّيْءُ 缺乏，需要

(٨) الْمُنَاقَصَةُ 招标

(٤) نُكْرَانُ الْجَمِيلِ / نُكْرَانُ الْمَعْرُوفِ	忘恩负义
(٨) مُنْكَرٌ جـ مُنْكَرَاتٌ	坏事，丑事；罪恶
اَلصَّوْتُ الْمُنْكَرُ	不堪入耳的声音
(٨) نَكَّسَ تَنْكِيسًا الْعَلَمَ	下半旗
نَكَّسَ الْبَصَرَ	压低视线
نَكَّسَ رَأْسَهُ	低头
(٨) اِنْتَكَسَ اِنْتِكَاسًا الشَّيْءُ أَوِ الرَّجُلُ	栽倒；受挫；翻转，倒转
(٨) اِنْتَكَسَ الْمَرِيضُ	犯病
(٦) نَكْسَةٌ جـ نَكَسَاتٌ	挫折
(٨) اِنْتِكَاسٌ جـ اِنْتِكَاسَاتٌ	挫折
(٨) نَكَّلَ تَنْكِيلاً بِفُلَانٍ	迫害，惩戒，处罚
(٨) نِكْلٌ جـ أَنْكَالٌ	桎梏，镣铐
(٤) نَكْهَةٌ	气味，风味，味道
*(٤) نَمِرٌ جـ نُمُورٌ	老虎
(٤) نِمْرَةٌ	号码，号数
(٨) نَامُوسٌ جـ نَوَامِيسُ	规律，法令，法规；蚊子
(٨) نَامُوسِيَّةٌ	蚊帐
(٨) نِمْسَا	奥地利
(٨) نَمَشُ الْجِلْدِ	雀斑
(٤) نَمَطٌ جـ أَنْمَاطٌ	方式，格式，样式
عَلَى هٰذَا النَّمَطِ	照这样，照此
عَلَى نَمَطٍ وَاحِدٍ	一律，一样
نَاقِلَةُ الْبِتْرُولِ	油船
(٨) نَقَّالَةٌ جـ نَقَّالَاتٌ / مِحَفَّةٌ	担架
(٨) نَقِمَ ـَ نَقْمًا مِنْ فُلَانٍ	惩罚，报复
نَقِمَ عَلَيْهِ	仇恨，怨恨
(٨) اِنْتَقَمَ اِنْتِقَامًا مِنْ فُلَانٍ	报仇，复仇
(٨) نِقْمَةٌ	仇恨，怨恨
(٨) نَاقِمٌ عَلَى ...	怨恨的，仇恨的
(٨) نَقَاهَةٌ	复原，康复
(٤) نَقَّى تَنْقِيَةً الشَّيْءَ	澄清，滤净，提纯
(٨) اِنْتَقَى اِنْتِقَاءً الشَّيْءَ	挑选，精选
(٢) نَقِيٌّ م نَقِيَّةٌ	纯净的，洁净的
(٨) نَكْبَةٌ جـ نَكَبَاتٌ	灾害，灾难，祸患
(٨) مَنْكُوبٌ	受灾的，灾民
(٤) نُكْتَةٌ جـ نُكَتٌ وَنِكَاتٌ	笑话，幽默，俏皮话
(٨) نَكَثَ ـُ نَكْثًا الْعَهْدَ / نَقَضَهُ	撕毁，背弃，失信，食言
(٨) نِكَاحٌ	结婚；婚约
(٦) نَكَّرَ تَنْكِيرًا فُلَانٌ نَفْسَهُ	乔装，假扮
(٦) نَكَّرَ الرَّجُلَ	不承认
*(٤) أَنْكَرَ إِنْكَارًا الأَمْرَ	否认，不承认
(٨) تَنَكَّرَ تَنَكُّرًا الرَّجُلُ	假装，化装
(٨) اِسْتَنْكَرَ اِسْتِنْكَارًا الأَمْرَ	谴责，声讨
(٤) إِنْكَارُ الذَّاتِ / نُكْرَانُ الذَّاتِ	忘我

اَلنَّهْرُ الأَصْفَرُ 黄河

*(٢) نَهَارٌ 白天，白昼

*(٢) اِنْتَهَزَ اِنْتِهَازًا الْفُرْصَةَ 趁机，伺机，利用机会

(٨) الاِنْتِهَازِيَّةُ 机会主义

*(٢) نَهَضَ ـَ نَهْضًا ونُهُوضًا

起来，奋起，复兴，振兴

(٦) نَاهَضَ مُنَاهَضَةً قِرْنَهُ 对抗，抗衡，抗争

*(٤) نَهْضَةٌ 复兴，振兴

(٦) اِنْتَهَكَ اِنْتِهَاكًا الشَّيْءَ 触犯，违犯，滥用

(٨) مَنْهُوكُ الْقُوَى 疲倦不堪，筋疲力尽

(٨) نَهِلَ ـَ نَهَلاً الإِبِلُ 饮，喝，汲取；吸收

(٨) مَنْهَلٌ جـ مَنَاهِلُ 源泉；饮水处

(٨) نَهِمَ ـَ نَهَمًا فِي الأَكْلِ أَوِ الشَّيْءِ

贪吃，垂涎；滥用

(٦) نَهَاهُ ـَ نَهْيًا عن كذا 禁止

*(٤) أَنْهَى يُنْهِي إِنْهَاءً الأَمْرَ 结束，完成，了结

*(٢) اِنْتَهَى يَنْتَهِي اِنْتِهَاءً الأَمْرُ 结束，完成

اِنْتَهَى مِنَ الأَمْرِ 做完，完成

اِنْتَهَى بِكَذَا 以…而告终

اِنْتَهَى وتَنَاهَى الْخَبَرُ أَوِ الشَّيْءُ إِلَيْهِ: وَصَلَ

传到他那里，他得知，到达

*(٢) نِهَايَةٌ 终点，结局，结果，末端

(٢) نِهَائِيٌّ م نِهَائِيَّةٌ 最后的，最终的，彻底的

(٤) نَمْلٌ الواحدة نَمْلَةٌ جـ نِمَالٌ 蚂蚁

(٨) أَنْمُلَةٌ جـ أَنَامِلُ 指尖

عَلَى قَيْدِ أَنْمُلَةٍ 一点点，一点儿

(٨) نَمَّ ـُ ـِ نَمًّا عَلَى فُلاَنٍ بِسُوءٍ 中伤，诽谤

*(٢) نَمَا ـُ نُمُوًّا الشَّيْءُ 生长，发育；发展

*(٤) نَمُوذَجٌ جـ نَمَاذِجُ 典型，榜样，范例，标准

*(٢) نَمَّى يُنَمِّي تَنْمِيَةً الشَّيْءَ 发展，促进

*(٤) اِنْتَمَى انْتِمَاءً إِلَى ... 加入，属于，出身于

(٤) نَامٍ (النَّامِي)م نَامِيَةٌ 生长的，发育的，发展的

اَلدُّوَلُ النَّامِيَةُ 发展中国家

*(٤) نَهَبَ ـَ نَهْبًا الشَّيْءَ 掠夺，抢夺

*(٤) اِنْتَهَجَ اِنْتِهَاجًا سِيَاسَةَ كَذَا 实行，奉行…政策

*(٤) مَنْهَجٌ جـ مَنَاهِجُ / مِنْهَاجٌ

纲领，大纲；计划；途径

(٨) تَنَهَّدَ تَنَهُّدًا الرَّجُلُ 叹息，叹气

(٨) نَاهِدٌ جـ نَوَاهِدُ 乳房丰满的女子

غُلاَمٌ نَاهِدٌ: مُرَاهِقٌ 进入青春期的男孩

(٨) نَهَرَ ـَ نَهْرًا وَانْتَهَرَ رَجُلاً / زَجَرَهُ 斥责，呵斥

*(٢) نَهْرٌ جـ أَنْهَارٌ 江，河，河流

نَهْرُ دِجْلَةَ 底格里斯河

نَهْرُ الْفُرَاتِ 幼发拉底河

نَهْرُ الأُرْدُنِّ 约旦河

نَهْرُ الْيَانْغْتِسِي 长江

(٨) نَاهِيَةٌ جـ نَوَاهٍ (النَّوَاهِي)
禁令，戒律，禁律〔宗〕

(٨) نَاهِيكَ مِنْ كَذَا　棒极了！没说的！

(٨) مُتَنَاهٍ (المُتَنَاهِي فِي الْبُعْدِ، فِي الدِّقَّةِ مَثَلاً ...)
极度的，十分的

(٤) مُنْتَهًى　尽头，末端，终点，极限

*(٤) نُوَاكْشُوْت　努瓦克肖特

(٨) نَاوَأَهُ مُنَاوَأَةً　挑战，对抗

*(٤) نَابَ ـُ نِيَابَةً عَنْهُ　代表，代替

(٨) أَنَابَ فُلاَنًا أو أَنَابَ عَنْهُ وَكِيلاً فِي كذا
委托代理

(٦) تَنَاوَبَ تَنَاوُبًا الْقَوْمُ عَلَى الْعَمَلِ　轮流做…

بِالتَّنَاوُبِ　轮流地，顺次

(٦) اِنْتَابَهُ اِنْتِيَابًا الأَمْرُ　遭遇，遭受，受到

(٤) نَوْبَةٌ جـ نَوْبَاتٌ　（工作的）班

قَامَ بِنَوْبَتِهِ　值班

نَوْبَةٌ مَرَضِيَّةٌ　（疾病）发作

نَوْبَةٌ (أَوْ مُنَاوَبَةٌ) زِرَاعِيَّةٌ　轮种，轮作

(٨) اَلنِّيَابَةُ　检察院

رَئِيسُ النِّيَابَةِ　检察长

*(٤) نِيَابَةً عَنْ ... / بِالنِّيَابَةِ عَنْ ...
代表…，代理…，替…

*(٤) نَائِبٌ جـ نُوَّابٌ　代表，代理人，议员

نَائِبُ الْوَزِيرِ　副部长

(٨) نُوحُ　诺亚；努哈

سَفِينَةُ نُوحَ　诺亚方舟

*(٢) مُنَاخٌ / طَقْسٌ　气候

مُنَاخُ الاِسْتِثْمَارِ　投资环境

(٤) أَنَارَ إِنَارَةً الشَّيْءَ　照明，照亮

(٤) نَوَّرْتُمُونَا / نَوَّرْتَ الْبَيْتَ　欢迎光临，赏光

*(٢) نُورٌ جـ أَنْوَارٌ　光，光亮，光明

*(٢) نَارٌ جـ نِيرَانٌ　火（阴性）

(٢) اَلنَّارَ لاَ الْعَارَ　宁死不屈

(٤) نَارِيٌّ م نَارِيَّةٌ　火红的，似火的

(٨) تَنْوِيرُ الْعَقْلِ　启发，启蒙，教化

(٨) مُنَاوَرَةٌ　演习

(٤) مَنَارَةٌ (مَنَارٌ) جـ مَنَارَاتٌ　灯塔

(٢) مُنِيرٌ م مُنِيرَةٌ　明亮的，光辉的，灿烂的

(٨) مُنَاوَشَةٌ　小冲突，交火，小战

(٨) مَنَاصٌ / مَفَرٌّ　逃避处，逃路，太平门

لاَ مَنَاصَ مِنْهُ / لاَ مَفَرَّ مِنْهُ　不可避免的

(٨) أَنَاطَ بِهِ الأَمْرَ وَعَلَيْهِ الأَمَلَ　委托，寄托

(٨) نُوط جـ نُوطَات / نُوت جـ نُوتَات　笔记，记录

(٤) نَوَّعَ تَنْوِيعًا الشَّيْءَ　变换形式，使多样化

(٦) تَنَوَّعَ تَنَوُّعًا الشَّيْءُ
变成各种各样，变成形形色色

打算，想，决意 *(٤) نَوَى يَنْوِي نِيَّةً الأَمْرَ

心愿，心意，意图 *(٤) نِيَّةٌ جـ نِيَّاتٌ

善意，好意 حُسْنُ النِّيَّةِ

恶意，敌意 سُوءُ النِّيَّةِ

核，核心 (٤) نَوَاةٌ جـ نَوًى

核的，原子核的 (٤) نَوَوِيٌّ م نَوَوِيَّةٌ

生的，夹生的，未成熟的 (٨) نِيءٌ وَنَيٌّ م نِيئَةٌ وَنَيَّةٌ

犬齿，（猛兽的）牙齿 (٨) نَابٌ جـ أَنْيَابٌ

牛轭 (٨) نِيرٌ جـ أَنْيَارٌ

殖民主义枷锁 نِيرُ الاِسْتِعْمَارِ

四月 *(٢) نَيْسَانُ / إِبْرِيلُ

尼古丁 (٨) نِيكُوتِين

获得，取得，得到 *(٤) نَالَ يَنَالُ نَيْلاً الشَّيْءَ

蓝靛，靛青 (٨) نِيلٌ

靛青的，蓝色的 (٨) نِيلِيٌّ م نِيلِيَّةٌ

尼罗河 *(٤) اَلنِّيلُ / نَهْرُ النِّيلِ

取得，得到 (٦) مَنَالٌ

易得的，容易到手的，好办的 سَهْلُ الْمَنَالِ

صَعْبُ الْمَنَالِ

难于得到的，不易到手的，不好办的

尼龙 (٤) نَيْلُون / نَايْلُون

纽约 (٤) نِيُويُورك

种类，品种，式样 *(٢) نَوْعٌ جـ أَنْوَاعٌ

稍微，有点儿，某种程度上 (٤) نَوْعًا مَا / نَوْعًا

质量，质地 *(٤) نَوْعِيَّةٌ

各种各样的，形形色色的 *(٢) مُتَنَوِّعٌ م مُتَنَوِّعَةٌ

集锦，什锦；杂耍 *(٤) مُنَوَّعَاتٌ

有余，…多，挂零 (٤) ... وَنَيِّفٌ

十一月 *(٢) نُوفَمْبَرُ / تِشْرِينُ الثَّانِي

母驼 (٨) نَاقَةٌ جـ نَاقٌ أَو نُوقٌ

*(٤) نَاوَلَ مُنَاوَلَةً فُلاَنًا الشَّيْءَ

给予，授予，交给，递给

接受，拿取 *(٤) تَنَاوَلَ تَنَاوُلاً الشَّيْءَ

用饭，服药 *(٢) تَنَاوَلَ تَنَاوُلاً الطَّعَامَ أَوِ الدَّوَاءَ

涉及，谈到 *(٤) تَنَاوَلَ الْمَوْضُوعَ

织布机；方法，形式，式样 (٨) مِنْوَالٌ جـ مَنَاوِيلُ

近在咫尺，唾手可得 (٦) فِي مُتَنَاوَلِ يَدِهِ

睡觉，就寝 *(٢) نَامَ يَنَامُ نَوْمًا

使入睡，催眠 (٨) نَوَّمَهُ تَنْوِيمًا

睡着了的 (٢) نَائِمٌ جـ نَائِمُونَ وَنِيَامٌ م نَائِمَةٌ

催眠的；安眠药 (٦) مُنَوِّمٌ جـ مُنَوِّمَاتٌ

睡眠；梦；床 (٨) مَنَامٌ جـ مَنَامَاتٌ

(٨) نَوَّهَ تَنْوِيهًا بِهِ

讲到，提及，指出；称颂，表扬，表彰

الهاء

提起注意的虚词	(٤) هَا (حَرْفُ تَنْبِيهٍ)
	هَا هُوَ، هَا هِيَ
啊，就是他（她）！啊，他（她）来了！	
啊，就在这儿！	هَا هُنَا
这，这个	(٢)* هَذَا م هَذِهِ
这两个	(٢)* هَذَانِ (هَذَيْنِ) م هَاتَانِ (هَاتَيْنِ)
这些，这些人	(٢)* هَؤُلَاءِ
这样，如此	(٢)* هَكَذَا
微尘	(٨) هَبَاءٌ ج أَهْبَاءٌ: غُبَارٌ
烟消云散	ذَهَبَ هَبَاءً
奋起	(٨) هَبَّ ـُ هُبُوبًا
刮风，起风	(٤)* هَبَّتْ ـُ هُبُوبًا الرِّيحُ
开始做，着手做	(٤) هَبَّ يَفْعَلُ كَذَا
降落，落下	(٢)* هَبَطَ ـُ هُبُوطًا الشَّيْءُ
飞机降落	هَبَطَتِ الطَّائِرَةُ
物价下跌	هَبَطَ الثَّمَنُ
降落地	(٨) مَهْبِطٌ ج مَهَابِطُ
机场	مَهْبِطُ الطَّائِرَاتِ / مَطَارٌ
高呼，高喊	(٢)* هَتَفَ ـِ هُتَافًا بِكَذَا

高呼，欢呼，呼喊	(٤) هُتَافٌ ج هُتَافَاتٌ
电话	(٤) اَلْهَاتِفُ / اَلتِّلِفُون
磁卡电话	هَاتِفُ الْبِطَاقَةِ
移动电话	هَاتِفٌ سَيَّارٌ (راجع تلفون)
燃烧，吐烈焰	(٨) هَجَّتْ ـُ هَجًّا وهَجِيجًا النَّارُ
抛弃，离开，遗弃	(٨) هَجَرَهُ ـُ هَجْرًا وهِجْرَانًا
迁徙，移居	(٤)* هَاجَرَ مُهَاجَرَةً مِنْ بَلَدٍ
回历的	(٤)* هِجْرِيٌّ م هِجْرِيَّةٌ
回历年	اَلسَّنَةُ الْهِجْرِيَّةُ
	(٨) مَهْجُورٌ م مَهْجُورَةٌ
不用的，废弃的，丢掉的	
移民，侨民；移居的	(٤) مُهَاجِرٌ ج مُهَاجِرُونَ
移居地，侨居地	(٨) مَهْجَرٌ ج مَهَاجِرُ
	(٨) هَاجِسٌ ج هَوَاجِسُ
顾虑，不安，惶惑，悬念	
大寝室，集体宿舍	(٨) مَهْجَعٌ ج مَهَاجِعُ
士兵宿舍	مَهْجَعُ الْجُنُودِ
	(٤)* هَجَمَ ـُ هُجُومًا عَلَى الْعَدُوِّ / هَاجَمَهُ
进攻，攻击	

اَلْهُجُومُ الْمُضَادُّ / اَلْهُجُومُ الْمُعَاكِسُ
反攻，反击

(٨) هَجَّنَه تَهْجِينًا （使）杂交

(٨) هَجِينٌ جـ هُجُنٌ وهُجَنَاءُ م هَجِينَةٌ جـ هُجُنٌ
وهِجَانٌ وهَجَائِنُ 低贱的；杂种，混血儿

(٨) مُسْتَهْجَنٌ م مُسْتَهْجَنَةٌ
丑陋的，低级的，不像样的，不像话的

(٨) هَجَاهُ ـُ هِجَاءً 攻讦，嘲讽，挖苦

(٨) هَجَا ـُ هِجَاءً وتَهَجَّى الْحُرُوفَ 拼音

شِعْرُ الْهِجَاءِ 攻讦诗，嘲讽诗

حُرُوفُ الْهِجَاءِ / اَلْحُرُوفُ الْهِجَائِيَّةُ
拼音字母

(٤) هَدَأَ ـَ هُدُوءًا 安静，平静

*(٤) هَدَّأَهُ تَهْدِئَةً 安慰，使镇定，使安心

(٦) هَدَّأَ السُّرْعَةَ 减速

*(٢) هَادِئٌ م هَادِئَةٌ 安静的，平静的

(٨) مُهَدِّئٌ / مُسَكِّنٌ 镇静剂

*(٤) هَدَّدَ تَهْدِيدًا فُلَانًا بِكَذَا 威胁，恫吓

(٨) هُدْبٌ جـ أَهْدَابٌ 眼睫毛

(٨) هَوْدَجٌ جـ هَوَادِجُ 驼轿

(٨) هَدَرَ ـِ هَدْرًا الدَّمُ أَوِ الْمَالُ
（血）白流；（钱）白费，白花

(٨) هَدَرَتْ ـِ هَدِيرًا الرِّيَاحُ （狂风）怒吼，呼啸

(٨) أَهْدَرَ إِهْدَارًا الدَّمَ أو الْمَالَ
随意杀害；浪费钱财，白花银钱

(٨) هَدْرًا 白白地，无益地，徒劳地

ذَهَبَ مَالُهُ هَدْرًا （他的）钱白花了

ذَهَبَ سَعْيُهُ هَدْرًا （他）白辛苦一场

(٨) هَدِيرُ الْبَحْرِ 呼啸

(٨) هَدِيرُ الأَسَدِ 狮吼

*(٤) هَدَفَ ـِ هَدْفًا إِلَى ...
旨在，目的在于，力图

(٦) اِسْتَهْدَفَ اِسْتِهْدَافًا إِلَى ...
旨在，以…为目标

*(٢) هَدَفٌ جـ أَهْدَافٌ 目标，目的，靶子

(٨) هَدَلَ ـِ هَدِيلاً الْحَمَامُ / هَدَرَ 鸽子咕咕叫

(٤) هَدَمَ ـِ هَدْمًا الْبِنَاءَ / هَدَّمَهُ تَهْدِيمًا
毁坏，破坏，摧毁

(٦) تَهَدَّمَ تَهَدُّمًا الْبِنَاءُ 倒塌，被毁坏

(٦) هُدْنَةٌ جـ هُدَنٌ 停战，休战

(٨) هُدْهُدٌ الواحدُ هُدْهُدَةٌ 戴胜鸟

(٤) هَدَى يَهْدِي هُدًى وهِدَايَةً فُلَانًا إِلَى ...
指引，引导

*(٤) أَهْدَى يُهْدِي إِهْدَاءً شَيْئًا لِفُلَانٍ أَوْ إِلَيْهِ 赠送

*(٤) اِهْتَدَى يَهْتَدِي اِهْتِدَاءً إِلَى ... 发现，找到

*(٤) اِهْتَدَى بِـ ... 遵循，以…为指南

(٤) هُدًى 正道

عَلَى غَيْرِ هُدًى 盲目地

*(٢) هَدِيَّةٌ جـ هَدَايَا 礼品，礼物

*(٤) هَذَّبَ تَهْذِيبًا الرَّجُلَ 教育，教导，训导

هَذَّبَ الشَّجَرَةَ 修剪树枝

هَذَّبَ الْمَقَالَةَ 润色，修饰，修改

(٤) مُهَذَّبٌ جـ مُهَذَّبُونَ م مُهَذَّبَةٌ

有教养的，有修养的，文雅的

(٨) هَذَرَ ـِ هَذْرًا وتَهْذَارًا فُلَانٌ فِي كَلَامِهِ

饶舌，多嘴多舌

(٨) هَذَى ـِ هَذْيًا وهَذَيَانًا

说胡话，说梦话，发呓语

(٨) هَذْيٌ / هَذَيَانٌ 胡话，梦话，呓语

(٨) هُرَاءٌ فِي هُرَاءٌ 胡说八道，一派胡言

*(٤) هَرَبَ ـُ هُرُوبًا مِنْ ... 逃跑，开小差，脱逃

*(٦) هَرَّبَ تَهْرِيبًا الْبَضَائِعَ مِنَ الْجُمْرُكِ 走私

(٨) تَهَرَّبَ تَهَرُّبًا مِنْ وَاجِبٍ ونَحْوِهِ

回避，躲避，逃避

(٨) هَرَبُ رَأْسِ الْمَالِ / تَسَرُّبُ رَأْسِ الْمَالِ 资金外流

(٨) اَلتَّهَرُّبُ الضَّرِيبِيُّ 偷税漏税

(٨) مُهَرَّبَاتٌ 走私货，水货

(٨) هَرْجٌ ومَرْجٌ 嘈杂，乱哄哄，熙熙攘攘

(٦) هِرٌّ جـ هِرَرَةٌ م هِرَّةٌ جـ هِرَرٌ / قِطٌّ 猫

(٨) مُهْرِجٌ / مُهَرِّجٌ 小丑，丑角

(٨) هَرَسَهُ ـُ هَرْسًا 碾压，压碎

(٨) مَهْرُوسٌ م مَهْرُوسَةٌ 捣碎的，压碎的

(٨) هَرَّاسَةٌ 碾压机

(٨) هَرَعَ ـَ هَرَعًا إِلَى ...: أَسْرَعَ إِلَى ...

赶往，奔赴，急奔

*(٤) هَرَمٌ جـ أَهْرَامٌ 金字塔

(٦) هَرِمٌ م هَرِمَةٌ 老迈的，衰老的，老朽的

(٦) هُرْمُون جـ هُرْمُونَات 荷尔蒙，激素

(٨) هِرَاوَةٌ جـ هَرَاوَى 大棒

*(٤) هَرْوَلَ يُهَرْوِلُ هَرْوَلَةً 小跑，疾行

(٨) هِرُوِينْ 海洛因

(٤) هَزَأَ وهَزِئَ ـَ هَزْأً وهُزْءًا بِهِ أَوْ مِنْهُ

嘲笑，奚落，挖苦

*(٤) هَزَّ وهَزِئَ ـُ هَزًّا وهُزْءًا الشَّيْءَ أَوْ بِهِ

摇动，晃动，震撼

*(٤) اِهْتَزَّ اِهْتِزَازًا 振荡，摇晃，颤动

(٨) هَزَّةٌ أَرْضِيَّةٌ （一次）地震

(٨) هَزَّازٌ 振动器，振荡器；摇摆的

(٦) هَزَلِيٌّ م هَزَلِيَّةٌ 滑稽的，幽默的，诙谐的

تَمْثِيلِيَّةٌ هَزَلِيَّةٌ / مَهْزَلَةٌ

滑稽剧，幽默剧，小品

(٤) هُزَالٌ 瘦弱，消瘦

٥

(٤) هَزِيلٌ م هَزِيلَةٌ / مَهْزُولٌ م مَهْزُولَةٌ
瘦弱的，消瘦的
*(٤) هَزَمَ ـِ هَزْمًا الْعَدُوَّ 打败，击溃，打垮
*(٤) اِنْهَزَمَ اِنْهِزَامًا / هُزِمَ 被打败，败北
*(٤) هَزِيمَةٌ جـ هَزَائِمُ 失败，败北
(٦) اَلانْهِزَامِيَّةُ 失败主义
(٦) مَهْزُومٌ م مَهْزُومَةٌ 被击溃的，被打垮的
(٨) هِسْتِيرِيَا 歇斯底里
(٨) هَشَّ ـَ هَشَاشَةً: تَبَسَّمَ 笑眯眯，笑逐颜开
(٤) هَشٌّ م هَشَّةٌ 酥的，脆的，易碎的
(٨) هَشَمَ ـِ هَشْمًا الشَّيْءَ 打碎，压碎
(٨) هَشِيمٌ 易碎的，脆弱的；干草
(٨) هَضْبَةٌ جـ هِضَابٌ و هَضَبَاتٌ 高原，高地
(٤) هَضَمَ ـِ هَضْمًا الطَّعَامَ 消化
سُوءُ الْهَضْمِ 消化不良
(٨) هَضَمَهُ واهْتَضَمَهُ: ظَلَمَهُ 欺侮，欺辱，凌辱
(٨) اِهْتَضَمَ فُلَانًا حَقَّهُ 侵吞（权利），占有
(٨) هَطَلَ ـُ هَطْلاً الْمَطَرُ 大雨滂沱，雨哗哗地下
(٨) تَهَافَتَ تَهَافُتًا عَلَى الشَّيْءِ
争先恐后…，蜂拥而上
تَهَافَتَ عَلَى الشِّرَاءِ 抢购
(٨) هَفْوَةٌ جـ هَفَوَاتٌ: زَلَّةٌ 失误，差错
(٦) هِكْتَارٌ جـ هِكْتَارَاتٌ 公顷

*(٤) هَيْكَلٌ جـ هَيَاكِلُ 框架，构架，骨架；机构
(٨) تَهَكَّمَ فُلَانًا وعَلَيْهِ / سَخِرَ مِنْهُ 嘲讽，挖苦
*(٢) هَلْ (حَرْفُ اسْتِفْهَامٍ)
吗（疑问虚词，专用于肯定句）
(٨) هَلِعَ ـَ هَلَعًا قَلْبُهُ / فَزِعَ 惊慌，心惊胆战
(٨) هَلِعٌ م هَلِعَةٌ 惊慌的，吓坏了的
*(٤) هَلَكَ ـِ هَلاَكًا 死亡，灭亡，毁灭
(٨) تَهَالَكَ فِي الأَمْرِ أَوْ عَلَيْهِ 拼命，不顾一切
(٨) تَهَالَكَ عَلَى الْفِرَاشِ 倒在床上
*(٤) اِسْتَهْلَكَ اِسْتِهْلاَكًا الشَّيْءَ 消耗，消费
*(٤) اِسْتِهْلاَكِيٌّ م اِسْتِهْلاَكِيَّةٌ 消费的
*(٤) هَلَّلَ تَهْلِيلاً لِكَذَا 欢呼，喝彩
(٦) اِسْتَهَلَّ اِسْتِهْلاَلاً الْعَمَلَ وبِهِ 开始，着手
*(٤) هِلاَلٌ 新月，月牙儿
(٨) مُسْتَهَلٌّ 开始，开头，…初
(٨) هَلُمَّ (اِسْمُ فِعْلٍ) 快！快过来！快拿过来！
هَلُمَّ بِنَا! 我们走吧！
(٨) هَلُمَّ جَرًّا! 等等，依此类推
(٨) هِلِيُوكُوبْتَر 直升机
*(٢) هُمْ 他们
*(٢) هُمَا 他（她）俩
(٨) هَمَجٌ جـ أَهْمَاجٌ الواحدُ هَمَجِيٌّ
野蛮的；野蛮人

(٨) هَمَدَ ـُ هُمُودًا الصَّوْتُ 静寂；中止

(٨) هَامِدٌ م هَامِدَةٌ: سَاكِنٌ 静止不动的

جُثَّةٌ هَامِدَةٌ 僵尸

(٨) اِنْهَمَرَ انْهِمَارًا الْمَاءُ 流下，倾注，泻

*(٤) هَمْزَةُ الْوَصْلِ 交通枢纽，要冲

*(٤) هَمَسَ ـِ هَمْسًا إِلَيْهِ 耳语，附耳低语

(٦) تَهَامَسَ تَهَامُسًا الْقَوْمُ 交头接耳，窃窃私语

(٦) مَهْمُوسٌ 清音的；悄悄儿的，压低嗓门的

(٦) هَامِشٌ جـ هَوَامِشُ 书的边角，空白处

عَلَى هَامِشِ الاِجْتِمَاعَاتِ 在会议间歇

عَلَى هَامِشِ السِّيرَةِ 外传，野史

(٨) هَامِشِيٌّ م هَامِشِيَّةٌ 旁边的，边缘的；次要的

*(٤) اِنْهَمَكَ انْهِمَاكًا فِي كَذَا 埋头于，专心致志

*(٤) أَهْمَلَ إِهْمَالاً الأَمْرَ

忽视，忽略，马虎，不在乎

(٤) مُهْمِلٌ جـ مُهْمِلُونَ

疏忽的，大意的，粗心的，马虎的

(٤) مُهْمَلٌ م مُهْمَلَةٌ 被疏忽的，被忽视的；废弃的

أَرْضٌ مُهْمَلَةٌ 荒地

مُهْمَلُ التَّارِيخِ 未注明日期的

مُهْمَلُ التَّوْقِيعِ 未签名的，未署名的

*(٤) هَمَّ ـُ هَمًّا الأَمْرُ فُلاَنًا

使担忧，使烦恼；与某人有关

هَذَا لاَ يَهُمُّنِي

这与我无关，我对此不感兴趣

(٤) هَمَّ بِكَذَا 开始，着手；想…

*(٢) اِهْتَمَّ اِهْتِمَامًا بِكَذَا

重视，关心，注意；感兴趣

*(٤) هَمٌّ جـ هُمُومٌ

心思，忧虑；意向，关注，兴趣

*(٤) هِمَّةٌ جـ هِمَمٌ 毅力，热忱，志气

بِهِمَّةٍ وَنَشَاطٍ 精力充沛地，意气风发地

*(٢) هَامٌّ م هَامَّةٌ / مُهِمٌّ م مُهِمَّةٌ 重要的，重大的

(٢) أَهَمُّ، أَهَمُّ مِنْ ... 最重要的；比…更重要的

*(٢) أَهَمِّيَّةٌ 重要性，意义

*(٢) مُهِمَّةٌ جـ مُهِمَّاتٌ 任务，使命，要事；差事

(٤) مَهْمُومٌ جـ مَهْمُومَةٌ 忧虑的，不安的，苦恼的

(٨) هَمْهَمَ: دَمْدَمَ 哼哼唧唧，叽叽咕咕

(٨) هَنِئَ ـَ هَنَأً وهَنْأً بِكَذَا وتَهَنَّأَ بِهِ: فَرِحَ

庆幸，愉快，欣喜

*(٢) هَنَّأَ تَهْنِئَةً فُلاَنًا بِهِ 祝贺，庆贺

(٤) هَنَاءٌ 舒适，安逸，快乐

*(٢) تَهْنِئَةٌ جـ تَهَانٍ (اَلتَّهَانِي) 祝贺，道喜

(٤) هَنِيئًا 祝你（您）快乐（饭后问候语）

(٢) اَلْهِنْدُ 印度

(٢) هِنْدِيٌّ جـ هُنُودٌ م هِنْدِيَّةٌ 印度的；印度人

(٨) هَالَهُ ـُ هَوْلاً الأَمْرُ 使害怕，使恐惧

(٨) هَوَّلَ تَهْوِيلاً الأَمْرَ أَوِ الرَّجُلَ

夸大，夸张；恫吓

(٨) هَوْلٌ جـ أَهْوَالٌ 恐怖

(٨) هَالَةٌ 光环，月晕，日晕

(٢) هَائِلٌ م هَائِلَةٌ 惊人的，巨大的，可怕的

(٨) هَانَ ـُ هَوْنًا الأَمْرُ عَلَيْهِ （事情）容易，不难

(٨) هَوَّنَ تَهْوِينًا عَلَيْهِ الأَمْرَ

使容易，使简便；使轻松

هَوِّنْ عَلَيْكَ 放松点！别紧张！

(٦) أَهَانَ إِهَانَةً فُلاَنًا أَوِ الأَمْرَ 蔑视，小看；侮辱

(٨) تَهَوَّنَ تَهَوُّنًا عَلَى نَفْسِهِ 自暴自弃

*(٤) اِسْتَهَانَ اِسْتِهَانَةً بِهِ 轻视，小看，认为容易

(٤) هَيِّنٌ م هَيِّنَةٌ 容易的，轻而易举的

(٨) هُوَيْنَا 轻轻地，慢慢地，从容地

(٨) أَهْوَنُ / أَسْهَلُ 比较容易的，最容易的

*(٤) هُونْغ كُونْغ 香港

(٨) هُوَّةٌ جـ هُوًى / هَاوِيَةٌ 深渊，无底洞

(٤) هَوَى يَهْوِي هَوِيًّا وهُوِيًّا الشَّيْءُ: هَبَطَ وسَقَطَ

下降，降落，跌落

*(٤) هَوِيَ يَهْوَى هَوًى الشَّيْءَ 喜欢，爱好

(٦) هَوِيَ يَهْوَى هَوًى فُلاَنًا 爱恋，爱慕

(٨) هَاوَاهُ / لاَطَفَهُ وسَايَرَهُ 迎合，奉承，讨好

(٤) هُنُودٌ حُمْرٌ / هُنُودُ أَمْرِيكَا 印第安人，红种人

*(٤) هَنْدَسَةٌ 工程学，工科；几何学

اَلْهَنْدَسَةُ الْمُسْتَوِيَةُ / هَنْدَسَةُ السُّطُوحِ

平面几何

اَلْهَنْدَسَةُالْفَرَاغِيَّةُ 立体几何

اَلْهَنْدَسَةُ التَّحْلِيلِيَّةُ 解析几何

*(٢) مُهَنْدِسٌ جـ مُهَنْدِسُونَ م مُهَنْدِسَةٌ 工程师

كَبِيرُ الْمُهَنْدِسِينَ: مُهَنْدِسٌ أَوَّلٌ 总工程师

(٨) هِنْدَامٌ 仪表，边幅，衣着打扮

(٨) هَانِمٌ / سَيِّدَةٌ 太太，夫人，贵妇人

(٨) هُنَيْهَةٌ 片刻，瞬间

*(٢) هُنَا 这里，这儿

*(٢) هُنَاكَ / هُنَالِكَ 那里，那儿

*(٢) هُنَّ 她们

*(٢) هُوَ 他

(٦) هُوِيَّةٌ 身份；实质，本质

شَهَادَةُ الْهُوِيَّةِ / اَلْبِطَاقَةُ الشَّخْصِيَّةُ 身份证

(٨) هَوَادَةٌ 宽容，宽大，仁慈

*(٤) اِنْهَارَ يَنْهَارُ اِنْهِيَارًا 倒塌，崩溃，瓦解

اِنْهِيَارُ الأَسْعَارِ （物价）猛跌

(٨) هَوَّشَ تَهْوِيشًا الْقَوْمَ 煽动，引起混乱

(٨) هُوكِي 曲棍球

هُوكِي الْجَلِيدِ 冰球

(٨) أَهْوَى وَانْهَوَى الشَّيْءُ: سَقَطَ 落下，掉下

(٨) تَهَاوَى تَهَاوِيًا الْقَوْمُ / تَسَاقَطَ

相继落下，纷纷落下，坠落

(٦) اِسْتَهْوَاهُ اِسْتِهْوَاءً: أَغْرَاهُ وَاسْتَمَالَهُ

引诱，迷惑，使神魂颠倒

*(٢) اَلْهَوَاءُ 空气，大气

(٢) هَوَائِيٌّ م هَوَائِيَّةٌ 空气的，大气的，气体的

(٨) هَوَائِيٌّ / أَرْيَالٌ 天线

*(٢) هِوَايَةٌ جـ هِوَايَاتٌ 爱好，偏好

(٢) تَهْوِيَةٌ 通风

(٢) هَاوٍ (الهاوي)جـ هُوَاةٌ 爱好者，业余的

*(٢) هِيَ 她

*(٢) هَيَّأَهُ يُهَيِّئُ تَهْيِئَةً: أَعَدَّهُ

准备，预备，安排；培养

*(٤) تَهَيَّأَ تَهَيُّؤًا لِلأَمْرِ 做好准备，准备就绪

*(٤) هَيْئَةٌ جـ هَيْئَاتٌ

姿态，模样；组织，机构，团体

هَيْئَةُ التَّحْرِيرِ 编辑部

هَيْئَةُ الأُمَمِ الْمُتَّحِدَةُ 联合国

هَيْئَةُ التَّدْرِيسِ وَالْبَحْثِ 教研室

هَيْئَةُ شُؤُونِ التَّدْرِيسِ 教务处

(٨) هَاب يَهَابُ هَيْبًا أو هَيْبَةً الشَّيْءَ أَوِ الرَّجُلَ

惧怕，畏惧

(٨) أَهَاب إِهَابَةً بِهِ 喊，叫，呼吁，请求

(٤) هَيْبَةٌ / مَهَابَةٌ 威严，庄严，庄重

*(٤) مَهِيبٌ م مَهِيبَةٌ 庄严的，严肃的

*(٢) هَاتِ، هَاتِي، هَاتُوا (اِسْمُ فِعْلٍ)

给我，把…拿过来

(٨) هَاجَ يَهِيجُ هِيَاجًا الْبَحْرُ 波涛汹涌

(٨) هَائِجٌ م هَائِجَةٌ

翻腾的，汹涌的；忐忑不安的；狂怒的

(٨) هِيجْرُومِتْر / مِقْيَاسُ الرُّطُوبَةِ 湿度计

(٨) هِيدْرُوجِين 氢气

(٨) اَلْهِيرُوغْلِيفِيَّةُ （古埃及的）象形文字

(٦) أَهْيَفُ م هَيْفَاءُ جـ هِيفٌ 苗条的

(٨) اِنْهَالُوا عَلَيْهِ بِالضَّرْبِ وَالشَّتْمِ

痛打臭骂，群起而攻之

(٨) هَامَ ـِ هَيْمًا وهُيُومًا بِهِ 热恋，热爱，迷恋

(٨) هَيْمَنَ هَيْمَنَةً عَلَى كَذَا 控制，操纵，称霸

نَزْعَةُ الْهَيْمَنَةِ 霸权主义

(٨) هَيْهَاتَ أَنْ ... 难于实现，不可企及

(٢) هَيَّا (اسْمُ فِعْلٍ) / أَسْرِعْ 快！赶紧！快点儿！

هَيَّا بِنَا! 咱们走吧！

هَيَّا نَفْعَلْ (هَيَّا نَقْرَأْ)

咱们干起来吧！（咱们读吧！）

ه

الواو

*(٢) وَ　和，同，及

(٤) وَاشِنْطُنُ　华盛顿

(٨) وَاطٌ　（电）瓦特

(٨) عَلَى تُؤَدَةٍ　从容地，缓慢地

(٨) وَاءَمَهُ مُوَاءَمَةً وَوِئَامًا　与…合得来，与…和睦相处

(٦) وِئَامٌ / مُوَاءَمَةٌ　和谐，协调，融洽

(٤) وَبَاءٌ جـ أَوْبِئَةٌ　瘟疫，流行病，传染病

(٨) وَابُورٌ جـ وَابُورَاتٌ　蒸汽机

(٦) وَبَّخَهُ تَوْبِيخًا　申斥，训斥，斥责

(٨) وَبَرٌ جـ أَوْبَارٌ　绒毛，软毛

(٨) وَبَشٌ جـ أَوْبَاشٌ / وَغْدٌ جـ أَوْغَادٌ

流氓，地痞，歹徒

(٨) وَبْلٌ / وَابِلٌ　暴雨

وَابِلٌ مِنَ الرَّصَاصِ　枪林弹雨

(٨) وَتِدٌ وَوَتَدٌ جـ أَوْتَادٌ　木楔，木桩

أَوْتَادُ الْبِلَادِ: رِجَالُ الدَّوْلَةِ　国家栋梁

(٤) تَوَتُّرٌ　紧张

(٨) وَتَرٌ جـ أَوْتَارٌ　线，弦

فِرْقَةُ مُوسِيقَى وَتَرِيَّةٍ　弦乐队

(٨) وَتِيرَةٌ / طَرِيقَةٌ　方式，方法

عَلَى وَتِيرَةٍ وَاحِدَةٍ　单调地

(٦) مُتَوَتِّرٌ م مُتَوَتِّرَةٌ　紧张的，绷紧的

*(٤) وَثَبَ ـِ وَثْبًا وَوُثُوبًا　跳起，跳跃

(٨) وَثِيرٌ م وَثِيرَةٌ　柔软的，软绵绵的

*(٤) وَثِقَ ـِ ثِقَةً بِكَذَا　相信，信任，信赖

*(٤) وَثَّقَ تَوْثِيقًا الأَمْرَ

使密切，使牢实，加强，强化；作公证

(٨) تَوَثَّقَ تَوَثُّقًا الشَّيْءُ

成为牢靠的，得到加强的，变得密切

*(٤) ثِقَةٌ جـ ثِقَاتٌ　信任；权威人士

عَلَى ثِقَةٍ بِأَنَّ ...　相信…，有信心…

اَلثِّقَةُ بِالنَّفْسِ　自信心

(٢) وَاثِقٌ جـ وَاثِقُونَ　相信的，有信心的

وَاثِقٌ مِنْ أَنَّ ...　相信…

(٤) وَثِيقٌ م وَثِيقَةٌ

牢靠的，结实的，紧密的，密切的

(٦) وَثِيقَةٌ جـ وَثَائِقُ　文件，文献

(٦) مَوْثُوقٌ بِهِ م مَوْثُوقٌ بِهَا　可靠的，可信赖的

*(٤) مِيثَاقٌ جـ مَوَاثِيقُ　公约，条约，宪章

مِيثَاقُ الأُمَمِ الْمُتَّحِدَةِ　联合国宪章

(٨) مُوَثِّقٌ　公证人

(٨) وَثَنٌ جـ أَوْثَانٌ / صَنَمٌ　偶像

*(٢) وَجَبَ ـِ وُجُوبًا عَلَيْهِ الأَمْرُ　应该，必须

*(٢) وَجْبَةٌ جـ وَجَبَاتٌ　一餐，一顿饭

*(٤) إِيجَابِيٌّ جـ إِيجَابِيَّةٌ　积极的，正面的

*(٢) وَاجِبٌ جـ وَاجِبَاتٌ　义务，职责

اَلْوَاجِبَاتُ الْمَنْزِلِيَّةُ　家庭作业

*(٤) بِمُوجِبِ ...　根据，按照

*(٢) وَجَدَ ـِ وُجُودًا الشَّيْءَ　发现，找到，得到

وُجِدَ يُوجَدُ الشَّيْءُ　被发现，有，存在

*(٤) أَوْجَدَ إِيجَادًا الشَّيْءَ　创造，搞出；造成

(٨) تَوَاجَدَ تَوَاجُدًا الشَّيْءُ　存在，有

(٨) اَلْوُجُودِيَّةُ　存在主义

(٨) اَلتَّوَاجُدُ فِي الأَسْوَاقِ / اَلْوُصُولُ إِلَى الأَسْوَاقِ

市场准入

(٨) وِجْدَانٌ

感觉，感受，直觉，潜意识，下意识

*(٢) مَوْجُودٌ م مَوْجُودَةٌ

存在的，现有的，在场的

(٦) مَوْجُودَاتٌ　存在物；财产，资产

مَوْجُودَاتٌ مُتَدَاوَلَةٌ　流动资产

(٦) أَوْجَزَ إِيجَازًا الْكَلَامَ

使简明扼要，使精练，使练达，使简短

(٦) وَجِيزٌ م وَجِيزَةٌ

简要的，简明的，简练的，简短的，短的

*(٢) مُوجَزٌ　摘要，要点

(٨) أَوْجَعَهُ يُوجِعُ / آلَمَهُ　使疼痛，使痛苦

(٦) تَوَجَّعَ / تَأَلَّمَ　疼痛

(٤) وَجَعٌ جـ أَوْجَاعٌ　痛，疼痛

(٨) وَجِيعٌ / مُوجِعٌ　令人痛苦的，致痛的

(٨) وَجَفَ ـِ وَجْفًا الشَّيْءُ　动荡，（心）突突

跳动；（马、骆驼）奔腾，奔跑

(٨) وُجُومٌ　默不作声，闷闷不乐

(٨) وَاجِمٌ / عَابِسٌ　愁眉苦脸的，闷闷不乐的

(٨) وَجْنَةٌ جـ وَجَنَاتٌ　腮，面颊

*(٤) وَجَّهَ تَوْجِيهًا شَيْئًا إِلَى فُلَانٍ

提出，发出，致…

وَجَّهَ إِلَيْهِ سُؤَالاً　向他提出问题

*(٤) وَاجَهَ مُوَاجَهَةً الأَمْرَ　面临，面对，对付

*(٤) تَوَجَّهَ تَوَجُّهًا إِلَى ...　赴，去，前往

*(٤) اِتَّجَهَ اِتِّجَاهًا إِلَى ...　朝向，转向，倾向

*(٢) جِهَةٌ جـ جِهَاتٌ　方向，方面，方位

(٢) ...مِنْ جِهَةٍ وَمِنْ جِهَةٍ أُخْرَى ...

一方面…，另一方面…

(٦) عَلَى حِدَةٍ / عَلَى انْفِرَادٍ 单独地，逐个地

*(٤) وَحْدَهُ، وَحْدَهَا، وَحْدَهُمْ 独自地，单独地

(٦) وَحْدَةٌ 孤单，孤独

*(٤) وَحْدَةٌ جـ وَحَدَاتٌ 单位；统一，团结

وَحْدَةٌ أُورُبِّيَّةٌ لِلْحِسَابِ 欧洲记账单位

وَحْدَةٌ مَحْمُولَةٌ جَوًّا 空降部队

وَحْدَةُ الْخَدَمَاتِ: وَحْدَةٌ تَمْوِينِيَّةٌ 后勤部队

وَحْدَةُ الطَّنِّ الأَمْرِيكِيِّ 短吨度

وَحْدَةُ الطَّنِّ الْمِتْرِيِّ 公吨度

*(٤) اِتِّحَادٌ 团结，联合；联合会

اِتِّحَادُ الطَّلَبَةِ 学联，学生会

*(٢) وَاحِدٌ م وَاحِدَةٌ 一，一个，单个

*(٤) وَحِيدٌ م وَحِيدَةٌ 单独的，唯一的，无双的

(٤) مُوَحَّدٌ م مُوَحَّدَةٌ 统一的，联合的，一致的

(٤) مُتَّحِدٌ م مُتَّحِدَةٌ 统一的，联合的，一致的

اَلْجَبْهَةُ الْمُتَّحِدَةُ 统一战线

(٨) أَوْحَشَ الْمَكَانُ / أَقْفَرَ 成为荒凉的

(٨) تَوَحَّشَ تَوَحُّشًا 成为野蛮的，变成野性的

(٤) وَحْشٌ جـ وُحُوشٌ 野兽

*(٤) وَحْشِيٌّ م وَحْشِيَّةٌ

野蛮的，残忍的；野生的；未开化的

(٤) وَحْشَةٌ 孤寂，凄凉，寂寞

(٨) مُوحِشٌ م مُوحِشَةٌ 荒凉的，不毛的，凄凉的

(٤) اَلْجِهَاتُ الْمُخْتَصَّةُ 有关方面

*(٢) وَجْهٌ جـ وُجُوهٌ 脸，面，面孔；表面，方面

وَجْهًا لِوَجْهٍ / وَجْهًا بِوَجْهٍ

脸对脸地，面对面地

عَلَى وَجْهِ الْعُمُومِ / بِوَجْهٍ عَامٍّ

总的说来，大体上

عَلَى وَجْهِ الْخُصُوصِ / بِوَجْهٍ خَاصٍّ

尤其是，特别是

عَلَى خَيْرِ وَجْهٍ / عَلَى أَحْسَنِ وَجْهٍ / عَلَى

أَفْضَلِ وَجْهٍ 很好地，最好地，出色地

عَلَى وَجْهِ التَّقْرِيبِ 大致，大约，大体上

فِي وَجْهِهِ / أَمَامَ عَيْنَيْهِ 在他的面前，当面

مِنْ كُلِّ الْوُجُوهِ 在一切方面，从各方面来说

*(٤) وِجْهَةٌ جـ وِجْهَاتٌ 方向，方面；目的，意向

وِجْهَةُ النَّظَرِ 观点，看法

وِجْهَةُ النَّظَرِ إِلَى الْعَالَمِ 世界观

*(٤) تِجَاهَ ... 面对，在…对面，对于

*(٤) تَوْجِيهٌ جـ تَوْجِيهَاتٌ 指示，教导

*(٤) اِتِّجَاهٌ جـ اِتِّجَاهَاتٌ 方向，倾向，趋势

(٤) وَاجِهَةٌ جـ وَاجِهَاتٌ 正面；橱窗

(٨) وَجِيهٌ جـ وُجَهَاءُ 体面的；头面人物

*(٤) وَحَّدَ تَوْحِيدًا الْبِلَادَ 统一，联合

*(٤) اِتَّحَدَ اِتِّحَادًا الْقَوْمُ 团结一致，联合起来

(٨) وَحْلٌ جـ أَوْحَالٌ　泥泞，稀泥

(٨) وَحِلٌ م وَحِلَةٌ / مُوحِلٌ م مُوحِلَةٌ　泥泞的

(٦) أَوْحَى إِيحَاءً إِلَيْهِ بِكَذَا　启示，启发

(٨) وَحْيٌ / إِيحَاءٌ　启示，灵感

(٤) وَاحَةٌ جـ وَاحَاتٌ　绿洲

(٨) اَلْوَخْزُ بِالإِبْرَةِ　针刺

اَلْوَخْزُ وَالتَّشْيِيحُ　针灸

(٨) وَخِمَ يَوْخَمُ وَخَمًا وَاتَّخَمَ مِنْ كَذَا وعَنْهُ

吃伤，积食，不消化

(٤) تُخْمَةٌ　伤食，积食，消化不良

(٨) وَخِمٌ جـ أَوْخَامٌ

难消化的，不好消化的，有害的，不良的

(٨) وَخِيمٌ م وَخِيمَةٌ　有害的，坏的，恶劣的

(٨) وَدَجٌ جـ أَوْدَاجٌ　颈静脉

نَفَخَ أَوْدَاجَهُ　涨红了脸，气得脸红脖子粗

*(٢) وَدَّ يَوَدُّ وُدًّا أَنْ ...　愿意，想，希望，喜欢

*(٢) مَوَدَّةٌ / وِدَادٌ　友爱，友好，友谊

*(٢) وُدِّيٌّ م وُدِّيَّةٌ　友好的，友爱的

(٤) وَدَعَ يَدَعُ وَدْعًا الشَّيْءَ فِي مَكَانٍ

放，存放，寄放；让…

*(٢) دَعْهُ يَفْعَلْ كَذَا　让他去做吧

*(٢) وَدَّعَ تَوْدِيعًا فُلاَنًا　送别，告别，送行，辞行

(٤) أَوْدَعَ إِيدَاعًا الرَّجُلَ شَيْئًا　委托，托付，寄存

(٨) دَعَةٌ / وَدَاعَةٌ　温顺，柔和

*(٤) وَدَاعٌ　告别，辞行，再见

(٤) وَدِيعٌ جـ وُدَعَاءُ م وَدِيعَةٌ

温顺的，乖巧的，温和的

(٨) وَدِيعَةٌ جـ وَدَائِعُ　寄存物

وَدَائِعُ مَالِيَّةٌ / وَدَائِعُ مَصْرِفِيَّةٌ　存款

وَدَائِعُ ثَابِتَةٌ / إِيدَاعَاتٌ ثَابِتَةٌ　定期存款

وَدَائِعُ جَارِيَةٌ / إِيدَاعَاتٌ حُرَّةٌ　活期存款

(٨) وَادِعٌ م وَادِعَةٌ

安宁的，温顺的，性情温和的

(٤) مُسْتَوْدَعٌ جـ مُسْتَوْدَعَاتٌ

仓库，货栈，储藏室

مُسْتَوْدَعَاتُ الأَمْتِعَةِ　行李寄存处

مُسْتَوْدَعُ التَّفْكِيرِ الْحُكُومِيُّ　政府智囊团（库）

*(٤) وَادٍ (الوادِي) جـ وِدْيَانٌ وأَوْدِيَةٌ

河谷，山谷，流域

*(٢) وَرَاءَ ... / خَلْفَ ...　后面，在…后面

مَا وَرَاءَ الْبِحَارِ　海外

*(٦) وَرِثَ يَرِثُ وِرْثًا ووَرْثًا وإِرْثًا الشَّيْءَ مِنْ فُلاَنٍ

继承

(٤) تُرَاثٌ / وِرَاثَةٌ / إِرْثٌ　遗产，遗物，继承物

(٦) وِرَاثِيٌّ م وِرَاثِيَّةٌ　世袭的，祖传的，遗传的

(٦) وَارِثٌ جـ وَرَثَةٌ / وَرِيثٌ　继承人

(٦) وَرَدَ يَرِدُ وُرُودًا فِي الْكِتَابِ كَذَا
书中提到，讲到

(٦) أَوْرَدَ إِيرَادًا الْكَلَامَ أَوِ الْبُرْهَانَ 引证，引用，援引

*(٤) اِسْتَوْرَدَ اِسْتِيرَادًا الشَّيْءَ 进口，输入

(٤) وَرْدٌ جـ وُرُودٌ الواحدةُ وَرْدَةٌ 玫瑰，蔷薇

(٤) وَرْدِيٌّ م وَرْدِيَّةٌ 玫瑰色的

*(٤) إِيرَادٌ جـ إِيرَادَاتٌ 收入，收益，所得

*(٤) وَارِدَاتٌ / مُسْتَوْرَدَاتٌ 进口货

(٦) وَرِيدٌ جـ أَوْرِدَةٌ 静脉

*(٢) مَوْرِدٌ جـ مَوَارِدُ 来源；资源，财源

*(٤) وَرْشَةٌ جـ وَرَشَاتٌ 车间，作坊

(٦) تَوَرَّطَ تَوَرُّطًا فِي ... 陷入，陷于

(٦) وَرْطَةٌ جـ وَرَطَاتٌ 困境，窘境

(٨) وَرَعٌ جـ أَوْرَاعٌ 诚惶诚恐，虔诚

(٨) وَارِفٌ / ظَلِيلٌ
茂密的，成荫的，浓荫（蔽日）的

(٤) أَوْرَقَ يُورِقُ إِيرَاقًا الشَّجَرُ 长叶

*(٢) وَرَقٌ جـ أَوْرَاقٌ الواحدةُ وَرَقَةٌ جـ وَرَقَاتٌ
树叶；纸张

وَرَقُ اللَّعِبِ 纸牌，扑克牌

وَرَقُ الِانْتِخَابِ 选票

وَرَقُ الْيَانَصِيبِ 彩票

اَلْوَرَقُ الْمَالِيُّ 有价证券（股票、债券等）

اَلْوَرَقُ النَّقْدِيُّ 纸币，钞票

وَرَقَةُ الِامْتِحَانِ 试卷

أَوْرَاقُ الِاعْتِمَادِ 委任状，国书

وَرَقٌ مُقَوًّى 硬纸板

وَرَقُ الصَّنْفَرَةِ 砂纸

وَرَقَةُ الْعَمَلِ 工作报告，主题报告

وَرَقَةُ الِاتِّهَامِ 起诉书

(٨) وَرْكٌ وَوِرْكٌ وَوَرِكٌ جـ أَوْرَاكٌ 屁股，臀部

(٦) تَوَرَّمَ تَوَرُّمًا 肿胀

*(٤) وَرَمٌ جـ أَوْرَامٌ 肿物，肿瘤

وَرَمٌ خَبِيثٌ 恶性肿瘤，癌肿

(٨) وَرْنِيشٌ 清漆；鞋油

(٦) تَوَارَى تَوَارِيًا 潜伏，隐藏，不见

(٨) تَوْرِيَةٌ (من علم البلاغة) 双关语

*(٤) وِزَارَةٌ جـ وِزَارَاتٌ 部；内阁

وِزَارَةُ الْخَارِجِيَّةِ 外交部

وِزَارَةُ الدَّاخِلِيَّةِ 内政部

وِزَارَةُ الثَّقَافَةِ 文化部

وِزَارَةُ الْإِسْكَانِ 住房部

وِزَارَةُ الْإِعْلَامِ 宣传部，新闻部

وِزَارَةُ التَّرْبِيَةِ وَالتَّعْلِيمِ / وِزَارَةُ الْمَعَارِفِ
教育部

وِزَارَةُ الْأَوْقَافِ 宗教基金部

*(٤) وَزِيرٌ جـ وُزَرَاءُ م وَزِيرَةٌ 部长，大臣

نَائِبُ الْوَزِيرِ 副部长

وَزِيرُ الْخَارِجِيَّةِ

外交部长，外交大臣，国务卿（美）

رَئِيسُ الْوُزَرَاءِ 总理，首相

اَلْوَزِيرُ الْمُفَوَّضُ 公使

وَزِيرٌ بِلاَ وِزَارَةٍ 不管部长

مَجْلِسُ الْوُزَرَاءِ 国务院，内阁，部长会议

(٤) وَزٌّ / إِوَزٌّ الواحدة وَزَّةٌ / إِوَزَّةٌ 鹅

*(٤) وَزَّعَ تَوْزِيعًا الشَّيْءَ عَلَى ...

分给，分配，分发，颁发

(٦) تَوَزَّعَ تَوَزُّعًا 被分配，被分发，分布

(٤) وَزَنَ يَزِنُ وَزْنًا الشَّيْءَ 称分量，称

(٨) وَازَنَ مُوَازَنَةً بَينَ الشَّيْئَيْنِ 比较，对照，权衡

(٦) تَوَازَنَ تَوَازُنًا 平衡，均等

(٦) اِتَّزَنَ اِتِّزَانًا 平衡；稳重，稳健

*(٤) وَزْنٌ جـ أَوْزَانٌ 分量，重量

اَلْوَزْنُ الصَّافِي 净重

اَلْوَزْنُ الْقَائِمُ / اَلْوَزْنُ الإِجْمَالِيُّ 毛重

اَلْوَزْنُ النَّوْعِيُّ / اَلثِّقْلُ النَّوْعِيُّ 比重

(٨) وَزْنُ الشِّعْرِ 诗律

(٨) اَلتَّوَازُنُ بَيْنَ الدَّخْلِ والْمَصْرُوفِ 收支平衡

(٨) مُتَّزِنٌ م مُتَّزِنَةٌ 稳重的，稳健的

*(٤) مِيزَانٌ جـ مَوَازِينُ

衡器，量计，秤，天平，…仪

مِيزَانُ الْحَرَارَةِ / تِرْمُومِتْر 温度计

اَلْمِيزَانُ الْجَوِّيُّ / بَارُومِتْر 气温计

*(٤) مِيزَانِيَّةٌ جـ مِيزَانِيَّاتٌ

预算；借贷对照表，资产负债表

مِيزَانِيَّةٌ خِتَامِيَّةٌ 决算

(٨) وَازَاهُ مُوَازَاةً 平行，并列，对等

(٦) تَوَازَى تَوَازِيًا الشَّيْئَانِ

互相平行，相互对等

(٢) اَلْمُتَوَازِي / اَلْمُتَوَازِيَانِ 双杠

(٤) وَسَخٌ جـ أَوْسَاخٌ 污垢，脏物

*(٢) وَسِخٌ م وَسِخَةٌ 脏的，不干净的

(٤) وِسَادَةٌ جـ وَسَائِدُ / مِخَدَّةٌ 枕头

(٦) تَوَسَّطَ تَوَسُّطًا الْمَكَانَ 居中，坐在中间

تَوَسَّطَ بَيْنَهُمْ 调停，调解，斡旋

*(٢) وَسَطٌ جـ أَوْسَاطٌ

中间，中部，中心；居中的

وَسَطَ كَذَا / فِي وَسَطِهِ 在…中间

(٦) وَسَاطَةٌ 调停，调解，仲裁

*(٤) وَاسِطَةٌ جـ وَسَائِطُ 媒介；方法，手段，

بِوَاسِطَةِ ... 通过…，用…方法

(٦) وَسِيطٌ جـ وُسَطَاءُ 中间人，调解人；经纪人

*(٢) وَاسِعٌ م وَاسِعَةٌ 宽广的，辽阔的，宽大的

*(٤) مَوْسُوعَةٌ جـ مَوْسُوعَاتٌ 百科全书

(٤) مُتَّسَعٌ مِنَ الْوَقْتِ 充裕的时间

*(٤) تَوَسَّلَ تَوَسُّلاً إِلَى فُلاَنٍ 恳求，请求

*(٢) وَسِيلَةٌ جـ وَسَائِلُ 方法，手段，工具，媒介

وَسِيلَةُ النَّقْلِ 运输工具

وَسَائِلُ الْمُوَاصَلاَتِ 交通工具

(٨) وَسَمَهُ ـِ وَسْمًا وسِمَةً بِعَلاَمَةٍ ثَابِتَةٍ

打烙印，加标志

(٦) اِتَّسَمَ اِتِّسَامًا بِكَذَا 具有…特色，具有…特征

(٦) سِمَةٌ جـ سِمَاتٌ 烙印，标记，特征，特色

*(٤) وِسَامٌ جـ أَوْسِمَةٌ 奖章，奖牌

وِسَامُ الاِسْتِحْقَاقِ 勋章

(٦) وَسِيمٌ جـ وُسَمَاءُ 清秀的，标致的；英俊的

*(٤) مَوْسِمٌ جـ مَوَاسِمُ 季节，时节，时令，节气

(٤) مَوْسِمِيٌّ م مَوْسِمِيَّةٌ 季节性的

الرِّيحُ الْمَوْسِمِيَّةُ 季风

(٨) وَسْوَسَ وَسْوَسَةً لَهُ وإِلَيْهِ

喳喳，说悄悄话；教唆，唆使，蛊惑

(٦) وَاسَى مُوَاسَاةً فُلاَنًا 安慰，抚慰

(٨) وِشَاحٌ جـ وُشُحٌ وأَوْشِحَةٌ ووَشَائِحُ 绶带，饰带

*(٤) أَوْشَكَ يُوشِكُ أَنْ يَفْعَلَ كَذَا 即将…，快要…

عَلَى وَشْكِ ... 临近…，快要…

*(٤) أَوْسَطُ جـ أَوَاسِطُ م وُسْطَى

中间的，中部的，中央的

أَوَاسِطُ آسِيَا 中亚

أَوَاسِطِ إِفْرِيقِيَا 中非

أَوَاسِطُ الشَّهْرِ 月中，中旬

*(٢) مُتَوَسِّطٌ م مُتَوَسِّطَةٌ 当中的，中间的，中等的

*(٤) وَسِعَ ـَ سَعَةً كَذَا 容纳，包容；能够

لاَ يَسَعُنِي أَنْ ...

我没有能力…，…我办不到

*(٤) وَسَّعَ تَوْسِيعًا الشَّيْءَ 扩张，扩大

(٤) تَوَسَّعَ تَوَسُّعًا فِي الْكَلاَمِ أَوْ غَيْرِهِ

详谈，畅谈，大谈

*(٤) اِتَّسَعَ اِتِّسَاعًا 成为宽阔的

اِتَّسَعَ الْوَقْتُ 时间充裕，来得及

اِتَّسَعَ لِكَذَا 能容纳，容纳得下

(٤) سَعَةٌ 容量，容积；富裕，富足

سَعَةٌ كَهْرَبَائِيَّةٌ 电容

(٤) وُسْعٌ 能力

فِي وُسْعِهِ أَنْ يَفْعَلَ كَذَا 他能…，…他办得到

لَيْسَ فِي وُسْعِهِ أَنْ يَفْعَلَ كَذَا

他不能…，…他办不到

(٤) تَوَسُّعِيٌّ م تَوَسُّعِيَّةٌ 扩张的

(٨) اَلتَّوَسُّعِيَّةُ 扩张主义

وَشِيكُ الْوُقُوعِ 临头的，迫在眉睫的

(٨) وَشْمٌ جـ وُشُومٌ ووِشَامٌ 文身，黥墨

(٦) وَشَى يَشِي وَشْيًا ووِشَايَةً بِهِ 告密；诽谤

*(٢) وَصَفَ ـِ وَصْفًا وصِفَةً الأَمْرَ 描绘，形容

*(٢) وَصَفَ الطَّبِيبُ لِلْمَرِيضِ دَوَاءً 开药方

*(٤) اِتَّصَفَ اِتِّصَافًا بِكَذَا

具有…特性，以…为特征

*(٤) صِفَةٌ جـ صِفَاتٌ 本质，属性，品质，特征

بِصِفَتِهِ ... 以…资格，以…身份

بِصِفَةٍ خَاصَّةٍ 特别地

بِصِفَةٍ دَوْرِيَّةٍ 周期地

(٢) وَصْفَةٌ جـ وَصَفَاتٌ 药方，处方

(٦) مُوَاصَفَةٌ جـ مُوَاصَفَاتٌ 规格；说明书

(٨) وَصِيفَةٌ جـ وَصَائِفُ 侍女，宫女

*(٤) مُسْتَوْصَفٌ جـ مُسْتَوْصَفَاتٌ 诊疗所

*(٢) وَصَلَ ـِ وُصُولاً إِلَى مَكَانٍ 到达，抵达

(٤) وَصَّلَ تَوْصِيلاً الْحَرَارَةَ أَوِ الْكَهْرَبَاءَ

传导（热、电）

*(٢) أَوْصَلَ إِيصَالاً فُلاَنًا أَوِ الشَّيْءَ إِلَى ...

送到，护送

*(٢) وَاصَلَ مُوَاصَلَةً الأَمْرَ 继续

*(٤) تَوَصَّلَ تَوَصُّلاً إِلَى ... 达成，达到

*(٤) اِتَّصَلَ اِتِّصَالاً بِـ ... 联系，连接

*(٤) صِلَةٌ جـ صِلاَتٌ 联系，关系

(٦) وَصْلٌ / إِيصَالٌ 收据，收条

(٨) وُصُولِيٌّ 追名逐利的；唯利是图者

*(٢) اَلْمُوَاصَلاَتُ 交通；通讯

(٢) اِتِّصَالٌ جـ اِتِّصَالاَتٌ 联系，联络，交往

اَلاِتِّصَالاَتُ السِّلْكِيَّةُ 有线通讯

اَلاِتِّصَالاَتُ اللاَّسِلْكِيَّةُ 无线电通讯

(٤) مُوَصِّلٌ 导体

شِبْهُ مُوَصِّلٍ 半导体

(٦) مُوَصِّلاَتٌ: أَسْلاَكٌ مُوَصِّلَةٌ أَوْ أَسْلاَكُ تَوْصِيلٍ

导线

*(٤) مُتَوَاصِلٌ م مُتَوَاصِلَةٌ

连续的，接连不断的，不间断的

(٨) وَصَمَهُ يَصِمُ وَصْمًا 羞辱

*(٤) وَصَّى يُوَصِّي تَوْصِيَةً فُلاَنًا بِكَذَا / أَوْصَاهُ بِهِ

嘱咐，托付；要求，倡议

(٦) وَصَّى بِفُلاَنٍ 推荐，介绍

(٨) وِصَايَةٌ 保护，监护，托管

تَحْتَ وِصَايَةِ الأُمَمِ الْمُتَّحِدَةِ 联合国托管

(٦) تَوْصِيَةٌ جـ تَوْصِيَاتٌ

建议，意见，要求；纪要；推荐，介绍

*(٤) وَصِيَّةٌ جـ وَصَايَا 忠告，嘱咐，训示，遗训

(٨) تَوَضَّأَ بِالْمَاءِ لِلصَّلاَةِ 小净〔伊〕

(٨) وُضُوءٌ　小净〔伊〕

*(٤) وَضَّحَ تَوْضِيحًا الأَمْرَ / أَوْضَحَهُ إِيضَاحًا

说明，阐明，澄清

*(٤) اِتَّضَحَ يَتَّضِحُ اتِّضَاحًا الأَمْرُ / تَوَضَّحَ تَوَضُّحًا

明白，清楚

(٦) فِي وَضَحِ النَّهَارِ　光天化日之下

*(٤) وُضُوحٌ　明白，清楚

بِكُلِّ وُضُوحٍ وَجَلَاءٍ　十分清楚

*(٢) وَاضِحٌ م وَاضِحَةٌ　明白的，清楚的

مِنَ الْوَاضِحِ أَنَّ ...　显然…，很明显…

(٨) وَضَّاحٌ م وَضَّاحَةٌ　明亮的，光辉的

*(٢) وَضَعَ ـَ وَضْعًا الشَّيْءَ　放，放置，搁

وَضَعَ الْكِتَابَ　编写，编著

وَضَعَ الْمَشْرُوعَ　制定计划

وَضَعَ حَدًّا لِلأَمْرِ　停止，结束

وَضَعَ أَمْرًا عَلَى الرَّفِّ　束之高阁

وَضَعَ مَسْأَلَةً عَلَى بِسَاطِ الْبَحْثِ　提交讨论

وَضَعَتِ الْحَرْبُ أَوْزَارَهَا　战争结束了

وَضَعَ الأَمْرَ نُصْبَ عَيْنَيْهِ

重视，留心，放在心上

وَضَعَ أَمْرًا فِي اعْتِبَارِهِ　把…放在心上，重视

وَضَعَ الْحُكْمَ مَوْضِعَ التَّنْفِيذِ　执行裁决

وَضَعَ الأَسْئِلَةَ　出题，出卷子

وَضَعَتِ الْمَرْأَةُ / وَلَدَتْ　生产，分娩

إِجَازَةُ الْوَضْعِ　产假

*(٤) وَضْعٌ جـ أَوْضَاعٌ

局势，形势；处境；姿势；地位

اَلْوَضْعُ الرَّاهِنُ　目前的形势

اَلْوَضْعُ السِّيَاسِيُّ　政治形势

اَلْوَضْعُ الدُّوَلِيُّ　国际形势

*(٢) مَوْضُوعٌ جـ مَوْضُوعَاتٌ ومَوَاضِيعُ

问题，题目，话题；题材

*(٤) مَوْضُوعِيٌّ م مَوْضُوعِيَّةٌ　客观的

*(٢) مُتَوَاضِعٌ جـ مُتَوَاضِعُونَ م مُتَوَاضِعَةٌ

谦虚的，虚心的

(٤) مَوْضِعٌ جـ مَوَاضِعُ　地方，地点，位置，场合

(٦) وَطِئَ يَطَأُ وَطْأً الشَّيْءَ　踩，踏，践踏

(٦) تَوَاطَأَ تَوَاطُؤًا الرِّجَالُ عَلَى شَرٍّ

互相勾结，串通一气

(٦) تَوْطِئَةٌ　序，绪言，引言

(٦) وَطِيءٌ / وَاطِئٌ　低的，矮的，低等的，低级的

*(٤) وَطَّدَ تَوْطِيدًا الشَّيْءَ　巩固，增强

(٨) تَوَطَّدَ تَوَطُّدًا الشَّيْءُ　加强，巩固

(٨) وَطِيدٌ م وَطِيدَةٌ　牢固的，稳定的

*(٤) اِسْتَوْطَنَ اِسْتِيطَانًا الْمَكَانَ　定居，安家

*(٢) وَطَنٌ جـ أَوْطَانٌ　故乡，祖国，国家

*(٤) وَطَنِيٌّ م وَطَنِيَّةٌ	爱国的，本国的，民族的，全国的
(٤) وَطَنِيٌّ ج وَطَنِيُّونَ م وَطَنِيَّةٌ	爱国者，爱国主义者
*(٤) اَلْوَطَنِيَّةُ	爱国主义
(٤) مَوْطِنٌ ج مَوَاطِنُ	故乡，祖国；产地
*(٤) مُوَاطِنٌ ج مُوَاطِنُونَ م مُوَاطِنَةٌ	公民，国民，国人，同胞
(٦) مُسْتَوْطَنٌ ج مُسْتَوْطَنَاتٌ	定居点，移民点
*(٤) وَاظَبَ مُوَاظَبَةً عَلَى أَمْرٍ	坚持，持之以恒
(٨) وَظَّفَ تَوْظِيفًا فُلَانًا / عَيَّنَهُ	任命，任用
وَظَّفَ الْمَالَ	出钱，出资，提供经费
*(٤) وَظِيفَةٌ ج وَظَائِفُ	职位，职务；职能，功用
*(٢) مُوَظَّفٌ ج مُوَظَّفُونَ م مُوَظَّفَةٌ	职员，干部
*(٤) اِسْتَوْعَبَ اِسْتِيعَابًا الدَّرْسَ أَوْ غَيْرَهُ	掌握，领会
*(٤) وَعَدَ ـِ وَعْدًا فُلَانًا الأَمْرَ أَوْ بِهِ	许诺，应允，约定
(٨) تَوَعَّدَهُ تَوَعُّدًا	恐吓，威吓
(٤) وَعْدٌ ج وُعُودٌ	许诺，诺言
وَعْدُ بِلْفُور	贝尔福宣言
(٨) وَعِيدٌ / تَوَعُّدٌ	威胁，恐吓；恐吓的话，威胁的话
*(٢) مَوْعِدٌ ج مَوَاعِدُ	约定，约会，限期

*(٤) مِيعَادٌ ج مَوَاعِيدُ	约期，限期，时刻表
(٦) وَعِرٌ وَعِرَةٌ	难行的，崎岖不平的
(٦) أَوْعَزَ إِيعَازًا إِلَيْهِ بِكَذَا	暗示，启发，授意
(٨) وَعْظٌ وَعِظَةٌ وَمَوْعِظَةٌ	劝导，告诫，说教
(٤) وَعْكَةٌ	不适，不舒服，小毛病
(٦) وَعَى يَعِي وَعْيًا الشَّيْءَ	容纳，纳入
(٦) وَعَى الأَمْرَ	领会，理解，意识到
*(٤) وَعْيٌ	觉悟，意识
عَادَ إِلَى وَعْيِهِ	苏醒，恢复知觉
مِنْ غَيْرِ وَعْيٍ	不自觉地，不知不觉地，下意识地
*(٤) تَوْعِيَةٌ	教育，使觉悟
(٨) وَاعٍ (الواعي) ج وَاعُونَ	自觉的；警觉的
(٤) وِعَاءٌ ج أَوْعِيَةٌ	容器，器皿
وِعَاءٌ دَمَوِيٌّ	血管
(٨) وِعَائِيٌّ	血管的
(٨) وَغْدٌ ج أَوْغَادٌ	愚蠢的；下贱的；下流坯，流氓，浑蛋
(٦) أَوْغَلَ فِي الْبِلَادِ	深入腹地
(٦) تَوَغَّلَ تَوَغُّلًا فِي ...	深入，深陷，埋头于 …
(٤) وَفَدَ يَفِدُ وَفْدًا وَوُفُودًا إِلَى ...	（以使节身份）到来
(٤) أَوْفَدَ إِيفَادًا فُلَانًا إِلَى ...	派遣

代表团，使团	*وَفْدٌ جـ وُفُودٌ (٤)
来者，来人；留学生	وَافِدٌ جـ وَافِدُونَ (٦)
留学生	مُوفَدٌ لِلدِّرَاسَةِ / وَافِدٌ لَهَا / مَبْعُوثٌ لَهَا (٤)
储蓄，积攒，节省	*وَفَّرَ تَوْفِيرًا الشَّيْءَ (٤)
攒钱，省钱，储蓄	وَفَّرَ الْمَالَ
存折	دَفْتَرُ التَّوْفِيرِ
储蓄银行	صَنْدُوقُ التَّوْفِيرِ
条件具备	*تَوَفَّرَتْ تَوَفُّرًا فِيهِ الشُّرُوطُ (٤)
丰富，丰盛，充足	وَفْرَةٌ (٤)
丰富的，充足的，大量的	*وَافِرٌ / مُتَوَافِرٌ (٢)
齐备的，充足的	مُتَوَفِّرٌ م مُتَوَفِّرَةٌ (٤)
精力充沛的	مَوْفُورُ النَّشَاطِ (٦)
使成功，使顺利	*وَفَّقَ تَوْفِيقًا فُلَانًا (٤)
真主助你成功，愿你成功	وَفَّقَكَ اللهُ
同意，赞成，批准	*وَافَقَهُ مُوَافَقَةً عَلَى كَذَا (٢)
赞同，一致	*اِتَّفَقَ اِتِّفَاقًا النَّاسُ عَلَى كَذَا (٢)
	اِتَّفَقَ اِتِّفَاقًا مَعَ ...
与…符合，与…一致，适合于…	
碰巧，刚好，适逢	اِتَّفَقَ لَهُ كَذَا (٨)
按照，依照，根据	*وِفْقًا لِكَذَا / وِفْقَ كَذَا (٤)
协调，一致，和睦	وِفَاقٌ (٤)
调和，成功，顺利	تَوْفِيقٌ (٢)
协议，协定，契约；共识	اِتِّفَاقٌ جـ اِتِّفَاقَاتٌ (٤)
协定，条约	*اِتِّفَاقِيَّةٌ جـ اِتِّفَاقِيَّاتٌ (٤)
适合的，适宜的；同意的；赞同者	مُوَافِقٌ مُوَافِقُونَ م مُوَافَقَةٌ (٢)
顺利的，成功的	مُوَفَّقٌ م مُوَفَّقَةٌ (٤)
履行，遵守，实践（诺言）	*وَفَى يَفِي وَفَاءً بِالْوَعْدِ (٤)
邂逅，巧遇	وَافَى مُوَافَاةً فُلَانًا / أَتَاهُ فَجْأَةً (٨)
死亡	وَافَتْهُ الْمَنِيَّةُ (٨)
全数领取（工资、款项等），全部拿到	*اِسْتَوْفَى يَسْتَوْفِي اِسْتِيفَاءً حَقَّهُ (٤)
完全履行，服役期满	اِسْتَوْفَى مُدَّةَ الْخِدْمَةِ فِي الْجَيْشِ
完全具备（符合）条件	اِسْتَوْفَى الشُّرُوطَ
完全满足他的要求	اِسْتَوْفَى حَاجِيَاتِهِ
去世，逝世	*تُوُفِّيَ فُلَانٌ (٤)
实践诺言	وَفَاءُ الْوَعْدِ (٨)
付清债务	وَفَاءُ الدَّيْنِ (٨)
死，死亡	*وَفَاةٌ جـ وَفَيَاتٌ (٤)
带来，带到；告知	مُوَافَاةٌ (٨)
	وَافٍ (الْوَافِي) وَافِيَةٌ (٤)
圆满的，完全的，足够的，充分的	
	وَفِيٌّ جـ أَوْفِيَاءُ م وَفِيَّةٌ (٤)
守约的，忠实的，守信用的	

*(٢) وَقْتٌ جـ أَوْقَاتٌ 时间，时光
فِي وَقْتِهِ 及时，适时，按时
فِي غَيْرِ وَقْتِهِ 不合时宜，不是时候
فِي نَفْسِ الْوَقْتِ / فِي الْوَقْتِ نَفْسِهِ (أَوْ ذَاتِهِ)
同时
فِي الْوَقْتِ الْحَاضِرِ 当前
فِي أَقْرَبِ وَقْتٍ مُمْكِنٍ
在尽可能短的时间内
بِأَسْرَعِ وَقْتٍ مُمْكِنٍ 尽快地
(٤) وَقْتَئِذٍ 当时，那时候
*(٤) تَوْقِيتٌ 给…确定时间；标准时间
تَوْقِيتُ بَكِينَ 北京时间
اَلتَّوْقِيتُ الصَّيْفِيُّ 夏令时
اَلتَّوْقِيتُ الْمَحَلِّيُّ 当地时间
تَوْقِيتُ غَرِينْوِيش 格林威治时间
*(٤) مُوَقَّتٌ م مُوَقَّتَةٌ / مُؤَقَّتٌ
暂时的，临时的，定时的
(٨) مَوْقُوتٌ 定时的
قُنْبُلَةٌ مَوْقُوتَةٌ 定时炸弹
(٦) وَقَاحَةٌ 无耻，厚颜无耻
(٨) وَقِحٌ / وَقِيحٌ 无耻的，不要脸的
(٤) أَوْقَدَ إِيقَادًا النَّارَ أَوِ الْمِصْبَاحَ 点火，点灯
(٨) تَوَقَّدَ تَوَقُّدًا ذِهْنُهُ 聪明，机智
*(٤) وَقُودٌ 燃料
(٨) مُتَوَقِّدٌ م مُتَوَقِّدَةٌ 燃烧的，炽燃的
ذَكَاءٌ مُتَوَقِّدٌ 思维敏捷，聪明过人
(٨) وَقَّادٌ م وَقَّادَةٌ 熊熊燃烧的，炽燃的
(٤) مَوْقِدٌ جـ مَوَاقِدُ 炉灶
(٦) وَقَارٌ 庄重，威严
(٦) وَقُورٌ جـ وُقُرٌ 庄重的，持重的，威严的
(٦) مُوَقَّرٌ م مُوَقَّرَةٌ 可敬的，尊贵的
*(٤) وَقَعَ ـَ وُقُوعًا الشَّيْءُ 落下，掉下
وَقَعَ عَلَى الأَرْضِ 倒下，摔倒在地
*(٤) وَقَعَ الأَمْرُ 发生
*(٢) يَقَعُ فِي ... 位于，坐落
*(٤) وَقَّعَ تَوْقِيعًا الْخِطَابَ أَوْ غَيْرَهُ
签署，签字，签名
(٤) أَوْقَعَ إِيقَاعًا فُلَانًا فِي كَذَا 使陷入，使处于
*(٤) تَوَقَّعَ تَوَقُّعًا الأَمْرَ 预料，期待
(٨) إِيقَاعٌ جـ إِيقَاعَاتٌ 节奏，节拍
*(٤) وَاقِعٌ م وَاقِعَةٌ 正在发生的，现实的；现实
فِي الْوَاقِعِ 事实上
(٤) وَاقِعِيٌّ م وَاقِعِيَّةٌ 现实的，实际的，现实主义的
(٦) اَلْوَاقِعِيَّةُ 现实主义
(٦) وَاقِعَةٌ جـ وَقَائِعُ 事件，事变；事实，纪实
وَقَائِعُ الدَّعْوَى 案情

و

(٨) اَلْمُوَقَّعُ عَلَيْهِ م المُوَقَّعُ عَلَيْهَا

已签字的，已签署的

(٤) مُتَوَقَّعٌ م مُتَوَقَّعَةٌ　预期的，预料的

*(٤) مَوْقِعٌ جـ مَوَاقِعُ　地点，位置，场所

مَوْقِعٌ إِسْتِيرَاتِيجِيٌّ　战略地位

(٨) مَوْقِعَةٌ جـ مَوَاقِعُ　战役

*(٢) وَقَفَ ـِ وَقْفًا ووُقُوفًا

站立，起立；站住，停止，止住

(٤) وَقَفَ فِي وَجْهِهِ / وَقَفَ ضِدَّهُ　反对

(٦) وَقَفَ عَلَى الأَمْرِ

发现，了解，明白，领会，弄清

(٨) وَقَفَ الْقَارِئُ عَلَى الْكَلِمَةِ　把字尾读成静符

(٨) وَقَفَ الأَمْرُ عَلَى كَذَا

要某事立足于…，以…为事情的前提

(٨) وَقَفَ حَيَاتَهُ أو وَقْتَهُ عَلَى كَذَا

毕生致力于…，把所有的时间都用在…

(٨) وَقَفَ مَالاً لِـ ...

把财产捐给教门或慈善机构

(٨) وَقَّفَهُ تَوْقِيفًا　树立，竖起；拘留

مُذَكِّرَةُ التَّوْقِيفِ　拘留证

*(٤) أَوْقَفَ إِيقَافًا فُلاَنًا عَنْ كَذَا　制止，阻止

*(٤) تَوَقَّفَ تَوَقُّفًا فِي مَكَانٍ　停留，逗留

بِلاَ تَوَقُّفٍ　不停地，不间断地

(٤) تَوَقَّفَ تَوَقُّفًا عَنْ كَذَا　中止，中断，戒除

*(٤) تَوَقَّفَ الأَمْرُ عَلَى كَذَا　取决于，有赖于

(٨) وَقْفٌ جـ أَوْقَافٌ　宗教基金

*(٤) مَوْقِفٌ جـ مَوَاقِفُ

立场，态度，地位；（车）站

*(٤) وَقَى يَقِي وِقَايَةً فُلاَنًا مِنْ ...　保护；使免受

(٦) اِتَّقَى اِتِّقَاءً الشَّيْءَ　提防，戒备，回避

(٤) وِقَايَةٌ　预防，防护

(٨) وَاقِيَةٌ　罩，遮盖物

وَاقِيَةُ الْغَازَاتِ　防毒面具

وَاقِيَةٌ لِلنُّورِ / مَانِعَةٌ لِلنُّورِ　台灯罩

*(٤) اِتَّكَأَ اِتِّكَاءً عَلَى ...　靠，倚靠

(٨) مُتَّكَأٌ جـ مُتَّكَآتٌ

沙发，躺椅；靠山，倚托；拐杖

(٦) وَاكَبَ مُوَاكَبَةً الْمَوْكِبَ

在行列中行进，与…同步

*(٤) مَوْكِبٌ جـ مَوَاكِبُ　队伍，行列，队列

(٦) تَوْكِيدٌ　强调，肯定，断言

(٤) وَكْرٌ جـ أَوْكَارٌ　窝，巢

(٦) وَكَلَ ـِ وَكْلاً ووُكُولاً إِلَيْهِ الأَمْرَ　委托，托付

(٦) وَكَّلَ تَوْكِيلاً فُلاَنًا　指定代表，委派，委托

خِطَابُ تَوْكِيلٍ　委任书，委任状

(٨) تَوَكَّلَ تَوَكُّلاً عَلَى ...　托付，依靠；信赖

(٦) وَكَالَةٌ ووِكَالَةٌ جـ وكَالاتٌ

代理，代理（售）处

بِالْوكَالَةِ 代理，代办

رَئِيسُ الْوُزَرَاءِ بِالْوكَالَةِ 代总理

*(٤) وكَالَةٌ ووِكَالَةٌ جـ وِكَالاتٌ 通讯社

وكَالَةُ شِينْخُوا (وكَالَةُ أَنْبَاءِ الصِينِ الْجَدِيدَةِ)

新华社

وكَالَةُ الأَنْبَاءِ الْعَرَبِيَّةِ (و. أ. ع) 阿拉伯通讯社

وكَالَةُ رُويْتَرْ 路透社

وكَالَةُ يُونَايْتِدْبُرِس 合众社

وكَالَةُ أَسُوشِيتِدْبُرِس 美联社

وكَالَةُ تَاسْ 塔斯社

وكَالَةُ مُخَابَرَاتٍ 情报机关

*(٤) وكِيلٌ جـ وُكَلاءُ 代表，代理人，助理，帮办

وكِيلُ الْبَيْعِ الْعَامُّ 总经销人

وكِيلُ الرُّبَّانِ 大副

وكِيلُ النِّيَابَةِ 检察官

وكِيلُ الْوُزَرَاءِ: وكِيلٌ لِلْوِزَارَةِ 次长

(٨) وكْمَنْ 随身听

(٨) وكْنَةٌ جـ وُكُنَاتٌ: عُشٌّ الطَّائِرِ 鸟巢

*(٢) وَلَدَتْ تَلِدُ وِلادَةً 生育，分娩

(٨) وِلادَةٌ طَبِيعِيَّةٌ 足月产（分娩）

(٨) وِلادَةٌ مُعَجَّلَةٌ 早产

(٨) وِلادَةٌ قَيْصَرِيَّةٌ 剖腹产

(٢) وُلِدَ 出生，诞生

(٤) وَلَّدَ تَوْلِيدًا الشَّيْءَ 发生，产生

(٤) تَوْلِيدُ الْكَهْرَبَاءِ 发电

(٤) تَوَلَّدَ تَوَلُّدًا مِنْ ... 由…而产生

*(٢) وَلَدٌ جـ أَوْلادٌ 小孩，孩子，子女；男孩

(٨) لِدَةٌ جـ لِدَاتٌ / تِرْبٌ 同龄人

*(٢) وَالِدٌ جـ وَالِدُونَ 父亲

(٢) اَلْوَالِدَانِ 双亲，父母

*(٢) وَالِدَةٌ جـ وَالِدَاتٌ 母亲

(٤) وَلِيدٌ جـ وِلْدَانٌ م وَلِيدَةٌ / مَوْلُودٌ جـ مَوَالِيدُ

产儿，婴儿，幼儿

(٦) مُوَلِّد (الْكَهْرَبَاءِ) جـ مُوَلِّدَات / دِينَامُو 发电机

(٤) مَوْلُودٌ جـ مَوَالِيدُ 婴儿，新生儿

*(٢) مِيلادٌ 生日，诞辰

لِلْمِيلادِ / مِيلادِيًّا 公元

قَبْلَ الْمِيلادِ (ق.م) 公元前

بَعْدَ الْمِيلادِ (ب.م) 公元后

عِيدُ الْمِيلادِ الْمَسِيحِيِّ 圣诞节

*(٢) مِيلادِيٌّ م مِيلادِيَّةٌ 公元的，纪元的

(٤) مَوْلِدٌ جـ مَوَالِدُ 出生，诞生

(٦) وَلَعَ يَوْلَعُ ويَلَعُ وَلَعًا ووَلُوعًا بِهِ وأُولِعَ إِيلاعًا بِهِ

热衷，酷爱，迷恋

(٦) وَالٍ (الوالِي) جـ وُلاَةٌ 省长，州长，长官
(٦) وَلِيٌّ جـ أَوْلِيَاءُ 支持者，扶助者；朋友
وَلِيُّ الأَمْرِ 保护人，监护人，家长
وَلِيُّ الْعَهْدِ 王太子，王储
(٨) مَوْلًى جـ مَوَالٍ (الموالِي) 主人，主子，老爷
مَوْلاَيَ 大王，老爷
(٦) مُوَالٍ (المُوالِي) لِفُلاَنٍ 支持…的，亲…的
(٦) أَوْمَأَ إِيماءً إِلَيْهِ 暗示，示意
(٨) أَوْمَضَ إِيماضًا 暗示，使眼色
أَوْمَضَتِ الْمَرْأَةُ بِعَيْنِهَا 偷看
(٨) وِنْش جـ وِنْشَات / رَافِعَةٌ 起重机
*(٤) تَوَانَى يَتَوَانَى تَوَانِيًا فِي الأَمْرِ 拖沓，消极，懈怠
*(٤) وَهَبَ يَهَبُ وَهْبًا وهِبَةً فُلاَنًا الشَّيْءَ
赠与，赠送，奉献
وَهَبَ حَيَاتَهُ لِـ ...
把生命献给…，毕生致力于…
(٨) هَبْ (اِسْمُ فِعْلٍ) / اِفْتَرِضْ 假定，就算
(٤) هِبَةٌ جـ هِبَاتٌ 礼物，赠品，赏赐
(٤) مَوْهُوبٌ م مَوْهُوبَةٌ 有才华的，有天资的
*(٤) مَوْهِبَةٌ جـ مَوَاهِبُ 天资，天赋，才华
(٦) تَوَهَّجَتْ تَوَهُّجًا النَّارُ 灼热，炽烈
(٨) أَوَّلَ وَهْلَةٍ 首先，起初，最初
*(٤) تَوَهَّمَ تَوَهُّمًا الأَمْرَ 幻想，想象

(٦) مُولَعٌ بِكَذَا
酷爱…的，迷恋…的，热衷…的
(٨) وَلاَّعَةٌ / قَدَّاحَةٌ 打火机
*(٤) وَلِيمَةٌ جـ وَلاَئِمُ / مَأْدُبَةٌ 宴会，酒席
(٨) وَلَهَ يَلِهُ ووَلِهَ يَلَهُ ويَوْلَهُ وَلَهًا
神志迷离，精神恍惚
(٨) وَلْوَلَ وَلْوَلَةً 痛哭，号哭
*(٤) مَا يَلِي أو فِيمَا يَلِي 下述，下列
(٦) وَلَّى فُلاَنًا الأَمْرَ 委任，委派
(٨) وَلَّى الأَمْرَ اهْتِمَامًا 给予注意，重视
(٨) وَلَّى هَارِبًا أَوْ مُدْبِرًا / أَدْبَرَ 逃跑，逃遁
(٨) وَلَّى ظَهْرَهُ أَوْ دُبْرَهُ 离开，抛弃，丢到身后
(٦) أَوْلَى الأَمْرَ اهْتِمَامًا 给予注意，重视
(٨) وَالاَهُ مُوَالاَةً / نَاصَرَهُ 支持，拥护，亲…的
*(٤) تَوَلَّى يَتَوَلَّى تَوَلِّيًا الأَمْرَ
主持，掌管，担任，承担
تَوَلَّى الْحُكْمَ 掌权，当权，当政
*(٤) اِسْتَوْلَى يَسْتَوْلِي اِسْتِيلاَءً عَلَى ...
占据，占有，占领
*(٤) وِلاَيَةٌ جـ وِلاَيَاتٌ 省，州
(٤) الْوِلاَيَاتُ الْمُتَّحِدَةُ (الأَمْرِيكِيَّةُ) 美利坚合众国
*(٤) عَلَى التَّوَالِي / بِالتَّوَالِي
连续地，不断地，接二连三地

*(٤) اِتَّهَمَ اِتِّهَامًا فُلاَنًا بِكَذَا

控告，指控，告发，起诉

*(٤) وَهْمٌ جـ أَوْهَامٌ 想象，幻想，空想

(٦) وَهْمِيٌّ م وَهْمِيَّةٌ 想象的，空想的，虚构的

(٦) تُهْمَةٌ جـ تُهَمٌ 罪名，指控

(٦) اِتِّهَامٌ جـ اِتِّهَامَاتٌ 指控，告发

وَرَقَةُ الاتِّهَامِ 起诉书

(٨) وَاهِمٌ / مُخْطِئٌ 错误的，误会的

(٦) مُتَّهَمٌ 被告，被指控的，被起诉的

(٨) وَهَنَهُ يَهِنُ وَهْنًا وأَوْهَنَ عَزْمَهُ

使软弱，打击情绪，使沮丧，使意志消沉

(٨) وَاهِنٌ / ضَعِيفٌ 虚弱的

(٨) وَاهٍ (اَلْوَاهِي) جـ وَاهُونَ ووُهَاةٌ / ضَعِيفٌ جِدًّا

微弱的，纤弱的

أَمَلٌ وَاهٍ 希望渺茫

عُذْرٌ وَاهٍ 无力的辩解，不充足的理由

(٨) وَيْبُو (اَلْمُنَظَّمَةُ الْعَالَمِيَّةُ لِلْمِلْكِيَّةِ الْفِكْرِيَّةِ)

世界知识产权组织

(٤) وَيْحٌ لَهُ! 他真可怜!苦了他了!

(٨) وَيْلٌ لَهُ! 这个该死的！这个倒霉的！

(٨) وَيْلَةٌ جـ وَيْلاَتٌ 灾难，祸害

وَيْلاَتُ الْحَرْبِ 战争的灾难

الياء

*(٢) يَا

啊，哎，嗳，咳，喂（虚词，表呼唤或惊叹）

يَا صَدِيقُ 嗳，朋友

يَا لَهُ مِنْ ... 多么…

يَا لَلْعَجَبِ! 真奇怪！哎，真是不可思议！

(٢) اَلْيَابَانُ 日本

(٢) يَابَانِيٌّ جـ يَابَانِيُّونَ م يَابَانِيَّةٌ 日本的；日本人

(٨) يَارْدَة جـ يَارْدَات 码（长度单位）

(٨) يَاقَةُ الثَّوْبِ جـ يَاقَاتٌ 衣领，领子

(٤) اَلْيَاسَمِين / اَلْيَسْمِين 茉莉花，素馨花

(٨) يَانَصِيبُ 彩票

(٨) يَاوِر جـ يَاوِرِيَّة 副官，侍从武官

*(٤) يَئِسَ يَيْأَسُ يَأْسًا مِنْ كَذَا 失望，绝望，死心

(٨) مَيْؤُوسٌ مِنْهُ م مَيْؤُوسٌ مِنْهَا 对…绝望的

(٦) يَبِسَ يَيْبَسُ يَبْسًا / جَفَّ 干，干燥

(٨) أَيْبَسَ إِيبَاسًا الشَّيْءَ / جَفَّفَهُ

使干燥，晒干，烘干

*(٤) يَابِسٌ م يَابِسَةٌ 干枯的，没有水分的

(٤) اَلْيَابِسَةُ 陆地，大陆

*(٤) يَتِيمٌ جـ أَيْتَامٌ ويَتَامَى م يَتِيمَةٌ 孤儿

(٨) مَيْتَمٌ / مَلْجَأُ الأَيْتَامِ 孤儿院

(٨) يَخْتٌ جـ يُخُوتٌ 游艇

(٨) يَخْضُورٌ 叶绿素

*(٢) يَدٌ جـ أَيْدٍ (الأَيْدِي) 手；扶手，把儿（阴性）

يَدًا بِيَدٍ 手拉手

يَدٌ بَيْضَاءُ 功德，恩惠，功劳，贡献，奉献

خَفِيفُ الْيَدِ 手巧的，干活利落的

طَوِيلُ الْيَدِ 小偷，扒手

مَفْتُوحُ الْيَدِ 大方的

نَاشِفُ الْيَدِ 手紧，吝啬

تَحْتَ يَدِهِ 在他的权限内，在他的控制下

بَيْنَ يَدَيْهِ 在他面前

لَهُ الْيَدُ الطُّولَى فِي كَذَا 他擅长于…

عَلَى يَدِ فُلاَنٍ 经某人之手

أَخَذَ بِيَدِهِ 提携

(٤) اَلأَيْدِي الْعَامِلَةُ / اَلْعِمَالَةُ 劳动力，人手

*(٤) يَدَوِيٌّ م يَدَوِيَّةٌ 手的，手工的

*(٤) يَسَّرَ تَيْسِيرًا لَهُ الأَمْرَ 使容易，提供方便

水作大小净时用土、沙代净）

认…为吉兆 (٨) تَيَمَّنَ وَاسْتَيْمَنَ بِهِ / تَبَرَّكَ بِهِ

吉庆，吉祥 (٨) يُمْنٌ / بَرَكَةٌ

右边，右方 (٤) يَمْنَةٌ: نَاحِيَةُ الْيَمِينِ

左右 يَمْنَةً وَيَسْرَةً

也门 *(٢) اَلْيَمَنُ

也门的；也门人 (٢) يَمَنِي يَمَنِيُّونَ م يَمَنِيَّةٌ / يَمَانِيٌّ

右，右边；誓言（阴性） *(٢) يَمِينٌ

右的，右侧的 *(٤) أَيْمَنُ م يُمْنَى

右手 (٤) (اَلْيَدُ) الْيُمْنَى

幸运的，有福气的 (٨) مَيْمُونٌ / مُبَارَكٌ

一月 *(٢) يَنَايِرُ / كَانُونُ الثَّانِي

源头，泉源 (٦) يَنْبُوعٌ جـ يَنَابِيعُ (فِي نبع)

大茴香（大料） (٨) يَنْسُونٌ

成熟的（果实） (٨) يَانِعٌ جـ يَنْعٌ

犹太的；犹太人 *(٤) يَهُودِيٌّ جـ يَهُودٌ م يَهُودِيَّةٌ

犹太教 (٦) اَلْيَهُودِيَّةُ

*(٢) يُوَانٌ جـ يُوَانَاتٌ (وَحْدَةٌ مِنَ الْعُمْلَةِ الشَّعْبِيَّةِ)

元（人民币单位）

碘 (٨) يُودٌ

碘酒 صِبْغَةُ الْيُودِ

铀 (٨) يُورَانِيُوم

尿素 (٨) يُورِيَا / بَوْلِينَا

方便，顺利，容易 (٦) تَيَسَّرَ لَهُ الأَمْرُ

容易，顺当；富裕，富足，兴隆 (٤) يُسْرٌ

左，左边，左手 *(٢) يَسَارٌ

容易的；少的，一点儿 (٦) يَسِيرٌ

左的，左边的 (٤) أَيْسَرُ م يُسْرَى

顺利的；宽裕的 (٦) مَيْسُورٌ / مُيَسَّرٌ

境况不错，小康状态 مَيْسُورُ الْحَالِ

小康水平 اَلْمُسْتَوَى الْمَيْسُورُ

耶稣 (٨) يَسُوعُ

(٨) اَلْيَسْكُو (اَلْمُنَظَّمَةُ الْعَرَبِيَّةُ لِلتَّرْبِيَةِ وَالثَّقَافَةِ وَالْعُلُومِ)

阿拉伯教育文化及科学组织

玉，碧玉 (٨) يَشْمٌ / يَشْبٌ

青春期的，情窦初开的 (٨) يَافِعٌ جـ يَفَعَةٌ وَيُفْعَانٌ

宝石 (٨) يَاقُوتٌ جـ يَوَاقِيتُ

叫醒，唤醒 *(٢) أَيْقَظَهُ إِيقَاظًا

醒，睡醒 *(٢) اِسْتَيْقَظَ اسْتِيقَاظًا مِنْ نَوْمِهِ

警惕地，警觉地 *(٤) عَلَى يَقَظَةٍ

(٦) يَقِظٌ جـ أَيْقَاظٌ وَيَقْظَى

醒着的，警惕的；注意的

确信，坚信，深信 *(٤) أَيْقَنَ إِيقَانًا الأَمْرَ وَبِهِ

坚信，深信 *(٤) يَقِينٌ

我们深信… نَحْنُ عَلَى يَقِينٍ مِنْ أَنَّ ...

土净（穆斯林因故不能用 (٨) تَيَمَّمَ الْمُسْلِمُ

يَوْمًا مَا	某日，某天
ذَاتَ يَوْمٍ / فِي يَوْمٍ مِنَ الأَيَّامِ	有一天
يَوْمًا فَيَوْمًا / يَوْماً بَعْدَ يَوْمٍ	日益，日复一日，一天一天地
*(٢) يَوْمِيٌّ م يَوْمِيَّةٌ	每日的，每天的
يَوْمِيًّا / كُلَّ يَوْمٍ	每天，天天
*(٢) يَوْمِيَّةٌ جـ يَوْمِيَّاتٌ	日记
(٤) اَلْيُونَانُ	希腊
(٤) يُونَانِيٌّ جـ يُونَانِيُّونَ أَوْ يُونَانٌ م يُونَانِيَّةٌ	希腊的；希腊人
(٤) اَلْيُونِسْكُو	联合国教科文组织
*(٢) يُونِيُو (يُونِيَه) / حُزَيْرَانُ	六月
(٤) يُوسُفِيٌّ / يُوسُفُ أَفَنْدِي	橘子
(٨) يُوغُسْلَافِيَا	南斯拉夫
*(٢) يُولِيُو (يُولِيَه) / تَمُّوزُ	七月
*(٢) يَوْمٌ جـ أَيَّامٌ	日，天，日子
اَلْيَوْمُ أَوِ الْيَوْمَ	今日，今天
يَوْمُ الأَحَدِ	星期日
يَوْمُ الاِثْنَيْنِ	星期一
يَوْمُ الثُّلَاثَاءِ	星期二
يَوْمُ الأَرْبَعَاءِ	星期三
يَوْمُ الْخَمِيسِ	星期四
يَوْمُ الْجُمْعَةِ	星期五
يَوْمُ السَّبْتِ	星期六
يَوْمَئِذٍ	当天，那天